임베디드의 모든 것

대한민국 임베디드 산업백서

임베디드의 모든 것

대한민국 임베디드 산업백서

지은이 구제길, 국중진, 최수한, 박대혁, 박지훈, 한철민, 김원희
기획/감수 한국전자정보통신산업진흥회(KEA)
　　　　　산업통상자원부(MOTIE)

펴낸이 박찬규　엮은이 이대엽　디자인 북누리　표지디자인 아로와 & 아로와나

펴낸곳 위키북스　전화 031-955-3658, 3659　팩스 031-955-3660
주소 경기도 파주시 문발로 115 세종출판벤처타운 311호

가격 40,000　페이지 596　책규격 188 x 240mm

초판 발행 2014년 03월 31일
ISBN 978-89-98139-50-6 (93000)

등록번호 제406-2006-000036호　등록일자 2006년 05월 19일
홈페이지 wikibook.co.kr　전자우편 wikibook@wikibook.co.kr

Essential Guide to Embedded Platforms and Systems
Copyright © 2014 by KEA
All rights reserved.
First published in Korea in 2014 by WIKIBOOKS

이 도서의 국립중앙도서관 출판시도서목록 CIP는
서지정보유통지원시스템 홈페이지(http://seoji.nl.go.kr)와
국가자료공동목록시스템(http://www.nl.go.kr/kolisnet)에서 이용하실 수 있습니다.
CIP제어번호 2014009008

임베디드의 모든 것
대한민국 임베디드 산업백서

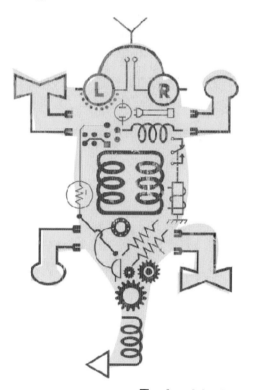

Essential Guide to Embedded
Platforms and Systems

위키북스

Part 01

03

**임베디드 시스템
플랫폼**

04

임베디드 시스템을
위한 통신

Part 02

08
임베디드 응용사례 (차량 제어)

09
임베디드 응용사례
(의료 기기)

01

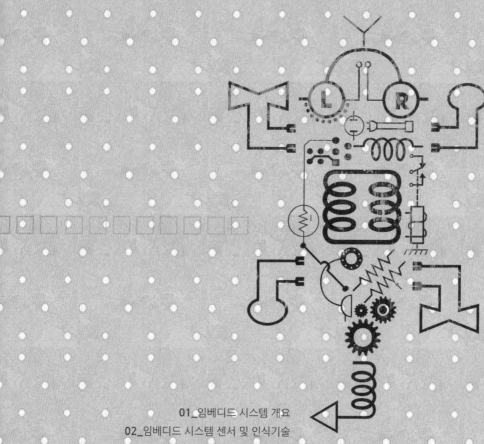

01
임베디드 시스템 개요

02
임베디드 시스템 센서 및 인식기술

반도체 기술의 발전으로 1970년대 말부터 개인용 컴퓨터(PC)가 보편화되기 시작했으며, 1990년 이후 인텔(Intel)사의 공동 설립자인 고든 무어가 제시한 무어의 법칙(Moore's law)[1]처럼 18개월에서 24개월을 주기로 반도체 집적회로의 성능이 두 배씩 향상되는 폭발적인 발전이 있었다.

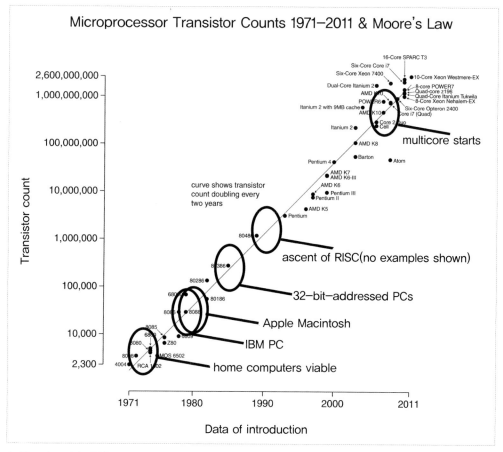

〈그림 1-1〉 무어의 법칙(출처: 위키피디아)

또한 1970년대 미국방성의 ARPA 프로젝트를 통해 컴퓨터 네트워크 기술이 발전했으며, 이 네트워크의 이름을 아파넷(ARPANET)이라 명명했다. 아파넷의 토대가 된 네트워크 기술은 꾸준히 발전하고, 학술기관 외부로 퍼져 나가서 인터넷이라는 용어로 알려졌다. 인터넷을 비롯한 네트워크의 발달로 운영체제와 응용 프로그램들이 개인용 컴퓨터와 연결된 주변기기와 같은 다른 자원에도 접근할 수 있도

---

1 무어의 법칙(Moore's law)은 인텔의 공동 설립자인 고든 무어가 1965년에 발표한 것으로서, 반도체 집적회로의 성능이 18개월마다 2배로 증가한다는 내용을 담고 있으며, 경험적인 관찰에 바탕을 두고 있다.

록 변화했다. 초기에 이런 설비에 접근할 수 있는 사람들은 한정되어 있었으나, 1990년대에 전자우편과 월드 와이드 웹(World Wide Web) 등의 확산과 더불어 이더넷(Ethernet)과 ADSL 기술과 같은 값싸고 빠른 네트워킹 기술이 개발되어 컴퓨터 네트워킹은 많은 나라에서 일상화되었으며, 휴대통신 기술과 결합해 유비쿼터스(Ubiquitous)라는 새로운 통신 개념을 만들어내기도 했다.

우리는 이미 컴퓨팅 환경에 익숙해져 있으며, 개인용 컴퓨터와 스마트폰의 보급에 힘입어 컴퓨터가 사용되지 않는 분야가 거의 없는 실정에 이르렀다.

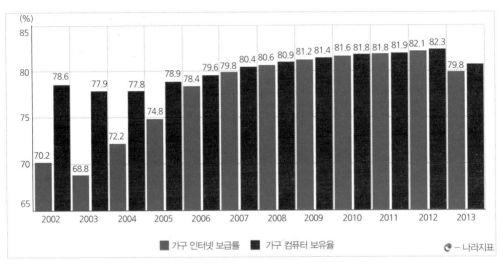

〈그림 1-2〉 가구 인터넷 보급률 및 컴퓨터 보유율(출처: e−나라지표)

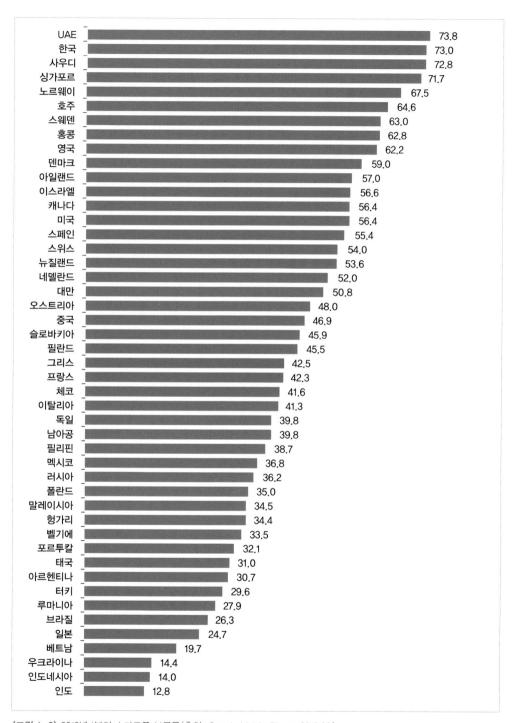

〈그림 1-3〉 2013년 1분기 스마트폰 보급률(출처: Google Mobile Planet, 2013.08)

이미 성숙기에 접어든 컴퓨팅 환경과는 다르게 임베디드 시스템(Embedded System)이 다소 생소하게 느껴질 수 있는 이유는 무엇보다도 그 형태 때문이라고 할 수 있다. 임베디드 시스템은 데스크톱이나 서버 시스템과는 달리 그 형태가 정형화되어 있지 않은 편이다. 임베디드라는 용어 자체가 '내장'이라는 뜻을 가지고 있는 것처럼 임베디드 시스템은 그 존재를 컴퓨터와 같은 외형으로 드러내지 않고 감춰져 있는 경우가 많다. 가장 대표적인 형태가 스마트폰과 같은 시스템이라고 할 수 있으며, 스마트폰은 현재 보급률이 80%에 육박하고 일상생활에서 떼어 놓을 수 없는 기기가 되었지만, 이를 임베디드 시스템이라고 인지하는 경우는 많지 않을 것이다. 스마트폰은 범용 컴퓨터와 마찬가지로 프로세서, 메모리, 저장장치, 입출력 장치로 구성된 컴퓨터이지만 전화 통화가 가능한 초소형 컴퓨터라는 것이 일반적인 컴퓨터와 가장 두드러지는 차이점이라고 할 수 있다. 대표적인 예로 스마트폰을 꼽았지만, 이 외에도 우리 주변에는 다양한 임베디드 시스템이 산재(ubiquitous)해 있다.

임베디드 시스템이란 제한된 자원을 이용해 정해진 시간 내에 특정 작업을 수행하는 특수한 컴퓨터 시스템이라고 할 수 있다. 이 문장에서 첫째, 제한된 자원이란 흔히 사용하는 범용 시스템인 데스크톱이나 노트북과 비교했을 때 상대적으로 낮은 규격(사양)의 프로세서, 메모리, 저장 장치를 갖는다는 것을 의미하며, 이는 제품의 물리적인 크기, 가격, 전력 소비량과 연관되어 있다. 둘째, 정해진 시간이란 실시간성을 가리키며, 역시 범용 시스템과 비교했을 때 주어진 시간 내에 어떤 작업이 반드시 완료될 수 있어야 하는 시간 제약을 갖는다는 것을 의미한다. 셋째, 특정 작업이란 범용 시스템에서는 여러 가지 응용 프로그램을 설치해 다양한 작업을 수행하는 반면, 임베디드 시스템에서는 특화된 몇 가지 작업을 처리하도록 시스템이 설계되어 있다는 것을 의미한다.

앞에서 정의한 바와 같이 임베디드 시스템이 일반적인 컴퓨터 시스템과는 몇 가지 다른 특성 때문에 다소 생소하거나 어려운 것처럼 보일 수 있지만 사실은 그렇지 않다. 임베디드 시스템은 다양한 형태로 일상 곳곳에 널리 퍼져 있다. 다만 이를 임베디드 시스템이라 인식하지 못하는 것 뿐이다. 현재 우리가 사용하는 휴대전화도 임베디드 시스템이며, 냉장고, 세탁기, 정수기, 비데, 로봇청소기와 같은 가전기기들도 임베디드 시스템이라고 할 수 있다. 매장에서 매출관리에 사용하는 POS 단말기도 임베디드 시스템이며, 은행의 ATM기, 자동차의 내비게이션, 항공기, 군사용 장비, 산업용 기기 등도 모두 임베디드 시스템에 해당한다.

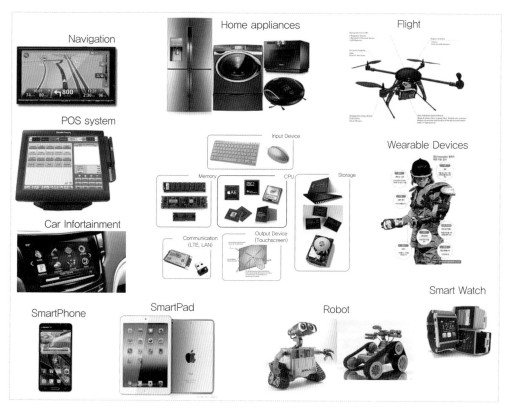

〈그림 1-4〉 임베디드 시스템의 종류

임베디드 시스템이 최근에 정립된 컴퓨터 시스템인 것처럼 보일 수 있지만, 최초의 임베디드 시스템은 1961년 MIT의 Charles Stark Draper가 개발한 아폴로 유도용 컴퓨터(AGC, Apollo Guidance Computer)를 통해 세상에 알려졌다. 아폴로계획 초기부터 아폴로 유도용 컴퓨터에 집적회로(IC, Integrated Circuit)를 사용해 경량화와 소체적화를 도모함으로써 초창기에 있던 집적회로 기술 발전의 중요한 촉진제로 작용했다.

집적회로 기술의 발전에 힘입어 1971년 인텔에서는 최초로 4비트 프로세서인 마이크로프로세서를 출시했다. 최초 계획은 인텔에서 출시한 전자계산기에 탑재될 예정이었으나, 기존의 단순한 칩으로 이루어진 논리회로를 대체할 수 있는 가능성이 발견되어 마이크로프로세서의 시장 가능성을 처음으로 보여 주었다.

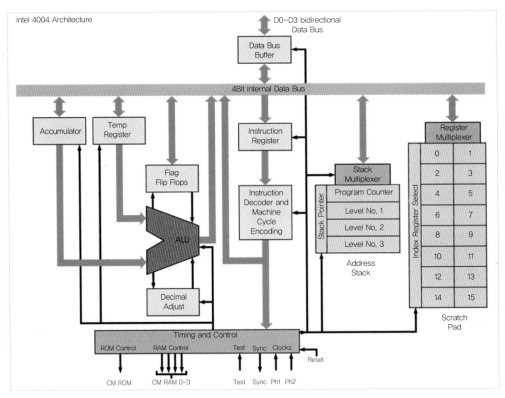

〈그림 1-5〉 인텔 4004 프로세서의 블록도(출처: 위키피디아)

1980년대 초에 이르러 메모리와 입출력 장치 같은 주요 컴포넌트들을 프로세서와 함께 마이크로컨트롤러에 집적시킬 수 있게 되었으며, 값비싼 범용 컴퓨터를 이용하기에는 부담스러운 부분을 마이크로컨트롤러가 대체할 수 있게 해주었다.

마이크로프로세서 기술은 꾸준히, 그리고 급격히 진보해 1990년대에는 ARM사가 기존의 단품 형태의 프로세서 생산 개념에서 벗어나 시스템 반도체 내에 집적될 수 있는 IP(Intellectual property) 형태의 프로세서 라이센싱 사업을 시작하면서 개발한 ARM 프로세서가 임베디드 시스템 산업 전 분야에 널리 활용되고 있다. IP 형태의 프로세서는 SoC의 구성을 가능하게 했으며, SoC는 System on a Chip을 줄인 말로, 하나의 집적회로에 내장된 컴퓨터나 전자 시스템 부품을 가리킨다.

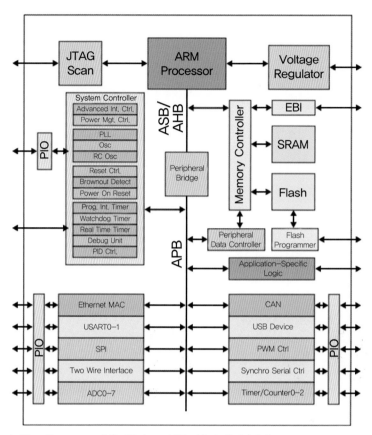

〈그림 1-6〉 ARM 프로세서 기반의 SoC 블록도(출처: 위키피디아)

다시 말해, 임베디드 시스템은 특화된 컴퓨터 시스템이기 때문에 일반적인 컴퓨터의 구성요소인 프로세서, 메모리, 저장 장치, 입출력 장치로 구성되며, 특수한 목적에 부합되는 특별한 추가 장치를 갖는 형태이다.

현대에 이르러 임베디드 시스템은 일상 곳곳에 스며들어 널리 사용되고 있으며, 매우 보편적인 컴퓨터 시스템으로 자리 잡았다. 〈그림 1-4〉에서 볼 수 있는 것처럼 휴대전화와 같은 개인용 단말을 비롯해 가전기기, 의료기기, 산업용 장비, 자동차에 이르기까지 모든 산업 분야에서 임베디드 시스템이 관련되지 않는 분야를 찾는 것이 더 어려운 첨단 컴퓨팅 환경으로 변모했으며, 이러한 변화는 앞으로도 더욱 두드러지게 나타날 전망이다.

이 책에서는 임베디드 시스템의 주요 개념을 비롯해 임베디드 시스템을 구성하는 기본적이고 핵심적인 구성요소를 살펴볼 것이며, 이러한 임베디드 시스템이 어떠한 형태로 실세계에 적용되는지 다양한 사례를 통해 알아볼 것이다.

특히 스마트폰, 자동차, 의료기기에서 임베디드 시스템이 어떠한 방식으로 활용되는지 살펴봄으로써 현대 임베디드 시스템에서 요구되는 주요 기술과 발전 방향을 이해하고자 한다.

임베디드 시스템 개념

현재 일반적으로 사용되는 컴퓨터는 연산을 위한 중앙처리장치(CPU), SDRAM, DDR 등의 메모리, 하드디스크, 낸드 플래시 등의 저장 장치, 키보드, 마우스 등의 입력 장치, 모니터와 같은 출력 장치 등으로 구성된다.

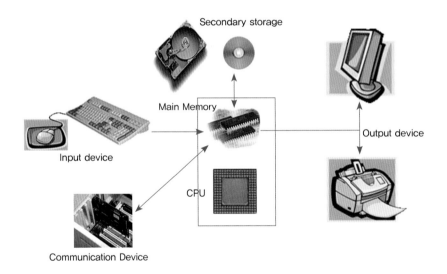

〈그림 1-7〉 일반적인 컴퓨터의 구성 요소

임베디드 시스템 역시 컴퓨터 시스템이기 때문에 일반적인 컴퓨터가 갖는 구성요소들이 필요하다. 연산을 위해서는 CPU가 있어야 하며, 기억 장치인 메모리와 데이터의 저장소가 필요하다. 다만, 이러한 구성요소들이 일반적인 컴퓨터에서 사용되는 것들과는 다른 성질을 갖는 장치로 구성될 수 있다는 것이 차이점이다. 구성 요소상의 차이점이 발생하는 이유는 임베디드 시스템이 갖는 몇 가지 제약 사항 때문이다.

프로세서   메모리

메인보드

데스크톱 컴퓨터

4. 프로세서
6. 메모리
7. 저장장치: 플래시 메모리
13. 이더넷(Ethernet)
16. USB

임베디드 시스템

〈그림 1-8〉 데스크톱 컴퓨터와 임베디드 시스템(ADSL 모뎀) 비교

임베디드 시스템이 범용 시스템과 구별되는 가장 두드러진 차이점은 시간과 자원에 대한 제약성이다. 임베디드 시스템은 특수한 목적을 위해 제작되는 경우가 많기 때문에 해당 목적에 부합하는 최소한의 하드웨어만으로 시스템을 구성한다. 이는 제품의 크기, 가격 등을 결정짓는 중요한 요소가 된다. 또한 부품 조립을 위한 산업용 로봇과 같은 임베디드 시스템인 경우 주어진 작업이 정해진 만료 시간 이내에 정확히 이루어지게 하는 실시간성이 중요한 요소가 될 수 있으므로 이를 만족시키기 위한 하드웨어 구성이 필요할 것이다.

실시간성(real-time, reactive)이란 컴퓨터 시스템이 갖는 시간 제약성을 가리키는 용어다. 시간 제약성이란 어떤 사건이 발생했을 때 지정된 시간 내에 반드시 응답해야 하는 한계 시간(deadline)을 가리킨다. 한계 시간은 보통 밀리초, 마이크로초, 나노초 단위의 시간으로 표현된다. 실시간성이 요구되는 시스템으로 자동차의 ABS(Anti-lock Brake System), 은행의 온라인 시스템이나 철도, 항공기 운행, 제어 시스템과 같은 미션 크리티컬(Mission Critical) 시스템을 대표적인 사례로 꼽을 수 있다. 이러한 형태의 시스템은 어떤 이벤트의 발생에 대해 제약된 시간 내에 처리하지 못하는 경우, 생명이나 금전적인 피해가 발생할 수 있기 때문에 한계 시간이 매우 중요하게 취급되어 반드시 지켜져야 한다.

이러한 시간 제약성은 경성(hard) 실시간과 연성(soft) 실시간으로 구분되며, 앞서 언급한 미션 크리티컬 시스템과 ABS는 경성 실시간 시스템에 해당한다. 반면 시간에 대한 제약을 갖지만 경성 실시간 시스템처럼 한계 시간을 지켜주지 못하더라도 큰 피해가 발생하지는 않는 시스템을 연성 실시간 시스템으로 분류한다. 연성 실시간 시스템으로는 멀티미디어 재생 장치 등이 있다. 음악이나 동영상을 재생하는 경우 정해진 시간 단위(frequency)로 특정 크기의 데이터가 반복적으로 처리될 수 있어야 하는데, 이러한 시간이 지켜지지 않았을 때 영상의 끊김이나 음질의 저하가 발생할 수는 있지만 경성 실시간 시스템처럼 큰 피해를 초래하지는 않는다.

실시간 시스템을 위해서는 실시간 운영체제(RTOS)가 구성될 수 있으며, 경성 실시간 운영체제와 연성 실시간 운영체제로 구분할 수 있다. 실시간 운영체제의 핵심은 요구된 태스크를 처리하는 데 걸리는 시간을 일관되게 유지할 수 있는 정도에 달려 있다. 처리 시간의 변동폭을 지터(jitter)라 하고, 경성 실시간 시스템이 연성 실시간 시스템에 비해 더 적은 지터를 갖는다.

임베디드 시스템 구조

임베디드 시스템은 컴퓨터 시스템이기 때문에 일반적인 컴퓨터와 유사한 구성요소로 이루어 진다. 앞서 소개한 것처럼 하드웨어적인 구성이 범용 컴퓨터 시스템과는 상이하지만 더욱 두드러지는 차이점은 소프트웨어의 구성이다. 〈그림 1-9〉는 임베디드 시스템의 가장 기본적인 모델을 보여준다.

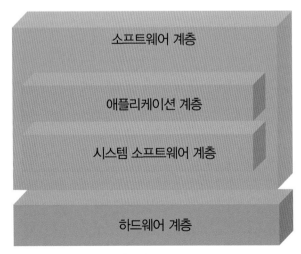

〈그림 1-9〉 임베디드 시스템 모델

임베디드 시스템의 하드웨어는 해당 시스템의 목적에 따라 다양한 형태로 구성할 수 있으며, 일반적으로 CPU, 메모리, 저장 장치, 네트워크 장치, 입출력 장치 등으로 구성된다. 이러한 하드웨어 요소들을 바탕으로 주어진 작업을 수행하기 위한 소프트웨어가 구성된다.

소프트웨어 계층은 〈그림 1-9〉에서 처럼 시스템 소프트웨어 계층과 애플리케이션 계층으로 구분될 수 있으며, 시스템 소프트웨어 계층에는 운영체제, 미들웨어 등이 구성될 수 있고, 이를 기반으로 다양한 라이브러리와 SDK(Software Development Kit)를 통해 애플리케이션이 제공되는 형태이다.

하지만 실제 임베디드 시스템에서는 수행할 작업의 수와 복잡도에 따라, 그리고 사용되는 프로세서/컨트롤러/SoC에 따라 소프트웨어 계층의 구성은 다양할 수 있다.

〈그림 1-10〉과 같이 라인트레이서(Line Tracer), 완구형 로봇, 로봇 청소기 등 비교적 단순한 작업을 수행하기 위해 8비트/16비트 마이크로컨트롤러가 사용되는 경우에는 소프트웨어 계층을 펌웨어만으로 구성하는 경우가 많으며, 또는 경량의 실시간 운영체제(RTOS) 위에 애플리케이션을 구성하는 것도 가능하다.

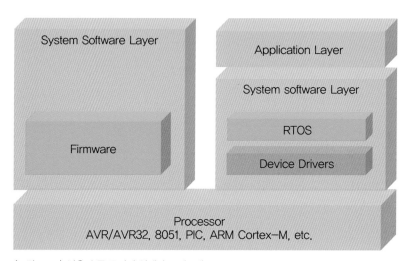

〈그림 1-10〉 낮은 수준 규격의 임베디드 시스템

반면 스마트폰, 스마트TV, 내비게이션 등과 같이 다양한 작업의 처리가 요구되는 시스템에서는 〈그림 1-11〉과 같이 리눅스, 윈도우, 안드로이드, QNX, 타이젠(Tizen) 등의 운영체제와 미들웨어로 구성된 시스템 소프트웨어를 기반으로 다양한 애플리케이션이 구성될 수도 있다.

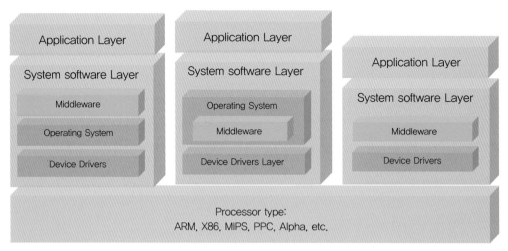

〈그림 1-11〉 높은 수준 규격의 임베디드 시스템

이처럼 임베디드 시스템은 시스템의 목적과 그에 부합되는 하드웨어 구성에 따라 소프트웨어 구조가
달라질 수 있다. 〈그림 1-12〉는 프로세서의 처리 능력과 소프트웨어의 복잡도에 따른 소프트웨어의
구조를 간단히 표현한 그림이다.

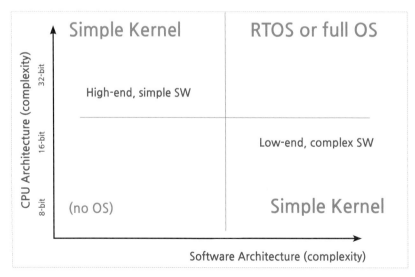

〈그림 1-12〉 프로세서, 소프트웨어 아키텍처의 복잡도에 따른 운영체제 타입

(출처: Selecting an Embedded OS, Mentor Graphics, Colin Walls)

임베디드 시스템의 필요성

임베디드 시스템에 대한 중요성은 이미 2006년도에 정보통신부 IT839 전략을 통해 강조된 바 있다.

〈그림 1-13〉 IT839 전략(출처: u-IT839 전략, 정보통신부, 2006.)

IT839 전략의 9대 신성장 동력 산업으로 임베디드 소프트웨어가 포함되어 있으며, 지능형 로봇, 텔레매틱스, 네트워크, 디지털 TV와 같은 신성장 동력 산업 분야 역시 임베디드 시스템의 범주에 포함되는 것으로 볼 수 있다.

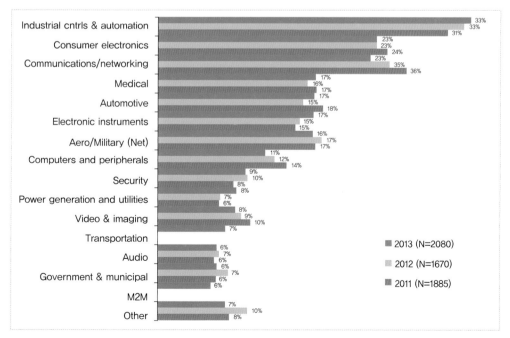

〈그림 1-14〉 임베디드 시스템 분야의 프로젝트 진행 현황(출처: 2013 Embedded Market Study, UBM Tech, 2013.)

또한 〈그림 1-14〉에서 볼 수 있는 것처럼 산업용 컨트롤러를 비롯해 가전기기, 네트워크 장비, 의료기기, 자동차, 우주/항공, 군사용 임베디드 시스템 분야의 개발자가 압도적으로 많은 비중을 차지하고 있으며, 2013년도에 이르러 수송 및 M2M(Machine-to-Machine) 분야의 프로젝트가 새롭게 등장한 것도 주목할 만한 부분이다.

범국가 차원에서 주도하는 프로젝트로서 국토해양부가 2011년 말에 발표한 '지능형교통체계 기본계획 2020'에 따르면, 2020년까지 자동차, 열차, 선박, 항공기 등 교통수단과 도로, 철도, 항만, 공항 등 교통시설에 정보·통신·제어 기술을 적용해 교통운영을 최적화, 자동화하고 여행자에게 교통정보를 제공함으로써 교통체계의 이동성, 안전성, 편의성을 높이는 시스템의 구축을 계획하고 있다. 지능형교통체계 시스템은 2000년에 발표된 'ITS 기본계획 21'을 기반으로 하고 있으며, 자동차와 철도를 비롯한 육상 교통수단부터 해상, 항공 분야에 이르기까지 모든 교통수단에 대해 다양한 IT 기술과 통신 기술을 접목시켜 통합적인 관리를 목표로 삼고 있다.

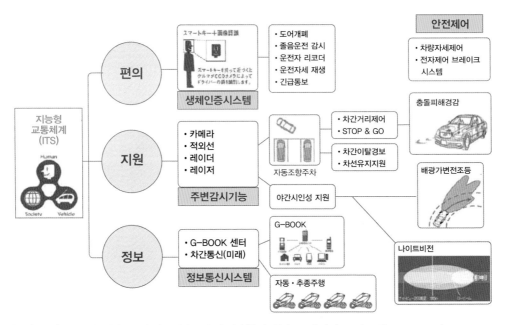

〈그림 1-15〉 자동차용 센서 지능화 기술 시장 동향 및 전망(출처: 현대오토넷 메카트로닉스 연구소, 2007.10)

〈그림 1-15〉에서 처럼 지능형 교통체계가 구축되려면 다양한 센서를 비롯해 여러 가지 유형의 장치와 통신 수단이 필요하며, 이러한 장치와 수단들은 모두 임베디드 시스템을 통해 구축되는 형태가 될 것이다.

최근 전 세계적으로 임베디드 시스템이 적용되는 가장 큰 분야 중 하나는 스마트카이며, 자동차는 과거 기계적인 제어 방식에서 전자적인 제어 방식으로 급격히 변화되어 가고 있다.

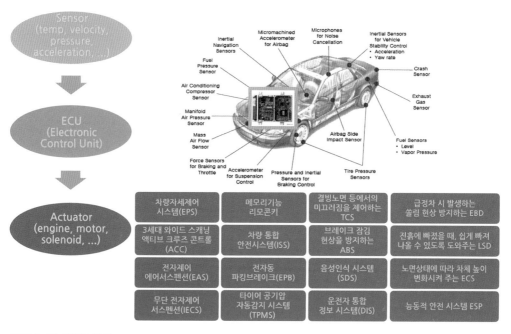

〈그림 1-16〉 차량용 센서

최근 출시되고 있는 고급 자동차들은 자동평형제어, 스마트크루저제어, 자율주차 등의 지능형 서비스들이 점차 보편화되면서 더욱 많은 전자 장치들이 연결되고 있으며, 연결된 전자 장치 간 상호연동을 통해 서비스들이 결합되는 추세이다. 자동차에 적용되는 센서의 종류는 날로 증가되고 있으며, 이러한 센서들을 통해 데이터를 수집하고, 수집된 데이터를 분석해 차량의 각 부품들을 제어하기 위해 ECU(Electronic Control Unit)와 액추에이터가 구성된다. ECU 역시 임베디드 시스템에 해당하며, 이 위에 구성되는 소프트웨어의 표준화가 추진되어 운영체제는 OSEK/VDX, 미들웨어는 AUTOSAR가 제정되었다.

OSEK/VDX는 자동차용 임베디드 시스템 표준화를 위해 1993년 BMW, Daimler-Benz, Opel, Siemens, Volkswagen 등의 유럽 자동차 업체와 모토로라가 참여해서 만든 표준화 기구임과 동시에 규격이다.

OSEK은 선점형 멀티태스킹을 지원하는 운영체제로서, 추상화된 인터페이스를 통해 하드웨어에 독립적인 응용 프로그램의 개발을 가능하게 하고, 이를 통해 확장성과 안정성의 향상을 가능케 한다. 또한 스케줄링을 통해 여러 작업을 하나의 ECU에서 분산 처리할 수 있어 하드웨어 자원 활용을 극대화할 수 있다.

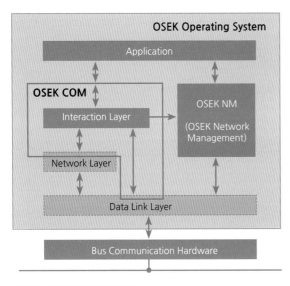

〈그림 1-17〉 OSEK/VDX 구성도

(출처: 자동차전장 SW 플랫폼 규격(AUTOSAR) 표준화동향, 박미룡 외, TTA Journal, No. 117, pp. 89-100, 2008.)

AUTOSAR는 앞서 산업계 표준으로 사용하던 OSEK/VDX를 기반으로 이를 더욱 정교하게 작성할 수 있고, 재사용 가능한 방법론을 제시함으로써 신뢰성을 제공할 수 있는 소프트웨어의 제작을 위한 소프트웨어 플랫폼을 제정하는 것을 목적으로 표준화가 진행되었다. AUTOSAR는 2003년 BMW, Daimler Chrysler, Volkswagen, Bosch, Continental, Siemens VDO 등의 자동차 제조업체와 부품 제조업체가 자동차의 전기/전자 아키텍처에 대한 공개표준을 제정하는 것을 목표로 공동으로 참여한 협력체로 탄생했다.

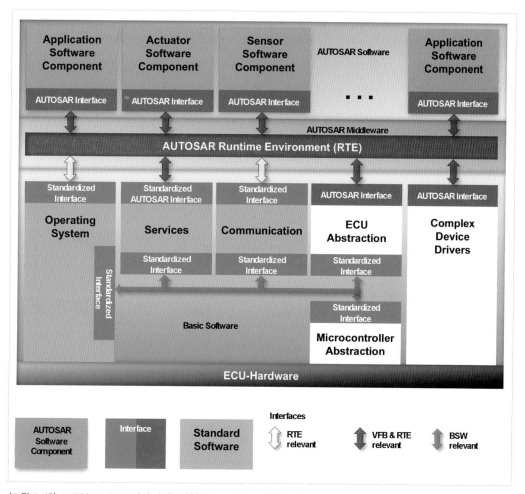

〈그림 1-18〉 AUTOSAR 소프트웨어 아키텍처(출처: AUTOSAR 홈페이지(http://www.autosar.org))

자동차 전장 소프트웨어에 대한 보다 자세한 내용은 3장에서 살펴 본다.

1974년에 네덜란드의 한 세미나에서 니콜라스 네그로폰테 MIT대 교수는 "우리는 유비쿼터스(ubiquitous)적인(어디든 존재하는) 분산된 형태의 컴퓨터를 보게 될 것이다. 아마 컴퓨터라는 것이 장난감, 아이스박스, 자전거 등 가정 내 모든 물건과 공간에 존재하게 될 것이다."라고 언급하면서 현재의 유비쿼터스 컴퓨팅 철학에 대한 초석을 제안했다. 이후 마크 와이저(Mark Weiser)에 의해 1988년 이 개념을 컴퓨터와 연결시켜 이전의 유비쿼터스 개념을 새로운 패러다임 이상의 수준으로 발전시켰다.

이러한 유비쿼터스 컴퓨팅의 개념이 진화되어 최근 대두되고 있는 네트워크 기술인 사물인터넷(IoT, Internet of Things)으로 발전했다. 사물인터넷은 2009년 Kevin Ashton에 의해 등장했으며, 사물인터넷에서 사물(Things)에 해당되는 것으로는 유무선 네트워크 환경에서 일반적으로 사용되는 단말뿐만 아니라 인간, 차량, 교량, 각종 전자장비, 문화재, 자연 환경을 구성하는 물리적 사물 등이 모두 포함된다. 사물인터넷은 이동통신망을 이용해 사람과 사물, 사물과 사물 간의 지능통신을 할 수 있는 M2M의 개념을 인터넷으로 확장해 사물은 물론, 현실과 가상세계의 모든 정보와 상호작용하는 개념으로 진화했다.

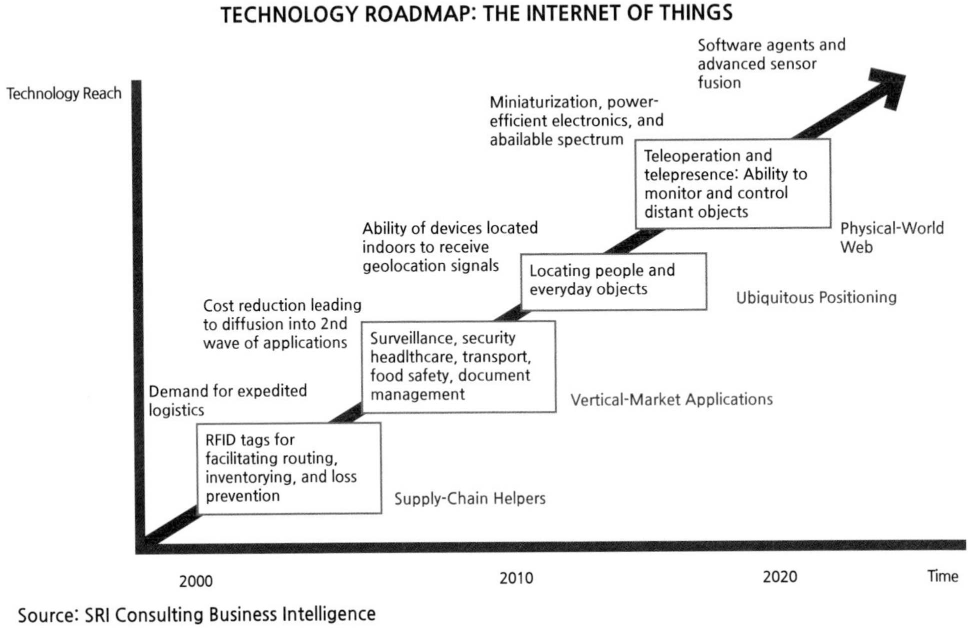

TECHNOLOGY ROADMAP: THE INTERNET OF THINGS

Source: SRI Consulting Business Intelligence

〈그림 1-19〉 사물인터넷(IoT)의 기술 로드맵(출처: SRI Consulting Business Intelligence)

사물인터넷의 주요 기술로는 센싱 기술, 유무선 통신 및 네트워크 인프라 기술, 그리고 IoT 서비스 인터페이스 기술이 있으며, 센싱 기술과 센서의 신호 처리, 유무선 통신을 위한 통신 기술과 통신 장비, 그리고 이를 바탕으로 서비스를 제공하기 위한 각종 소프트웨어 기술이 복합적으로 연계되는 임베디드 시스템을 통해 실현될 수 있을 것이다.

임베디드 시스템의 통신, 네트워크에 대한 내용은 4장에서 자세히 다룬다.

각 장에 대한 요약

이 책에서는 앞에서 언급했듯이 임베디드 시스템을 구성하는 핵심 기술을 자세히 살펴볼 것이며, 임베디드 시스템이 우리의 삶에서 어떤 형태로 존재하는가를 보여주는 실제 적용 사례도 자세히 알아볼 것이다. 이러한 요소 기술과 응용 사례를 통해 임베디드 시스템의 현주소를 파악하고 향후 임베디드 시스템 분야가 어떤 방향으로 발전할 것인지, 그리고 어떠한 기술들이 임베디드 시스템을 개발하는 데 필요한지 살펴볼 것이며, 나아가 임베디드 시스템을 설계하고 개발하는 모든 이들에게 총체적인 정보를 제공함으로써 임베디드 시스템의 발전에 기여하고자 한다.

이 책의 구성은 다음과 같다.

제1부는 임베디드 시스템의 개념, 각종 센서, 임베디드 시스템 구현을 위한 임베디드 시스템 플랫폼 기술 및 최신 네트워크 통신 기술 중심으로 구성되며, 제2부는 자동차, 의료기기 등 다양한 임베디드 응용 사례를 실무 중심으로 다루고자 한다.

먼저, 1장에서는 임베디드 시스템의 개념과 기본적인 구조를 비롯한 개요를 소개하며, 2장에서는 임베디드 시스템에서 정보의 입력을 위해 사용되는 각종 센서를 비롯한 입력 장치에 대해 알아볼 것이다. 3장에서는 임베디드 시스템의 핵심 요소에 해당되는 하드웨어와 소프트웨어 기술에 대해 현존하는 스마트폰, 지능형 자동차, 그리고 의료 장비와 같은 다양한 임베디드 시스템 플랫폼들에 대한 예시를 통해 살펴볼 것이며, 특히 임베디드 시스템 소프트웨어 기술에 대해 중점적으로 소개할 것이다. 4장에서는 임베디드 시스템의 네트워크 기술에 대해 최신 네트워크 통신 기술을 위주로 살펴볼 것이며, 이 책의 나머지 부분에서는 임베디드 시스템의 다양한 응용 사례를 통해 실무 개발 과정에 도움을 주고자 한다.

2장에서는 임베디드 시스템에서 필수적인 다양한 정보 입력을 위한 각종 센서 및 입력장치 기술에 대해 알아보고자 한다. 먼저 컴퓨터 시스템의 입출력을 위한 인터페이스에 대해 간단히 소개하고, 임베디드 시스템 센서기술, HMI(Human Machine Interaction) 기술, 키넥트 기술에 대해 살펴보고자 한다. 임베디드 시스템이 발전하면서 버튼을 이용한 간단한 조작에서 벗어나 상황을 인지해 스스로 동작하는 모습을 그리면서 다양한 센서들이 나타나기 시작했다. 임베디드 기술과 결합해 우수한 서비스로 발전할 수 있는 입출력장치에 대해 살펴 본다.

컴퓨터 시스템의 입출력장치

컴퓨터 시스템의 입출력 시스템을 대표하는 인터페이스로 마우스, 키보드, 디스플레이가 있다. 컴퓨터 시스템이 발전하면서 어떤 입출력장치들이 개발되고 발전했는지 살펴 보자. 〈그림 2-1〉의 컴퓨터의 발달과정에서 볼 수 있듯이 컴퓨터는 기계적인 계산 장치에서 시작되어 전기적인 기계장치, 그리고 소프트웨어적인 기계장치로 발전하고 있으며, 인간의 많은 기능을 대신하고 있다.

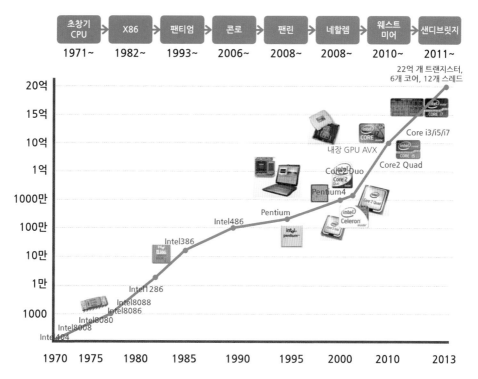

〈그림 2-1〉 인텔의 마이크로프로세서 역사

제1세대 UNIVAC을 시작으로 대형 서버 중심의 컴퓨터 시대에서 제 4세대에 들어서면서 개인용 컴퓨터(PC, Personal Computer) 시대가 도래했다. 컴퓨터 주요 소자와 주기억장치의 변천으로 인해 급속도로 연산속도의 향상과 소형화가 이루어졌고, 자판, 조이스틱, 마우스, 터치 패드, 터치스크린, 트랙볼, 모니터, 프린터, 스피커 등의 입출력장치가 사용되었다.

제5세대 컴퓨터는 기존 주요 소자의 변화 중심의 구분에서 벗어나, 본격적인 통신기술 시대가 개막 되었다. 광통신, 디지털 셀룰러 기술(TDMA, CDMA) 등의 새로운 통신 기술이 나타났으며, 호스트-단말기 중심에서 소형 분산처리 가능한 PC가 등장하여 게임 및 멀티미디어 타이틀과 같은 프로그램이 소비자들에게 높은 반응을 보이면서, 스캐너, 스피커, 마이크, VIDEO, CD 등의 입출력장치가 사용되었다.

제6세대 컴퓨터는 펜티엄 CPU와 개인용 컴퓨터로서, 사용자 화면 중심의(GUI, Graphical User Interface) 운영체제인 Windows 95 운영체제로 대표된다. 게임, 동영상 재생에 대한 요구가 증가하면서 기존 CPU 영역에 고밀도 트랜지스터를 내장하고, 멀티미디어 처리를 위한 명령어(MMX, Multi Media Extension)를 약 52개 추가함으로써 멀티미디어와 게임의 전성시대가 펼쳐졌다. CCITT(International Telegraph and Telephone Consultative Committee, 국제전기통신연합(ITU)), ATM, ISDN, 등 다양한 통신 규약들이 규격화되었다. 또한 통신 규약을 기반으로 PC 통신과 인터넷을 일반 사용자도 사용할 수 있는 환경이 마련되었고, 현재와 같은 인터넷 환경이 만들어졌던 시기로 본격적인 멀티미디어 시대가 시작되면서 기존의 입출력장치가 세대교체되고, 웹캠, DVD, 터치스크린 등의 새로운 인터페이스 기술이 나타났다.

제7세대 컴퓨터는 인터넷 기술이 이전과 달리 하이퍼텍스트와 같은 중요 방법론에서 시작해 초고속 인터넷, 모바일 인터넷으로 발전하면서 다양한 멀티미디어 기술이 현실화되는 시기다. 이 시대에는 멀티미디어 브라우저-플러그인 기술, 자바와 같은 객체지향 기술, 멀티미디어의 하드웨어, 소프트웨어적인 발전으로 나타나는 MP3 포맷 및 해당 디바이스 기술의 발전, 그리고 보급화 등 기술적인 진보가 크게 이루어졌다. 인터넷을 일반 사용자들이 손쉽게 사용할 수 있게 도메인 네임 기술을 시작으로 배너광고, 포탈, 허브, 블로그 및 전자 상거래 기술이 혁신적으로 발전한 시기로 ERP(Enterprise Resource Planning), SCM(Supply Chain Management), CRM(Customer Relationship Management) 등의 기술적인 발전이 있었다.

제8세대는 20세기가 되면서 기존의 컴퓨터 시대에서 벗어나 언제, 어디서나, 무엇이든지, 누구라도 하나의 단말로 연결되는 유비쿼터스 시대가 시작되었다. 다양한 분야에서 유비쿼터스가 적용되어 u-커머스, u-비즈니스, u-물류, u-건설, 스마트자동차 등 새로운 시장에 대한 킬러 애플리케이션, 블루오션 전략 등의 수용창출과 고용 기회를 찾기 위한 새로운 비즈니스 모델로 제시되고 있으며, 하나의 동작 주파수를 높이는 '고클럭화'에서 복수의 코어에서 작업을 분담해서 작업하는 '멀티코어화'로 변화하고 있다. 즉, CPU 중심의 발전에서 CPU+GPU, 멀티CPU+멀티GPU 프로세스 환경으로 발전하고 있다.

지금까지 컴퓨터의 발전과 입출력장치의 발전 동향에 대해 살펴 보았다.

컴퓨터 기술의 발전으로 기존에는 불필요한 정보를 새로운 입출력으로 받아 처리하게 되고, 유비쿼터스 시스템으로 발전하면서 환경에 맞는 새로운 인터페이스 사항들이 〈표 2-1〉과 같이 요구되었으며, 이러한 요구사항에 의해 현재도 임베디드 시스템의 입출력 인터페이스는 발전하고 있다.

입출력장치에 대한 이해를 돕기 위해 대표적인 컴퓨터 시스템의 입출력 시스템 몇 가지 예를 살펴보고자 한다.

입력장치

대표적인 컴퓨터 시스템의 입력장치에 대해 살펴보면 다음과 같다. 키보드는 텍스트를 입력하는 주요 장치다. 마우스 또한 대표적인 입력장치이지만, 정보 입력 기능보다는 주로 좌표와 선택 기능을 수행한다. 키보드는 정확하고, 빠르게 입력할 수 있다는 장점 때문에 최근의 스마트 디바이스에서도 자판 배열의 터치스크린으로 텍스트 정보를 기록할 수 있게 한다. 키보드는 사람의 언어를 기본 자판과 특수 기능 버튼, 컨트롤 버튼 조합에 의해 표준화된 텍스트와 비-표준의 정보를 기계에 전달할 수 있는 입력 장치이다.

초기의 키보드는 세벌식이나 두벌식으로 구성되는 키보드 자판 종류를 중심으로, 그 안에서 신세벌식, 박경남 신세벌식, 안마태-김국 키보드 등 새로운 방식이 다양하게 고안되었다. 또한 최근의 스마트 디바이스에서의 LCD 디스플레이와 터치스크린을 이용해 다양한 아이디어의 자판이 만들어져서 사용되고 있으며, 대표적인 것이 기존 키보드와 동일한 쿼티(QWERTY) 자판, 천지인(모음최소형), 나랏글(자음최소형), 한글2(혼합형) 등이다.

〈표 2-1〉 임베디드 시스템의 이용 모습

구분	내용
사회 생활	• 마이크로칩을 이용한 네트워크를 통해 식·약품의 품질 보존기간을 인공지능적으로 관리 • 주거 및 사무실 등의 시설 내에서 공간 조정 및 조명 등이 시간과 장소, 인간의 행동, 상황에 맞게 자동적으로 조절 • 외출했다 귀가하면서 부재중 모드에서 재택모드로 변환 입력하면, 위치정보 등과 연계하여 공간 조정, 주방기구작동, 욕실 급탕 등 귀가 시에 최적의 상태가 마련될 수 있도록 자동적으로 동작을 개시 • 주행중의 자동차가 어린이나 애완동물의 접근을 감지하고, 자동 브레이크를 걸어 안전을 확보
소비	• 소형 칩을 장착한 카드나 정보단말, 지문 등 바이오 메트릭스를 이용한 다양한 인증시스템에 의한 개인인증 플랫폼이 구축되고 고액 상품의 발주 및 결제를 안전하고 간단히 실현 • 고객이 소지한 IC 카드나 상품의 ID 등과 연계하여 고객이 구매하고자 하는 물건을 가지고 register를 통과함과 동시에 구매와 결제를 완료
사회 참여	• 시청각 등의 장애인이 도로나 가정에서 센서 네트워크에 의해 위치정보나 주변정보 등을 파악할 수 있는 배리어프리(barrier free) 환경을 실현 • 센서 네트워크에 의한 개인정보의 발신·인증에 의한 공공시설·교통기관 등에서 고령자가 불편 없이 배리어프리 환경을 실현 • 휴대형 단말이나 카드에 삽입한 칩이 신체장애나 부상의 정보를 발신하여 역 또는 전철, 버스 등에서 좌석, 화장실, 에스컬레이터의 설비가 이용자의 신체조건에 맞게 자동적으로 작동
환경	• 장소와 상관없는 네트워크 액세스 환경에 의해 텔레워크나 SOHO 등의 다양한 취업환경을 실현하고 인적 이동에 따른 에너지사용 절감 • ID나 칩을 탑재한 정보에 의해 보다 효율적인 물류관리가 가능해지고 환경에 대한 부담을 줄임.
취업	• 사무실, 외출처, 거리, 가정 등 어떤 장소에서든 네트워크 인증만으로 자신의 업무환경으로 순간적으로 호출하여 이용 • 국내에서는 물론 세계 어디서든, 비행기 의자, 호텔 창문 등에 설치된 디스플레이가 인증만으로 즉시 my 단말로 변환 • 고도 콘텐츠 전송기술에 의해 단말이나 액세스망의 기능을 최적으로 표시할 수 있고, 자신에게 필요한 정보를 순식간에 이용
교육	• 그룹에서의 야외체험학습에 각자가 네트워크 단말을 활용하고, 자유롭게 이용하면서 네트워크를 의식하지 않은 채 실시간으로 영상이나 메모정보를 교환할 수 있고, 그룹섹션을 전개 • 연구자와 극소센서를 이용해 자연환경을 관측하고 인공적인 구조물을 이용한 필터 실험을 수행 • 다수의 연구소 등에서 리얼타임으로 3D 정보 등의 높은 실제감으로 양방향적인 데이터 교환이 가능하고, 창의적 연구를 수행

(출처: 일본 유비쿼터스 네트워크 기술의 미래전망에 관한 조사연구회, 2002.)

〈표 2-2〉 키보드의 종류와 특징

키보드 종류	특징	모양
기계식	기계식 키보드는 스위치를 각 버튼에 독립된 스위치 유닛으로 구성됨. 내부 금속판을 접촉시켜서 스위치 동작이 되는 것으로 타자기에서부터 사용하던 방법임. 클릭 촉감과 소리에 대한 마니아 층이 있음.	

키보드 종류	특징	모양
멤브레인	러버돔으로 구성되며, 상부 회로막에 압력이 전달되면 절연막 사이에 뚫린 구멍을 통해 하부 회로막의 전극과 연결되어 스위치 입력을 인식하는 장치	
팬터그래프	X자 모양의 스테빌라이저가 각 버튼에 장착되어 있고, 슬림하게 제작할 수 있다는 장점이 있음. 노트북 자판용으로 사용됨.	
정전용량 무접점 방식	기존 키보드들의 접촉 불량 발생률을 최소화한 제품으로 금속판의 접촉이 아닌 정전용량 패드를 이용한 접촉 방식을 적용한 것으로, 키보드를 비롯한 최근의 많은 스위치에 적용되고 있음.	

마우스와 같이 그래픽 환경에서 유용한 인터페이스는 1968년에 발명되었지만, 1984년 애플의 매킨토시 제품이 출시되기 전까지는 무용지물의 기계에 불과했으나, 혁신적인 GUI를 기반으로 하는 매킨토시에서 진정한 가치를 확인하고 간단한 장치로 좌표 이동 및 선택 등 키보드만으로 할 수 없었던 입력장치로 발전해 응용 분야에 따라 조이스틱, 트랙볼, 태블릿과 같은 포인팅 장치가 개발되었다.

마우스　　　　　　　　조이스틱　　　　　　　　트랙볼　　　　　　　　태블릿

〈그림 2-2〉 입력장치의 종류

또 다른 입력장치로는 스캐너, 사운드카드, 웹 캠, 디지털 카메라 등이 있으며, 이러한 입력장치는 그림이나 사진, 오디오 등의 실생활에 존재하는 멀티미디어 데이터를 디지털화하는 장치로서 아날로그로 존재하는 신호를 샘플링과 양자화 단계를 거쳐 디지털 파일로 제작하는 장치이다.

출력장치

컴퓨터 시스템 내부에서 정보(디지털 데이터 형태)를 처리한 결과를 사람이 알 수 있도록 보고, 듣고, 만질 수 있는 매체로 변환하는 장치를 출력장치라고 한다. 대표적인 출력장치로는 모니터, 사운드, 프린터 장치가 있다.

컴퓨터에 없어서는 안 되는 출력장치인 모니터 장치는 기록 장치에 있는 데이터가 사용자의 요구사항에 의해 화면에 표시되도록 CPU와 비디오컨트롤러 장치의 인터페이스에 의해 모니터를 제어한다. 모니터 장치는 CRT(Cathode Ray Tube) 모니터, 평판 디스플레이, 단색 모니터, 회색(Grayscale) 모니터, 컬러 모니터로 발전했다. 아직도 단색의 컬러의 색상이 증가하고, 색감이 발전하고 있다.

〈그림 2-3〉 모니터의 종류

모니터의 사전적인 의미는 화면에 나타나는 문자나 도형으로 데이터를 시각화하는 장치를 말하며, 현재의 기계의 정보를 사람에게 전달하는 가장 뛰어난 장치이다. 디스플레이 장치 기술은 상대적으로 역사가 짧음에도 RGB 전자총을 이용하는 CRT, Plasma를 이용하는 PDP, 액체와 고체의 중간 상태인 액정(Liquid Crystal)을 이용하는 LCD, 자발광형 디스플레이인 OLED, 10nm 크기의 수백만 개의 전자방출원인 FEA를 이용하는 FED, 양안시차와 같은 기술을 이용한 3차원 효과를 가질 수 있는 3D Display, 곡면 디스플레이, UHD 제품으로 표현 기술이 발전하고 있다.

또한 모니터 크기도 30, 46, 55, 65, 84, 100인치 이상의 모니터로 발전하고 있으며, 비디오 컨트롤러 기술 개발에 의해 다수의 모니터를 연결해 디지털 사이니지(Digital Signage) 분야에 사용되어 강남 거리 통합 상황실(날씨, 교통, 공항, 관세청, 등 다양한 상황실)에 응용되고 있다.

〈표 2-3〉 디스플레이 주요 연표

년도	내용
1888	액정 발견, 오스트리아 라이니처
1897	음극선관(브라운관) 발명, 독일 칼 브라운
1927	네온가스 방전을 이용한 PDP 개발, 미국 벨 시스템
1935	세계 최초 TV 방송개시, 독일
1950.	컬러 브라운관 개발, 미국
1973	LCD 탑재 계산기 발매, 일본 샤프
1994	국내 PDP 사업 본격화, 삼성, LG
1998	3~3.5세대 LCD 양산, 삼성, LG
2004	40인치, 45인치 LCD 상용화, 삼성, LG, 샤프
2007	세계 최초로 AM OLED 양산, 삼성SDI
2012	OLED TV 패널 생산, 삼성, LG
2013	플렉서블 LCD, 삼성

두 번째로 사운드 출력장치이다. 사운드 출력을 위한 중요 모듈로는 사운드 카드와 스피커로 구분할 수 있다. 음성 데이터의 압축, 암호화, 샘플링 변경에 따라 코덱 모듈이 추가되어 사용되기도 한다. 컴퓨터, 태블릿, 스마트폰을 비롯해 사용자에게 정보를 제공하는 정보단말기에는 필수 요소이다.

또한 사운드 출력장치를 이용하는 대표적인 서비스는 전화망을 이용하는 텔레포니(Telephony) 서비스이다. 서버에 음성처리보드(Voice Board)를 다수 장착해서 서비스를 수행한다. 즉, 자동으로 사용자에게 전화를 걸어 서비스를 제공하거나, 전화를 건 사용자에게 ARS 서비스를 제공하기도 한다.

프린터는 기계에 있는 정보를 사람이 인식할 수 있는 텍스트, 이미지 등의 정보로 출력하는 장치이다. 〈그림 2-4〉와 같이 컴퓨터에 입출력을 위한 기계 장치인 천공카드에서 시작해 자기테이프, 도트 프린터, 잉크 프린터, 레이저 프린터로 발전하면서 단순 기계장치에 마이크로프로세서를 내장한 장치로 발전하고 있다. 인쇄 기술의 발전과 사용자의 요구(컬러, 흑백, 장애인을 위한 점자 출력, 사진전용 출력,

현수막)의 증가에 의해 다양한 형태의 프린터가 사용 중이다. 고가의 복합기의 경우에는 멀티미디어 임베디드 시스템(ARM MCU를 내장)을 내장해 PDF 스캐너, 자동 팩스 송수신, 터치인터페이스 등을 제공하기도 한다.

| 천공 카드 | 자기 테이프 | 도트 프린터 | 잉크 프린터 | 레이저 프린터 |

〈그림 2-4〉 프린터 종류와 발전 형태

3D 프린터는 3차원으로 설계되어 있는 데이터를 3차원 물체로 출력하는 장치이다. 액체, 파우더, 폴리머, 금속 등의 재료를 이용해 적층, 첨가, 철삭 방식으로 가공하는 기술이 적용된 프린터들이 활성화되고 있다. 적층 혹은 첨가형 제품은 가루나 액체를 굳혀가면서 적층해서 쌓는 방식으로 매우 복잡한 구조도 제작할 수 있다.

〈표 2-4〉 3차원 프린터 모델 비교

모델 이미지				
모델명	Stratasys Mojo	Stratasys Elite	에디슨 signle	PineTree
제품 크기	630×450×530	686×914×1041	467×324×380	410×380×460
제작 크기	127×127×127	203×203×305	225×145×150	200×170×150
제품 무게	27kg		14.5kg	11kg
적층 두께	0.178	0.178	0.10~1.5	0.15
재료	Absplus p430	Absplus p430	Polylatic acidtide	ABS&PLA
사용 프로그램	Print wizard software	Catalyst software	Creator K	Cura, Repetier host, Pronterface, Kisslicer

임베디드 시스템 센서기술

임베디드 시스템 센서/센서 모듈 종류

컴퓨터 시스템의 입출력장치들이 임베디드 시스템에도 동일하게 사용될 수 있지만 임베디드 시스템이 센서/센서 모듈과 결합했을 때 더욱 강력한 영향력을 지닌다. 현재의 임베디드 시스템을 살펴보고, 아직 개발되지 않은 분야에 임베디드 시스템을 적용하기 위해 센서의 종류를 살펴보는 것은 매우 중요하다.

센서란 측정 대상물의 물리량을 측정하고, 검출된 물리량을 전기적인 신호로 변환시켜주는 소자(반도체) 혹은 모듈이다. 검출된 물리량은 스위치 입력과 같이 디지털 시그널(ON/OFF)로 출력하거나, 물리량을 미세한 값으로 출력하고, 임베디드 시스템에서 인식할 수 있도록 증폭해서 아날로그(0V~5V) 신호로 출력한다.

센서는 역학센서, 전자기센서, 광학센서, 온도센서, 화학센서, 미생물 센서 등으로 나누며, 사람의 눈, 코, 입 등의 오감을 기계가 인식하기 위한 장치로 보면 이해하기 쉽다. 〈표 2-5〉는 현재 판매 중인 센서/센서 모듈의 종류를 센서그룹을 기준으로 분류한 것이다.

〈표 2-5〉 센서/센서 모듈 종류

센서그룹	종류
포토(광)센서	포토다이오드 | 포토트랜지스터 | 포토인터럽터 | 포토로직센서 | 컬러센서 | 원주형 | Cds셀 | 주변광센서 | 리모컨수신부 | 반사형(로직출력) | 반사형(TR/아날로그출력) | 광마우스센서 | 광섬유센서 | 기타
초음파 /적외선센서	초음파센서모듈 | 초음파센서관련부품 | 적외선센서/센서모듈 | 거리측정센서 | 근접센서
위치인식 /MEMS센서	스타게이저(위치인식) | 기울기센서 | 콤파스센서 | 가속도센서 | 자이로센서 | 홀센서 | 포지션센서 | 근접센서(리드스위치) | Encoder | 마그넷센서 | 수위센서 | 선형변위센서 | 차량검출센서 | MEMS 오디오센서
Force센서 /Touch센서	휨센서 | 터치센서 | 압력/진동센서 | 차압센서 | 유량(Flow)센서 | 디스플레이형 압력센서 | 로드셀(Loadcell) | 지문인식 센서 | 속도센서
환경센서	연기/불꽃센서 | 온도/습도센서 | 먼지센서 | 조도센서 | 가스/산소센서
써미스터	NTC써미스터 | PTC써미스터
전류센서	전류센서 | DC-CT | 플렉시블 로고스키코일 | 전류센서 모듈
오토메이션용 센서	마그네틱센서 | 앰프내장형포토센서 | 에어리어(AREA)센서
이미지센서	Color | Mono
생체신호센서, 다기능/특수용도, 센서용 액세서리 등	

포토(광)센서: 밝기 인식, 물체 인식, 영상 인식, 거리 측정, 색상 판정, 광 센서, 광 데이터 전송

빛-)주파수 및 빛-)전압 TRI
Color Sensor LTV w/1x-4x
Gain

포토다이오드 60V 215mW
35Deg PIN Photodiode

PHOTODIODE AVALANCHE
10MM MODULE

PHOTODIODE AVALANCH
BLU 16MM SHV

SD112-45-11-221
DETECTOR/AMP BLUE
600MOHM TO-5

TLU-011
SENSOR, CONTRAST,
RED/GRN, 9MM, CABLE

원주형 포토센서 BR4M-
TDTD, 검출거리:4m투과형(유
리 렌즈 타입) 12-24VDC NPN
오픈콜렉터 Dark On모드

NSL 4960,
LIGHT DEPENDENT
RESISTOR

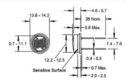

E32-CC200 2M
SENSOR HEAD, FIBRE,
DIFFUSE, M6

SVS1-08-DC-K
SENSOR, VISION, FULLY
EMBEDDED

초음파/적외선센서:인식 거인 , 물체 인식, 통과, 리미트, 음파 인식

HG-M40RC 일반형(범용) 초
음파 센서, 범용 초음파센서모
듈 수신부

[HDUS-007] 초음파 거리센
서 최대2m, 송신기, 수신기,
제어회로 일체형으로 구성

SCN-1424SC.
SENS ULTRASNIC 200-
2000MM 180KHZ

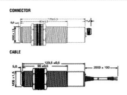

적외선센서 - RE03B
적외선센서부, 증폭렌즈

거리측정 CAN 센서
PSD2CAN, 적외선을 이용하여
거리를 측정하는 PSD Sensor
모듈, CAN통신

E3S-CL2
PHOTOSWITCH, DIFFUSE

QS18VP6LPQ8
SENSOR, RETRO, 3.5M, PNP,
M12

UB500-30GM-E5-V15
PROXIMITY SWITCH

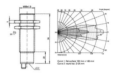

위치인식/MEMS센서: 위치 인식, 자이로스코프, 경사, 엔코더, 위치 측정

ADIS16480AMLZ
자이로스코프 10 DoF IMU
with Attitude & Heading

지능형 로봇용 위치인식센서
모듈 스타게이저, 청소로봇이
나 서비스로봇과 같은 실내
지능형 로봇의 실내 내비게
이션을 위한 위치인식센서

[MSENS-TA-S-H] 경사 알람
센서, 확장칼만 필터적용 1축
경사 알람센서 , High (V+) 출
력 , 측정 각도 ±±3 ° ° ~±
±30 ° °

ADMP522ACEZ-RL7
MEMS 마이크 65dB +/-
1dB Sens PDM-o/pt SNR
MEMS MI

GCD-SE Series Precision
Gage Heads
SENSOR GAGE HEAD GCD-
SE 2.54MM

MES20-2000P-C3
ENCODER INTEGRAL 2000
CPR

Force센서/Touch센서: 힘, 터치, 유량, 압력, 지문, 속도 로드셀	
스트레인게이지아나로그 (0~5V, 4~20mA)변환모듈 로드셀(스트레인게이지)을 직접 연결하여 사용할 수 있는 신호변환모듈 	유량센서 (EM1NL) 탁월한 가격대비 성능, 빠른 데이터 출력속도, 높은 정밀도, 넓고 유동적인 측정범위, 디지털 보정과 온도보상 
SMBA-1000 압력& 온도 일체형 디지털 출력 센서 	[HD-Lcell-10] 4선식 로드셀 (Loadcell) 10Kg 4선 로드셀용량: 10Kg 출력: 1mV 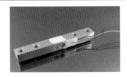
DSP-320 지문인식모듈 TMS-320, 대용량 플래쉬 (FLASH), 칼라 CMOS 등으로 구성 	SNDH-H3C-G03 속도 센서4.5Vdc to 24Vdc 20mA max current 

〈그림 2-5〉 자주 사용되는 센서와 센서 모듈 소개

포토(광)센서, 초음파 센서, 위치센서, 힘, 터치, 환경 센서, 전류센서 등 많은 센서 혹은 트랜스듀서 제품들이 나노 기술과 MEMS 기술로 발전하면서 소형화와 응용 분야의 확대가 이루어지고 있으며, 복합 기능을 하는 센서로 발전하고 있다.

〈그림 2-5〉는 국내/외 전자 부품 쇼핑몰에 등록되어 있는 수많은 센서를 한눈에 보기 위해 모아 놓은 것이다. 몇 십 원에서부터 수백만 원까지 제품의 가격이 다양하다. 센서의 정확성, 신뢰성, 선택도, 안정도, 규격성, 보존성, 경제성, 기능성의 특성과 생산, 제품화에 투자되는 비용에 의해서 가격이 형성된다. 고가의 센서라고 해서 꼭 좋은 것은 아니며, 응용 분야에 따라 적당한 센서를 선택해야 한다. 센서를 임베디드 분야에 적용하기 위해서는 저렴한 가격에 Signal On/Off, UART 통신, A/D 변환기, PWM 입출력 등의 센서 모듈을 구매해 테스트를 완료한 후 응용 분야에 맞는 제품을 선정해야 한다.

임베디드 분야에 센서 응용

고성능 프로세서 기술과 센서의 응용 기술이 발전함에 따라 모든 산업 분야에 임베디드 시스템이 적용, 확산되고 있다. 임베디드 분야에 손쉽게 적용되고 많이 사용되는 제품들은 다음과 같다.

포토 센서는 광 신호를 전기 신호로 변환하기 위한 반도체 다이오드에 의해 전자의 흐름에 따라 광전류가 변화하는 원리를 이용하는 센서로, 사람의 시각 정보를 전자기기가 인식할 수 있도록 발명된 센서이다. 사람의 눈과 같은 동작을 위한 센서로 물체 인식, 거리 판정, 형상 식별, 판정 등의 기능이 임베디드 시스템에게 동작 가능하도록 전기 신호로 변환 출력한다. 우리 주변에서 가장 보기 쉬운 센서의 형태로 텔레비전 리모컨에 들어 있는 송수신 센서로서, 사용자의 버튼 조작이 적외선 송신 모듈을 통해 전달되고, 텔레비전에 있는 적외선 수신 모듈에서 수신된 정보가 임베디드 시스템 전달되어 채널을 변경하거나, 위치 조절 등의 동작을 수행할 수 있다. 서로 다른 명령어를 구분하기 위해 명령어별로 서로 다른 펄스폭(PWM)을 갖는 체계를 가지고 있다.

반도체 기술의 발전으로 소형화, 고기능화 되는 전자 장치들이 자동차를 비롯해 많은 산업에 융합되고 있다. 전자 장치(ECU, Electronic Control Unit) 자동차에 융합되면서 편의 기능 향상, 주행 효율, 운전 품질 상승, 가격 경쟁력 강화에 큰 역할을 담당하고 있다.

〈표 2-6〉은 현재 자동차에 장착되어 있고, 앞으로도 계속 적용이 확대되고 있는 센서를 열거한 것이다. 자동차 임베디드화는 그린 자동차, 지능형 자동차라고 하는 큰 테마로 발전하고 있으며, 어떠한 센서를 이용해 어떤 정보를 획득하고, 알고리즘을 고안 적용해서 기능을 완성하느냐가 제품의 품질을 결정한다. 경우에 따라서는 프로세서의 속도만 향상되어도 좋은 결과를 얻는 경우도 있다.

〈표 2-6〉 자동차에 적용되는 센서와 용도

센서 종류	용도
압력 센서	• 타이어 공기압 측정 시스템(TPMS, Tire Pressure Monitoring System) • 브레이크 감도 측정 시스템 • 에어백 시스템(Air Bag System) • 차량 안정성 제어 시스템(VSC, Vehicle Stability Control)
가속도 센서	• 서스펜션 제어 시스템(SC, Suspension Control) • 롤 오버 시스템(Roll Over System) • 타이어 공기압 측정 시스템의 구동체
각속도 센서	• 정속 주행 시스템(ACC, Auto Cruise Control) • 조향 제어 장치 시스템(Steering Assist System)

센서 종류	용도
초음파 센서	• 주차 보조 시스템(APS(PAS), Auto Parking Assistance System) • 사각 지대 안전 시스템(Blind Spot System)
중량 센서	• 스마트 에어백 시스템(Smart Air-bag)
차륜 속도 센서	• 브레이크 잠김 방지 시스템(ABS, Anti-lock Brake System) • 구동력 제어 시스템(TCS, Traction Control System) • 쿠르즈 컨트롤(정-속주행) 시스템(CCS, Cruise Control System) • 타이어 공기압 측정 시스템(TPMS, Tire Pressure Monitoring System)
CCD/CMOS 센서	• 차선 이탈 경보 시스템(LDWS, Lane Departure Warning System) • 전후방 감지 시스템(FRMS, Forward & Rear Monitoring System) • 충돌 예지 안전 시스템 • 주행 정보 영상 기록 시스템

그린 자동차는 연료 전지를 이용하는 전기차량 및 다양한 연료를 이용하는 하이브리드 차량, 무거운 기계를 최소한의 역학 장치와 ECU의 결합으로 대체하는 차량의 전장 제어 시스템으로 발전하고 있다. 지능형 자동차는 영화 속에서 소개되는 자율주행 차량, 사고 예방과, 운전 편의성 향상이라는 큰 방향을 가지고 급속도로 발전하고 있다.

자동차에 센서가 사용되어 눈에 보이는 효과를 주는 제품으로 주차 시에 장애물이 있는지 소리로 알려주는 장치인 파스(PAS, Parking Assist System)가 있다. 초기에는 사각지대를 알려주는 장치로 사용자의 관심도에 따라 옵션으로 부착되는 모니터링(알림) 장치에서 시작되었지만 현재는 거의 모든 자동차에 기본으로 장착되어 출고되고 있다. 거리 측정 장비에서도 많이 사용되는 초음파 센서를 후방에 장착해 물체에 충돌되어 반사되는 물체의 거리를 측정하고, LED에 표시하거나, 소리를 이용하여 알려주는 장치다. PAS 기능은 적외선 센서로도 가능하지만, 외부 빛 이물질 등의 영향이 다소 적고, 직진성이 없는 15~45도 내의 근거리 물체(3m 이내)를 인식할 수 있는 센서로는 초음파 센서가 적절하며, 현재 많이 사용 중에 있다.

초음파 센서의 거리 식별 능력(4.5m 이상의 거리도 측정)과 정확도가 발전하면서 응용 분야가 확대되고 있다. SPAS(Smart Parking Assist System, 자동주차 시스템)은 초음파 센서를 이용해 주변을 스캔해 주차 가능한 장소를 찾고, 운전자와 협업으로 주차를 반자동으로 제공하는 시스템이다.

자동차의 내비게이션 단말기 및 클러 스터를 손의 제스처를 이용해 제어하 는 센서 입력으로 사용하는 예

트렁크 닫힘 안전 센서로서 사람의 손, 발 등의 신체가 트렁크 문에 끼는 현상 을 예방하는 센서 입력으로 사용하는 예

앞, 뒤, 옆의 유리에 부착해 빗물이 존 재 여부에 따라 와이퍼 동작 및 주변 장치의 동작을 제어하는 센서의 입력

〈그림 2-6〉 자동차 분야 센서 응용 예

거리를 측정 센서로는 광원 센서들과 초음파 센서가 많이 사용되고 있다. 응용 분야를 바꿔서 물체를 인식하거나, 특정 물질이 근접하는지, 다른 이물질이 있는지 확인하는 기능으로 활용할 수 있다. 유사 하고 간단한 기술이지만, 빛, 음파, 자기장 등 다양한 물리 현상을 이용하는 모션 인식 센서로 발전해 자동차 분야를 비롯해 〈그림 2-6〉과 같이 사용자에게 매우 유용한 기능의 제품으로 표현된다. 센서와 융합된 우수한 임베디드 제품을 만들기 위해 센서의 특징을 알아보고, 어떻게 사용되는지를 보기 위해 센서 융합 제품에 대해 살펴볼 것이다.

〈표 2-7〉 대표적인 자동차용 센서의 분류

제어 시스템			Power Train 제어	차량 제어	차체 제어	정보 통신
기술 과제			환경보전, 에너지 절약		기본 성능 향상	
요구 조건			배기가스 정화, 연비향상	안전 향상	환경 향상	편리성 향상
시스템의 예			• 가솔린 연료분사 제어 • 공연비 피드백 제어 • 희박연소 제어 • 가솔린 직분사 제어 • 가솔린 점화시기 제어 • 디젤 연료분사 제어 • 공회전수(Idling) 제어 • 자동변속기 제어	• Suspension 제어 • 정속주행 제어 　(Auto Drive) • ABS 제어 • Traction Control • 주행자세 제어 　(4WS, VSC)	• Auto Air-con. • 공기 청정기 • Air-bag • Digital Meter • Light • 전/후방 감시	• Personal 무선 • Car Navigation • 자동차 전화 • 자동차 TV • VICS에 대응 하는 Navigation
물리 센서	역학 적 센서	거리		• Laser Radar	• Back Sonar • Coner Sonar	• 초음파 • CCD • Laser Radar
		위치 각도	• Throttle 개폐 각도 • Accelerator 개폐 각도	• Steering 각도 • 차 높이 센서 • Throttle 개폐각도	• Air mixture 　Damper • Potentiometer	

제어 시스템			Power Train 제어	차량 제어	차체 제어	정보 통신
물리 센서	역학적 센서	가속도 진동	• Knock	• 가속도	• 가속도 • 충돌 검지	
		각속도		• 각속도(Yaw Rate)		• 자이로(Gyro)
		압력	• 엔진흡기 압력 • 대기 압력 • 연소 압력 • 탱크 내 압력	• 브레이크 압력	• 에어컨 냉매압력 • 타이어 공기압력	
		유량	• Air Flow Meter			
	전자 센서	위치 회전 속도	• 자동차 속도 • 회전수 • 크랭크 각도 -캠 위치	• 차륜 속도 • 자동차 속도	• Automatic 회전 • 자동차 속도 • Propeller Shaft	• 지자기 • 자동차 속도
		전류 전파	• 전류(EV용)		• Keyless용 안테나	• Radio, GPS, VICS, 전화용 안테나
	광학 센서	빛	• 엔진 점화시기		• 일사량 • 빛	• CCD
	온도 센서	온도	• 엔진 냉각수 온도 • 연료 온도 • 흡기 온도 • 배기가스 온도		• 내기/외기 온도 • Evaporator 출구 • 자동변속기 오일 • 승객	
화학 센서	가스 센서	가스 농도	• 산소(O2)-A/F(공연비), • HC-NOx		• 스모그(실내매연) • 가스(CO)-습도	

(출처: 과학기술부, 자동차 센서 기술)

이미지 센서 모듈

사진(Photography)이라는 용어는 희랍어의 빛(Photos)이라는 뜻과 그림(Grapho)이라는 두 단어가 합쳐진 것이다. 디지털 카메라에 사용되는 이미지 센서는 사진에서 발전해 오디오, 동영상의 실시간성의 아날로그 데이터를 디지털 데이터로 제작하는 센서 모듈이다. 〈그림 2-7〉의 이미지 센서 블록도에서 보는 바와 같이 물체에서 반사되어 전달되는 빛이 렌즈를 거쳐, Micro Lens를 지나, CFA(Color Filter Array)를 통과한 빛이 Bayer Pattern으로 구성되어 있는 픽셀 어레이 위에 상이 맺히게 된다. 이것이 전기적 신호로 변경되어 CDS(Correlated Double Sampling)를 수행하고 아날로그 처리를 거쳐 아날로그적인 영상 신호로 완성되고 이것이 ADC(Analog Digital Converter)를 통해 디지털 데이터로 만들어지고, 이미지 처리 프로세스에서 영상 데이터로 만들어진다.

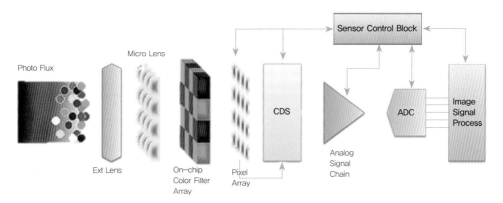

〈그림 2-7〉 이미지 센서 블록도

〈표 2-8〉 이미지 센서 핵심 부품

각부 명칭	이미지 센서 기능	광학 카메라와 비교
렌즈	영상의 빛을 모아 주는 역할	렌즈
홀더	렌즈 위치 고정용 구조물	줌, 초점을 맞출 때 사용되는 경통
IR 필터	영상의 적외선 성분 차단	필름 형태로 구성 됨.
이미지 센서	영상을 전기적 신호로 변환하는 모듈(CMOS, CCD 형태)	영상을 담아내는 필름
콘덴서	전원 안정화, 잡음 제거	없음
PCB 기판	전기적 신호의 입출력	없음

이미지 센서는 광학 카메라에서 사진이 인화되는 원리를 이용하여 개발되었으며, 스마트폰을 비롯해 다양한 디바이스에서 사용되고 있다. 〈표 2-9〉와 같이 이미지 센서의 핵심 부품을 광학 카메라와 비교함으로써 이미지 센서 모듈의 구조를 이해할 수 있다.

〈표 2-9〉 CCD와 CMOS 비교

구분	CCD	CMOS
구조	광전 변환 반도체와 전하 결합 소자로 구성	광전 변환 반도체와 CMOS 소자로 구성
원리	빛 에너지로 발생된 전하를 축적 후 전송	빛 에너지로 발생된 전하를 반도체 스위치로 읽어냄.
장점	화질이 우수 (노이즈가 적고 피사체 구분이 용이함)	회로의 고집적화 대량 생산의 용이성
	감도가 좋음.	주변 IC와 1chip화 가능

구분	CCD		CMOS
장점	Dynamic range 가 넓음.		저소비 전력 (CCD의 1/100인 20~50mW 소비)
	저조도(low light condition) 특성이 우수		저가격, 빠른 영상 처리 속도
단점	고가격		노이즈 특성 발생
	주변 회로의 복잡성과 추가 전원부 설계 필요. 2~5mW 소비함.		낮은 감도
	주변 IC와 One Chip화 하기 어려움. 전력소모가 큼, 영상 처리 속도가 다소 느림.		dynamic range가 좁음.
활용분야	고화질 디지털 방송 기기		스마트 디바이스에 적용
	고화소 고품질 지향 제품		고화소의 저가격 디지털 입력 기기

이미지 센서는 아인슈타인의 광전효과(광양자설)를 근간으로 만들어진 센서 기술을 활용하는 것으로, 일정 주파수 이상의 빛이 입사되면 빛이 쐬어지는 도체 내부의 자유전자가 방출되는 현상인 광전효과를 이용해 빛으로 들어온 신호를 전기적 신호로 바꿔주는 소자 CCD(Charge Coupled Device)를 이용한다. CMOS(Complementary Metal Oxide Semiconductor)의 기본 원리는 CCD와 동일하지만 센서 내로 들어온 빛의 연속적인 변환을 통해 데이터를 얻는다는 점에서 차이가 있다. 큰 차이점은 CCD는 흑백인식(컬러 인식을 위해 CCD 소자 위에 필터를 사용함)을 하는 반면, CMOS는 반도체 소자가 직접 빛의 양을 측정해 디지털 신호로 변환한다는 것이다. CCD는 해상도에 제한이 있는 반면, CMOS는 반도체 기술이 발전으로 수 MByte 픽셀로 발전하면서 가격도 저렴해지고 있다. 따라서 다양한 분야에서 CMOS 센서가 사용 중이다.

〈그림 2-8〉과 같은 CMOS 이미지 센서 PC1089K(1/3 inch NTSC/PAL CMOS Image Sensor with 720×480 Pixel Array) 블록도를 보면 픽셀 어레이(762×504)에서 이미지 프로세싱을 거쳐 YCbCr 4:2:2 데이터로 제작되고, DAC를 거쳐서 Composite Output으로 출력되어 TV(NTSC/PAL)에 바로 재생될 수 있다. 또한 Parallel Output도 제공되어 ISP(Image Signal Processor) 모듈 혹은 임베디드 시스템에 영상 디지털 데이터를 전송할 수 있다.

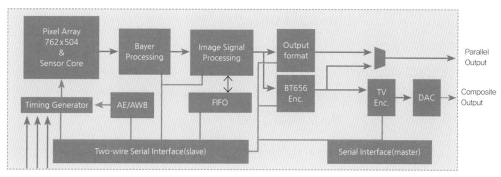

rstb x1 stddy

〈그림 2-8〉 PC1089K-CT 블록도

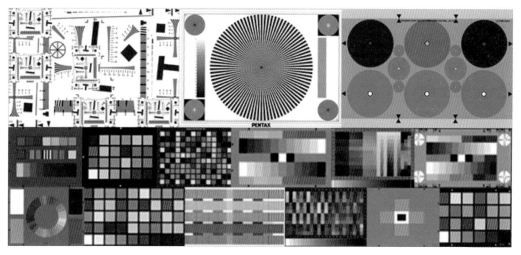

〈그림 2-9〉 카메라 영상의 품질 테스트를 위한 실험용 보드 화면

이미지 센서를 이용한 카메라 제품은 기구, 렌즈, 이미지 센서 모듈, 신호 처리 등의 특성에 따라 성능이 결정된다. 특히 광학적인 요소인 컬러필터, 반사 계수, 노출, 파장의 요소와 이미지 센서의 광학적으로 입사되는 픽셀의 면적, 효율, 변환 이득, 잡음, 포화 레벨, 이미지 지연 등의 요소에 따라 성능이나 품질이 결정된다. 이러한 품질을 확인하기 위해 개발 및 제품화되면서 다양한 테스트를 진행하게 된다. 〈그림 2-9〉와 같은 ISO12233 차트, 컬러바 보드 등, 카메라의 사용 목적에 맞는 패턴과 실험 환경을 구축해 테스트를 진행한 후에 제품화된다. 이미지 센서 기술은 영상의 해상도 (Resolution)와 속도(Speed), 응답성(Responsivity), 동적범위(Dynamic range), 픽셀의 포화 레벨(Saturation level)의 비율, 균일도(Uniformity), 픽셀들 간의 응답의 일관성(Consistency), 셔터링(Shuttering), 윈도우화(Windowing, 이미지 센서의 한 부분만을 읽을 수 있는 기능) 등에 대해 발전하고 있으며, 현재 사용되는 분야보다 더 많은 분야에서 응용될 것으로 예상된다.

HMI(Human Machine Interaction) 인식기술

기계를 동작시키기 위한 가장 간단하고 확실한 인터페이스는 버튼을 이용해 제어하는 방법이다. 하지만 기계가 복잡해지고 다기능화되면서 몇 개의 버튼만으로 명령을 내릴 수 없게 되면서 통신을 이용해 복잡한 프로토콜을 통해 전달하는 시기에서 작업자가 직시적인 명령을 전달하지 않아도 기계나 전기 장치가 환경을 고려해서 동작하는 연구가 진행되고 있다.

HMI(Human Machine Interaction, 인간과 기계의 상호작용) 기술은 기계, 전기, 컴퓨터 등의 장치를 인간이 쉽게 사용할 수 있게 함으로써 사용 분야를 확대하고, 사용자의 이익을 증대하기 위해 발전하는 기술이다. 현재의 키보드, 마우스, 리모콘 등의 원시적인 제어 장치 이외에 새로운 인터페이스 기술에 대해 살펴보고자 한다. 음성인식, 동작인식, 공간인식, 감성인식, 생체인식(지문인식, 홍채인식, 뇌파 등), 운전자 성향 인식, OpenNUI 플랫폼에 사용되는 다양한 기술에 대해 살펴 보자.

음성인식 기술

음성 인식(Speech Recognition) 기술은 사람이 말하는 음성 언어를 기계가 인지해 그 내용을 이용해 기계가 동작하거나 활용되는 기술이다. 음성 인식 기술은 임베디드 기기가 인지해 텍스트 정보를 추출하고, 이를 명령 프로토콜로 사용하는 기술과 텍스트 정보를 음성으로 변환해 사람에게 전달하는 기술로 나눌 수 있다.

음성인식 처리 기술 개요

음성 인식(Speech Recognition)은 전자기기가 음향 신호를 인식하고, 단어로 변환해 텍스트나 명령어로 변환하는 과정을 일컫는다. 과거 컴퓨터에 마이크 시스템을 장착해서 얻어진 음향신호를 전기적인 신호로 양자화해서 텍스트 신호로 변환하는 기술에서 시작해 최근의 스마트 기기에 장착되어 있는 마이크 입력을 통해 인터넷 검색이나 스마트 기기를 제어하거나 번역 서비스와 같은 응용 프로그램으로 전달해서 사람과 기계 간 인터페이스를 처리하는 기술로 발전했으며, 그 기술의 중요성이 더욱 증대되고 있다. 음성을 통한 인간과 기계를 연결하기 위해서는 음성인식 기술, 음성합성 기술, 자연어처리 기술 등이 필요하며, 최근 자연어 처리 기술의 발전으로 인터넷 검색 엔진에서 우수한 성능을 보이고 있다.

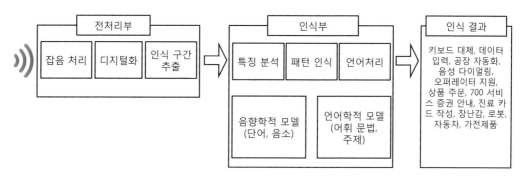

〈그림 2-10〉 음성인식 처리 과정

〈그림 2-10〉은 음성인식 처리, 인식 결과를 이용하는 과정을 표시한 것이다. 마이크를 통해 입력된 음성을 전처리부, 인식부, 인식결과(응용)으로 크게 구분하여 살펴볼 수 있다. 전처리부는 마이크(microphone)로 입력되는 음성 데이터에 외부의 잡음, 내부 잡음을 비롯하여 음성의 억양, 발음에 포함되어 있는 잡음 등을 제거한다. 그리고 잡음이 제거된 아날로그 신호를 디지털 변환기를 이용하여 디지털 데이터로 변환하고, 음성 데이터만을 추출하여 인식부로 전달한다. 음성의 억양, 발음을 비롯하여 환경과 상황에 따라서 다르게 발생하는 음성을 인식하기 위해서 음향학적 모델, 언어학적 모델, 음성모델 데이터베이스 등을 기반으로 특징 분석, 패턴인식, 언어처리 등의 알고리즘을 복합적으로 적용하여 인식 데이터를 출력하여 다양하게 응용할 수 있다. 음성인식 기술은 간단한 음성 인식 기술에서 연속어, 핵심어, 화자종속, 화자독립, 화자적응 등의 인식 기술로 발전하고 있다.

음성인식 처리 기술 응용

음성인식(STT, Speech To Text) 기술의 응용사례를 보면, 검색엔진 분야의 음성검색 서비스 기술 수준이 음성인식 처리 기술의 척도를 보여준다. 과거의 음성 명령에 의해 기기를 제어하던 응용에서 최근에는 인터넷 검색어를 검색하는 방법으로 발전하고 있다. 대표적인 음성 검색 서비스는 구글 음성검색 서비스가 대표적이며, 한국어, 영어, 일본어, 프랑스어 등 15개국의 음성검색 서비스가 모바일, PC에서 모두 가능하다. 클라우드 컴퓨팅 기반의 빠른 데이터 프로세싱 기술을 기반으로 정교한 음성 인식 기술을 결합함으로써 빠르고, 정확한 서비스를 제공하고 있다.

마이크로소프트의 인터넷 서비스인 Bing에서도 음성인식 서비스를 제공하고 있으며, 모바일 프로그램을 설치하는 방식으로 네이버와 다음에서도 음성인식 서비스를 이용해 검색엔진을 연동하거나 텍스트로 구성되어 있는 만화, 소설 등을 소리로 읽어주는 TTS(Text To Speech) 서비스의 형태로 음성인식 기술을 응용한 제품이 출시되고 있다.

〈표 2-10〉 세계 음성 인식 시장 규모   단위: 백만 달러

	2011	2012	2017	CAGR% 2012~2017
기업	18,247	20,142	42,184	17.2
소비자	25,585	29,469	42,184	15.9
의료	3,103	3,785	5,938	9.4
총계	46,935	53,396	113,187	16.2

(출처: BBC Research)

〈표 2-10〉에서 보는 것처럼 2011년 세계 음성인식 시장 규모는 470억 달러를 기록했고, 시장 규모는 5년간 16.2%의 연평균 복합성장률(CAGR)로 성장해서 2017년에는 1,130억 달러에 달할 것으로 전망된다. 구글, 애플, 마이크로소프트에서도 꾸준히 기술 개발에 투자하고 있으며, 음성인식 기술을 확보하기 위한 M&A도 진행 중이다.

음성검색 서비스 요소기술

음성검색 서비스를 위한 요소 기술은 최근의 대형 인터넷 기업을 중심으로 스마트 기기의 음성검색 서비스에 대해 많은 투자가 이루어지고 있으며, 기본 음성 검색 서비스 기술을 상용화 수준으로 끌어 올려 서비스를 진행하고 있다.

로그 데이터 기반 음향모델링 기술은 음성인식을 위해 불특정 다수 화자의 다양한 발음 특성을 모델링하는 것을 목적으로, 대용량의 음성 데이터로부터 통계적 방식으로 모델 파라미터 형태로 표현되는 참조패턴을 생성하는 기술이다. 음성인식 시스템이 좋은 성능을 내기 위해서는 다양한 환경, 화자, 어휘로부터 얻어진 대용량 훈련 데이터로 훈련된 음향모델이 필요하며, 이전까지 연구가 부진했지만, 최근에는 스마트 기기의 마이크 인터페이스를 이용한 사용자의 검색 요청으로 풍부한 훈련용 음성 데이터를 취득해 최근과 같은 음성서비스로 발전했다.

음성인식 서비스를 이용하는 사용자로부터 얻어진 음성로그는 실제 사용 환경을 가장 잘 반영하는 훈련 데이터가 될 수 있다. 한국전자통신연구원(ETRI)에서 개발한 음성검색 시스템에서도 다양한 환경, 화자, 음성 분포를 갖는 대용량 음성 데이터를 기반으로 모바일 음성검색 서비스를 통해 수집된 실제 사용자 음성로그를 단계적으로 더해 음성검색 서비스의 성능을 점진적으로 향상시키고 있다.

다음, 네이버, 구글 등과 같이 현재 상용화된 음성검색 시스템의 경우, 기초적인 음성 받아쓰기 기능을 제공한다. 특히 음성 인식과 관련된 Open API를 개발자에게 제공함으로써 네트워크 환경의 임베디드 단말기에서도 음성 서비스를 이용한 다양한 서비스로 제품화되고 있다.

동작인식 기술

동작의 인식은 사람이 보는 것처럼 기기가 볼 수 있으면 얼마나 좋을까? 라는 생각에서 시작해 영상을 분석하고, 영상에 보이는 영상을 인식하는 기술이 발전하면서 각 포인트의 거리까지 알 수 있고, 측정 된 데이터를 기반으로 물체를 인식하고, 물체의 움직임 데이터를 추출해 동작인식 기능으로 활용할 수 있다. 팔, 다리, 몸, 안구의 움직임까지 동작인식의 요소로 사용할 수 있다.

동작인식을 위한 대표적인 센서로는 물체에 내장해서 이동하는 정보를 측정하는 방법과 외부 물체의 이동을 확인하면서 인식하는 센서 군으로 나눠서 볼 수 있다. 이미지 센서, 초음파 센서를 이용하는 센 서 군은 일반적으로 외부에 동작하는 제품의 동작을 인식하기 위한 센서로 사용되며, 스마트폰을 비 롯해 이동형 마우스 등 센서 모듈을 내장해 동작인식에 적용하는 제품군으로는 자이로스코프(자이로 센서), 가속도 센서, 지자기 센서(디지털 나침반), 동작인식 센서 등으로 구성되며, 일부 센서가 스 마트폰에 적용되어 다양한 게임에서 사용되고 있다. 최근에는 센서를 복합해 하나의 MEMS(Micro Electro Mechanical System) 형태로 복합 기능을 동작하는 제품들이 출시되고 있다. 이어서 동작인 식 센서의 각 특징을 살펴보고자 한다.

자이로스코프(자이로센서)와 가속도센서(G-센서)

- 자이로센서는 한 축 또는 여러 축의 회전 움직임의 각 변화량을 측정한다. 이런 이유로 각속도 센서라고도 한 다. 중력이나 자기장과 같은 외부영향을 받지 않아 독자적인 센서 인식이 가능하다.

- 가속도 센서는 이동하는 물체의 가속도나 충격의 세기를 전기 신호로 변환하는 장치로, 선형 가속도와 기울 임 각도를 측정한다. 단일 혹은 다축의 가속도 센서는 크기와 선형, 회전, 중력의 가속도 방향들을 합쳐진 상 태로 감지한다.

- 자이로스코프는 3가지 성질을 갖는다. 첫 번째로 방향 안정(Directional Stability) 역할을 수행한다. 따라서 비 행기가 현재 수평을 유지하고 있는지, 회전 중인지 확인할 수 있다. 두 번째로 세차운동(Precession)이 있으 며, 세 번째로는 관성저항 힘을 이용해 센서 측정값을 만든다.

- 자이로센서는 회전체를 탑재한 물체가 각속도 운동을 하는 경우 물체의 회전운동에 반해 회전체에서 초기의 회전축 방향을 유지하는 방향으로 힘이 발생하는데, 이 힘을 측정한 센서이다.

- 스마트폰에서 수평과 수직 사이의 회전을 감지하는 센서로 대표된다.

- 3축 가속도 센서를 내장한 모듈이 100원짜리 동전보다 작은 형태로 판매되고 있으며, 임베디드 기기에 연결해서 전원을 인가하면, X, Y, Z 축에 대해 전압이 출력된다. 따라서 임베디드 A/D 변환 가능한 입력 포트로 받아 가속도를 측정할 수 있다. 보통 200~800mV/g 사이로 변경되는 제품과 통신 프로토콜로 전송하는 모델이 일반적으로 사용되고 있다.

- 크기가 소형이고, 환경조건에 우수한 특성 때문에 스마트폰, 항공, 선박, 자동차, 로봇 등 다양한 분야에서 사용 중이다.

〈그림 2-11〉 자이로스코프의 구조와 가속도 센서 모듈

지자기 센서(디지털 나침반)

- 지자기 센서는 전위차 발생 현상(Hall Effect)을 이용하는 센서로, 직교하는 전도체 내의 전류와 자기장에 의해 전자가 편향되면서 도체 양단에 전압이 발생하는 값을 측정해 현재 입사된 자기장의 크기를 출력한다.

- 동작인식을 위해서는 물체의 이동성과 관성을 측정할 수 있는 가속도계, 회전 관성을 측정할 수 있는 자이로스계 및 방위각을 측정할 수 있는 자계가 하나의 유닛으로 구성되어야 하며, 이것을 IMU(관성항법장치, Inertial Measurement Unit) 센서라고 한다.

- 3차원 공간 내에서의 자유로운 움직임을 측정하기 위해 각도 센서로 가속도, 자이로, 지자계를 이용해 물체의 동작에 대한 다양한 정보를 측정한다. 자이로와 가속도를 이용해 초기에 임의의 자세로부터 회전한 상대적인 yaw 각을 출력해 주는 장치를 ARS(Attitude Reference System)라고 한다.

- ARS에 추가적으로 지자기 센서를 장착해 정밀한 자이로로 계산된 절대적인 yaw 각을 출력해 주는 장치를 AHRS(Attitude Heading Reference System, 자세 방위 장치)라고 한다. 잠수함, 비행기 등 위치제어가 중요한 시스템에만 적용되다가 최근에는 MEMS AHRS가 개발되면서 초소형으로 보급되고 있으며, 기존의 AHRS보다는 안정성이나 오차 부분에서는 미흡하지만 스마트폰에 적용해 다양한 응용 프로그램에 적용되면서 다양한 솔루션으로 보급되고 있다.

동작인식 센서

* 동작인식 센서는 물체의 움직임이나 위치를 인식하는 센서로서, 지자기 센서(Geo-magnetic Sensor), 가속도 센서(Accelerometer Sensor) 등의 각종 센서와 고도계(Altimeter), 자이로(Gyro) 등의 기능이 하나의 칩에 들어 있는 복합 센서이다. 나침반, 만보기, 내비게이션 기능은 물론 화재나 노약자 등 인명 사고 시 위치 추적이나 휴대폰의 움직임에 따라 게임을 즐길 수 있는 3차원 입체 게임 기능 등에 활용할 수 있다.

* Leap 3D와 같은 동작인식 센서로 발전하고 있다.

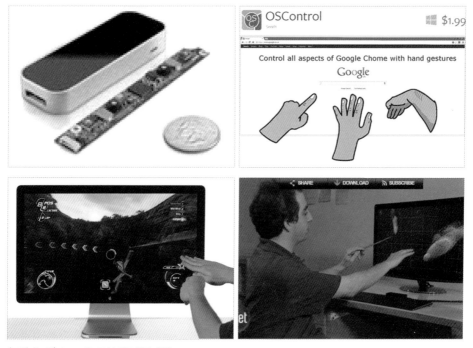

〈그림 2-12〉 Leap 3D 모션 컨트롤러 응용

스마트폰 이외의 다양한 응용 분야의 제품도 출시되고 있으며, 모션 컨트롤러의 경우 PC 디바이스에 연결해 마우스를 대체할 수 있을 것으로 예상되는 제품으로 Leap 3D Motion 컨트롤러(https://www.leapmotion.com)를 들 수 있다. Leap 3D Motion 컨트롤러는 '3D in air tracking' 기술이라고 하는 제품을 이용한다. 모니터 앞에 배치해 손의 움직임을 통해 마우스 조작을 할 수 있는 형태의 제품으로 출시되었다. 증강현실을 대표하는 영화인 마이너리티 리포트에서 톰 크루즈가 손동작을 이용해 복잡한 컴퓨터를 조작하는 모습을 현실화할 가능성을 보여주는 제품이다. Leap 3D Motion 제품의 홍보물에서 볼 수 있는 것처럼 70달러라는 저렴한 가격에 0.01mm까지 정확하게 제어할 수 있고, 빠르게 동작한다는 장점이 있다.

〈표 2-11〉 Leap 3D 제품 주요 규격

Minimum System (OS)	Windows 7 or 8 or Mac OS X 10.7 Lion
Minimum System (H/W)	AmdPhenom 2 or intel Core i3, i5, i7 processor 2GB RAM USB 2.0 Port Internet connection
Included Cables	24" and 60" USB 2.0(microUSB 3.0 connectors)
Dimensions	Height: 0.5inches, Width 1.2inches, Depth: 3inches, Weight: 0.1 pounds
Software	Leap Motion software and Airspace available at
Included in the Package	Leap Motion Controller, 2 custom-length USB 2.0 cables Welcome card, Important Information guide
Warranty Terms	1 year limited

이미지를 이용해 동작인식을 하는 방법으로 외부에 장착한 카메라 장치를 이용한 동작인식이 있다. 동작인식은 사람의 행동을 기계가 인식하고, 동작에 따라 반응하는 기술로서 물체인식 센서와 같이 존재 여부만을 판단하는 것이 아니라 어느 정도 거리에서 어떠한 행동을 했는지, 특정 기호에 해당하는 동작을 했는지를 인식하는 기술도 적용되어 있다. 동작인식 기술은 컴퓨터를 이용한 복잡한 연산을 통해 완성되지만, 모바일 디바이스를 비롯해 임베디드 시스템에서도 동작인식 기술이 가능하도록 키넥트 시스템이 발전하고 있다.

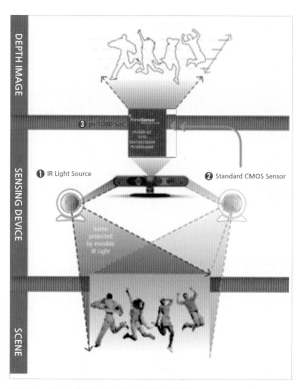

〈그림 2-13〉 동작인식 센서의 동작 원리(출처: Primesense)

〈그림 2-13〉에서 볼 수 있듯이 키넥트(Kinect)는 게임을 진행하는 사람을 인식해 게임을 진행할 수 있도록 마이크로소프트사가 프라임센스사(PrimeSense)와 공동으로 개발해 2006년 게임 대회에 첫 선을 보이고, 2009년 6월 1일 E3에서 처음으로 '프로젝트 나탈'(Project Natal)이란 이름으로 발표했으며, E3 2010에서 공식 명칭인 '키넥트'로 발표되었다. 키넥트는 카메라 모듈과 다수의 센서 모듈로 구성되어 거리 인식 및 모션 캡처된 내용을 이용해 게임을 진행할 수 있다. 또한 마이크 모듈은 방향과 음성 인식용으로 사용된다. 2010년 11월 4일 미국에서 가족이 함께 즐기는 게임으로 키넥트를 이용해 동작하는 17개의 게임을 즐길 수 있도록 출시하였다. 우리나라에는 2010년 11월 19일에 출시하였다. 최근에는 디지털 사이니지(Digital Signage) 분야에 적용되어 주변의 행동을 인식해 상황에 맞는 콘텐츠를 재생하거나, 터치하지 않고도 UI를 제어할 수 있는 행동 인식 디바이스로도 사용 중이다.

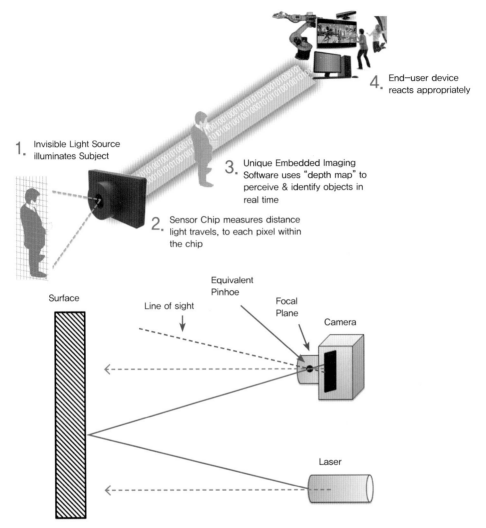

1. Invisible Light Source illuminates Subject

2. Sensor Chip measures distance light travels, to each pixel within the chip

3. Unique Embedded Imaging Software uses "depth map" to perceive & identify objects in real time

4. End-user device reacts appropriately

Surface

Line of sight

Equivalent Pinhoe

Focal Plane

Camera

Laser

〈그림 2-14〉 광학계를 이용한 물체 인식 원리

〈그림 2-14〉는 광학계를 통해 물체를 인식하는 원리를 그림으로 표현한 것이다. 측정 물체에 대해 센서가 각 픽셀에 도달하는 빛의 거리를 측정하고, 측정된 내용은 컴퓨터 시스템에 전달하고, 인식 모듈에 의해 거리를 산출하고, 인식된 물체의 정보를 추출해 디스플레이 장치 및 기계를 동작하는 시스템이다. 거리를 추정하기 위해 픽셀 단위로 적외선을 방사하고, 적외선 촬영 카메라를 이용해 면적에 표현된 적외선 픽셀을 카운트하는 방식으로 거리 정보를 수집한다. 거리가 가까운 물체에는 많은 적외선 픽셀이 촬영되고, 먼 거리에 있는 물체에는 적은 적외선 픽셀이 촬영된다. 또한 송신과 수신 사이에 발생하는 시간적인 시차도 거리를 추정하는 데 사용된다.

동작인식 분야 및 물체 인식 분야에 현실화 가능한 제품으로 소개되고 있지만, 아직 인식의 정밀도를 비롯해 운영 동작의 안정성이 부족하다는 문제가 있고, 마이크로소프트사의 API를 이용하는 윈도우 시스템에서만 동작한다는 문제가 있다. OpenKinect(http://openkinect.org) 커뮤니티를 중심으로 리눅스 시스템에서도 동작할 수 있도록 영상 인식, 모션 인식 관련된 모듈을 개발하고 있지만 연구가 많이 필요하다.

빛의 반사에 의한 외란을 줄이기 위해 기준이 되는 IR 센서를 추가해 하드웨어적으로 보완하는 방법과 소프트웨어적으로 정확한 거리를 추정하기 위한 연구, 삼각측량법을 적용해 거리를 보정하는 연구, 다수의 IR을 발산해 발산되는 IR의 타점의 이미지를 이용하는 연구 등이 진행 중이다.

〈그림 2-15〉는 프라임센스사의 센서 모듈에 대한 키넥트를 개발한 프라임사의 독자 제품인 프라임센스(PrimeSense)의 블럭도이다. 보는 바와 같이 2개의 마이크, 6개의 오디오, IR 카메라, 카메라, USB와 플래시 메모리로 구성된다. 〈표 2-12〉와 같이 프라임 센서와 키넥트 센서의 규격(사양서)를 보면 성능이 비슷하다는 것을 알 수 있다.

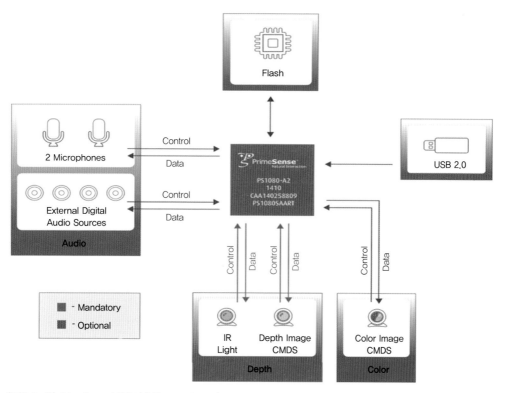

〈그림 2-15〉 PrimeSense 블록도(출처: PrimeSense)

〈표 2-12〉 PrimeSense Sensor Spec.

Property	Prime Sensor Spec	Kinect Sensor Spec
Field of View	58°H, 40°V, 70°D	58°H, 40°V, 70°D
Depth image Size	VGA(640×480)	VGA(640×480)
Spatial x/y resolution (@2m distance form sensor)	3mm	3mm
Maximal image throughput(frame rate)	60fps	60fps
Average image latency in full VGA resolution	40ms	40ms
Operation range	0.8m-3.5m	0.8m-3.5m
Color image size	1280x960	UXGA(1600x1200)
Audio: built-in microphones	2 mics	2 mics
Audio: digital inputs	4 inputs	4 inputs
Data interface	USB 2.0	USB 2.0
Power consumption	2.25W	2.25W

(출처: PrimeSense)

공간인식 기술

공간인식 기술의 대표적인 예로 GPS(Global Positioning System) 기술을 들 수 있다. 중궤도를 회전하고 있는 24개의 위성 중에서 3개 이상의 GPS 위성으로부터 송수신되는 마이크로파를 수신해 수신기의 위치 벡터를 결정해 위도와 경도 값을 찾는다.

추가적으로 통신위성과 자력 위성의 정보를 받거나 네트워크 IP 주소 정보에서 얻을 수 있는 위치를 파악하는 WPS(Wi-Fi Positioning System) 정보를 적용해 더욱 정밀한 위치 정보를 얻을 수 있다.

GPS는 도심의 빌딩 숲, 복잡한 지형, 숲의 지형적인 제한을 받는다. 미국 국방성의 의도적인 정밀도 저하 정책에 의한 C/A 코드의 정확도 한계, 표고기준계를 사용, 날씨에 의한 수신 한계점을 갖는다. WPS는 특히 GPS 수신이 불가능하거나 GPS의 수신 오차율이 큰 도심에서의 공간인식의 오차율을 극복하기 위한 방안으로 제시되었다. 〈그림 2-16〉에서와 같이 GPS가 내장되어 있는 스마트폰 디바이스에서 GPS 측정 결과에 추가적으로 무선네트워크(3G/4G/Wi-Fi) 자원을 활용해 위성 신호의 약점을 보완해 정밀한 위치를 검출한다. 이러한 시스템을 AGPS(Assisted GPS) 시스템이라고 한다.

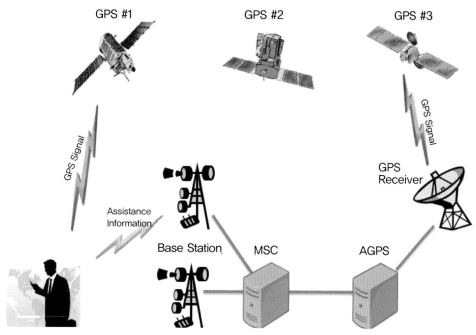

〈그림 2-16〉 AGPS 시스템 구성도

스마트 디바이스가 증가하면서 공간인식에 대한 요구사항이 증가하고 있으며, 위치에 따른 구매 광고와 현재 위치를 기반으로 한 길 찾기를 비롯해 스마트폰의 자원을 활용한 증강현실(AR, Augmented Reality) 프로그램이 개발되고 있다. 증강현실은 가상현실(Virtual Reality)의 한 분야로 실제 환경에 가상 사물이나 정보를 합성해 원래의 환경에 존재하는 사물처럼 보이도록 그래픽화한 기술이다. 크게 현실을 적용한 게임과 사용자 유틸리티 형태로 개발되고 있다. 증강현실 기술의 핵심적인 기술요소로는 공간인식, 위치기반 서비스, 지능형 검색 기술, 특징점 추출, 물체추적, 영상정합, 상호작용, 사용자 인터페이스 등이 있다.

사용자는 실제 촬영되는 영상에 가상의 물체를 놓고 다양한 각도로 볼 수 있고, 3D 객체를 놓고 회전시켜 보거나 확대하는 등의 영상이 정합되어 표현된다.

〈그림 2-17〉은 아이폰을 이용해 약국을 찾는 프로그램을 소개한 화면이다. 공개되어 있는 약국의 주소를 데이터베이스화하고, 현재 위치에서 데이터베이스 상에 존재하는 가장 가까운 약국을 찾는 프로그램이다. 단순히 약국을 찾는 것에서 한 발 더 나아가 지도에 표현하거나, 스마트폰의 사진 영상에 증강현실을 오버레이해서 해당 약국을 찾아가기 위한 방향과 거리를 알려준다.

〈그림 2-17〉 증강현실 프로그램의 예

증강현실 서비스로는 커피숍을 찾거나 은행, 부동산 등을 찾는 프로그램이 있으며, 특정 매체(마커)를 스마트폰을 이용해 보면 3D 모델이 보이는 프로그램들도 소개되고 있다. 로드뷰 플러스 서비스는 건물의 내부를 360도 파노라마 영상으로 볼 수 있는 서비스를 제공하며, 지도에 상점의 전화번호와 판매 메뉴 및 외관 등이 연동되어 서비스되고 있다.

증강현실은 물리적 공간을 대신한 사이버 공간을 이용한 서비스로서, 온라인 가상 미술관인 구글 아트 프로젝트(http://www.googleartproject.com), 국립중앙박물과 함께하는 네이버 뮤지엄뷰 서비스도 제공되고 있다.

아이패드를 이용해 환자의 사진 정보를 보거나, 의료 자료를 확인하면서 수술을 진행하는 경우도 증가하고 있다. 이에 구글 글래스가 융합된 증강현실 의료 시스템으로 발전하게 되면 초보 의사가 수술을 진행하면서 의료 실수를 잡기 위한 에이전트 혹은 의료 전문가가 의료 지원을 수행할 수도 있다.

증강현실을 보다 현실화하기 위해 디스플레이, 센서, 비전인식, 인터랙티브 기술이 발전하고 있다. 응용 분야도 생활 분야의 프로그램에서 시작해 의료, 건축, 스포츠, 경제 분야 등 전문적인 분야의 서비스로 발전하고 있다.

감성인식 기술

업계가 인간 중심의 기술 개발 트렌드로 변화하면서 사용자와 공감할 수 있는 제품이나 서비스에 대한 요구가 늘고 있다. 감성인식 서비스는 크게 사람의 오감(시각, 촉각, 후각, 미각 등)을 만족하는 실감

(사람의 오감을 자극해 현실의 상황을 느끼게 하는) 서비스와 감성 맞춤형(사람의 감성을 지각해 상황에 맞는) 서비스로 나눌 수 있다.

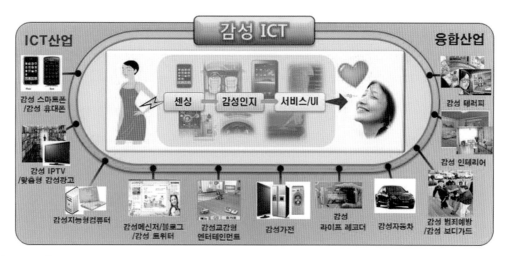

〈그림 2-18〉 감성 ICT 산업 아웃룩(출처: 지식경제부, 2011.03)

〈그림 2-18〉과 같이 지식경제부에서는 2011년 감성 ICT 산업 아웃룩(감성을 자동인지, 감성 정보를 처리, 감성 맞춤형 서비스를 제공하기 위한 기술)을 제시하고 차세대 융합시대의 경쟁력 확보를 위한 핵심산업으로 제시하였다. 감정에 의해 표출되는 생리, 심리적 반응(평온, 피로, 졸음, 스트레스 등의 생리감성, 기쁨, 슬픔, 행복, 위험 등의 심리감성)을 자동으로 인식하고, 상황에 맞게 감성 정보를 처리해 사용자 감성 맞춤형 서비스를 제공하는 기술을 감성인식 정보통신기술(ICT)이라고 한다. 인간 중심의 미래 생활 패러다임의 변화는 감성 이해를 통한 사용자 친화적인 솔루션의 요구로 발전하고 있으며, 기존의 복잡한 기능 중심의 구성에서 최근에는 사용하기 쉽고 직관적인 인터페이스에 대한 요구가 증가하고 있다. 정보통신 기술의 발전과 함께 사용자 요구의 증가로 세계 최강의 IT 기술을 기반으로 최근 사용자 경험을 중시하는 UX 디자인을 시작으로 고부가 가치를 위한 창의적 혁신 산업이 필요해 졌으며, 모바일, 자동차, 항공, 의료 등 대다수 산업 분야에 활용되고 있다.

모바일 분야의 감성인식 기술 제품으로는 SKT의 파자마 5, LIVE Share 서비스 등 감성 마케팅과 감성 아바타를 이용하는 서비스로 감성기술이 활용되기도 했으며, 최근에는 휘어지는 LCD인 YOUM이 소개되고 있다. 스마트 디바이스가 되면서 감성정보통신 기술이 더욱 진화하고 있으며, 이를 위한 기반인 Open API도 최적화가 진행되고 있다.

자동차 분야의 감성인식 기술이 접목된 2030년의 자동차는 시대에 부합하는 감성적인 자동차 기술이 많이 실현되어 있을 것이며, 다양한 디자인과 색상, 다양한 조명, 다양한 소재를 내장하는 기술, 실내 공기와 온도를 최적으로 제어하는 기술, 소음을 감소시키고 음성을 제어하는 기술 등이 소비자의 취향에 따라 맞춤형으로 제작되는 시기가 될 것이며, 운전자와 자동차 간의 상호작용으로 효율적이고 안정적인 운전을 위한 HMI 기술이 발전할 것으로 보인다. 모든 산업 분야에 영향을 주는 감성 인식 기술의 적용을 위해서는 생체인식 기술에 대한 연구가 중요하다고 할 수 있다. 〈표 2-13〉은 인식 및 활용 사례를 나타낸다.

〈표 2-13〉 감성인식이 적용된 아이디어 기술 및 제품

기술	소개	
Call Insight	전화음성을 통해 상대의 감성상태를 인지(정확도 80%) "DEMO Spring 2010 People's Choice" 대상의 이스라엘 기업	
ESIP(Emotional- Social Intelligence Prosthesis)	2008년 MIT에서 개발한 기술, 자폐증 환자들이 상대의 표정을 읽을 수 있도록 도움을 주는 장치	
Smart Shirt	미국 'Smart Shirt System': 전도성 섬유로 짠 셔츠에서 생리신호 및 동작을 수집해 퍼스널 컨트롤러로 전달	

기술	소개
AIDA	감성형 주행 도우미 'AIDA', MIT 미디어랩 연구소와 폭스바겐전자 연구소 연구 내용으로 과속위반 여부에 따라 다양한 감정을 얼굴에 나타내고, 안전띠를 매지 않으면 슬픈 표정을 지어 운전자의 감성에 호소 
Mobileye	앞차와의 거리 표시, 차선 이탈경보, 앞차와의 충돌 경보기능을 내장한 안전운전용 전방 카메라 

생체인식(지문인식, 홍채인식, 뇌파 등) 기술

생체인식 개념

생체인식 기술(Biometrics)은 살아있는 사람의 신원을 생리학적 또는 행동적 특징을 인식하거나 인증하는 자동화된 방법이다. 즉, 생체인식 기술에서는 인식 방법과 인증 절차로 구분되며, 인증 절차는 〈그림 2-19〉와 같이 사용자 등록과 등록된 정보를 비교 분석해서 인증하는 과정으로 분류된다.

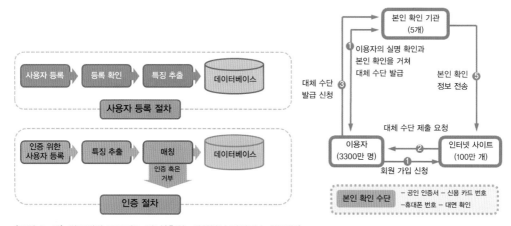

〈그림 2-19〉 인증절차 프로세스 예시(출처: 생체인식 관련기술, 박상열)

인식이란 사물을 분명히 분별하고 판단하는 작용을 나타내며, 인증이란 원본 자료와 입력정보를 비교 분석하여, 원본과 동일함을 적법한 절차로 증명하는 과정을 의미한다. 〈그림 2-19〉의 인증과정에서 요구되는 사용자 등록 과정과 사용자 인증과정을 〈표 2-14〉와 〈표 2-15〉에 각각 나타내고, 현재의 사이버 상태에서 사용자 등록과 인증 과정을 개인정보와 생체인식 방식을 예로서 비교하였다.

생체인식을 이용한 방식에서는 인식 과정이 요구되는 반면, 주민등록번호와 같은 중요한 개인정보가 요구되지 않는다. 더불어, 사용자 정보관리도 오직 암호화된 개인의 생체정보만을 관리하지만, 개인정보 방식에서는 등록과 인증 과정에서 중요한 개인정보들이 요구됨을 알 수 있다.

이때, 사용자 등록 과정에서 생체인식 기술에서의 인식과 인증은 인식/인증에 필요한 대상인 사용자(개인), 장치, 장치와 연동되는 구성요소 등으로 분류될 수 있다.

〈표 2-14〉 사이버 등록 과정 예시

등록 과정	개인정보 방식		생체인식 방식	
	필요 요소	요소 기술	필요 요소	요소 기술
사용자 정보	주민등록번호, I-PIN, 등	암호화	생체의 일부 (지문, 홍채 등)	인식기술
사이버 ID 생성	ID, 비밀번호	암호화	-	-
데이터베이스 (사용자 등록정보)	주민등록번호, I-PIN, ID, 비밀번호 등	암호화	생체정보	암호화

〈표 2-15〉 사이버 인증 과정 예시

인증 과정	개인정보 방식		생체인식 방식	
	필요 요소	요소 기술	필요 요소	요소 기술
사용자 정보 입력	ID, 비밀번호	암호화	생체의 일부 (지문, 홍채 등)	인식기술
사용자 정보 요청	등록된 데이터 베이스정보 (ID, 비밀번호)	암호화	생체의 일부 (지문, 홍채 등)	암호화
인증	사용자 입력 정보와 사용자 DB정보 비교	암호화	생체인식 정보와 DB 생체정보 비교	암호화

〈표 2-14〉와 〈표 2-15〉는 현재의 인터넷 웹사이트를 이용하기 위해 사용자 등록 과정에서 개인정보의 유출에 따른 사회적 문제점이 대두되고 있어, 이에 대한 대안으로 생체인식 기술의 적용 가능성을 간단하게 비교한 것이다. 이때 생체인식 방식이 기존의 개인정보를 활용한 인증을 대신할 경우, 고려해야 할 사항들이 있다. 즉, 생체인식 기술이 보편화되기 위해서는 무엇보다 주민등록번호 또는 가상 주민등록번호보다 인증 기술 측면에서의 장점과 적용 대상(인터넷 개인 인증, 인터넷 뱅킹 보안 인증, 도어(Door) 또는 게이트(Gate) 출입 인증 등)에 적합한 생체인식 기술에 대한 방법 연구가 필요하다.

생체인식 과정은 생체정보의 획득, 생체정보의 특징 추출, 기존에 등록된 생체정보와 입력된 생체정보 비교, 유사도 판정으로 구분할 수 있으며, 각각에 대한 설명을 〈그림 2-20〉과 같이 나타낼 수 있다.

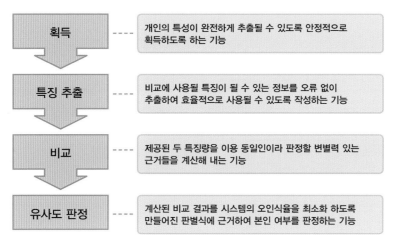

〈그림 2-20〉 생체인식 과정(출처: 생체인식기술소개, 인하대학교 정보통신공학부 김학일 교수)

〈그림 2-20〉과 같이 생체인식을 사용하기 위해서 고려해야 할 것은 적용 또는 사용 환경, 운영비용, 기술 구현 가능성, 보안 필요성 등을 고려해야만 한다. 이러한 이유는 생체인식 시스템이 현재까지는 기존의 개인정보 인증 방식보다는 초기 및 관리비용이 높기 때문이며, 적용 또는 사용 환경에 따라 생체정보 인식률의 차이가 발생되는 문제점들이 있기 때문이다.

〈그림 2-21〉과 〈그림 2-22〉에서는 생체인식 시스템의 기본 과정(등록, 인증)을 소개하고 있다.

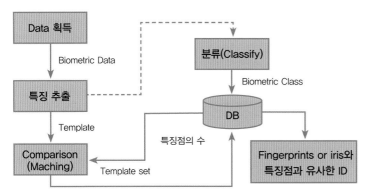

〈그림 2-21〉 생체인식 시스템의 기본 과정(등록)(출처: 생체인식 산업의 표준화에 관한 연구, 2002)

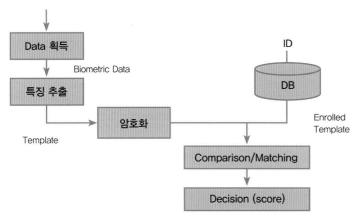

〈그림 2-22〉 생체인식 시스템의 기본 과정(인증)(출처: 생체인식 산업의 표준화에 관한 연구, 2002)

개인인증 방식의 문제점이 점차 증가하고 있어서 앞에서 언급한 생체인식 기술의 고려사항들이 있음에
도 불구하고 생체인식 기술의 발전이 빨라지면서 미래에는 보편화된 개인인증 수단으로 활용될 것으로
전망된다.

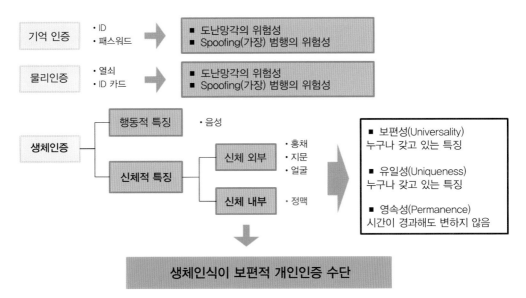

〈그림 2-23〉 생체인식 기술현황 및 전망(출처: 바이오인식(생체인식) 인포스탁,(주)엠케이시큐리티, 2012)

생체인식의 종류

현재 생체인식의 방법 및 대상은 크게 생리학적 특성과 행동적 특성으로 구분하고 있다. 그리고 생체인식이라 할 때, 가장 일반적으로 활용 또는 이해하고 있는 것은 생리학적 특성에 해당하는 지문, 홍채(또는 망막), 음성(성문), 뇌를 언급할 수 있다. 〈그림 2-24〉에서는 개인의 인증 방식의 종류와 생체인식 범위에 포함될 수 있는 생리학적 특성과 행동적 특성에 해당하는 요소들을 나열하였다. 그리고 〈표 2-16〉은 〈그림 2-24〉에서 제시된 생리학적/행동적 특성에 해당하는 생체인식 기법에 대한 인식률의 정도와 인식률에 영향을 끼칠 수 있는 방해요소들을 나타낸다.

〈표 2-16〉에서 보는 바와 같이 지문은 기만성이 높고, 보편성이 보통이지만 경제성이 높아 가장 일반적으로 사용되고 있다. 그리고 홍채인식의 경우, 보편성이 높은 장점이 있는 반면, 획득성이 보통이며, 기만성이 높고, 인식 장비가 비싸, 보안성이 높이 요구되는 곳에 활용되고 있다.

〈표 2-16〉에서는 생체인식의 종류에 대해 각각의 특징들을 간략하게 나타내고 있으며, 근래에는 한 개의 생체인식 기술만을 활용하지 않고, 생체인식의 종류에 대해서 각각의 장단점을 고려하여 다양하게 조합하는 형태로 활용되는 추세이다.

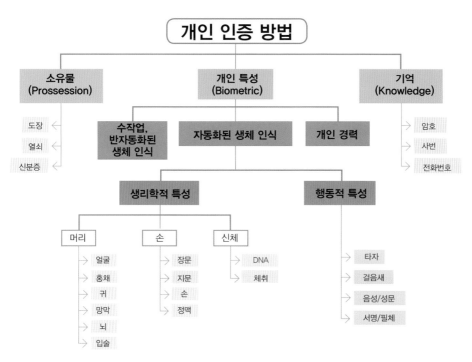

〈그림 2-24〉 개인 인증 방식의 종류와 생체인식 범위(출처: 생체인식기술소개, 인하대학교 정보통신공학부 김학일 교수)

〈표 2-16〉 생체인식 방법에 따른 특성 분석

생체인식 방법	보편성	유일성	영구성 (내구성)	획득성 (수집성)	정확성 (성능)	수용성 (친근감)	기만성 (공격강인성)	방해요소
얼굴	상	하	중	상	하	상	하	조명, 노화, 안경, 머리카락
지문	중	상	상	중	상	중	상	습기, 땀, 오염, 나이
손 모양	중	중	중	상	중	중	중	
타자 습관	하	하	하	중	하	중	중	
손등 정맥	중	중	중	중	중	중	상	
홍채	상	상	상	중	상	하	상	장비 고가, 조명
망각	상	상	중	하	상	하	상	노령화
서명	하	하	하	상	하	상	하	변화하기 쉬움
음성	중	하	하	중	하	상	하	주변잡음, 건강상태, 날씨
안면 열 분포	상	중	하	상	중	상	상	

생체인식 방법	보편성	유일성	영구성 (내구성)	획득성 (수집성)	정확성 (성능)	수용성 (친근감)	기만성 (공격강인성)	방해요소
체취	상	상	상	하	하	중	하	
DNA	상	상	상	하	상	하	하	
걸음새	중	하	하	상	하	상	중	
귀 모양	중	중	상	중	중	상	중	

(출처: 생체인식 기술 소개, 인하대학교 정보통신공학부 김학일 교수 / 정보보호연구단 정보보호기반그룹 생체인식기술연구팀, 2004.)

〈표 2-17〉 생체인식률을 판단하는 특성 및 요구사항

생체의 고유 특성	
보편성 (Universality)	모든 사람이 가지고 있는 특성인가?
유일성 (Uniqueness)	동일한 특성을 가진 타인이 없는가?
영구성 (Permanence)	시간에 따른 변화가 없는 특성인가?
획득성 (Collect-ability)	정량적으로 계측이 가능한 특성인가?
기술적 요구사항	
정확성 (Performance)	환경변화와 무관하게 높은 정확성을 얻을 수 있는가?
수용성 (Acceptability)	사용자의 거부감은 없는가?
기만성 (Circumstance)	작위적인 부정 사용으로부터 안전한 특성인가?

(출처: 생체인식기술소개, 인하대학교 정보통신공학부 김학일 교수)

〈표 2-17〉은 생체인식률을 판단하는 특성과 기술적 요구사항에 대해서 설명한 것이며, 각각의 특성과 기술적 요구사항이 높을수록 우수한 생체인식이라 판단할 수 있다. 이에 대한 평가를 〈표 2-16〉와 같이 상/중/하 단위로 표현하였을 때, 가장 일반적이며, 경제성이 높은 지문인식 방식과 보안성과 생체인식률은 높지만 상대적으로 설비/유지비용이 비싼 홍채인식을 강조하기 위해 음영으로 표시하였다.

〈표 2-18〉 생체인식 시스템 성능 비교

비교 방법	얼굴 (Face)	지문 (Fingerprinting)	홍채 (Iris)	음성 (Voiceprint)
등록 용이성	좋음	보통	좋음	좋음
상대적 인식 속도	좋음	좋음	좋음	낮음

비교 방법	얼굴 (Face)	지문 (Fingerprinting)	홍채 (Iris)	음성 (Voiceprint)
비용	중간	높음	높음	낮음
환경 영향	빛, 위치 민감	온도, 습도, 먼지	방향	없음
사용 불편성	수염, 안경 등	지문 손상	장님	감정적 요소
기술 완성도	낮음	좋음	좋음	낮음
템플릿 크기(바이트)	84 - 1,300	250 - 1,200	512	10K - 20K
위조가능성	보통	보통	위조불가능	보통
시스템 안정성	중간	높음	높음	중간
교차 정확도▪	없음	1:500	1:100,000	1:50
데이터 구별성	중간	높음	높음	낮음
출입 관리 시스템	○	○	○	○
네트워크 접근 시스템	○	○	○	○
신원 확인 시스템	○	○	○	○
확인 / 검증	둘다	둘다	둘다	검증

▪ 교차 정확도는 본인 거부율과 타인 수락율이 같을 때의 비율을 말하며, 그 비율이 높을수록 정확한 시스템이다)

(출처: 생체인식기술 표준화동향 및 시장분석)

그리고 〈표 2-18〉에서는 생체인식 기술의 시스템적 특성에 대한 비교 결과를 나타낸 것이다. 얼굴의 경우, 인식이 쉽고 빠르며, 저렴한 비용과 비접촉식이므로 위생적일뿐 아니라, 무구속 인지 방식이다. 하지만, 조명과 자세에 따라서 인식에 영향을 끼치고, 정확도가 낮은 단점을 가지고 있다. 지문의 경우, 가장 저렴한 비용에 우수한 안정성을 가지고 있지만, 지문이 손상될 가능성이 높고, 인식처리 과정이 늦고 오류가 많은 단점이 있다. 홍채는 위조가 불가능한 장점에 비해 대용량의 특징 벡터가 필요하고, 접촉식 인식으로 인해, 비위생적이고, 부자연스러운 인식 과정이 요구된다. 음성의 경우, 비용이 저렴하고, 원격접근에 좋으나 처리 속도가 늦고, 사람 상태에 쉽게 영향을 받는 단점이 있다.

이렇게 다양한 생체인식은 개인 보호에 대한 요구와 인증기술의 발달에 따라서 더 안전하고 복잡한 기술로 진화되고 있다.

생체인식의 요구 및 범위(적용 분야)

생체인식에서 가장 대표적으로 많이 이용되는 생체 부분은 지문, 홍채, 음성, 얼굴이며, 현재 생체인식 기술은 컴퓨터 보안, 금융, 통신 부분, 의료, 사회복지, 출입국 관리, 군사 보안, 경찰 법조 등의 여러 분야에 활용되어 적용되고 있으며, 〈표 2-19〉에서는 각각의 생체인식 방식에 따른 기술 또는 적용 범위를 소개하였다.

〈표 2-19〉 생체인식 기술 또는 적용 범위

지문인식	• 시장점유율이 가장 높음. • 반도체(chip), 광학(optical), 혼합방식(hybrid sensors)이 있음.
홍채인식	• 매우 정확하고 신속하나 고가의 생체인식 기술임. • 금융 서비스, 의료, 전자상거래 부문에서 활용
얼굴인식	• 얼굴은 인식정보를 담고 있고 전달해주는 가장 자연스러운 도구로, 추후 성장가능성이 많은 분야임.
음성인식	• 주로 물리적 접근 제어 애플리케이션에 사용되어 왔음. • 특히, 홈쇼핑 네트워크처럼 텔레비전을 토대로 한 쇼핑프로그램은 화자인증기술이 성공하고 있는 대표적인 예
서명인식	• 서명은 변하기 쉬우나, 나름대로 일관성을 지니고 있기 때문에 최종 서명의 형태뿐만 아니라, 손의 움직임에 의한 일종의 궤도에 의해서도 식별 가능
기타	• 정맥(혈관) 인식, DNA, 체온, 귀, 냄새인식 등

(출처: 생체인식기산업기술동향)

생체인식 종류에 따른 기술

〈표 2-20〉 현재의 일반적인 생체인식 방법 및 관련 정보

생체인식	설명	보안등급	기술
지문 (Fingerprint)	• 경찰권에서 주로 사용 • 정보를 얻기 힘든 지문이 약 2% 정도 • 0.5 ~ 1K bytes 크기의 template	고급	Live Scan Methods • Optics • Hologram • Capacitance • Ultrasound • Thermal
홍채 (Iris)	• 임신 8개월에 생성, 생후 12개월 이후 형태 불변 • 좁은 영역에 높은 밀도의 정보 • 지문, 얼굴등 부분적인 정보가 추출되는 일이 적음. • 특징량: 256 byte • XOR 연산을 이용한 고속 비교	고급	IriScan사의 원천 기술

생체인식	설명	보안등급	기술
얼굴 (Face)	• 눈, 턱, 코 등의 간격 측정 • 노화, 안경, 가발, 조명, 배경, • 분장 등에 영향 받음. • 이동, 자세 등에 취약 • 변장, 사진 등을 통한 침투 가능 • 5000명 이상 규모의 데이터베이스에서 취약	저급	Miros, MIT, Harvard
음성 (Voice)	• 화자 종속 음성 인식 기법에 기반함. • 원격 접속 가능 • 성대모사, 녹음 등에 취약 • 늦은 인증 응답 시간 • 대규모 사용자 시스템에서 오류 폭증	중급	AT&T, ITT, Texas Inst.
장문 (Hand Geometry)	• 길이, 두께 등의 기하학적 형태 측정 • 빠른 속도 • 10 byte 정도의 template • 손을 정확히 위치시켜야 함. • 대용량의 데이터베이스 필요	중급	ID3D, BTG, BioMet
사인 (On-line Signature Verification)	• 서명상의 형태적 특징에 대한 정적 특성 분석 • 서명 동작 사이의 간격 등의 동적 특성 분석 • 펜의 압력 분석 • 시간에 따른 변화 가능	중급	Cadix, Inforite, AEA

(출처: 생체인식기술소개, 인하대학교 정보통신공학부 김학일 교수)

가. 지문인식(Fingerprint Recognition)

1684년 영국에서 N. Grew가 사람들의 지문이 서로 다르다는 것을 알게 되었고 1968년 미국 월 스트리트의 한 증권회사에서 상업적 용도로 최초로 사용되었다. 이후, 신원 확인 분야, 금고와 출입 통제 시스템의 물리적 접근 제어, 범죄자 색출을 위한 범죄 수사 분야 등에 적용되었으나 1990년대에 들어서면서 전자 상거래상의 보안이나 인증을 위한 보안 시스템으로도 활용되고 있다.

〈표 2-21〉 지문의 고유 특성

지문의 고유 특성	
종생불변	태어날 때 형성된 지문의 형태가 평생 동안 변하지 않음.
만인부동	서로 다른 사람은 서로 다른 형태의 지문을 갖음.
편리성	지문을 사용하기 위해 별도의 기술을 요하지 않음.
신뢰성	고유한 생체인식으로 보안의 신뢰성이 높음.
보편성	생체인식 분야 중에서도 가장 많은 곳에 적용 가능
경제성	타 생체인식에 비해 시스템을 구축하기 위한 비용이 저렴

(출처: 생체인식 기술동향)

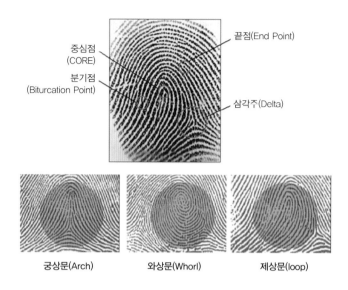

〈그림 2-25〉 지문의 특징(출처: 생체인식의 세계)

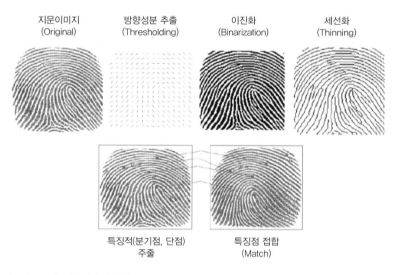

〈그림 2-26〉 지문인식 과정(출처: 생체인식의 세계)

지문인식의 특징은 〈표 2-22〉에서 나타낸 것과 같이, 보편성이 좋고, 편리함과 우수한 경제성이 장점이다. 이러한 특징은 〈그림 2-25〉에서 나타낸 것과 같이 궁상문(Arch)과 와상문(Whorl), 제상문(loop)의 대표적인 형태에서 중심점, 끝점, 분기점, 삼각주의 특이점들이 개인마다 모두 다른 형태를 띠고 있다는 점을 활용하여 개인을 인식하는 데 사용하는 것이다. 이때, 특정 사용자(개인)의 지문을 인식하는 과정은 사용자(개인)의 지문 이미지를 입력받고, 입력받은 지문 이미지를 이진화하기 위해 지문의 방향성을 추출하는 과정을 거치게 된다. 이후 이진화와 세션, 특징점 추출 과정을 통해, 입력 정보와 등록된 지문정보와 정합(Matching)하여 사용자(개인)가 맞는지 비교한 후 판단하게 된다. 이러한 지문 인증 절차를 〈그림 2-27〉에 나타내었다.

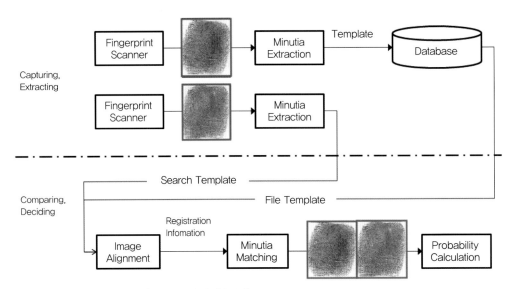

〈그림 2-27〉 지문인식 인증 과정(출처: 지문인식 기술동향)

〈표 2-22〉 지문 인식 기술의 방식

지문 인식 기술	
반도체 방식 (chip sensor)	실리콘 칩 표면에 직접적으로 손끝을 접촉시키면 칩 표면에 접촉된 지문의 특수한 모양을 전기적 신호로 읽어들이는 것. 칩 표면에 설치된 커패시터의 전하량의 변화를 읽어서 지문 정보를 얻는 방법과 초음파나 전기장을 사용하여 얻은 지문 이미지를 전기적 신호로 변환하여 지문을 획득하는 방법으로 나눌 수 있음.
광학 방식 (optical sensor)	광원에서 발생한 입력광을 프리즘에 쏘아 프리즘에 놓여 있는 손끝의 지문 형태를 반사하고 이 반사된 지문 이미지는 고 굴절 렌즈를 통과하여 CCD(Charged Couple Device)에 입력된 지문 이미지를 특수한 알고리즘에 의해 디지털화시켜 정밀하게 CCD에 맞히게 하는 원리를 이용. 구조가 단순하며 가장 안정적이고 정전기를 방지할 수 있음.
혼합 방식 (hybrid sensor)	e-영역, 전기 용량, 그리고 손가락 치기 등의 요소로 구성되어 손상되거나 날조될 수 있는 지문 감식을 막을 수 있음.

(출처: 생체인식 관련기술, 박상열)

앞에서 언급된 지문인식을 구현하기 위한 방식은 크게 세 가지로 분류되며, 이에 대한 반도체, 광학, 혼합 방식을 〈표 2-22〉에서 설명하였고, 〈표 2-23〉에서는 비광학식과 광학식에 대해서 인식방법과 장·단점 및 특징 등을 비교하여 제시하였다. 광학식 방식에는 프리즘 방식(a), 홀로그램 방식(b)이 있으며, 비광학식 방식에는 센서어레이 방식(c), 전기장 방식(d), 초음파 방식(e) 등이 있다.

〈표 2-23〉 비 광학식 vs. 광학식 비교

구분	비 광 학	광 학
인식방법	압력, 열, 접촉정전기, 초음파	빛(LED)
장점	복제불가능. 소형화 가능. 낮은 제조원가 및 유지비용	안정성이 뛰어나며 인식률이 높음. 외부충격과 긁힘에 강함.
단점	정전기, 온도 등 환경변화에 민감. 외부충격과 긁힘에 약함	모듈 크기가 상대적으로 큼. 높은 제조원가 및 유지비용
응용성	표면처리가 필요 없음	표면에 코팅이 필요함.
내구성	긁힘 없는 표면	외부 충격에 약함.
외부성	부식 없는 표면	미약한 충격에도 취약
수익성	낮은 제조원가 및 유지보수 용이	높은 제조원가 및 유지보수 비용 고가

(출처: 생체인식 심화학습-지문인식, 지문인식 센서 및 알고리즘 기술동향)

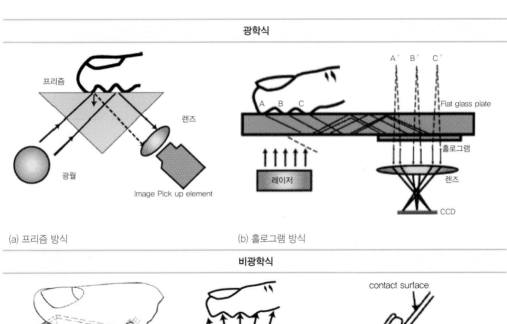

광학식

(a) 프리즘 방식   (b) 홀로그램 방식

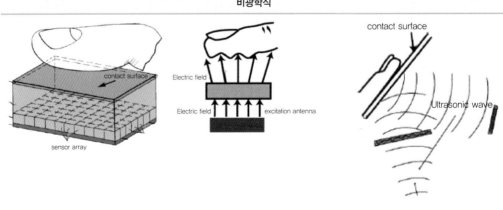

비광학식

(c) 센서 어레이 방식   (d) 전기장 방식   (e) 초음파 방식

〈그림 2-28〉 지문인식 기술 방식(참조: 생체인식 심화학습-지문인식)

〈표 2-24〉 지문인식 센서 모델별 특징(ESD: Electro-Static Discharge)

Sensor Model	Type	Size	Dpi	Capture Area	Image Quality	Durability	I/O
Digital Persina U.aea.U	Optical Camera	Tall Mouse	300	.7x.7 (inch)	Good	Good	USB
Identicator DFR-200	Optical Camera	Small Mouse	331	.6x.72 (inch)	Low Resolution	Good	Parallel Port
Nitgen FDx01	Optical Camera	Mouse	500	.53x.64 (inch)	Fair	Fair	USB
ST Micro TouchChip	Capacitive Sensing	Chip&H/W	500	256x360 (pixel)	Good	ESD	USB
AuthenTec Fingerlogic	Capacitive Sensing	Chip&H/W	250	.5x.5 (inch)	Low Resolution	ESD	USB
Veridicom OpenTouch	Capacitive Sensing	Chip&H/W	500	15x15 (mm)	Good	ESD	Parallel Port/USB
Atmel FingerChip	Thermal Chip	Chip&H/W	500	.55x.06 (inch)	Good	Good	USB
Delsy CCD	CCD Sensor	Chip&H/W	500	9.22x13.84 (mm)	Good	Fair	Parallel Port
Ethentica T-FPM	Tactile Sensor	PCMCA Card	400	.76x.56 (inch)	Fair	Fair	PCMCA Card

(출처: 지문인식 센서 및 알고리즘 기술동향)

나. 홍채인식

홍채는 눈의 색깔이 있는 부분의 패턴을 이용한다. 현재는 색 정보가 이용되는 것은 아니며, 불규칙적으로 분포된 이 패턴은 〈표 2-25〉의 홍채 부위 및 특성을 나타낸 것과 같이 10억 명당 2명이 같을 정도의 낮은 확률과 사람의 홍채 패턴 변형이 거의 발생하지 않는다는 특징들로 인해 누구와도 홍채가 같지 않아 신원 확인에 매우 우수한 특성을 지니고 있음을 보여준다. 또한 오른쪽과 왼쪽 홍채도 같지 않은 특징을 갖고 있다. 1998년 나가노 올림픽에서 홍채인식 시스템이 바이에슬런 경기에서 총기 사용을 위한 본인확인 수단으로 사용된 사례는 이미 많이 알려진 사실이다. 〈표 2-26〉에서는 홍채인식의 장·단점을 기술하였고, 〈표 2-27〉에서는 생체정보들에 대해서 안정성, 정확도, 편리성을 평가, 비교한 결과를 정리한 것이다. 〈표 2-27〉에서와 같이 홍채의 경우 오인식율(error rate)이 가장 낮으며, 광학현미경에 대한 촬영 위조 가능성이 있지만, 현실적으로 쉽지 않은 강한 보안성을 지니고 있다.

〈표 2-25〉 홍채 부위 및 특징

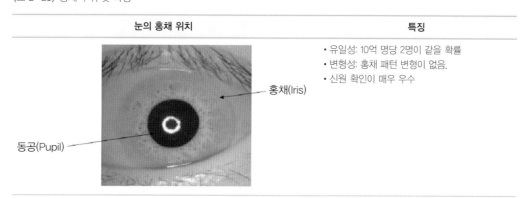

눈의 홍채 위치	특징
홍채(Iris) 동공(Pupil)	• 유일성: 10억 명당 2명이 같을 확률 • 변형성: 홍채 패턴 변형이 없음. • 신원 확인이 매우 우수

(출처: 생체인식의 세계)

〈표 2-26〉 홍채인식의 장·단점

장점	단점
• 유일성: 쌍둥이는 물론, 오른쪽 눈과 왼쪽 눈의 패턴도 서로 다르며, 생체인식 기술 중 보안성이 가장 탁월함. • 항상성: 홍채의 패턴은 변화가 없음. • 위 변조 곤란: 사체의 홍채나 인쇄된 홍채 패턴은 활용 불가함. • 비접촉식 인식 방식	• 고가의 가격 • 소형화가 힘들고 대형 시스템 요구 • 특정 인종이나 홍채 색에 따른 에러 존재 • 원천특허 보유사인 이리디언의 기술독점으로 일반상품 개발이 불가했고 홍채인식기술이 보급되지 않음.

(출처: 홍채인식제품소개, 아이락월드)

〈표 2-27〉 생체정보의 안정성, 정확도, 편리성 평가 비교

항목 생체정보	안정성/정확도			편리성	
	내 위조성	오인식율	오거절율	등록 실패율	인증시간
정맥	High(신체내부)	High(0.0001%)	Low(0.01%)	Low	0.5 s(1:N 가능)
지문	Low	Med(0.05%)	Med(0.2%)	High	0.5 s
얼굴	Med(쌍둥이, 성형 등)	Low(0.1%)	High(0.1%)	Low	1 s(촬영시간 미포함)
홍채	Med(광학현미경 촬영 위조)	High(0.0000078%)	Med(0.1%)	Med	0.5 ~1 s(촬영시간 포함)

(출처: 과학기술의 이해-생체인식, 2012.02.)

〈표 2-27〉에 제시된 생체정보 중, 지문인식이 보안성 대비 저렴한 개발 비용으로 단일 바이오 인식 기술로 전 세계 바이오 인식 시장에서 48%의 시장점유율 유지하며 각광을 받고 있다. 하지만 최근에는 전자여권 도입에 따라 안면인식 및 홍채인식 기술의 보급이 확대되고 있는 추세이다. 향후에는 열상정

보·DNA·다중바이오 인식 등과 같은 첨단 신기술로 발전할 것으로 예상되며, 특히 해외에서는 지문 센서, 카메라 등 바이오정보 입력 장비 및 칫셉 등 하드웨어 제조 기술과 실시간 다중검색을 위한 서버 기술 등이 상용화되고 있다.

사람의 눈을 이용하는 생체인증에는 크게 홍채인식과 망막인식이 있으며, 망막인식의 경우 적색 광을 안구에 투시해야 하는 불편함으로 인해 자연스러운 상태에서 영상 획득이 가능한 홍채인식이 많이 적용되고 있다. 특히 홍채는 사람의 신체 중에서 개인의 편차가 가장 크게 나타나는 부위이며, 오랫동안 변하지 않아 기술적으로 가장 완벽한 보안성을 제공하는 장점이 있다. 하지만 현재까지는 고가의 인식 장비와 이용이 불편하다는 것이 단점이다.

홍채 및 망막 이미지 품질은 실험실 환경에서 촬영한 것보다 일반적인 사용자에 의해 찍힌 사진이 제어 하기 어려우므로 홍채 및 망막 이미지의 사전 처리 단계는 모바일 애플리케이션에 적용하기 위해 매우 중요하다.

삼성의 GalaxyS Ⅲ
- 사용자의 눈동자를 인식하여 화면을 바라보고 있을 때는 활성화 모드를 유지하고 주시하지 않을 때 절전모드로 전환하는 기능
- 아직까지 본격적인 보안용도로 활용되진 않음

RIM의 BlackBerry
- 12년 3월, RIM은 Black Berry7 시리즈에 홍채인식 지원을 밝힘. 9월 기준 상용화는 되지 않음
- 작동 원리는 NFC 기반 스마트폰을 통해 사용자의 홍채가 iCLASS(HID Global 제품)에 저장, 사용자가 iCAM7000(Iris ID Systems의 제품) 카메라가 홍채를 촬영하면, iCLASS에 저장된 홍채가 로딩되어 대조

〈그림 2-29〉 안드로이드 기반의 홍채인식 구현 사례(출처: Market & Issue 분석 Report – 모바일 결제를 위한 바이오인식 적용 기술 동향)

현재 구글의 안드로이드 앱을 통해 홍채 또는 망막 스캐닝 앱을 다운로드 가능하며, 2012년 2월 Smart Sensors Limited는 안드로이드 스마트폰용의 홍채인식 플랫폼을 런칭하였으며, MIRLIN 홍채인식 SDK는 자바 네이티브 인터페이스를 통해 인식되어 앱 개발자들이 더욱 쉽게 홍채인식 앱을 개발할 수 있게 하였다. 〈그림 2-29〉는 삼성전자와 RIM 사에서 출시한 스마트폰에 적용된 사례를 제시한 것이다.

생체인식 과정에 대해서는 앞에서 언급하였으며, 이를 기반으로 홍채의 특징에 적합한 인식 과정을 〈그림 2-31〉와 〈그림 2-32〉에 도식화하여 나타내었다. 〈그림 2-32〉의 경우 등록과정과 인증과정을 분류하여 〈그림 2-31〉에서 제시된 인식 과정을 쉽게 설명하기 위해 나타낸 것이다. 홍채 인식과정을 통해 카메라에 의해 입력되는 처리 전 눈의 이미지와 홍채인식 처리 후 눈의 이미지는 〈그림 2-30〉에 제시된 것과 같다.

처리 전　　　　　　　　　　처리 후

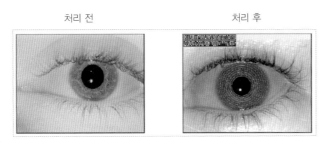

〈그림 2-30〉 홍채인식 처리 전과 처리 후 홍채 영상(출처: 생체인식기술소개, 인하대학교 정보통신공학부 김학일 교수)

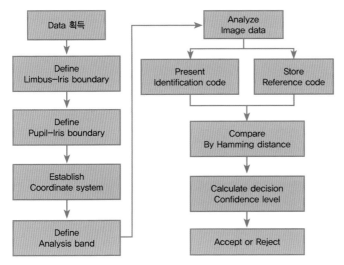

〈그림 2-31〉 홍채인식 과정(출처: 생체인식 산업의 표준화에 관한 연구, 2002.)

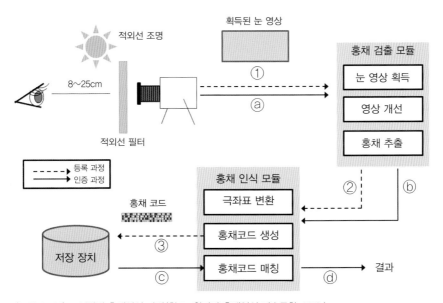

〈그림 2-32〉 도식화된 홍채인식 과정(참조: 원거리 홍채인식 기술동향, 2013.)

다. 뇌파

뇌파(EEG, Electroencephalogram)란 뇌세포 집단의 미세한 전기활동을 두피에 전극을 부착하여 유도하고, 이를 뇌파계에 의해 증폭시켜 전위를 종축으로, 시간을 횡축으로 해서 기록한 것을 말한다. 1875년 영국의 생리학자 R.케이튼이 처음으로 토끼·원숭이의 대뇌피질에서 나온 미약한 전기활동을 검류계로 기록하였으며, 사람의 경우에는 1924년 독일의 정신과 의사인 H.베르거가 처음으로 기록하였다. 뇌파는 뇌의 활동, 측정 시의 상태 및 뇌 기능에 따라 시공간적으로 변화하며, 1~50Hz 의 주파수와 약 10~200μV의 진폭을 가진다. 주파수는 일정한 주기(1초간)에서 나타나는 파의 횟수(Hz, c/s, 첸)를 말하며, 위상은 뇌파 간의 위치와 시간과의 관계를 말한다. EEG신호는 주파순 분석을 통하여 스펙트럼으로 볼 수 있다.

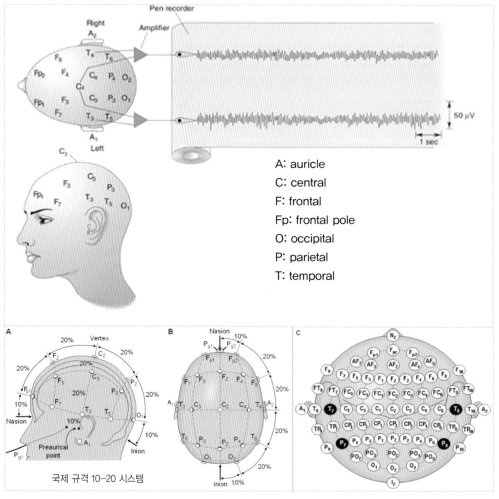

〈그림 2-33〉 뇌파 측정 과정 및 위치(출처: 뇌파측정과 동적신경영상 이론 및 응용)

〈표 2-28〉 뇌파의 종류, 진동수 및 특성

뇌파 종류	진동수(Hz)	특성
델타(Delta)	1~3	'수면파' 깊은 수면시 발생
세타(Thelta)	4~7	'졸음파' 잠에 빠져들 때 통과하는 뇌파
알파(Alpha)	8~12	'명상파' 심신이 안정을 취하고 있을 때 발생
SMR 파	12~15	주의, 집중 시 발생. 일의 능률이 최적상태
베타(Beta)	16~30	불안, 긴장의 활동파. 육체활동이나 운동시 발생
감마파(Gamma)	31~50	극도의 흥분과 스트레스를 받았을 때 발생

(출처: 생체신호를 활용한 체감형 게임인터페이스 기술동향)

- 서파: α파보다 늦은 주파수를 가진 파동을 서파라고 하는데, 4~7Hz의 것을 θ파, 그 이하의 것을 δ파라고 한다. 이것은 처음에는 뇌종양환자에서 관찰되었으나 반드시 이상 상태의 뇌에만 특유한 것이 아니고, 유유아에게서는 정상상태에서도 상당히 나타나며, 그 외에도 정상적인 성인에서는 수면 중에 이 서파가 주성분이 되고 있다.

- 속파: 정상 뇌파 중에 α파와 혼입되어 출현하며, 전두, 중심, 측두부에서 많이 보인다. 불규칙적이며, 진폭이 낮고 좌우반구의 대칭적이다. 각성, 입면 시에 증가하고, 30μV 초과하는 진폭이 높은 속파이며, 현저한 좌우차는 이상소견으로 볼 수 있다.

뇌파에는 구체적으로 다음과 같은 파들이 존재하며, 각 파의 특징은 다음과 같다.

- δ파(델타파): 중심주파수는 약 1.3Hz이며, 범위는 0.5~4Hz 이다. 뇌파 중 진폭이 가장 크기 때문에 침투력이 가장 강해서 멀리 이동할 수 있다. 두뇌영역 중에서 생명에 직접 관계된 연수, 뇌교, 중뇌 부위에서 주로 발생하며, 감정에 관여하는 구피질 영역과 정보의 입·출력과 사고판단에 관여하는 신피질의 활동이 멈추는 깊은 수면 시에 지배적으로 나타난다. 의식적 사고에 의한 상태가 아닌 무의식 상태에서 델타파 유도는 직관력과 관계가 있다. 각성 및 의식 상태에서 높은 델타파 발생은 육체 에너지 저하상태이며, 1cycle(주기 Hz) 갇혀진 두뇌는 신체의 활동을 더 많이 하라는 요구에 의한 두뇌의 자율적인 표시이다. 그 표시를 구신피질이 느끼지 못하거나 의도적인 대처를 거부할수록 자율적 피드백 유도에 의해 점차 에너지는 저하되고 델타파는 더욱 커진다. 대표적인 현상으로 디스플레이션 가속화 현상이 있다. 즉, 델타파 증가의 가속화 현상은 육체 에너지가 처지면 어떤 활동을 하도록 지시하는 자율적 피드백 현상이다.

- θ파(쎄타파): 중심주파수는 약 6.3Hz이며, 범위는 4~8Hz 이다. 델타파 다음으로 진폭이 크며 느린 서파에 속한다. 두뇌영역 중에서 감성, 감정에 관여하는 구피질 부위에서 지배적으로 크게 나타난다. 또한 깊은 수면상태가 아닌 졸릴 때 주로 나타난다. 감성, 감정영역에서 주로 지배적으로 관여하기 때문에 예술적인 노력을 기울일 때나 마음의 상처가 있거나 즐겁고 기쁜 업무나 놀이 시에 크게 나타난다. 그러므로 쎄타파가 손상된 경우에는 장기기억과 감성을 저장하는 능력이 저하되어 열정, 창조, 생활의 즐거움을 상실할 수 있다. 따라서 쎄타파는 무의식보다는 잠재의식 상태에서 유도하기 쉬우며, 이러한 에너지 유도의 힘은 창신력과 통찰력을 향상시킬 수 있다. 또한 잠재된 무한의 능력을 현실처럼 사용하는 것도 가능하다. 하지만 뇌(파)의 특정 영역을 너무 과도하게 사용하면 학습부진 등의 문제가 발생할 수 있다.

- α파(알파파): 우리가 눈을 감고 몸을 이완시키면 뇌파의 활동은 속도를 완화시킨다. 이때 우리 뇌는 13Hz에서 8Hz 사이의 알파파를 폭발적으로 생산하게 되고, 뇌는 알파파 상태가 된다. 알파파 상태는 뇌의 이완상태이다. 의식이 높은 상태에서 몸과 마음이 조화를 이루고 있을 때 발생되는 뇌파가 알파파이다. 알파파를 명상파라고도 하는데 근육이 이완되고 마음이 편안하면서도 의식이 집중되고 있는 상태를 말한다. 그러므로 알파파가 나오면 몸과 마음이 매우 안정된 상태임을 뜻한다. 건강하고 스트레스 없는 상태의 사람들은 알파파 활동 상태가 많이 생성되는 경향이 있다. α파가 안정하게 나타나는 것은 눈을 감고 진정한 상태로 있을 때이며, 눈을 뜨고 물체를 주시하거나 정신적으로 흥분하면 α파는 억제되며, 이 현상을 'α저지'라고 한다.

- SMR(Sensory Motor Rhythm): 뇌파의 한 종류로서 최근 집중 연구되고 있는 뇌파이며, 중심주파수는 12.7Hz이며 범위는 12~15Hz 이다. 귀 아래에서 두뇌 위 중심까지의 대뇌(신피질)영역에 지배적으로 발생되며, 의식 상태에서 긴장 이완 요구시 나타난다. 즉, 긴장하지 않는 상태에서 주의, 집중이 이루어져 스트레스를 받지 않고 학업, 일 등을 정확히 수행할 수 있는 상태를 나타내는 뇌파로서 베타파에 비해 아주 적은 에너지로 모든 일을 쉽게 해결하는 능력을 발휘한다.

- β파(베타파): 중심주파수는 17.3Hz이며 범위는 15~38Hz 이다. SMR파보다 속파이며, 폐안 또는 각성 시에 측두엽에서, 그리고 개안 시에 전두엽에서 지배적으로 나타난다. 능동적 뇌기능 수행시에 대뇌에서 나타나며, 또한 스트레스를 받을 때 나타난다. SMR파 상태의 과제 수행 때보다 좀 더 복잡한 업무를 수행시에 사용된다. 문제 해결을 위해 지속적으로 베타파를 발생을 하게 되면 긴장과 불안상태가 생기며, 가속화되면 문제해결이 아닌 상태에서도 베타파가 지속적으로 생기게 되고 이것이 대표적인 Anxiety(불안, 초조, 걱정거리)이다.

- γ파(감마파): 31~70Hz의 주파수 영역에서의 신호를 일컫는다. 감마파는 강한 집중 시에(예: 학습) 나타난다. 베타파보다 더 빠르게 진동하는 형태로 정서적으로 더욱 초조한 상태이거나 추리, 판단 등의 고도의 인지정보처리와 관련이 깊다고 보고되고 있다.

〈표 2-29〉 뇌전도 신호의 종류

뇌전도 신호의 종류		설명
뇌파 (brain wave)	SMR (sensorimotor rhythm)	• 대표적인 뇌파로는 SMR(sensorimotor rhythm, 혹은 mu rhythm으로 불림) • 신체의 일부를 움직일 때와 움직임을 상상할 때, 해당 감각운동피질(sensorimotor cortex)에서 8–12Hz(알파파 대역)와 18–22Hz(베타파 대역)의 뇌 신호가 감쇄되는 현상이 일어남. • 신호 감쇄 현상을 ERD(Event related desynchronization)이라고 부르고, 감쇄되었다가 다시 회복되는 현상을 ERS(Event related synchronization)이라고 부름.
	알파파 (alpha wave: 9–13Hz)	• 눈을 감았을 때 눈에 띄게 나타남. • 휴식 상태에 나타남. • 활동하지 않는 뉴런의 억제 제어와 관련이 있음.
	베타파 (beta wave: 13–30Hz)	• 기만한 상태 혹은 작업 시 나타남. • 활동적일 때, 분주할 때, 불안할 때, 집중할 때 나타남.
	감마파 (gamma wave: 30–100Hz)	• 서로 다른 지각 정보를 통합할 때 나타남(예를 들어, 시각적인 정보와 청각 정보의 통합). • 인지했던 물체, 소리, 감각과 관련된 단기 기억의 회상 시 짧게 나타남.

뇌전도 신호의 종류		설명
ERP (evert related potential)	P300	• 자극 제시 이후 300ms에서 측정됨. • 의사결정의 처리도 유도됨. • 일반적으로 oddbal paradigm에 의해 유도됨.
	Error Potential	• 사용자가 오류를 저질렀을 때 나타나는 ERP • 예를 들면, 사용자가 BCI 시스템에 명령을 잘못 내린 경우 관찰됨.
SSEP (steady- state evoked potential)	SSVEP (steady-state visual evoked potential)	• 일정한 특정 주파수를 가진 섬광 자극으로 인한 자연적인 반응으로 추두엽 시 각피질의 뉴런들이 그 자극과 동일한 주파수로 반응 • 모니터 화면이나 LED를 통해 자극 제시
SSEP (steady- state evoked potential)	SSSEP (steady-state sensory evoked potential)	• 감각피질의 뉴런들이 일정한 특정 주파수의 촉각 자극과 동일한 주파수로 반응 • 일반적으로 진동 모터로 손가락에 자극 제시
	ASSR (Auditory steady-state responses)	• 청각피질의 뉴런들이 일정한 특정 주파수의 청각 자극과 동일한 주파수로 반응

(출처: 뇌전도 기반 뇌-컴퓨터 인터페이스 기술)

최근 뇌전도 기반 BCI 연구에서 많이 사용되고 있는 뇌 신호로는 〈표 2-29〉와 같이 뇌파(brain wave), ERP(event related potential), SSEP(steady-state evoked potential)가 있다. 대표적인 뇌파로는 SMR(sensorimotor rhythm)가 있고, ERP에서는 P300(자극 제시 이후 300ms에서 나타나는 양의 피크)와 Error Potential, 그리고 SSEP에서는 SSVEP(steady-state visual evoked potential), SSSEP(steady-state sensory evoked potential) 등이 있다.

SMR BCI의 적용 사례로는, 미국의 Wadsworth Center의 BCI 연구팀에서는 전신마비환자를 대상으로 개발한 컴퓨터 마우스 커서 제어가 있다. 1991년도에 1차원 적인 움직임을 구현하였고, 2008년도에는 2차원 마우스 커서 움직임, 그리고 2010년에는 전신마비 환자의 동작 상상만으로 3차원 마우스 커서 움직임을 선보였다.

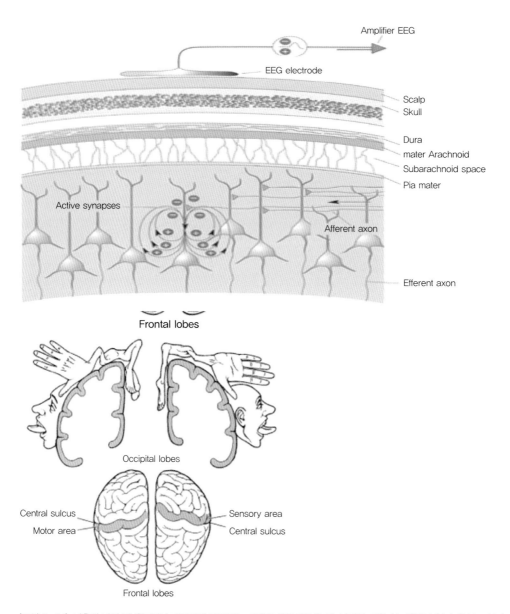

〈그림 2-34〉 뇌측정 방법 및 운동령과 감각령에 해당하는 신체의 운동기관(출처: 뇌전도 기반 뇌-컴퓨터 인터페이스 기술)

〈그림 2-34〉와 같이 뇌전도 전극(EEG electrode)에는 뉴런군들에서 발생한 전류에 의한 전위차가 연뇌막(Pia mater)부터 뇌경막(Duramater)과 두개골, 그리고 피부를 거쳐 도달하게 되어 측정된 다.

Homunculus 이론은 〈그림 2-34〉와 같이 신체의 각 운동기관이 뇌의 운동령(Motor Area)과 감각령(Sensory Area)에 해당하는 부분이 각각 존재한다는 이론이다. 예를 들면, 오른손 움직임을 결정하는 뉴런들의 신호는 좌반구의 운동령에서 발생하게 된다는 사실을 알 수 있다. 따라서 특정 신체기관의 움직임 상상에 대한 공간적 특징 추출은 매우 중요하다고 할 수 있다.

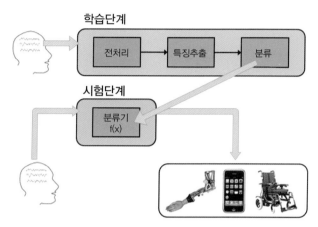

〈그림 2-35〉 뇌-컴퓨터 인터페이스 시스템의 기본적인 구조(출처: 뇌전도 기반 뇌-컴퓨터 인터페이스의 동작 상상 뇌파의 특징 추출 알고리즘 성능 비교 연구)

〈그림 2-33〉의 국제 규격인 10-20 시스템에 따라 배치된 여러 전극으로부터 뇌전도 데이터를 얻게 되는데, 이 뇌전도 데이터는 〈그림 2-35〉와 같이 BCI 시스템의 입력으로 들어간다. BCI 시스템은 훈련 단계(Calibration Phase)와 시험 단계(Feedback Phase)로 나뉜다.

훈련 단계에서는 사용자로부터 반복된 뇌 신호를 대량으로 측정해서 전처리(Preprocessing)를 통해 불필요한 데이터를 제거하고, 뇌 신호 데이터에 두드러진 특징을 추출(Feature Extraction)한 다음, 특징적인 뇌 신호를 구별하는 분류기(Classifier)를 생성한다. 이렇게 생성된 분류기는 시험 단계에서 실시간으로 들어오는 사용자의 뇌 신호를 분류하고, 분류된 결과는 로봇 팔, 단말기, 휠체어와 같은 애플리케이션의 명령으로 입력될 수 있으며, 애플리케이션의 피드백을 통해서 사용자는 자신의 의도가 전달되었음을 확인한다.

대부분의 뇌전도 기반 BCI 시스템은 이러한 과정을 거치며, 뇌전도로 측정되는 뇌 신호의 종류에 따라 조금씩 다르다. 뇌전도 데이터는 행렬(전극수×시간 샘플수) 형태로 단순하지만 다양한 뇌신경계 활동이 반영되어 있다.

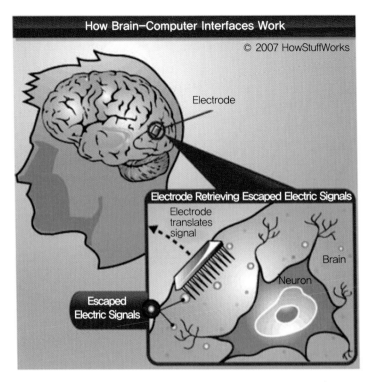

〈그림 2-36〉 뇌-컴퓨터 인터페이스의 구현 과정(출처: HowStuffWorks, 2007)

뇌-컴퓨터 인터페이스는 〈그림 2-36〉과 같이 인간의 두뇌와 컴퓨터를 직접 연결해 뇌파를 통해 컴퓨터를 제어하는 인터페이스 기술을 총칭하며, 마인드 컨트롤로 작동되는 인간과 컴퓨터의 궁극적인 인터페이스라고 할 수 있다.

뇌-컴퓨터 인터페이스 기술은 넓게는 HCI(Human Computer Interface) 기술에 속하며, 뇌파를 통해 휠체어나 로봇과 같은 기계를 조작할 수도 있기 때문에, BMI(Brain Machine Interface)라고 불리기도 한다. 뇌전도 센서기술을 이용해 전신마비 환자의 뇌 활동을 관찰하여 메시지 작성이나 휠체어 조작 등을 수행한다.

뇌-컴퓨터 인터페이스는 뇌의 활동을 분석하여 사람 또는 동물의 의도를 미리 예측하고 이를 로봇이나 컴퓨터 조정에 응용한다. 뇌-컴퓨터 인터페이스 기술의 구현은 뇌파 자극을 인식(acquisition)하는 장치를 통해 뇌파를 받아들인 후, 신호화 과정(signal processing)을 거쳐 뇌파를 분석해 입출력 장치에 명령을 내리는 단계를 거치게 된다.

〈표 2-30〉 뇌파 분류 기준에 따른 측정방식 및 특징

분류기준	방식	특징
뇌파측정 부위	침습형방식 (Invasive)	• 마이크로칩을 두피에 시술해 뇌파 측정 • 정확한 측정이 가능하지만, 시술이 필요하고 외과적 부작용이 있을 수 있음.
	비침습형방식 (Non-invasive)	• 헬멧이나 헤드셋 형태의 장비로 뇌파 측정 • 간편하지만 잡신호가 섞이는 것이 필연적 • 정확한 측정이 곤란
활용뇌파 측정	뇌파유도방식	• 특정한 뇌파의 출현을 유도해 응용하는 방법 • 사용자의 실제의도와 뇌파의 출현이 일치하지 않기 때문에 특정뇌파를 만들어내기 　위해서는 훈련이 필요
	뇌파인식방식	• 뇌파를 분석해 간단한 의사/동작을 인식 • 사용자의 의도를 그대로 컴퓨터나 기계에 전달

(출처: 뇌-컴퓨터 인터페이스 기술 및 개발동향)

뇌-컴퓨터 인터페이스 기술은 〈표 2-30〉과 같이 뇌파의 측정부위에 따라 침습형과 비침습형으로 분류하고, 활용 뇌파 측정에 따라 뇌파유도방식과 뇌파인식방식으로 구분된다.

침습형(invasive) 방식은 마이크로칩을 두피에 시술해 뇌파를 측정하는 방식이고, 비침습형(non-invasive) 방식은 외부에서 헬멧이나 헤드셋 장비의 형태로 뇌파를 측정하는데, 침습형에 비해 잡신호가 섞여 정확한 측정은 어려우나 사용법이 간편하여 실용화가 용이하다.

뇌파유도방식은 특정한 뇌파의 출현을 유도해 응용하는 방식으로 특정 뇌파를 만들기 위해서는 훈련이 필요하며, 뇌파인식방식은 뇌파를 분석하여 간단한 의사/동작을 인식함으로써 사용자 의도를 그대로 기계에 전달한다. 뇌파유도방식을 모스 부호를 사용하는 전신이라고 한다면, 뇌파인식방식은 간단한 대화를 하는 전화로 비유할 수 있다. 사용자의 훈련을 통해 특정 뇌파를 출현시키는 방식이라 할지라도, 훈련 행위가 사용자의 의도와 맞는 것이라면 뇌파인식으로 분류한다.

뇌-컴퓨터 인터페이스 분석에 이용되는 뇌파는 뇌의 수많은 신경에서 발생한 전기적인 신호가 합성되어 나타나는 미세한 뇌 표면의 신호를 측정함으로써 얻어진다. 뇌파신호는 뇌의 활동, 측정 시의 상태 및 뇌기능에 따라 시공간적으로 변화하고, 뇌파는 1~50Hz의 주파수와 약 10~200uV의 진폭을 보인다.

뇌파는 신경세포들의 자발적인 전기적 활동의 총합을 측정하기 때문에 측정 비용이 저렴하고, 비침습적 측정을 하므로 인체에 무해하며, 뇌 내 정보처리에 대한 실시간 정보 제공이 가능하고, 일체의 동작

을 필요로 하지 않아 가장 직관적인 인터페이스로 적합하다는 것이 장점이다. fMRI(기능성자기공명영상)가 수 초의 시간 해상도를 갖는 것에 비해 뇌파는 수 밀리초 단위로 두뇌 활동에 대한 실시간 정보를 제공할 수 있다. 단점은 뇌파 측정 시 잡파의 혼입이 불가피하고 체 전달(volume conduction)로 인한 정보의 손실이 있으며 분석의 어려움이 존재한다는 것이다.

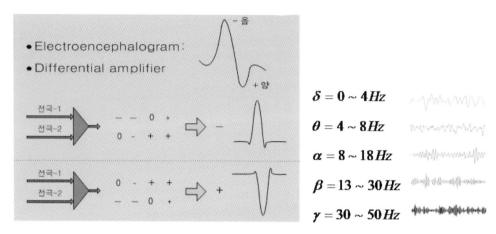

〈그림 2-37〉 뇌파의 기록과 뇌파의 종류별 주파수(출처: 뇌파 판독의 원칙, 성대의대 삼성서울병원 신경과 홍승봉 / 뇌파를 이용한 BCI 시스템 구축)

뇌파특징을 분석하고자 하는 연구자들은 0-50Hz의 각 주파수 성분에 대한 파워의 분포를 전체적으로 보여주는 파워스펙트럼 분포를 먼저 관찰한 후, 성분들의 변화를 통해 뇌상태를 판단한다. 이러한 파워스펙트럼 분포는 머리표면의 각 측정부위마다 조금씩 다른 양상을 나타낸다.

머리표면 아래의 대뇌피질은 전두엽(Frontal Lobe), 두정부엽(Parietal Lobe), 측두엽(Temporal Lobe), 후두엽(Occipital Lobe) 등으로 크게 나뉘며 담당 역할이 조금씩 다른데, 뒤통수에 해당하는 후두엽엔 일차시각피질이 있어 일차적인 시각정보 처리를 담당하며, 정수리 근처에 해당하는 두정부엽에는 체성감각 피질이 있어 운동/감각관련 정보처리를 담당한다.

〈표 2-31〉 뇌 신호 측정 분류 및 측정 방법

뇌신호 측정 분류	측정 방법 설명
뇌전도(腦電圖, Electroencephalography(EEG))	뇌 표면에서 발생하는 전기포텐셜 차이를 전극을 이용하여 측정
뇌자도(腦磁圖, Magnatoencephalography(MEG))	뇌로부터 발생되는 자장신호를 SQUID 센서를 이용하여 측정

(출처: 뇌파측정과 동적신경영상 이론 및 응용)

뇌 신호 측정 방법은 〈표 2-31〉에 나타낸 것처럼 크게 뇌전도와 뇌자도로 분류할 수 있다. 뇌전도는 머리 표면에 전극을 부착하여 머리 표면의 전위차를 측정하는 방식이며, 시스템 가격이 저렴하고 설치가 간단하다. 뇌자도는 뇌로부터 발생되는 자기장의 신호를 SQUID 센서를 이용해 측정하는 방식이다.

뇌파는 자기적으로 투명하지만 전기적으로는 투명하지 않아서 측정 신호가 왜곡될 수 있으며, 일반적으로 EEG는 MEG보다 공간 분해능이 떨어지는 것으로 인식되고 있다. 하지만 앞에서 언급한 것처럼, EEG의 경우 저렴한 가격으로 뇌파를 측정하는 데 일반적으로 활용되고 있으며, MEG의 경우 고비용과 뇌파 신호 획득 기술의 한계로 아직까지는 일반화되지 못하고 있는 상황이다. 〈그림 2-38〉은 EEG와 MEG 측정 방식을 도식화한 것이며, 〈그림 2-39〉는 뇌파의 전자기 신호발생 원리를 도식화한 것이다. 국내에서는 최초로 한국표준과학연구원에서 뇌자도를 상용화하였고, 2012년 독일에 기술이전 성공사례가 대표적이다.

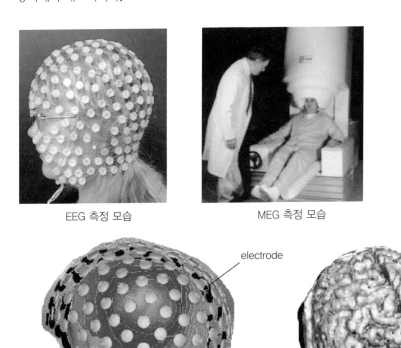

EEG 측정 모습   MEG 측정 모습

〈그림 2-38〉 EEG 및 MEG 측정 방법(출처: 뇌파측정과 동적신경영상 이론 및 응용)

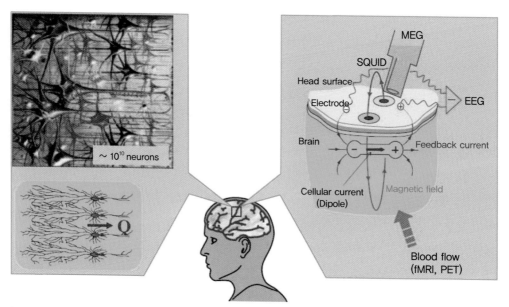

〈그림 2-39〉 뇌파 전자기 신호발생 원리(출처: 표준과학연구원)

라. 근육인식

근육인식은 근육의 움직임을 인식하는 센서를 가지고 있으며, 응용 분야가 다양하다. 탈믹랩스 (Thalmin Labs, https://www.thalmic.com/ko/myo/)라는 회사에서 개발한 근육 인식 컨트롤러 는 암 밴드 형태로 개발되었다. 팔에 착용하는 입력장치로 약 25가지 동작 명령을 전달할 수 있다. 팔 과 손가락의 동작인식을 이용해 해당 명령을 전달하는 방식으로 ARM 프로세서를 내장하고 있으며, 리 튬 이온 배터리가 장착되어 충전해서 사용할 수 있으며, 블루투스를 이용해 무선으로 명령 데이터를 전 달하는 시스템이다.

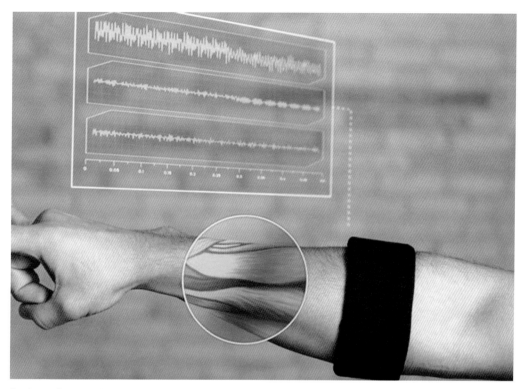

〈그림 2-40〉 MYO 근육 센서의 동작 화면

MYO(제스처 인식 암벤드)의 작동원리를 살펴보면 착용한 밴드 장치에서 착용자의 근육에서 발생하는 전기신호를 분석해 명령어로 변환해서 전달하는 기능을 수행한다. MYO에 있는 센서로 근육의 움직임과 팔의 동작을 읽어 내는 것이다. 블루투스 통신을 이용하므로 거의 모든 OS(윈도, MAC, 안드로이드, iOS 등)에서 동작이 가능하다. MYO는 디바이스를 $149에 저렴한 가격으로 프레젠테이션과 동영상 관리, 게임, 웹 서핑, 음악 및 비디오 편집 등에 사용하는 응용 프로그램과 연동해 새로운 형태의 비즈니스를 만들 수 있다.

MYO 규격을 보면, 9-axis 관성 측정장치(IMU) 센서와 탈믹랩스의 근육 활동 측정센서가 갖추어져 있어, 팔 근육의 미세한 움직임까지 인식할 수 있고, Bluetooth 4.0 Low Energy를 이용해 연결된 장치와 사용이 가능하며, ARM 프로세서와 재충전이 가능한 리튬 이온 배터리가 내장되어 있다. MYO의 정밀도는 동작 및 제스처는 1) 근육 활동, 2) 동작 감지로 두 가지 방법으로 감지할 수 있다. 이는 사용자 근육의 움직임을 감지해 손가락 하나하나의 변화까지 감지할 수 있다. 또한 팔과 손의 위치를 추적해 아주 미묘한 동작과 모든 방향의 회전까지 감지할 수 있다.

〈그림 2-41〉 MYO 센서와 응용 사례

패턴인식 기술

패턴인식 기술은 데이터로부터 중요한 특징이나 속성을 추출해 입력 데이터를 구분하는 것으로 정의
할 수 있다. 사람이 가지고 있는 오감을 컴퓨터가 인지할 수 있도록 패턴 정보 처리 기능을 연구를 시작

으로 지문인식 전자 열쇠, 얼굴 인식 반응 시스템, 홍채 인식 보안 시스템 등 응용기술이 제품화되고 있다.

여기서 특징이란 어떤 객체가 다른 것과 구별되어 나타나는 특별한 징표로 색깔/높이/넓이/무게와 같은 수치적인 것을 비롯해서 고유의 분별 가능한 특성을 말한다.

패턴이란 객체를 표현하는 특징들의 집합이다. 객체를 표현하는 하나 이상의 특징을 나타내는 문자나 음성, 숫자 등의 구체적인 것도 있지만, 머릿속에 있는 논리를 전개하는 것처럼 개념적인 것, 규칙을 가지고 반복되는 것, 규칙은 없지만 구분 지을 수 있는 독보적인 특징을 갖는 것 등 다양하다.

패턴인식(Pattern Recognition)은 관측된 패턴을 미리 정해진 여러 개의 개념(클래스/카테고리) 중 하나로 대응시키는 정보처리라고 정의할 수 있다. 문제 해결을 위한 함수를 찾기 위해 관측 대상의 특정 패턴을 개념화하는 데 필요한 결정 규칙(함수의 알고리즘)들을 찾는 일련의 작업을 패턴인식이라 한다. 패턴인식과 관련된 학습(무엇인가 대상을 원하는 방향으로 변화시켜가는 과정)이란 샘플을 이용해 원하는 함수를 만들어 내는 과정으로 학습에 이용하는 패턴을 학습패턴 또는 훈련 패턴이라 한다.

〈표 2-32〉 패턴인식 관련 분야와 응용 분야

관련 분야	패턴인식 응용 분야
기계학습, 비전인식, 인공 신경망, 로보틱스, 적응 신호 처리, 인지과학, 데이터 분석, 퍼지, 유전 시스템, 검지/추정 이론, 형식언어, 구조적 모델링 등	영상처리, 컴퓨터 비전, 음성 인식, 문자 인식, 지진 분석, 인간 기계 대화, 생체인식, 금융 예측, 의료 진단, 증강현실 등 모든 산업 분야

〈표 2-32〉의 패턴인식 분야와 응용 분야를 살펴본 것처럼 넓은 관련 분야와 모든 산업에 적용할 수 있는 중요한 연구 분야이다. 사람이 글자를 인식하는 것과 같이 기계가 문자인식(Character Recognition)을 하기 위해서는 광학 신호를 입력 데이터로 받아들여 그 문자의 이름을 식별하는 패턴인식 시스템을 적용해 OCR(광학 문자 인식, Optical Character Recognition) 시스템을 완성한다. 구체적인 방법으로는 템플릿 정합법, 신경망 접근법, 통계적 접근법, 구조적 접근법 등 다양한 알고리즘이 적용된다. 음성인식(Speech Recognition) 시스템에서는 입력 데이터로 받아들인 음향의 파형에 바탕을 두고 발음된 단어의 이름을 식별해 낸다.

얼굴인식, 홍채인식, 수형인식 등의 생체인식을 이용한 개인 인증 및 원인 분석 등의 활용 분야와 우편번호 자동 분류 시스템, 주식 시장 주가 예측 시스템, 기상 정보 예측, 교통량 제어, 위성 항공 사진 해설, 데이터 마이닝, DNA 연구, 클라우드 컴퓨터 분석, 스팸메일, 네트워크 보안 의사 결정 지원 시스템에서 활용된다.

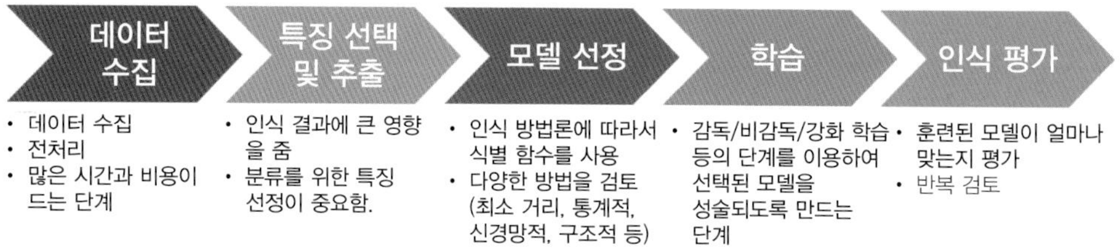

데이터 수집	특징 선택 및 추출	모델 선정	학습	인식 평가
• 데이터 수집 • 전처리 • 많은 시간과 비용이 드는 단계	• 인식 결과에 큰 영향을 줌 • 분류를 위한 특징 선정이 중요함.	• 인식 방법론에 따라서 식별 함수를 사용 • 다양한 방법을 검토(최소 거리, 통계적, 신경망적, 구조적 등)	• 감독/비감독/강화 학습 등의 단계를 이용하여 선택된 모델을 성술되도록 만드는 단계	• 훈련된 모델이 얼마나 맞는지 평가 • 반복 검토

〈그림 2-42〉 패턴인식 설계 단계

패턴인식 설계단계는 문제해결을 위해 〈그림 2-42〉의 단계를 반복한다. 데이터 수집 단계에서는 카메라, 마이크와 같은 실세계의 데이터를 취득하는 센서를 이용해 아날로그 데이터를 디지털 데이터로 수집한다. 이때 전처리 기술과 A/D 기술이 매우 중요하다. 많은 시간과 비용이 필요하므로 문제 해결 정도에 맞는 데이터 수집을 진행해야 한다.

전처리 기술은 특징을 선택 및 추출하기 위해 내부에 포함되어 있는 잡음을 제거하거나, 정규화를 진행해 원하는 데이터를 수신한다. 잡음을 제거하거나 차원을 축소해 데이터의 공통된 특징을 선택 및 추출할 수 있는 단계이다. 인식 예측을 위해 분류, 회귀, 클러스터링, 서술 등의 방법을 이용한다.

모델 선택 단계에서는 템플릿 매칭(template matching), 통계적 접근법, 신경망 접근법, 구조적 접근법 등 다양한 방법이 존재하며, 문제의 분석 및 기존 적용 모델 판례를 기반으로 선정하게 된다. 〈표 2-33〉은 몇 가지 패턴인식의 특징을 비교한 것이다. 템플릿 매칭은 비교 대상 패턴의 템플릿과 대상 패턴 간에 매칭을 확인하는 것으로 계산 속도가 빠르지만 대상 패턴의 특징이 변화하는 경우 매칭 결과가 좋지 않다는 특징이 있다.

〈표 2-33〉 통계적, 구문론적, 신경망 패턴인식 비교

통계적 패턴인식	구문론적 패턴인식	신경망을 이용한 패턴인식
확률 모델 생성	정규 문법 생성	안정 상태, 가중치 배열 생성
추정/결론 이론	파싱	신경망의 특성에 기반(예측 가능한)
밀도/분포 추정	문법을 구성 추론	신경망 시스템의 매개변수 결정
구조 정보의 표현이 어려움	구조 규칙의 학습이 어려움	네트워크로부터 의미 정보를 거의 얻을 수 없음.

최근의 자동차 산업은 운전자들이 더 안전하고 편안하며 편리한 차량을 추구함으로써 사용자 친화적이고 지능을 갖춘 미래형 첨단차량의 개발이 활발히 진행되고 있다. 첨단 안전차량에 관한 연구를 살펴보면 주로 실제차량의 주행 시험을 통한 계기 평가와 감성 평가, 그리고 컴퓨터 시뮬레이션에 의한

평가 및 ABS(Anti-lock Brake System), ACC(Adaptive Cruise Control), ESP(Electronic Stability Program), 무인 자동차, 자동 주차 등과 같은 첨단 안전장치를 장착한 차량의 주행 역학적 특성 규명에 관한 연구가 주로 진행되었다.

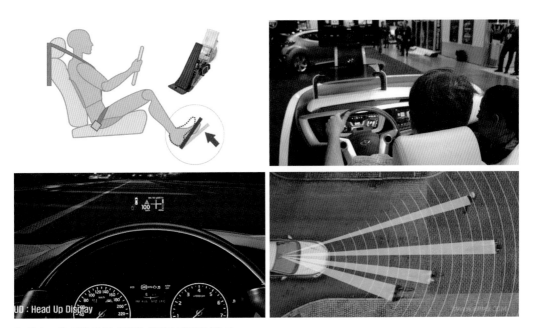

〈그림 2-43〉 차량정보를 이용한 운전자 패턴인식의 예

그러나 첨단 안전 차량의 개발이 대부분 기계적인 성능에 국한되어 있어 운전자에 대한 고려가 많이 이루어져 있지 않다. 자동차는 인간이 지니고 있는 신체적, 심리/인지적, 생리학적인 특성에 의해서 영향을 받는 대표적인 인간-기계 시스템이다. 따라서 첨단 안전시스템이 개발된다 하더라도 운전자의 운전특성으로 인한 주행 불안정으로 느끼는 불안전함, 불편함 등은 기계적인 차량 요소만으로는 개선할 수 없다. 따라서 진정한 의미의 조종안정성 향상을 위해서는 첨단 안전장치 차량을 설계할 때 운전자의 주행 습성과 기계적 장치의 부조화로 인해 상실될 수 있는 승차감을 상호보완적으로 안정화해야 한다.

운전자가 첨단 장치를 장착한 차량을 운전할 때 느끼는 주행 승차감은 다양하며, 운전자가 느끼는 주행 승차감에 영향을 미치는 요인으로는 평균 주행 속도와 선행 차량과의 평균 유지 거리를 들 수 있다. 또한 평균 주행속도나 선행 차량과의 평균 유지 거리 등으로 운전자의 운전 습성이 공격적인지 아닌지 판단이 가능하며, 이것은 역으로 공격적인 운전 여부가 주행 승차감과 직접적인 관련이 있는 운전자의 주행특성에 영향을 미친다는 점을 알 수 있다.

OpenNUI 플랫폼

NUI(Natural User Interface)의 줄임말로서 사람이 동작이나 음성, 행동 등으로 기계를 조작할 수 있게 하는 기술로서 직관적이고 현실감 있는 인터페이스를 이용해 기계를 제어하기 위한 인터페이스 방법을 나타낸다. 영화 마이너리티 리포트에서 나타냈던 미래 기술로서 인간의 손가락 동작을 인식해 컴퓨터에게 명령어를 전송하는 방법이다. 다양하고 새로운 NUI 기술의 제품이 나타날 것이며, 시장 규모는 2013년 약 120억 달러 정도이며, 2015년에는 약 40%가 증가한 200억 달러에 이를 것으로 예상한다.

⟨표 2-34⟩에서 보는 것처럼 사용자 인터페이스는 명령어를 이용하는 CLI 기술에서 GUI, 그리고 NUI 인터페이스 기술로 발전하고 있다.

⟨표 2-34⟩ 사용자 인터페이스 기술 비교

CLI	GUI	NUI
(Command-Line Interface) • 텍스트 기반 • 명령어를 기억해서 사용 • 직접적 • 사용하기 어려움 • 연결성이 없음.	(Graphic User Interface) • 그래픽 기반 • UI를 인식해 사용 • 탐험적 • 비교적 사용하기 쉬움 • 간접적으로 연결	(Natural User Interface) • 물체 기반 • UI를 직감적으로 사용 • 직감적 • 누구나 쉽게 사용할 수 있음. • 직접적으로 연결
키보드 인터페이스	마우스, 터치, 등의 인터페이스	촉각, 후각, 미각, 청각의 사람의 오감을 응용한 인터페이스
ASM, C, C++	GUI 프로그램(VB, 델파이 등), 파이썬, 웹 언어	jquerymobile, sench touch, iscoll, kivy,monotouch, qt, Kinetic, simon, VUI, TUI, OUI
Program	Application	증강현실

OpenNI 단체(http://www.openni.org/)는 2010년 11월에 설립된 비영리 단체로 장치와 미들웨어, 응용 프로그램의 상호 운용을 직감적인 인터페이스 방법을 이용해 운용하기 위한 표준화를 위해 조

직되었다. 기존의 MIT 미디어랩의 Tangible Media Group에서 처음 제안된 것으로, 인간이 실생활에서 오랜 시간 발전시켜 온 감각과 운동을 인터페이스에 적용시킨 것으로 실제로 물건을 만지고 느끼고 잡고 옮기는 등의 행위를 통해 디지털 정보를 조작하는 인터페이스 기술을 표준화한 것이다. 제스처 인식은 크게 터치 기술을 이용해 시스템을 제어하는 기술과 동작인식 센서를 이용해 시스템을 제어하는 기술로 구분된다. 제스처 인식 기술의 다양한 센서의 입력을 제어하기 위해 OpenNI SDK 미들웨어로 통합해서 제어하고자 하는 목적을 가지고 있다. 영화 마이너리티 리포트에 나온 것처럼 사람의 행동을 인식해 복잡한 구조의 컴퓨터 시스템에서 필요한 정보를 찾고 사용하는 시스템으로 확장하기 위한 하드웨어 디바이스의 표준 인터페이스를 제공하는 것이 OpenNI SDK의 목적이다.

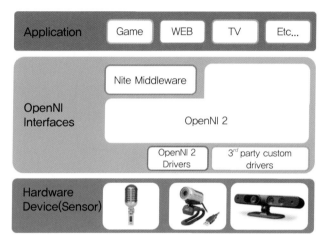

〈그림 2-44〉 OpenNI SDK 오픈소스 프레임워크

새로운 입력 방식에 대해 OpenNI SDK 플랫폼을 사용한다면 애플리케이션 단에서는 하드웨어적인 센서가 어떤 디바이스이더라도 사용할 수 있다. 특히 기존의 키보드, 마우스와 같은 간단한 디바이스에서 최근의 복잡해진 카메라, 마이크, 키넥트 센서의 인터페이스를 애플리케이션 단에서 개발하려면 많은 드라이버 설치와 설정이 필요했고, 다른 플랫폼에서는 개발조차 힘들었다. 하지만 PrimeSense 사에서 OpenNI에 힘을 실어줌으로써 OpenNI SDK API를 사용해 키넥트와 프라임센스 사의 제품을 모두 사용할 수 있게 되었다. 즉, 애플리케이션이 하드웨어와 연결되는 중간에 Middleware가 구성되어 센서의 환경설정, RGB카메라(RGB 이미지 취득), 3D센서(거리 측정), IR카메라(3D 센서를 위해 적외선을 출력), 마이크와 같은 센서를 처리하는 부분과 인식을 담당하는 NITE 미들웨어(Middleware)가 연결되면 하드웨어 센서에서 측정된 정보가 애플리케이션에는 인식된 정보로 변환되어 전달된다.

OpenNI는 센서(Sensor) 모듈 및 미들웨어와 관련된 모든 소스가 오픈소스이지만 NITE는
PrimeSense사에서 바이너리 형태로만 배포하고 있으며, 영상으로부터 사용자를 찾아내거나, 손이나
특정 부위를 추적하는 미들웨어 기능을 한다. 프로그램 내에서 키넥트로부터 NITE를 거쳐 모션 인식
작업을 수행하였다면 결과물을 실행하는 환경에서도 NITE 바이너리 파일을 설치해 프로그램 내에서
NITE에 접근할 수 있게 해야 한다. OpenNI 2.0 + NITE는 HMI 분야에 인간과 기계의 의사소통 정
보로 시각과 청각의 감각을 새로운 비전 미들웨어 기술과 3D 솔루션 개발을 위한 오픈소스 프레임워
크다.

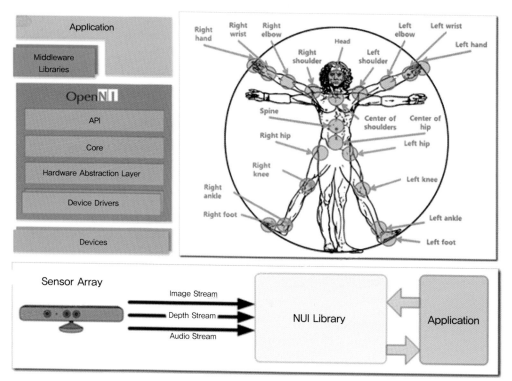

〈그림 2-45〉 OpenNI 프레임워크와 20개의 인식 포인트

윈도우 환경에서만 가능했던 키넥트 동작을 다양한 운영체제에서 OpenNI를 이용해 센서 입력을 받아
제어할 수 있도록 인식된 내용이 응용 프로그램으로 스트림으로 전달되고 응용 프로그램의 알고리즘에
서 필요한 인식 값을 이용해 동작이 완성된다. 사람의 인체 구조를 인식하고 각 20개의 포인터를 검색
할 수 있으며, 이미지, 깊이 정보, 오디오 정보를 취합해서 애플리케이션으로 연동된다. 데이터는 크게
스트림, 스켈레톤 트래킹, 스피치, 등의 정보를 추출해서 전달한다.

키넥트의 동작인식 기술

최근에 개발된 카프리(Capri) 솔루션의 경우 기존 키넥트와 대비해서 1/10 정도로 작은 크기에 3D 센싱 알고리즘을 탑재해 촬영된 영상이 실제 3D 모델링으로 연동되고 실제 거리를 추출할 수 있다. 이 러한 동작인식에 대해 알아보기 위해 키넥트 센서에 대해 알아보고자 한다.

〈그림 2-46〉 동작인식 기능을 이용한 엔터테인먼트(마이크로소프트 게임의 동작 화면)

키넥트는 마이크로소프트의 XBox 360이라는 게임기와 연동해 리모컨이나 게임 컨트롤 장치 없이 게임을 즐길 수 있게 만들어 준다. 즉, 사람의 동작을 인식하고, 게임 속의 아바타와 혼연일체가 되어 게임을 진행하는 형태이다. 초기에는 XBox 게임기에 연동하기 위한 솔루션으로 개발되었지만 다양한 응용 분야 때문에 PC에서 구동할 수 있는 OpenKinect라는 단체에서 SDK를 공유했으나 마이크로소프트사의 정책 변경으로 키넥트 SDK를 제공하고, 다양한 예제도 공유하고 있다. 〈그림 2-47〉과 같은 키넥트의 구조를 보면 다양한 카메라와 마이크가 달려 있는 센서의 집합임을 알 수 있다.

키넥트는 RGB 카메라, IR 카메라, IR 레이저 프로젝터로 구성되며, 기존의 영상만을 촬영하는 카메라와 다른 점은 영상에 존재하는 물체의 거리 정보를 추출할 수 있다는 점이다. 물체를 추출하는 방법으로는 TOF(Time Of Flight, 빛이 반사되는 시간 측정) 방법으로 IR 레이저 프로젝터를 이용해 점멸하고, IR 카메라에 수신된 점의 영역, 양, 패턴을 이용해 거리를 추정하는 방법과 영상 인식 방법 등을 적용한 것으로 보인다. 실제로 증감 현실 시뮬레이션 시스템에서 많이 사용되고 있으며, uCafe 시스템을 제작하면서도 다수의 키넥트 디바이스를 연동한다.

(a)

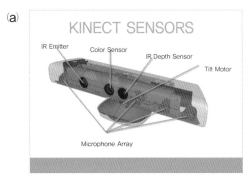

(b)

(c)

〈그림 2-47〉 키넥트의 내부 분해(a) 구조,(b) 키넥트 분해,(c) 영상 관련 센서 확대

윈도우 시스템에서 키넥트를 이용한 개발은 비주얼 스튜디오 2010 이상의 버전에서 키넥트 SDK 개발환경을 구축하면 손쉽게 할 수 있으며, 간단한 예제 프로그램도 함께 포함되어 있다(http://www.microsoft.com/en-us/kinectforwindows). 마이크로소프트의 강력한 매뉴얼과 많은 MVP들의 지원으로 어렵지 않게 아이디어를 현실화할 수 있다.

리눅스, 맥과 같은 시스템에서도 키넥트 솔루션을 이용하는 경우가 많다. 이 경우 OpenKinect SDK 를 이용해 개발환경을 구축하는 것이며, 개발환경 구축에도 어려움이 있지만, 시스템이 구축되면 SDK 의 내부의 소스를 확인하면서 작업이 진행되므로 성취감과 내부 알고리즘 등 깊이 있는 연구가 진행될 수 있다.

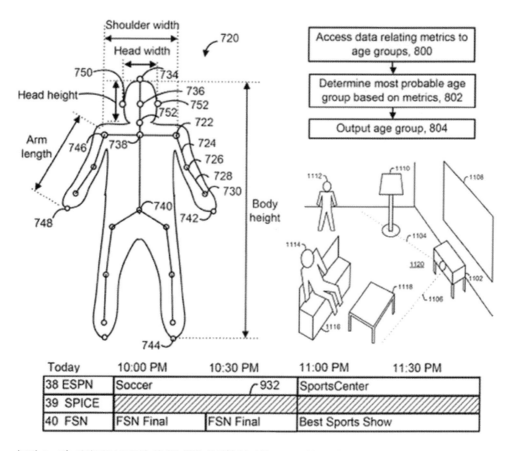

〈그림 2-48〉 마이크로소프트의 키넥트 관련 특허(출처: MS patent: Kinect body scans could estimate age, automate parental controls)

초기 제품은 2m 정도의 원거리에서 사람을 인식하는 개념이었지만, 최근에는 컴퓨터 사용자를 위해 근접모드(Near Mode)를 제공하는 키넥트도 보급되고 있다. 마이크로소프트의 특허 이미지인 〈그림 2-48〉를 보면 알 수 있듯이 머리, 어깨의 폭을 측정하고 팔, 다리, 몸의 길이와 각 관절의 포인트를 인식해 Xbox360 아바타를 제어하는 등의 게임을 진행할 수 있다(〈그림 2-49〉 참고). 앞서 프로그래밍하는 사람을 키넥트를 이용해 촬영했을 때도 하부의 일부 관절에는 오류(근거리 촬영, 앉아 있는 모습)가 있지만 게임을 진행할 정도의 기본적인 상부 관절이 인식된 것을 확인할 수 있고, 각각의 관절도 정확하게 매핑된 것을 확인할 수 있다.

〈그림 2-49〉 키넥트를 이용한 관절 인식 예

키넥트는 Kinect Audio API를 통해 내부에 있는 마이크 어레이(Microphone Array)를 이용해 오디오 입력을 받을 수 있으며, 마이크 배열은 몇 cm 떨어져 있으며, 선형 또는 L-모양의 패턴으로 정렬된 전형적인 4개의 마이크 세트가 구성되어 있다. 여러 독립적인 마이크의 배열은 하나의 마이크에 비해 다음과 같은 중요한 장점이 있다.

향상된 오디오 품질의 마이크 어레이는 단일 마이크보다 더 세련되고 효과적인 잡음 억제 및 음향 반향 제거(AEC) 알고리즘을 지원할 수 있다. 특정 오디오 소스의 소리가 빔포밍과 약간의 차이가 나는 시간에 빔포밍에 배열의 각 마이크에 도착했다는 사실을 이용함으로써 빔포밍과 소스 현지화는 응용 프로그램이 오디오 소스의 방향을 확인하고 가동될 수 있는 방향성 마이크로서 사용할 수 있다.

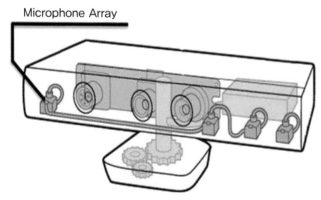

〈그림 2-50〉 키넥트의 마이크로 어레이 구성

음향 방향 반향 취소와 소음 억제를 비롯해 현지 신호처리를 제공하는 4개 요소의 선형 마이크 어레이를 포함하고 있다. 이 SDK로 만든 응용 프로그램은 〈그림 2-50〉과 같이 빔포밍과 소스 현지화, 음성 인식 등이 가능하다. SDK를 통해 응용 프로그램은 음성 인식용 Microsoft.Speech API를 위한 입력 장치로 키넥트 마이크 어레이를 사용할 수 있다. 응용 프로그램은 키넥트 센서의 마이크에서 기본 오디오 스트림을 캡처하는 WASAPI를 사용할 수 있다. 윈도우 비스타 이후 버전은 마이크 배열을 지원하는 음성 캡처 디지털 신호 프로세서(DSP)를 포함한다. 개발자는 일반적으로 DirectShow 그래프 또는 마이크로소프트 미디어 기초 토폴로지에 통합될 수 있는 표준 COM(Component Object Model) 개체인 DMO(DirectX Media Object)를 통해 해당 DSP에 접근할 수 있다. SDK를 사용하기 위해서는 마이크로소프트사의 홈페이지를 참고하기 바란다.

많은 센서로 구성된 키넥트 시스템은 기존의 터치 제품과는 상이한 점을 갖는다. 키넥트의 제스처 인터페이스는 모바일 기기의 터치를 이용해 각 픽셀을 선택하거나 이동하거나 하는 인터페이스와는 전혀 다르다. 〈표 2-35〉는 터치 모바일과 키넥트에 대해 몇 가지 측면을 비교한 내용이다.

프로그램을 개발하거나, 조작하는 측면에서는 터치 인터페이스를 가진 모바일 제품이 쉽고, 우수한 결과를 보일 수 있다. 하지만 정적인 움직임에서 벗어나 동적이고, 여러 사람이 어울릴 수 있는 키넥트 센서를 이용하는 동작인식 비즈니스는 큰 재미를 주고 조작의 학습을 단순화하며, 몸을 움직이게 함으로써 게임을 하는 사용자와 그 사용자를 보는 사용자에게 큰 즐거움을 줄 수 있다.

〈표 2-35〉 키넥트와 터치 모바일 제품 비교

	Kinect (+ other game consoles)	iPad/tablets/mobiles (when not used for games)
User's main goal	Entertainment	Getting things done
What's being controlled	Self-contained gameworld	The real world
Consequence of user errors	Your avatar "dies" & restarts level	Lose your job and investments
Diversity of activities	Wide	Fairly similar operations across tasks
Time spent within one UI	1 hour per game	1-2 minutes per site/app
Navigation space	Small (except for gameworld locations)	Mid-sized (apps) to immense (Web)
Commands	Few	Many
Data objects manipulated	Handful	Hundreds to millions
Usage context	Often communal (experienced users help newbies)	Usually solitary (figure it out on your own)

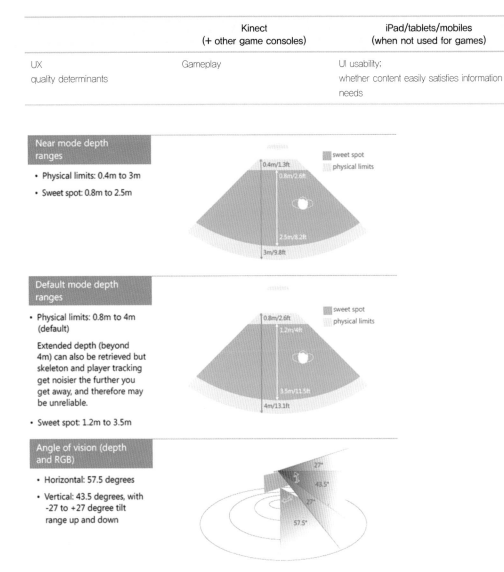

	Kinect (+ other game consoles)	iPad/tablets/mobiles (when not used for games)
UX quality determinants	Gameplay	UI usability; whether content easily satisfies information needs

Near mode depth ranges

- Physical limits: 0.4m to 3m
- Sweet spot: 0.8m to 2.5m

sweet spot
physical limits

0.4m/1.3ft
0.8m/2.6ft
2.5m/8.2ft
3m/9.8ft

Default mode depth ranges

- Physical limits: 0.8m to 4m (default)

  Extended depth (beyond 4m) can also be retrieved but skeleton and player tracking get noisier the further you get away, and therefore may be unreliable.

- Sweet spot: 1.2m to 3.5m

sweet spot
physical limits

0.8m/2.6ft
1.2m/4ft
3.5m/11.5ft
4m/13.1ft

Angle of vision (depth and RGB)

- Horizontal: 57.5 degrees
- Vertical: 43.5 degrees, with -27 to +27 degree tilt range up and down

27°
43.5°
27°
57.5°

〈그림 2-51〉 마이크로소프트 키넥트 가이드의 모드에 따른 인식 거리 및 각도 범위

키넥트의 거리 인식 기능은 기본 모드와 근거리 모드로 구분되어 서로 다른 측정 범위를 보인다. 기본 모드에서는 사용자의 몸의 제스처를 인식해서 동작하는 환경을 고려해 1.2m~3.5m가 주 측정 구간으로 설정되어 있어 대형 모니터 앞에서 아바타의 행동을 제어할 수 있다. 키넥트가 출시되고, 몸, 팔, 다리가 아닌 손, 목, 입술, 눈, 눈동자 등의 근거리 제스처에 대한 요구사항이 증가하면서 키넥트도 차츰 근거리 기능이 향상되고 있으며, 키넥트도 Active Infrared를 지원하고, Fluid Gesture 인식 기술을 활용해 근거리의 제스처에 대해 정확도와 활용성을 향상시키고 있다.

〈그림 2-52〉 마이크로소프트의 키넥트 인식 방법 및 응용

키넥트는 사용자가 손과 행동, 그리고 음성을 이용해 콘텐츠를 제어할 수 있는 통합 센서로서 NUI 미들웨어를 이용해 이미지 데이터 스틸 프레임을 640×480 해상도와 15FPS 이상 연속으로 얻을 수 있으며, 이미지 데이터의 컬러 데이터, 뎁스 데이터, 플레이어 세그멘테이션 데이터 등도 획득할 수 있다. 컬러 데이터는 2가지 형식으로 제공하며 RGB 컬러는 sFRGB 컬러 공간에서 32-bit로 제공하고 YUV 데이터로 받아 올 수 있다. 오디오의 경우에는 Speech API 형태로 제공하며, 키넥트 임베디드

시스템이 Microsoft.Speech API와 TTS(Text-To-Speech) API를 이용해 자동으로 응답하도록 구성할 수 있다.

키넥트를 이용한 NUI 스켈리톤 API는 키넥트를 사용하는 이유를 제공한다. 키넥트 영상에서 배경과 오브젝트를 구분하고, 거리의 정보를 측정하는 것도 매우 유용하지만, 스켈리톤을 사용할 수 있다는 이유 때문에 NUI를 반드시 사용해야 한다. 수집된 오브젝트 정보에서 사람, 손, 다리, 얼굴 등의 정보를 찾는 것을 영상처리를 통해 해야 한다면 원하는 결과를 얻기까지 상당한 시간과 자원이 소비될 수 있다. 스켈리톤은 사람을 인지하고, 사람의 손을 추적하거나 추적한 결과를 업데이트함으로써 취득한 정보만 이용해 애플리케이션을 구성할 수 있다.

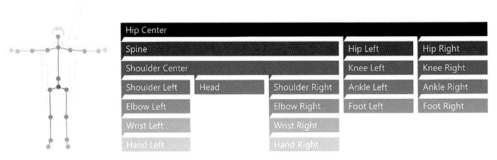

〈그림 2-53〉 NUI 스켈리톤 조인트 정보의 계층 정보(출처: Microsoft Joint Orientation)

키넥트에서 인식된 사람의 뼈와 뼈를 연결하는 관절의 위치를 조인트라고 하고, 추적된 각 관절의 골격 정보를 스켈리톤이라고 하며, JointType 형태의 20여 개의 조인트 정보로 구성된다. 각 조인트 정보를 획득해 모두 연결하면 하나의 스켈리톤 화면을 구성할 수 있으며, 조인트 정보의 변화에 의해 키넥트의 모터를 구동시켜 사람을 추적할 수 있으며, 손을 올리거나, 다리를 벌리는 등의 행동을 키넥트의 NUI 인터페이스에 의해 전달되는 스켈리톤 정보를 이용해 처리하므로 빠른 동작이 가능하다. 다만 실시간성에서는 부족하다는 평가를 받고 있지만 동작이 간단한 게임은 좋은 반응을 얻고 있다.

컴퓨팅 환경에서 플랫폼(platform)이란 컴퓨터가 어떤 기능을 수행하는 데 필요한 제반사항을 가리킨다. 범용적인 컴퓨팅 환경에서는 프로세서, 운영체제, 런타임 라이브러리, GUI(Graphic User Interface) 등이 플랫폼에 포함될 수 있다. 범용 컴퓨터에서는 프로세서로 인텔의 x86, IA64가 가장 보편적으로 사용되며, 운영체제로는 마이크로소프트의 윈도우, 애플의 맥 OS X, 그리고 리눅스 계열의 운영체제가 있다.

임베디드 시스템 역시 컴퓨터 시스템이기 때문에 특정 프로세서를 기반으로 소프트웨어가 구성된다. 하지만 범용 컴퓨터와는 달리 임베디드 시스템에 특화된 플랫폼을 갖추는 경우가 일반적이다. 그 이유는 임베디드 시스템이 갖는 특수성 때문이며, 주로 높은 응답성과 관계되는 실시간성, 물리적인 크기의 제약, 제품의 가격, 전력 공급 등이 여기에 해당한다.

임베디드 시스템은 일반적인 컴퓨터와 동일하게 하드웨어적인 요소와 소프트웨어적인 요소로 양분할 수 있다. 하드웨어적인 요소로는 프로세서를 비롯해 메모리, 저장장치, 그리고 각종 입출력 관련 장치가 있으며, 소프트웨어적인 요소로는 운영체제, 미들웨어, 각종 라이브러리, 그리고 최종적으로 사용자에게 서비스를 제공하는 애플리케이션이 있다. 따라서 임베디드 시스템의 계층적 구조를 표현하면 다음과 같은 형태로 단순화해서 나타낼 수 있다.

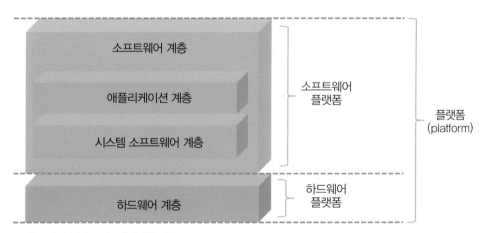

〈그림 3-1〉 임베디드 시스템 플랫폼 계층 구조

〈그림 3-1〉과 같이 하드웨어의 구성은 필수적이며, 이러한 하드웨어를 통해 어떤 기능을 제공하기 위한 소프트웨어 계층은 선택적으로 구성될 수 있는 요소이다. 어떤 시스템이 동작하기 위해 필수적으로 소프트웨어가 요구되는 것은 아니다. 극단적으로 소프트웨어는 하드웨어를 조금 더 편하고 다양한 방법으로 활용해 생산성을 높이는 데 필요한 부수적인 요소라고 볼 수도 있다.

하드웨어의 구조와 기능은 날로 복잡해지고 있으며, 이에 따라 소프트웨어의 구조 역시 더욱 고도화되고 있다. 동일한 시스템에 대해 사용자의 요구사항은 저마다 다를 수 있으며, 요구사항에 따라 하드웨어와 소프트웨어의 구성은 달라져야 한다. 초기 임베디드 시스템은 매우 제한적인 기능을 수행하는 데 사용되었기 때문에 소프트웨어보다는 하드웨어가 더 중요하게 취급되었고 간단히 펌웨어만으로 동작하는 경우가 많았지만 현대의 임베디드 시스템은 점차 복잡해지는 다양한 요구사항에 대응하기 위해 소프트웨어의 구성이 단조롭지 않다. 또한 동일한 하드웨어 규격(사양)을 갖는 임베디드 시스템이라 할지라도 소프트웨어에 의해 성능과 안정성 등이 차이를 보일 수 있으며, 시스템의 사용 목적에 따라 다른 소프트웨어 플랫폼이 채택될 수 있다.

임베디드 시스템의 플랫폼 구성이 범용 컴퓨터와는 다르기 때문에 임베디드 시스템을 구성하는 하드웨어 플랫폼과 소프트웨어 플랫폼의 종류와 특징들을 알고 있어야 할 것이며, 시스템의 목적에 따라 어떤 플랫폼의 구성이 적절한지를 판단할 수 있어야 할 것이다.

3장에서는 임베디드 시스템의 주요 구성요소인 하드웨어 플랫폼과 소프트웨어 플랫폼을 자세히 살펴볼 것이며, 특히 현대 임베디드 시스템의 하드웨어 플랫폼에서 가장 중요하게 취급될 수 있는 프로세서와 SoC의 주요 특징을 알아보고, 소프트웨어 플랫폼을 구성하는 운영체제, 미들웨어, 애플리케이션 등의 구성요소를 자세히 알아보고자 한다.

임베디드 하드웨어 플랫폼

임베디드 시스템은 범용 시스템(데스크톱, 노트북 등)과 마찬가지로 〈그림 3-2〉와 같이 CPU, 메모리, 저장장치, 입출력장치 등으로 구성되지만, 데스크톱과 같은 범용 시스템과는 달리 보통은 특정 기능을 수행하기 위해 최적화된다.

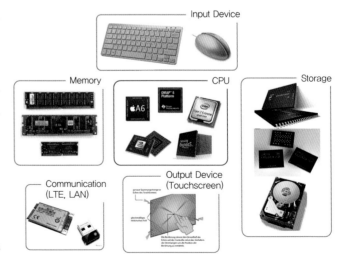

〈그림 3-2〉 임베디드 시스템의 구성요소

전력소비가 낮아야 하는 소형 임베디드 시스템이라면 저전력을 기반으로 동작하는 프로세서와 낸드플래시(NAND Flash) 같은 저장장치의 구성이 필요할 것이다. 〈그림 3-3〉은 임베디드 시스템의 구성요소를 기반으로 한 임베디드 시스템의 종류를 보여준다.

〈**그림 3-3**〉 임베디드 시스템의 종류

임베디드 시스템은 정보가전, 정보단말, 통신장비, 항공, 군사, 차량, 물류, 홈네트워크, 금융 관련 시스템 등의 형태로 구분될 수 있으며, 각 유형에 따라 실시간성, 입출력 방식, 통신 방식 등이 차별화될 수 있다.

정보 단말

정보 단말에 해당하는 스마트폰과 스마트패드의 경우 범용 시스템과 매우 유사한 구성요소로 구성되며, 윈도우, 리눅스, iOS, 타이젠(Tizen), 블랙베리, 세일피시 등의 운영체제 위에 다양한 애플리케이션을 설치함으로써 여러 가지 작업을 수행하는 것이 가능하다.

〈그림 3-4〉 정보단말

POS 시스템

〈그림 3-5〉와 같이 POS(Point Of Sales) 단말은 백화점, 슈퍼마켓, 편의점 등의 소매점에서 제품의 판매 시점에서 상품 단위의 판매 기록을 통해 재고관리, 납품 수량의 결정 등에 사용되는 판매시점 정보관리 시스템이다. POS 단말의 경우 입력장치로는 터치스크린, 출력은 LCD, 통신을 위해 유무선랜이 사용되며, 추가적인 입력장치로는 신용카드 리더기, 바코드 리더기, 출력 장치로는 영수증 인쇄를 위한 프린터가 구성되어 있다.

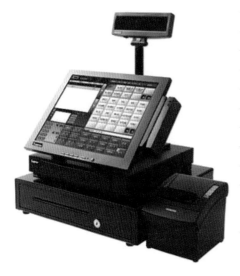

Specification	
CPU	Intel CEL CONROE-L 430 (기존 CEL 3.2급)
Memory	DIMM Sockets DDR 1GB (MAX 2G)
HDD	HDD 3.5" 160GB SATA II
I/O Port	4 Serial, 1 Parallel, 2 USB, 2 PS/2, 1AUDIO
Network	1 Lan - Fast Ethernet 10/100 Base T
Monitor	15" TFT LCD 250 cd /m2 (1024*768)
Touch	4-Wire Resistive Touch
MSR	MSR Bracket 포함 (Track II)
마우스+키보드	마우스(PS2), Mini-Keyborad
CDP (고객용디스플레이)	2 * 16한글지원 VFD 디스플레이 (회전 가능)
O/S	Windows XP WEPOS (Microsoft Windows Embedded for Point of Service)

〈그림 3-5〉 POS 단말(출처: 신세계통신(http://newpos.co.kr))

Processor	Intel ATOM Z670(1.51GHz)-Oak Trail
Memory	DDR2-800 2GB
Main Chipset	Intel SM35
Storage	SSD 32GB
Display	TFT LCD 5"
Input	5" Resistive touch screen - 19 key pad
Wireless	WLAN : 2.4GHz/ 5GHz, 802.11a/b/g/n, WAP & WEP secure
Card Reader	ISO 7810 Card Reader(MSR) ISO 7816/EMV Contact Card Reader-IC Module(EMV L1) Visa-Master Contactless Card Reader-RF Module Smart Module Card Reader ?NFC Card Reader
Edge I/O	USB 2.0 1 USB(HOST) 1 cradle docking connector Scanner Button X 2 , USIM Socket X 2 2 LED indicator(HDD/Power, Charging)
Printer	2" Thermal (203dpi), MAX 100mm/sec.
Scanner	CCD type Barcode Scanner, 630nm Aiming, High performance Linear Imaging Engine
MSR	Track Ⅰ/Ⅱ/Ⅲ
Power	DC 9V / 4A
Battery	7.4V/3,700mAh Li-Polymer
OS Support	Microsoft Windows 7, POS Ready7
Dimension(mm)	91(v) x 258(H) x 44(D)mm
Cradle	3 X USB Port 1 X HDMI Port 1 X LAN Port Docking LED

〈그림 3-6〉 휴대형 POS 단말(출처: 시스네트(http://www.sisnet.co.kr))

POS 단말에서는 POS, 키오스크(KIOSK), ATM 등을 겨냥한 마이크로소프트의 Windows Embedded WEPOS, Windows Embedded POSReady 2009, Windows Embedded POSReady 7이 주로 사용된다.

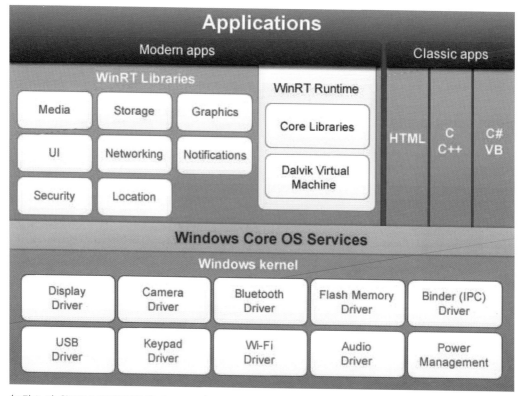

〈그림 3-7〉 윈도우 8 아키텍처(출처: QuinStreet(http://www.developer.com))

차량용 인포테인먼트 시스템

차량용 인포테인먼트 단말에서는 윈도우 CE, QNX, 타이젠 등이 사용되며, 최근 국내 현대기아차에서는 안드로이드 적용 계획을 발표하기도 했다.

QNX

MeeGo

Tizen IVI

〈그림 3-8〉 차량용 인포테인먼트 단말

특히 타이젠 IVI 팀은 차량용 인포테인먼트 플랫폼으로 특화된 Tizen 3.0 IVI를 발표했으며, 자동차용 홈스크린을 개발 중인 상태다.

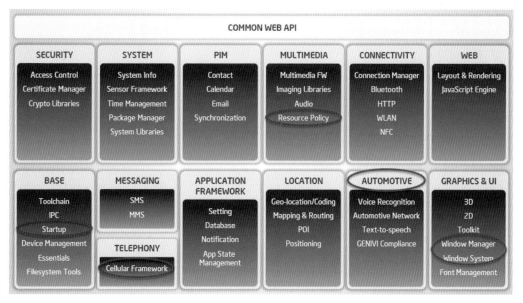

〈그림 3-9〉 Tizen IVI(In-Vehicle) 아키텍처

지능형 로봇

지능형 로봇에 해당하는 로봇 청소기는 삼성전자, LG전자와 같은 대기업을 비롯해 유진로보틱스, 로보티즈 등 다양한 업체에 의해 시판되고 있으며, 로봇 청소기를 포함한 가사용 지능형 서비스 로봇은 2020년까지 약 4000억 달러 규모의 거대 시장을 형성할 것으로 전망되고 있다.

〈표 3-1〉 지능형 서비스 로봇 시장 전망   단위: 억 US 달러, 자료: 산자부, R&DBIZ 재구성

	2002년	2005년	2010년	2015년	2020년
가사용	40	150	400	800	1,500
생활지원	10	30	200	500	1,000
여가 및 교육지원	40	100	300	500	1,000
공공복지	10	20	100	200	500
계	100	300	1,000	2,000	4,000

(출처: 전자정보센터, 청소용 로봇 시장 분석 및 전망, 2005)

로봇 청소기는 제조사별로 AVR 계열의 MCU가 사용될 수 있으나 최근에는 ARM 계열의 프로세서를 사용하는 경우가 더 많아지고 있다. 〈그림 3–10〉은 저성능 ARM 프로세서인 Cortex-M3 계열 프로세서를 기반으로 출시된 (주)로보티즈의 OpenCM9 로봇 청소기 플랫폼이다.

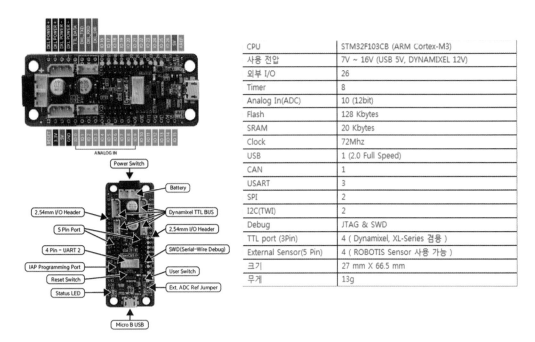

CPU	STM32F103CB (ARM Cortex-M3)
사용 전압	7V ~ 16V (USB 5V, DYNAMIXEL 12V)
외부 I/O	26
Timer	8
Analog In(ADC)	10 (12bit)
Flash	128 Kbytes
SRAM	20 Kbytes
Clock	72Mhz
USB	1 (2.0 Full Speed)
CAN	1
USART	3
SPI	2
I2C(TWI)	2
Debug	JTAG & SWD
TTL port (3Pin)	4 (Dynamixel, XL-Series 겸용)
External Sensor(5 Pin)	4 (ROBOTIS Sensor 사용 가능)
크기	27 mm X 66.5 mm
무게	13g

〈그림 3–10〉 OpenCM9 로봇 청소기 플랫폼(출처:(주)로보티즈 홈페이지(http://www.robotis.com/xe/))

로보티즈의 OpenCM9은 하드웨어와 소프트웨어가 모두 공개되어 있기 때문에 다양한 I/O 포트를 통해 원하는 주변장치를 쉽게 구성할 수 있으며, 사용자가 원하는 프로그램을 직접 C/C++로 작성해서 동작시키는 것이 가능하다.

로봇 청소기를 포함한 지능형 로봇에 대한 소프트웨어 플랫폼은 단순 펌웨어로 작성될 수도 있지만, 국내의 경우 2007년부터 국가 주도적으로 표준 플랫폼의 구성을 위해 OPRoS(Open Platform for Robotic Services)가 개발되었다.

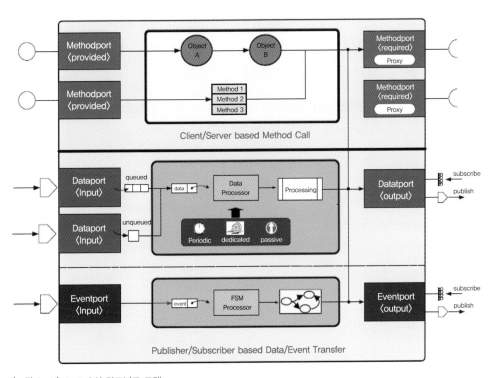

〈그림 3-11〉 OPRoS의 컴포넌트 모델

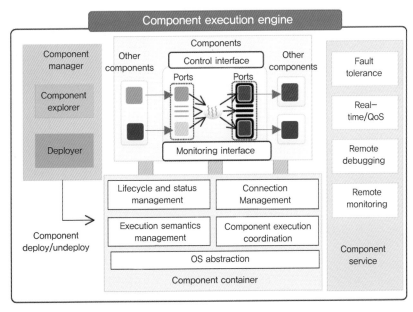

〈그림 3-12〉 OPRoS 실행 엔진(출처: Choulsoo Jang et al., OPRoS: A New Component-Based Robot Software Platform, ETRI Journal, Vol. 32, No. 5, 2010.10)

OPRoS는 컴포넌트 기반의 오픈소스 플랫폼이며, 통합개발도구와 로봇에서 동작하는 프레임워크, 서버, 시험 및 검증도구로 구성되어 있다. 통합 개발도구는 이클립스 기반이며, 〈그림 3-13〉과 같이 로봇 컴포넌트들을 작성하고 조립할 수 있는 UI를 제공한다.

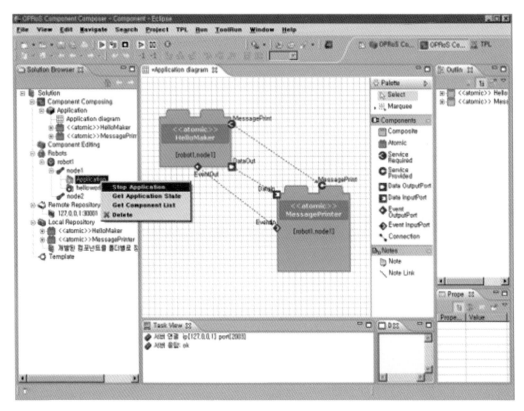

〈그림 3-13〉 OPRoS 통합개발도구

OPRoS 라이선스는 LGPL과 개별 상용 라이선스로 구분되며, LGPL은 소스코드를 수정하지 않거나 변경한 소스코드를 공개하면 상용으로 활용할 수 있으며, 개별 상용 라이선스는 관련 내용을 기술 이전과 라이선스 계약을 하고 소스코드는 공개하지 않아도 된다.

〈그림 3-14〉는 OPRoS 기반의 컴포넌트 개발 절차를 보여준다.

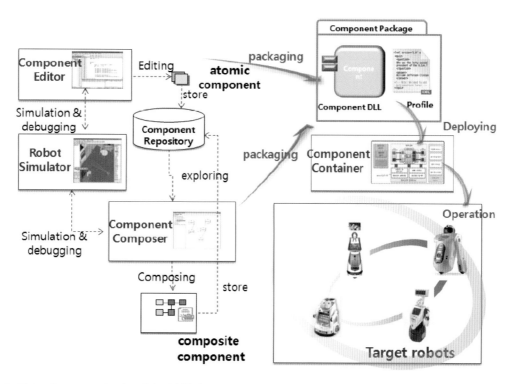

〈그림 3-14〉 OPRoS 컴포넌트 개발 절차(출처: Byoungyoul Song, Seungwoog Jung, Choulsoo Jang, and Sunghoon Kim, An Introduction to Robot Component Model for OPRoS(Open Platform for Robotic Services), Proc. of International Conference on Simulation, Modeling and Programming for Autonomous Robots, 2008.11)

국내의 OPRoS와 마찬가지로 미국에서는 Willow Garage에서 출시한 ROS(Robot Operating System)가 있으며, 현재 로봇 플랫폼의 주도권을 가지고 있다. ROS는 로봇용 오픈소스 기반 메타 운영체제로서, 일반 운영체제에서 제공하는 하드웨어 추상화, 저수준 기기 제어, 자주 사용되는 기능들이 구현되어 있으며, 프로세스 간의 메시지 교환, 패키지 관리 기능 등을 제공한다.

ROS는 로봇의 개발을 위한 오픈소스 프레임워크로서, C++, 파이썬, 자바 언어를 지원한다. ROS는 노드(node)로 표현되는 한 개 이상의 프로세스들을 조합하는 마스터(master)를 통해 구성된다. 각 노드는 토픽(topic)이라고 하는 메시지 교환을 위한 버스(bus)를 통해 메시지를 전달할 수 있는 ROS 라이브러리를 사용할 수 있으며, 사용자로부터 여러 가지 파라미터들을 쉽게 받아들일 수 있다.

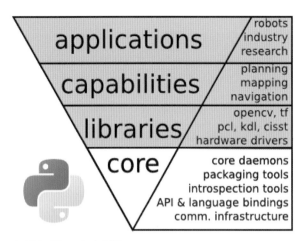

〈그림 3-15〉 ROS 아키텍처

ROS의 계층구조는 〈그림 3-15〉와 같으며, core 계층에서 제공하는 핵심 컴포넌트로서 Communications Infrastructure, Robot-Specific Features, 그리고 Tools가 포함된다.

ROS는 저수준의 프로세스 간 통신을 위한 메시지 전달 인터페이스를 제공하며, 이는 ROS의 미들웨어로 취급될 수 있다. ROS의 미들웨어는 메시지 전달, 메시지의 기록과 재생, 원격 프로시저 호출(RPC), 분포 정수계(Distributed Parameter System)를 제공한다.

〈그림 3-16〉 ROS 기반의 로봇

현재 ROS 개발환경은 우분투를 기반으로 제공되고 있으며, 개발에 필요한 환경 설정 방법과 더불어 ROS 기반의 로봇 프로그래밍 방법을 다양한 초/중급 예제와 함께 설명하고 있다.

ROS 튜토리얼에서 소개하는 예제는 터틀심(TutleSim)이라는 시뮬레이터를 통해 시뮬레이션할 수 있다.

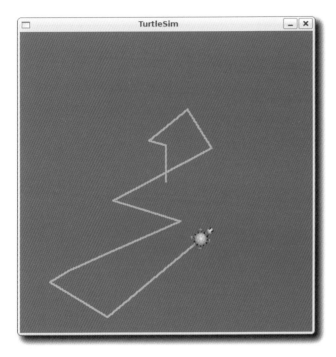

〈그림 3-17〉 ROS의 TurtleSim 시뮬레이터

또 다른 로봇용 소프트웨어 플랫폼으로 유럽의 RoboEarth가 있다. OROCOS는 실시간 CORBA 개념을 적용한 표준 플랫폼으로서 유럽연합의 선반업체, 자동화용 컨트롤러 업체와 공유하고 있다. 또한 유럽은 FP7(The European Union Seventh Framework Programme)의 일환으로 로봇협업과제인 RoboEarth를 수행 중이다. 〈그림 3-18〉은 RoboEarth의 구조를 나타낸 것이다.

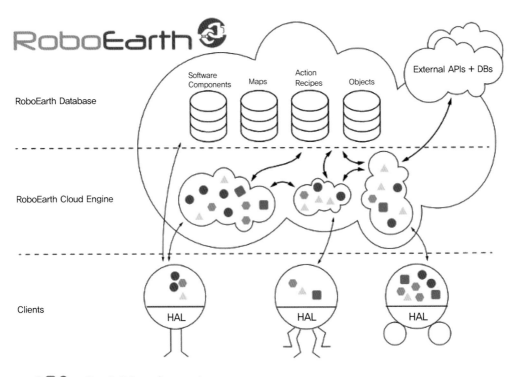

〈그림 3-18〉 RobotEarth 아키텍처

RoboEarth는 로봇들이 정보를 공유하고 행동과 환경에 대해 서로 배우는 거대한 네트워크다. 즉, 로봇용 클라우드를 구축함으로써 로봇들이 관련 정보를 찾아 배우게 하는 시스템이다.

RoboEarth는 〈그림 3-19〉와 같이 로봇에 의존적이지 않은 상위 수준의 기능 구현을 위한 일반 컴포넌트들(Generic Components)과 하드웨어 추상화 계층을 통해 저수준에서의 접근이 필요한, 로봇에 의존적인 컴포넌트(Robot-specific)들을 분리해서 소프트웨어 계층을 구성한다.

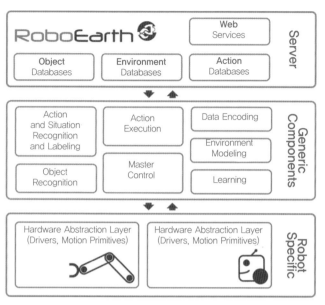

〈그림 3-19〉 RoboEarth의 컴포넌트 계층 구조

네트워크 장비

임베디드 시스템 기반의 제품을 기획할 때 가장 중요한 것은 프로세서의 결정이다. 이는 제품의 가격과 더불어 전력 소비량, 처리 능력, 주변장치, 그리고 운영체제 등과 긴밀하게 얽혀 있기 때문에 제품의 목적에 따라 적절한 프로세서를 선택하는 것이 중요하다.

〈그림 3-20〉은 우리가 집 또는 회사에서 흔히 사용하는 무선 공유기 중 하나다. 외형만 놓고 보면 이를 컴퓨터라 보기 어려울 수 있겠지만, 〈그림 3-22〉의 블록도를 보면 CPU, 메모리, 저장장치와 주변장치에 대한 인터페이스를 포함하는 임베디드 시스템이 분명하다.

〈그림 3-20〉 무선 공유기(D-Link DIR-868L)

〈그림 3-21〉은 브로드컴 듀얼코어 프로세서 기반의 무선 공유기에 대한 블록도를 보여준다.

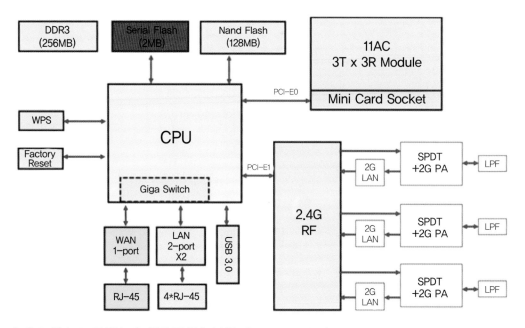

〈그림 3-21〉 브로드컴 듀얼코어 기반의 무선공유기 블록도(D-Link DIR-868L)

이 무선 공유기가 다른 임베디드 시스템과 차별화되는 특성은 2.4GHz의 무선 통신을 위해 2.4G RF 모듈이 구성되어 있다는 것이며, 프로세서로는 통신에 특화된 브로드컴(Broadcom)의 BCM4708이 사용된다는 것이다. 이 프로세서의 구조는 〈그림 3-22〉와 같으며, ARM Cortex-A9 듀얼 코어를 기반으로 한다.

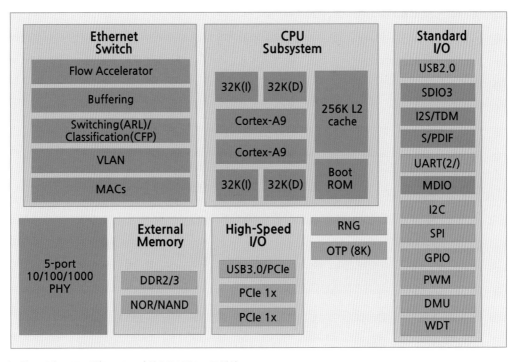

〈그림 3-22〉 브로드컴(Broadcom)의 BCM4708 프로세서

프로세서와 SoC(System On a Chip)

프로세서는 시스템의 가장 중추적인 역할을 담당하는 장치로서 프로세서의 규격(사양)에 따라 시스템이 수행할 수 있는 기능이 달라질 수 있다. Intel, AMD, VIA가 주류를 이루는 x86 계열 프로세서 기반의 데스크톱 컴퓨터와는 달리 임베디드 시스템에는 ARM, MIPS, M68K, PowerPC, x86, AVR, PIC 마이크로컨트롤러, 8051 등 많은 다양한 프로세서를 적용할 수 있다.

〈표 3-2〉 데스크톱 시장 CPU 점유율

Overall x86 CPU share	2013 Q2 Current Quarter Units	Share	2013 Q1 Prior Quarter Units	Share	2012 Q2 Year Ago Quarter Units	Share	Growth Rates Quarter	Year	Share Change(points) Quarter	Year
Intel	75,298	83.0%	70,618	85.2%	81,209	81.9%	6.6%	−7.3%	−2.2	+1.1
AMD	14,919	16.5%	11,816	14.3%	17,366	17.5%	26.3%	−14.1%	+2.2	−1.1
VIA	460	0.5%	441	0.5%	559	0.6%	4.3%	−17.7%	−0.0	−0.1
Total	90,677	100.0%	82,875	100.0%	99,134	100%	9.4%	−8.5%		

2009년 기준 32bit RISC 임베디드 프로세서의 약 90% 이상 2011년 기준 스마트폰의 95% 이상이 ARM 기반 아키텍처가 차지하고 있다. 이 밖에도 400여개 이상의 임베디드 시스템에 쓰이는 코어가 있다. 인텔 8051, PIC 마이크로컨트롤러, AVR(ARM 코어 기반) 8비트 등이 시장에서 가장 많이 사용된다.

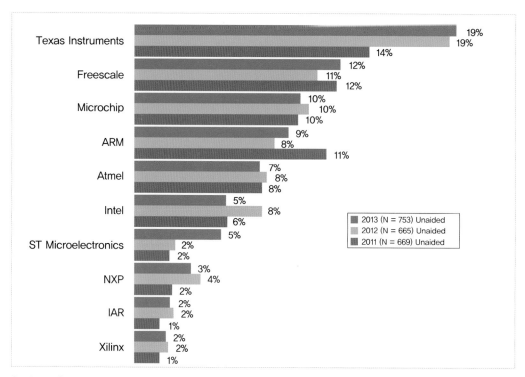

〈그림 3-23〉 주요 아키텍처

임베디드 시스템의 큰 흐름 가운데 하나는 특정 적용 분야에 맞는 IC들을 하나의 CPU 칩에 집적함으로써 별도의 주변장치용 칩을 보드 위에 실장하지 않아도 되게 하는 시스템 온 칩(SoC, System On a Chip) 기술이다.

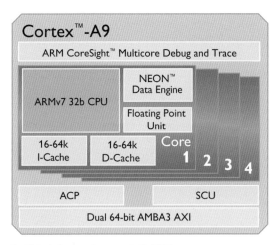

〈그림 3-24〉 ARM Cortex-A9 아키텍처

모바일 디바이스와 임베디드 프로세서의 개념이 본격화된 1990년대에는 32-bit RISC(Reduced Instruction Set Computer) 프로세서를 개발하던 Acorn Computers Ltd.에서 분사한 ARM사가 기존의 단품 형태 프로세서 생산 개념에서 벗어나 시스템 반도체 내에 집적될 수 있는 IP(Intellectual property) 형태의 프로세서 라이센싱 사업을 시작하면서 개발한 ARM7, ARM9 프로세서 등이 성공을 거두어 Strong-ARM, ARM11, XScale, Cortex 등으로 제품군을 확장하고 있다.

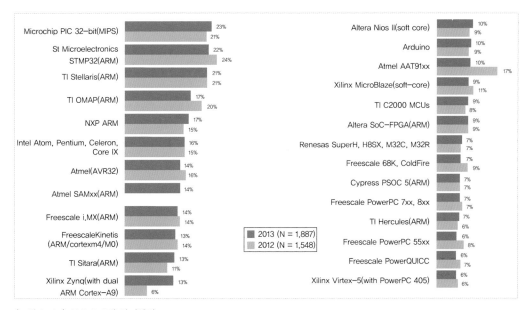

〈그림 3-25〉 주요 SoC와 아키텍처

〈표 3-3〉과 같이 ARM 프로세서는 현재 v8까지 출시되어 있으며, 64-bit 프로세서 제품군을 통해 AP(Application Processor) 영역을 점차 확장해 나가고 있다.

〈표 3-3〉 ARM 코어 종류

Architecture	Bit width	Cores designed by ARM Holdings	Cores designed by 3rd parties	Cortex profile
ARMv1	32/26	ARM1		
ARMv2	32/26	ARM2, ARM3	Amber	
ARMv3	32	ARM6, ARM7		
ARMv4	32	ARM8	StrongARM, FA526	
ARMv4T	32	ARM7TDMI, ARM9TDMI		
ARMv5	32	ARM7EJ, ARM9E, ARM10E	XScale, FA626TE, Feroceon, PJ1/Mohawk	
ARMv6	32	ARM11		
ARMv6-M	32	ARM Cortex-M0, ARM Cortex-M0+, ARM Cortex-M1		Microcontroller
ARMv7-M	32	ARM Cortex-M3		Microcontroller
ARMv7E-M	32	ARM Cortex-M4		Microcontroller
ARMv7-R	32	ARM Cortex-R4, ARM Cortex-R5, ARM Cortex-R7		Real-time
ARMv7-A	32	ARM Cortex-A5, ARM Cortex-A7, ARM Cortex-A8, ARM Cortex-A9, ARM Cortex-A12, ARM Cortex-A15	Krait, Scorpion, PJ4/Sheeva, Apple A6 / A6X (Swift)	Application
ARMv8-A	64	ARM Cortex-A53, ARM Cortex-A57[24]	X-Gene, Denver, Apple A7 (Cyclone)	Application
ARMv8-R	32	No announcements yet		Real-time

DSP에 특화된 AP를 제조하는 TI에서는 OMAP3, OMAP4, OMAP5 제품이 출시되었으며, 최근에 출시된 듀얼코어 ARM Cortex A9 기반의 OMAP4와 OMAP5는 〈표 3-4〉, 〈표 3-5〉와 같은 특징이 있다.

〈표 3-4〉 TI OMAP4

Model number	Semiconductor technology	CPU instruction set	CPU	GPU	Memory technology	Availability	Devices
OMAP4430	45 nm	ARMv7	1-1.2 GHz dual-core ARM Cortex-A9	PowerVR SGX540 @ 304 -365 MHz	32-bit dual-channel LPDDR2	Q1 2011	**Japanese Market:**Fujitsu Arrows Tab LTE F-01D, Fujitsu Arrows X LTE F-05D, Fujitsu Arrows Z ISW11F, Panasonic Lumix Phone 101P, Panasonic Lumix Phone P-02D, Fujitsu Regza Phone T-01D, Sharp Aquos Phone SH-01D, Sharp Aquos Phone 102SH, Toshiba AT200 Excite[citation needed] **Global market**: BlackBerry PlayBook,[27] Panasonic Eluga DL1, LG Prada 3.0, LG Optimus 3D P920, LG Optimus 3D Max, LG Optimus L9, Motorola Atrix 2, Motorola Droid 3/Milestone 3, Motorola Droid Bionic, Motorola Droid RAZR,[28] Motorola Xyboard, PandaBoard, phyCORE-OMAP4460/OMAP4430 SOM,[29] Samsung Galaxy S II (GT-I9100G), Samsung Galaxy Tab 2 (7.0), Samsung Galaxy Tab 2 (10.1), TianyeIT CIP411,[30] LGP925 Thrill AT&T, Amazon Kindle Fire, Archos 80 (Gen 9), Archos 101 (Gen 9), Barnes and Noble Nook Tablet, Archos 80 Turbo (Gen 9) 1.0/1.2 GHz, Archos 101 Turbo (Gen 9) 1.0/1.2 GHz, SmartDevices SmartQ Ten3 (T15),[31] Google Glass[32]
OMAP4460	45 nm	ARMv7	1.2-1.5 GHz dual-core ARM Cortex-A9	PowerVR SGX540 @ 307 -384 MHz	32-bit dual-channel LPDDR2	Q4 2011	Samsung Galaxy Nexus, Archos 80 Turbo (Gen 9) 1.5 GHz & 1.2 GHz, Archos 101 Turbo (Gen 9) 1.5 GHz & 1.2 GHz, Huawei Ascend D1,[33] Huawei Ascend P1/P1S,[34] Pandaboard ES,[35] Sharp Aquos Phone 104SH, Variscite VAR-SOM-OM44,[36] Nexus Q,[37] BlackBerry Playbook 4G LTE, Kindle Fire HD 7", BlackBerry Dev Alpha
OMAP4470	45 nm	ARMv7	1.3-1.5 GHz dual-core ARM Cortex-A9 (and two[38] 266 MHz ARM Cortex-M3 microcontrollers)[39]	PowerVR SGX544 @ 277 -384 MHz + Vivante GC320 (dedicated 2D graphics core) [20]	32-bit dual-channel 466 MHz LPDDR2 (7.4 GB/sec)	Q2 2012	ARCHOS 101XS, ARCHOS TV Connect, SmartDevices T30, Kindle Fire HD 8.9", Kobo Arc, Nook HD/HD+, BlackBerry Dev Alpha B, Samsung Galaxy Premier, Blackberry Z10 (International Market), SmartQ X7, ARCHOS 97XS, Nook HD

〈표 3-5〉 TI OMAP5

Model number	Semiconductor technology	CPU instruction set	CPU	GPU	Memory technology	Availability	Utilizing devices
OMAP5430	28 nm	ARMv7	1.5, 1.7 GHz[41] dual-core ARM Cortex-A15 (and two Cortex-M4 microcontrollers)	PowerVR SGX544MP2 @ 532 MHz[42] + dedicated TI 2D BitBlt graphics accelerator	32-bit dual-channel 532 MHz LPDDR2 (8.5 GB/sec)[43]	Q2 2013	Jorjin APM-5
OMAP5432	28 nm	ARMv7	1.5, 1.7 GHz[41] dual-core ARM Cortex-A15 (and two Cortex-M4 microcontrollers)	PowerVR SGX544MP2 @ 532 MHz[42] + dedicated TI 2D BitBlt graphics accelerator	32-bit dual-channel 532 MHz DDR3 (8.5 GB/sec)[43]	Q2 2013	Variscite VAR-SOM-OM54 SOM, SVTronics UEVM5432G-02-12-00 Development Board[44]

TI의 OMAP4, OMAP5 계열 AP는 ARMv7 기반의 dual-core ARM Cortex-A9/A15 프로세서에 그래픽 처리를 위한 GPU를 내장하고 있다. 특히 OMAP4 계열의 AP는 삼성전자, LG전자, 후지쯔, 블랙베리 등에서 출시된 여러 가지 스마트기기에 적용되고 있음을 확인할 수 있다.

〈그림 3-26〉은 삼성전자에서 출시된 ARM Cortex A8 기반의 S5PV210 구조와 TI의 ARM Cortex A9 듀얼코어 기반 OMAP44x의 구조를 보여준다.

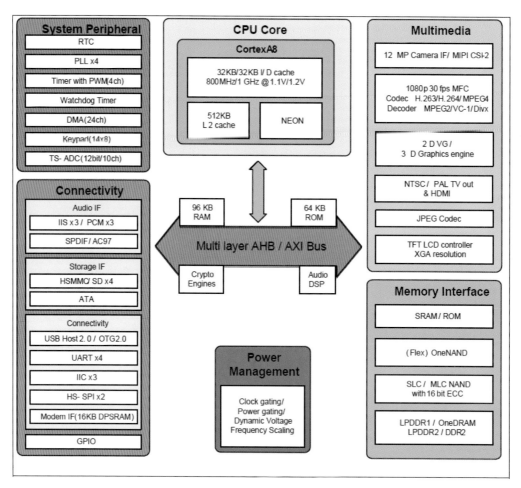

〈그림 3-26〉 삼성전자의 S5PV210 아키텍처

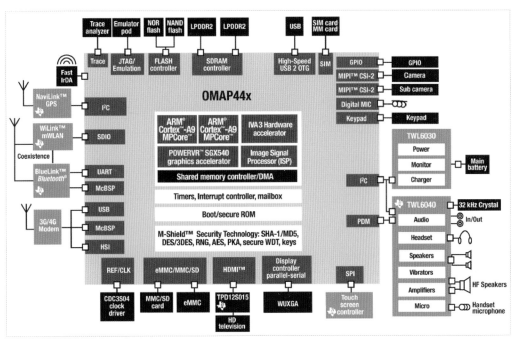

〈그림 3-27〉 TI OMAP4 아키텍처

흔히 AP라고 하는 SoC는 범용성을 고려해 특정 프로세서를 기반으로 주변장치의 구성을 위한 다양한 컨트롤러를 제공한다.

〈표 3-6〉 프로세서에 따른 응용 분야

Processor Type	Applications
ARM Cortex-A	Smartphones, Feature Phones, Tablets / eReaders, Advanced Personal Media Players, Digital Television, Set-top Boxes & Satellite Receivers, High-End Printers, Personal Navigation Devices, Server, Enterprise
ARM Cortex-R	Automotive Control Systems, Wireless and Wired Sensor Networks, Wireless basestation infrastructure, Mass Storage Controllers, Printers, Network Devices
ARM Cortex-M	Merchant MCUs, Automotive Control Systems, Motor Control Systems, White Goods controllers, Smart Meters, Sensors, Internet of Things
ARM Secure Processors	SIMs, Smart Cards, Advanced Payment Systems, Electronic Passports, Electronic Ticketing, and Transportation
MIPS32	home entertainment, wired and wireless networking, mobile devices, storage and more
MIPS64	SOHO networking, office automation, networking/telecommunications infrastructure, next generation mobile devices, servers and more
PowerPC	Personal digital assistants, Game consoles, TV Set Top Boxes/Digital Recorder, Printers/ Graphics, Network/USB Devices, Automotive, Medical Equipment, Military and Aerospace, Point of Sales

SoC 수준의 하드웨어 컨트롤러

마이크로프로세서를 확장한 SoC는 제품의 구성이 용이하게끔 다양한 유형의 주변장치를 위한 인터페이스를 제공한다. 앞서 소개한 S5PV210과 OMAP44x 제품은 메모리 구성을 위한 메모리 컨트롤러, 주변장치와의 통신을 위한 GPIO, I2C, USB, U(S)ART 컨트롤러, 터치스크린을 위한 SPI 컨트롤러, 키보드를 위한 키패드 컨트롤러 등 다양한 컨트롤러로 구성되어 있다.

메모리(휘발성/비휘발성 메모리)

임베디드 시스템의 메모리로는 SDRAM, DDR, mDDR 등이 사용되며, 경우에 따라 비휘발성 메모리 소자인 NVRAM, PRAM, FRAM 등이 사용될 수도 있다. 이러한 메모리 구성은 SoC의 메모리 컨트롤러와 메모리맵에 의존적이며, 다음과 같이 해당 SoC의 메모리맵을 통해 특정 메모리의 크기 제약과 위치 등을 확인할 수 있다.

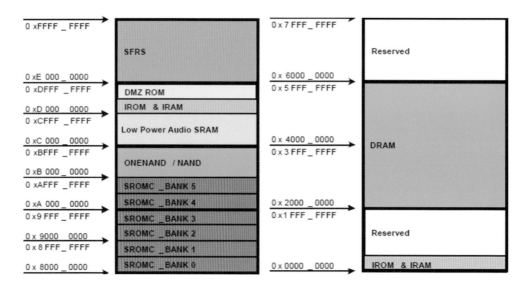

〈그림 3-28〉 S5PV210의 메모리맵

〈그림 3-28〉에서 S5PV210을 사용하는 시스템은 최대 1GB의 메모리를 구성할 수 있으며, 메모리 접근을 위한 주소로는 0x20000000 번지가 사용된다는 사실을 알 수 있다.

디스플레이

위 그림의 OMAP44x에서는 출력을 위한 디스플레이 장치로서 HDMI와 WUXGA(1920×1200) 급의 해상도를 지원하는 디스플레이 컨트롤러를 제공한다.

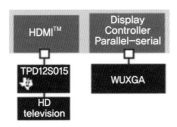

〈그림 3-29〉 OMAP44x의 디스플레이 인터페이스

최근의 임베디드 시스템은 고해상도의 디스플레이 컨트롤러를 내장하는 경우가 많으며, 〈그림 3-30〉은 표준 해상도를 나타낸다.

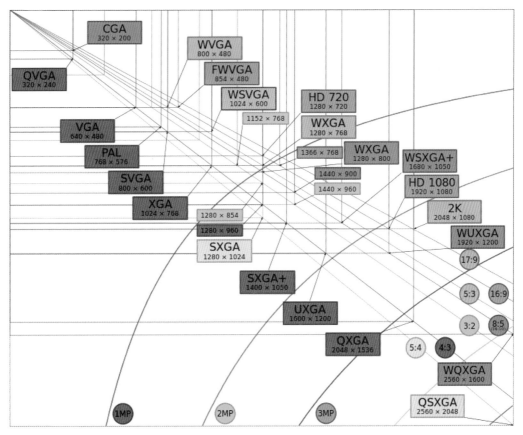

〈그림 3-30〉 벡터 비디오 표준 해상도(출처: 위키피디아)

입출력장치

임베디드 시스템의 입출력 장치로는 다양한 종류가 사용될 수 있지만 보편적으로 입력을 위한 키패드, 터치스크린, 출력을 위해 TFT-LCD가 사용된다. 키패드는 키패드 전용 컨트롤러 또는 GPIO를 통해 구성되며, 터치스크린은 I2C나 SPI를 사용한다. LCD의 경우 디스플레이 컨트롤러를 통해 연결된다.

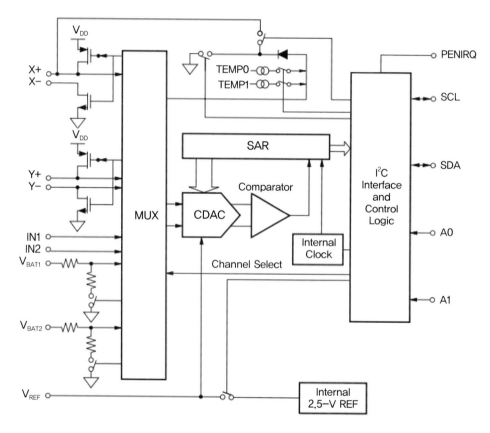

〈그림 3-31〉 I2C 기반의 터치스크린 인터페이스

이 책의 2장에서 다룬 다양한 센서들도 입력장치로 사용될 수 있다.

네트워크

네트워크 인터페이스로는 기본적으로 이더넷과 Wi-Fi를 제공하는 경우가 많으며, 추가적으로 블루투스가 포함되기도 한다. 스마트 기기를 타겟 제품으로 하는 SoC는 3G, 4G 등의 인터페이스를 제공할 것이다.

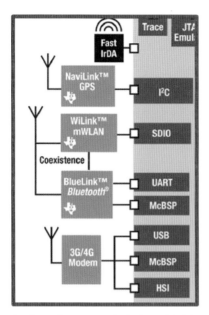

〈그림 3-32〉 OMAP44x의 네트워크 인터페이스

OMAP44x는 3G/4G 통신을 위해 USB, McBSP, HSI가 구성되어 있으며, 블루투스 지원을 위해 UART, McBSP가 제공되고, 무선랜을 위해 SDIO, GSP에 대해 I2C가 사용되고 있다.

버스(BUS): PCI, ISA, USB, AMBA, I2C 등

컴퓨터에서는 데이터를 전송하기 위한 통로로 버스(bus)가 구성된다. 버스의 종류는 데이터 버스, 주소 버스, 제어 버스의 세 가지로 구분되며, 다음과 같은 구조로 표현될 수 있다.

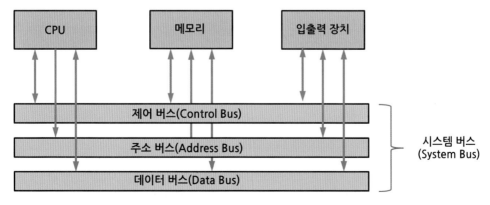

〈그림 3-33〉 버스 구조

대부분의 컴퓨터 구조에서 CPU와 메모리는 강결합(tightly coupled) 형태로 구성된다. 마이크로프로세서는 전기적인 연결을 통해 메모리에 대한 주소를 지정하는 데 사용되는 핀과 특정 위치에 저장된 데이터를 읽거나 쓰는 데 사용되는 핀을 가진 단일 칩 형태로 구성된다. 대체적으로 CPU와 메모리는 시그널 특성들을 공유하며 동기화되어 동작한다. CPU와 메모리를 연결하는 버스는 시스템의 성격을 결정하는 요인 중 하나로 꼽을 수 있으며, 따라서 보통 시스템 버스라고 표현한다.

컴퓨터에서 사용되는 주변장치와 인터페이스의 유형이 점차 다양해지면서 단일 버스 구조가 갖는 병목 현상을 해소할 수 있고, 다수의 주변장치를 동시에 지원할 수 있는 버스 시스템이 필요해졌으며, CPU와 주변장치의 속도 차에 따라 버스의 세분화가 필요해졌다. 대표적으로 하드디스크에 대해서는 E-IDE, SATA 등의 인터페이스가 있으며, 마우스와 키보드에 대해서는 시리얼(serial) 인터페이스가 있다.

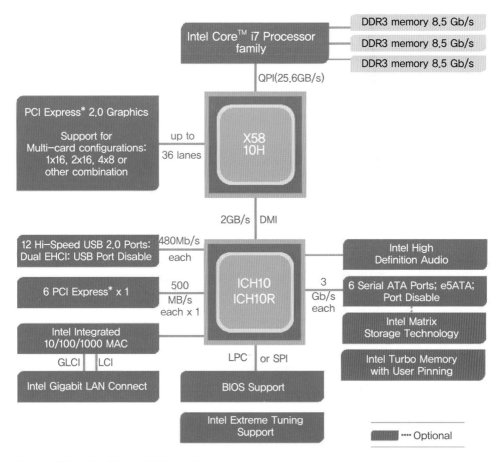

〈그림 3-34〉 인텔 코어 i7 계열 프로세서의 버스 구조

버스의 유형은 크게 내부 장치에 대한 내부 버스(internal bus)와 주변장치에 대한 외부 버스 (external bus)로 구분되기도 한다. 내부 버스로는 ISA, PCI, AGP, PCI Express, E-IDE, SATA(S-ATA) 등이 있으며, 외부 버스로는 USB, IEEE1394, PS/2, Parallel, Serial 등이 있다.

〈그림 3-34〉에서 인텔 i7 계열의 프로세서는 내부 버스로 PCI Express, SATA, eSATA를 구성하고 있으며, 외부 버스로 USB를 제공한다.

임베디드 시스템에서 주로 사용되는 ARM 프로세서는 버스 구조로 AMBA(Advanced Microcontroller Bus Architecture)가 사용된다. AMBA는 ARM에서 주도하는 버스 규격이며, 다음과 같은 세 가지 형태의 버스를 정의하고 있다.

- AHB(Advanced High Performance Bus)
- ASB(Advanced System Bus)
- APB(Advanced Peripheral Bus)

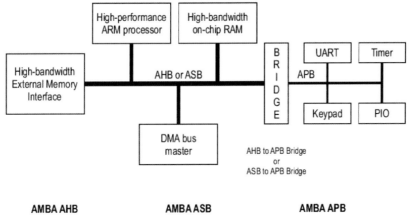

〈그림 3-35〉 AMBA 버스 구조(출처: AMBA Specification)

AHB는 Burst Mode 데이터 전송에 사용되며, APB는 빠른 속도를 요구하지 않는 주변장치에 사용된다. ASB는 주소, 제어, 데이터 라인이 모두 분리된 양방향 버스 구조로서, 주소와 데이터를 교대로 실어주도록 설계되었기 때문에 Burst Mode 데이터 전송에는 용이하지 않다. ASB가 진화한 것이 AHB이기 때문에 〈그림 3-35〉에 나타낸 것처럼 Burst Mode 데이터 전송이 필요하지 않은 경우에는 AHB 대신 ASB를 구성할 수 있다.

저장 장치

컴퓨터의 저장 장치(storage)는 〈그림 3-36〉과 같이 주기억장치(primary storage)와 보조기억장치(second storage)로 크게 구분된다. 주기억장치는 메모리와 같이 컴퓨터에서 프로그램의 실행을 위해 사용되는 기억 소자이며, 휘발성이기 때문에 전원이 차단되면 데이터는 보존되지 않는다. 반면 보조기억장치는 하드디스크와 같이 전원이 차단되어도 데이터 저장이 가능한 비휘발성 기억 장치를 일컫는다.

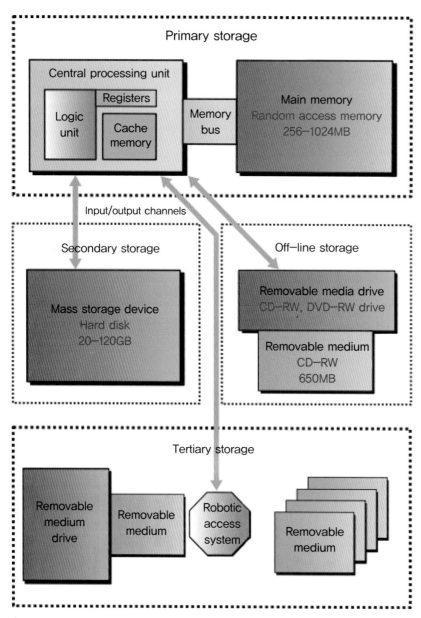

〈그림 3-36〉 저장 장치의 종류(출처: 위키피디아)

수행할 작업이 단순했던 초기 임베디드 시스템의 저장 장치로는 주로 ROM이 사용되었으며, ROM에 펌웨어(firmware)를 적재해서 시스템의 동작을 수행시키는 형태였다. 하지만 현대의 임베디드 시스템에서는 요구사항의 복잡도 증가에 따라 크기가 작은 ROM에 필요한 모든 데이터를 적재하기가 쉽지 않으며, 따라서 별도의 저장 장치가 추가로 구성되는 경우가 많다.

임베디드 시스템에서 가장 일반적으로 사용되는 저장 장치는 낸드 플래시(NAND flash)이며, 경우에 따라서는 데스크톱과 마찬가지로 하드디스크가 사용될 수도 있다.

플래시 메모리는 리프레쉬 회로가 필요 없는 비휘발성 메모리 소자이며, 읽기 속도가 매우 빠르다. 또한 하드디스크와는 달리 전력 소비가 적고 물리적인 충격에 강하다. 이러한 특성으로 배터리로 동작하는 장치의 저장 장치로 많이 사용된다. 플래시 메모리는 NOR와 NAND로 두 가지 유형이 있다. NOR 플래시와 NAND 플래시는 〈그림 3-37〉과 같이 데이터가 저장되는 각 셀이 병렬과 직렬 방식으로 그 구조적 특성이 다르다.

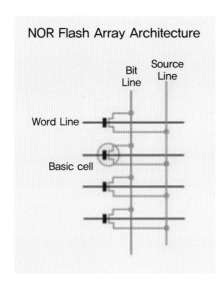
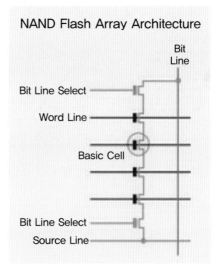

〈그림 3-37〉 NOR 플래시와 NAND 플래시 구조

NOR 플래시는 임의 접근 방식(random access)으로 바이트 또는 워드 단위의 읽기와 쓰기 동작이 가능하지만 덮어쓰기와 삭제 동작에 대해서는 임의 접근이 불가능하다. NAND 플래시는 페이지(page) 단위의 읽기와 쓰기 동작이 가능하지만 해당 페이지를 덮어 쓰거나 삭제하려면 블록(block) 단위의 연산이 필요하다. 플래시 메모리는 블록 내부적으로는 특정 단위의 읽기와 쓰기 연산이 가능하지만, 덮어쓰기와 삭제 연산은 블록 단위로 이루어져야 하는 특성이 있으며, 추가적으로 하드디스크와

는 달리 삭제 횟수가 제한되어 있다. 삭제 횟수는 보통 10,000~1,000,000회 정도이며, 따라서 특정
블록에 대한 삭제 연산이 집중되지 않게 하는 관리 기법이 필요하다[1].

NOR와 NAND 플래시는 〈그림 3-38〉과 같이 읽기와 쓰기 성능, 소비 전력, XIP(eXcute-In
Place) 등의 특성이 서로 다르다.

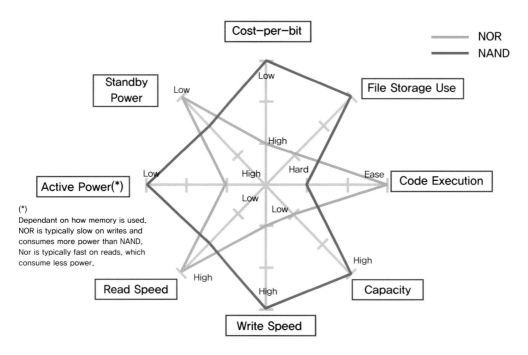

〈그림 3-38〉 NOR 플래시와 NAND 플래시 메모리의 특성 비교(출처: NAND vs. NOR Flash Memory Technology Overview,
Toshiba)

데이터의 읽기 성능은 NOR 플래시가 우수한 반면, 쓰기 성능은 NAND 플래시가 더 우수한 특성을
보인다. 또한 Code Execution은 코드의 실행 가능 여부를 가리키는 것으로서 XIP(eXecute-In
Place) 특성에 해당한다. NOR 플래시는 XIP를 지원하기 때문에 데이터를 메모리로 불러들이지 않아
도 직접 실행하는 것이 가능하지만, NAND 플래시는 XIP가 거의 지원되지 않기 때문에 보통 저장 장
치로 사용된다. 즉, XIP의 지원 여부에 따라 메모리냐 저장장치냐를 구분할 수 있다.

---

1 플래시 메모리에 대해서는 삭제 연산이 특정 블록이 집중되지 않도록 웨어 레벨링(wear leveling) 기법이 요구되며, 이러한 기법은 보통 파일시스템
수준에서 처리한다.

〈표 3-7〉 NOR 플래시와 NAND 플래시 주요 특성 비교

	NOR	NAND
용량	1MB – 16MB	8MB – 128MB
XIP 지원	지원	미지원
성능	삭제: 매우 느림 (5 sec) 쓰기: 느림 읽기: 빠름	삭제: 빠름 (3msec) 쓰기: 빠름 읽기: 빠름
신뢰성	적정 수준	낮음
삭제 횟수	10,000 – 100,000	100,000 – 1,000,000
수명	NAND 수명의 1/10 정도	NOR에 비해 10배 높음
인터페이스	완전한 메모리 인터페이스	I/O 인터페이스만 가능
접근 방식	임의 접근 방식	순차 접근 방식
용이성	쉬움	복잡함
시스템 집적 방식 (HW & SW)	어려움	매우 어려움
용도	코드 저장	데이터 저장만 가능
가격	높음	낮음

미니 PC 플랫폼

최근 들어 다양한 미니 PC 플랫폼의 등장도 임베디드 시스템 시장의 변화를 이끌 주요 요소로 꼽을 수 있다. 과거 AVR 계열의 마이크로컨트롤러를 기반으로 한 플랫폼이 2009년에 발표된 안드로이드 ADK(Android Accessory Development Kit)를 통해 안드로이드 기반 스마트폰과 태블릿에 장착 가능한 액세서리 디바이스의 형태로 활용 가능해지면서 판매량과 활용도가 늘어나는 추세이며, 〈그림 3-39〉는 아두이노 기반 플랫폼과 2005년부터의 판매량을 보여준다.

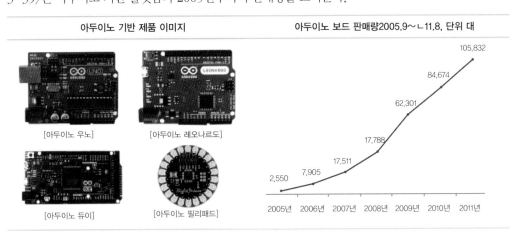

아두이노 기반 제품 이미지

[아두이노 우노]　　　[아두이노 레오나르도]

[아두이노 듀이]　　　[아두이노 필리패드]

아두이노 보드 판매량2005.9∼ㄴ11.8, 단위 대

105,832　84,674　62,301　17,788　17,511　7,905　2,550

2005년　2006년　2007년　2008년　2009년　2010년　2011년

〈그림 3-39〉 아두이노 플랫폼과 판매량

아두이노와 같은 저가의 소형 플랫폼과 더불어 라즈베리파이 재단에서 출시한 라즈베리파이 플랫폼도 500만 대 이상의 판매량을 보이면서 크게 확산되는 추세. 라즈베리파이는 영국의 라즈베리파이 재단이 학교에서 기초 컴퓨터 과학 교육을 증진시키기 위해 만든 싱글 보드 컴퓨터로서, 그래픽 성능이 뛰어나면서도 저렴한 가격(25~35달러)에 판매되고 있다.

미니 PC 시장의 활성화에 기존의 PC 플랫폼 업체들도 다양한 제품을 앞 다투어 출시하고 있으며, 프로세서의 규격(사양)이 점차 높아지면서 임베디드 시스템을 비롯한 PC 시장에도 많은 변화를 초래할 것으로 예상된다.

| 라즈베리파이 | 엔비디아 아이온 | 비아 나노 | 안드로이드 미니 PC |

〈그림 3-40〉 미니 PC 플랫폼

임베디드 시스템 소프트웨어 플랫폼

컴퓨터에서 플랫폼이란 어떤 애플리케이션이 동작하는 데 필요한 프로세서, 운영체제, 런타임 라이브러리의 집합을 가리킨다. 과거에는 프로세서와 운영체제의 의존성으로 인해 플랫폼은 하드웨어와 소프트웨어를 통합해서 지칭하기 위해 사용되었지만, 현대의 컴퓨터 시스템은 다양한 프로세서에 사용자의 선호도나 시스템의 특성을 고려해 다양한 운영체제를 선택적으로 사용할 수 있다. 즉, 하드웨어와 소프트웨어의 의존성이 약해지면서 플랫폼이란 용어를 하드웨어 플랫폼과 소프트웨어 플랫폼으로 분리해서 취급하는 것이 마땅할 것이다.

소프트웨어 플랫폼은 애플리케이션이 구동하는 데 필요한 모든 소프트웨어(운영체제, 애플리케이션 프레임워크, 런타임 라이브러리) 부분을 가리킨다. 하지만 임베디드 시스템은 목적에 따라 시스템의 하드웨어 구성이 크게 달라지고 이와 더불어 소프트웨어의 구성 역시 매우 다른 양상을 보일 수 있다.

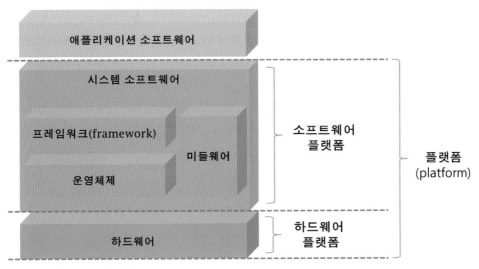

〈그림 3-41〉 소프트웨어 플랫폼

예를 들어, 신호등과 같은 경우 초록색과 빨간색 LED를 번갈아 On/Off를 반복하는데, 이러한 시스템에 운영체제와 라이브러리 등을 구축하는 것은 쓸데없이 메모리 소비만 증가시켜 비용 상승을 초래하는 원인이 된다. 즉, 단순한 작업만 반복되는 시스템에서는 간단히 펌웨어를 구성하는 것만으로도 충분히 원하는 기능을 수행할 수 있다.

하지만 신호등이 자동 제어와 수동 제어 방식을 모두 지원해야 한다면 외부의 단말기를 통해 제어 신호를 입력받는 기능이 추가되어야 한다. 이때 신호등과 단말기 간의 통신 방식으로는 UART가 사용될 수도 있고, 이더넷이나 Wi-Fi 같은 유무선 통신 방식이 사용될 수도 있다. 통신 방식에 따라 신호등에서는 외부 제어기를 통해 수신되는 데이터를 처리할 수 있는 태스크가 추가적으로 필요하다.

시스템에서 처리할 작업이 다양해지고 복잡해지면 펌웨어만으로 모든 작업을 처리하기가 쉽지 않기 때문에 운영체제의 도입을 고려해야 한다. 운영체제가 필요하다고 해서 데스크톱이나 노트북에서 사용하는 윈도우, 리눅스, 맥OS 등을 선택하는 것은 부가적으로 하드웨어의 성능이 뒷받침되어야 하기 때문에 현실적으로는 무리다. 이런 경우에는 소형 RTOS를 적용하는 방안을 고려할 수 있다. 프로세서 유형에 따라 이식 가능한 RTOS 제품이 많기 때문에 적용 가능한 OS인지 확인하는 과정이 필요하다.

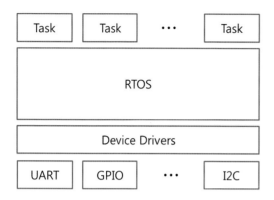

〈그림 3-42〉 RTOS 기반 임베디드 시스템 소프트웨어 아키텍처

일반적인 임베디드 소프트웨어의 구조로는 다음과 같은 것들이 있다.

단순 제어 루프(Simple control loop)

단순 루프를 갖는 소프트웨어 형태로서 루프 안에서 하드웨어나 소프트웨어 기능을 담당하는 서브루틴을 호출하는 형태다.

인터럽트 기반 제어 시스템(Interrupt controlled system)

일반적인 임베디드 시스템은 인터럽트를 통해 제어된다. 이것은 다른 종류의 이벤트 발생에 의한 태스크의 실행을 의미하며, 인터럽트는 미리 정의된 타이머 주파수에 의해 발생할 수도 있고, 시리얼 포트의 컨트롤러에서 데이터를 수신했을 때 발생할 수도 있다. 인터럽트 처리와 관련된 이벤트 핸들러가 낮은 응답 지연을 필요로 하거나 작고 간단한 형태일 때 이런 인터럽트 기반 제어 시스템이 사용된다. 인터럽트 기반 제어 시스템은 메인 루프를 통해 예상하지 못한 시간 지연에 크게 민감하지 않은 간단한 태스크를 수행하는 데 사용된다. 때로는 인터럽트 핸들러를 통해 태스크를 큐에 적재시키기도 하며, 인터럽트 핸들러의 수행이 완료되었을 때 메인 루프를 통해 태스크를 처리한다. 인터럽트 기반의 제어 방식은 이산적인 프로세스를 처리하는 멀티태스킹 커널에 가까운 형태라 할 수 있다.

협력형 멀티태스킹(Cooperative multitasking)

비선점형 멀티태스킹 시스템은 루프가 API를 통해 감춰진다는 점을 제외하고는 단순 제어 루프 방식과 유사하다. 프로그래머가 태스크들을 정의하면 각각의 태스크는 실행을 위한 고유 환경을 갖게 되며, 실행할 태스크가 없으면 idle 루틴을 호출한다. 이때 보통은 pause, wait, yield, nop(no operation) 등이 사용된다.

컨트롤 루프의 장단점은 새로운 태스크를 간단히 작성해서 할 수 있는 소프트웨어의 추가를 쉽게 할 수 있는 반면, 이를 큐에 추가해야 한다는 점이 있다.

선점형 멀티태스킹/멀티스레딩(Preemptive multitasking/multi-threading)

선점형 멀티태스킹/멀티스레딩 시스템에서 저수준 코드는 타이머 인터럽트를 기반으로 태스크 또는 스레드 간의 전환을 수행한다. 이러한 시스템은 일반적으로 운영체제 커널을 가지고 있는 시스템으로 볼 수 있으며, 얼마나 많은 기능이 요구되는가에 따라 개념적으로 동시에 실행되는 여러 개의 태스크를 관리해야 한다는 약간의 복잡성을 갖게 된다.

코드가 태스크 데이터에 손상을 가할 수 있기 때문에 프로그램은 신중히 설계하고 테스트해야 한다. 또한 공유 데이터에 대한 접근도 메시지 큐, 세마포어, 비블록(non-block) 동기화 기법 같은 동기화 전략에 의해 통제되어야 한다.

이러한 복잡성으로 인해 업계에서는 일반적으로 실시간 운영체제를 사용하고 있으며, 이로 인해 애플리케이션 프로그래머로 하여금 운영체제의 서비스보다는 하드웨어의 기능에 집중할 수 있게 해준다. 하지만 소규모 시스템에서는 제약된 메모리 크기, 성능, 또는 배터리 수명으로 인해 일반적인 실시간 시스템에서 다루어지는 오버헤드를 신경 쓸 여유가 없다.

하지만 이러한 선택은 반드시 애플리케이션 개발 단계가 시작되기 전에 결정되어야 하기 때문에 실시간 운영체제가 요구되는 경우 이것 자체가 여러 가지 문제를 야기할 수 있다. 이런 타이밍에 개발자들은 현재의 요구사항에 부합될 수 있게 개발 시스템에 대한 임베디드 운영체제를 선택해야 하며, 이는 나중에 시스템의 확장 단계에서 제약을 가져올 수 있게 된다.

미래의 옵션에 대한 제약은 제품의 생명주기 감소에 따른 많은 이슈를 불러온다. 추가적으로 복잡도의 수준은 디바이스들이 시리얼, USB, TCP/IP, 블루투스, 무선랜, RF, 다중 채널, 데이터와 음성, 향상된 그래픽, 다양한 상태와 다수 스레드, 많은 대기 상태 등의 다양한 관리가 요구됨에 따라 계속 증가된다. 이러한 트렌드는 실시간 운영체제에 임베디드 미들웨어의 활용을 고려하게 한다.

마이크로 커널과 엑소 커널(Microkernels and exokernels)

마이크로 커널은 실시간 운영체제로부터 파생된 논리적인 것이다. 운영체제 커널이 메모리를 할당하고 실행될 다른 스레드로 CPU를 전환하며, 사용자 모드의 프로세스를 통해 파일시스템, 네트워크 인터페이스 등의 주요 기능을 구현한다. 일반적으로 마이크로 커널은 태스크 스위칭과 태스크 간의 통신이 빠르게 수행되어야 할 때 적합하며, 그렇지 않은 경우에는 적합하지 않다.

엑소 커널은 일반적인 서브루틴 호출에 의해 효과적으로 통신한다. 하드웨어와 시스템의 모든 소프트웨어는 애플리케이션 프로그래머에 의해 사용되거나 확장될 수 있다.

모노리딕 커널(Monolithic kernels)

모노리딕 커널의 경우, 복잡한 기능들로 구성된 상대적으로 큰 규모의 커널이 임베디드 환경에 맞게 조정될 수 있다. 이는 프로그래머에게 리눅스나 윈도우와 같은 데스크톱 운영체제와 유사한 환경을 제공함으로써 제품의 생산성에 기여할 수 있다. 반면 더욱 많은 하드웨어 자원을 고려하며, 비싼 비용과 커널의 복잡성이 예측성과 신뢰성을 떨어뜨릴 수 있다. 임베디드 모노리딕 커널의 전형적인 예는 임베디드 리눅스와 윈도우 CE 등의 운영체제다.

하드웨어적으로 비싼 비용에도 불구하고 이런 형태의 임베디드 시스템은 사용이 증가하고 있으며, 특히 무선 라우터와 GPS 내비게이션 시스템 등의 강력한 기능이 요구되는 임베디드 시스템에서 더욱 그러하다.

〈표 3-8〉 ARM 프로세서 타입별 지원 가능 RTOS

Company	RTOS	Cortex-			Classic		
		A	R	M	ARM11	ARM9	ARM7
Altreonic	OpenComRTOS			●			
American Megatrends	MegaRAC					●	
AVIX-RT	AVIX			●			
B Labs	Codezero Embedded Hypervisor	●			●	●	
CMX Systems	CMX-RTX	●	●	●	●	●	●
Code Time Technologies	Code Time RTOS			●			
CooCox	CooCox CoOS			●			
Dalian uLoong	μTenux Open Source Embedded OS			●		●	●
DDC-I Inc	HeartOS					●	●

Company	RTOS	Cortex-			Classic		
		A	R	M	ARM11	ARM9	ARM7
eCosCentric	eCos	●	●	●	●	●	●
eForce	µC3			●			●
ENEA	OSE			●	●	●	●
eSOL	eT-kernel, PrKERNEL	●			●	●	●
Evidence SRL	ERIKA Enterprise (OSEK)			●			●
Express Logic	ThreadX	●	●	●	●	●	●
FreeRTOS.org	FreeRTOS			●		●	●
Green Hills Software	INTEGRITY, VelOSity	●	●	●	●	●	●
Hopen Software Eng Co Ltd	Hopen RTOS	●			●	●	●
HYCTRON Electronic Ltd	Embedded OS				●	●	
KADAK	AMX RTOS				●	●	●
Keil	Keil RTX			●		●	●
LynuxWorks	LynxOS, Blue Cat	●				●	●
Mentor Graphics	Nucleus ReadyStart	●	●	●	●	●	●
Micrium	µC/OS-III			●	●	●	●
Micro Digital Inc	SMX RTOS			●	●	●	●
OBP Research	ReaGOS	●	●	●			
OpenSynergy GmbH	COQOS	●				●	
Pengutronix	OSELAS		●	●	●	●	●
Phoenix Technologies	HyperSpace					●	●
QNX Software Systems	Neutrino	●			●	●	
Quadros Systems	RTXC Quadros	●		●	●	●	●
Quantum Leaps	QP-nano			●		●	●
Radisys	Microware OS-9					●	●
RISC OS Ltd	RISC OS					●	●
Rowebots	Unison v4			●			
rt-labs AB	rt-kernel			●		●	●
RT-Thread.org	RT-Thread RTOS			●		●	●
SCIOPTA	SCIOPTA	●	●	●	●	●	●
Segger	EmbOS	●		●	●	●	●

Company	RTOS	Cortex-			Classic		
		A	R	M	ARM11	ARM9	ARM7
Sierraware	SierraOS	●			●		
Semihalf	FreeBSD	●				●	
SYSGO	PikeOS	●				●	
Umicos	Catapult RTOS			●		●	
Unicoi Systems	Fusion RTOS						●
Wind River	VxWorks	●			●	●	●
Wittenstein	OpenRTOS, SafeRTOS			●		●	●

(출처: ARM 홈페이지(http://mobile.arm.com))

임베디드 시스템의 하드웨어 구성과 사용자 수준의 애플리케이션 기능이 고도화될수록 운영체제와 더불어 미들웨어의 구성이 요구된다. 최근 등장한 여러 가지 소프트웨어 플랫폼은 대부분 미들웨어 계층을 통해 운영체제 수준에서 제공되는 여러 가지 기능을 사용자 수준으로 포장해서 제공해 주는 것을 볼 수 있다.

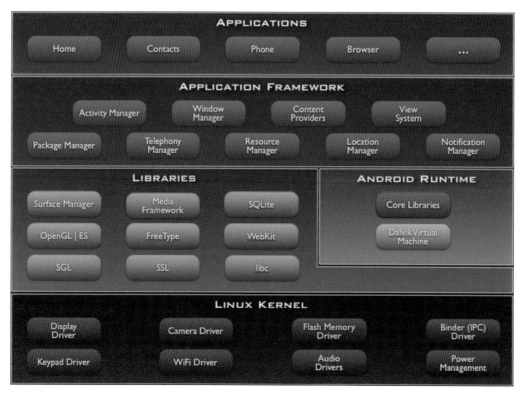

〈그림 3-43〉 안드로이드 아키텍처

〈그림 3-43〉은 스마트폰용 소프트웨어 플랫폼인 안드로이드의 구조다. 안드로이드는 리눅스 커널을 기반으로 라이브러리, 런타임, 애플리케이션 프레임워크를 구성하고 있으며, 스마트폰의 필수 애플리케이션인 주소록, 전화, 웹브라우저 등이 포함돼 있다. 안드로이드는 일반적인 임베디드 시스템을 위한 소프트웨어 플랫폼이 아니기 때문에 하드웨어 사양이 낮은 시스템으로의 이식은 불가능할 수 있다. 따라서 안드로이드의 구동이 가능한 시스템 요구사항을 알아야 할 필요가 있다. 안드로이드는 버전에 따라 하드웨어 요구사항에 차이가 있으며, 기본적으로는 32MB 램, 32MB 저장장치, 200MHz 이상의 프로세서가 요구된다. 또한 ARM 프로세서의 경우 ARMv5 이상에서 동작 가능하며, 최신 버전인 4.4 킷캣의 경우 ARMv7 이상의 프로세서가 요구된다.

〈그림 3-44〉는 TI OMAP44x 시리즈의 소프트웨어 구조를 보여주며, 심비안, 리눅스, 안드로이드, 윈도우 모바일 등의 운영체제를 지원한다.

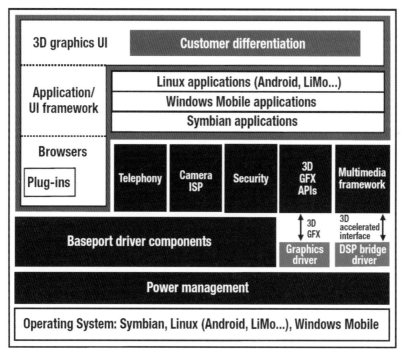

〈그림 3-44〉 OMAP4 기반의 소프트웨어 아키텍처

〈그림 3-44〉와 같이 특정 SoC에서 공식적으로 지원하는 소프트웨어 플랫폼 또는 운영체제가 있는 경우 해당 제조사는 BSP(Board Support Package)를 제공함으로써 자사의 제품을 쉽게 사용할 수 있는 환경을 제공하기도 한다.

임베디드 소프트웨어 플랫폼 개요

임베디드 시스템을 위한 소프트웨어 플랫폼은 해당 시스템의 규격(사양), 시스템이 제공하는 기능, 목적에 의해 선택될 수 있다. 만약 단순히 몇 개의 푸시버튼(Push Button)으로 가전기기를 제어하는 형태의 시스템이라면 고도화되고, 정형화된 소프트웨어 플랫폼의 채택은 사치스러운 일이다. 집에서 흔히 사용하는 리모콘의 경우 버튼의 조작을 통해 적외선으로 데이터를 전송하는 단방향 통신이 필요한 단순한 시스템이기 때문에 매우 낮은 규격(사양)의 프로세서와 수백 라인의 펌웨어 코드를 통해 구현될 수 있다. 하지만 리모콘을 통한 입력을 터치 스크린으로 수행하며, 현재 TV의 상태와 관련된 정보를 리모콘의 LCD를 통해 시각적으로 표현하고자 한다면, 또는 리모콘을 통해 화상통화를 한다거나 온라인 쇼핑을 가능하게 한다면 소프트웨어 플랫폼의 채택을 고민해야 한다.

안드로이드, 타이젠, 욜라, iOS, 윈도우 모바일 등의 플랫폼은 스마트폰, 태블릿을 위해 최적화된 플랫폼이며, 우분투, 페도라, 윈도우 등의 배포판 운영체제는 데스크톱과 노트북 컴퓨터를 위해 최적화된 플랫폼이다. 차량용 인포테인먼트를 위해 QNX, 타이젠과 같은 플랫폼이 제공되고 있다.

차량용 내비게이션과 같은 제품에는 윈도우 계열의 플랫폼을 적용할 수도 있고, 리눅스와 함께 GTK, Qt 등의 UI 라이브러리를 통해 소프트웨어 플랫폼을 구성하는 것도 가능하다.

리눅스나 윈도우와 같은 범용 운영체제를 기반으로 만들어진 임베디드 시스템 소프트웨어 아키텍처는 시스템에 구성된 다양한 주변장치의 사용과 함께 UI/UX까지 고려하기 때문에 그 구조가 매우 복잡한 형태가 된다.

위에 나열한 안드로이드, 타이젠, iOS 등의 플랫폼은 모두 운영체제를 담당하는 커널과 주변장치들의 사용을 위한 라이브러리, UI 프레임워크 등으로 구성된 미들웨어 계층을 가지고 있으며, 이 위에서 사용자 수준의 애플리케이션이 동작하는 형태다.

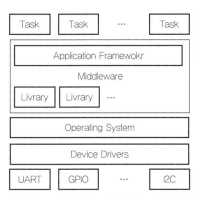

〈그림 3-45〉 임베디드 시스템 소프트웨어 플랫폼 구조

임베디드 시스템은 다양한 유형이 존재하고, 시스템의 목표와 하드웨어 규격(사양)이 저마다 다르기 때문에 한 가지 유형으로 모든 시스템에 부합하는 소프트웨어 플랫폼을 다루기란 거의 불가능한 일이다.

우리가 이미 익숙하게 사용하는 가전제품들의 경우 대부분은 전원을 켜자마자 동작 가능한 상태가 되는데, 만약 이러한 제품에 덩치가 큰 소프트웨어 플랫폼을 적용하게 되면 데스크톱 컴퓨터처럼 우리가 원하는 애플리케이션을 실행시키기 위해 상당 시간을 대기해야 할 수도 있을 것이며, 당연히 많은 불편을 초래할 수밖에 없다. 따라서 소형 가전과 같은 임베디드 시스템에 대한 소프트웨어 플랫폼에서는 불필요한 요소를 모두 제거해서 작고 가벼운 소프트웨어 플랫폼을 구성해야 한다.

임베디드 시스템 소프트웨어 플랫폼 종류 및 특징

안드로이드(Android)

안드로이드는 구글(Google)과 OHA(Open Handset Alliance)가 주도한 오픈소스 기반의 모바일 소프트웨어 플랫폼으로 2007년 10월에 발표되었다. 이듬해인 2008년 8월 T모바일에서 G1 안드로이드폰이 출시되면서 모바일 플랫폼으로서 안드로이드의 가능성을 열어보였다. 안드로이드로 인해 기존 휴대폰의 하드웨어에 대한 소프트웨어 종속성을 탈피할 수 있게 되었으며, 오픈소스 정책의 소프트웨어 구성으로 인해 누구에게나 소스코드가 공개되어 있다. 잘 구성된 SDK(Software Development Kit)의 제공을 통해 자바 언어를 이용해 쉽게 애플리케이션을 작성할 수 있는 환경을 제공한다. 또한 윈도우, 리눅스, 맥 OS에 대해 동일한 개발환경을 제공하고 있으며, 개발 도구 역시 오픈소스 기반의 이클립스를 사용하고 있다.

안드로이드는 2013년 3분기 현재 스마트폰 OS의 80%에 육박하는 점유율을 보이고 있다.

〈표 3-9〉 스마트폰 OS 시장 점유율

Operating System	2Q13 Unit Shipments	2Q13 Market Share	2Q12 Unit Shipments	2Q12 Market Share	Year-over-Year Change
Android	187.4	79.3%	108	69.1%	73.5%
iOS	31.2	13.2%	26	16.6%	20.0%
Windows Phone	8.7	3.7%	4.9	3.1%	77.6%
BlackBerry OS	6.8	2.9%	7.7	4.9%	−11.7%
Linux	1.8	0.8%	2.8	1.8%	−35.7%

Operating System	2Q13 Unit Shipments	2Q13 Market Share	2Q12 Unit Shipments	2Q12 Market Share	Year-over-Year Change
Symbian	0.5	0.2%	6.5	4.2%	−92.3%
Others	N/A	0.0%	0.3	0.2%	−100.0%
Total	236.4	100.0%	156.2	100.0%	51.3%

(출처: IDC Worldwide Mobile Phone Tracker, August 7, 2013)

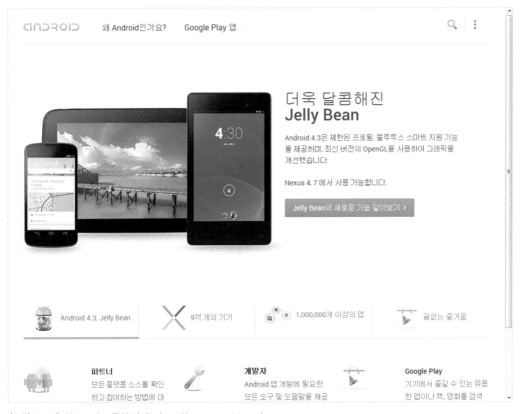

〈그림 3-46〉 안드로이드 공식 사이트(http://www.android.com)

안드로이드는 스마트폰을 넘어서 태블릿과 스마트TV에도 적용되고 있으며, 데스크톱 버전도 출시되어 있다. 또한 뛰어난 이식성을 바탕으로 한 리눅스를 기반으로 개방형 플랫폼 구조를 채택함으로써 다른 임베디드 시스템에도 적용하기 쉽다. 〈그림 3-47〉은 실제 안드로이드가 적용된 다양한 제품을 보여준다.

스마트폰
(Asus,
PadFone 2)

태블릿
(Amazon,
Kindle Fire HDX)

e-book 리더
(Barnes & Noble,
Nook Simple Touch)

스마트워치
(Sony,
SmartWatch)

자동차 인포테인먼트
(Wincen,
BMW E46 Android CarPC)

게임기
(nVidia,
Project Shield)

HMD
(Recon,
Mod Live)

스마트TV
(Sony,
Google TV)

셋톱박스
(MyGica,
EnjoyTV V1000)

〈그림 3-47〉 안드로이드가 적용된 제품

현재 안드로이드는 4.4 버전인 킷캣(KitKat)까지 출시된 상태다. 킷캣은 진보된 UI, 배터리 성능 향상, 적용 가능한 디바이스의 확대를 주요 골자로 하고 있다.

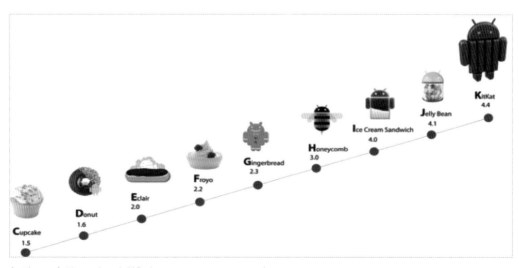

〈그림 3-48〉 안드로이드 버전(출처: Dennis Publishing Limited)

〈그림 3-48〉에서는 안드로이드 OS를 버전별로 정리했으며, 개발자 사이트(http://developer. android.com)에서는 안드로이드 애플리케이션 개발을 위해 필요한 이클립스 IDE를 포함한 SDK, NDK(Native Development Kit) 패키지를 윈도우, 리눅스, 맥 OS용으로 배포하고 있으며, 각종 개발 관련 문서도 제공하고 있다.

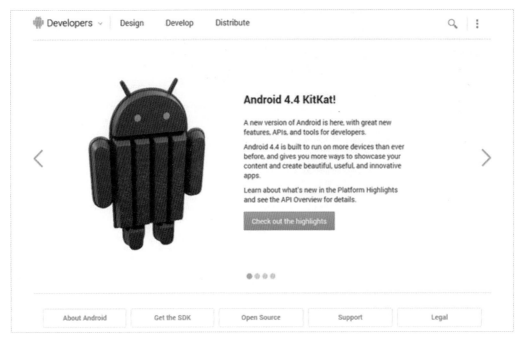

〈그림 3-49〉 안드로이드 공식 개발자 사이트(http://developer.android.com)

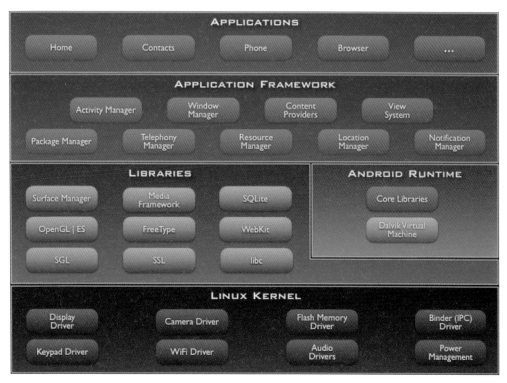

〈그림 3-50〉 안드로이드 아키텍처

안드로이드는 리눅스 커널을 기반으로 C/C++로 구성된 라이브러리, 자바 코드의 실행을 위한 런타임 (Runtime), 그리고 애플리케이션 프레임워크로 구성되어 있다. 자바 코드의 실행을 위한 런타임 계층에서는 코어 라이브러리(Core Library) 컴포넌트를 구성함으로써 기존의 자바 패키지에 대한 호환성을 제공한다.

〈그림 3-51〉 안드로이드의 리눅스 커널 계층

안드로이드의 리눅스 커널에서는 기본적으로 프로세스, 메모리, 파일시스템, 네트워크, 장치 관리 기능을 제공하며, 추가적으로 스마트 기기에 구성되는 장치들을 위해 디스플레이, 카메라, 플래시 메모리, 키패드, Wi-Fi, 오디오 드라이버를 제공하며, 프로세스 간 통신 메커니즘을 위해 바인더 IPC 드라이버

를 구성하고 있다. 또한 스마트 기기에 대한 전력관리를 위해 데스크톱과는 다른 전력 관리 기능을 제
공한다.

〈그림 3-52〉 안드로이드의 라이브러리 계층

라이브러리 계층은 서피스 매니저, 미디어 프레임워크, SQLite, OpenGL/ES(Embedded System),
FreeType, WebKit, SGL, SSL, libc 등의 라이브러리로 구성되어 있으며, 각 라이브러리의 기능은
〈표 3-10〉과 같다.

〈표 3-10〉 안드로이드 라이브러리

라이브러리	기능
Surface Manager	오버래핑이 가능한 윈도우를 결합해 스크린을 구성한 다음 프레임버퍼를 통해 화면에 출력
Media Framework	AAC, AVC(H.264), H263, MP3, MPEG-4 등의 다양한 형식의 동영상과 오디오의 녹음과 재생 지원
SQLite	데이터베이스 엔진
OpenGL/ES	3D 그래픽 라이브러리
FreeType	벡터 폰트의 렌더링
WebKit	웹브라우저 엔진
SGL	SVG, PDF, OpenVG 등의 일반적인 2D 그래픽 처리를 위한 라이브러리
SSL	전자상거래 등과 관련한 보안을 위한 전송 계층의 암호화
libc	Bionic C 라이브러리

〈그림 3-53〉 안드로이드의 런타임 계층

안드로이드의 런타임 계층은 코어 라이브러리와 달빅 가상머신으로 구성되어 있으며, 코어 라이브러리는 자바 패키지들을 포함한 클래스 라이브러리이며, 자바 바이트코드의 실행을 위해 인터프리터인 달빅 가상머신이 제공된다. 안드로이드 2.2 버전 프로요(Froyo)부터 JIT(Just-In-Time) 컴파일러 기술이 도입되어 달빅 가상머신에 포함되어 있으며, JIT 컴파일러는 기존의 인터프리터가 갖는 성능상의 오버헤드를 줄이기 위해 특정 횟수 이상 빈번하게 반복되는 코드를 Translation Cache에 저장함으로써 컴파일러 언어의 코드를 수행할 때와 같은 성능을 발휘할 수 있게 한다. JIT 컴파일러를 도입함으로써 동일한 사양의 안드로이드 디바이스에서 같은 애플리케이션을 실행했을 때 약 2~5배 정도의 성능을 개선할 수 있었다.

〈그림 3-54〉 안드로이드의 애플리케이션 프레임워크 계층

안드로이드의 애플리케이션 프레임워크 계층은 액티비티 매니저, 윈도우 매니저, 콘텐트 프로바이더, 뷰 시스템, 패키지 매니저, 텔레포니 매니저, 리소스 매니저, 로케이션 매니저, 노티피케이션 매니저 등의 컴포넌트로 구성되며, 안드로이드 애플리케이션을 위해 필수적으로 요구되는 안드로이드 주요 기능을 클래스로 표현한다. 애플리케이션 프레임워크를 구성하는 각 컴포넌트의 기능은 다음과 같다.

〈표 3-11〉 애플리케이션 프레임워크 구성 컴포넌트 및 기능

컴포넌트	기능
Activity Manager	애플리케이션을 이루는 액티비티의 생명주기(life cycle) 관리
Window Manager	Surface flinger 위에 존재하며, 모든 애플리케이션과 관련된 윈도우 관리
Content Provider	전역적 접근이 필요한 공유 데이터 관리
View System	애플리케이션 구성을 위한 위젯(widget) 제공
Package Manager	시스템에 적재된 애플리케이션 관련 정보를 관리하며, 새롭게 추가되거나 삭제되는 패키지가 있을 때 발생하는 broadcast 인텐트(intent) 수신
Telephony Manager	전화 기능과 관련된 하드웨어 API 제공
Resource Manager	문자열, 그래픽, 레이아웃 등 애플리케이션의 리소스에 대한 처리
Location Manager	GPS와 Cell Tower 기반의 위치 정보 관리
Notification Manager	시스템과 애플리케이션의 주요 이벤트에 대해 상태바와 센서를 이용한 통지 처리

〈그림 3-55〉 안드로이드 애플리케이션 계층

안드로이드 애플리케이션 계층은 Home, Contacts, Phone, Browser 등으로 구성되며, 스마트 기기의 필수 애플리케이션들을 제공한다.

안드로이드는 스마트폰에 특화된 플랫폼이기 때문에 스마트폰의 하드웨어 지원과 다양한 사용자 애플리케이션을 위한 프레임워크의 구성으로 하드웨어 사양이 낮은 시스템에서 임베디드 소프트웨어 플랫폼으로 적용시키기에는 무리가 따를 수밖에 없다. 이러한 구조적 문제를 해결하고 안드로이드를 임베디드 시스템에 효과적으로 이식시키기 위해 안드로이드 출시 직후부터 일본에서 발족된 OESF(Open Embedded Software Foundation)[1]가 있다.

〈그림 3-56〉 OESF 홈페이지

---

1 http://www.oesf.biz, http://www.oesf.jp

OESF에서는 안드로이드를 스마트폰 이외의 다른 여러 가지 유형의 임베디드 시스템에 적용하기 위해 안드로이드의 최적화 방안을 연구하고 있다. 현재 OESF에서 타겟 디바이스로 삼고 있는 제품들은 셋 톱 박스, 케이블 TV, 키오스크, VoIP 기반 전화, Fax, 디지털 TV, DVR, 정보 가전, 노래방 기기, 디 지털 액자, 스마트홈, 내비게이션, 헬스케어 시스템 등이다.

〈그림 3-57〉 OESF의 타겟 제품군

OESF에서는 다음과 같은 구조를 갖는 Embedded Master 플랫폼을 제공함으로써 OESF의 타겟 제 품에 안드로이드를 손쉽게 적용할 수 있게 만들어 준다.

〈그림 3-58〉 OESF에서 제공하는 Embedded Master Platform

윈도우(Windows)

마이크로소프트의 윈도우는 데스크톱, 서버용 운영체제로 대중화되었지만 임베디드 시스템 시장의 공략을 위해 Windows Embedded 제품군도 출시하고 있다.

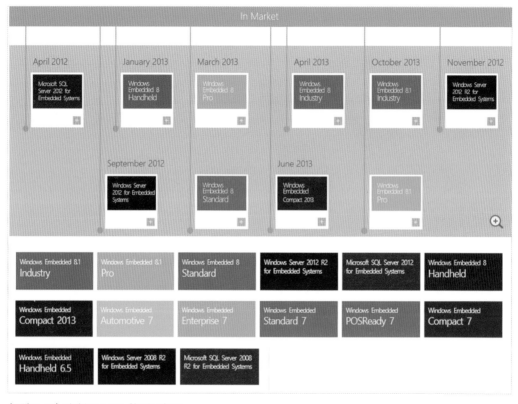

〈그림 3-59〉 마이크로소프트 윈도우 제품군

임베디드 시스템을 위한 소프트웨어 플랫폼으로 윈도우 7 기반의 Automotive 7, Enterprise 7, Standard 7, POSReady 7, Compat 7이 있으며, 윈도우 8 기반의 Industry, Pro, Standard 버전이 출시되어 있다.

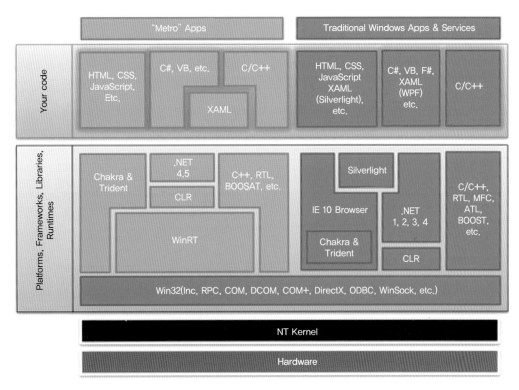

〈그림 3-60〉 윈도우 8 아키텍처

윈도우 임베디드 8 스탠다드(Windows Embedded 8 Standard)

윈도우 임베디드 8 스탠다드 버전은 윈도우 XP 임베디드 버전의 업그레이드 버전으로 윈도우 XP 프로 페셔널 버전과 윈도우 NT 4.0 임베디드가 완전히 통합된 버전이다. 스탠다드 버전은 x86 프로세서 기 반의 완전한 Win32 API를 제공하며, 스탠다드 2009 버전은 실버라이트, .NET 프레임워크 3.5, 인터 넷 익스플로러 7, 미디어 플레이어 11, RDP 6.1 등을 포함하고 있으며, 윈도우 서버 업데이트 서비스 와 시스템 센터 구성 관리자에 의한 관리 기능을 지원한다.

윈도우 임베디드 7 스탠다드 버전은 윈도우 7을 기반으로 한다. 스탠다드 7 버전은 여러 다른 패키지 중에서도 Aero, SuperFetch, ReadyBoost, BitLocker Drive Encryption, Windows Firewall, Windows Defender, Address space layout randomization, Windows Presentation Foundation, 실버라이트 2, 윈도우 미디어 센터와 같은 윈도우 비스타(Vista) 버전과 윈도우 7 버전 의 기능을 포함한다. 스탠다드 7은 IA-32 와 x64 버전에서 사용할 수 있다.

윈도우 임베디드 8 스탠다드 버전은 기업 및 장비 제조업체가 어느 기능을 자신의 산업 장비 및 지능형 시스템 솔루션의 일부가 되게 할지 선택할 수 있게 해주는 재구성 가능한 모듈(module)형 운영체제 이다. 윈도우 8을 기반으로 한 윈도우 임베디드 8 스탠다드 버전은 타겟지향성, 안정성 및 일관성을 보 장하기 위해 기능을 락다운(제재)할 뿐만 아니라 고객의 참여와 직원의 충분한 정보력 및 생산성을 위 한 풍부한 멀티터치를 제공하는 기술을 가지고 있다. 윈도우 임베디드 8 스탠다드가 포함된 장비를 구 입한 기업의 경우, 볼륨 라이센싱(Volume Licensing) 프로그램을 통해 추가적으로 이용할 수 있는 기업 독점적 기능이 있다.

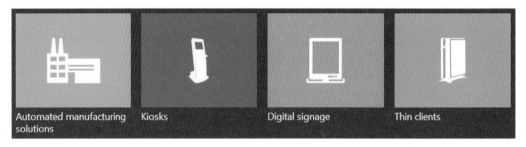

Automated manufacturing solutions   Kiosks   Digital signage   Thin clients

〈그림 3-61〉 윈도우 임베디드 8 스탠다드 버전의 타겟 디바이스

스탠다드 8의 새로운 기능으로 장비를 읽기 전용으로 만들어 주는 UWF(Unified Write Filter), 설 정과 관련한 제스처를 막기 위한 기능으로 제스처 필터(Gesture Filter), 단축키 사용을 억제하기 위 한 기능으로 키보드 필터(Keyboard Filter)가 있다. 이러한 기능들을 묶어 임베디드 락다운 매니저 (ELM, Embedded Lockdown Manager)라고 하며, 애플리케이션과 디바이스 드라이버를 모듈화 하는 모듈 디자이너(Module Designer), 사용자에 맞춰 응용 프로그램을 자동으로 실행하는 앱 론처 (App Launcher)가 있다.

윈도우 임베디드 8.1 인더스트리(Windows Embedded 8.1 Industry)

윈도우 임베디드 8.1 인더스트리 버전은 윈도우 8.1에서 소매, 제조, 의료 및 다른 산업에 걸쳐서 에지 장비로 확장되었다. 이렇게 다양한 영역에서 강력한 업무용 응용 프로그램의 제공과 더불어 안전하고 신뢰할 수 있는 방식으로 특성화된 기능을 수행하는 능력이 탁월하다.

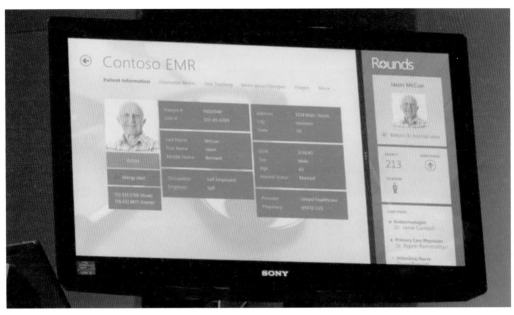

〈그림 3-62〉 윈도우 임베디드 8.1 인더스트리(출처: 윈베타(Winbeta), MS)

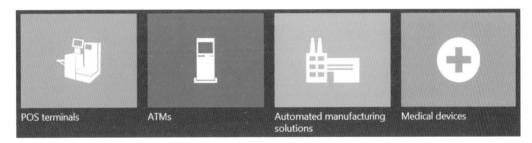

〈그림 3-63〉 윈도우 임베디드 8.1 인더스트리 버전의 타겟 디바이스

인더스트리 버전은 〈그림 3-63〉과 같이 주로 유통, 제조, 의료, 금융 등 다양한 산업 분야에서 사용될 수 있으며, 쉽고 빠른 주변장치 연결 및 사용, 짧은 개발 기간을 장점으로 갖는다.

윈도우 임베디드 컴팩트 2013(Windows Embedded Compact 2013)

윈도우 임베디드 컴팩트 2013 버전은 윈도우 CE로 알려진, MS의 윈도우 임베디드 컴팩트 계열의 최신 버전이다. 단순한 소형 가전을 타겟으로 삼았던 윈도우 CE는 이제 작은 제어장치부터 POS 단말기, 고급 제조 공정 자동화에 이르기까지 모든 것을 가능하게 해주는 범용 임베디드 시스템으로 발전했다.

윈도우 임베디드 컴팩트는 마이크로소프트 내에서도 계속해서 차별화되어 왔으며, 큰 규모의 에코시스템 내에서 우수한 실시간성을 요구하는 소형 풋프린트 장치를 대상으로 하는 운영체제가 되었다.

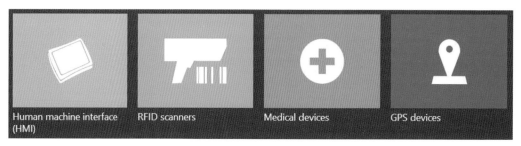

Human machine interface (HMI)   RFID scanners   Medical devices   GPS devices

〈그림 3-64〉 윈도우 임베디드 컴팩트 2013 버전의 타겟 디바이스

최신 버전의 윈도우 임베디드 컴팩트 버전은 다음과 같은 마이크로소프트의 최신 개발 도구를 제공한다.

- 비주얼 스튜디오 2012에 대한 플러그인 형태의 플랫폼 빌더(Platform Builder)와 애플리케이션 빌더(Application Builder)
- .NET Compact Framework 3.9
- 경성 실시간(hard realtime) 지원
- 다중 프로세서 지원(SMP)
- 고속의 파일시스템 지원
- 향상된 네트워크 처리 속도
- 500밀리초 이하의 fastboot
- 스냅샷(snapshot) 기반의 부팅(2초 소요)

미고(MeeGo)

미고는 인텔의 리눅스 기반 운영 체제인 모블린(Moblin)과 노키아의 리눅스 기반 운영체제인 마에모(Maemo)를 하나의 프로젝트로 통합하는 것을 목적으로 2010년 2월 MWC(Mobile World Congress)에서 인텔과 노키아가 합작으로 개발이 시작되었다. 현재 버전은 넷북용, 모바일용으로 두 가지가 있다. 노키아가 2011년 초 MS 출신 스티븐 엘롭을 영입하고 윈도우폰을 주력으로 삼겠다고 발표했으며, 2011년 9월, 인텔은 LiMo Foundation의 LiMo와 함께 타이젠(Tizen)으로 대체한다고 발표했다.

〈그림 3-65〉 미고(MeeGo) 공식 사이트(http://www.meego.com)

미고는 리눅스 커널을 기반으로 하고 있으며, UI 프레임워크로 Qt를 채택하고 있다.

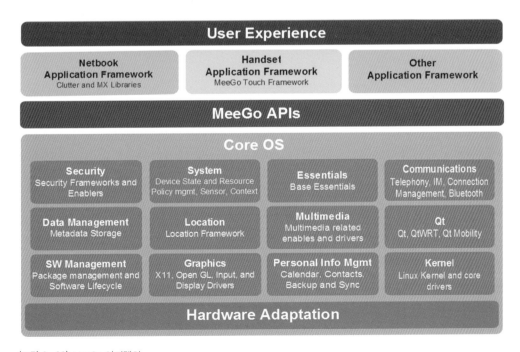

〈그림 3-66〉 MeeGo 아키텍처

MeeGo의 Core OS가 제공하는 주요 서브시스템 구성은 〈그림 3-67〉과 같은 도메인 단위로 표현되며, Security, System, Essentials, Communications, Data Management, Location, Multimedia, Qt, Software Management, Graphics, Personal Info Management, Kernel 등으로 구성된다.

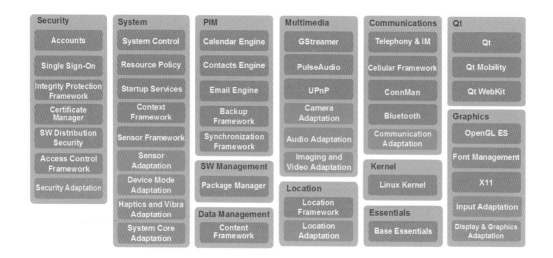

〈그림 3-67〉 MeeGo Core OS 계층의 주요 도메인

〈표 3-12〉 MeeGo Core OS 계층의 주요 도메인

컴포넌트	기능
Security	Security 도메인은 시스템 전반적인 보안을 담당하며, 플랫폼 보안과 사용자 확인을 위한 인에이블러를 제공함.
System	System 도메인은 장치의 상태와 동작 모드 처리, 시간 관리, 정책 관리, 스타트업 서비스, 센서 추상화를 담당함.
Essentials	Essentials 도메인은 시스템 전반적인 필수 패키지(라이브러리)를 제공함.
Communications	Communications 도메인은 인터넷과 셀룰러 기반의 전화 기능, 인스턴트 메시징, 화상회의, 블루투스, 그리고 인터넷 연결 등의 기능을 제공함.
Data Management	Data Management 도메인은 미디어 파일로부터의 메타데이터 추출과 탐색 같은 파일 메타데이터의 추출과 관리를 담당함.
Location	Location 도메인은 위치 기반 서비스를 제공함.

컴포넌트	기능
Multimedia	Multimedia 도메인은 오디오와 비디오의 재생, 스트리밍, 이미지 관련 처리 기능을 제공한다. 여기서는 검색, 역다중화, 디코딩, 인코딩, 탐색 등의 실제적인 오디오와 비디오 데이터 처리를 다룸.
Qt	Qt 도메인은 Qt, Qt Mobility, Qt WebKit, 그리고 Qt WebRuntime과 같은 크로스 플랫폼 도구들을 포함함.
Software Management	Software Management 도메인은 패키지 관리와 소프트웨어의 생명주기를 관리함.
Graphics	Graphics 도메인은 X11, OpenGL, 입력장치, 디스플레이 드라이버 등을 포함해서 2D, 3D 그래픽 처리를 지원하며, 다국어 텍스트의 렌더링과 하드웨어 가속 기능을 포함함.
Personal Info Management	Personal Info Management 도메인은 장치에서의 사용자 데이터 관리 기능을 담당하며 일정관리, 주소록, 태스크, 그리고 디바이스의 위치나 케이블 상태 같은 데이터 검색 기능을 제공함.
Kernel	Kernel 계층은 리눅스 커널과 필수 드라이버들을 포함함.

미고는 다양한 UX를 기반으로 한 사용자 경험 계층(User Experience)을 통해 태블릿, 넷북, 핸드셋, 스마트TV, 차량용 인포테인먼트 시스템에 대한 지원뿐 아니라 디바이스의 사용 목적에 따른 사용자 경험 UI 프레임워크(UX)를 지원할 수 있게 구성되어 있다. MeeGo의 API는 Qt와 Qt Mobility를 기반으로 하며, 다음과 같은 프레임워크를 구성하고 있다. 특히 Qt Mobility는 Qt에서 제공하는 API 군으로 모바일 디바이스에서 필요한 API를 제공한다.

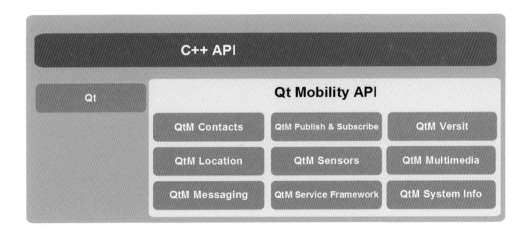

〈그림 3-68〉 MeeGo API

미고를 기반으로 출시된 제품으로는 〈그림 3-69〉와 같이 넷북, 휴대폰(스마트폰/피처폰)이 있으며, 이 외에도 차량용 인포테인먼트 제품과 스마트 TV를 겨냥한 UI/UX를 제공하기 위한 플랫폼을 제공하고 있다.

넷북
(삼성전자, N100)

피처폰
(노키아, N900)

스마트폰
(노키아, N9)

스마트폰
(노키아, N950)

차량용 인포테인먼트

스마트 TV

〈그림 3-69〉 미고 기반의 제품들

현재 공식적으로 제공되는 미고 플랫폼은 휴대폰, 넷북, 차량용 인포테인먼트 시스템에 대해 다음과 같은 것들이 있다.

〈표 3-13〉 미고 플랫폼 종류

용도	플랫폼 유형
휴대폰	MeeGo v1.1 for Handset
넷북	MeeGo v1.2 for Netbooks
차량용 인포테인먼트 시스템	MeeGo v1.2 for In-Vehicle Infotainment (IVI)

욜라(Jolla)

2011년 출시된 욜라(Jolla)는 모바일에 최적화된 세일피시(Sailfish) 운영체제를 기반으로 스마트폰에서 요구되는 직관적 사용 방식, 멀티태스킹과 편리한 상호 작용성을 제공한다.

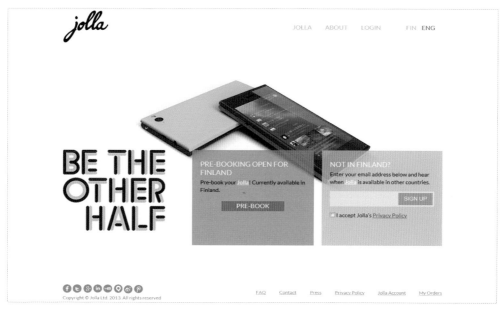

〈그림 3-70〉 욜라 홈페이지

세일피시는 노키아와 인텔이 협력해 개발했던 미고를 기반으로 만든 모바일 운영체제이다. 노키아가 미고를 포기하고 윈도우 운영체제를 채택하자, 이에 반발한 노키아 개발자들이 퇴사해 욜라를 설립, 세일피시란 이름으로 미고를 되살렸다.

세일피시는 전원관리와 연결성 같은 모바일 기기의 핵심 기능을 제공한다. UI는 QML과 Qt Quick으로 구성되며, 이는 빠르고 쉬운 사용자화를 가능케 한다. 또한 빠르고 편리한 개발도구를 통해 협력사로 하여금 독창적인 화면 개발이 가능하게 한다.

욜라는 스마트폰 시장에서 틈새시장 확보를 위해 안드로이드 기기와의 호환성을 확보하는 쪽으로 방향을 잡고 있다. 따라서 욜라의 세일피시(Sailfish) OS에서 안드로이드 앱의 실행이 가능하고, 안드로이드 기반 하드웨어에 세일피시 OS의 설치가 가능하다.

〈그림 3-71〉 세일피시 아키텍처

현재 욜라 폰은 유럽에서 출시된 상태이며, 〈그림 3-72〉와 같은 스펙과 외형을 선보이고 있다.

〈그림 3-72〉 욜라 폰 스펙 및 디자인

욜라 폰의 애플리케이션 개발을 위한 SDK는 세일피시 홈페이지를 통해 제공되고 있으며, 앱 개발에 필요한 개발 환경 설정 및 SDK 설치 방법, 예제 애플리케이션 작성 예시를 제공한다. 또한 UX 구조와 제스처(gesture) 프레임워크에 대해서도 자세히 설명하고 있다.

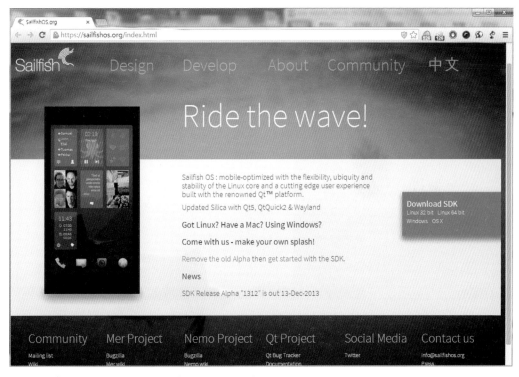

〈그림 3-73〉 세일피시 운영체제 홈페이지(https://sailfish.org)

SDK는 윈도우와 리눅스용이 배포되고 있으며, 5GB 이상의 하드디스크 공간과 4GB 이상의 메모리가 필요하다.

세일피시 SDK가 설치되면 〈그림 3-74〉와 같이 Qt Creator를 기반으로 하는 SailfishOS IDE를 통해 애플리케이션을 개발할 수 있다.

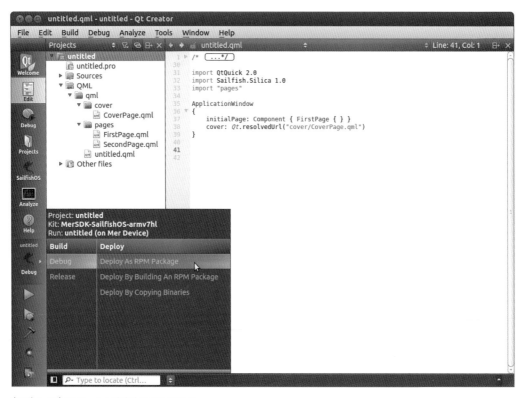

〈그림 3-74〉 Qt Creator 기반의 SailfishOS IDE

만들어진 애플리케이션은 RPM 형태로 패키징되어 에뮬레이
터를 통해 구동할 수 있다. 기본 예제에 대한 실행 결과는 〈그
림 3-75〉와 같은 형태이다.

〈그림 3-75〉 세일피시 앱의 실행 결과

세일피시 앱은 안드로이드 앱의 위젯에 해당하는 액티브 커버
(Active Cover)를 제공함으로써 다양한 기능의 구현을 가능하
게 한다.

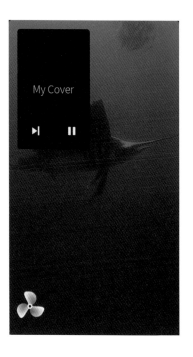

〈그림 3-76〉 세일피시 앱의 액티브 커버(Active Cover)

세일피시 앱을 개발하는 데 필요한 Qt 기반의 코드 구조와 Silica 라이브러리, 코드의 작성 방법에 대
해서는 세일피시 홈페이지[2]를 통해 확인할 수 있다.

타이젠(TiZen)

타이젠은 스마트폰, 태블릿, 넷북, 차량용 인포테인먼트 기기, 스마트 TV 등을 비롯해 여러 종류의 기
기에 대한 선도적인 이동통신사업자, 기기 제조업체 및 실리콘 공급업체가 지원하는 오픈소스, 표준 기
반의 소프트웨어 플랫폼이다. 타이젠은 혁신적인 운영 체제와 애플리케이션을 제공하며, 소비자가 다
양한 기기를 원활하게 이용할 수 있도록 지원한다.

타이젠은 HTML5 기반 애플리케이션 개발자를 위한 강력하고 유연한 환경을 제공한다. HTML5의 강
력한 기능과 교차 플랫폼 유연성을 특징으로 하는 타이젠은 빠른 속도로 모바일 앱과 서비스용 기본 개
발 환경으로 자리 잡고 있다. 타이젠 SDK와 API를 통해 개발자들은 HTML5 및 관련 웹 기술을 사용
해 여러 기기 세그먼트에서 실행되는 애플리케이션을 작성할 수 있다.

2 https://sailfishos.org/develop-firstapp-code.html

〈그림 3-77〉 타이젠 홈페이지

타이젠은 현재 2.2버전까지 공개되어 있으며, 타이젠의 아키텍처는 〈그림 3-78〉과 같은 형태이다.

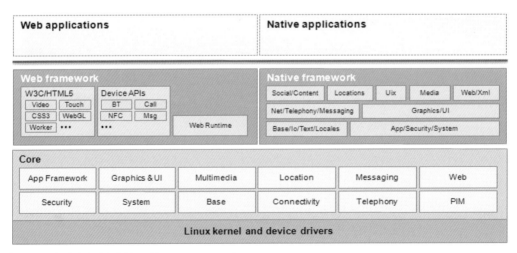

〈그림 3-78〉 타이젠 아키텍처(http://developer.tizen.org)

타이젠은 리눅스 커널을 기반으로 하고 있으며, Core 계층에 라이브러리와 애플리케이션 프레임워크가 구성되어 있다. 이를 바탕으로 웹 프레임워크(web framework)와 네이티브 프레임워크(native framework)를 구분해서 네이티브 애플리케이션과 HTML5 기반의 웹 애플리케이션이 모두 구동될 수 있는 환경을 제공한다.

〈그림 3-79〉 타이젠 IDE의 실행 화면

타이젠 앱 개발을 위한 SDK는 타이젠 홈페이지를 통해 제공되고 있으며, 〈표 3-14〉와 같이 윈도우, 리눅스, 그리고 맥 OS를 지원한다.

〈표 3-14〉 타이젠 SDK

플랫폼	SDK 이미지	파일 크기	MD5 체크섬	업데이트 날짜
Ubuntu 32bits	tizen-sdk-image-2.2.1-ubuntu32.zip	1.4G	5365c16ac5f8404e3695c27f66ab8bc4	2013년 11월 9일
Ubuntu 64bits	tizen-sdk-image-2.2.1-ubuntu64.zip	1.4G	9fdb843e963f208f61b61caa835dbd9c	2013년 11월 9일

플랫폼	SDK 이미지	파일 크기	MD5 체크섬	업데이트 날짜
Windows 7 32bits	tizen-sdk-image-2.2.1-windows32.zip	1.8G	33e7c317d122fb41964778d1d8f14c54	2013년 11월 9일
Windows 7 64bits	tizen-sdk-image-2.2.1-windows64.zip	1.8G	68228f9c8f244097d79025840edab8a6	2013년 11월 9일
Mac OS X(Intel)	tizen-sdk-image-2.2.1-windows64.zip	1.3G	088d625765d780fc8198b8b8bfde7143fd	2013년 11월 9일

타이젠 SDK 이미지 파일에는 〈그림 3-80〉과 같이 통합개발환경(IDE)을 비롯해 컴파일러, 에뮬레이터, 라이브러리 등이 포함되어 있음을 확인할 수 있으며, 타이젠 SDK의 설치 방법에 대해서는 타이젠 개발자 사이트[3]를 통해 참조할 수 있다.

〈그림 3-80〉 타이젠 SDK 이미지의 구성요소(Windows 7 64bit 버전)

---

3 https://developer.tizen.org/ko/downloads/sdk/installing-tizen-sdk?langredirect=1

타이젠 플랫폼은 애플리케이션 개발을 위한 두 가지 유형의 서로 다른 형태의 프레임워크를 제공한다. 하나는 웹 애플리케이션 개발을 위한 웹 프레임워크이며, 다른 하나는 네이티브 애플리케이션 개발을 위한 네이티브 프레임워크이다. 또한 두 가지를 혼합해서 더욱 복합적인 하이브리드 애플리케이션도 개발할 수 있으며, 타이젠 플랫폼은 웹이나 네이티브 프레임워크에서 만들어진 애플리케이션이 동일한 형태로 보일 수 있게 만들어 준다.

타이젠의 웹 API를 사용하면 이미 익숙한 여러 가지 웹 기반 언어(HTML, CSS, 자바스크립트)를 통해 완전한 웹 애플리케이션을 만들 수 있다. 타이젠 웹 API는 애니메이션, 오프라인, 오디오, 비디오 등을 다룰 수 있는 최신 HTML5를 지원하며, 따라서 표준 HTML5를 기반으로 만들어진 애플리케이션은 약간의 커스터마이징만을 거쳐 다른 기기나 플랫폼에서 사용될 수 있다. 또한 자바 스크립트를 기반으로 하는 타이젠 디바이스 API를 통해 웹 애플리케이션에서 블루투스나 NFC 같은 장치에 접근하는 것도 가능하다.

〈그림 3-81〉은 타이젠 웹 애플리케이션 개발을 위한 웹 애플리케이션 빌더의 구조와 에뮬레이터를 보여준다.

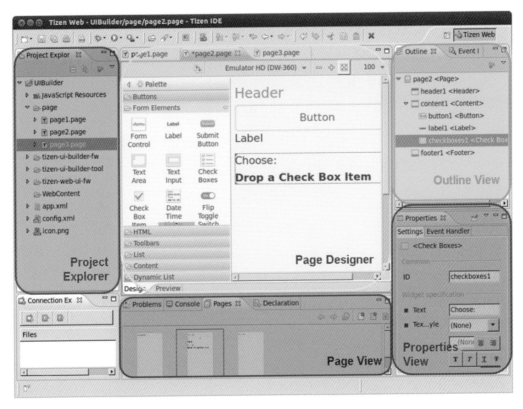

〈그림 3-81〉 타이젠 웹 애플리케이션 빌더

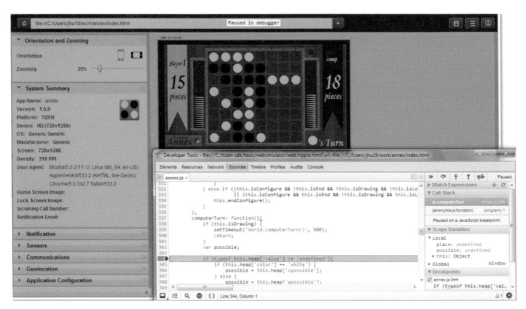

〈그림 3-82〉 타이젠 웹 시뮬레이터

웹 애플리케이션과는 별도로 네이티브 API를 기반으로 네이티브 애플리케이션을 만드는 것도 가능하다. 네이티브 API를 사용하면 타이젠 플랫폼이 제공하는 다양한 내장된 기능들을 사용할 수 있기 때문에 센서나 전화 기능과 같은 장치 관련 기능과 더불어 텍스트나 그래픽을 포함하는 더욱 다채로운 UI를 기반으로 한 다양한 목적의 애플리케이션을 개발할 수 있다. 또한 콘텐츠와 미디어 파일의 관리, 네트워크와 소셜 서비스를 이용할 수 있으며, 메시징 기능과 내장된 웹 브라우저 기능도 사용할 수 있다.

〈그림 3-83〉과 〈그림 3-84〉는 타이젠 네이티브 애플리케이션 개발을 위한 타이젠 네이티브 IDE의 구조와 UI 개발을 위한 UI 빌더를 보여준다.

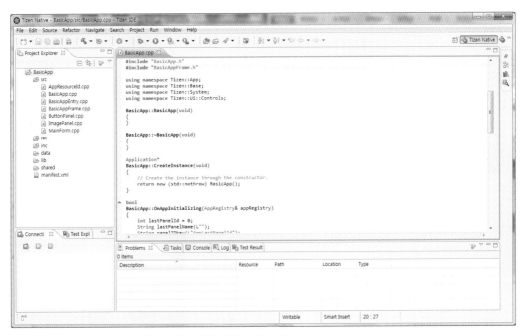

〈그림 3-83〉 타이젠 네이티브 애플리케이션 개발을 위한 타이젠 IDE

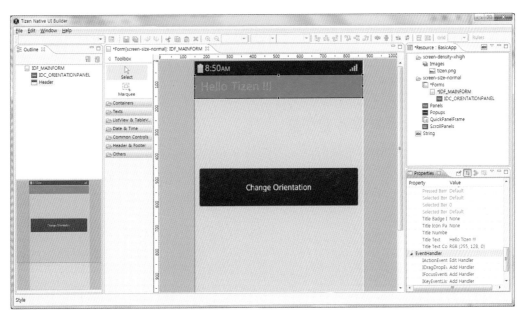

〈그림 3-84〉 타이젠 네이티브 애플리케이션 UI 빌더

타이젠 애플리케이션을 실행하려면 〈그림 3-85〉와 같이 SDK에 포함된 에뮬레이터 매니저(Emulator Manager)를 통해 에뮬레이터를 생성할 필요가 있다.

〈그림 3-85〉 타이젠 에뮬레이터 매니저와 에뮬레이터 실행 화면(출처: 센서 네트워크 노드 플랫폼 및 운영체제 기술 동향, ETRI, 2006)

센서 네트워크 소프트웨어 플랫폼

2000년대에 이르러 유비쿼터스(Ubiquitous) 기반의 센서네트워크, 홈네트워크 등이 각광받기 시작했으며, 무선 통신이 가능한 소형의 센서 노드들을 분산 배치해 인간이 접근하기 힘든 지역의 생태계를 관찰하거나, 화재 감시, 환경 모니터링을 한다거나 휴대전화를 통해 가정 내의 가전기기들을 제어하는 등의 프로젝트가 성행했다.

〈표 3-15〉 Crossbow사의 센서 노드 하드웨어 규격

Mote	Wec	Rene	Rene2	dot	Mica	Mica2	MicaZ
Released	1998	1999	2000	2001	2002	2003	2004
Clock	4MHz	4MHz	4MHz	4MHz	4MHz	7.37MHz	7.37MHz

Mote	Wec	Rene	Rene2	dot	Mica	Mica2	MicaZ
CPU	Atmel 90LS8535	Atmel 90LS8535	Atmel Atmega164	Atmel Atmega163	Atmel Atmega103L	Atmel Atmega128L	Atmel Atmega128L
Program Memory(KB)	8	8	16	16	128	128	128
RAM(KB)	0.5	0.5	1	1	4	4	4
RF Module	RFM TR1000	RFM TR1000	RFM TR1000	RFM TR1000	RFM TR1000	Chipcon CC1000	Chipcon CC1000
Modulation	OOK	OOK	OOK	OOK	ASK	FSK	O-QPSK
Data Rate(KB)	10	10	10	10	40	38.4	250
TinyOS	-	V0.6.1	V0.6.1	V1.0 up	V1.0 up	V1.0 up	V1.1.7 up

이러한 센서네트워크 환경에서 사용되는 센서 노드의 환경 정보 모니터링과 무선 통신을 위해 TinyOS 를 필두로 여러 가지 플랫폼이 등장했다.

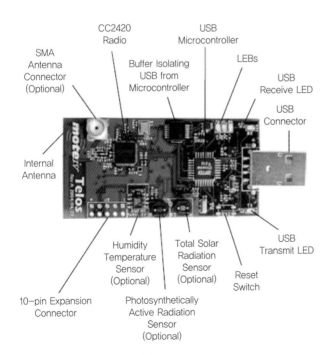

〈그림 3-86〉 Moteiv Telos 하드웨어

TinyOS

TinyOS는 UC 버클리에서 진행해 온 스마트 더스트(smart dust) 프로젝트에 이용하기 위해 개발된 이벤트 발생 중심의 상태 변화 방식을 채택한 센서 네트워크용 운영체제로서, 동시적인 프로세싱 및 제한된 하드웨어 메모리 공간에서의 효율적인 성능을 보장해 준다. TinoOS의 구조는 〈그림 3-87〉과 같다.

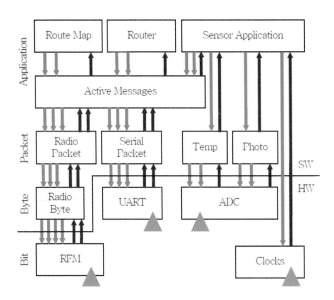

〈그림 3-87〉 TinyOS 아키텍처

〈그림 3-88〉 TinyOS 공식 사이트

Nano Qplus

나노 Qplus 운영체제는 한국전자통신연구원(ETRI)에서 개발된 센서 네트워크용 운영체제이다. 나노 Qplus는 에너지 소모를 최소화하기 위한 노드들 간의 시간 동기화 기법을 제공하며, 슬립 모드를 통해 낮은 전력 소비를 지원한다. 제한된 메모리의 사용을 최소화하기 위해 멀티 스레드 간의 스택을 공유하며, 멀티 스레드 스케줄러 방식으로 실시간 운영체제의 특성을 지원한다.

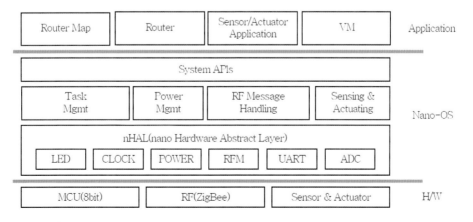

〈그림 3-89〉 Nano Qplus 아키텍처

차량용 소프트웨어 플랫폼

차량 전장시스템의 개요

일반적인 용도로서의 임베디드 시스템은 간단한 제어 프로그램만으로 산업용 기기를 제어하는 데 그쳤으나, 최근의 임베디드 시스템은 전체 시스템의 성능 및 정밀도를 향상시키기 위해 더욱더 다양하고 복잡한 알고리즘이 도입되고 있으며, 점차 복잡한 대형 임베디드 시스템(complex large-scale embedded system)으로 발전하고 있다. 따라서 이전에 비해 더욱 강력한 연산능력을 제공하는 마이크로컨트롤러가 요구되고, 소프트웨어 복잡도 증대에 따라 내장된 알고리즘의 원활한 동작을 위해 고도의 프로그래밍 기법이 요구된다. 또한 하나의 임베디드 시스템을 통해 시스템을 제어하고 운영하던 구조에서 벗어나서 유무선 네트워크를 통해 정보를 서로 교환하면서 더욱 대형화되고 복잡한 시스템을 제어한다.

더욱이 스마트폰과 같은 임베디드 시스템에서는 멀티미디어 처리와 같은 점차 복잡한 기능이 요구되면서 임베디드 운영체제를 사용하기 시작했다. 멀티태스크, 네트워크 기능을 제공하는 임베디드 운영체제를 탑재해 인터넷을 통해 제품 감시가 가능해졌으며, 나아가 임베디드 시스템에 탑재된 유무선 통신망을 통해 수시로 업데이트할 수 있는 BREW(Binary Runtime Environment for Wireless: 미국 퀄컴이 CDMA 방식의 이동통신기기용으로 개발한 차세대 플랫폼), 모바일 닷넷(마이크로소프트의 스마트폰, 휴대폰, 공장 컨트롤러와 같은 임베디드 장치를 기반으로 한 CE용 플랫폼), AUTOSAR(AUTomotive Open System ARchitecture: 자동차 제조사에 의해 개발된 차량용 ECU의 소프트웨어 플랫폼) 등의 다양한 임베디드 소프트웨어 플랫폼이 출현했다.

아래의 〈그림 3-90〉은 현재 개발이 추진되고 있는 지능형 자동차의 샤시 통합 제어시스템(chassis integrated control system)을 도식적으로 나타낸 것이다. 최근에는 운전자의 안전 운전을 보조하기 위한 ADAS(Advanced Driver Assistance Systems)와 정보 제공을 위한 IVIS(In-Vehicle Information System)를 구축하기 위해 별도의 ECU와 고성능 센서 등이 추가적으로 탑재되는 추세이다. 〈그림 3-90〉에서 샤시 제어를 위해 필요한 주행, 제동 및 조향 기능을 담당하는 각 ECU는 주어진 태스크에 따라 센서 및 액추에이터를 제어하며, 그 정보는 네트워크를 통해 다른 ECU와 공유되고 있다. 최근에는 전체 시스템의 성능을 향상시키기 위해 차량의 동역학 모델 등을 탑재한 고성능 통합 ECU가 별도로 탑재되어 전체 시스템을 제어하는 형태의 개발이 추진되고 있다. 그러나 ECU 사용이 증가하면서 배선 및 무게는 1995년 약 45m에서 2000년 이미 4Km에 이를 정도로 증가했으며, 배선의 증가는 유지보수의 문제로, 무게는 연비하락의 문제로 이어졌다. 그러나 지능형 자동차에서 ECU

의 사용이 증가하면서 상대적으로 배선이나 무게의 증가로 인한 문제보다 더욱 복잡한, 협조와 분산에 따른 복잡성의 증가라는 새로운 문제가 대두되었다.

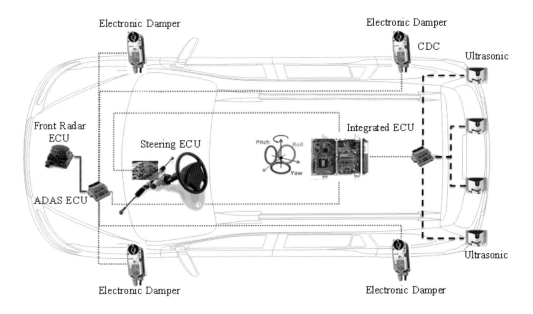

〈그림 3-90〉 통합 ECU를 활용한 ADAS 응용 차량 개발 사례

〈그림 3-91〉은 지능형 자동차의 전자제어장치(ECU, Electric Control Unit)에서 ECU에 탑재되는 기능들의 복잡성, 즉 시스템 복잡도(system complexity)와 설계자 역량(capability) 간의 발전 관계를 그래프로 나타낸 것이다. 최신의 지능형 자동차에서는 운전자의 편의성 및 안전성 개선을 위해 많은 ECU가 사용되고 있다. 실례로 토요타의 렉서스와 같은 고급차의 경우 약 100개의 ECU가 사용되며, 현대자동차의 제네시스에는 약 60개의 ECU가 사용되고 있다. 〈그림 3-91〉에서 나타낸 것과 같이 시스템 성능을 향상시키기 위해 ECU의 기능이 다양해지면서 시스템 설계의 난이도는 급속히 증가하는 반면, 설계자 역량의 발전은 그에 미치지 못하고 있다. 이런 이유로 임베디드 시스템을 사용하는 시스템의 성능은 소비자의 요구에 비해 느리게 발전하게 된다.

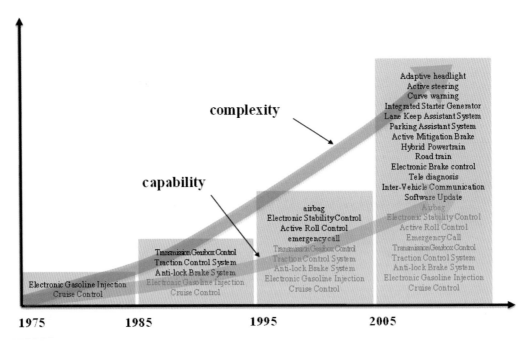

complexity

capability

Adaptive headlight
Active steering
Curve warning
Integrated Starter Generator
Lane Keep Assistant System
Parking Assistant System
Active Mitigation Brake
Hybrid Powertrain
Road train
Electronic Brake control
Tele diagnosis
Inter-Vehicle Communication
Software Update
Airbag
Electronic Stability Control
Active Roll Control
Emergency Call
Transmission Gearbox Control
Traction Control System
Anti-lock Brake System
Electronic Gasoline Injection
Cruise Control

airbag
Electronic StabilityControl
Active Roll Control
emergency call
Transmission Gearbox Control
Traction Control System
Anti-lock Brake System
Electronic Gasoline Injection
Cruise Control

Transmission Gearbox Control
Traction Control System
Anti-lock Brake System
Electronic Gasoline Injection
Cruise Control

Electronic Gasoline Injection
Cruise Control

1975   1985   1995   2005

〈그림 3-91〉 시스템의 복잡도와 설계자의 숙련도 간의 관계(출처: ISO26262에 대응하라, 스마트컴퍼니, 2010.06)

물론 다수의 잘 훈련된 설계자를 개발에 충분히 투입하면 이러한 문제가 어느 정도 완화될 수 있다. 그러나 단순히 시스템 성능 발전을 둔화시키는 문제가 아니더라도 시스템 복잡도는 임베디드 시스템의 신뢰성에 많은 문제를 야기하게 된다. 한 예로, 35년 전 자동차 소프트웨어(SW, software)의 라인 수(Line of Code, LOC)는 100라인이었으나, 2000년도에는 약 100만 라인으로 증가했다. 더욱이 2012년도에는 비행기의 SW 수준인 1억 라인으로 증가할 것으로 예상되고 있다. NASA의 우주항공분 야에서 계산된 임베디드 시스템 개발 비용에 의하면 소스코드 1라인당 850달러의 개발 비용이 필요하고, 이렇게 개발된 SW의 1000라인당 오류는 0.004개로 알려져 있다. 따라서 개발 비용이 상대적으로 더 적게 들고 오류 발생 확률도 더 높은 자동차 분야의 경우, 1억 라인의 SW에 대해 최소 400개 이상의 오류가 발생될 것으로 추정할 수 있다.

전 세계적으로 사용되는 임베디드 시스템의 수는 약 100억 개로, 우리가 살고 있는 어디서나 임베디드 시스템이 광범위하게 사용되고 있다. 유무선 네트워크의 연결성, 예측 가능성과 정확성, 다양한 기능의 증가, 점점 높아지는 사용자의 요구 등을 지원하기 위해 필연적으로 임베디드 소프트웨어의 규모가 점점 커지고 복잡해지고 있다. 추가로 소프트웨어의 고품질이 요구되고 있기 때문에 이전에 비해 임베디드 소프트웨어의 개발 기간이 점점 길어지고 있다. 이런 현상은 자동차 업계에서 두드러지고 있으며,

자동차 업체들은 복잡하고 거대해진 차량용 소프트웨어를 효과적으로 개발하기 위해 표준화된 통합 소프트웨어 플랫폼인 AUTOSAR를 개발하게 되었다.

AUTOSAR 개요

AUTOSAR는 AUTomotive Open System Architecture의 약자로 개방형 자동차 표준 소프트웨어 구조로서, 자동차 E/E architecture의 표준화를 위해 제조사(OEM), 개발사(Tier 1), 툴 개발사들에 의해 개발되었다. AUTOSAR는 "Cooperate on standards, compete on implementation"이라는 기치 아래 AUTOSAR 표준을 바탕으로 만들어진 자동차용 소프트웨어 모듈을 AUTOSAR의 표준을 따르는 자동차에 수정 없이 적용되는 것을 목표로 삼고 있다. AUTOSAR는 2002년 유럽의 대표적인 자동차 회사들을 주축으로 개발되었고, 2013년 현재 AUTOSAR R4.1.2까지 발표되었다. 주요 내용으로는 AUTOSAR를 구성하는 MCU 추상화 계층, ECU 추상화 계층, 운영체제를 포함하는 서비스 계층 및 RTE(Run Time Environment)에 대한 요구사항 및 세부 규격으로서 각 계층을 구성하는 다양한 모듈에 대한 요구사항 및 규격을 정의한다. 또한 국제 표준 및 단체 규격 등과 호환 가능하도록 정의해 상호 연동성을 보장한다. 아래는 AUTOSAR 개발의 파트너쉽의 이슈와 목표를 나열한 것이다.

- 중요한 시스템 함수(또는 기능) 표준화
- 응용 소프트웨어 인터페이스 영역 간 경계 표준화
- 가용성, 보안, 소프트웨어 갱신을 위한 미래 차량 요구조건을 만족
- ECU 네트워크상에서의 유연한 통합, 전이, 교체
- 다른 공급업체로부터의 소위 COTS 소프트웨어 지원
- 증가된 제품과 절차 복잡성 통제
- 비용 효율적인 규모 가변성
- 전 수명 주기에 걸친 유지보수

AUTOSAR의 기본 개념

AUTOSAR의 목적은 ECU, 네트워크 등 기반 하드웨어 구조에 독립적인 차량용 소프트웨어의 개발환경을 제공하는 것이다. AUTOSAR는 크게 구분해서 애플리케이션 소프트웨어, 런타임 환경, 기본 소프트웨어의 3계층으로 이뤄져 있다. 애플리케이션 소프트웨어는 특정 ECU에 매핑된 AUTOSAR 소프트웨어 컴포넌트로 구성되어 있는 계층이다. 컴포넌트는 기반 하드웨어, ECU, 네트워크 버스에 독

립적이고, 컴포넌트 간 그리고 컴포넌트와 기본 소프트웨어 간의 통신은 추상화된 가상 네트워크를 통해 이루어진다.

AUTOSAR 런타임 환경(RTE)은 같은 ECU 또는 ECU와 ECU 사이의 데이터 교환을 관리하는 계층이다. 상위의 애플리케이션 소프트웨어 계층에게 추상화된 통신을 제공한다. 기본 소프트웨어는 컴포넌트가 지정된 작업을 수행하는 데 필요한 서비스를 제공한다. OS 컴포넌트 모듈, COM 컴포넌트 모듈 등으로 구성되어 있다.

AUTOSAR 통신 모델 분석

AUTOSAR 컴포넌트는 인터페이스, 커넥터, 포트로 구성되어 있다. 인터페이스란 컴포넌트들이 서로 주고받는 데이터나 서비스의 타입을 명시적으로 정의한 것이다. 커넥터는 컴포넌트 간 통신 메커니즘을 구현한 것이고, 포트는 컴포넌트 간의 상호작용이 일어나는 지점이다. 이렇게 구성된 개별 컴포넌트를 개발하기 위해서는 먼저 설계 단계에서 컴포넌트의 포트와 인터페이스를 정의한다. 그리고 코드 생성기를 이용한 스켈레톤 코드를 생성하며, 이때 API 헤더 파일도 생성된다. 생성된 API를 이용해 컴포넌트 내부를 구현하면 컴포넌트의 개발이 마무리된다. 추후에 ECU 매핑 단계에서 컴포넌트를 연결하고 ECU에 배치하게 된다.

구현이 완료된 AUTOSAR 컴포넌트는 ECU 매핑 과정에서 하드웨어 자원의 특성을 고려해 적절한 ECU에 배치된다. 이때 RTE 코드 생성기는 컴포넌트의 배치 정보에 따라 가장 효율적인 통신 메커니즘을 선택해 이전 단계에서 생성된 API를 구현한다. 가장 효율적인 통신 메커니즘이란 동일한 ECU일 경우 메소드 직접 호출이나 공용 메모리 접근이고, 다른 ECU일 경우 기본 소프트웨어 계층의 communication 모듈을 통해 ECU와 microcontroller 추상화 모듈을 거쳐 ECU 하드웨어에 의해 CAN이나 Flexray와 같은 네트워크로 전송하는 방식을 말한다. 〈그림 3-92〉는 컴포넌트 배치에 따른 데이터 전달 경로를 보여준다. (a)는 동일한 ECU에 컴포넌트가 배치된 경우이고, (b)는 두 개의 ECU에 컴포넌트가 배치된 경우이다.

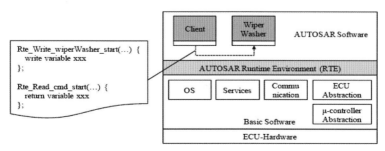

(a) 동일한 ECU에 매핑된 경우의 데이터 전달 경로

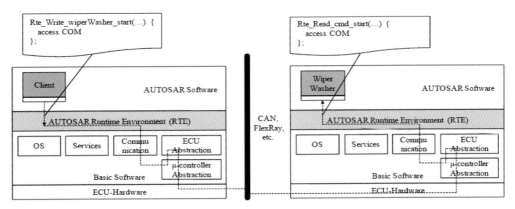

(b) 두 개의 ECU에 매핑된 경우의 데이터 전달 경로

〈그림 3-92〉 컴포넌트 배치에 따른 데이터 전달 경로 변화

AUTOSAR의 수행 모델 분석

컴포넌트의 수행 모델을 이해하려면 먼저 스케줄링의 단위가 되는 태스크를 이해해야 한다. AUTOSAR의 태스크 모델은 OSEK OS의 태스크 모델에서 사용된 개념을 그대로 사용하고 있다. AUTOSAR 컴포넌트 수행 단위는 Runnable이다. 한 Runnable은 컴포넌트 개발자가 작성한 한 함수를 대표한다. 한 컴포넌트 안에는 여러 개의 Runnable이 있을 수 있다. Runnable은 이벤트에 의해 깨어나서 수행을 시작한다. 함수가 끝나면 수행이 멈추며, 다음 번 이벤트가 도착할 때까지 기다린다. Runnable을 깨울 수 있는 이벤트는 타이머 이벤트, Server 호출 이벤트, 데이터 도착 이벤트 등 다양하다. 개발자는 각 Runnable에 대해 해당 Runnable을 깨울 수 있는 이벤트를 지정해야 한다.

Runnable과 태스크의 매핑은 ECU Configuration에서 정한다. 하나의 Runnable은 하나의 태스크에 의해 수행될 수 있으며, 하나의 태스크는 하나 혹은 그 이상의 Runnable을 수행시킬 수 있다. 매핑 관계를 기술하면 자동화된 도구에 의해 RTE 코드가 생성된다. 이벤트와 연결되지는 않았지만 다른 Runnable에 의해 불리는 Runnable은 RTE를 거치지 않고 함수 호출로 구현된다. 호출자와 동일한 태스크에서 수행되므로 이 경우 Runnable을 수행하기 위한 오버헤드는 매우 적다.

위에서 설명한 내용에 이어서 이를 그림으로 표현하면 AUTOSAR는 〈그림 3-93〉과 같이 애플리케이션 소프트웨어(Application Software), 런타임 환경(AUTOSAR Runtime Environment), 기본 소프트웨어(BSW, Basic Software)로 구성된다. 애플리케이션 계층에서는 특정한 ECU에 종속되지 않고 구현된 알고리즘 또는 로직과 같은 소프트웨어 컴포넌트로 구성된다. 그리고 각 소프트웨어 컴포넌트는 런타임 환경을 거쳐 다른 소프트웨어 컴포넌트나 기본 소프트웨어의 모듈과 통신한다. 이러한 구조에서 가장 중요한 부분은 "RTE"라고 하는 실시간 환경인데, 개별적인 소프트웨어 컴포넌트 간의 데이터 교환을 위해 표준화된 인터페이스를 제공함에 따라 신호의 경로나 하드웨어의 속성 정보 등과 무관하게 소프트웨어를 개발할 수 있는 환경을 제공해 준다.

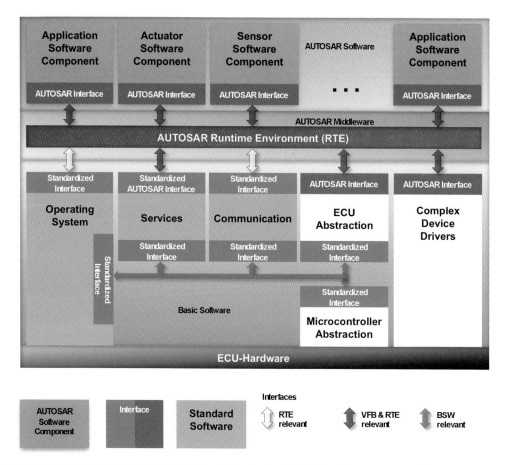

〈그림 3-93〉 AUTOSAR 소프트웨어 아키텍처의 구조(출처: 오토사르 홈페이지(http://www.autosar.org))

AUTOSAR에서 자동차용 소프트웨어는 컴포넌트 단위로 모듈화된다. 이 컴포넌트는 설계 단계에서 가상의 네트워크인 VFB(Virtual Function Bus)를 통해 서로 통신할 수 있게 구성되고, 그 후 ECU 의 속성과 시스템 제약조건에 맞게 컴포넌트와 ECU를 매핑한다. 이렇게 ECU에 할당된 컴포넌트들 은 실질적으로 RTE(Run-Time Environment)를 통해 서로 정보를 주고받으며 실행된다. 〈그림 3-94〉에서 위의 과정을 그림으로 설명하고 있다.

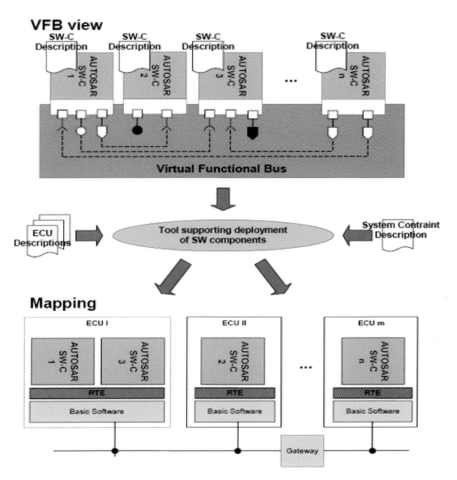

〈그림 3-94〉 AUTOSAR 소프트웨어 플랫폼의 개발방식(출처: http://www.smartsar.com AUTOSAR 기술, 스마트사르)

기본 소프트웨어는 하드웨어에 대한 종속 여부에 따라 서비스 계층, ECU 추상화 계층, 마이크로프로세서 추상화 계층, 복합 드라이버로 구성된다. 서비스 계층은 진단 프로토콜, 비휘발성 메모리의 관리, ECU 모드 관리 및 운영체제를 지원한다. ECU 추상화 계층은 주변장치가 CPU와 어떻게 연결되는지 등과 같은 ECU의 배치를 지원한다. 이 계층은 ECU에 한정되지만, 마이크로프로세서 추상화 계층이 마이크로프로세서 고유의 드라이버(I/O, ADC 등)에 대한 내용을 포함하므로 마이크로프로세서 추상화 계층에 의해 마이크로프로세서에 종속되지 않는다. 복합 드라이버 계층에서는 AUTOSAR에 의해 표준화되지 않으며, 복잡한 센서나 엑츄에이터 등으로 구성된 특별한 모듈들이 정의될 수 있다.

결과적으로 AUTOSAR 소프트웨어 플랫폼을 적용해서 얻을 수 있는 이점은 〈그림 3-95〉와 같이 간략히 나타낼 수 있다. 기존의 소프트웨어 개발 과정에서는 각자의 하드웨어의 특성이나 특징을 파악해서 하드웨어에 적합한 형태의 소프트웨어를 설계하는 것이 일반적이었다. 비록 이러한 형태의 소프트웨어 설계방식이 명확하게 하드웨어와 소프트웨어를 구분 지을 수 없지만, 비교적 간단한 프로젝트를 수행하는 경우에는 설계자에게 효율적이고 매력적인 개발 방식이었다. 그러나 소프트웨어의 구조가 점차 복잡해지고 제품 개발주기, 시장전략 등의 이유로 하드웨어의 변경이 자주 발생하는 최근의 자동차 부품개발환경에서는 오른쪽에 나타낸 것과 같이 응용계층의 소프트웨어를 하드웨어와 완전히 분리시켜 소프트웨어의 재사용성을 확보하는 것이 중요한 설계방식으로 자리 잡았다. 이러한 구조에서는 하드웨어와 소프트웨어가 표준화된 인터페이스를 통해 분리되어 있기 때문에 결과적으로 새로운 하드웨어를 적용할 때 비교적 빠르게 소프트웨어를 정착시킬 수 있으며, 범용성이나 재사용성 면에서 효율적인 개발 구조를 제공한다.

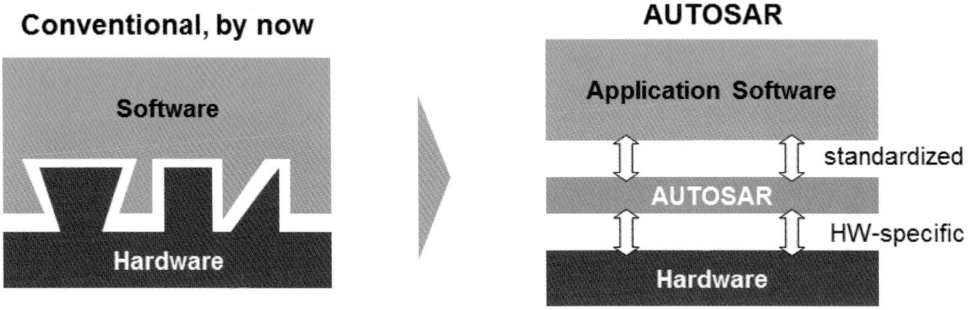

〈그림 3-95〉 AUTOSAR 적용을 통한 소프트웨어 개발 구조의 변경 예

〈그림 3-96〉에서는 간단한 형태의 "운전자 페달관리" 소프트웨어 모듈의 설계를 예로 들어 나타낸 것이다. 그리고 〈그림 3-97〉(a)는 하나의 ECU에서 페달의 정보를 요청하는 Request와 페달의 정보를 제공하는 Provider가 동시에 존재하는 경우의 구현 예를 도식적으로 표현한 것이다. 〈그림 3-97〉에서 보는 것과 같이 표준화된 인터페이스는 Rte_Write_p_v( )와 같은 API를 의미한다. 반면 〈그림 3-97〉(b)는 동일한 기능을 하는 "운전자 페달관리" 소프트웨어 모듈을 2개의 ECU에서 나누어서 처리하는 경우를 나타낸 것이다. 비록 예로 들고 있는 소프트웨어 모듈의 경우는 구현이 매우 간단하고 직관적으로 설계가 가능한 부분이지만, 실제 차량의 부품을 개발하는 과정에서는 마이크로컨트롤러의 비용이나, 장착 위치 등의 이유로 소프트웨어의 일부를 이식(포팅)하거나 삭제/추가하는 일이 빈번히 발생한다. 〈그림 3-97〉에서 나타낸 것과 같이 기존의 개발 방식을 이용해 소프트웨어를 구현하는 경우에는 새로운 ECU에 맞추어 하드웨어 부분도 함께 개발해야 하지만, AUTOSAR와 같은 플랫폼을 적용하는 경우에는 소프트웨어 모듈을 그대로 다시 사용할 수 있기 때문에 상대적으로 개발의 효율성이 높다고 할 수 있다.

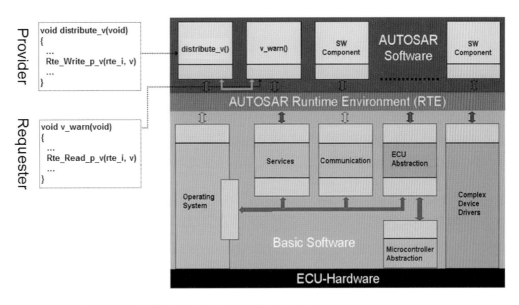

〈그림 3-96〉 하나의 ECU를 이용한 "운전자 페달관리" 소프트웨어 구현 예

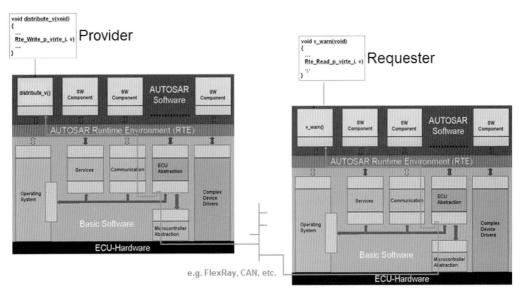

〈그림 3-97〉 네트워크로 연결된 2개의 독립적인 ECU를 이용한 "운전자 페달 관리" 소프트웨어의 구현 예

GENIVI

차량 인포테인먼트의 개요

최근 들어 첨단 IT기술 융합을 통한 자동차 기술의 패러다임이 전통적인 기계중심산업에서 전자중심의 산업으로 변화되고 있다. 자동차는 이제 단순한 이동수단을 넘어 사회와 생활의 주요 구성요소로 발전하고 있으며, 저출산/고령화, 개인화/도시화, 에너지의 다양화, 저탄소사회 등 미래사회의 니즈 반영이 필요한 상황이다.

전 세계적으로 첨단 IT기술은 자동차에 새로운 가치를 부여하고 있으며, 자동차는 첨단 IT기술을 접목해 고객에게 Seamless Service를 제공하는 등 오픈플랫폼과 콘텐츠를 가진 IT사업자와 자동차업체 간의 새로운 생태계 조성이 진행되고 있다. 시장상황에 대해 2010년 기준 ATLAS의 자료를 인용해 설명하면 무선통신과 GPS 기술, Telematics, 지능화된 차량용 정보시스템 등 IT와 자동차산업 융합의 가속화로 자동차 공간 내 스마트서비스가 확대되고 있으며, 2015년 약 1억 대의 자동차에 네트워크 접속 기능이 탑재되고, 2020년 북미, 유럽, 아시아의 모든 자동차가 커넥티드 단말이 될 것으로 예상되고 있다.

미국의 포드사는 와이파이(Wi-Fi)와 GPS 기술을 기반으로 한 차량 간 통신 시스템을 통해 정보교환이 가능하게 하는 기술을 개발하고 있는데, 이 기술을 통해 차량 간 충돌을 줄이는 것뿐만 아니라 잠재적으로 연료소비 절감도 가능할 것으로 전망하고 있다. 포드사는 2011년 6월 샌프란시스코 AT&T에서 열린 자동차 시연회에서 Wi-Fi/GPS 시스템이 설치된 지역에서 운전자가 경보음과 빨간색 플래시 라이트를 이용해 안전지대로 이동하는 시나리오를 시연했으며, 차세대 전기자동차를 위해 운전자가 가장 가까운 전기자동차 충전소를 찾을 수 있게 돕는 모바일 애플리케이션도 함께 개발하고 있다. GM의 경우에는 이미 컴퓨터 통신기능의 부품 "온스타 FMV(〈그림 3-98〉)"를 부품시장에 내놓고 있으며, 자사의 가장 저렴한 차량에도 스마트폰을 이용한 인터넷 연결을 통해 작동하는 스테레오 시스템을 개발하고 있는 것으로 알려져 있다.

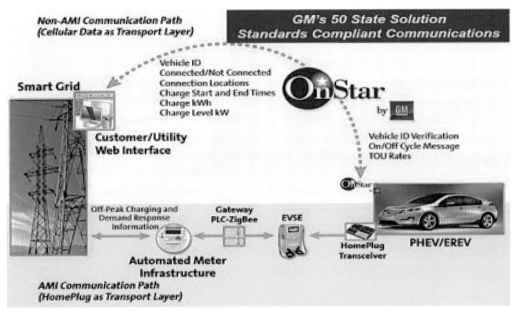

〈그림 3-98〉 통신기술과 연동한 GM의 On-Star 서비스(출처: 차 안의 인터넷 텔레매틱스 칼럼, 테스트 드라이브)

일본의 도요타자동차에서는 차세대 통신 연결 컨셉트 카인 "스마트 인섹트" 및 "스마트 센터"를 소개(〈그림 3-99〉)하고, 통신기술과 연동해 운전자의 더 나은 생활환경 구현을 위해 다양한 차세대 교통 시스템들을 개발해서 도입하려는 계획을 발표했다. 위에서 언급한 "스마트 인섹트"는 초소형 1인승 전기자동차인 "콤스(COMS)"를 바탕으로 차세대 통신서비스에 필요한 모션 센서나 음성인식, 행동예측에 따른 목적지 설정 등의 기술을 탑재하고 클라우드 상의 "도요타 스마트 센터"를 통해 사람과 자동차와 집을 연결해 편리하고 쾌적한 생활을 지원하는 대화형 서비스의 형태로 알려져 있다. 이 서비스는 향후 도로 혼잡 상황을 고려해 전철, 버스, 자가용, 택시 등 다수의 교통수단을 결합해 스마트폰으로 최적의 루트 검색을 실시하는 멀티 모달 루트 안내, 자가용 이용을 포함한 루트 검색 시에 만차 및 공차 상황을 고려한 파크/라이드 주차장의 정보 제공, 파크/라이드 주차장과 대중교통의 이용 실적에 따른 에코 포인트 부여 등과 같은 서비스를 제공하는 것을 목표로 하고 있다.

〈그림 3-99〉 도요타자동차의 통신 기술과 연계한 컨셉카의 개념도(출처: http://bigwebcom.worldpress.com)

이상에서 설명한 바와 같이 통신, 소프트웨어와 같은 ICT기술을 차량에 융합하려는 연구가 세계적으로 추진되고 있으며, 차량용 인포테인먼트(Infortainment) 서비스는 스마트폰과 연계해 운전자에게 편의성 높은 차량 서비스를 제공할 수 있는 차세대 기술로 주목받고 있다. 국내외 자동차 시장에서는 이미 커넥티트 카(Connected Car)라는 명목으로 모바일 회사와 협력관계를 구축해 상용화를 준비하고 있다. 대표적인 협력 관계는 위에서 언급한 사례를 포함해 구글과 GM, 기아자동차와 마이크로소프트, 도요타와 마이크로소프트, 아우디와 애플, 삼성전자와 현대자동차 등이 있다.

한편 구글, 마이크로소프트, 애플 등 기존의 IT업체들이 차량용 인포테인먼트 시장에 가세하면서 IVI(In-Vehicle Infortainment) 플랫폼을 시장에서 선점하고자 하는 노력이 치열하게 전개되고 있다. 전 세계적으로 IVI 플랫폼은 표준연합인 GENIVI Alliance에서 주도하고 있다. OS 측면에서는 크게 개방형(Open-Source) 진영과 안보형(Close-Source) 진영으로 구분되며, GENIVI Alliance에서는 주로 개방형 진영을 지원하고 있다. 개방형 플랫폼 개발 진영은 노키아가 주도했던 미고(MeeGo)가 그간 GENIVI의 지지를 받으며 발전해왔으나 2011년 노키아와 마이크로소프트가 미고 진영을 탈퇴하면서 큰 변동이 생기고 있다. 비록 미고의 경우 그 동안 진행된 프로젝트가 많기는 하지만 현재는 인텔과 삼성이 지원하는 타이젠(TiZen)으로 프로젝트 마이그레이션이 일어나고 있다. 안보형 플랫폼 개발 진영은 대표적으로 QNX와 iOS가 가장 주목할 만한 기술인데 QNX와 iOS 모두 오픈소스 프로젝트의 위험성으로 인해 독자적인 OS 사업을 펼치고 있다. 특히 2013년에 발표된 애플의 iOS는 상당히 공격적으로 시장에 진입하고 있는데, 이미 GM의 스파크는 iOS 기능의 일부인 음성인식(SiRi)을 도입했으며, 2014년 GM, 현대기아, 혼다, 벤츠, 니산, 볼보, 재규어, 인피니언, 오펠에서 iOS를 탑재하는 것을 발표했다.

GENIVI 개요

GENIVI Alliance는 인포테인먼트 시스템의 오픈소스 기반 플랫폼을 산업 표준화하는 비영리 단체이며, 자동차 업계의 요구사항을 취합해서 반영하고 있다. BMW, Intel, Magneti Marelli, GM, PSA, Dephi, Visteon, XS, WindRiver를 중심으로 2008년에 창단되었으며, 2013년에 160개 이상의 회원을 보유하고 있다. 멤버는 OEM, Tier-1, 반도체, OS 벤더, 솔루션 업체 등으로 구성되어 있다. GENIVI Alliance의 비전은 협회에 참여하는 업체들의 활용을 기반으로 Kernel, Stack, Middleware 등 플랫폼 아키텍처와 검증 등 차량용 인포테인먼트의 공통기술을 개발하고 표준화하는 것으로 이 부분을 비경쟁 영역이라고 한다. OEM, Supplier에서는 HMI(Human Maching Interface), Apps, OSV Extensions, LIBS 등과 같이 상품기획이나 차별화된 구현 영역에서 개발하며 이 부분을 경쟁 영역이라고 한다.

〈그림 3-100〉은 GENIVI 협회에서 목표로 삼고 있는 비전을 경쟁 영역과 비경쟁 영역으로 나누어 도식화한 것이다. GENIVI 협회는 비경쟁 분야에서의 표준화를 통해 기존의 소비적이던 플랫폼 경쟁에서 벗어남으로써 비용과 시간에 대한 효율적인 투자가 가능하다고 보고 있다. GENIVI 협회에서도 플랫폼 전략을 통해 차량용 인포테인먼트 응용을 위해 구축해야 할 일련의 개발과정에 대한 비용을 줄일 수 있을 것으로 기대하고 있다. 〈그림 3-100〉의 GENIVI Platform 비전에 의해 AUTOMAKER와 SUPPLIER에서는 하드웨어에 밀접한 미들웨어를 직접 개발할 필요가 없기 때문에 개발 시간을 단축할 수 있을뿐더러 국제표준화를 바탕으로 개발자 확보 등을 통해 시장 선점에 유리한 고지를 차지할 수 있게 된다.

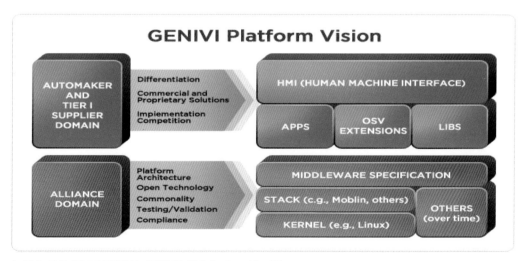

〈그림 3-100〉 GENIVI 플랫폼의 비전(출처: 임베디드 SW 기술포럼)

제니비 연합(GENIVI Alliance)은 차량용 인포테인먼트(IVI) 오픈소스 개발 플랫폼의 광범위한 채택을 추진하기 위한 비영리 연합이다. 제니비는 요구사항 조정, 참조 구현의 전달, 인증 프로그램 제공, 활발한 오픈소스 IVI 커뮤니티 촉진을 통해 IVI 시스템 국제표준화를 추진하고 있으며, 결과적으로 이러한 활동은 개발 주기 단축, 출시 기간 단축, IVI 장비 및 소프트웨어 개발업체의 비용 절감을 목적으로 한다. 2006년 BMW는 여러 운영체제 개발 업체와 함께 차세대 IVI시스템의 소프트웨어 플랫폼의 개발을 제안했고 이에 윈드리버, 인텔과 같은 소프트웨어 개발업체와 GM, 푸조와 같은 자동차제조사가 연합을 구성하고 공동으로 개발을 시작해 〈그림 3-101〉과 같은 현재의 제니비 연합으로 발전했다.

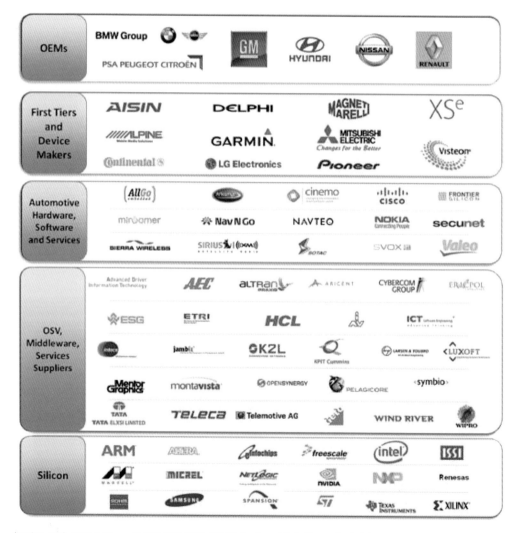

〈그림 3-101〉 GENIVI Alliance의 주요 멤버(출처: 글로벌 오토뉴스 '제니비(Genivi), 차세대 IVI의 기준'편)

제니비 연합에서 제안하고 있는 IVI 공동개발 플랫폼 또는 아키텍처는 시장상황에 적합한 제품전략이나 디자인 등 차별화된 규격(사양)의 적용만 고려하면 된다는 부분에서 개발 비용을 상당히 절감할 수 있다. 개발 비용의 절감외에도 플랫폼의 단일화로 다양한 애플리케이션을 공통으로 사용할 수 있는 것도 큰 장점(〈그림 3-102〉)이다. 지난 2010년 제니비의 공동 플랫폼 1.0 버전이 발표되었으며, 가까운 시일에 플랫폼이 적용된 스마트카가 공개될 것으로 보인다. 국내 업체 가운데는 현대자동차와 현대모비스, LG전자 등이 제니비 연합에 참여하고 있다.

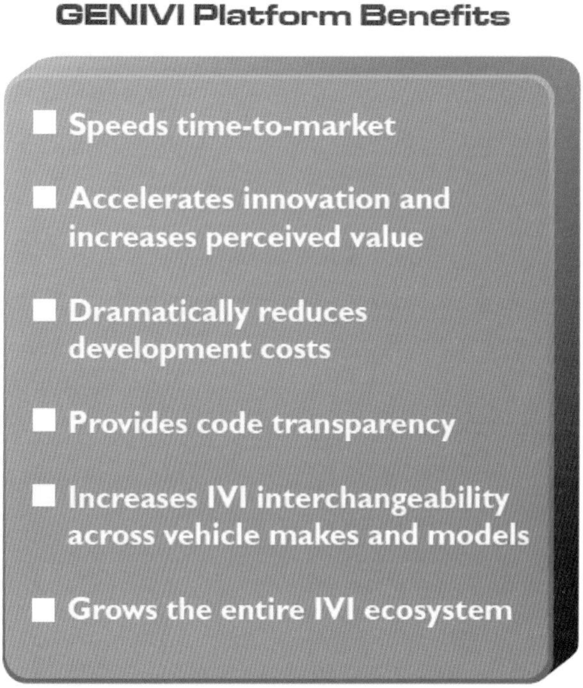

GENIVI Platform Benefits

- **Speeds time-to-market**
- **Accelerates innovation and increases perceived value**
- **Dramatically reduces development costs**
- **Provides code transparency**
- **Increases IVI interchangeability across vehicle makes and models**
- **Grows the entire IVI ecosystem**

〈그림 3-102〉 GENIVI 플랫폼의 장점(출처: 글로벌 오토뉴스 '제니비(Genivi), 차세대 IVI의 기준'편)

미고 IVI 프로젝트

미고(MeeGo) IVI는 인텔이 개발한 리눅스 기반의 오픈소스 모바일 운영체제를 기반으로 한 차량용 인포테인먼트 시스템이다. 인텔에서 개발한 리눅스를 기반으로 한 모블린 모태로 의료기기 소프트웨어를 개발하고 있으며, 이후 노키아와 합작하면서 모블린(Moblin)과 마에모(Maemo)의 통합 프로젝트로 탄생했다. 스마트폰과 같은 노매딕 디바이스와의 인터페이스를 강점으로 내세우고 있으므로 고속 부팅, 전원 효율, 작은 치수, 네트워크 스택 등을 모바일 디바이스에 최적화된 기능을 제공한다.

MeeGo IVI 플랫폼은 Visteon 등 몇 개의 업체에서 차량 내부 인포테인먼트 시스템으로 개발되고 있었으나, 2011년 9월, 인텔에서 자사의 미고 운영체제를 포기한다고 발표하면서 마이그레이션되고 있다. 현재 인텔은 삼성과 협력해 타이젠이라는 새로운 모바일 리눅스 운영체제를 개발하고 있다.

타이젠 IVI 프로젝트

타이젠은 스마트폰, 태블릿, 넷북, 차량용 인포테인먼트 기기, 스마트 TV 등 여러 종류의 기기를 지원하기 위한 공개 소스 및 표준 기반의 소프트웨어 플랫폼으로서, 인텔과 삼성전자가 주축이 되어 개발을 진행하고 있다. 타이젠은 리눅스 재단의 리눅스 커널을 기반으로 하며, HTML5 및 C++ 기반으로 개발되고 있다. 또한 소프트웨어 개발 키트(SDK)를 통해 응용 프로그램을 개발하기 위해 필요한 각종 도구와 API를 제공하고 있다(〈그림 3-103〉). 타이젠 IVI 프로젝트는 차량용 인포테인먼트 시스템을 위해 모바일 디바이스와 동일한 사용자 경험을 제공하고 있으며, 타이젠 연합 측은 재규어, 랜드로바, 도요타 등에서 차량용 인포테인먼트 시스템에 타이젠을 사용하는 것에 대해 협력하고 있다.

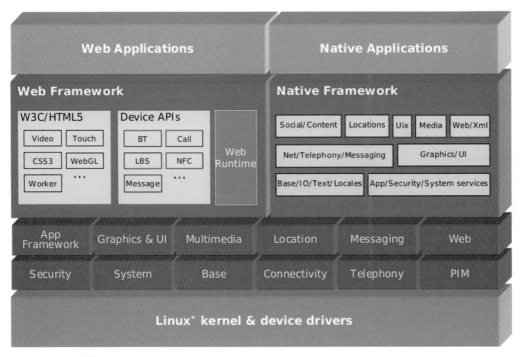

BT= Bluetooth® Technology
LBS = Location Based Services
NFC = Near Field Communications

〈그림 3-103〉 타이젠 아키텍처(출처: Technical Streering Group(TSG))

GENIVI 상용화 추진현황

GENIVI 표준은 BMW를 중심으로 기존 인포테인먼트 플랫폼을 공급하던 마이크로소프트와 QnX 등의 업계 존속성을 탈피하고 OEM 입장에서 전체 재사용 가능한 플랫폼 코드에 대한 완전한 소스 꾸러미를 확보하는 것을 목표로 추진되어 현재 다양한 버전의 배포판을 형성하고 있다. 특히 초기 〈그림 3-104〉에서와 같은 배포계획을 가지고 추진되었으며, 초기 배포계획에서 문제점이 드러나 새로운 배포계획에 따라 배포를 위해 BIT(Baseline Integration Team) 팀을 통해 배포판을 제작하고 있다.

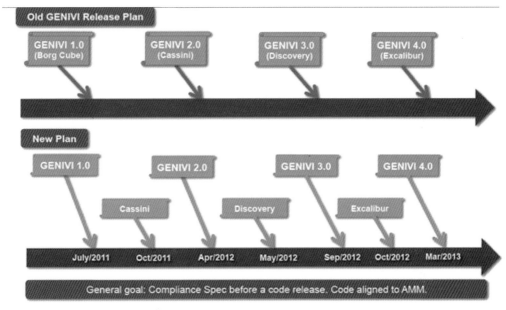

〈그림 3-104〉 GENIVI 플랫폼의 배포 계획

배포와 더불어 버전 간의 상호 호환성을 높이기 위해 배포를 위한 규약인 Compliance(준수 규약) 프로그램을 진행하고 있다. 부품 공급업체나 플랫폼 공급업체 등은 표준화된 준수 규약에 따라 OEM에게 공급하게 되고, OEM은 준수 규약 버전에 적합하도록 응용 프로그램을 개발하고 통합하며, V 프로세스에 따라 상용 시험을 진행한다. Compliance 준수 규약을 만족하게 되면 미고, 우분투, 타이젠, 윈드리버 리눅스 등과 같이 특정 벤더에 의존하지 않고 다양한 운영체제 상에서 미들웨어와 응용 프로그램을 개발할 수 있다. 특히 국내에서는 LG전자에서 2013년 중반 준수 규약 3.0 시험에 들어갔으며, 조만간 4.0 준수 규약에 적합한 헤드유닛을 개발할 예정이다(〈그림 3-105〉 참고).

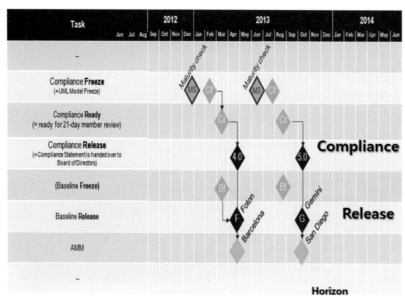

〈그림 3-105〉 Compliance 규약에 따른 플랫폼 배포 계획

준수(Compliance) 규약과 배포(Release) 계획에 적합하게 개발된 Tier들의 부품이나 플랫폼들은 OEM에 의해 통합화해서 상용화 계획에 따라 제품 상용화가 추진된다. 맨 먼저 제품 상용화를 추진한 OEM은 BMW로서, WindRiver, Magneti Marelli, 및 Nvidia 사와의 협력을 통해 부품과 준수 규약에 적합한 커널, 플랫폼을 조합하고 200여 개의 모듈을 결합해 EntryNav와 EntryMedia에 대한 상용화를 추진했다.

〈그림 3-106〉 BMW사의 EntryNav 모델과 차량 장착 모습

BMW는 상용화 추진과 더불어 부품업체와 공생할 수 있는 GENIUS 개발 모델을 새롭게 도입했으며, 〈그림 3-107〉과 같이 7개의 기술 프로젝트를 추진하고 있다. 7개의 TP(Technical Project)에는 개발 프로세스 정립, SW 계층 구조화, 빌드 및 개발 지원 플랫폼, SW 저장소, GENIVI 연합 커

뮤니티 활동, Tier와 협력 개발, 및 EntryNav의 재사용 등의 업무를 추진할 예정이며, 2015년 이후 BMW사는 IVI용 헤드유닛이 장착되지 않는 롤스로이스 모델을 제외한 모든 차량의 모델을 개발할 때 EntryNav 등의 개발 결과물을 적용할 예정이다.

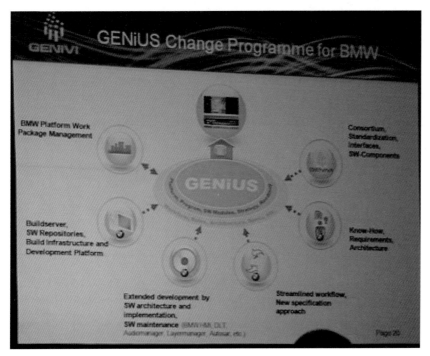

〈그림 3-107〉 BMW사의 GENIUS 개발 모델

QNX

QNX는 1982년 개발된 유닉스 계열의 운영체제이다. 여러 가지 버전의 운영체제 제품군이 출시되어 있으며, 특히 차량용 인포테인먼트 시스템을 위한 QNX CAR 버전이 최근 많이 사용되고 있다. QNX CAR는 확장이 가능하고 설정 변경이 가능한 소프트웨어 플랫폼으로서, 기존의 자동차와 모바일 사용자 인터페이스 기술을 결합한 플랫폼이다. 인포테인먼트 시스템으로서 QNX CAR는 핵심적인 자동차 소프트웨어 컴포넌트인 미디어 엔진, HTML5 브라우저 엔진, 모바일 기기 게이트웨이, 음성 인식 모듈, 에코 소거와 잡음 감소를 포함한 음향 모듈 등을 포함하고 있다.

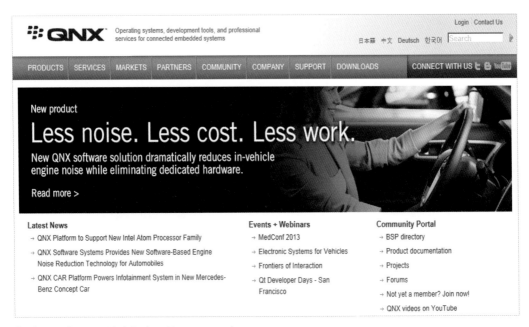

〈그림 3-108〉 QNX 공식 사이트(http://www.qnx.com)

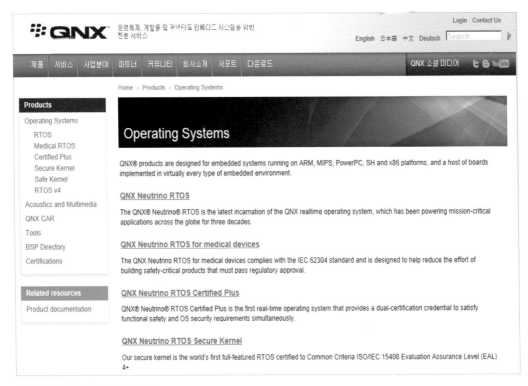

〈그림 3-109〉 QNX 운영체제 종류

QNX에서는 QNX Neutrino RTOS와 의료기기용에 특화된 QNX Neutrino RTOS for medical devices 등의 제품군도 출시되어 있으며, 이 운영체제의 구조는 〈그림 3-110〉과 같다.

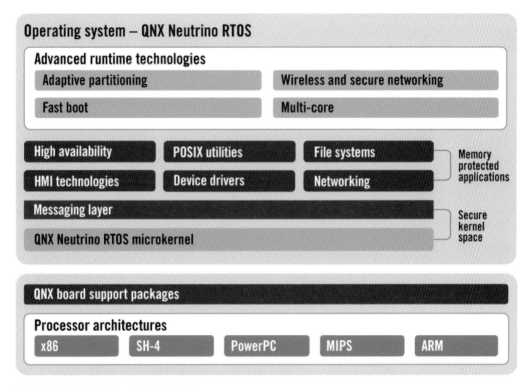

〈그림 3-110〉 QNX Neutrino RTOS 아키텍처

의료기기 소프트웨어 플랫폼

3장에서 언급되는 ICT(Information Convergence Technology) 관련 임베디드 플랫폼이 소프트웨어 플랫폼에 중점을 둔다면 의료기기의 경우에는 하드웨어 플랫폼의 비중이 상대적으로 높다고 판단할 수 있다. 이 부분에서 의료기기 개발에 관심이 있는 독자를 위해 명확한 이해가 요구된다고 판단되어 두 플랫폼 간의 차이를 간단히 설명하고자 하며, 〈표 3-16〉에 이들 간의 차이점을 간단하게 정리하였다.

우선 ICT에서는 사용자(인간)가 원하는 기능을 구현하기 위해 개발자가 가상의 정보를 만들거나 제공된 정보를 쉽게 가공할 수 있다는 자유로움이 주어진다. 대표적인 ICT 임베디드 플랫폼 결과물이 스마트폰이며, 스마트폰의 GUI(Graphic User Interface)나 스마트폰을 활용한 원격제어 서비스 등 대부분이 표준화된 하드웨어와 운영체제의 기본 플랫폼 기반에서 개발자가 사용자(인간)의 편리성을 도모하기 위해 소프트웨어적인 기법을 활용하여 시스템 제어 또는 서비스를 제공한다. 그리고 시스템 제어 또는 서비스를 제공하기 위해 장치들 사이의 호환성을 제공하기 위해 표준화가 이미 완료되거나 활발히 이루어지고 있다.

〈표 3-16〉 ICT vs. 의료기기 임베디드 플랫폼 개발의 차이점

	ICT 임베디드 플랫폼	의료기기 임베디드 플랫폼
목 적	사용자(인간)의 편리함 추구	사용자(인간) 건강 진단 및 치료
용 도	스마트폰, 자동차, 선박 등	의료 진단기기/치료기기 (원격 진단: U-헬스케어 서비스)
정 보	자체 생산 또는 데이터 수신	생체신호 획득 (*신호처리를 통해 정보를 추출하는 과정이 필요함)
정보 가공	자유로움	*법적 규제 대상임
표준화	표준화 활성화	표준화 미흡(한계) 또는 일부 추진 중
개 발	표준화된 하드웨어 플랫폼과 운영체제 기반에서 소프트웨어 개발(애플리케이션 프로그램)이 주도	하드웨어 플랫폼에 대한 제약이 크고, 표준화된 플랫폼 제공이 활성화되지 못함.

그러나 의료기기의 경우 정보를 인체(생체신호)에서 취득하고 취득된 정보를 임의로 가공할 수 없다는 것이 ICT의 임베디드 플랫폼과 큰 차이라 볼 수 있다. 이러한 이유는 인체에서 취득한 생체정보를 바탕으로 진단영상을 구현하거나 또는 생체신호 분석을 통해 사람의 질병을 진단하고, 진단된 결과가 생명과 직결되기 때문에 취득된 정보를 임의로 가공(생체신호를 임의로 가공할 경우, 잘못된 진단을 야기 시킬 수 있음)하는 것을 법적으로 금하기 때문이다. 또한 의료기기(의료 영상진단기기/치료기기)들이 특정 기업들에 의해 주도적으로 개발되다 보니 표준화가 적극적으로 이루어지지 않고, 독자적인 제품 모델을 추구하고 있다는 것이 현재 상황이다.

앞으로 의료기기 또한 ICT 기술이 표준화를 통해 급속도로 진화되었던 것처럼, 점진적으로 표준화가 활성화되어 성장 속도에 박차를 가할 것이라 여긴다. 이러한 주장을 뒷받침할 수 있는 것은 DICOM과 HL7에서 원격치료를 위한 서비스 측면에서 표준화가 주도적으로 이루어지고 있고, 아직 의료기기 임베디드 플랫폼이라 일컫기에는 부족하지만, 많은 이들의 관심과 필요성이 증대되고 있기 때문이다.

즉, ICT 기반의 임베디드 플랫폼이 활성화될 수 있었던 것은 하드웨어 및 소프트웨어 운영체제 플랫폼이 있었기 때문이며, 의료기기 임베디드 플랫폼의 활성화를 추구하기 위해서는 우선적으로 다양한 진

단기능을 통합하거나 또는 특정 생체신호를 취득할 수 있는 하드웨어 및 소프트웨어 표준화 플랫폼이 다양하게 제시되어야 한다고 판단된다.

위에서 언급한 의료기기 임베디드 플랫폼이 활성화되지 못한 이유 외에도, 의료기기의 경우 생체신호를 획득(센서부)하고 획득된 데이터에서 정보를 추출(신호처리: DSP)하는 과정에서 하드웨어 기술에 대한 의존성이 큰 것도 한 예로서 언급할 수 있다.

〈그림 3-111〉 의료기기 임베디드 플랫폼 구성

의료기기 소프트웨어 플랫폼이라고 일컬을 때, 의료진단영상을 표준화 포맷으로 처리 또는 처리된 진단영상을 통신 기반에서 송·수신하는 기능에 국한되어 설명될 수 있다. 따라서 본 장에서는 의료기기의 하드웨어와 소프트웨어 플랫폼의 상관관계를 언급하고, 이에 맞추어 진단영상 표준화를 설명하기로 한다.

〈그림 3-112〉는 일반적인 의료진단시스템 구조를 바탕으로 의료기기 임베디드 플랫폼 구성을 나타낸 것이다. 센서부는 진단 부위 또는 생체신호 획득 방법에 따라서, 생체신호 취득에 적합한 물리적 특성을 갖는 다양한 센서들이 요구되며, 이는 〈표 3-17〉에서 제시된 생체신호 취득 소스(Source)와 연계된다. 하드웨어 플랫폼을 구성하는 아날로그 및 디지털 신호처리 기능부는 센서의 물리적 특성에 따라, 획득된 생체신호에서 정보를 추출하는 과정을 수행하게 된다. 이처럼 시스템을 구성하는 하드웨어 플랫폼이 센서에 의존적이고, 소프트웨어 플랫폼은 하드웨어 플랫폼에서 추출된 정보를 가공하지 않거나 최소의 가공을 통해 진단(영상) 또는 치료 기능이 가능하도록 프로그래밍하게 된다. 이러한 구조적 특성 때문에 의료기기 분야에서는 센서를 포함한 하드웨어 표준화 플랫폼 발전이 우선적으로 시급한 상황이다.

생체신호 취득 소스의 이해 및 중요성은 9장의 응용 사례를 통해 구체적으로 언급하기로 한다.

〈표 3-17〉 의료기기 기능 및 소스별 분류

대 분 류	중분류	소 스(Source)	소분류
의료기기	진단기기	의료영상 시스템	초음파	초음파 진단영상기기
		방사선	X-ray, CT, PET-CT 등
		자기장	MRI, 뇌자도, PET-MRI 등
		광	근적외선 진단영상기기
		전기장	심전도, 뇌전도, 혈압측정기 등
		기 구	진단기용 기구(탐침봉, 청진기 등)
	치료기기	의료용 치료 시스템	초음파	HiFU 치료기, 초음파 치료기
		방사선	방사선 치료기
		광	근·원적외선 치료기, OCT 치료기, 레이저 치료기기 등
		고주파	고주파 카테터, 고주파 치료기 등
		기 구	치료기용 기구(메스, 카테터 등)

초음파 프로브(생체신호 획득 장치)	초음파 영상진단기

방사선 영상진단기 (CT: Computer Tomography)	바디 컨타우링 시스템 (의료영상진단 및 지방제거 장치)

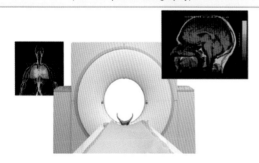 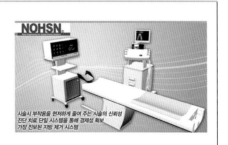

〈그림 3-112〉 의료 영상진단기기 및 치료기기 예시

〈그림 3-112〉처럼 의료기기는 크게 영상진단기기와 치료용기기로 분류되며, 영상진단기기는 하드웨어 플랫폼과 소프트웨어 플랫폼으로 분류할 수 있다. 이때 〈그림 3-111〉처럼 하드웨어 플랫폼은 아날로그 처리 기능부와 디지털 처리 기능부 그리고 기구부로 나뉜다. 중요한 것은 의료기기 플랫폼들은 소스(초음파, 방사선, 광, 자기장 등)와 애플리케이션(진단 또는 치료부위)에 따라서 예시로 나타낸 것처럼 의료기기의 기능 및 구조들에 영향을 준다. 그리고 소프트웨어 플랫폼의 경우 하드웨어 드라이버, API, GUI, GPU 프로세싱 등 의료기기 개발 회사마다 독자적인 소프트웨어 플랫폼 기반을 구축하여 제품화를 추진해 왔다. 따라서 개발 회사들마다 의료영상의 품질의 차이 또는 비호환을 방지하기 위해 비압축 영상 표준화를 진행하게 된 것이다.

현재까지 의료진단영상기기를 개발하는 회사들마다 독자적인 하드웨어/소프트웨어 플랫폼을 가지고 있으며, 의료영상 표준인 DICOM을 제외하면 하드웨어 인터페이스 등 표준화 요구사항이 높아지고 있는 상황이다.

더욱이, 의료기기를 제품화하기 위해서는 하드웨어나 소프트웨어 플랫폼에 대해 인허가를 받아야 하기 때문에 개발하려는 의료기기 제품에서 요구하는 인허가 관련 사항을 면밀히 검토하고, 개발단계에서 이를 반영해야만 한다. 본 장에서는 의료기기 소프트웨어 플랫폼에 대해 설명하지만 주 내용은 DICOM 표준에 대해 언급하기로 한다.

DICOM 개요

의료진단 기술의 발전에 따라 다양한 의료영상 장비가 등장하게 되었으며, 의료 진단영상 장비는 기존의 아날로그 방식에서 디지털 방식으로 발전하게 되었고, 이러한 발전 과정에서 데이터 저장 및 표시를 위하여 각 제조업체들은 독자적인 영상출력 형태를 갖게 되었다. 그런데 독자적인 출력 형태를 사용할 경우 타 업체장비와의 호환성 문제가 대두되었고, 이를 해결하기 위하여 1983년 미국 방사선의학회와 미국 전기공업회에 의하여 표준화 작업이 시작되었으며, 1985년 ACR-NEMA 300-1985 (ACR-NEMA1.0)이 발표되었고, 1988년 ACR-NEMA 300-1988 (ACR-NEMA 2.0)을 거쳐 1991년에 네트워크 개념을 추가하면서 DICOM 3.0이 탄생되었다. 1991년에는 8개 부분(Part)에 해당하는 표준안을 발표한 후 DICOM은 계속 발전하면서 2001년 DICOM 3.0 16개 부분까지의 표준안이 제정되었다. 이후 2004년에 이르러서는 현재와 같이 18개 부분으로 확장되었다. DICOM은 크게 저장방식과 전송방식에 관한 표준안으로 구성되어 있으며, 의료환경 변화에 따라 계속적으로 수정 및 보완되면서 발전하고 있다. 수정 및 보완은 보완요청과 변경제안을 제시하고, 표준위원회가 이를 받아들임으로써 진행되고 있다. 2011년 현재, 150여 개의 보완요청과 1,100개 이상의 변경 제안이 있다. 보완요청을 반영한 DICOM 표준은 2009년 개정판까지 배포된 상태이다.

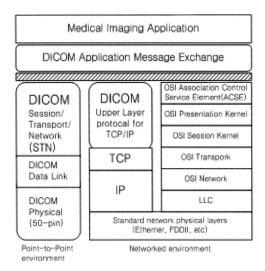

〈그림 3-113〉 DICOM communication 프로토콜 모델(출처: http://medical.nema.org/standard.html - DICOM 2009표준)

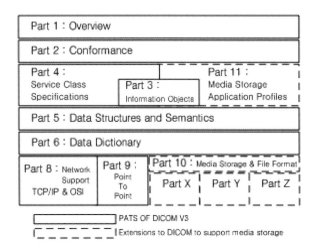

〈그림 3-114〉 DICOM 구성(출처: http://medical.nema.org/standard.html - DICOM 2009표준)

즉, DICOM(Digital Imaging Communications in Medicine)이란 의료영상의 형식과 의료 장비 간에 상호 교환을 위한 통신을 의미하는 것이며, 현재 DICOM은 의료 진단기기 기술의 발전에 맞추어 의료영상의 형식뿐만 아니라 영상의 통신, 전송, 표시뿐 아니라 필름 프린터와 같은 영상출력 장비에서 심전도와 같은 데이터의 표시 등의 영역까지 확대되어 발전하고 있다.

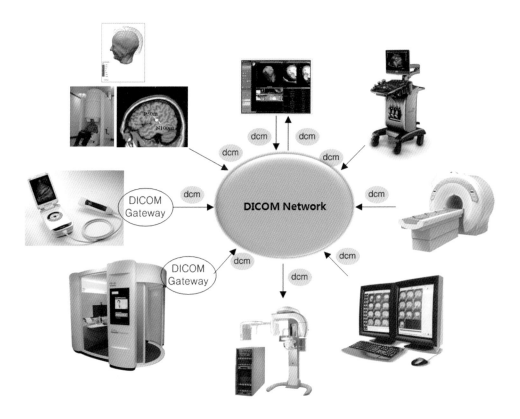

〈그림 3-115〉 DICOM 지원 영상장비간의 데이터 전달

(출처: GE, KRISS, isoltech, 알피니언, 비트컴퓨터, 바텍, 시스코, 인피니트)

〈그림 3-115〉에서와 같이 DICOM Network 상에서 모든 의료영상 장비들은 표준 방식으로 DICOM 통신을 통해 영상을 전달하고 저장한다. DICOM이 지원되지 않는 영상 장비는 DICOM Gateway 소프트웨어를 통해 DICOM 파일로 포맷변환(dcm) 후 DICOM Network로 전달될 수 있다.

DICOM에서는 의료영상 포맷뿐 아니라 의료기기간 표준 통신방법을 규정하고 있으며, PACS 업체에서는 이러한 DICOM 규약을 준수해서 제품을 개발해야 타 업체의 의료기기간 영상정보 공유가 가능하게 된다. 또한 PACS 제품은 국내법상 의료기기로 분류되어 식약청의 품목허가를 취득해야만 시판할 수 있다. 즉, PACS 업체의 영상저장용 서버를 포함하여 PACS 제품군은 하나의 의료기기제품으로 DICOM이 지원되는 타사 의료기기 제품들의 영상을 별도의 수정 없이 즉시 저장하고 전달할 수 있어야 한다.

DICOM은 의료 디지털 영상과 부수적인 의료 통합 정보의 전송을 위해 TCP/IP 위에서 동작하는 표준 영상 신호 프로토콜로서 NEMA/ACR 위원회에 의해 제정한 18개 분야의 표준화 규격은 다음과 같다.

- Part 1 – Introduction and Overview
  DICOM 프로토콜의 전체적인 구성에 대하여 설명한다.

- Part 2 – Conformance
  합성 부분에서는 각각의 DICOM 구현 범위와 형태에 대해 어떻게 표준을 준수하는지 규정하는 방법에 대하여 설명한다. 즉 DICOM 구현이 표준에 기술된 정보 객체, 서비스 층 그리고 통신 방식 중 어떠한 부분을 어떠한 형태로서 구현하였는지를 설명한다.

- Part 3 – Information Object Definitions
  DICOM 표준에서 사용하는 정보 객체들을 정의한 부분이다. 다시 말해서, 의료영상이 반드시 갖추어야 할 속성들에 대해 설명한다. 또한 의료영상뿐만 아니라 환자와 검사정보가 갖추어야 할 사항들, 그리고 프린터 인터페이스를 위한 정보 속성들도 정의하고 있기도 하다.

- Part 4 – Service Class Definitions
  영상 정보를 서로 다른 장비 간에 교환하는 방법과 다른 장비에게 질의를 하여 원하는 영상을 검색하는 방법을 설명한다.

- Part 5 – Data Structures & Semantics
  DICOM 프로토콜에서 사용하는 모든 정보 객체들을 표현하는 방법에 대해 설명한다. DICOM Part 3에서 정보 객체가 어떠한 속성을 가져야 한다는 것을 설명하였다면 DICOM Part 5에서는 그런 속성들을 어떻게 가지고 있어야 하는가에 대한 내용을 설명한다.

- Part 6 – Data Element Listing and Typing
  DICOM 프로토콜에서 사용하는 모든 속성들의 특성에 대해 설명하고 있는 것으로, 각 속성의 이름, 태그, VR(Value Representation, 자료형태), VM(Value Multiplicity, 자료 개수)을 설명하며, 2010년 기준으로 약 700여 개의 속성이 정의되어 있다.

- Part 7 – Message Exchange Protocol
  DICOM Part 4에서 정보 객체들을 처리하는 방법의 종류에 대해 설명하였다면 DICOM Part 7에서는 실제로 어떻게 정보 객체들을 처리하는가에 대하여 설명한다.

- Part 8 – Network Support for Message Exchange
  네트워크에서 DICOM 프로토콜을 어떻게 구현하여야 하는가에 대한 내용을 설명한다. TCP/IP 프로토콜과 OSI 프로토콜에 대해서만 설명한다.

- Part 10 – Media Storage and File Format for Media Interchange
  1996년 개정판에서 추가되었으며, 여러 저장 매체를 지원하기 위한 부분으로 데이터 교환을 위한 저장매체와 파일 형식을 설명한다.

- Part 11 - Media Storage Application Profiles
  1996년 개정판에서 추가되었으며, 저장매체에 적용되는 프로파일 규정을 정의한다.

- Part 12 - Media Formats and Physical Media for Media Interchange
  1996년 개정판에서 추가되었으며, 데이터 교환을 위한 저장 기능과 매체 형식을 지정하는데, 실제 저장 매체에 DICOM 파일을 저장할 때 사용하는 방식을 설명한다.

- Part 14 - Grayscale Standard Display Function
  그레이스케일 영상의 디스플레이 표준화를 위한 디스플레이 함수를 설명한다.

- Part 15 - Security and System Management Profiles
  DICOM 통신 시 보안에 대한 정책을 설명한다.

- Part 16 - Content Mapping Resource
  컨텐츠 리소스 매핑

- Part 17 - Explanatory Information
  DICOM 통신 시 보안에 대한 정책을 설명한다.

- Part 18 - Web Access to DICOM Persistent Objects (WADO)
  웹 환경에 기초한 서비스를 설명한다.

DICOM은 네트워크를 통한 실시간 디지털 의료 영상 전송 및 조회를 지원하는 PACS의 표준 기술로서, 데이터베이스, OS, 프로그래밍 언어, 하드웨어 등 구현과 관련된 내용은 포함하고 있지 않고 상호호환을 위한 규약만을 제시하고 있다.

〈그림 3-116〉은 초음파 장비와 MRI, 그리고 환자의 생체신호를 취득하여 하드웨어와 소프트웨어적인 DICOM 파일변환 과정을 설명하고 있으며, 〈그림 3-117〉은 변환된 DICOM 파일의 저장 및 송 · 수신(통신) 서비스에 대해서 간략히 나타낸 것이다. 〈그림 3-118〉은 〈그림 3-117〉에서 제시된 DICOM 라우터의 기능을 도식화한 것으로, 일반적인 병원 전산 시스템들은 각기 다른 업체로부터 제공되고, 서로 다른 Network, Database 및 Host Platform을 사용하기 때문에 전체 시스템의 운영 효율을 높이고 중복된 정보의 저장을 줄이기 위해 서로 다른 시스템 간의 연동을 위한 DICOM 의료 영상표준을 가장 많이 사용하고 있다.

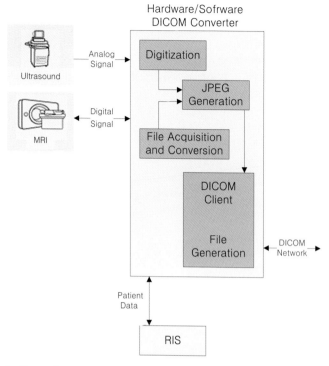

〈그림 3-116〉 하드웨어/소프트웨어 DICOM 변환기(출처: Freescale Semiconductor, Inc.)

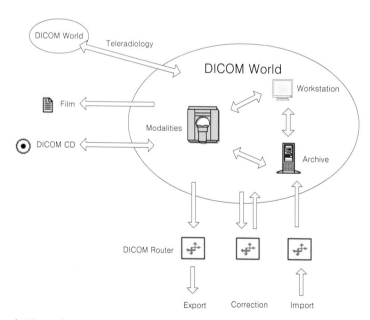

〈그림 3-117〉 DICOM 서비스(출처: http://www.iftm.de/telemedizin/dicomrouter.htm)

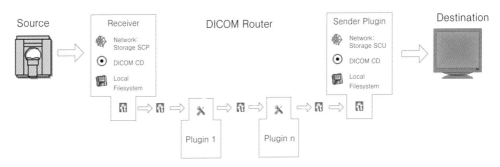

〈그림 3-118〉 DICOM Router(출처: http://www.iftm.de/telemedizin/dicomrouter.htm)

DICOM 서비스 구현의 주의점

■ 만일 DICOM의 DIMSE 규격을 준수하지 않을 경우 발생 가능한 문제점은?

현재 원격진료 솔루션은 DICOM 규격의 9장 Message exchange 규격을 따르지 않고 마이크로소프트사의 웹브라우저인 인터넷 익스플로러를 이용하여 인터넷 상에서 DICOM 이미지 파일을 다운로드하여 뷰어를 통하여 조회하는 형태로 원격지에서 의사가 환자의 데이터를 조회하고 원격진료를 수행하고 있다.

이처럼 DIMSE 규격을 이용하지 않고 DICOM 파일만을 내려받는 것은 DICOM 규격 15장의 Security profile을 위배하는 것으로, Data Confidentiality, Data Origin Authentication, Data integrity, Key Management 관점에서 보았을 때, 인터넷 브라우저를 통하여 DICOM 데이터를 내려받는 순간, 파일은 데이터베이스와 분리되며 이를 관리할 메시지는 실종되는 것이다. 이는 원격지에 존재하는 데이터베이스와 DICOM 파일의 분리를 초래하여 원격진단을 수행한 의사가 결과를 입력할 때에 입력 오류를 유발할 수 있게 된다.

■ DICOM의 DIMSE 규격 준수에 따른 고려 사항 및 장점

DIMSE 규격을 준수하기 위해서는 솔루션 아키텍처의 구성이 매우 복잡해진다. 솔루션 아키텍처는 각각의 의사들이 사용하는 솔루션에 관계형 데이터베이스가 설치 및 설계되어 있어야 하고, DICOM SCU/SCP 통신 기능이 내부에 탑재되어야 하며, DIMSE 상호교환(Exchange)을 위한 알고리즘이 설계되어야 한다. 또한 인터넷 환경이 가상 IP이거나 유동 IP인 경우에 대비하여 인터넷 고정 IP로 되어 있는 DICOM 통신 센터의 서버와 DICOM 통신을 위하여 인터넷 주소 정보(가상 IP 또는 유

동 IP와 고정 IP의 매핑 정보)를 제공할 수 있고 통신 가능한 상태로 유지되도록 통신 프로토콜을 설계가 반드시 요구된다.

따라서 DIMSE 규격을 준수하는 DICOM 파일은 DICOM 통신 센터를 거쳐서 즉시 원격지 의사에게 이동하게 된다. 원격지의 의사는 DICOM 파일이 도착한 후에 원격진단을 수행하게 되므로 인터넷을 통해 내려받는 시간 동안 대기할 필요가 없어지게 된다.

이때 원격지 의사는 매우 짧은 시간에 환자의 정보를 빠르게 조회하면서 원격 진료를 하게 되고, DIMSE 상호교환(Exchange)에 의하여 DICOM 데이터의 통신 기록과 모든 진료 행위가 컴퓨터에 기록 관리되어, 정밀 진료 수행 뿐 아니라 진단 업무에 대한 책임 소재를 명확하게 할 수 있게 된다.

DICOM 파일의 구조

DICOM 파일은 각 종 정보를 포함하는 문자자료 부문과 영상정보를 표현하는 영상자료 부문으로 구성되어 있다. 문자 자료 부문은 〈그림 3-119〉와 같이 앞의 128Bytes는 특별한 용도나 해석장치를 위한 프로파일을 위하여 사용될 수 있으며, 128Bytes 다음의 4Bytes는 DICOM 파일이라는 것을 표시하기 위하여 "DICM"이 저장된다. 따라서 파일의 DICOM 파일 여부는 128Bytes 다음의 4Bytes가 "DICM"인지 확인하면 된다.

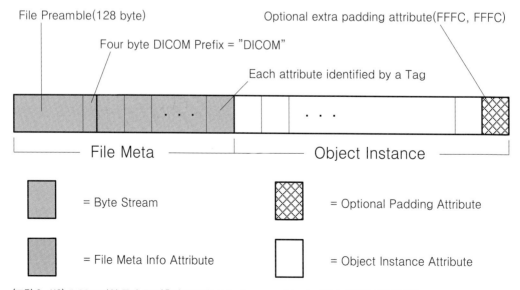

〈그림 3-119〉 DICOM 파일 문자 구조(출처: http://medical.nema.org/standard.html-DICOM 2009표준)

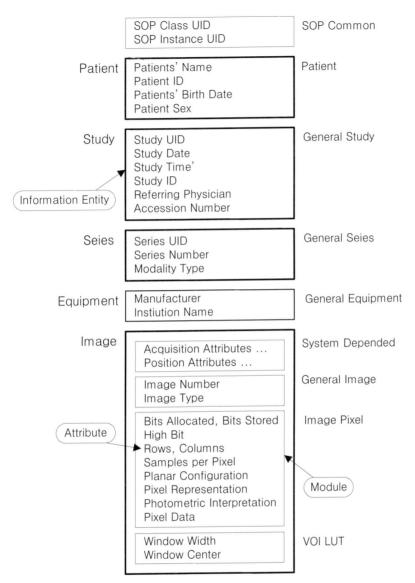

〈그림 3-120〉 DICOM 문자의 세부 속성 정의(출처: http://incenter.medical.philips.com/doclib/enc/8916819/DICOM_CookBook.pdf%3ffunc%3ddoc.Fetch%26nodeid%3d8916819%26vernum%3d1)

문자 자료 부문이 포함하는 정보는 〈그림 3-120〉의 정보 내용에서 나타낸 것과 같이 환자정보, 검사 정보, 장비정보, 영상정보 등의 DICOM 표준에서 규정하는 장비 종류에 따른 모든 정보가 포함되어 있다.

DICOM 서비스 구현을 위한 플랫폼

〈그림 3-121〉 TI Medical Imaging Demo Application Starter 다운로드 사이트

앞에서 의료기기 제품 구현을 위해서는 하드웨어에 의존적이라고 간단하게 설명하였고, 하드웨어 플랫폼의 경우 생체신호 측정센서 기능부에서 하드웨어 플랫폼을 참조하기 위해 TI(Texas Instruments)의 DSP 칩을 활용한 예와 이에 적용이 가능한 소프트웨어 플랫폼은 〈그림 3-121〉에서 나타낸 것처럼, http://gforge.ti.com/gf/project/에서 다운로드할 수 있다.

임베디드 운영체제

임베디드 시스템은 목적에 따라 운영체제를 구성할 수도 있고, 또는 운영체제 없이 펌웨어만으로도 동작할 수 있다. 하지만 임베디드 시스템이란 용어가 과거의 단순한 기능을 수행하던 시스템이 아니며, 갖가지 다양한 기능을 복합적으로 수행하기 위한 시스템을 일컫는 용어로 등장했기 때문에 펌웨어만으로 동작하는 시스템은 설명에서 제외한다.

초기의 임베디드 시스템은 자원의 제약을 강하게 받으며, 열악한 환경에서 홀로(standalone) 특수한 작업을 수행하기 위한 시스템을 의미했지만, 현대의 컴퓨터시스템은 임베디드 시스템과 범용 시스템으로 쉽게 구분하기가 어렵다.

초기의 임베디드 시스템과는 달리 현대의 임베디드 시스템은 이식성과 애플리케이션 개발의 용이성 등을 고려해 계층적이고 구조화된 특성을 띠며, 따라서 임베디드 시스템에서 소프트웨어의 구성은 〈그림 3-122〉와 같은 다양한 모델로 존재할 수 있다.

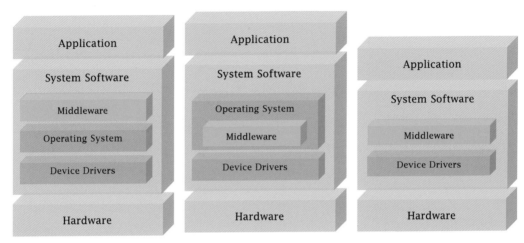

〈그림 3-122〉 운영체제를 포함하는 임베디드 시스템 계층 구조

임베디드 시스템은 하드웨어 장치들을 다루는 하드웨어 계층, 운영체제를 포함하는 시스템 소프트웨어 계층, 그리고 최상위 계층으로 애플리케이션 계층이 구성되는 형태이다.

임베디드 운영체제 개요

임베디드 시스템을 위한 운영체제로는 리눅스, 윈도우, 또는 RTOS가 사용될 수 있으며, 이 외에도 리눅스, 윈도우를 기반으로 특정 시스템에 특화된 플랫폼을 사용하는 것도 가능하다.

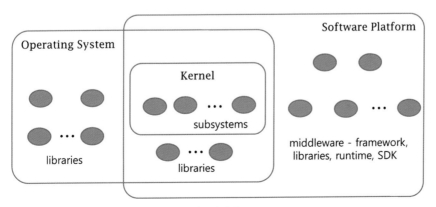

〈그림 3-123〉 커널, 운영체제, 소프트웨어 플랫폼의 관계

다시 한번 소프트웨어의 구조를 정리하면, 운영체제는 핵심 기능을 제공하는 커널을 포함하며, 사용자 수준의 애플리케이션을 지원하기 위해 다양한 라이브러리와 셸(shell) 등을 제공한다. 또한 운영체제가 제공하는 저수준의 기능을 추상화해서 사용자 수준의 애플리케이션이 접근할 수 있게 런타임, 라이브러리 등의 미들웨어를 구성함으로써 소프트웨어 플랫폼이 형성된다.

운영체제의 커널은 운영체제가 제공해야 할 가장 핵심적인 기능을 취급한다. 운영체제가 제공해야 하는 기능으로는 프로세스 관리, 메모리 관리, 파일시스템 관리, 장치 관리, 네트워크 관리, 프로세스 간 통신 등이 있으며, 운영체제마다 커널의 구성은 차이를 보일 수 있다.

커널의 유형은 크게 모노리딕 커널과 마이크로 커널로 구분될 수 있다. 모노리딕 커널은 앞에서 나열한 모든 기능들이 커널에서 제공되는 형태이며, 마이크로 커널은 일부 기능만을 커널에서 제공하는 형태다. 이를 구조적으로 비교하면 〈그림 3-124〉와 같은 형태가 된다.

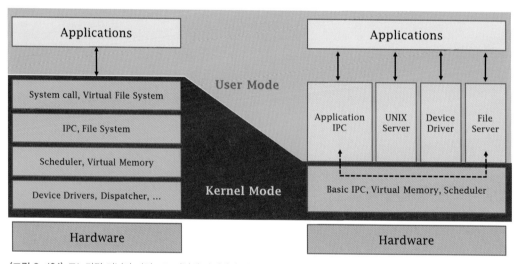

〈그림 3-124〉 모노리딕 커널과 마이크로 커널의 아키텍처 비교

모노리딕 커널은 중추적인 기능이 모두 커널에 포함되는 형태로서 동일한 프로세스를 처리할 때 사용되는 문맥 교환이나 프로세스 간 통신 등에 의한 부하가 적어 성능상의 이점이 있는 것으로 알려져 있다. 하지만 프로세서의 성능이 급격히 향상되고, 마이크로 커널을 기반으로 하는 L4 프로젝트에서 프로세스 간 통신의 튜닝 등을 이용한 고속화 기법이 발전하면서 모노리딕 커널에 대한 성능상의 이점은 점차 퇴색되고 있다.

또한 유형이 다른 두 가지 형태의 커널을 필요에 따라 마이크로 커널을 기반으로 높은 성능이 요구되는 일부 구성요소들을 커널 영역에 추가한다거나, 반대로 모노리딕 커널을 기반으로 유연성이나 신뢰성이 요구되는 부분에 대해 마이크로 커널을 도입하는 형태의 하이브리드 커널도 등장했다.

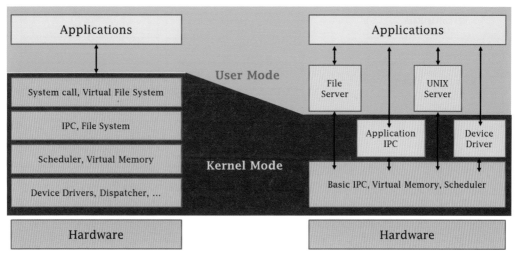

〈그림 3-125〉 모노리딕 커널과 하이브리드 커널 아키텍처 비교

커널이 제공하는 핵심 기능을 정리하면 다음과 같다.

■ 태스크 관리

태스크란 시스템에서 취급되는 작업의 단위를 가리킨다. 일반적으로 운영체제에서 태스크는 프로세스 또는 스레드 단위이며, 따라서 프로세스나 태스크를 표현하기 위한 자료구조를 프로세서 제어 블록(PCB, Process Control Block), 스레드 제어 블록(TCB, Thread Control Block)으로 표현한다.

태스크 관리란 태스크의 정의, 태스크의 상태 정의와 전이, 태스크 간 스위칭을 포함한 스케줄링, 인터럽트 처리 등이 포함되며, 멀티태스킹과 멀티 코어(멀티 프로세서) 환경에 대한 SMP(Symmetric Multi-Processing)도 포함된다.

FreeRTOS와 같이 RTOS 특성을 갖는 경량 운영체제에서는 태스크가 단순하게 표현될 수 있지만 리눅스와 같은 범용 운영체제에서는 태스크의 구조가 매우 복잡한 양상을 보인다.

struct tskTaskControlBlock [FreeRTOS – 10 lines]
pxTopOfStack [portSTACK_TYPE*]
xGenericListItem [xListItem]
xEventListItem [xListItem]
uxPriority [portBASE_TYPE]
pxStack [portSTACK_TYPE*]
uxTCBNumber [portBASE_TYPE]
pcTaskName [portCHAR*]
usStackDepth [portSHORT]

struct task_struct [Linux – approximately 300 lines]	
state [long]	semundo [sem_undo*]
counter [long]	semsleeping [sem_queue*]
signal [long]	fs [fs_struct*]
binfmt [linux_binfmt*]	files [files_struct*]
next_task [task_struct*]	mm [mm_struct*]
prev_task [task_struct*]	sig [signal_struct*]
⋮	⋮
pid [int]	processor [int]
uid [short]	last_processor [int]
gid [short]	lock_depth [int]
⋮	⋮
comm [char*]	
link_count [int]	
tty [tty_struct*]	

〈그림 3-126〉 RTOS와 리눅스의 태스크 비교

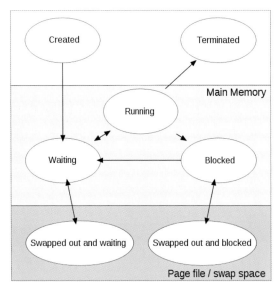

〈그림 3-127〉 태스크 상태 전이(출처: 위키피디아)

– 스케줄러

임베디드 시스템의 성능을 결정짓는 중요한 요소 중 하나는 스케줄러이다. 임베디드 시스템은 범용 시스템에 비해 실시간성이 중요하게 다루어지는 경우가 많기 때문에 실시간성을 보장하기 위한 적절한 스케줄링 정책을 사용해야 한다.

스케줄링 정책과 관련된 스케줄링 알고리즘은 대표적으로 선입선출 방식의 FIFO와 시분할 방식에 해당하는 라운드 로빈(Round Robin)이 있으며, 실제 운영체제에서는 다양한 스케줄링 알고리즘을 혼합해서 구성하는 경우가 많다. 리눅스와 같은 범용 운영체제에서는 현재 CFS(Completely Fair Scheduler)가 사용되고 있으며, 이는 라운드 로빈이 변형된 다단계 피드백 큐(MLFQ, Multi-Level Feedback Queue)를 기반으로 실시간 운영체제에서 많이 사용되는 우선순위 기반의 비트맵 스케줄러에 공평성을 위한 레드 블랙 트리(RB-Tree)가 더해진 꽤 복잡한 방식의 스케줄러이다. 〈표 3-18〉은 여러 운영체제에서 사용되는 스케줄러의 유형을 보여준다.

〈표 3-18〉 운영체제별 스케줄링 알고리즘

운영체제 종류	선점 가능 (Preemption)	스케줄링 알고리즘
Amiga OS	Yes	Prioritized Round-robin scheduling
FreeBSD	Yes	Multilevel feedback queue
Linux pre-2.6	Yes	Multilevel feedback queue
Linux 2.6–2.6.23	Yes	O(1) scheduler
Linux post-2.6.23	Yes	Completely Fair Scheduler
Mac OS pre-9	None	Cooperative Scheduler
Mac OS 9	Some	Preemptive for MP tasks, Cooperative Scheduler for processes and threads
Mac OS X	Yes	Multilevel feedback queue
NetBSD	Yes	Multilevel feedback queue
Solaris	Yes	Multilevel feedback queue
Windows 3.1x	None	Cooperative Scheduler
Windows 95, 98, Me	Half	Preemptive for 32-bit processes, Cooperative Scheduler for 16-bit processes
Windows NT (including 2000, XP, Vista, 7, and Server)	Yes	Multilevel feedback queue

(출처: 위키피디아)

실시간 운영체제에 대해서는 정적 우선순위 기반의 RM(Rate Monotonic)과 동적 우선순위 기반의 EDF(Earliest Deadline First), LST(Least Slack Time), LCT(Least Completion Time) 스케줄링 방식이 가장 대표적이라 할 수 있다.

RTOS에서 사용되는 스케줄링 알고리즘은 〈그림 3-128〉과 같이 종류가 구분되며, 몇 가지 실제 RTOS의 스케줄링 방식을 나타냈다.

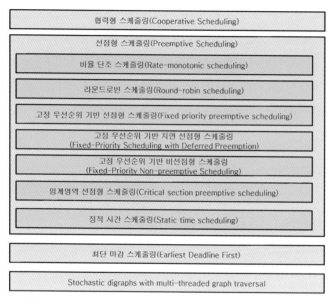

〈그림 3-128〉 실시간 운영체제의 스케줄러 유형

〈표 3-19〉 실시간 운영체제의 스케줄링 알고리즘

운영체제 종류	선점 가능 (Preemption)	스케줄링 알고리즘
VxWorks	Yes	Preemptive priority-based scheduling Round-robin scheduling
eCos	Yes	Bitmap scheduler Multi-level queue scheduler Lottery scheduler
FreeRTOS	Yes	Cooperative Scheduler Preemptive Scheduler
uCosll	Yes	Bitmap scheduler
QNX	Yes	Preemptive, prioritized context switching with round-robin, FIFO, and adaptive scheduling

■ 메모리 관리

시스템의 물리 메모리는 제한된 공간을 갖는 한정된 자원이며, 모든 태스크가 공유하는 자원이기 때문에 효율적인 메모리 사용을 위한 관리가 필요하다. 효율적인 메모리 관리를 위해서는 메모리 파티셔닝을 포함한 메모리의 구성, 메모리의 할당과 해제, 가상 메모리, 물리 메모리와 가상 메모리 간의 매핑, 메모리 포화 상태 등을 처리할 수 있어야 한다.

메모리 구성에 대해서는 가상 메모리를 기반으로 고정된 크기로 메모리 공간을 분할하는 페이징 (paging) 기법과 가변적인 크기로 메모리를 분할하는 세그멘테이션(segmentation) 기법이 있다.

– 가상 메모리(Virtual Memory)

가상 메모리는 프로세서에서 사용하는 실제 주소인 물리 주소 영역을 프로그램에 의해 접근 가능한 가상 주소 영역에 대응시키는 기법이다.

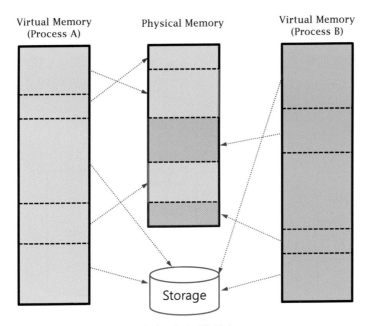

〈그림 3-129〉 가상 메모리와 물리 메모리 간 대응 관계

이때 가상 메모리는 프로세스마다 개별적으로 할당됨으로써, 프로세스 단위의 고립된(isolated) 주소 모델을 제공한다. 가상 메모리 기법을 통해 프로세스는 다른 프로세스의 메모리 영역을 침범하지 못하게 해서 메모리 보호가 가능하며, 자신만의 영역에서 독자적으로 실행되는 구조이기 때문에 메모리 관

리에 신경 쓸 필요가 없어진다. 또한 페이징과 같은 기법을 사용함으로써 실제 메모리를 직접 사용할 때보다 더 많은 프로세스를 동시에 적재하는 것이 가능해진다.

가상 메모리와 물리 메모리에 대해 가상 주소와 물리 주소가 공존하면, 가상 주소를 토대로 프로세스로부터 요청된 데이터의 접근을 위해 물리 주소로 변환해야 한다. 이러한 주소 변환에 대한 처리는 하드웨어적으로 CPU의 MMU(Memory Management Unit)를 통해 이루어진다.

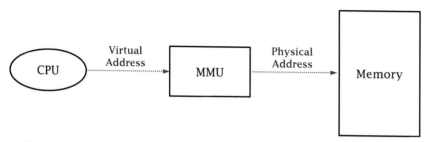

〈그림 3-130〉 MMU에 의한 주소 변환 과정

이때 실제 주소 변환 테이블은 TTB(Translation Table Base Address)가 가리키고 있으며, 이 데이터는 메모리에 존재한다. 이런 까닭에 가상 주소에 대한 변환 주소를 찾아내기 위해서는 반드시 메모리에 접근해야 하며, 메모리에 대한 접근은 CPU 측면에서 봤을 때 매우 연산이 느린 장치다. 따라서 주소 변환 정보 중 일부를 캐시(cache)에 구성하는 방법을 사용함으로써 주소 변환 과정의 부하를 줄일 수 있는데, 이를 TLB(Translation Look-aside Buffer)라고 한다.

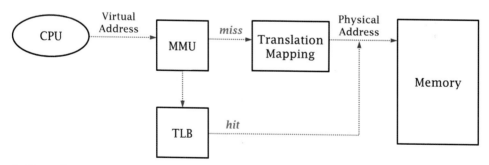

〈그림 3-131〉 TLB에 의한 주소 변환 과정

아래 표와 같이 MMU가 없는 CPU를 사용하는 경우에는 소프트웨어적으로 MMU를 구성하는 것도 가능하다.

〈표 3-20〉 MMU가 없는 프로세서

프로세서	제조사	성능
MPC52XX(Coldfile)	Freescale	40-60 (MHz)
MCF52XXX	Freescale	16-166 (MHz)
MPC5200	Freescale	266-500 (MHz)
Microblaze	Xilinx	125 MIPS
i960	Intel	16-40 (MHz)
ARM7TDMI	ARM	60 (MHz)
NEC V850	NEC	20-100 (MHz)
PIC18XXX	Microchip	30 (MHz)
ADSP-BFXXX	Analog Devices	200-750 (MHz)

(출처: Siddharth Choudhuri, and Tony Givargis, Software Virtual Memory Management for MMU-less Embedded Systems, Technical Report CECS-05-16, Nov. 2005.)

- 페이징(Paging)

페이징은 프로세스의 물리 주소 공간이 불연속적으로 배치될 수 있게 해준다. 기본적으로 어떤 프로그램이 실행되려면 연속된 주소 공간 상에 코드를 배치시켜야 한다. 이러한 주소의 연속성 제약은 프로그램의 배치를 어렵게 만들 수 있으며, 단편화 문제를 야기한다. 페이징을 통해 가상 주소 공간에서는 프로그램을 연속적인 주소 상에 배치시킴으로써 연속성을 갖게 하면서 실제 물리 메모리 공간에서는 불연속적이라 하더라도 실행 가능한 구조를 제공할 수 있다. 페이징을 하는 메모리 구조는 〈그림 3-132〉와 같은 형태가 된다.

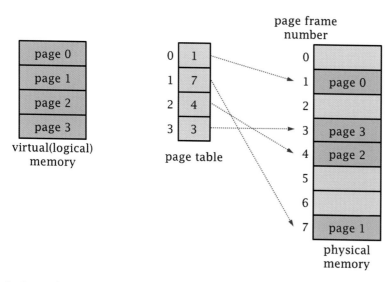

〈그림 3-132〉 가상 메모리와 물리 메모리에 대한 페이징 모델

페이징이란 〈그림 3-132〉에서 처럼 고정된 크기의 단위를 사용해 가상 메모리와 물리 메모리를 사상 시킴으로써 외부 단편화 현상을 해소하기 위한 메모리 구성 방법이다. 페이징 기법에서는 가상 주소 기 반의 페이지가 물리 주소 기반의 어떤 프레임에 대응되는지에 대한 정보를 페이지 테이블을 통해 관리 한다. 이때 가상 메모리의 단위 영역을 페이지라 하며, 물리 메모리의 단위 영역을 페이지 프레임 또는 프레임이라고 한다. 페이지 크기는 32비트 시스템의 경우 보통 4KB이며, Sparc의 경우 8KB 페이지 단위를 사용하기도 한다.

〈표 3-21〉 주요 아키텍처의 페이지 크기

아키텍처	Page	Huge Page	Large Page
i386	4 KB	4M	
x86_64	4 KB	2M	1 GB
IA-64 (itanium)	4 KB	8K, 64K, 256K, 1M, 4M, 16M, 256M	−
ppc64	4 KB	−	16M
sparc	8 KB	−	64K, 4M, 256M, 2G

페이징에 의해 메모리가 페이지 단위로 구성되면 요청된 가상 주소에 대응되는 물리 주소를 찾기 위한 주소 변환 절차가 필요하며, 이때 내부적으로 페이지 테이블이 사용된다. 페이징을 통한 메모리 관리가 이루어지는 시스템에서의 주소 변환 과정은 다음과 같은 형태이다.

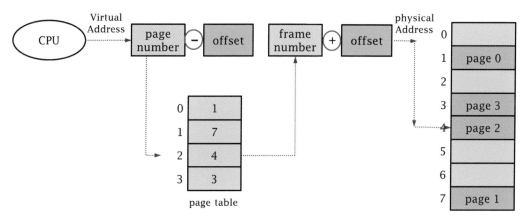

〈그림 3-133〉 페이징 기반의 주소 변환 과정

〈그림 3-133〉에서 CPU에게 요청되는 가상 주소는 페이지 번호와 오프셋으로 분할되고, 페이지 테이블을 통해 요청된 페이지 번호에 대한 페이지 프레임 번호를 찾는다. 그리고 앞서 떼어놓았던 오프셋을 결합시키면 물리 주소가 된다. 여기서 오프셋은 한 페이지 내부에서 데이터 위치를 찾기 위한 용도로 사용되며, 페이지 크기가 4KB인 경우 오프셋을 위해서는 12bit가 필요하다.

– 세그멘테이션(Segmentation)

세그멘테이션은 메모리 공간을 가변적인 크기를 갖는 세그먼트로 분할하는 기법이다. 세그먼트가 사용되는 메모리 영역을 가리키려면 〈세그먼트 번호, 오프셋〉 형태의 가상 주소가 사용되어야 하며, 세그먼트 번호를 통해 특정 세그먼트를 가리키고, 오프셋을 통해 세그먼트 내에서 데이터 위치를 가리켜야 한다. 세그먼트의 관리를 위해 세그먼트 테이블이 사용되며, 세그먼트 테이블은 세그먼트 번호에 대한 〈Base, Limit〉 형태의 정보를 갖는데, Base는 물리 메모리의 시작 주소, Limit는 세그먼트의 크기를 나타낸다.

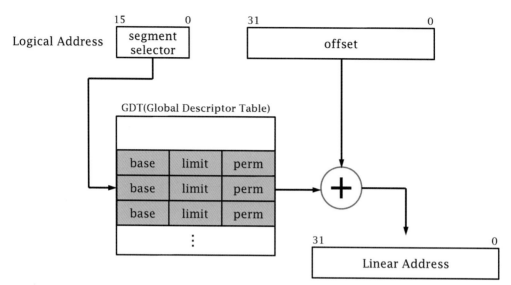

〈그림 3-134〉 인텔 x86 아키텍처의 세그멘테이션

세그멘테이션 기법은 일반적으로 페이지보다 큰 단위의 메모리를 구성하기 때문에 주소 변환 테이블의 크기가 작으며, 세그먼트 단위의 메모리 공유를 비롯한 여러 가지 관리가 가능하지만, 가변적인 크기를 갖기 때문에 배치할 메모리 공간의 할당 과정과 단편화 문제가 발생한다는 단점이 있다.

세그먼트는 컴파일된 프로그램의 오브젝트 파일들이 링킹 과정을 통해 프로그램 이미지로 결합되고 이미지가 메모리에 적재될 때 각 섹션을 가리키기 위한 목적으로 사용되기도 한다.

■ 파일시스템 관리

저장장치의 데이터를 처리하는 경우 저장장치의 유형이 하드디스크인지, 낸드 플래시인지, 또는 다른 유형인지에 따라 데이터를 읽고 쓰는 방식은 물리적으로 다르게 처리된다. 하드디스크의 경우 〈그림 3-135〉와 같이 구성되어 있으며, 흔히 디스크(disk)라 일컫는 플래터(platter)에 섹터(sector) 단위로 데이터의 입출력이 이루어지는 저장 장치다.

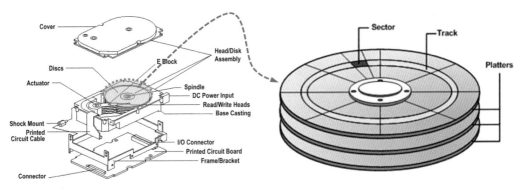

〈그림 3-135〉 하드디스크의 구조

따라서 하드디스크로부터 데이터 입출력을 수행하려면 모터의 회전을 통해 암(arm)을 특정 섹터에 위치시켜 요청된 만큼의 데이터를 읽거나 쓰는 처리가 필요하다.

반면 낸드 플래시(Nand Flash)는 〈그림 3-136〉과 같은 구조의 저장 장치이며, 하드디스크와는 달리 메모리와 유사하게 주소를 통해 특정 위치의 데이터에 대한 읽기와 쓰기가 이루어지는 장치이다. 따라서 하드디스크와는 다른 형태의 접근 방식이 필요하다.

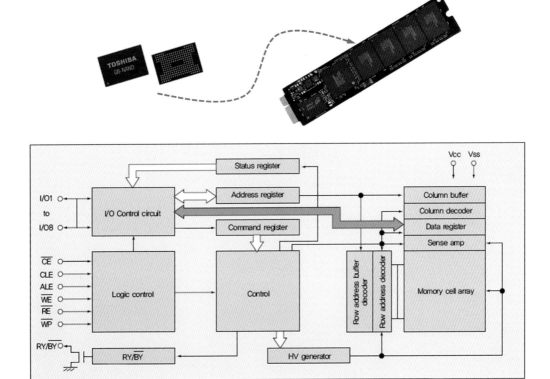

〈그림 3-136〉 낸드플래시(Nand Flash) 모듈과 블록도

만약, 어떤 컴퓨터가 하드디스크와 낸드플래시 모두를 저장 장치로 사용한다면 사용자는 하드디스크의 데이터를 접근할 때와 낸드플래시의 데이터를 접근할 때 각 특성에 해당하는 연산이 필요해지며, 이는 사용자로 하여금 다양한 형태의 저장 장치를 사용하기 어렵게 만든다. 따라서 저장 장치의 유형에 상관 없이 공통된 방식으로 저장 장치에 접근할 수 있도록 추상화 기법이 요구되며, 이를 파일시스템(File System)이라 한다.

파일시스템은 저장 장치의 물리적인 특성을 감추고 블록(block)이라는 논리적인 단위로 표현함으로써 사용자에게 저장 장치의 유형에 관계없이 블록 단위로 특정 데이터의 입출력을 가능하게 한다.

동일한 유형의 저장 장치라 하더라도 운영체제에 따라 이를 표현하는 파일시스템은 상이할 수 있다. 예를 들어, 하드디스크에 대해 윈도우에서는 FAT, FAT32, NTFS 등의 파일시스템이 사용되지만, 리눅스에서는 EXT2, EXT3, EXT4 파일시스템이 사용된다. 낸드플래시에 대해서는 jffs2, jffs3, yaffs2, yaffs3 등의 파일시스템이 사용된다.

■ 장치 관리

운영체제는 사용자 수준의 애플리케이션이 시스템 장치에 접근할 수 있는 수단을 제공해야 한다. 운영체제가 사용되는 경우 장치에 대한 물리적인 접근은 보통 커널 수준에서만 허용된다. 따라서 커널 수준에서 장치의 동작을 위해 필요한 코드가 구성되어야 하며, 이를 장치 드라이버(driver)라고 한다. 장치 드라이버는 장치의 동작을 위해 필요한 자료 구조 및 함수들의 집합으로 표현되며, 이것들에 접근할 수 있는 인터페이스가 상위 사용자 수준으로 제공될 수 있어야 한다.

리눅스를 비롯한 유닉스(Unix) 계열의 운영체제에서는 장치의 유형을 캐릭터(character), 블록(block), 네트워크(network) 장치로 구분하는데, 이는 장치의 동작과 관련된 커널의 서브시스템이 무엇인지에 따라 결정된다.

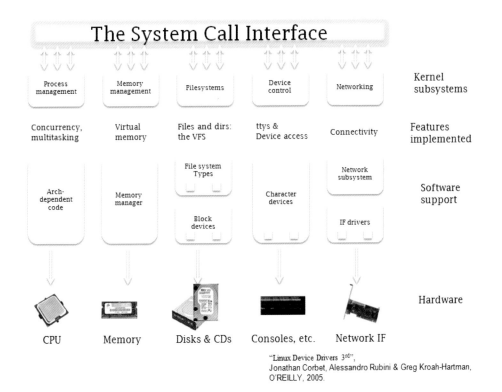

The System Call Interface

| Process management | Memory management | Filesystems | Device control | Networking | Kernel subsystems |

Concurrency, multitasking / Virtual memory / Files and dirs: the VFS / ttys & Device access / Connectivity — Features implemented

Arch-dependent code / Memory manager / File system Types, Block devices / Character devices / Network subsystem, IF drivers — Software support

CPU　　Memory　　Disks & CDs　　Consoles, etc.　　Network IF — Hardware

"Linux Device Drivers 3rd",
Jonathan Corbet, Alessandro Rubini & Greg Kroah-Hartman,
O'REILLY, 2005.

〈그림 3-137〉 리눅스의 장치 유형과 관련한 서브시스템 구조

블록 디바이스는 블록(block) 단위로 처리되는 저장 장치를 가리키며, 하드디스크, CDROM, USB 저장장치 등이 이 범주에 속한다. 블록 디바이스는 기본적으로 리눅스 커널의 파일시스템과 연관을 갖게 되며, 사용자가 파일의 처리를 요청했을 때 사용자가 바라보는 파일의 개념과 커널의 입장에서 파일의 구조, 그리고 저장 장치의 구성과 관련된 파일시스템이 서로 다르기 때문에 커널의 파일시스템을 경유한 데이터의 처리가 필요하다.

네트워크 디바이스는 주로 이더넷(ethernet), 무선랜(Wi-Fi), 블루투스(Bluetooth) 등의 유무선 네트워크 인터페이스를 가리키며, 사용자 수준에서 네트워크를 사용하려면 소켓(socket) 인터페이스를 통해 네트워크에 대한 요청을 가할 수 있다. 이때 소켓은 다양한 네트워크와 프로토콜을 지원하기 위한 정보와 더불어 송신자, 수신자의 주소와 포트 정보를 다루는 자료구조이며, 이러한 정보를 식별해 각 프로토콜에 맞은 패킷으로 가공이 이루어진 상태에서 네트워크 디바이스에 대한 실제 제어 요청이 만들어진다. 따라서 네트워크 디바이스 드라이버는 리눅스 커널의 네트워크 프로토콜 스택과 연관을 갖게 된다.

반면, 캐릭터 디바이스는 사용자 영역에서 드라이버의 오퍼레이션을 직접 호출하는 형태이며, 리눅스 커널의 서브시스템(sub-system)을 경유하지 않는 형태이다. 주로 시리얼/패러럴 디바이스, 콘솔(console), 프레임 버퍼(frame buffer) 등 대다수의 장치가 이 유형의 디바이스로 취급된다.

캐릭터(character) 디바이스

캐릭터 디바이스가 갖는 특징은 다음과 같다.

- 파일 형태의 바이트 스트림(byte stream)으로 접근된다.
- I/O를 다루기 위해 file_operations 구조체에서 open, read, write, release 등의 연산 방법이 제공된다.
- 노드(node) 또는 디바이스(device) 파일을 통해 접근된다.
- 캐릭터 디바이스는 데이터 채널로 볼 수 있으며, 대부분 순차적인 데이터의 접근이 허용된다.
- 캐릭터 디바이스로는 텍스트 콘솔(/dev/console), 시리얼 포트(/dev/ttyS#) 등이 있다.

블록(block) 디바이스

블록 디바이스의 특징은 다음과 같다.

- 파일시스템과 연관된다.
- 주로 하드디스크, CDROM 등의 저장매체에 해당한다.
- 캐릭터 디바이스와는 달리 커널에 의해 관리되는 내용을 드라이버가 제공하는 인터페이스를 통해 접근하는 구조이다.

네트워크(network) 디바이스

네트워크 디바이스의 특징은 다음과 같다.

- 네트워크 인터페이스는 하드웨어를 가리키며, 소프트웨어 파트를 포함하지 않는다.
- 네트워크 인터페이스는 패킷의 송수신 과정을 책임지며, 이러한 과정은 커널의 네트워크 서브시스템에 의해 처리된다.
- 네트워크 드라이버는 오직 패킷에 대한 처리만을 담당한다.
- 스트림 지향적인 장치 유형이 아니며, 네트워크 인터페이스는 장치 파일과 매핑되지 않는다.

장치 드라이버는 하드웨어에 종속적인 특성을 갖기 때문에 장치에 변화가 생겼을 때, 장치 드라이버 코드도 수정해야 하며, 장치를 실제 사용하는 애플리케이션 역시 수정해야 한다. 어떤 변화가 다른 부분에까지 영향을 끼치게 되면 소프트웨어는 유연성(flexibility)을 잃게 되어 적응력이 떨어진다. 따라서 많은 운영체제들이 특히 미들웨어를 갖춘 시스템의 경우 하드웨어의 변화에 대해 상위 수준의 애플리케이션이 영향을 받지 않도록 장치에 대한 추상화 기법을 제공하는데, 이를 하드웨어 추상화 계층(HAL, Hardware Abstraction Layer)이라 한다.

안드로이드의 경우 라이브러리 계층에 HAL을 배치시킴으로써 장치에 변화가 생기더라도 상위 계층인 미들웨어와 애플리케이션이 영향을 받지 않도록 설계되어 있다.

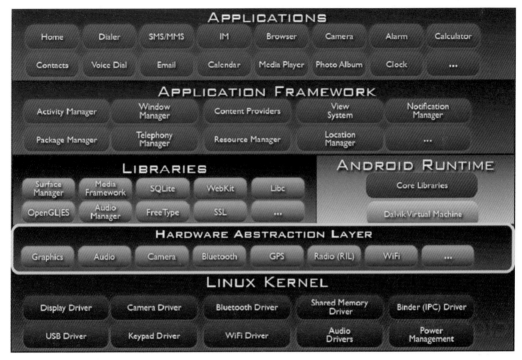

〈그림 3-138〉 안드로이드의 하드웨어 추상화 계층(HAL)

■ 네트워크 관리

운영체제가 TCP/IP를 비롯해 블루투스(Bluetooth), 적외선(IrDA) 등의 다양한 네트워크 프로토콜을 지원하려면 각 네트워크 유형에 따른 프로토콜을 제공해야 한다. 또한 이러한 프로토콜을 통해 상위 애플리케이션의 통신이 가능하게 하기 위한 인터페이스도 요구된다.

가장 보편화된 프로토콜인 TCP/IP는 ISO의 OSI-7 계층에 따라 〈그림 3-139〉와 같은 형태로 설계되어 있다.

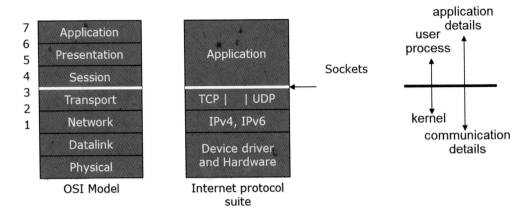

〈그림 3-139〉 OSI-7 계층과 TCP/IP

TCP/IP는 4계층 또는 5계층으로 표현되며, 소켓(socket) 인터페이스를 기준으로 사용자 수준과 커널 수준으로 구분할 수 있다.

사용자 수준에서 송신하고자 하는 데이터(data)는 프로토콜 스택의 각 단계별 처리가 이루어지는 과정에서 해당 계층에 대한 헤더가 결합되고, 네트워크 드라이버를 통해 네트워크 디바이스로 전달되는 방식이다.

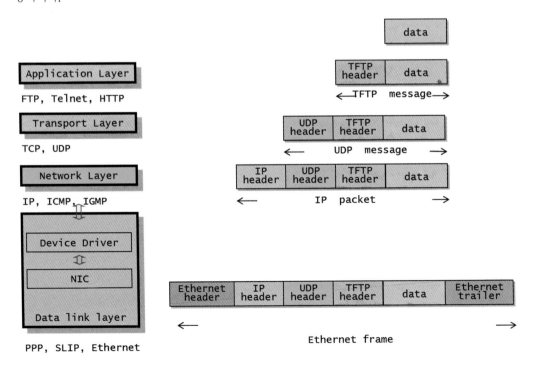

〈그림 3-140〉 TCP/IP 각 계층별 데이터 처리 과정

〈그림 3-140〉에서 전송 계층(Transport Layer)과 네트워크 계층(Network Layer)은 소프트웨어로 표현되지만 데이터 링크 계층은 하드웨어로 표현된다. 따라서 TCP/IP 프로토콜을 기반으로 한 통신이 완전히 이루어지려면 네트워크 계층과 데이터 링크 계층을 이어주기 위한 매개체가 필요한데, 이는 네트워크 디바이스 드라이버가 담당하게 된다.

■ 프로세스 간 통신

대부분의 범용 운영체제에서는 태스크의 수행이 가상 주소를 기반으로 이루어진다. 이처럼 태스크마다 독립적인(isolated) 가상 주소를 부여하는 이유는 태스크의 메모리에 대한 보호 때문이다. 독립적인 가상 주소를 제공함으로써 보호 메커니즘의 실현이 가능하지만, 이로 인해 다른 태스크의 메모리 영역에 대한 접근이 불가능해진다.

따라서 운영체제에서는 독립된 주소 공간을 사용하는 태스크 간에 자료 교환이 이루어질 수 있도록 프로세스 간 통신 기법(IPC, Inter-Process Communication)을 제공한다.

운영체제에 따라 제공하는 통신 메커니즘은 차이를 보일 수 있지만, 유닉스 기반의 운영체제에서는 세마포어(semaphore), 메시지큐(message queue), 공유메모리(shared memory)를 제공한다.

윈도우는 윈도우 커널을 기반으로 윈도우 7, 윈도우 8과 같은 데스크톱 운영체제가 있으며, 이를 확장해 윈도우 임베디드 플랫폼을 제공한다. 반면 리눅스의 경우 리눅스 커널을 기반으로 레드헷, 페도라, 우분투 등의 데스크톱 운영체제가 존재하며, 리눅스 커널을 기반으로 미들웨어를 구성하는 안드로이드, 미고, 타이젠 등의 플랫폼이 존재한다.

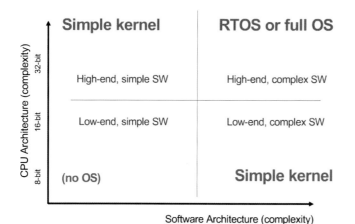

〈그림 3-141〉 프로세서, 소프트웨어 아키텍처의 복잡도에 따른 운영체제 타입(출처: Selecting an Embedded OS, Mentor Graphics, Colin Walls)

〈그림 3-141〉은 프로세서와 소프트웨어의 복잡도에 따라 어떤 형태의 임베디드 운영체제를 선택해야 하는가를 보여준다. 프로세서의 규격이 낮고 단순한 소프트웨어가 구성되는 시스템에서는 운영체제 없이 펌웨어를 통해 기능을 제공할 수 있으며, 반대로 고수준 규격의 프로세서와 복잡한 소프트웨어 구조가 필요한 경우에는 RTOS나 범용 운영체제(Full OS)의 채택이 필요하다는 것을 알 수 있다.

임베디드 운영체제를 선택할 때는 몇 가지 기준이 필요하다. 다양한 기준이 있지만, 우선적으로 실시간성, 안정성, 비용, 개발 지원을 비롯한 개발의 용이성, 사용자와의 상호작용성 등이 고려되어야 할 것이다. 아래 표는 운영체제를 선택할 때 체크해야 할 몇 가지 기준을 제시한다.

〈표 3-22〉 운영체제 선택을 위한 고려 사항

항목	설명
마이크로프로세서 지원	운영체제에 따라 지원되는 프로세서의 타입이 다를 수 있다. 따라서 사용하고자 하는 마이크로프로세서 또는 마이크로컨트롤러의 지원이 가능한 운영체제인지 확인해야 함.
성능	실시간성의 보장이 필요한 임베디드 시스템이라면 실시간성을 보장하기 위한 스케줄링이 이루어지는지 알아야 하고, 얼마나 많은 메모리를 요구하는지에 대한 풋 프린트(foot print) 역시 따져봐야 함.
개발도구	프로그래밍 언어를 비롯해 통합 개발 환경이 지원되는지와 유용한 디버깅 기법을 제공하는지 확인해야 함.
서비스	운영체제나 미들웨어를 통해 지원하는 프로세스 간 통신, 동기화를 위한 상호배제 등이 지원되는지 확인해야 함.
호환성	POSIX, µITRON, ANSI C 등의 표준에 대한 호환성을 지원하는지 확인해야 함.
기술 지원	오픈소스 기반의 운영체제를 사용하는 경우 기술 지원을 받기가 어렵다. 따라서 해당 운영체제의 문서나 커뮤니티로부터 도움을 받기가 용이한지 따져봐야 하며, 필요하다면 안정성의 확보를 위해 상용 버전을 구입하는 편이 더 나을 수도 있음.
라이선스	오픈소스 기반의 운영체제는 주로 코드의 공개를 원칙으로 하는 GPL 같은 라이선스 정책을 사용하는 경우가 많다. 따라서 소스코드의 보호가 필요한지 아닌지에 따라 적절한 라이선스 정책을 기반으로 하는 운영체제의 선택이 필요함.
디바이스 드라이버	시스템에서 사용하고자 하는 장치에 대해 해당 드라이버가 지원되는지 여부를 확인해야 함.
소프트웨어	필요한 기능의 구현을 위해 라이브러리나 프레임워크가 제공되는지, 또는 오픈소스 기반의 라이브러리 구성이 용이한지 확인해야 함.

실시간성은 연성 실시간(soft-realtime)과 경성 실시간(hard-realtime)으로 구분될 수 있으며, 어떤 작업이 완료되는 데 필요한 시간을 얼마나 엄격하게 지켜야 하는지에 따라 구분한 것이다. 일반적으로 만료 시간을 지키지 못했을 때 생명이나 재산상의 피해가 발생할 수 있는 시스템은 경성 실시간 시스템으로 취급될 수 있으며, 항공, 군사 관련 시스템이 해당될 수 있다. 반면 연성 실시간 시스템은 멀티미디어의 원활한 처리를 위해 필요한 만료 시간을 적당히 충족시켜 줄 수 있는 정도의 실시간 시스템

이 해당할 수 있다. 실시간성은 〈그림 3-142〉와 같이 시스템의 목적에 따라 경성 실시간성이 보장되어야 할 수도 있고, 실시간성의 보장이 필요하지 않을 수도 있다.

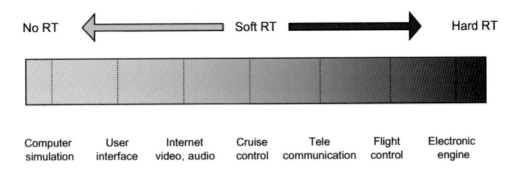

〈그림 3-142〉 응용 분야에 따른 실시간성의 정도

경성 실시간 시스템에 덩치가 큰, 많은 기능을 포함하는 운영체제 또는 소프트웨어 플랫폼을 적용하는 것은 무리가 따를 수밖에 없다. 따라서 가벼운 커널만으로 구성된 단순한 운영체제를 채택하는 것이 적절한 선택일 것이다. 이러한 종류의 운영체제로는 uCOS-II, uCOS-III, FreeRTOS, eCos, LynxOS, Nucleus RTOS, pSOS, QNX, VRTX, VxWorks 등이 있으며, 국산 운영체제로 Velos 등이 있다.

■ FreeRTOS

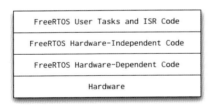

〈그림 3-143〉 FreeRTOS 아키텍처

FreeRTOS는 〈그림 3-143〉에서처럼 하드웨어를 바탕으로 하드웨어에 종속적인 코드 계층과 하드웨어에 비종속적인 코드 계층, 그리고 이를 바탕으로 최상위 계층에서 사용자 태스크의 수행과 인터럽트 처리가 수행되는 구조다. 비교적 단순한 계층 구조를 가지고 있으며, 코드의 크기가 10KB를 넘지 않을 정도로 크기가 작다.

FreeRTOS의 코드 블록은 태스크, 통신, 하드웨어 인터페이스의 세 가지 영역으로 구분된다.

태스크: FreeRTOS에서 약 절반 정도의 핵심 코드는 다른 운영체제와 마찬가지로 태스크를 다룬다. 태스크는 우선순위를 갖는 사용자 정의 C 함수 형태이며, tasks.c와 task.h를 통해 태스크의 생성, 스케줄링, 그리고 전반적인 태스크와 관련된 주요 작업을 처리한다.

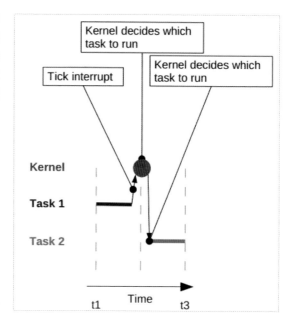

〈그림 3-144〉 FreeRTOS의 태스크 스케줄링 방식

통신: 태스크를 통해 효율적인 작업이 이루어지게 하려면 통신 수단이 필요하다. FreeRTOS에서는 약 40%에 이르는 코드가 태스크간 통신에 대한 내용을 다루고 있으며, 이는 queue.c와 queue.h를 통해 작성되어 있다. 태스크와 인터럽트는 서로 간에 데이터를 전달하거나, 세마포어와 뮤텍스를 기반으로 임계영역에 접근하기 위한 시그널을 전송하기 위해 큐를 사용한다.

하드웨어 인터페이스: 약 9,000라인 정도의 코드는 하드웨어와 무관하기 때문에 8051이나 ARM 프로세서 기반의 시스템에서 동일하게 사용할 수 있다. 하지만 약 6% 정도는 하드웨어에 종속적인 코드와 그렇지 않은 코드 사이에서 쐐기 역할을 한다.

FreeRTOS는 CodeWarrior, GCC, IAR 등의 다양한 컴파일러를 지원하며, ARM7, ARM Cortex-M3, PIC, 8051, x86 등 비교적 저사양의 프로세서에서 동작할 수 있다.

FreeRTOS는 최근 IoT 플랫폼인 Nabto[4]와 결합해 IoT 디바이스에 사용되기도 한다.

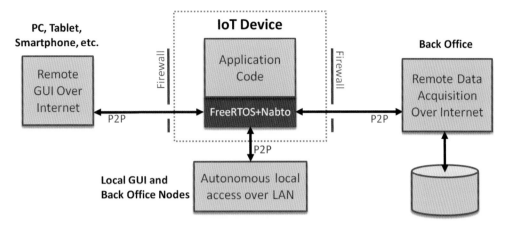

〈그림 3-145〉 FreeRTOS와 Nabto를 결합한 IoT 디바이스

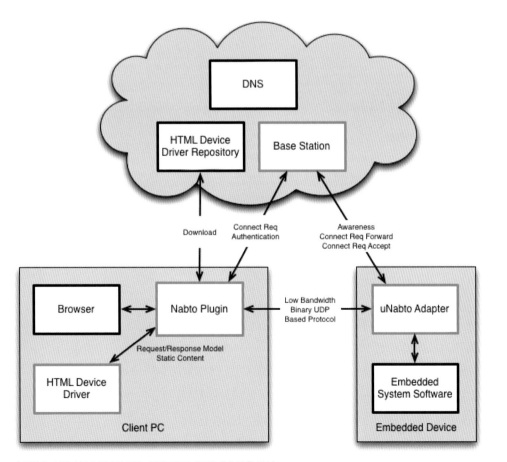

〈그림 3-146〉 Nabto를 구성하는 주요 컴포넌트와 상호작용 방식

■ eCos

eCos는 커널, HAL(Hardware Abstraction Layer)과 같은 몇 가지 주요 컴포넌트로 구성된 재구성
가능한 컴포넌트 기반의 운영체제로서, ARM, Intel x86, MIPS, PowerPC, SPARC 등 다양한 아키
텍처를 지원한다. eCos는 자유 소프트웨어 재단(Free Software Foundation) 산하의 eCos 커뮤니
티를 통해 관리되고 있으며, 오픈소스 기반의 실시간 운영체제다. eCos는 C와 C++로 구현되어 있으
며, POSIX와 µITRON을 준수하는 API를 제공한다.

〈그림 3-147〉 eCos 공식 홈페이지(http://ecos.sourceware.org)

eCos는 재사용 가능한 소프트웨어 컴포넌트들을 통해 완벽한 임베디드 시스템의 구축을 목표로 삼고
있다. 이러한 eCos의 목표는 어떤 애플리케이션의 요구사항에 명확히 부합되는 시스템을 만들 수 있
게 소프트웨어 컴포넌트의 구성을 달리하거나 사용되지 않는 컴포넌트들을 제외할 수 있게 해준다. 실
제 사용될 컴포넌트만으로 eCos 운영체제 이미지가 생성되기 때문에 재구성 기능을 제공하지 않는 실
시간 운영체제나, 애플리케이션에 의해 사용되는지의 여부와 관계없이 모든 기능을 포함하는 형태의
운영체제와 비교했을 때 크기를 최소화할 수 있으며, 실행 속도 역시 빨라질 수 있다.

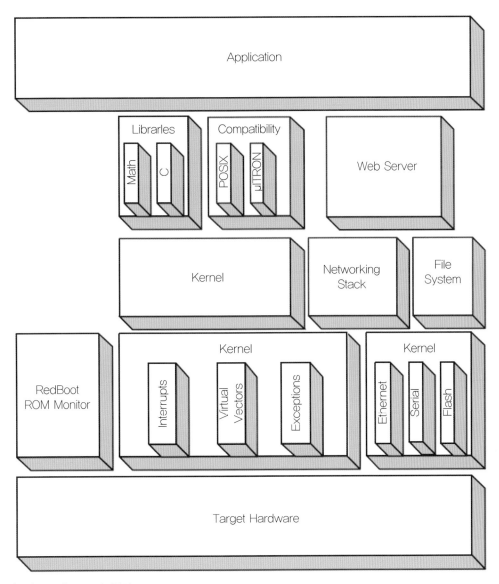

〈그림 3-148〉 eCos 아키텍처

〈그림 3-148〉과 같이 eCos는 HAL, 커널, C와 math 라이브러리, 장치 드라이버, 디버거 등을 포함하고 있다. HAL은 하드웨어에 대한 일반적인 접근 방법을 제공하는 소프트웨어 계층에 해당하며, 커널은 인터럽트와 예외 처리, 스레드와 동기화 지원, 스케줄러의 선택, 타이머, 카운터, 알람 등을 제공한다. 장치 드라이버는 시리얼 통신, 이더넷, 플래시 롬(ROM) 등에 대한 드라이버를 포함하고 있다.

eCos와는 별도로 충분한 검증을 통해 안정성을 더욱 강화하고, 기술 지원이 가능한 상용 버전인 eCosPro가 있으며, eCosCentric에서 출시했다. eCosPro는 윈도우와 다양한 리눅스 배포판에 대한 이클립스 기반의 통합 개발 환경을 제공하고 있으며, NAND 플래시의 지원을 위한 Yaffs, NOR 플래시 지원을 위한 JFFS2, 그리고 FAT 계열의 파일시스템을 다양하게 지원한다.

〈그림 3-149〉 eCosPro 홈페이지(http://www.ecoscentric.com)

eCos는 소니 PlayStation3의 Wi-Fi 지원, 삼성전자의 LCD HDTV, NXP의 셋톱 박스와 같은 가정용 멀티미디어 기기를 비롯해 네트워크와 통신 장치, 산업용 장비와 계측기, 위성과 우주 항공 분야에 이르기까지 매우 다양한 임베디드 시스템 분야에서 폭넓게 사용되고 있다.

〈그림 3-150〉 eCos 활용 분야

■ Nucleus RTOS

Nucleus는 산업용 자동화시스템, 가전제품, 의료기기, 네트워크 장비, 그리고 SoC 개발 등에 많이 사용되는 RTOS이다. Nucleus는 DVFS(Dynamic Voltage Frequency Scaling), 하이버네이션 (hibernation), 유휴(idle) CPU 관리 등의 전원 관리 프레임워크를 내장한 최초의 RTOS라는 특징이 있다. Nucleus는 PowerPC, ARM7/9/11/Cortex-M0/M3/M4/R4/R5/A8/A9, AVR32, ColdFire, PIC, MIPS32/64, Sitara 등의 다양한 마이크로컨트롤러, 마이크로프로세서, DSP, 그리고 FPGA를 지원한다.

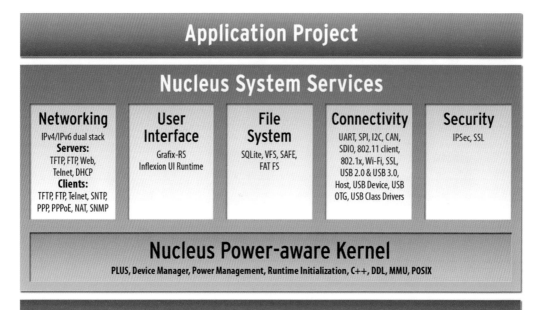

〈그림 3-151〉 Nucleus 아키텍처

Nucleus의 구조는 〈그림 3-151〉과 같으며, Nucleus의 전원 인지 커널(Power-aware Kernel)은 소프트웨어 개발자로 하여금 마이크로컨트롤러, 마이크로프로세서, DSP, 또는 FPGA 상에서 애플리케이션 구동에 대해 Nucleus 커널이 2KB 정도의 적은 메모리만을 사용하도록 최적화할 수 있게 해준다.

Nucleus는 유휴 CPU의 전원 관리, 애플리케이션 규격에 따라 CPU 동작 주파수를 조절하는 DVFS, 최대 절전 모드 지원을 위한 하이버네이션 등을 제공하는 전원 관리 프레임워크를 제공함으로써 임베디드 시스템의 전원 관리에 대해 각별히 신경을 쓰고 있다.

Nucleus는 사용자 태스크를 커널이나 미들웨어와 분리시키며, 사용자 태스크 간에도 독립적인 프로세스 모델을 제공하며, 메모리, 플래시, 파일시스템, 네트워크를 통해 프로세스에 대한 동적 적재를 지원한다. 또한 시스템의 안정성을 위해 장애에 대한 포스트 모템(post-mortem) 분석 기법을 제공하며, 치명적인 버그가 발생했을 때 시스템을 재시작시켜 준다.

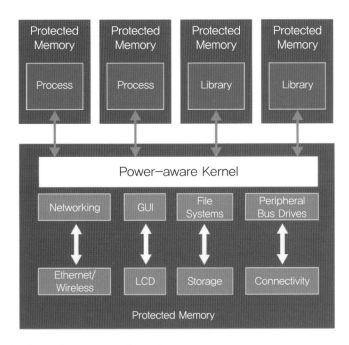

〈그림 3-152〉 Nucleus 프로세스 모델

Nucleus는 전 세계적으로 약 30억 개의 디바이스에 탑재되어 있는 것으로 알려져 있다. 휴대전화를
비롯해 차량용 내비게이션, 통신 기기, 의료 기기, 휴대용 멀티미디어 기기 등에 다양하게 적용되는 것
을 볼 수 있다.

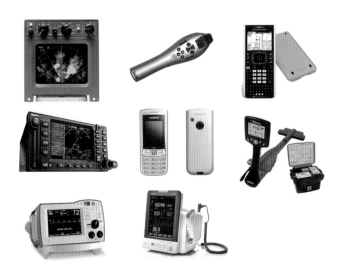

〈그림 3-153〉 Nucleus가 적용된 다양한 제품들

■ VxWorks

윈드리버의 VxWorks는 높은 신뢰성과 낮은 전력과 메모리 소비를 요구하는 자동차의 파워트레인, ABS, 엔진, 에어백 센서, 윈도우, 대시보드, 내비게이션, 텔레메틱스, 인포테인먼트 장치 등에 사용된다. 또한 디지털 비디오, 모바일 기기, 디지털 액자 등의 가전제품에도 사용되며, 의료기기와 네트워크 장비 등에 다양하게 적용되고 있다.

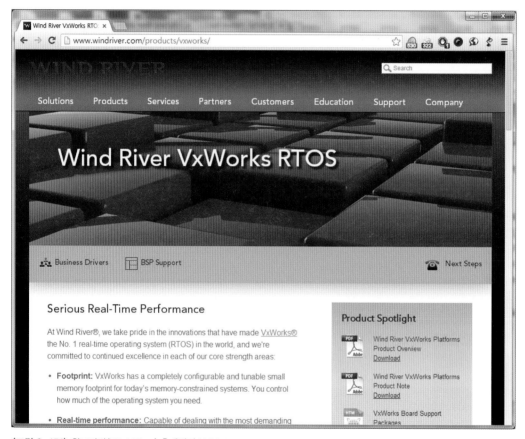

〈그림 3-154〉 윈드리버(Wind River) 홈페이지 VxWorks

1987년도에 처음 등장한 VxWorks는 특히 자동차나 철도와 같은 운송 수단을 비롯해 우주 항공 분야에서 두각을 나타냈다.

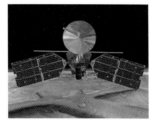

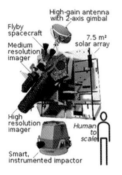

〈그림 3-155〉 VxWorks가 적용된 운송, 항공, 군사, 우주항공 관련 임베디드 시스템

Development Suite

Wind River Workbench
Optimizing Compilers, Wind River Simics

Software Programs

Ada Support		Advanced Security
Browsers	CAN	Common Internet File Systems
Databases	Design Tools	3D Graphics
High Availability	Java	Others

Additional Middleware*

Wireless Ethernet	Mobile IPv4/IPv6	802.1Q VLAN	Media Library Graphics
SSL & SSH	IPsec & IKE	NAT/Firewall	IGMP/MLD
RADIUS and Diameter Client	Wireless Security	Crypto Libraries	EAP
SNMP v1/v2/v3	Web Server	CLI/MIBway	Learning Bridge
VRRP	Web Svcs-Interop/SEC	DCOM	CAN/OPC

Base Middleware**

TIPC MIPC	Distributed Shared Memory	USB Host | Peripheral | OTG	
dosFs	Flash Support (True FFS)	Highly Reliable FS	
IPv4/IPv6 Network Stack		PPP	

Operating Systems

VxWorks, VxWorks Multiprocessing (SMP/AMP, 32/64 Bit)

Hardware Partners

Reference Designs, Semiconductor Architectures

Services

Education Services and Installation	Platform Customization
System Design	Design Services
Hardware/Software Integration	

〈그림 3-156〉 VxWorks 아키텍처

VxWorks의 운영체제 계층에서는 비대칭형 멀티 프로세싱과 대칭형 멀티 프로세싱 기반의 단일 프로세서와 다중 프로세서를 지원하며, 32비트와 인텔 64비트 아키텍처를 지원한다. VxWorks 소스에 대한 빌드를 통해 커널의 확장성과 성능 튜닝도 가능하다. 또한 최신 메모리 보호 및 관리 기법을 제공한다.

다른 플랫폼과는 달리 미들웨어 계층을 기본 미들웨어(Base Middleware)와 추가 미들웨어(Additional Middleware) 계층으로 구분해서 기본 미들웨어 계층에서는 IPv4, IPv6에 대한 프로토콜 스택, 파일시스템, USB 등을 지원하고, 추가 미들웨어 계층을 통해 무선, 모바일 통신, 멀티미디어를 지원한다.

범용 운영체제 - 리눅스, 윈도우, uCOS 등

리눅스

리눅스는 리누스 토발즈가 개발한 GPL(General Public License) 기반의 오픈소스 운영체제로서 1992년부터 릴리즈되기 시작했다. 3.12 버전까지 출시된 상태이며, 공식 사이트인 www.kernel.org 에서 모든 버전의 리눅스 커널 소스를 내려받을 수 있다.

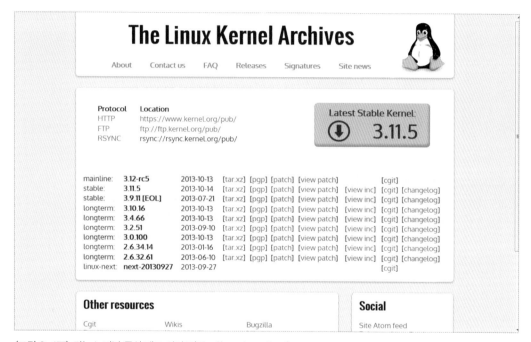

〈그림 3-157〉 리눅스 커널 공식 배포 사이트(http://www.kernel.org)

리눅스 커널은 모노리딕(monolithic) 커널 구조를 채택하고 있으며, 작고, 빠르고, 이식성이 뛰어난 운영체제이다. 리눅스는 x86, IA64와 같은 데스크톱 프로세서 아키텍처뿐만 아니라 ARM, MIPS, Alpha, PPC, M68K, ATmega 등 약 20여 종의 아키텍처에 이식 가능하다.

〈그림 3-158〉은 모노리딕 커널과 마이크로 커널 아키텍처를 비교한 것이다. 모노리딕 커널이 시스템의 모든 핵심 기능들을 커널에 포함시키는 반면, 마이크로 커널에서는 프로세스, 메모리 관리를 제외한 나머지 기능들을 커널로부터 분리시켜 장치 드라이버와 서버 형태로 분산시키는 형태이다. 마이크로 커널에서 서버는 파일시스템, 장치 제어, 네트워크와 관련된 기능들을 사용자 수준의 애플리케이션 계층에서 처리하는 컴포넌트를 가리킨다.

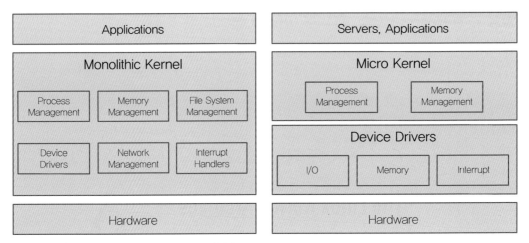

〈그림 3-158〉 모노리딕 커널과 마이크로 커널 아키텍처

리눅스 커널은 모노리딕 아키텍처를 기반으로 〈그림 3-159〉와 같이 구성되어 있다.

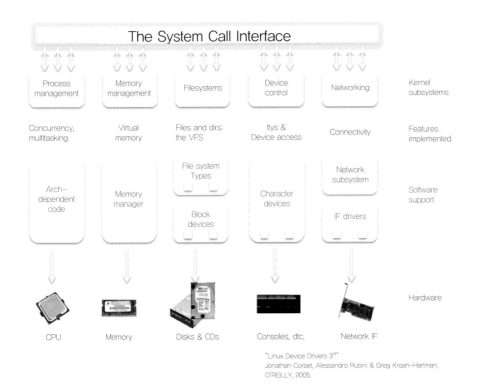

〈그림 3-159〉 리눅스 커널 구조(출처: Linux Device Driver 3rd, O'Reilly, 2005)

〈그림 3-159〉와 같이 리눅스 커널은 프로세스 관리, 메모리 관리, 파일시스템 관리, 디바이스 관리, 네트워크 관리 기능을 갖는 서브시스템으로 구성되며, 사용자 영역과 커널 영역이 구분되어 있다. 사용자 영역과 커널 영역을 연결하기 위한 인터페이스로 시스템콜을 구성하고 있으며, 시스템콜은 커널의 기능을 수행하기 위한 함수로서 사용자 영역에서 호출 가능하다.

윈도우 임베디드

임베디드 시스템을 위한 윈도우 제품군으로 '윈도우 임베디드' 플랫폼이 있다. 임베디드 시스템 분야에서는 윈도우 제품군이 약세를 보이고 있긴 하지만, 1996년부터 Windows CE를 통해 임베디드 시스템 시장에 대한 진출을 시도하고 있었다.

윈도우 임베디드는 32비트의 작은 풋프린트(footprint)를 가지고 있으며, 그래픽과 멀티미디어에 대한 탁월한 처리 성능을 자랑하는 경성 실시간 운영체제로서, 휴대용 단말, 차량, 멀티미디어 기기, 의료 기기, 산업용 기기, 로보틱스 등 다양한 임베디드 시스템에 적용 가능하다. 또한 임베디드 시스템에서 많이 사용되는 ARM, MIPS, x86 아키텍처 기반의 멀티 프로세서를 지원한다.

윈도우 임베디드 플랫폼 중 하나인 컴팩트7/컴팩트2013(Compact 7/Compact 2013)은 데스크톱 운영체제의 바이너리 파일에 대한 호환성을 제공하지 않으며, 데스크톱 윈도우의 축소된 버전도 아니다. 목적을 달리하여 소형 임베디드 기기에 특화시켜 만든 운영체제이다.

윈도우 임베디드 컴팩트는 다중 스레드와 다중 프로세스를 지원하는 선점형 운영체제이며, 최대 32,000개의 프로세스를 동시에 처리할 수 있고, 각 프로세스는 2GB의 가상메모리에 접근할 수 있다.

윈도우 임베디드 컴팩트는 모듈 타입의 운영체제로서, 비주얼 스튜디오와 플랫폼 빌더(Platform Builder)를 사용해 타겟 시스템을 위한 플랫폼 유형과 구성요소를 직접 선택해야 한다. 〈그림 3-160〉은 윈도우 임베디드 기반의 임베디드 시스템을 개발하는 절차를 보여준다.

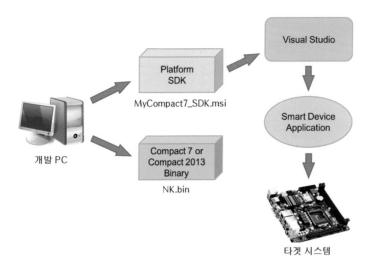

〈그림 3-160〉 윈도우 임베디드 기반의 임베디드 시스템 개발 절차

컴팩트 7을 사용하는 경우에는 비주얼 스튜디오 2008 버전이 필요하며, 컴팩트 2013을 사용하는 경우에는 비주얼 스튜디오 2012 버전이 필요하다.

〈그림 3-161〉 윈도우 임베디드 제품군(출처: 마이크로소프트 홈페이지)

컴팩트 2013은 마이크로소프트 다운로드 센터에서 트라이얼 버전을 내려받을 수 있지만, 이 버전에는 플랫폼 빌더가 포함되어 있지 않다. 따라서 정식 버전의 설치가 필요하다. 또한 비주얼 스튜디오 2012 에서 플랫폼 빌더가 정상적으로 동작하려면 비주얼 스튜디오 2012 업데이트 2를 설치해야 한다.

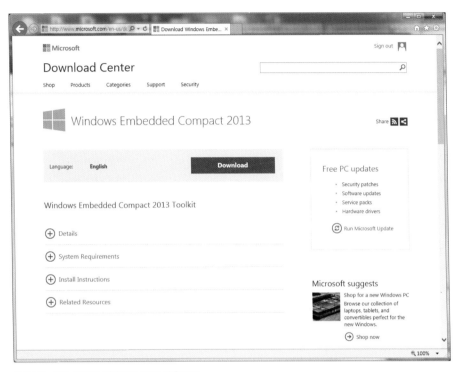

〈그림 3-162〉 윈도우 임베디드 2013 다운로드

Windows CE 6.0 버전 이전까지는 플랫폼 빌더가 독립된 애플리케이션으로 제공되었지만 6.0 버전 부터는 비주얼 스튜디오 2005 이상에서 플러그인 형태로 바뀌었다. 플랫폼 빌더를 사용하면 다음과 같 은 부분에 대한 개발이 가능하다.

- BSP(Board Support Package)
- 부트로더(Boot Loader)
- 디바이스 드라이버
- 커스텀 운영체제에 대한 런타임 이미지
- 네이티브 애플리케이션
- 운영체제 런타임 이미지, 디바이스 드라이버, 애플리케이션에 대한 디버깅

〈그림 3-163〉에서는 윈도우 임베디드 컴팩트 2013의 설치 과정으로서, 지원하는 아키텍처의 종류를 확인할 수 있다.

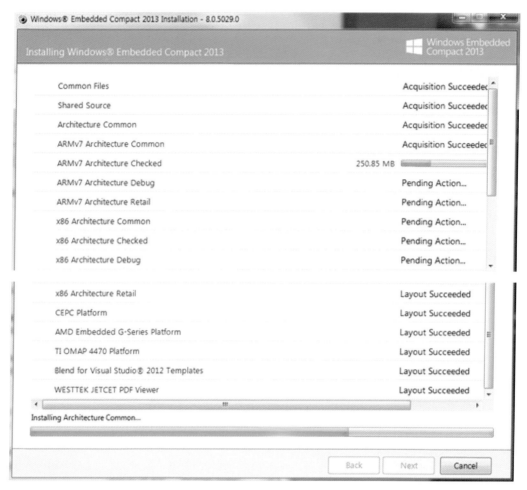

〈그림 3-163〉 윈도우 임베디드 컴팩트 2013의 설치 과정과 지원 가능한 아키텍처 유형

컴팩트 2013의 설치가 완료되고 나서 비주얼 스튜디오를 통해 프로젝트 생성 메뉴를 보면 〈그림 3-164〉와 같이 플랫폼 빌더(Platform Builder) 메뉴의 OS Design을 확인할 수 있다.

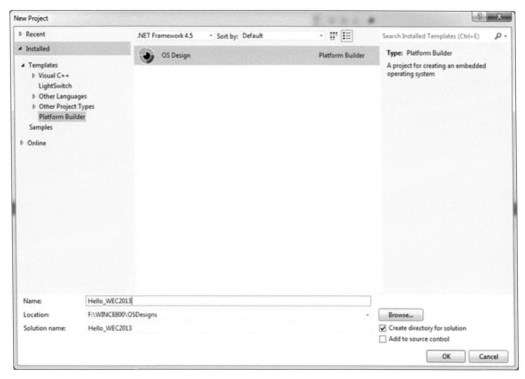

〈그림 3-164〉 플랫폼 빌더의 OS Design

OS Design 메뉴를 선택하면 어떤 아키텍처에 대한 플랫폼을 구성할 것인지에 대해 아키텍처 타입을
선택할 수 있다.

〈그림 3-165〉 OS Design의 아키텍처 선택

다음으로 어떤 유형의 임베디드 시스템에 대해 플랫폼을 구성할 것인지에 대해 〈그림 3-166〉과 같이
타겟 디바이스 타입을 선택할 수 있다.

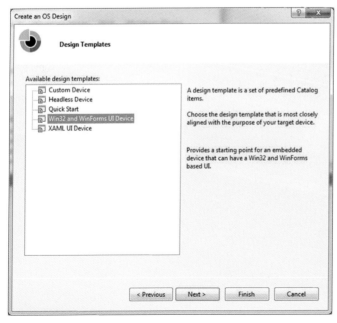

〈그림 3-166〉 타겟 디바이스 유형 선택

〈그림 3-167〉은 타겟 디바이스에 적용할 소프트웨어 플랫폼의 구성요소를 보여준다. 원하는 구성요소를 선택적으로 추가하거나 제거할 수 있다.

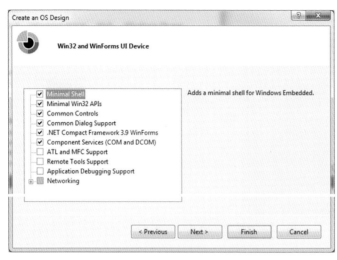

〈그림 3-167〉 플랫폼에 포함될 구성 요소 선택

컴팩트 2013은 기존의 Windows CE와 마찬가지로 에뮬레이터를 제공한다. 앞의 과정에서 설정한 플랫폼을 에뮬레이터를 통해 실행해 결과를 확인해 볼 수 있다.

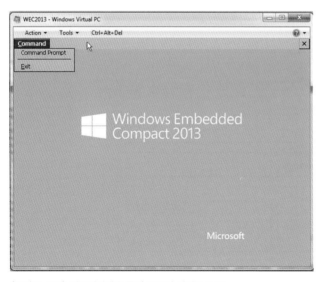

〈그림 3-168〉 에뮬레이터를 통해 구동된 컴팩트 2013

컴팩트 2013의 플랫폼 빌더를 통해 운영체제 이미지가 만들어지는 과정은 〈그림 3-169〉와 같다.

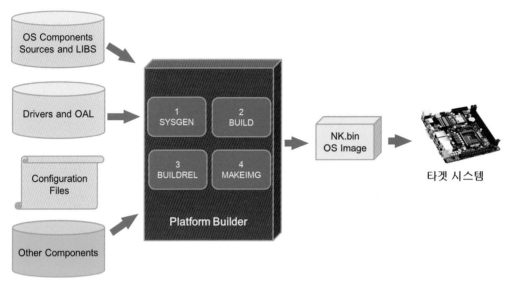

〈그림 3-169〉 플랫폼 빌더 기반의 운영체제 이미지 생성 과정

위에서 살펴본 OS Design 메뉴에서 아키텍처 타입, 타겟 디바이스 유형, 플랫폼 구성요소(컴포넌트), 라이브러리를 선택하고, 빌드 과정을 거치면 윈도우 임베디드 컴팩트 2013 운영체제 이미지가 NK.bin 파일로 만들어지고, 이 파일이 실제 타겟 시스템에 적재됨으로써 해당 시스템에서 컴팩트 2013이 구동되는 방식이다.

컴팩트 2013은 특정 타겟 시스템의 운영에 필요한 BSP의 제작도 지원한다. 〈그림 3-170〉은 컴팩트 2013의 BSP 구조를 나타낸다.

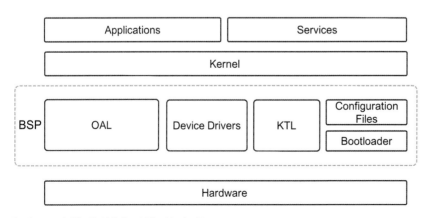

〈그림 3-170〉 윈도우 임베디드 컴팩트의 BSP 구조

BSP에는 OAL(OEM Adaptation Layer), 디바이스 드라이버, KTL(Kernel Independent Transport Layer), 설정 파일, 그리고 부트로더가 포함된다. 〈그림 3-170〉에서 커널은 프로세스, 스레드, 메모리 관리, 파일 관리와 같은 운영체제의 기본 기능을 제공한다.

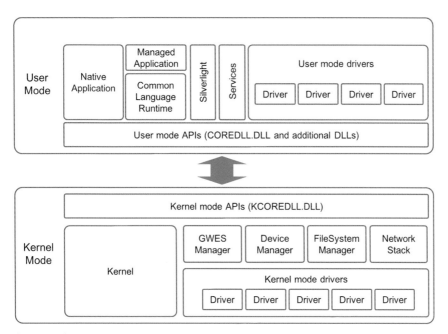

〈그림 3-171〉 윈도우 임베디드 컴팩트 커널 모드와 사용자 모드

BSP는 OAL을 통해 특정 타겟 시스템에서 CPU가 커널의 기능을 사용할 수 있게 해준다. 반면 커널은 OAL을 통해 인터럽트, 타이머, IOCTL(I/O Control)과 같은 하드웨어 관련 기능들에 접근할 수 있게 해준다. OAL의 구조는 〈그림 3-172〉와 같은 형태이다.

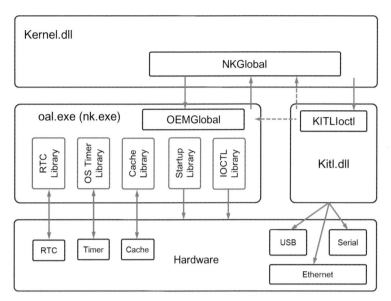

〈그림 3-172〉 윈도우 임베디드 컴팩트의 OAL 구조

플랫폼 빌더의 OS Design을 통해 OS 이미지가 만들어지면, 이를 타겟 시스템에 적용하기 위해 타겟 시스템의 부팅을 위해 사용되는 저장장치(하드디스크, 플래시 메모리, SD카드 등)에 OS 이미지를 적재해야 한다. 이러한 처리를 위해 DiskPrep를 사용할 수 있으며, 이 유틸리티는 마이크로소프트에서 무료로 제공한다.

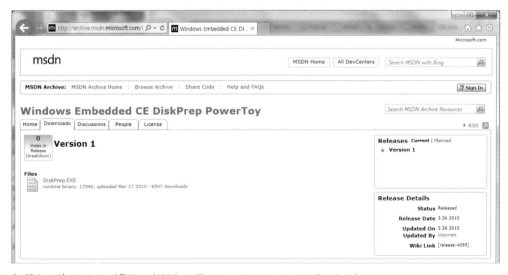

〈그림 3-173〉 DiskPrep 다운로드 사이트(http://archive.msdn.microsoft.com/DiskPrep)

DiskPrep를 실행한 모습은 〈그림 3-174〉와 같으며, Disk Selection을 통해 저장 장치 유형을 선택하고 파일시스템 타입을 선택한다. 다음으로 마지막 항목의 'Load specific image file copied from:'에서 빌드해 둔 NK.bin 파일을 선택하면 된다.

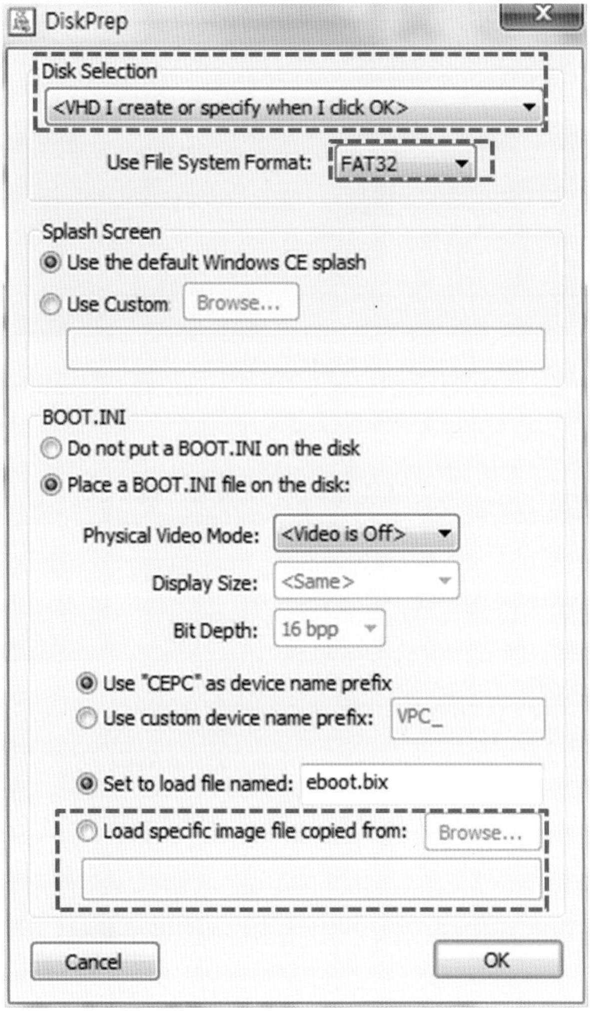

〈그림 3-174〉 DiskPrep를 실행한 모습

MicroC/OS-X(uCOS-X)

MicroC/OS-II는 Jean J. Labrosse이 개발했다. uC/OS-II는 이후 상용화되었으며 상용 버전과 공개 버전으로 두 가지 형태로 배포된다. uC/OS-II는 RTOS의 성격을 그대로 유지하면서, 다른 운영체제에 비해 매우 경량화된 구조와 크기를 가지고 있다. 현재는 uC/OS-II를 개선한 uC/OS-III가 추가로 출시된 상태이며, 이 외에도 여러 가지 제품들에 대한 다양한 플랫폼을 제공한다.

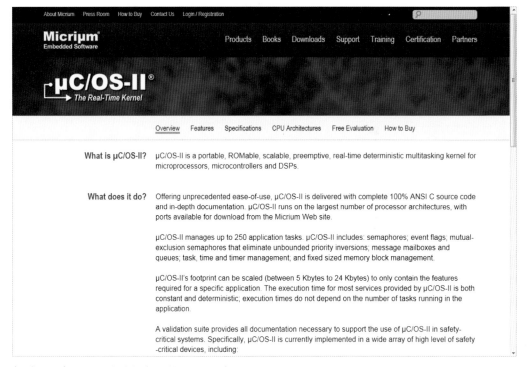

〈그림 3-175〉 uCOS 공식 사이트(http://micrium.com)

uCOS는 항공기 전자장치, 의료 장비, 통신 장비, 가전제품, 산업용 컨트롤러 등 다양한 임베디드 시스템에 적용할 수 있다.

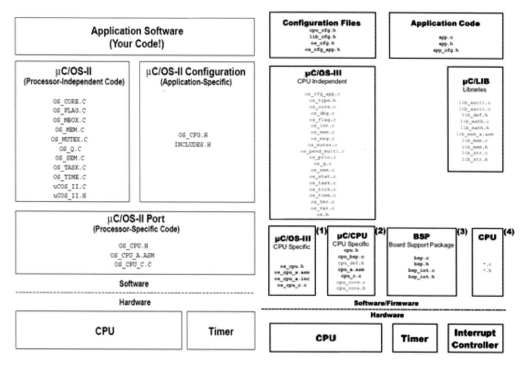

〈그림 3-176〉 uC/OS-Ⅱ(좌측)와 uC/OS-Ⅲ(우측) 아키텍처

임베디드 미들웨어

미들웨어란 운영체제가 제공하는 기능을 바탕으로 애플리케이션에서 사용 가능한 인터페이스를 제공하는 소프트웨어 계층을 가리킨다. Hurwitz의 미들웨어 분류법에 의하면 클라이언트가 원격에서 동작하는 프로시저를 호출하는 RPC 미들웨어, 클라이언트가 생성한 메시지는 저장소에 요청할 때 저장하면서, 다른 업무를 지속할 수 있게 하는 비동기식 미들웨어인 메시지 지향 미들웨어, 객체지향 시스템에서 객체 및 서비스를 요청하고 전송할 수 있도록 지원하는 미들웨어인 ORB(Object Request Broker) 미들웨어, 그리고 애플리케이션과 데이터베이스 서버를 연결해 주는 미들웨어인 데이터베이스 접속 미들웨어 등으로 미들웨어의 종류를 구분하기도 한다.

임베디드 시스템에서는 미들웨어 분류법의 적용이 용이하지 않으며, 소프트웨어 플랫폼의 구조적인 측면에서 미들웨어를 정의할 필요가 있다. 일반적으로 미들웨어는 운영체제 커널, 디바이스 드라이버, 또는 애플리케이션 소프트웨어가 아닌 시스템 소프트웨어를 가리킨다.

소프트웨어 플랫폼은 기본적으로 운영체제가 필요하며, 특정 운영체제 위에서 사용자 수준의 애플리케이션이 실행되는 형태이다. 이때 애플리케이션의 구현과 실행을 위해서는 라이브러리, 런타임 등의 환경이 추가적으로 필요하며, 운영체제와 애플리케이션 중간에서 운영체제가 제공하는 자원이나 기능을 추상화해서 상위 애플리케이션이 이용할 수 있게 도와주는 중간 계층의 소프트웨어를 묶어 미들웨어라고 할 수 있다. 미들웨어를 포함하는 임베디드 시스템의 구조는 〈그림 3-177〉과 같은 몇 가지 모델의 형태가 될 수 있다.

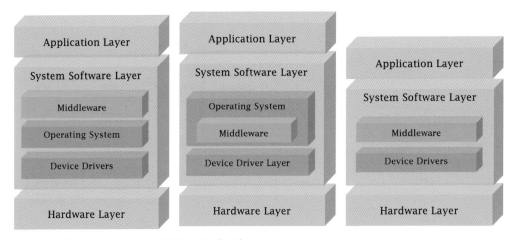

〈그림 3-177〉 미들웨어를 포함하는 임베디드 시스템 모델

〈그림 3-177〉과 같이 미들웨어는 운영체제나 디바이스 드라이버 상위에 구성되거나 운영체제에 포함될 수 있다.

앞서 소개한 여러 가지 플랫폼에서 안드로이드의 경우 라이브러리, 런타임, 애플리케이션 프레임워크를 묶어 미들웨어라 할 수 있다.

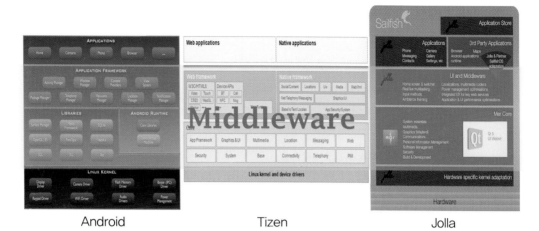

<그림 3-178> 소프트웨어 플랫폼의 미들웨어

미들웨어는 다른 애플리케이션 소프트웨어를 돕거나 중재하기 위한 소프트웨어라 할 수 있으며, 특히 유연성, 보안, 이식성, 연결성, 내부의 통신, 애플리케이션 간의 상호작용 방법을 제공하기 위한 추상화 계층으로 볼 수 있다. 미들웨어를 사용함으로써 얻는 주요한 장점 중 하나는 중앙 집중적인 소프트웨어 인프라의 구성을 통한 복잡도의 감소이다.

복잡한 구성의 임베디드 시스템에서는 둘 이상의 미들웨어가 구성될 수도 있다. 이는 모든 개별적인 애플리케이션의 요구사항을 만족시킬 수 있는 한 가지 기술을 찾는 것이 거의 불가능하기 때문에 발생할 수 있으며, 이러한 경우 나중에 통합 과정에서 발생 가능한 문제점을 해소하기 위해 미들웨어 간의 상호작용성이 용이한가에 비중을 두고 선택해야 한다.

애플리케이션 프레임워크와 SDK(Software Development Kit)

소프트웨어 프레임워크란 일반적인 기능을 제공하는 소프트웨어가 사용자가 작성한 추가적인 코드를 통해 선택적으로 변경될 수 있게 함으로써 애플리케이션에 의존적인 소프트웨어를 제공하는 추상화된 소프트웨어를 가리킨다. 즉, 소프트웨어 프레임워크는 애플리케이션과 제품의 개발을 위해 일반적이고 재사용 가능한 소프트웨어를 가리킨다. 일반적으로 소프트웨어 프레임워크는 개발을 위한 기능을 제공하는 프로그램, 컴파일러, 라이브러리, 유틸리티, 그리고 API로 구성되며, 프로젝트나 솔루션의 개발이 가능하도록 상이한 컴포넌트들이 조합되는 형태이다.

라이브러리와 비교했을 때 프레임워크는 다음과 같은 차이점이 있다.

- 제어 반전(inversion of control): 라이브러리나 일반적인 사용자 수준 애플리케이션과는 달리 프레임워크에서는 전체적인 프로그램 흐름의 제어가 호출자에 의해 강제되지 않고 프레임워크에 의해 통제된다.
- 기본 행위자(default behavior): 프레임워크는 기본 행위자를 갖는다. 이 기본 행위자는 몇 가지 유용한 행위를 반드시 가지고 있어야 하며, 아무런 기능도 수행하지 않는 연산(no-op)의 연속이 되어서는 안 된다.
- 확장성(extensibility): 프레임워크는 사용자의 선택적인 오버라이딩에 의해 확장될 수 있어야 하며, 특별한 기능을 제공하기 위해 사용자 코드를 통해 특화될 수 있어야 한다.
- 수정 불가능한 프레임워크 코드: 일반적으로 프레임워크 코드는 확장성을 위한 경우를 제외하고는 코드의 수정을 고려하지 않는다. 사용자는 프레임워크 코드 자체의 수정 없이 확장이 가능하다.

객체지향적인 측면에서는 명확히 식별되는 기능의 단위가 클래스를 통해 표현되고, 유사한 기능을 가진 클래스를 묶어 컴포넌트로 표현하며, 어떤 기능의 실현을 위해 연관된 컴포넌트를 조직화해서 프레임워크를 구성한다. 프레임워크를 기반으로 하는 플랫폼에서는 애플리케이션이 프레임워크가 제공하는 컴포넌트를 통해 구성되며, 따라서 동일한 프레임워크를 사용하는 플랫폼인 경우 애플리케이션은 호환성을 가질 수 있을 것이다.

일반적으로 프레임워크를 제공하는 플랫폼에서는 SDK(Software Development Kit)를 애플리케이션 영역에 노출시킴으로써 프레임워크가 제공하는 기능을 토대로 애플리케이션 작성을 가능하게 한다.

임베디드 애플리케이션

임베디드 시스템에서 어떤 기능을 수행하려면 애플리케이션을 작성해야 한다. 데스크톱에서는 보통 해당 운영체제 상에서 사용 가능한 통합개발환경(IDE)을 이용해 프로그램을 개발하며, 어떤 개발 도구를 사용하는가에 따라 프로그래밍 언어가 결정된다. 예를 들어, 윈도우 환경에서 비주얼 스튜디오를 사용하는 경우 개발 언어로는 C, C++, C# 등을 사용할 수 있을 것이다. 반면 리눅스를 운영체제로 하는 경우에는 배포판[5]에 내장된 GCC 컴파일러를 통해 C/C++로 작성된 코드를 컴파일하고 사용할 수 있다. 〈그림 3-179〉는 리눅스 배포판 중 하나인 우분투의 소프트웨어 아키텍처를 보여준다.

5　배포판은 리눅스 커널을 기반으로 다양한 GNU 소프트웨어, UI 프레임워크 등의 라이브러리를 갖춘 통합 운영체제를 말하며, 페도라, 우분투, CentOS 등 약 300여 가지의 배포판이 존재한다.

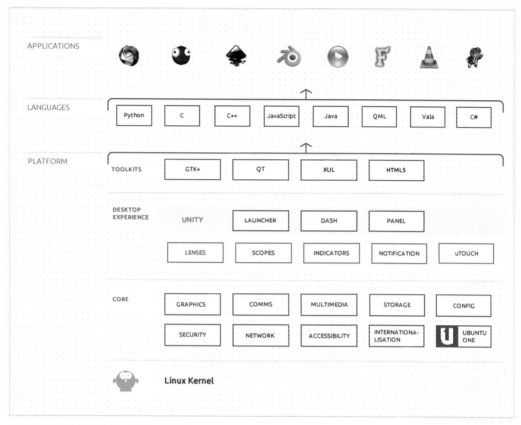

〈그림 3-179〉 우분투의 소프트웨어 아키텍처

데스크톱의 프로세서가 인텔 x86 계열이고, 윈도우나 리눅스가 설치되어 있는 경우, 소스코드를 작성하고 빌드하면 실행파일이 만들어진다. 이때 어떤 종류의 개발 도구를 사용하는가에 따라 빌드 방식은 달라질 수 있지만 실제 내부에서 진행되는 빌드 절차는 동일하다.

〈그림 3-180〉 비주얼 스튜디오의 빌드 절차

실헹파일이 만들어지려면 원시 코드에 대한 컴파일과 링킹 과정이 필요하다.

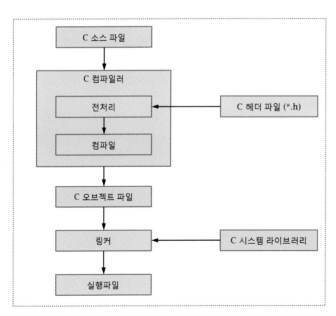

〈그림 3-181〉 C 코드에 대한 빌드 절차

애플리케이션을 빌드하는 과정에서 원시 코드를 컴파일하면 특정 프로세서에 대한 기계어 코드로 변환된다. 즉, 컴파일은 C/C++과 같은 고급언어를 통해 작성된 소스코드를 프로세서가 처리 가능한 기계어 코드로 변환하는 것인데, 이렇게 변환된 기계어 코드는 보통 오브젝트(object)로 취급되며, 이 오브젝트들이 라이브러리와 결합되어 실행파일이 만들어진다. 컴파일러는 특정 프로세서에 대한 코드를 만들어 내는 것이므로, 만약 x86 프로세서를 사용하는 데스크톱에서 빌드 과정을 통해 실행파일을 만들었다면 ARM 프로세서와 같은 다른 프로세서 상에서는 실행이 불가능하다. 이처럼 컴퓨터에서 실행 가능한 코드를 만들어내기 위한 컴파일러를 네이티브(native) 컴파일러 또는 호스트(host) 컴파일러라고 한다.

윈도우 기반의 데스크톱 애플리케이션을 만들면 이는 동일한 환경의 데스크톱에서 실행될 수 있다. 하지만 애플리케이션이 실행되는 환경이 데스크톱과 다르다면 문제가 생길 것이다. 예를 들어, ARM 프로세서 기반의 리눅스 상에서 실행될 애플리케이션을 개발해야 한다면 어떻게 해야 할까?

방법은 두 가지가 있다. 데스크톱과 마찬가지로 대상 시스템에 빌드를 위한 도구를 설치하는 것과 대상 시스템이 아닌 데스크톱에 설치하는 것이다. 첫 번째 방법은 가능하긴 하지만 거의 사용되지 않는 방식이다. 그 이유는 일반적인 임베디드 시스템이 자원의 제약을 받는 경우가 많기 때문에 개발에 필요한 도구(에디터, 컴파일러, 링커, 디버거, 라이브러리 등)를 직접 설치하는 것은 매우 부담이 크다. 따라서 두 번째 방식을 사용하게 되는데, 이를 교차 개발 환경이라 한다. 교차 개발 환경이란 대상 시스템의 특성을 고려해 개발 환경을 데스크톱처럼 자원이 풍부한 시스템에 설치하는 방식을 가리킨다.

교차 개발 환경

교차 개발 환경을 구성하려면 먼저 대상 시스템의 프로세서 타입부터 확인해야 한다. 컴파일러는 특정 프로세서에 종속적인 코드를 만들어 내기 때문에 원시 코드가 대상 시스템에서 실행 가능한 코드로 변환되려면 대상 시스템의 프로세서에 대한 코드를 만들어 낼 수 있는 컴파일러가 필요하며, 이를 교차 컴파일러라고 부른다.

대상 시스템의 프로세서가 ARM이라면 ARM용 교차 컴파일러를 구성해야 한다. 특정 프로세서에 대한 컴파일러는 비용을 부담하고 구입하거나, 직접 만들어서 사용할 수 있다. 또는 무료로 제공되는 컴파일러를 사용하는 것도 가능하다.

ARM 프로세서에 대한 컴파일러를 포함하는 통합 개발 환경으로는 Code Warrior for ADS(ARM Developer Suite), RVDS(Real View Development Suite), ARM DS(Development Studio)-5, IAR Embedded Workbench for ARM 등이 있으며, 상용 제품으로는 가장 널리 쓰이는 제품들이다.

ADS는 ARM7, ARM9, RM10, StrongARM, 그리고 XScale을 지원하며, ARM Cortex A8, Quad-Core ARM Cortex A9과 같이 최신 프로세서를 사용하는 경우에는 ARM DS-5를 사용할 수 있다. ARM 프로세서 이외에도 임베디드 시스템에서 많이 사용되는 다양한 프로세서에 대한 버전이 출시되어 있다.

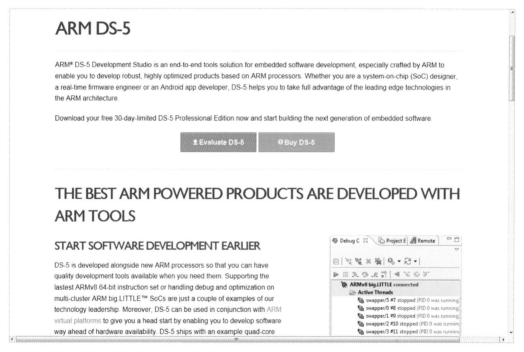

〈그림 3-182〉 ARM DS-5(http://ds.arm.com/ds5)

〈그림 3-183〉 IAR Embedded Workbench(http://www.iar.com)

ARM 프로세서 기반의 통합 개발 환경인 ARM DS-5는 〈그림 3-184〉와 같이 이클립스(Eclipse) 기반 IDE, 컴파일 도구, 모든 기능을 갖춘 그래픽 디버거, 전체 ARM 프로세서 기반 장치의 시뮬레이션 모델 및 몇 가지 리눅스 예제 프로젝트가 포함되어 리눅스 기반 임베디드 시스템 및 운영체제 미설치 시스템에 사용할 수 있는 전문적인 소프트웨어 개발 솔루션이며, 부팅 코드 및 커널 이식에서 응용 프로그램 디버깅에 이르는 소프트웨어 개발의 모든 단계를 다룰 수 있다.

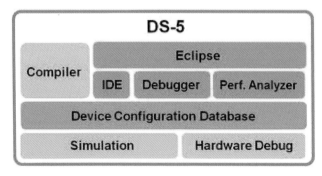

〈그림 3-184〉 ARM DS-5 구조

이러한 통합 개발 환경에서는 코드의 작성, 컴파일, 디버깅, 프로파일링 등의 다양한 작업이 가능하기 때문에 편의성과 더불어 효과적인 결과물을 만들어 낼 수 있지만, 개인이 부담하기에는 비용 부담이 큰 편이다.

임베디드 소프트웨어를 개발하기 위해 꼭 앞서 소개한 제품들을 사용해야 하는 것은 아니다. ARM 프로세서나 MIPS 등의 프로세서에 대해 무료로 제공되는 컴파일러도 존재한다. 대표적으로는 CodeSourcery 컴파일러가 있으며, 윈도우와 리눅스 버전이 모두 제공되기 때문에 누구나 쉽게 사용할 수 있다.

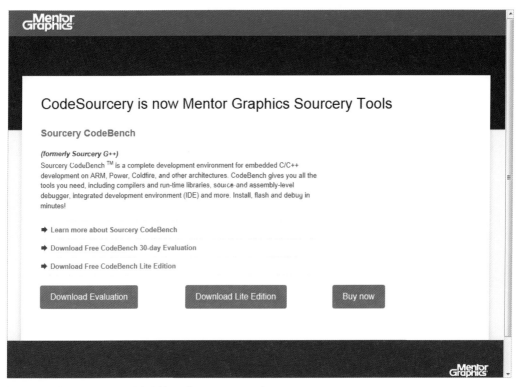

〈그림 3-185〉 CodeSourcery 컴파일러(http://www.mentor.com)

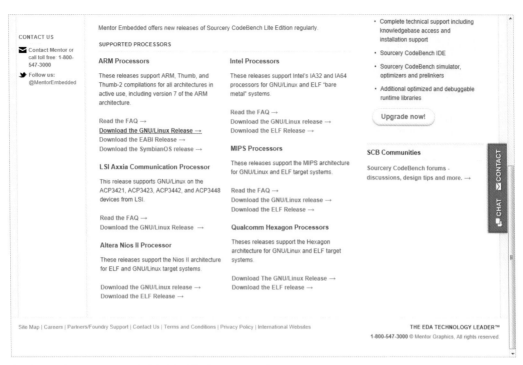

〈그림 3-186〉 CodeSourcery 컴파일러의 지원 가능 프로세서 타입

교차 컴파일러에는 기본적으로 GCC, GLIBC, BINUTILS 패키지가 구성된다. 이것들은 모두 GNU 공식 사이트에서 배포되는 오픈소스 기반 소프트웨어이며, www.gnu.org에서 내려받을 수 있다.

All GNU packages

Here is a list of all current GNU packages, using their package identifiers (rather than long names) for brevity, and sorted alphabetically. If you have corrections to or questions about this list, please email <maintainers@gnu.org>.

There are also comprehensive lists of documentation for GNU packages (arranged by category), and GNU package logos, and a list of recent GNU releases.

3dldf a2ps acct acm adns alive anubis apl archimedes aris aspell auctex autoconf autoconf-archive autogen automake avl ballandpaddle barcode bash bayonne bazaar bc bfd binutils bison bool bpel2owfn c-graph ccaudio ccd2cue ccide ccrtp ccscript cflow cgicc chess cim classpath classpathx clisp cobol combine commoncpp complexity config consensus coreutils cpio cppi cssc dap dc ddd ddrescue dejagnu denemo dia dico diction diffutils dionysus djgpp dmd dominion dr-geo ed edma electric emacs emacs-muse emms enscript eprints epsilon fdisk ferret findutils fontutils freedink freefont freeipmi freetalk fribidi gama garpd gawk gcal gcc gcide gcl gcompris gdb gdbm gengen gengetopt gettext gforth ggradebook ghostscript gift gimp gleem glib global glpk glue gmediaserver gmp gnash gnat gnats gnatsweb gnome gnowsys gnu-c-manual gnu-crypto gnu-pw-mgr gnuae gnubatch gnubg gnubiff gnubik gnucap gnucash gnucobol gnucomm gnue gnufm gnugo gnuit gnujdoc gnujump gnukart gnulib gnumach gnumed gnumeric gnump3d gnun gnunet gnupg gnupod gnuprologjava gnuradio gnurobots gnuschool gnushogi gnusound gnuspeech gnuspool gnustandards gnustep gnutls gnutrition gnuzilla goptical gorm gpaint gperf gprolog grabcomics greg grep gretl groff grub gsasl gsegrafix gsl gsrc gss gtick gtk+ gtypist guile guile-dbi guile-figl guile-gnome guile-ncurses guile-rpc guile-sdl guix gurgle gv gvpe gxmessage gzip halifax health hello help2man hp2xx httptunnel hurd hyperbole icecat idutils ignuit indent inetutils intlfonts jacal java-getopt jel jwhois kawa kopi leg less libc libcdio liberty-eiffel libextractor libffcall libgcrypt libiconv libidn libjit libmatheval libmicrohttpd libredwg librejs libsigsegv libtasn1 libtool libunistring libxmi lightning lilypond lims linux-libre liquidwar6 lispintro lrzsz lsh m4 macchanger mailman mailutils make marst maverik mc mcron mcsim mdk mediagoblin melting metaexchange metahtml mifluz mig miscfiles mit-scheme moe motti mpc mpfr mtools myserver nana nano ncurses nettle network ocrad octave oleo orgadoc osip panorama parallel parted pascal patch paxutils pcb pdf pem pexec pgccfd phantom_home pies pipo plotutils polyxmass powerguru proxyknife pspp pychosynth pth pyconfigure pythonwebkit qexo quickthreads r radius rcs readline recutils reftex remotecontrol rottlog rush sather scm screen sed serveez sharutils shishi shmm shtool sipwitch slib smalltalk social solfege spacechart speex spell sqltutor src-highlite stalkerfs stow stump superopt swbis sysutils talkfilters tar termcap termutils teseq teximpatient texinfo texmacs thales time tramp trans-coord trueprint unifont units unrtf userv uucp vc-dwim vcdimager vera vmgen wb wdiff websocket4j webstump wget which womb xaos xboard xhippo xlogmaster xmlat xnee xorriso zile

〈그림 3-187〉 GNU에서 배포하는 소프트웨어 패키지(http://www.gnu.org)

모든 패키지는 소스코드 형태로 배포되기 때문에 내려받은 다음 원하는 프로세서 타입을 지정해 컴파일함으로써 특정 프로세서에 대한 교차 컴파일러를 구축할 수 있다.

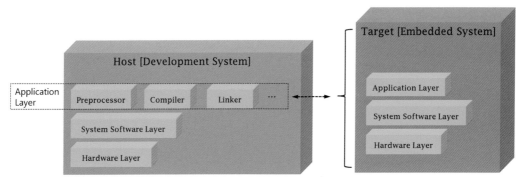

〈그림 3-188〉 교차 개발 환경

BSP(Board Support Package)

임베디드 시스템이 윈도우, 리눅스, 안드로이드와 같은 특정 운영체제를 기반으로 완전하게 가동되기 위해서는 BSP가 필요하다. BSP라는 용어는 1988년 VRTX(Versatile Real-Time Executive)로부터 유래되었으며, 윈드리버(Wind River)의 VxWorks를 통해 대중화되었다.

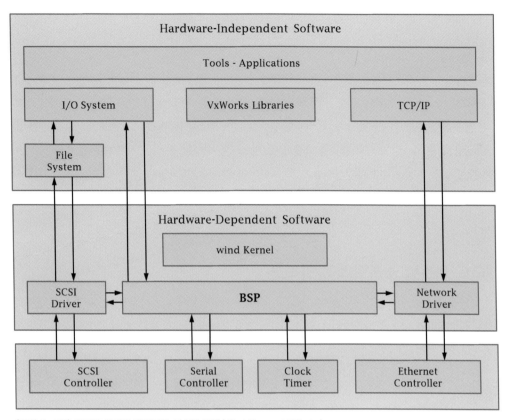

〈그림 3-189〉 BSP를 포함한 임베디드 시스템 모델(Wind River – VxWorks)

BSP는 운영체제의 제공 업체에서 부가적으로 제공해주는 컴포넌트로서, 주된 목적은 운영체제와 일반적인 장치 드라이버 간의 추상화 계층을 제공하는 것이다.

BSP는 하드웨어에 종속적인 부분과 그렇지 않은 부분의 코드에 대한 통합된 관점에서 동작되기 때문에 새로운 장치로 구성된 시스템에 대해 운영체제를 이식하는 작업을 용이하게 만들어 준다. BSP는 하드웨어에 대한 사용자화를 수행할 수 있는 소프트웨어 상위 계층의 서브루틴들을 제공하며, 또한 컴파일 시 유연성을 제공한다. 이러한 서브루틴들이 시스템 애플리케이션 소프트웨어의 나머지 부분에 대해 컴파일된 디바이스 드라이버 코드를 분리시켜 지정해주기 때문에 BSP는 일반적인 장치 드라이버 코드에 대한 런타임 이식성을 보장한다. 또한 BSP는 하드웨어에 대한 장치 드라이버와 운영체제의 초기화에 대한 관리를 책임진다.

BSP의 장치 구성 관리 부분은 프로세서의 주소 지정 방식, 엔디언, 인터럽트와 같은 아키텍처에 종속적인 장치 드라이버와 관련되어 있으며, 일반적인 장치 드라이버들을 다른 엔디언, 인터럽트 방식, 그리고 아키텍처에 의존적인 특징을 갖는 새로운 아키텍처 기반의 보드에 최대의 유연성을 바탕으로 이식 가능하게끔 설계되어 있다.

실제로 우리가 임베디드 리눅스 환경에 대해 BSP를 제공받을 경우 BSP는 부트로더, 커널 이미지, 루트파일시스템 등으로 구성되어 있다. 부트로더에서는 클럭 설정, 메모리 초기화, UART, 이더넷 등의 몇 가지 필수적인 주변장치들에 대한 초기화를 수행한 다음 커널 이미지를 메모리로 적재하는 역할을 한다. 커널은 각종 시스템 초기화 함수를 호출하며, 태스크를 수행할 수 있는 상태가 되며, 이 과정에서 필요한 각종 설정 파일은 루트파일시스템 안에 포함되어 있다. 루트파일시스템은 또한 부팅이 완료되고 나서 사용자로부터 명령을 입력받고 처리할 수 있도록 명령어에 대한 실행파일들을 포함한다.

임베디드 시스템 소프트웨어 최적화

앞에서 설명한 것처럼 임베디드 시스템은 자원의 제약이 따름과 동시에 실시간성, 신뢰성 등이 강하게 요구되는 시스템이기 때문에 최소한의 자원을 사용하면서 성능을 극대화할 수 있는 소프트웨어의 구성이 중요하다.

동일한 기능을 수행하는 소프트웨어라 할지라도 최적화의 수행 여부에 따라 메모리 소비량이나 산출량(throughput)과 같이 성능을 좌우하는 결과가 다르게 나타날 수 있다.

기본적으로는 컴파일러에 최적화 옵션을 사용함으로써 기본적인 최적화 과정을 수행할 수 있지만, 최적화 수준에 따라 최적화되는 대상의 차이가 생기며, 최적화를 수행하는 것이 절대적으로 메모리를 적게 소비하거나 성능을 높여주는 것은 아니라는 점을 알고 있어야 한다. GCC와 같은 일반적인 컴파일러에서 제공하는 최적화는 〈표 3-23〉과 같다.

〈표 3-23〉 GCC 컴파일러의 최적화

항목	Included in Level			
Optimization	−O1	−O2	−Os	−O3
defer−pop	●	●	●	●
thread−jumps	●	●	●	●
branch−probabilities	●	●	●	●
cprop−registers	●	●	●	●
guess−branch−probability	●	●	●	●

항목	Included in Level			
omit–frame–pointer	●	●	●	●
align–loops	○	●	○	●
align–jumps	○	●	○	●
align–labels	○	●	○	●
align–functions	○	●	○	●
optimize–sibling–calls	○	●	●	●
cse–follow–jumps	○	●	●	●
cse–skip–blocks	○	●	●	●
gcse	○	●	●	●
expensive–optimizations	○	●	●	●
strength–reduce	○	●	●	●
rerun–cse–after–loop	○	●	●	●
rerun–loop–opt	○	●	●	●
caller–saves	○	●	●	●
force–mem	○	●	●	●
peephole2	○	●	●	●
regmove	○	●	●	●
strict–aliasing	○	●	●	●
delete–null–pointer–checks	○	●	●	●
reorder–blocks	○	●	●	●
schedule–insns	○	●	●	●
schedule–insns2	○	●	●	●
inline–functions	○	○	○	●
rename–registers	○	○	○	●

최적화

소프트웨어의 최적화를 위해서는 적절한 데이터 타입의 선택, 포인터 앨리어싱(aliasing), 정렬과 엔디언(endian), 데드(dead) 코드 제거, 함수 인라이닝(inlining), 복사 전파(copy propagation),

상수 전파(constant propagation), 상수 접기(constant folding), 루프(loop) 최적화, 루프 변환 등을 다루어야 한다.

■ 적절한 데이터 타입의 선택

프로세서는 워드(word) 단위의 자신이 가장 잘 처리할 수 있는 크기의 네이티브(native) 데이터 타입을 가지고 있다. 워드의 크기는 레지스터 크기와 동일하며, 데이터 버스의 폭과 같다. 따라서 어셈블리 수준에서는 네이티브 데이터 타입을 사용했을 때 가장 적은 인스트럭션(instruction)을 사용하게 되며, 이러한 결과로 코드의 크기가 작아질 수 있고 속도 또한 빨라질 수 있다.

만약 double 타입(8바이트)의 데이터를 메모리로부터 읽어오는 경우라면 32비트 프로세서에서 버스의 크기는 4바이트이기 때문에 메모리에 두 번 접근해야 한다. 반면 char 타입(1바이트)의 데이터를 읽어오는 경우, 버스의 크기가 4바이트이기 때문에 메모리에서 4바이트 크기의 데이터를 읽은 다음 char 단위의 1바이트 데이터를 다시 추출하는 추가적인 연산이 필요하다. 따라서 취급할 숫자의 범위가 작다고 해서 무조건 작은 크기의 데이터를 표현하기 위한 데이터 타입으로 변수를 선언하는 것은 적절하지 않다.

○ 전역 변수의 최적화

초기화된 전역 변수는 데이터 세그먼트에 저장되지만, 초기화되지 않은 경우에는 BSS 세그먼트에 저장된다. ROM이 사용되는 경우 데이터 세그먼트는 ROM과 RAM에 모두 생성되고, BSS는 RAM에 생성된다. 이러한 경우 ROM의 소비를 줄이기 위해서는 코드의 크기를 줄여야 하는 반면, RAM의 소비를 줄이려면 변수의 메모리 사용량을 줄여야 한다. 코드의 크기는 ROM의 텍스트 세그먼트와 데이터 세그먼트를 합한 크기이며, 코드의 크기를 줄이기 위해서는 상수를 없애거나 초기화된 전역 변수의 사용을 자제하면 된다.

데이터 세그먼트는 ROM과 RAM에 모두 존재하기 때문에 메모리를 절약하려면 초기화된 전역 변수의 사용을 피하는 것이 효율적이다.

○ 지역 변수의 최적화

지역 변수는 스택이나 레지스터에 저장된다. 함수의 인자는 프로세서에서 지정한 개수만큼 레지스터나 스택에 저장되는데, 프로세서마다 함수 호출 규약(calling convention)을 정의하고 있기 때문에 차이가 생긴다.

ARM 프로세서의 경우 함수의 인자를 저장하기 위해 4개의 레지스터(R4~R7)를 할당하며, 반환 값은 R0를 통해 처리된다. 인자가 5개를 초과하는 경우 스택을 사용하게 된다. 32비트 프로세서는 레지스터의 크기가 32비트이므로 함수의 인자나 반환 값이 int 타입인 경우에는 인자에 대한 추가적인 처리가 필요하지 않지만 short(2바이트) 타입이나 char(1바이트) 타입이 사용되는 경우에는 32비트 크기로 확장시키거나 32비트 크기의 레지스터 값을 short나 char 타입으로 변환하기 위한 연산이 추가적으로 필요하다.

○ 타입 한정자(modifier)

임베디드 시스템에서는 장치의 제어와 관련된 코드를 사용하는 경우가 많다. 이때 장치가 매핑(mapping)되어 있는 메모리 주소에 대한 포인터 연산이 이루어지는 경우 일반적인 포인터 변수를 통해 장치의 주소를 가리키게 되면 컴파일러의 최적화로 인해 메모리에 대한 I/O 횟수를 줄이는 연산이 더해지면서 의도한 장치의 제어가 정상적으로 이루어지지 않을 수 있다. 따라서 장치의 접근을 처리하는 데 사용되는 포인터 변수에 대해서는 타입 한정자인 volatile 키워드를 추가적으로 사용해야 한다.

■ 포인터 앨리어싱(aliasing)

두 개 이상의 포인터 변수가 같은 메모리 주소를 가리키고 있을 때 이를 앨리어스(alias)라 한다. 만약한 포인터에 값을 쓰게 되면, 이는 다른 포인터를 통해 읽는 값에 영향을 주게 된다. 컴파일러는 어떤 포인터가 앨리어스인지 아닌지 판단할 수 없기 때문에 어떤 포인터에 값을 쓰면 다른 포인터를 통해 값을 읽어들일 때 영향을 끼칠 수 있다고 가정한다. 따라서 앨리어스는 코드의 성능을 상당히 떨어뜨리는 요인으로 작용할 수 있다.

■ 정렬과 엔디언(endian)

ARM 프로세서는 로드(load)-스토어(store) 명령에서 사용되는 주소 값이 로드/스토어할 데이터 타입의 배수라 가정한다. 따라서 특정 타입으로 정렬되지 않은 주소 값을 로드/스토어하게 되면 그 결과는 ARM 프로세서 버전에 따라 달라질 수 있으며, 경우에 따라 Data Abort와 같은 예외(exception)를 발생시킬 수도 있다.

엔디언(endian)은 프로세서에서 데이터를 저장할 때의 순서를 가리킨다. 하위 주소에 하위 바이트를 먼저 저장하는 것을 리틀 엔디언(little endian)이라 하며, 하위 주소에 상위 바이트를 저장하는 것을 빅 엔디언(big endian)이라 한다. ARM 프로세서에서는 리틀 엔디언과 빅 엔디언을 모두 지원하지만 전원이 공급될 때 한 가지 엔디언으로 설정이 이루어지고 유지되기 때문에 엔디언 설정이 필요할 수 있으며, 기본은 리틀 엔디언 방식이다.

엔디언 방식이 다른 시스템 간 데이터 교환을 수행할 때나 JPEG과 같이 빅 엔디언 방식의 데이터를 담은 파일을 처리할 때, 빅 엔디언 방식의 데이터를 리틀 엔디언 방식으로 또는 그 반대로 데이터를 가공해야 할 수 있다.

■ 데드(dead) 코드 제거

어떤 변수가 정의된 위치에서부터 해당 루틴이 종료될 때까지 한 번도 사용되지 않는 것과 같이 프로그램의 실행 과정에서 사용되지 않는 불필요한 코드를 데드(dead) 코드라 한다.

데드 코드를 제거함으로써 코드의 크기를 줄일 수 있지만 어떤 경우에는 컴파일러의 최적화에 의해 꼭 필요한 코드임에도 데드 코드로 간주되어 삭제되는 경우가 발생할 수 있다.

데드 코드의 식별은 데이터 흐름 분석(data flow analysis)을 통해 이루어지며, 데드 코드로 간주되지 않아야 하는 변수에 대해서는 앞서 설명한 타입 한정자인 volatile 키워드를 사용해 선언해야 한다.

■ 함수 인라이닝(inlining)

함수 인라이닝(inlining) 또는 프로시저(procedure) 인라이닝은 자주 반복되는 코드에서 함수를 사용하는 대신 함수의 몸체로 코드를 대체함으로써 분기가 일어나지 않게 해서 속도를 향상시킬 수 있다. 하지만 매크로나 인라인 함수의 사용은 메모리의 사용량을 증가시킨다는 단점이 있기 때문에 속도보다는 ROM의 크기에 더 신경을 써야 하는 경우에는 사용하지 않는 것이 좋다.

■ 복사 전파(copy propagation)

복사 전파는 값을 직접 할당하는 코드를 교체하는 과정이다. 직접 할당은 a=b와 같이 a에 b 값을 할당하는 형태이다.

복사 전파는 보통 도달 정의(reaching definition), use-def 체인과 def-use 체인을 통해 대상의 안전한 교체가 가능하다고 판단되면 이루어진다. 앞에서 사용된 변수에 대해 안전하게 수정이 이루어지면 할당 연산은 모두 제거된다.

■ **상수 전파(constant propagation), 상수 접기(constant folding)**

컴파일러 최적화 기법의 하나로 컴파일 시점에 어떤 변수의 값이 상수임을 알 수 있다면 해당 변수 대신 상수를 직접 사용하게 하는 것이다. 이로 인해 표현식(expression) 전체가 상수가 된다면 이를 컴파일 시에 계산한 후 그 결과를 직접 이용할 수 있다.

■ **루프(loop) 최적화**

○ **코드 모션(Loop Invariant Code Motion)**

코드 모션은 루프 내에서 매번 변화 없이 반복되는 코드(loop invariant)를 루프 밖으로 옮기는 최적화 작업이다.

○ **인덕션(induction) 변수 제거**

인덕션 변수란 루프 내에서 반복되는 횟수를 가리키는 데 사용되는 변수를 말한다. 루프 내에서 사용되는 인덱스 변수가 여러 개인 경우, 불필요한 인덱스 변수를 제거함으로써 연산량을 줄일 수 있다.

○ **연산 횟수 감소(Strength reduction)**

프로세서에서 나눗셈 명령을 지원하지 않는 경우에는 컴파일러가 라이브러리를 통해 제공되는 나눗셈 서브루틴을 호출해서 처리하게 된다. 그런데 이러한 나눗셈과 곱셈 연산은 덧셈, 뺄셈 연산과 비교했을 때 훨씬 더 많은 사이클이 필요한 연산이기 때문에 가급적이면 곱셈, 나눗셈 연산 대신 덧셈과 뺄셈을 이용하도록 수정하는 것이 코드의 수행 성능을 높일 수 있다.

■ **루프(loop) 변환**

○ **루프 언롤링(unrolling)**

루프 언롤링이란 반복문을 사용하는 대신 반복문의 몸체에 해당하는 코드를 반복 횟수만큼 풀어서 나열하는 것이다. 보통 프로세서에서는 분기를 처리하기 위한 인스트럭션의 사이클(4cycle)이 일반 연산에 소요되는 사이클(1~2cycle)보다 크다. 또한 스택을 사용하는 경우 메모리에 대한 참조가 빈번하게 발생하기 때문에 성능을 떨어뜨리는 요인이 될 수 있다.

○ **루프 퓨전**(fusion)

루프 퓨전은 인접한 루프들을 하나로 통합하는 방법이다. 서로 독립적으로 반복되는 작업을 하나의 루프로 합치면 당연히 성능 향상에 도움될 것이다.

○ **루프 타일링**(tiling)

루트 타일링이란 하나의 루프를 중첩된 루프로 변환하는 과정이다. 루프 타일링은 데이터 캐시의 사용 효율을 극대화할 수 있다는 장점이 있다. 이때 중첩된 루프를 의미하는 루프 타일은 해당 아키텍처의 캐시(cache) 크기에 맞게 설정해야 캐시 리필이 요구되는 횟수를 줄일 수 있고, 루프의 수행 성능을 높일 수 있다.

○ **루프 교환**(interchange)

루프 교환이란 중첩 루프에서 인접한 루프의 순서를 바꾸어줌으로써 캐시의 활용을 극대화하는 방법이다. 역시 해당 아키텍처의 캐시 크기에 의존적이기 때문에 아키텍처의 특성을 잘 파악하고 있어야 한다.

프로파일링

소프트웨어 프로파일링(profiling) 또는 성능 분석은 프로그램의 시간 복잡도 및 메모리 소비, 특정 명령어 이용, 함수 호출의 주기와 빈도 등을 측정하는 동적 프로그램 분석의 한 형태이다. 프로파일링 정보는 프로그램 최적화를 위해 사용되며, 프로파일링을 수행하는 전용의 소프트웨어인 프로파일러(profiler)를 사용해 프로그램의 소스코드나 실행파일을 분석함으로써 이루어진다.

최근 안드로이드 애플리케이션을 위한 개발환경에서는 프로파일러를 내장함으로써 개발자가 쉽게 프로파일링을 통해 병목이 되는 메서드를 찾아내는 효과적인 분석과 최적화 작업을 가능하게 하고 있다.

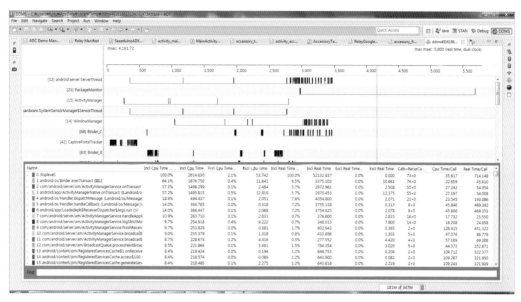

〈그림 3-190〉 안드로이드 프로파일러

안드로이드 개발환경에서처럼 특정 애플리케이션에 대한 전용 프로파일러가 제공되는 경우도 있지만 GCC 같은 범용적인 컴파일러도 커버리지 수행을 위한 gcov, 프로파일링을 위한 gprof와 같은 도구를 제공한다.

코드 커버리지 분석 도구인 gcov는 〈표 3-24〉와 같은 옵션을 통해 여러 가지 코드 수행 분석 결과를 얻을 수 있다.

〈표 3-24〉 gcov의 옵션

gcov 옵션	기능
-b, —branch-probabilities	응용 프로그램을 실행하는 동안 분기가 얼마나 자주 일어났는지 알려줌.
-c, —branch-counts	-b나 -ranch-probability와 함께 분기가 수행된 정보를 횟수로 표현
-f, —function-summaries	파일 안에 있는 모든 함수 호출에 관한 요약 정보에 특정 소스 파일 안에서의 함수 호출에 관한 요약 정보 추가
-h, —help	도움말 출력
-l, —long-file-names	포함된 헤더 파일의 이름을 소스 파일의 이름과 두 개의 # 기호를 사용해 연결
-n, —no-output	gcov의 출력 파일을 만들지 않음.

gcov 옵션	기능
-o dir | file, —object-directory dir, —object-file file	gcov 데이터 파일이 있는 디렉터리나 오브젝트 파일이 있는 경로를 지정할 때 사용
-v, —version	버전 정보 출력

프로파일링 도구인 gprof는 〈그림 3-191〉과 같이 프로그램의 프로파일링 정보를 제공한다.

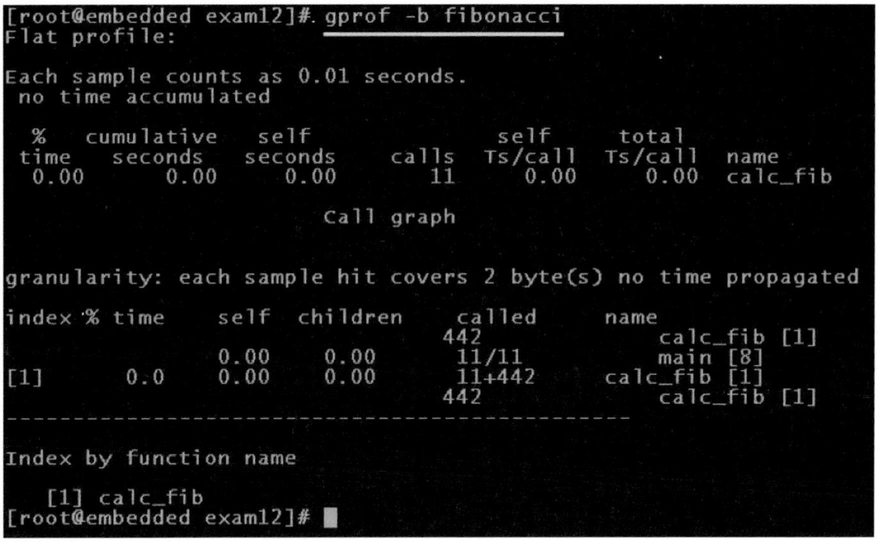

```
[root@embedded exam12]# gprof -b fibonacci
Flat profile:

Each sample counts as 0.01 seconds.
 no time accumulated

  %   cumulative   self              self     total
 time   seconds   seconds    calls  Ts/call  Ts/call  name
  0.00      0.00     0.00       11     0.00     0.00  calc_fib

                        Call graph

granularity: each sample hit covers 2 byte(s) no time propagated

index % time    self  children    called     name
                                    442             calc_fib [1]
                0.00    0.00      11/11          main [8]
[1]      0.0    0.00    0.00      11+442     calc_fib [1]
                                    442             calc_fib [1]
-----------------------------------------------

Index by function name

   [1] calc_fib
[root@embedded exam12]#
```

〈그림 3-191〉 gprof를 이용한 프로파일링 정보

〈그림 3-191〉의 gprof 결과에서 코드 상의 어떤 함수가 몇 번 호출되었으며, 얼마나 많은 시간을 소비하는지에 대한 통계 정보를 얻을 수 있다.

gcc의 커버리지 정보를 제공하는 gcov와 프로파일링 정보를 제공하는 gprof가 코드의 분석을 위해 유용한 도구가 될 수 있긴 하지만, 위에서 보여준 예제처럼 텍스트 기반의 정보를 제공하기 때문에 다소 직관적이지는 못하다. 따라서 안드로이드의 프로파일러처럼 그래픽 기반의 함수 호출 그래프를 시각적으로 제공하는 도구를 사용하는 편이 실제 개발 과정에서는 더 유용할 것이다.

〈그림 3-192〉는 AbsInt에서 제공하는 소프트웨어 분석 도구인 aiSee[6]이다.

6 http://www.absint.com/aisee/

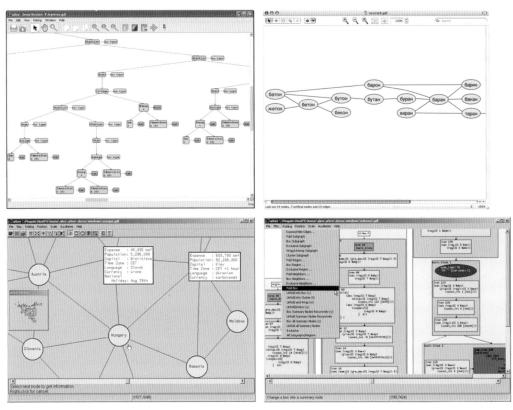

〈그림 3-192〉 aiSee의 함수 호출 그래프

aiSee는 윈도우, 리눅스, 맥 OS의 세 가지 플랫폼에 대해 비영리를 목적으로 하는 경우 무료로 배포하고 있다. 설치 과정과 사용법이 간단하기 때문에 누구나 쉽게 사용할 수 있다.

aiSee는 어떤 프로그램에 대해 함수 호출 흐름에 대한 정보를 시각적으로 얻는 데 유용할 수 있지만 다양한 통계 정보나 메모리 누수 등에 대한 좀 더 실질적인 프로파일링 관련 정보를 제공하지는 못한다.

x86과 AMD 기반의 리눅스 환경에서는 메모리 누수를 탐지하고 프로파일링 정보를 얻기 위해 밸그린드(valgrind)가 사용되어 왔는데, 2013년 말부터 x86, AMD, ARM, PPC, S390, MIPS 아키텍처 기반의 리눅스, 맥 OS, 그리고 안드로이드 환경에서 밸그린드를 사용할 수 있게 되었다.

〈그림 3-193〉 밸그린드 홈페이지(valgrind.org)

아래 코드는 메모리 누수와 잘못된 메모리 참조를 발생시키는 예제이며, 이를 밸그린드로 분석해 보면
〈그림 3-194〉와 같은 결과를 확인할 수 있다.

```c
#include <stdio.h>
#include <malloc.h>
int main() {
    char *data = malloc(sizeof(char)*100);
    int *val = malloc(sizeof(int)*10);
    val[10] = 100;
    free(val);
    return 0;
}
```

```
root@Host:/home/kook# valgrind --leak-check=yes ./vg_test
==9524== Memcheck, a memory error detector
==9524== Copyright (C) 2002-2011, and GNU GPL'd, by Julian Seward et al.
==9524== Using Valgrind-3.7.0 and LibVEX; rerun with -h for copyright info
==9524== Command: ./vg_test
==9524==
==9524== Invalid write of size 4
==9524==    at 0x400570: main (in /home/kook/vg_test)
==9524==  Address 0x51f2118 is 0 bytes after a block of size 40 alloc'd
==9524==    at 0x4C2B6CD: malloc (in /usr/lib/valgrind/vgpreload_memcheck-amd64-linux.so)
==9524==    by 0x400563: main (in /home/kook/vg_test)
==9524==
==9524==
==9524== HEAP SUMMARY:
==9524==     in use at exit: 100 bytes in 1 blocks
==9524==   total heap usage: 2 allocs, 1 frees, 140 bytes allocated
==9524==
==9524== 100 bytes in 1 blocks are definitely lost in loss record 1 of 1
==9524==    at 0x4C2B6CD: malloc (in /usr/lib/valgrind/vgpreload_memcheck-amd64-linux.so)
==9524==    by 0x400555: main (in /home/kook/vg_test)
==9524==
==9524== LEAK SUMMARY:
==9524==    definitely lost: 100 bytes in 1 blocks
==9524==    indirectly lost: 0 bytes in 0 blocks
==9524==      possibly lost: 0 bytes in 0 blocks
==9524==    still reachable: 0 bytes in 0 blocks
==9524==         suppressed: 0 bytes in 0 blocks
==9524==
==9524== For counts of detected and suppressed errors, rerun with: -v
==9524== ERROR SUMMARY: 2 errors from 2 contexts (suppressed: 2 from 2)
```

〈그림 3-194〉 밸그린드의 분석 결과

밸그린드는 〈그림 3-194〉와 같이 잘못된 메모리 사용에 대한 프로파일링 정보를 얻을 수 있으나 텍스트 기반의 정보를 제공하기 때문에 직관적이지는 못하다. 따라서 KCachegrind나 QCachegrind를 추가적으로 사용해 그래픽 기반의 프로파일링 결과를 얻을 수도 있다. 〈그림 3-195〉는 KCachegrind를 통해 프로그램의 프로파일링 정보를 출력한 결과이다.

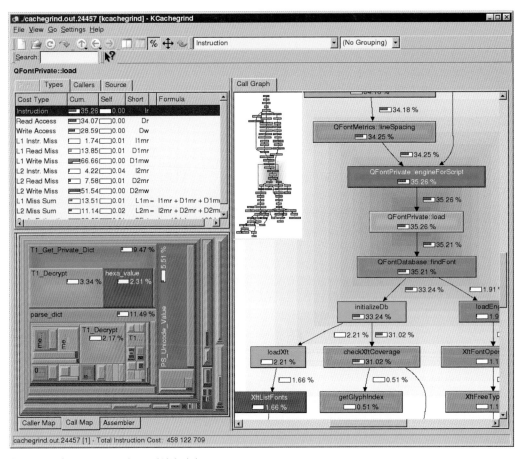

〈그림 3-195〉 KCachegrind의 프로파일링 결과

이 외에도 x86 프로세서 기반의 윈도우나 리눅스 환경에서 대해서는 VTune이 프로파일링에 사용될 수 있으며, arm, power-pc, x86 프로세서 기반의 리눅스 환경에서는 리눅스 커널이 제공하는 perf를 사용할 수도 있다. perf는 2010년 Linux Kongress를 통해 레드햇의 Arnaldo Carvalho de Melo에 의해 소개되었으며, perf에 대한 사용법은 아래 URL을 통해 확인할 수 있다.

https://perf.wiki.kernel.org/index.php/Tutorial

소프트웨어 신뢰도와 결함 허용 기법

소프트웨어 공학에서는 소프트웨어가 사용자에게 안정적으로 서비스를 제공하기 위해 신뢰성과 가용성을 중요하게 취급한다. 신뢰성(reliability)은 특정한 목적에 대해 주어진 환경에서 지정된 시간 내에 문제없이 동작을 수행할 능력이 있는지에 대한 문제이며, 가용성(availability)은 어떤 시스템이 임의의 시점에서 발생된 사용자의 요청에 대해 동작을 수행할 수 있는지와 요청된 결과를 제공할 수 있는가에 대한 문제를 다룬다. 시스템의 신뢰도를 높이는 것은 당연히 중요한 문제이지만 이는 비용과 관련된 문제이기도 하기 때문에 결코 간단하지는 않은 문제다.

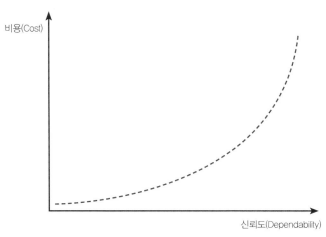

〈그림 3-196〉 신뢰도와 비용의 관계

소프트웨어 신뢰도는 〈그림 3-197〉과 같이 세분화할 수 있다.

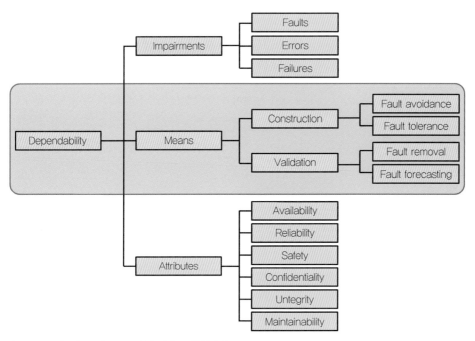

〈그림 3-197〉 세분화된 소프트웨어 신뢰도 개념(출저: Software Fault Tolerance Techniques and Implementation, Laura L. Pullum, Artech House, 2001.)

소프트웨어 신뢰도를 나타내는 척도로는 가용성(availability), 신뢰성(reliability), 안전성(safety), 기밀성(confidentiality), 보전성(integrity), 유지관리성(maintainability) 등이 있으며, 이러한 것들이 갖추어져 있지 않았을 때 장애(failure), 오류(error), 또는 결함(fault)이 발생되어 시스템 또는 소프트웨어의 손상을 초래할 수 있다. 신뢰도를 부여하기 위한 방법으로는 신뢰도를 높이기 위한 장치를 추가적으로 구성(construction)하거나 확인 절차(validation)를 거쳐 신뢰도에 영향을 주는 요소를 제거하거나 알려주는 것이다.

신뢰성과 관련해 다음과 같은 용어의 정의가 필요하다.

- **장애(failure)**
  시스템이 사용자가 기대한 결과를 제공할 수 없는 특정 시점에 발생하는 이벤트

- **오류(error)**
  시스템의 요구사항을 준수하지 않음으로써 발생하는 잘못된 시스템의 동작으로 개발자의 실수에서 기인하는 경우가 많다. 이러한 오류는 보통 프로그램이나 운영체제에 의해 회복이 가능하다.

- **결함(fault)**
  시스템 설계자에 의한 예기치 못한 올바르지 않은 시스템 상태

상당수의 임베디드 시스템은 열악한 환경에서 사람을 대신해 업무를 진행하게 되며, 이러한 업무는 오류 또는 결함 발생 등의 이유로 정상적인 수행이 이루어지지 않을 경우 생명이나 재산상의 피해를 가져올 수 있다. 이러한 시스템을 보통 미션 크리티컬(mission critical) 시스템이라 하며, 이런 종류의 임베디드 시스템에는 문제를 극복하기 위한 하드웨어 또는 소프트웨어적 장치가 필요하며, 이러한 장치를 결함 허용, 결함 내성, 또는 결함 감내 도구라 한다. 미션 크리티컬 시스템으로는 원자력, 발전소, 에너지, 국방, 우주, 항공, 철도, 자동차, 조선, 의료 등 다양한 분야가 있다.

대부분의 프로세서는 기본적으로 워치독 타이머(WatchDog Timer)를 내장하고 있다. 소형의 8비트/16비트 마이크로컨트롤러에도 워치독 타이머는 존재한다. 워치독 타이머는 시스템에 요청된 행위에 대해 일정 시간 이상 시스템으로부터 반응이 없을 때 이를 장해로 인식해 리셋(reset) 신호를 발생시켜 시스템이 리셋되도록 해줌으로써 시스템의 동작을 재개하는 아주 간단한 장치다.

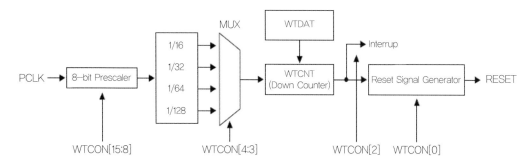

〈그림 3-198〉 워치독 타이머(WatchDog Timer) 블록도

범용 컴퓨터, 분산 컴퓨팅 환경, 병렬 컴퓨팅 환경에서는 시스템의 하드웨어적인 결함이나 소프트웨어적인 결함으로 인한 데이터의 유실을 방지하기 위해 하드웨어적인 결함 허용 기법과 소프트웨어적인 결함 허용 기법이 연구되어 왔다. 노트북 컴퓨터의 경우 배터리 잔량이 얼마 남지 않아 시스템이 곧 종료되는 경우 메모리에 남아 있는 모든 데이터를 하드디스크에 복사해 두는 하이버네이션(hibernation)을 이용해 결함에 대비한다. 일반 사용자에게는 하이버네이션보다는 '최대 절전 모드'라는 표현이 더 익숙할 것이다.

저장 장치에 대해서도 결함에 대한 대비책이 많이 적용되는 것을 볼 수 있는데, RAID(Redundant Array of Independent(or Inexpensive) Disks)가 좋은 예이다. RAID는 여러 개의 하드디스크를 하나의 가상 디스크(Virtual Disk)로 구성해 대용량 저장장치로 사용할 수 있게 하며, 여러 개의 하드디스크에 데이터를 분할 저장해 전송속도를 향상시키고, 시스템이 가동하는 중에 생길 수 있는 하드디스크의 에러를 시스템 정지 없이 교체해 데이터의 자동복구가 가능하게 하는 방법이다.

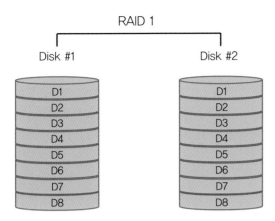

〈그림 3-199〉 RAID 1 구조

이 외에도 서버의 역할을 수행하는 시스템의 경우, 동일한 작업을 수행하는 하드웨어를 두 개 이상 배치함으로써 오류가 발생해도 전체 결과에 영향을 미치지 않게 하는 구성 요소 수준의 내결함성이라 불리는 하드웨어 중복(hardware redundancy) 기법을 사용한다.

이와 같은 하드웨어적인 결함 허용 기법은 부가적인 하드웨어 장치를 필요로 하며, 이는 전체 시스템의 비용이 증가하는 결과를 초래한다.

소프트웨어적인 결함 허용 기법으로는 발생 가능한 결함을 예측해 회피하기 위한 전방 에러 복구 기법(forward recovery)과 오류가 발생했을 때 빠르게 복구하기 위한 후방 에러 복구 기법(backward recovery)이 있으며, 시스템에서 발생할 오류를 모두 예측하는 것은 사실상 불가능하기 때문에 주로 후방 에러 복구 기법에 대한 연구가 활발히 진행되었다.

후방 에러 복구 기법의 대표적인 알고리즘은 검사점 및 복구 도구(Checkpoint and Recovery Facility)이며, 이는 수행 중인 프로세스의 상태를 주기적으로 안전한 저장 장치에 저장했다가 결함이 발생했을 때 저장된 프로세스 정보를 이용해 프로세스를 복구하는 방법을 사용한다. 〈그림 3-200〉은 후방 에러 복구 기법의 전형적인 동작 방식을 보여준다.

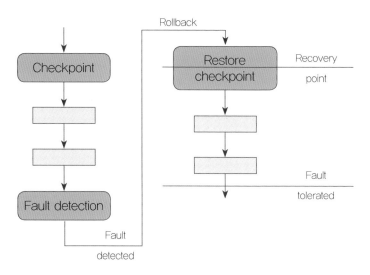

〈그림 3-200〉 후방 에러 복구 기법(backward recovery)

소프트웨어적인 결함 허용 기법은 하드웨어적인 기법과는 달리 부가적인 하드웨어 장치를 필요로 하지 않기 때문에 비용이 상승하는 문제는 발생하지 않으나, 구조적 오버헤드(structural overhead)와 수행 직업의 지연 오버헤드(operational time overhead)가 발생한다.

검사점 연산을 수행하기 위해 만들어지는 부가적인 코드 부분에 해당하는 구조적 오버헤드는 소프트웨어적인 방법으로 인한 불가피한 요소이기 때문에 수행 작업의 지연 오버헤드에 대한 연구가 주를 이루고 있으며, 이전까지는 프로세스의 상태 정보를 얻기 위한 과정에서 발생하는 오버헤드(extraction overhead)에 초점을 맞추어 연구가 진행되어 왔다. 이는 프로세스의 상태 정보를 디스크에 저장하기 위한 과정에서 발생하는 오버헤드(saving overhead)는 저장 매체의 발달에 따라 자연적으로 개선될 수 있다는 생각에서 기인한 문제일 것이다.

현재까지의 하드웨어적인 결함 허용 기법과 소프트웨어적인 결함 허용 기법은 모두 범용 시스템을 기반으로 설계 및 구현된 방법이기 때문에 범용 시스템과는 다른 특성을 지닌 임베디드 시스템에 적용하기에는 적합하지 않은데, 그 이유를 살펴보면 다음과 같다.

첫째, 하드웨어적인 결함 허용 기법인 하드웨어 중복의 경우, 비용 상승의 문제와 더불어 시스템의 물리적인 크기 또한 증가하는데, 이는 저가격과 소형화라는 임베디드 시스템의 정책과 상반되는 결과를 초래한다.

둘째, 소프트웨어적인 결함 허용 기법인 검사점 도구를 적용할 경우, 임베디드 시스템에서는 극히 일부의 경우를 제외하고는 하드디스크와 같은 대용량 비휘발성 저장 장치가 아닌 플래시 메모리(flash memory)를 사용하기 때문에 장치의 특성을 고려한 설계 및 구현이 필요하다.

마지막으로, 검사점을 만들어 내기 위한 연산에 의해 발생하는 오버헤드와 만들어진 검사점을 저장장치에 저장하는 데 소요되는 시간에 의한 오버헤드를 최소화할 수 있어야만 임베디드 시스템의 가장 중요한 특성 중 하나인 실시간성을 해치지 않을 수 있다.

후방 에러 복구 기법인 검사점 및 복구 도구는 2005년부터 미국의 버클리 대학에서 리눅스 기반의 연구가 현재까지 계속되고 있으며, BLCR(Berkeley Lab Checkpoint/Restart)이라는 이름으로 무료로 배포되고 있다. 현재 BLCR은 0.8.5 버전까지 릴리즈되었으며, 리눅스 커널 3.7.1 버전까지 지원한다. BLCR은 패키지에 포함된 스크립트를 통해 체크포인트 주기를 비롯해 체크포인트 파일, 경로, 복구 시 사용할 체크포인트 파일 등을 간단히 설정할 수 있어 쉽게 사용해 볼 수 있다.

〈그림 3-201〉 BLCR 홈페이지(http://crd.lbl.gov/groups-depts/ftg/projects/current-projects/BLCR)

개요

임베디드 시스템은 앞 장에서도 서술한 바와 같이 어떤 특정한 목적을 달성하기 위해 그 목적에 알맞도록 설계된 하드웨어 플랫폼에 해당 기능을 수행할 수 있는 소프트웨어가 내장(embedded)되어 있는 시스템이다.

초기 임베디드 시스템은 주로 시스템 고유의 기능만을 수행하는 것이 주목적이었으나, 최근 들어 모든 기기와 사물이 인터넷 또는 네트워크에 연결되어 좀 더 복잡하고 다양한 기능을 수행할 수 있게 변화되고 있다. 이러한 사물 간의 통신을 Machine-to-Machine(M2M) 통신이라고 하고 사물들이 지능적으로 네트워크상으로 연결되어 다양한 기능을 수행하는 네트워크를 사물지능통신망 또는 IoT(Internet of Things)라고 한다.

따라서 임베디드 시스템에서 통신의 역할은 점점 더 중요해지고 있다. 하나의 임베디드 시스템 내에는 해당 시스템이 사용되는 목적과 용도에 맞는 다양한 통신 기술이 접목되어 외부 시스템과 데이터를 송수신하는 기능이 필수적이다. 특히 최근에는 통신네트워크가 기존의 유선망 중심의 통신에서 무선망 중심의 통신으로 급격히 변화하고 있는 추세이다.

이 장에서는 임베디드 시스템에서 사용될 수 있는 셀룰러 이동통신 시스템 기술, 이더넷(Ethernet), Wi-Fi, 근거리 통신 기술 등 여러 가지 다양한 통신 기술을 살펴 본다. 또한 실제 임베디드 시스템에 적용된 사례로서 차량용 통신 및 의료기기 통신에 대해서도 간략하게 살펴 본다.

셀룰러 시스템 기반의 통신

셀룰러 이동통신 시스템의 변천 과정

〈그림 4-1〉은 셀룰러 이동통신 시스템의 변천 과정을 나타낸 것이다. 주로 음성 서비스를 제공하기 위한 2세대(2G, 2nd Generation) 이동통신 시스템은 1990년대에 상용화되어 널리 사용되었으며, TDMA 기반의 GSM 시스템, CDMA 기반의 CDMA 시스템이 있다. 그 후 2000년 초 상용화되어 사용된 3세대(3G) 이동통신 시스템은 음성 및 저속의 데이터 서비스를 제공하였다.

3G 시스템의 경우에는 CDMA 기술이 주로 사용되었는데, 유럽 위주로 형성된 표준화 단체인 3GPP(The 3rd Generation Partnership Project)는 GSM 이후의 기술로 기존의 1.25MHz

를 사용하던 CDMA에 비해 좀 더 넓은 채널대역폭인 5MHz를 기본 채널대역폭으로 사용하는 WCDMA(Wideband Code Division Multiple Access) 기술을 채택하였다. 기존에 CDMA 기술을 기반으로 표준화를 진행하던 3GPP2는 기존의 2G CDMA 기술을 개선한 cdma2000 기술을 표준으로 만들어 사용하게 되었다.

또한 전송 속도가 더 높은 무선데이터 서비스를 제공하기 위해 3GPP에서는 Downlink에서 최대 14.4Mbps를 제공하는 HSDPA(High-Speed Downlink Packet Access)와 Uplink에서 최대 5.76Mbps를 제공하는 HSUPA(High-Speed Uplink Packet Access) 기술을 만들었고, 3GPP2에서는 1X EV-DO, 1X EV-DO Rev. A/Rev. B를 만들었다. 이 기술들도 3G 기술에 해당한다고 볼 수 있으나, 기존의 3G 기술에 비해 무선전송속도가 월등히 증가했기 때문에 3.5G 기술로 분류하기도 한다. 한편, HSDPA와 HSUPA 기술을 하나의 통합된 명칭으로 HSPA(High-Speed Packet Access)라고 부른다.

그 후 3GPP에서는 16QAM을 최대 modulation으로 사용하는 HSPA 기술을 좀 더 향상시키기 위해 64QAM과 2x2 MIMO 기술을 적용해 더욱 높은 데이터 전송속도를 지원하는 HSPA+라는 기술을 표준화하였다. 이 HSPA+ 기술도 CDMA 기술을 기반으로 한 것이다.

그 후 3GPP에서는 OFDMA(Orthogonal Frequency Division Multiple Access) 기술을 기반으로 하는 LTE(Long Term Evolution)를 표준화하였다. 기술은 2009년 말 경에 스웨덴과 노르웨이에 기반을 둔 TeliaSonera라는 사업자가 세계 최초로 상용화되기 시작해 2010년부터 미국, 유럽의 일부 나라에서 활발하게 상용망에 적용되어 2013년 현재 전 세계적으로 널리 사용되고 있다. 이 LTE 기술은 3G 기술의 거의 마지막 단계이지만 4G 기술로 보기에는 어렵고 3.9G 기술에 해당한다고 볼 수 있다.

4G 이동통신 시스템은 ITU-R에서 IMT-Advanced라는 공식 명칭을 가진 시스템으로서 정지 및 저속의 이동 상태에서 최대 1Gbps, 일반적인 이동상태에서 최대 100Mbps의 전송속도를 지원하는 것을 목표로 한다. 따라서 하향링크(Downlink)에서 최대 300Mbps를 제공하도록 설계된 LTE는 4G 시스템의 요구사항을 충족시키지 못한다.

3GPP에서는 4G 시스템을 위해 LTE의 여러 기능을 향상시킨 LTE-Advanced라는 시스템을 표준화하였고, 이 시스템은 4G 시스템의 요구사항을 만족시킨다. 또한 IEEE 진영에서는 Mobile-WiMAX 기술인 IEEE 802.16e를 업그레이드해서 IEEE 802.16m이라는 기술을 4G 시스템 기술로 제안해 4G 시스템으로 승인을 받은 상태이다.

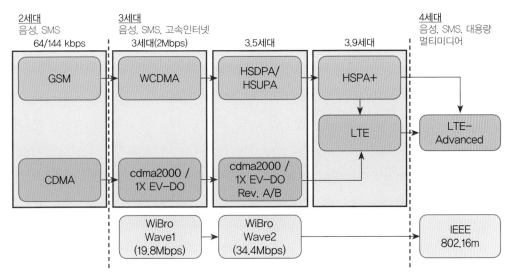

〈그림 4-1〉 셀룰러 이동통신 시스템의 변천 과정

이동통신 기술의 세대별 비교

이동통신의 1세대부터 4세대까지의 이동통신 기술의 주요 사항을 비교하면 〈표 4-1〉과 같다.

〈표 4-1〉 이동통신 기술의 세대별 비교

구분	1세대	2세대	3세대	3.5세대	3.9세대	4세대
표준 기술	아날로그 통신	GSM, CDMA	WCDMA, cdma2000	HSDPA, HSUPA 등	LTE (HSPA+), WiBro	LTE- Advanced, IEEE802.16m
전송 속도	10kbps 이하	9.6~ 64kbps	144 k~ 2Mbps	~14.4Mbps	~300Mbps	~1 Gbps
주요 서비스	음성	음성, SMS	음성, SMS/MMS, 고속인터넷			멀티미디어
상용화시기	1978년	1992년	2000년	2007년	2010년(2006년)	2013년 이후

1세대는 아날로그 통신 기술을 기반으로 음성 서비스를 제공하였다. 단말기는 현재의 단말기와 비교했을 때 매우 컸으며 가격이 상당히 비싸서 일반인들에게 널리 사용되지 않았다.

2세대에 들어오면서 아날로그 통신에서 디지털 통신 방식으로 전환되었다. 2세대의 특징은 아날로그 음성 신호를 디지털 신호로 전환해서 사용하게 되었으며, TDMA(Time Division Multiple Access)

기술을 기반으로 하는 GSM 기술과 CDMA 기술이 주로 사용되었다. 우리나라는 당시 널리 사용되던 GSM 기술을 선택하지 않고, 미국의 Qualcomm 사가 핵심 기술을 가지고 있던 CDMA 기술을 채택하였다. 2세대의 또 다른 특징은 디지털 통신 방식을 사용하게 되면서 음성뿐 아니라 문자와 같은 데이터 전송도 지원하기 시작했다는 점이다.

2세대에는 초기에 주파수 800MHz 대역을 사용했으며, 이후 1997년 가을에 1.7GHz대의 주파수를 사용하는 PCS도 도입되었다. PCS는 당시 KTF, 한솔 PCS와 LG 텔레콤이 서비스를 시작하였다. 800MHz대를 사용하는 일명 셀룰러와 1.7GHz대를 사용하는 PCS는 사용 주파수 대역이 다르기 때문에 특성도 달랐다. 일반적으로 주파수가 높아질수록 거리에 따라 감쇄가 많아지기 때문에 하나의 기지국이 커버할 수 있는 영역은 주파수가 낮은 셀룰러가 더욱 크고 PCS는 상대적으로 작다. 또한 주파수가 높을수록 전파의 회절손실률도 높다. 따라서 같은 서비스 영역을 지원하기 위한 기지국의 개수를 비교할 때, 셀룰러가 PCS에 비해 훨씬 적다. CDMA 기술은 이후 3세대로 진화할 때 CDMA2000, CDMA2000 EV-DO 등으로 계속 발전해 나갔다.

3세대는 2세대의 음성 및 문자 전송에 전송속도가 최대 2Mbps까지 지원되면서 동영상과 같은 멀티미디어 통신 기능이 추가된다. 국내에서는 2002년 경에 서비스가 제공되기 시작했으며 SK텔레콤은 T, KT는 Show, LG 텔레콤은 OZ라는 브랜드를 사용하며 경쟁하기 시작하였다. 국내 사업자의 경우 SK 텔레콤과 KT는 기존의 3GPP2 진영의 CDMA를 기반으로 하는 cdma2000 시스템도 서비스를 시작했지만, 전 세계적으로 더 널리 사용되었던 3GPP 진영의 WCDMA 기술을 주력으로 3G 서비스를 제공하였고, LG 텔레콤의 경우에는 계속해서 3GPP2 표준을 기반으로 3G 서비스를 제공하였다.

3GPP 표준 기술 기반의 3G 기기의 가장 큰 특징은 USIM이라는 조그마한 칩을 사용하기 시작했다는 것이다. 이전에는 휴대전화 기기에 사용자의 정보가 저장되어 기기를 바꾸려면 반드시 기기변경이라는 절차를 통해 새 기기에 전화번호 등의 정보를 저장해야 했지만 3세대에 와서는 USIM에 내에 사용자 정보가 담기게 되어 기기를 바꾸더라도 USIM 칩만 옮기면 곧바로 새로운 기기를 사용할 수 있게 된 것이다. 3세대는 WCDMA로 출발해 주로 음성 서비스와 저속의 데이터 서비스를 제공하다가, 이후 HSPA 기술이 등장해서 통신 속도가 상향 5.76Mbps, 하향 14.4Mbps로 빨라지고, 이는 HSPA+ 등으로 계속 발전하였다.

4세대 통신은 지난 2008년 ITU(International Telecommunication Union, 국제 전기통신 연합)에서 IMT-Advanced라는 이름으로 4세대 이동통신 규격을 정의하면서 저속 이동 시 1Gbps, 고속 이동 시 100Mbps의 속도로 데이터를 전송할 수 있어야 한다고 규정하였다. 이에 따르면 현재 국내 및 해외에 적용된 LTE, 와이브로는 엄밀히 말해 4세대 이동통신 규격이라 할 수 없다.

ITU는 4세대 이동통신 규격의 선정 후보로 LTE를 개선한 LTE-Advanced와 와이브로(WiBro)를 개선한 와이브로-에볼루션(Wibro-Evolution, 와이맥스 2)을 언급한 바 있다. 그래도 LTE와 와이브로는 기존 3G 규격에 비해 기술적으로 상당히 발전한 규격인 점은 분명하다. 따라서 LTE와 와이브로는 'pre-4G' 혹은 '3.9세대'로, 진정한 4G 규격은 각각이 발전한 LTE-Advanced와 와이브로-에볼루션(와이맥스2)으로 보는 것이 대체적인 견해였다. 그런데 2010년 12월, ITU에서 LTE, 와이브로, 다른 진화한 3G 망(예: HSPA+) 등도 4G라고 부를 수 있다는 보도자료를 내면서 현재 명확한 세대 구분은 할 수 없는 상황이다. 따라서 각 국의 이동통신사는 이를 '4G'라고 부르고 있다.

3GPP의 무선통신 기술 및 진화

3GPP 기술은 현재 전 세계 이동통신 시장의 약 80% 이상을 차지하고 있으며, 이 점유율은 3GPP2 CDMA 기술 진영이 축소되는 추세이기 때문에 더 확대되어 2010년 이후에는 90% 이상이 될 것이라고 전망하고 있다. 이는 3G 시스템에서 CDMA 기반의 기술을 채택했던 미국의 버라이존 와이어리스(Verizon Wireless), 일본의 KDDI 등의 거대 CDMA 사업자들도 차세대 이동통신 기술로 3GPP 기술인 LTE를 선택한 상태이기 때문이다. 따라서 3GPP 기술의 진화는 상당히 중요한 의미를 가지기 때문에 좀 더 자세히 살펴볼 필요가 있다.

3GPP 표준화는 1998년 이후 계속 진행되어 오면서 일정 시간 동안 진행되어 완성된 표준 규격을 새로운 Release로 발행하고 있다. 〈표 4-2〉에는 3GPP에서 완성된 규격들과 각 Release별 완성 시기와 포함된 주요 기술들이 정리되어 있다.

동일한 Release의 표준 규격이라도 표준화 과정에서 다루는 기술이 여러 가지인 경우 두 개 이상의 기술을 담고 있을 수도 있다. 그 예로 Release 8이나 Release 9를 보면 WCDMA의 고속 데이터 서비스를 위한 진화 기술인 HSPA Evolution(또는 HSPA+)와 LTE 기술을 모두 포함하고 있다. 다시 말해 Release 7까지는 WCDMA와 HSPA 기술이 포함되고, Release 8 이후로는 LTE 기술만 포함되는 것이 아니라는 것이다.

HSPA도 Release 7에서는 다중 안테나를 사용하는 2x2 MIMO 기술, 고차변조(high-order modulation)[1]인 64QAM(Quadrature Amplitude Modulation) 중 하나를 사용하게 해서 최대 데이터 속도를 28Mbps 또는 21Mbps로 증가시켰다. 또한 Release 8에서는 2×2 MIMO와 64QAM

1　일반적으로 High-Order Modulation (HOM) 또는 Higher-Order Modulation으로 불린다.

을 동시에 사용할 수 있게 해서 최대 데이터 속도를 42Mbps로 올리고, 더 나아가 Release 9에서는 2×2 MIMO와 64QAM과 더불어 최대 데이터 속도를 향상시키기 위해 두 개 이상의 캐리어(carrier)를 사용하는 멀티캐리어 방식을 채택해 하향링크에서 두 개의 캐리어를 동시에 사용하는 DC(Dual-Cell)-HSDPA[2]는 최대 데이터 속도가 84Mbps를 지원할 수 있다[3].

〈표 4-2〉 3GPP 규격의 Release와 포함된 주요 기술

표준 규격	완성 시기	포함된 주요 기술
Release 99	2000.03	CS and PS R99 Radio Bearers MMS Location Services
Release 4	2001.03	Enhancements TD-SCDMA
Release 5	2002.03	HSDPA IMS AMR-WB Speech Codec
Release 6	2005.03	Enhanced Uplink (HSUPA) MBMS WLAN-UMTS Interworking
Release 7	2007.12	HSPA Evolution (HSPA+) - DL: 2x2 MIMO 또는 64QAM, - UL: 16QAM - Continuous Packet Connectivity
Release 8	2008.12	LTE SAE DC-HSDPA operation on adjacent carriers HSPA Evolution (HSPA+) - DL: 2x2 MIMO 와 64QAM 동시 제공
Release 9	2009.12	Home eNodeB (LTE Femtocell) MBMS support in LTE / EPS LCS for LTE & EPS SON(Self-Organizing Networks) Enhancements DC-HSUPA DC-HSDPA operation on different bands DC-HSDPA operation with MIMO

2 DC-HSDPA는 보통 Dual-Carrier HSDPA로도 불린다.

3 HSPA는 기본 채널대역폭(channel bandwidth)을 5MHz를 사용한다. 따라서 DC-HSDPA에서는 하향링크의 경우 채널대역폭을 10MHz를 사용한다.

한 가지 주목할 점은 MIMO 기술과 동시에 사용하지 않는 DC-HSDPA는 이미 Release 8 표준에 포함되어 있고, MIMO와 함께 사용될 수 있는 기술이 Release 9에 포함되어 있다는 것이다. 또한 Release 8에 명시된 DC-HSDPA 기술은 두 개의 인접한 캐리어에 대해서만 적용할 수 있는데, Release 9에서는 두 개의 인접하지 않는 캐리어에 대해서도 DC-HSDPA 기술을 적용할 수 있게 했다는 것이다. 상향링크에서도 멀티캐리어 기술이 적용되어 DC-HSUPA(Dual-Carrier HSUPA)라는 기술로 Release 9 규격에 포함되어 있다. 그 이후에도 하향링크 및 상향링크 모두 계속 진화해 이후 버전의 표준으로 발행될 예정이다.

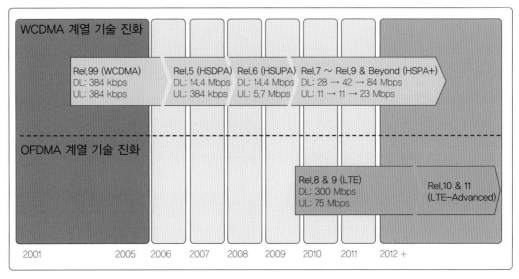

〈그림 4-2〉 3GPP 계열의 무선통신 표준 기술 진화 과정 및 상용화 시점

〈그림 4-2〉는 Release 99에 있는 WCDMA 기술로 시작되는 3G 시스템과 그 이후의 Release의 주요 기술 및 각 기술의 상용화 시점을 보여준다. 또한 각 기술이 제공할 수 있는 하향 링크(Downlink, DL)와 상향링크(Uplink, UL)의 최대 데이터 속도(peak data rate)가 함께 명시되어 있다.

WCDMA 기술은 1999년 말 경에 표준이 완성되어 Release 99으로 발행되었고 2002년경부터 상용화가 시작되었다. WCDMA는 음성 서비스를 주 목표로 기술이 고려되어 고속의 무선 데이터 서비스를 제공하기에는 부족한 면이 많았다.

따라서 같은 채널대역폭(5MHz)를 사용해 하향링크의 데이터 속도를 올리기 위해 고려된 것이 HSDPA(High-Speed Downlink Packet Access) 기술이다. 이는 3GPP2에서 1.25MHz 대역의 하나의 캐리어를 사용해 데이터 전용 서비스를 할 수 있는 1X EV-DO(Evolution Data Only 또는 Evolution Data Optimized)와는 달리 5MHz 대역의 하나의 캐리어에서 음성과 데이터 서비스를 동시에 제공할 수 있다. 이 HSDPA 기술은 하향링크에서 최대 14.4Mbps를 제공할 수 있으며 Release 5에 포함되어 있다.

이후 상향링크에 대한 최대 데이터 속도를 향상시키기 위해 3GPP에서는 Release 6에 Enhanced Uplink라는 명칭으로 표준 규격을 만들 발표하였다. 이 기술은 HSDPA와 대응되는 개념으로 나온 HSUPA(High-Speed Uplink Packet Access)라는 명칭으로 더 잘 알려져 있다. HSUPA에서는 상향링크에서 최대 5.76Mbps를 제공할 수 있게 되어 있다.

일반적으로 Release 6까지의 기술인 HSDPA와 HSUPA를 하나로 묶어서 HSPA(High-Speed Packet Access)라고 부르고, Release 7에서는 이 기술을 개선해 더 나은 데이터 서비스를 제공하기 위한 기술들이 추가되었고 그 명칭을 HSPA Evolution이라고 하였다. HSPA Evolution은 HSPA에 2×2 MIMO, 64QAM 등의 새로운 몇몇 기술이 추가된다는 개념으로 HSPA+라고도 많이 알려져 있다.

WCDMA 기반의 기술로는 무선 상에서 데이터 속도를 올리는 데 기술적인 한계점에 거의 도달한 상태이고 많은 수의 부반송파를 사용하는 OFDMA 기술이 무선 상에서 좀 더 효과적이고 MIMO 등 새로운 기술과 결합하기가 적합해서 Release 8부터 포함된 LTE에서는 하위 호환성(backward compatibility)을 고려하지 않고 새로운 기술을 채택하였다.

따라서 LTE의 하향링크에서는 OFDMA를 사용하고, 상향링크에서는 SC-FDMA를 사용한다. LTE의 최대 데이터 속도는 하향링크에서는 4×4 MIMO를 사용한 경우 최대 300Mbps, 상향링크에서는 MIMO를 사용하지 않고 75Mbps이다. 여기서 MIMO란 하나의 단말기와 기지국 간의 통신이므로 SU(Single-User)-MIMO를 말하는 것이다. LTE는 Release 8과 Release 9 표준에 주로 포함되어 있다. Release 9은 Release 8을 완성하는 단계에서 마무리하지 못한 부분들을 추가적으로 완성한 기술들이 포함되어 있다. Release 9 규격에는 Home eNodeB (LTE Femtocell), MBMS 지원, LCS, SON(Self-Organizing Networks)의 향상된 부분 등이 포함되어 있다.

LTE의 차세대 기술인 LTE-Advanced는 Release 10과 Release 11 규격에 포함되어 있다. LTE-Advanced는 IMT-Advanced의 주요 요구 사항인 낮은 이동 속도에서 최대 데이터 속도가 1Gbps, 높은 이동 속도에서는 100Mbps 지원하게 되어 있고, 좀 더 넓은 채널 대역폭(최대 100MHz)을 지원하게 되어 있다. LTE-Advanced에서는 하향링크에서 최대 8x8 MIMO까지, 상향링크에서도 최소 2x2 SU-MIMO를 사용해 최대 데이터 속도를 크게 향상시켰다. 또한 릴레이(relay) 기술이나 하나의 단말기가 두 개 이상의 셀과 통신하는 CoMP(Coordinated Multiple Point) 전송 기술을 사용해 셀 테두리(edge)에서의 데이터 속도와 전송 품질을 향상시킨다.

이더넷 기반의 통신

이더넷의 배경

1973년에 제록스사가 최고 속도 2.94Mbps를 내는 최초의 이더넷을 발표하였다. 그 후 1980년에 제록스(Xerox), DEC(Digital Equipment Corporation), 인텔(Intel)이 연합해 "DIX(Digital-Intel-Xerox) 이더넷"이라는 이더넷 표준을 개발했는데, 이는 10Mbps를 제공하는 기술이다. 이 기술은 저렴한 가격과 당시 기술로는 획기적으로 빠른 속도인 10Mbps를 제공하였고, 계속 발전하였다.

한편, IEEE에서는 802 프로젝트를 결성하고 첫 회의를 1980년에 미국 샌프란시스코에서 개최하였다. IEEE 802 위원회에서는 이더넷, 토큰 링(Token Ring), 토큰 버스(Token Bus)의 세 가지 다른 형태의 기술을 포함하는 단일 LAN 표준을 추진하였다. 하지만 IEEE는 모든 LAN을 포함하는 단일 표준안의 도출이 어렵다고 최종적으로 판단해 세 개의 기술을 다루는 하위 워킹 그룹을 통해 각각의 표준안을 도출하게 하였다. 따라서 IEEE 802.3은 이더넷 기반, IEEE 802.4는 토큰버스, 802.5는 토큰링을 기반으로 하는 각각 다른 형태의 LAN 표준화를 진행하였다.

이더넷의 역사

이더넷은 초기 10Mbps의 속도를 제공하는 것으로 시작해 10Gbps를 제공하는 이더넷으로 발전해 왔는데, 이 발전해 온 과정을 보면 좀 더 자세히 살펴보면 다음과 같다.

초기 10Mbps 이더넷 시대(1982~1990)

1983년에 IEEE 802.3에서는 이더넷 표준을 승인했는데, 이 표준은 DIX 표준과 유사한 형태였다. DTX 표준과 차별되는 부분은 리피터, 물리적인 매체에 대한 옵션을 데스크톱용의 동축(co-axial) 케이블과 빌딩 간 접속을 위한 광선로 등으로 세분화해서 규격을 확장했다는 점이다. 따라서 초기의 이더넷은 동축 케이블을 사용하는 매체 공유 형태로 구성되었다고 볼 수 있다. 초기에 동축 케이블을 선호하게 된 것은 다음과 같은 세 가지 이유가 있기 때문이다.

첫째, 동축 케이블은 트위스티드페어(twisted-pair) 전선보다 외부 잡음의 영향을 훨씬 적게 받고, 대역폭이 넓고, 특히, 임피던스 특성이 좋아서 저가의 송수신 소자를 만들기가 쉬웠기 때문이다.

둘째, 동축 케이블은 대역폭을 공유하는 방식을 사용하는 초기 LAN에 적합했기 때문이다. 초기의 LAN은 허브(hub)를 이용한 접속 시스템이나 브리지(bridge), 스위칭 기능의 LAN을 고려하지 않았다.

셋째, 동축 케이블을 선호한 것은 또 다른 이유는 1980년대에는 데이터 통신용으로 기존에 설치된 트위스티드페어가 없었기 때문이다.

LAN 브리지와 스위치의 시대(1984~1997)

브리지(bridge)는 1984년에 DEC에 의해 최초로 상용화되기 시작하였다. 초기에는 성능에 비해 가격이 높다고 여겨졌으나 당시 급격히 증가하는 컴퓨터를 쉽게 접속시키기 위해 라우터를 사용하는 것보다는 브리지를 사용하는 편이 훨씬 비용이 낮았기 때문에 브리지의 사용이 급속도로 확산되었다. 브리지를 사용할 경우, 공유 LAN(Shared LAN)이 전용 LAN(Dedicated LAN)으로 변환되어 트래픽이 효율적으로 운용되며 접속할 수 있는 단말의 수를 늘려가기 쉽다는 장점이 있다.

Kalpana사는 LAN 스위치라는 새로운 개념의 브리지를 1991년에 출시하였다. 이것은 여러 개의 접속 포트를 사용해 각 포트에서 동시에 최대 속도를 지원할 수 있게 설계된 것이었다. 이와 같이 스위치 기능을 브리지가 수행하면 전송자원을 하나의 단말 전용으로 할당할 수 있게 된다. 또한 미디어 공유를 위한 액세스 제어가 필요 없으므로 전이중방식(Full-Duplex) 이더넷이 가능해진다. IEEE 802.3에서는 전이중방식 형태의 이더넷 표준을 1995년에 시작해 1997년에 완료하였다.

고속 이더넷 시대(1992~1997)

컴퓨터가 점차 발전하면서 컴퓨터의 컴퓨팅 능력이 향상되고 각종 광대역 애플리케이션이 등장하면서 이를 수용하기 위한 광대역의 네트워크가 필요해졌다. 따라서 이러한 요구 사항을 충족시켜 줄 수 있게 스위치 LAN은 각 데스크톱 컴퓨터에 전용 선로를 제공하게 되었다. 하지만 서버를 공유하기 위한 공유 네트워크의 필요성이 여전히 존재하였고, 각 단말의 전송 속도가 높아지면서 서버용 네트워크의 대역 요구량 및 요구되는 데이터 전송속도도 급속하게 증가하였다. 이러한 요구사항에 부응하기 위해 Grand Junction Networks사에서는 서버와 같은 공유 리소스를 고속으로 백본에 연결하기 위해 이더넷 구조와 동일하면서도 속도가 10배 빠른 100Mbps 정도의 전송속도를 제공할 수 있는 고속 이더넷을 1992년에 개발하였다. 이 기술은 1995년에 IEEE 802.3에서 고속 이더넷 표준으로 설정되었으며, 10Mbps 이더넷 출현 이후 15년 만에 처음으로 전송 속도를 증가시키는 계기가 되었다.

기가비트 이더넷 시대(1996~1999)

고속 이더넷이 개발됨으로써 15년간 잠재되어 있던 광대역 네트워크에 대한 수요가 충족되기 시작하였고, 이와 더불어 고속 이더넷 단말이 보편화되고 각 단말이 고속으로 서버와 송수신함에 따라 서버와 캠퍼스 백본 등에서 네트워크 병목현상이 다시 초래되기 시작하였다. 이를 해결하기 위한 방법으로 고속 이더넷의 표준화가 완료된 후 채 1년이 되지 않아 기가비트 이더넷 표준화가 시작되었다. 기가비트 이더넷 표준은 1996년에 시작되어 1999년에 완료되었다.

10기가비트 이더넷 시대(1999~2002)

캠퍼스나 빌딩의 백본으로 기가비트 이더넷의 사용이 증가하면서 이를 수용할 수 있는 차세대 이더넷 기술에 대한 필요성이 대두되어 1999년 기가비트 이더넷의 표준화가 완료되자마자 10기가비트 이더넷에 대한 표준화가 시작되었다. 이 표준화의 결과로 2002년 파이버 표준, 2006년 트위스트 페어 표준이 완료되었다. 10기가비트 이더넷은 기존의 이더넷 기술과 달리 전이중 방식만을 지원하게 해서 이더넷 고유의 CSMA/CD(Carrier Sense Multiple Access/Collision Detection) 기술을 지원하지 않게 되었으며, 오직 이더넷 프레임 형식만을 그대로 유지되게 하였다.

이더넷과 IEEE 802.3의 비교

이더넷과 IEEE 802.3은 같은 기술을 명시한다. 두 기술 모두 CSMA/CD 기술을 지원하는 LAN이다. CSMA/CD LAN을 사용하는 경우, 하나의 스테이션(station)은 언제든지 네트워크에 접속할 수 있다. 만약 하나의 스테이션이 데이터를 전송하려고 한다면 이 스테이션은 데이터를 전송하기 전에 네트워크가 이미 다른 스테이션에서 사용 중인지 알아내기 위해 "Listen"해야 한다. 만약 네트워크가 다른 스테이션에서 사용 중이라면, 전송하려던 스테이션은 기다려야 한다. 네트워크가 사용 중이 아니라면, 그 스테이션은 전송을 시작한다. 두 스테이션이 네트워크 트래픽을 "Listen"하였지만, 아무것도 "Hear"하지 못해서 동시에 전송을 시작한다면 충돌(collision)이 발생한다. 이러한 경우 두 전송은 모두 손상되고, 일정 시간의 경과 후에 그 두 스테이션은 재전송을 해야 한다. 이처럼 일정 시간이 경과한 후에 재전송을 수행하기 위해서는 백오프 알고리즘(Backoff Algorithm)을 사용해 충돌을 일으킨 스테이션이 언제 재전송해야 하는지를 결정해야 한다. CSMA/CD 스테이션은 충돌을 검출하고, 언제 재전송해야 하는지를 안다.

이더넷과 IEEE 802.3 LAN은 모두 방송(broadcast) 네트워크이다. 좀 더 자세히 말하면, 모든 station은 의도된 목적지(destination)를 가진 프레임(frame)을 포함한 모든 프레임을 본다. 각 station은 수신된 프레임을 검사하여 그 프레임의 목적지가 자신인지 아닌지를 판별한다. 그 프레임의 목적지가 자신이라면, 그 프레임은 적당한 프로세스(process)를 거칠 수 있도록 상위 프로토콜 계층(Protocol Layer)으로 전달된다.

일반적으로 이더넷과 IEEE 802.3의 차이점을 구분하기는 어렵다. 하지만 차이점을 살펴보면 이더넷은 OSI Reference Model의 Layer 1과 Layer 2에 상응하는 서비스(service)를 제공하는 데 비해 IEEE 802.3 표준은 Physical Layer(Layer 1)와 Link Layer(Layer 2)의 Channel-Access 부분만 명시하였고, Logical Link Control Protocol 부분은 정의하지 않았다. 일반적으로 이더넷과 IEEE 802.3은 모두 하드웨어 내에 구현되어 있는데, 이들 프로토콜들에 대한 물리적(Physical)인 명시는 호스트 컴퓨터(Host Computer) 내의 인터페이스 카드(Interface Card)나 호스트 컴퓨터 내의 주요 회로 보드(Circuit Board) 상의 회로(Circuitry)에 있다.

이더넷과 IEEE 802.3의 물리계층 접속

IEEE 802.3 표준은 몇 가지 다른 물리 계층(Physical Layer)을 명시하는 반면, 이더넷은 하나만을 정의한다. 각 IEEE 802.3 물리 계층 프로토콜은 각각의 특징을 잘 나타내는 다양한 이름으로 불린다.

Ethernet Version 2와 IEEE 802.3의 특징은 〈표 4-3〉에 명시되어 있다.

〈표 4-3〉 Ethernet Version 2와 IEEE 802.3 특징

항목	Ethernet	IEEE 802.3				
		10Base5	10Base2	1Base5	10BaseT	10Broad36
전송 속도 (Mbps)	10	10	10	1	10	10
시그널링 방식	Baseband	Baseband	Baseband	Baseband	Baseband	Broadband
세그먼트(segment)당 최대거리 (m)	500	500	185	250	100 Unshielded twisted-pair wire	1800
전송매체	50-ohm coax (thick)	50-ohm coax (thick)	50-ohm coax (thin)	Unshielded twisted-pair wire	Unshielded twisted-pair wire	75-ohm coax
토폴로지	Bus	Bus	Bus	Star	Star	Bus

〈표 4-3〉에서 보는 바와 같이 이더넷은 IEEE 802.3의 10Base5와 가장 비슷하다. 두 프로토콜은 종단 시스템(End System)과 실제 네트워크 Medium 간을 케이블로 연결하는 버스 토폴로지(Bus Topology)이다. 이더넷의 경우에는 이 연결 케이블을 트랜시버 케이블(Transceiver Cable)이라고 한다. 한편, IEEE 802.3의 구성에서는 연결 케이블을 Attachment Unit Interface(AUI) 케이블이라고 하며, 트랜시버를 Medium Attachment Unit(MAU)라고 부르는데, 이 부분을 제외하면 거의 비슷하다. 두 가지 경우 모두 End System 내의 인터페이스 보드에 접속 케이블로 연결된다.

프레임 형태

이더넷과 IEEE 802.3 프레임 포맷(Frame Format)은 〈그림 4-3〉에 나타난 것과 같다.

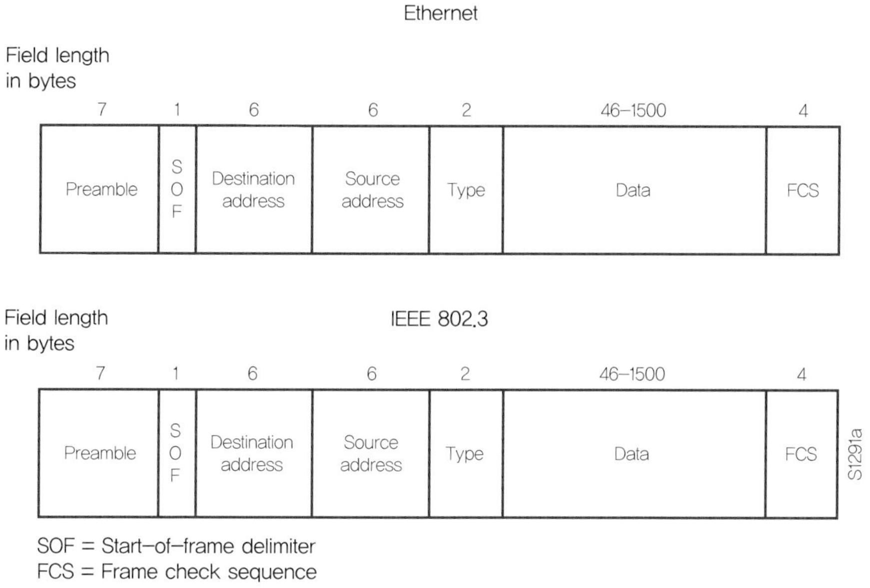

SOF = Start-of-frame delimiter
FCS = Frame check sequence

〈그림 4-3〉 이더넷과 IEEE 802.3 프레임 포맷

이더넷과 IEEE 802.3 프레임은 프리앰블(Preamble)이라고 하는 0과 1이 번갈아 나오는 형식으로 시작한다. 프리앰블은 수신 스테이션에 해당 프레임이 수신되고 있다는 것을 알린다.

이더넷과 IEEE 802.3 프레임은 모두 Destination Address 전에 Start-of-Frame(SOF) Delimiter라는 바이트(byte)가 있다. 이 byte는 연속적인 두 개의 1Bits로 끝나고, 이는 LAN 상의 모든 스테이션의 프레임 수신 부분을 동기화하는 데 사용한다.

이더넷과 IEEE 802.3에서 프리앰블 다음에 나오는 부분은 Destination과 Source Address 부분이다. 이더넷과 IEEE 802.3 Address는 모두 6Bytes 길이다. Address는 이더넷과 IEEE 802.3 인터페이스 카드의 하드웨어 상에 포함되어 있다. Address의 처음 3Bytes는 제조사에 따른 (Vendor-Dependent) Basis로 IEEE에 의해 명시되고 마지막 3Bytes는 이더넷이나, IEEE 802.3의 Vendor에 의해 명시된다. 소스 어드레스(Source Address)는 항상 Unicast(Single Node)인 반면, Destination Address는 Unicast, Multicast(Group), Broadcast(All Node)일 수 있다. 이더넷 프레임에서 Source Address뒤에는 2 Bytes의 Type Field가 나온다. 이 Field는 이더넷 Processing 후에 Data를 수용하는 상위 Layer의 Protocol을 명시한다.

IEEE 802.3 프레임에서는 Source Address 뒤에 2 Bytes의 Length Field가 나오는데, 이 Field는 이 Field 다음부터 프레임 Check Sequence(FCS) 앞에 나오는 데이터 부분의 Byte 수를 표시한다. Type/Length Field 다음에는 프레임 내에 포함되어 있는 실제 Data가 나온다. Physical-Layer와 Link-Layer의 Processing이 완료되면, 이 Data가 실제로 상위 Layer로 전송될 것이다. 이더넷의 경우, 상위 Layer의 Protocol은 Type Field에 표시된다. IEEE 802.3의 경우, 상위 Layer Protocol은 프레임의 Data 부분에 반드시 명시되어 있어야 한다. 프레임 내의 Data 크기가 프레임의 최소 크기인 64Bytes를 채우기에 부족할 경우, 적어도 64Bytes의 크기를 보장하기 위해 Padding Bytes가 삽입된다.

Data Field 다음에는 Cyclic Redundancy Check(CRC) 값을 갖는 4Bytes의 FCS Field가 나온다. 이 CRC 값은 송신 장치에서 만들고, 수신 장치에서 재계산해서 프레임이 전송되는 도중에 발생할 수 있는 손상을 체크할 수 있게 한다.

Wi-Fi 기반의 통신(IEEE 802.11)

IEEE 802.11은 흔히 무선랜(Wireless LAN), 와이파이(Wi-Fi)라고 하는 무선 근거리 통신망 (LAN, Local Area Network)을 위한 컴퓨터 무선 네트워크에 사용되는 기술로, IEEE의 LAN/MAN(Metropolitan Area Network) 표준 위원회(IEEE 802)의 11번째 워킹 그룹(working group)에서 개발된 표준 기술을 의미한다.

IEEE 802.11과 와이파이라는 용어가 번갈아 사용되기도 하지만 와이파이 얼라이언스(Alliance)는 "와이파이"라는 용어를 다른 집합의 표준으로 정의하고 있다. 따라서 IEEE 802.11과 와이파이는 동의어가 아니다.

IEEE 802.11 개요

IEEE 802.11은 현재 주로 쓰이는 유선 LAN 형태인 이더넷의 단점을 보완하기 위해 고안된 기술이다. 이 기술은 이더넷 네트워크의 말단에 위치하고, 필요 없는 배선 작업과 유지관리 비용을 최소화하는 데 널리 사용되고 있다. 보통 하나의 사무실과 같이 폐쇄되지 않은 넓은 공간에 하나의 핫스팟(hot-spot) 또는 액세스 포인트(AP, Access Point)를 설치하고, 외부 WAN(Wide Area Network)과 백본 스위치, 각 사무실 핫스팟 사이를 이더넷 네트워크로 연결하고, 핫스팟으로부터 각 사무실의 컴퓨터는 무선으로 연결함으로써 사무실 내에서 네트워크를 사용하기 위해 번거롭게 케이블을 설치하거나 해당 장비의 유지보수를 하지 않아도 된다.

〈표 4-4〉 IEEE 802.11 기술 프로토콜 비교

IEEE 802.11 표준								
규격	주파수 대역 (GHz)	채널 대역폭 (MHz)	스트림 당 데이터 속도(Mbps)	가능한 MIMO 스트림 수	전송 방식	배포	대략적인 실내 범위 (m)	대략적인 실외 범위 (m)
802.11	2.4	20	1, 2	1	DSSS, FHSS	1997년 1월	20	100
802.11a	5 — 3.7	20	6, 9, 12, 18, 24, 36, 48, 54	1	OFDM	1999년 9월	35 —	120 5000
802.11b	2.4	20	1, 2, 5.5, 11	1	DSSS	1999년 9월	35	140
802.11g	2.4	20	6, 9, 12, 18, 24, 36, 48, 54	1	OFDM, DSSS	2003년 1월	38	140
802.11n	2.4/5	20	7.2, 14.4, 21.7, 28.9, 43.3, 57.8, 65, 72.2	4	OFDM	2009년 10월	70	250
		40	15, 30, 45, 60, 90, 120, 135, 150				70	250
802.11ac	5	20	최대 87.6	8				
		40	최대 200					
		80	최대 433.3					
		160	최대 866.7					
802.11ad	2.4/5/60		7000까지			2012년 12월		

(출처: 위키피디아)

IEEE 802.11 계열 기술

IEEE 802.11

초기의 IEEE 802.11은 최고 전송 속도가 2Mbps인 무선 네트워크 기술로, 적외선 신호나 ISM(Industry Science Medical) 밴드인 2.4GHz 대역 전파를 사용해 데이터를 송수신하며 여러 기기가 함께 네트워크에 참여할 수 있게 CSMA/CA 기술을 사용한다. 하지만 IEEE 802.11의 경우 표준 규격이 엄격하게 정해지지 않아서 서로 다른 회사에서 만들어진 802.11 제품 사이에 호환이 잘 되지 않고 속도가 느린 편이어서 그다지 널리 사용되지 않았다.

IEEE 802.11b

IEEE 802.11b는 IEEE 802.11 규격을 기반으로 더욱 발전시킨 기술로서, 사용하는 주파수 대역은 2.4GHz이고 최고 전송 속도는 11Mbps이다. 하지만 실제로는 CSMA/CA 기술의 구현 과정에서 6 ~ 7Mbps 정도의 효율을 나타내는 것으로 일반적으로 알려져 있다. IEEE 802.11b의 경우, 표준이 확정되자마자 시장에 다양한 관련 제품이 등장하였고, 이전 규격에 비해 더욱 현실적인 속도를 지원했기 때문에 기업이나 가정 등에서 기존의 유선 네트워크를 대체하기 위한 목적으로 폭넓게 보급되었으며, 공공장소 등에서 유료 또는 무료 서비스로 제공되었다. 이 기술은 QoS(Quality of Service)는 보장하지 않으며, 속도가 아주 빠르지는 않고, 전용 주파수 대역을 사용하지 않고 ISM-밴드를 사용하기 때문에 간섭이 빈번하다는 단점을 가지고 있다.

IEEE 802.11a

세 번째로 등장한 IEEE 802.11 계열의 표준인 IEEE 802.11a는 5GHz 대역의 전파를 사용하는 규격으로서, OFDM(Orthogonal Frequency Division Multiplexing) 전송 기술을 사용해 54Mbps의 최대 전송 속도를 지원한다. 5GHz 대역은 2.4GHz 대역에 비해 다른 통신기기(무선 전화기, 블루투스 기기 등)와의 간섭이 상대적으로 적고, 더 넓은 전파 대역을 사용할 수 있다는 장점이 있지만 신호의 특성상 장애물이나 도심 건물 등 주변 환경의 영향을 쉽게 받고, 2.4GHz 대역에서 54Mbps 속도를 지원하는 IEEE 802.11g 규격이 등장하면서 현재는 널리 쓰이지 않고 있다.

IEEE 802.11g

네 번째로 등장한 IEEE 802.11g 규격은 IEEE 802.11a 규격과 같이 54Mbps의 최대 전송 속도를 지원하지만 5GHz 대역이 아닌 2.4GHz 대역 전파를 사용한다는 점만 다르다. 이 기술은 이전에 이미 널리 사용되고 있던 802.11b 규격과 쉽게 호환되어 현재까지도 널리 쓰이고 있다.

IEEE 802.11n

IEEE 802.11n은 상용화된 전송규격으로서, 2.4GHz 대역과 5GHz 대역을 사용하며, 최고 600Mbps까지의 전송 속도를 지원한다. 처음 Draft 1.0이 확정되었을 때 대한민국의 경우 기술규격 내 주파수 점유대역폭의 문제(2개의 채널점유)로 최대 150Mbps 이하로 속도가 제한되었으나 2007년 10월 17일 전파연구소의 기술기준고시로 300Mbps 이상까지 사용할 수 있게 되었다. 이 기술의 최종 표준안은 2008년 말 제정될 예정이었으나 2009년 9월 11일에 IEEE 802.11n-2009이 표준안으로 제정되었고, 대한민국에 현재 상용화되어 널리 사용되고 있다. 이 IEEE 802.11n 규격은 다른 규격보다 승인 요건이 엄격하고 출력 규제가 심하여, 일부 회사에서는 이 규제를 지키지 않고 있다. IEEE 802.11n-2009 표준은 최대 600Mbps까지 대역폭을 넓힐 수 있다.

IEEE 802.11ac

IEEE 802.11ac 규격은 5GHz 주파수에서 넓은 대역폭(80MHz~160MHz)을 지원하고, 2.4GHz에선 802.11n과의 호환성을 위해 40MHz까지 대역폭을 지원한다. IEEE 802.11ac의 규격에 따르면 다중 단말의 무선랜 속도는 최소 1Gbps, 최대 단일 링크 속도는 최소 500Mbps까지 가능하다. 이는 최대 160MHz를 사용하는 더 넓은 무선 주파수 대역폭, 최대 8개의 MIMO 공간적 스트림, 다중 사용자 MIMO, 그리고 최대 256 QAM을 사용하는 높은 밀도의 변조 등 IEEE 802.11n 무선 인터페이스를 개선해서 이루어진다. 또한 채널본딩, 변조방식, MIMO의 세 가지 방법을 통해 데이터 전송량을 늘린 것뿐만 아니라 신호의 강도와 방향을 조절할 수 있는 빔포밍(beamforming) 기술을 적용해 전송의 효율성도 높였다.

〈표 4-5〉 IEEE 802.11ac와 IEEE 802.11n의 주요 기술 비교

항 목	IEEE 802.11ac	IEEE 802.11n
채널 대역폭 (Channel Bandwidth)	5GHz 대역: 80 ~160MHz 2.4GHz 대역: 최대 40MHz	최대 40MHz
공간다중화(Spatial Multiplexing) 최대 레이어 수	8	4
최대 변조 방식	256 QAM	64 QAM
코드율(code rate)	5/6	5/6

IEEE 802.11ad

IEEE 802.11ad 표준은 빔포밍 기술을 이용해 최대 7Gbps의 속도를 제공하는 전송규격이다. 기존 2.5GHz / 5GHz 대신 60GHz 대역을 사용해 데이터를 전송하는 방식으로 대용량의 데이터나 무압축 HD 비디오 등 높은 전송속도의 동영상 스트리밍에 적합하다. 하지만 60GHz는 장애물 통과가 어려워 10m 이내 같은 공간 내에서만 사용이 가능해 근거리 사용 기기만 이용 가능하다. 기존 2.4/5GHz 대역 사이도 원활한 전환을 위해 '빠른 세션 전송'을 추가하였으며 Tri-band 네트워킹, 무선 도킹, 유선과 동등한 데이터 전송속도, 압축 스트리밍 비디오 지원 등의 보완이 이루어졌다.

IEEE 802.11ah

IEEE 802.11ah는 일반적으로 1GHz 이하의 주파수 대역을 사용하는 무선랜을 일컫는데, 주된 응용 분야는 Wi-Fi를 이용하는 스마트 그리드, 센서 네트워크나 M2M(machine-to-machine) 통신, 셀룰러 오프로딩(cellular off-loading) 및 광역 무선랜 서비스 등이다. 단, IEEE 802.11af에서 다루고 있는 TVWS(TV White Space: 유휴대역)는 통상적으로 제외하며, 전 세계적으로 주로 900MHz 밴드를 대상으로 한다. IEEE 802.11ah의 주요 요구사항으로는 다음과 같은 것들이 있다.

- 최소 100kbps를 1km 커버리지에 대해 전송할 수 있어야 한다.
- 물리계층(Physical Layer) SAP(Service Access Point)에서 최대 스테이션 총합 20Mbps를 전송할 수 있는 모드도 셀룰러 오프로딩 기능을 위해 추가할 수 있다.
- 2,000개 이상의 스테이션이 하나의 AP에 접속할 수 있는 기능을 지원해야 한다.
- 동일 대역을 사용할 가능성이 높은 IEEE 802.15.4 및 IEEE 802.15.4g 기기와의 공존(coexistence)을 지원할 수 있어야 한다.
- 교체 주기(Long replacement cycle)가 긴 저전력 기기의 응용을 위해 무선랜의 전력절감 기능을 지원해야 한다.

IEEE 802.11af

IEEE 802.11af는 TV 유휴대역(TVWS)을 활용하는 무선랜을 일컫는 것으로서, 한국과 미국에서는 54~698MHz에 해당하는 밴드가 여기에 해당한다. TV 채널번호로는 2번~51번 채널에 해당하는 대역이다. 다시 말해, 한국은 54~806MHz까지 현재 DTV 및 아날로그 TV를 현재 사용하고 있으나, 아날로그 방송이 종료된 후에는 54~698MHz까지만 DTV가 사용하고, 아직 논란 중에 있는 698~806MHz은 추후에 사용 용도를 결정할 예정으로 있다. 미국도 비슷한 상황으로서,

54~698MHz까지 DTV가 사용하고 있고, 698~806MHz은 상업 및 공공안전용으로 이미 다 배치가 끝난 상태이다. 기존의 Wi-Fi와 TV White Space를 활용한 Wi-Fi를 비교하면 〈표 4-6〉과 같다.

〈표 4-6〉 기존의 Wi-Fi와 TVWS를 사용하는 IEEE 802.11af의 비교

	2.4GHz Wi-Fi	5GHz Wi-Fi	TV White Space Wi-Fi
주파수 이용 현황	2.4~2.4835GHz (약 83MHz)	5.15~5.25GHz(실내) 5.25~5.35GHz(실내외) 5.47~5.65GHz(실내외) 5.725~5.825GHz(실내외) (총 480MHz)	54~88MHz 470~806MHz (총 370MHz)
채널 수 (20MHz 기준)	4개	19개	?개
혼 간섭 요인	블루투스, ZigBee, RTLS, codeless phone, 무선 AV 전송 등	레이더, DSRC	TV 방송, 무선 마이크
출력 제한	10mW/MHz (약 EIRP 1W 이하)	10mW/MHz (약 EIRP 1W 이하)	미정
커버리지(동등 출력 조건)	100m 이하	50m 이하	300m 이하
1차 업무 간섭 보호조건	없음	DFS/TPC 사용 (5.25~5.35GHz, 5.47~5.65GHz)	DB 방식
동일 기기 간 간섭 최소화 방법	없음 (Contention 기반)	없음 (Contention 기반)	DB 또는 스펙트럼 센싱을 통한 이용
주 이용 장비	가정용, 사업자, 기업용, 공공기관, POS 등	기업용, 무선랜 메시(공공기관), UTIS(경찰청), DSRC(도로공사) 등	미정

IEEE 802.11ai

IEEE 802.11ai는 무선랜의 초기 설정 및 접속 시간을 혁신적으로 줄이기 위해 인증절차를 신속하게 처리하는 기술이다. 이 규격에 대한 표준화 활동은 2011년 1월에 정식 태스크 그룹을 형성함으로써 시작되었다.

IEEE 802.11ai 표준화 과정에서는 신속한 접속 절차가 가능하게끔 AP discovery, network discovery, TSF Synchronization, Authentication & Association, Higher layer와의 절차병합 등의 다섯 영역에 대해 절차 간소화를 고려하였다.

이 기술은 소프트웨어 업그레이드만으로도 구현이 가능한 이슈이므로 표준이 정식 승인되면 Wi-Fi 관련 업체들이 쉽게 채택할 가능성이 있다.

블루투스

블루투스 개요

블루투스(Bluetooth)는 1994년 에릭슨이 최초로 개발한 개인 근거리 무선 통신(PAN, Personal Area Network)을 위한 산업 표준으로, 나중에 소니 에릭슨, IBM, 노키아, 도시바가 참여한 블루투스 SIG(Special Interest Group)에 의해 정식화되어 1999년 5월 20일 공식적으로 발표되었다.

블루투스라는 이름은 덴마크의 국왕 헤럴드 블라트란트를 영어식으로 바꾼 것이다. 블루투스라는 이름은 짐 카다흐(Jim Kardach)에 의해 제안되었는데, 그 이유는 Frans Gunnar Bengtsson의 바이킹과 헤럴드 블라트란트의 관한 역사 소설인 The Long Ships의 내용대로 블루투스가 스칸디나비아를 통일한 것처럼 무선통신도 블루투스가 통일하기를 바라는 마음이 있었기 때문이다.

블루투스는 IEEE 802.15.1 규격을 사용하는 PAN의 산업 표준이다. 블루투스를 사용하면 다양한 기기가 전 세계적으로 이용할 수 있는 ISM 대역인 2.45GHz 이용해 안전하고 낮은 비용으로 서로 통신할 수 있다.

블루투스 버전 1.1과 1.2의 경우 데이터 전송 속도가 723.1kbps이며, 블루투스 버전 2.0의 경우 EDR(Enhanced Data Rate)을 지원하여 2.1Mbps의 전송 속도를 지원할 수 있다. 일반적으로 블루투스는 유선 USB를 대체하는 기술로, 와이파이는 유선 이더넷을 대체하는 기술로 볼 수 있다.

블루투스에서 사용하는 암호화 기법은 SAFER(Secure And Fast Encryption Routine)이다. 블루투스를 사용하는 장치끼리 믿을 수 있는 안전한 연결을 통해 데이터를 송수신하려면 키워드를 이용한 페어링(paring)이 이루어지는데, 이 과정이 없는 경우도 있다.

블루투스의 무선전송

앞에서도 언급한 바와 같이 블루투스 무선시스템은 사용허가가 필요하지 않은 주파수 대역인 2.4GHz ISM 밴드에서 작동한다. 무선 전송 시 주파수 호핑(Frequency Hopping) 송수신 방식을 사용해 간섭과 페이딩에 강하도록 설계되었다. 또한 이진 FM 변조 방식은 송수신기의 복잡함을 최소화하도록 설계된 것이다. 블루투스의 최대 데이터 전송속도는 1Mbps이고, 시분할다중방식(TDMA, Time Division Multiple Access)이 사용된다.

블루투스 베이스밴드 프로토콜은 서킷스위칭(Circuit Switching)과 패킷스위칭(Packet Switching)의 조합이다. 슬롯(slot)들은 동기화된 패킷들을 위해 예약될 수 있고, 각 패킷은 서로 다른 주파수로 전송된다. 명목상으로는 하나의 패킷은 하나의 슬롯을 맡게 되어 있지만, 다섯 개의 슬롯까지 확장될 수 있다.

블루투스에서는 비동기적인 데이터 채널과 동기식 음성 채널이 존재한다. 음성 채널은 64kbps의 동기화 링크를 지원하며 3개까지 한꺼번에 확보할 수 있다. 비동기식 채널에서 하향링크는 최대 721kbps, 상향링크는 57kbps를 제공하며, 대칭전송 시 432.6kbps의 동기식 링크를 제공한다.

네트워크 토폴로지

블루투스 시스템은 일대일과 일대다중 연결을 지원하고 10미터에서 100미터 정도 사이의 작은 반경을 가진다. 하나의 서버를 중심으로 주위의 디바이스들과 네트워크를 구성하게 되는데, 이것을 피코넷(Piconet)이라 한다. 또한 피코넷 주위로 다른 피코넷을 형성할 수 있고, 이러한 피코넷 사이에는 항상 중개 역할을 하는 디바이스가 존재한다. 즉 하나의 피코넷을 중심으로 여러 피코넷이 형성된다. 이러한 피코넷의 모임을 스캐터넷(Scatternet)이라고 한다. 이처럼 여러 개의 피코넷이 함께 조직되고 연결될 수 있으며, 각 피코넷은 서로 다른 주파수 호핑 순서에 의해 구분된다. 같은 피코넷에 속한 모든 사용자는 동일한 호핑 순서로 동기화된다. 토폴로지는 하나의 다중 피코넷 구조로 묘사되는 것이 가장 적절할 것이다. 10개의 완전히 로딩된 독립된 피코넷을 가진 하나의 다중 피코넷 구조 안에서 풀 듀플렉스 데이터 전송률은 6Mbps 이상이다.

음성채널은 CVSD(Continuous Variable Slope Delta Modulation) 음성 코딩 체계를 사용하며, 음성 패킷은 재전송되지 않는다. 음성코딩으로 CVSD 방식이 채택된 이유는 CVSD가 누락되고 손상된 음성 샘플을 잘 처리하기 때문이다. 예를 들어, 주변의 잡음에 의해 어느 정도 간섭을 받는지 실험을 수행한 결과, CVSD 방식으로 코딩된 음성은 4% 이상의 비트 에러율을 내는 환경에서도 상당히 잘 들렸다.

블루투스 하드웨어 구성

하드웨어 중 RF(Radio Frequency) 부분에서는 고주파(high frequency) 신호를 받아 디지털 신호로 변환해 처리가 가능하게 하거나 디지털 신호를 고주파 신호로 바꿔서 전송하는 기능을 담당하는 부분이다.

블루투스는 2.4GHz의 ISM 밴드에서 동작하게 되는데, 대부분의 국가에서 2400~2483.5MHz의 주파수 대역을 이용한다. 하지만 국가에 따라 주파수 제한이 있는 경우가 있기 때문에 특정한 주파수 호핑 방법을 사용한다. 또한 변조(modulation) 방식으로는 GFSK(Gaussian Frequency Shift Keying)를 사용한다.

베이스밴드(Baseband) 부분은 물리계층(physical layer)의 프로토콜을 처리하는 부분이다. 블루투스에서는 대역폭 1MHz의 채널을 79개 사용해 1초에 1600번 채널을 바꾸는 주파수 호핑 방식의 확산대역통신(Spread-Spectrum Communications) 기술이 사용된다. 이 방식을 통해 간섭과 페이딩(fading)을 막고 노이즈가 많은 무선 구간에서 신뢰성을 확보한 통신이 가능해진다.

또한 풀 듀플렉스 전송을 위해 TDD(Time Division Duplex) 방법이 사용된다. 블루투스는 일반적으로 79개의 RF 채널을 사용하는데, 일본, 스페인 프랑스 등의 일부 국가에서는 23개의 RF 채널을 사용하고 있다. 사용되는 패킷은 72비트의 Access 코드, 54 비트의 헤더와 최대 2745 비트의 페이로드(payload)로 구성된다. 에러 교정과 보정을 위해서는 1/3 rate FEC(Forward Error Correction), 2/3 rate(FEC, Forward Error Correction), ARQ(Automatic Repeat reQuest) 방법이 사용된다.

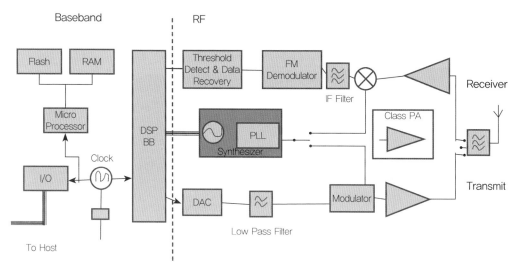

〈그림 4-4〉 블루투스의 하드웨어 구조

블루투스의 사양과 특징

블루투스 1.0과 1.0B

블루투스 1.0과 1.0B는 많은 문제점을 가지고 있고 다양한 제조사가 자사의 제품 간의 상호호환성을 확보하는 데 많은 어려움을 겪었다. 특히, 1.0과 1.0B는 핸드셰이킹(handshaking) 과정에서 블루투스 하드웨어 장치 주소(BD_ADDR)를 반드시 전송해야 하기 때문에 프로토콜 수준에서의 IP와 같은 주소 없이 연결하는 익명 연결(rendering anonymity)을 할 수 없었는데, 이는 블루투스 환경에서 제공되도록 계획한 소비확대정책(Consumerism) 같은 서비스를 제공하는 데 큰 제약사항으로 작용하였다.

한편, 블루투스는 2.4GHz의 주파수를 사용하고 무선 랜(IEEE802.11b/g)도 2.4GHz대의 주파수를 사용한다. 이 두 시스템은 같은 주파수를 사용하므로 동시에 사용할 경우 시스템이 사용하는 주파수의 충돌을 피할 수 없다. 두 시스템의 초기 보급 시에는 이것에 대한 우려가 많았으나, 블루투스의 버전업과 연결 특성상 큰 문제는 발생하지 않았다. 블루투스는 해당 주파수 대역에서 비어 있는 채널을 찾아 데이터를 전송하기 때문에 간섭이 일어나더라도 즉시 다른 빈 채널을 찾아 전송하게 된다.

음성기기의 사용 시 아주 짧은 정도의 지연현상이 발생하지만 실제로 체감하기 어려운 정도다. 하지만 두 기기의 거리가 1cm 이하로 근접해 있을 경우에는 두 시스템 간에 간섭이 발생할 가능성이 있다. 따라서 무선랜과 블루투스 두 기능을 동시에 가지고 있는 기기의 경우에는 두 시스템용으로 하나의 안테나를 사용하게 되는데, 이때 두 시스템이 서로 번갈아가며 데이터를 전송하는 사용하는 방식을 채택해 두 시스템 간의 간섭을 최대한 줄일 수 있게 설계되어 있다.

블루투스 1.1

블루투스 1.1은 2002년 IEEE 802.15.1 표준으로 승인되었고, 1.0B에 있던 많은 문제점이 수정되었다. 또한 비암호화 채널(non-encrypted channels)을 지원하였고, RSSI(Received Signal Strength Indicator)를 수신받을 수 있게 되었다.

블루투스 1.2

이 버전은 2005년 IEEE 802.15.1 표준으로 승인되었고, 1.1 버전과 호환되며 개선된 주요 사항은 다음과 같다. 빠른 접속과 가까운 거리에서의 주파수 간섭 및 먼 거리에서의 주파수 호핑 확산대역(frequency-hopping spread spectrum)에 대비하였다. 실제 전송 속도는 1.1과 같은 723kbps

다. 패킷의 오류나 재전송에 따른 음성이나 음원신호의 품질 손실을 막는 Extended Synchronous Connections(eSCO)를 지원하고, three-wire UART를 위한 Host Controller Interface(HCI)를 지원한다.

블루투스 2.0 + EDR

이 버전은 2004년 10월에 표준화되었고 이전 버전인 1.1과 호환되게 만들어졌다. 주된 향상점은 3.0Mbps의 더욱 향상된 데이터 속도(EDR, Enhanced Data Rate)를 지원하게 되었다는 점이다. 이로써 평균 3배, 최대 10배의 데이터 전송 속도(Data Transfer Rate) 향상(실제 전송 속도 2.1Mbps)과 Duty Cycle 감소에 의한 저전력 소비, 또한 멀티링크(multi-link) 시나리오의 단순화로 사용할 수 있는 대역폭이 늘어났다. 이론상의 전송 속도는 3.0Mbps이고, 실제 데이터 전송 속도는 2.1Mbps 이다.

Special Interest Group (SIG)에 표준화가 된 "블루투스 2.0 + EDR"은 많은 업체들이 사용하는 EDR과 표준화되지 않은 "블루투스 2.0"을 포함한다.

블루투스 2.1 + EDR

블루투스 1.2버전과 완벽하게 호환되는 핵심 표준화 버전인 블루투스 2.1은 블루투스 SIG에 의해 2007년 7월 26일에 채택되었고, 이 기술은 다음과 같은 몇 가지 특징을 지니고 있다.

- 확장된 질의응답
  장치를 연결하기 전에 좀 더 나은 장치를 걸러내기 위해 질의하는 과정 동안 장치의 이름, 장치가 지원하는 서비스 목록, 날짜나 시간, 공유정보와 같은 것들을 포함하는 더욱 많은 정보를 제공한다.

- 스니프 서브레이팅(Sniff subrating) 기술
  비대칭 전송(asymmetric data flows)과 같이 저전력 모드일 경우 전력소비를 줄일 수 있다. 이 방법을 통해 휴먼 인터페이스 장치에 가장 이익이 될 것으로 예상되는데, 적어도 3배에서 최대 10배까지 배터리 수명이 연장될 수 있다.

- 암호화 일시 중지/재개(Encryption Pause Resume)
  암호를 다시 설정했을 경우, 장치 간에 더욱 강력한 암호화로 최소 23.3시간 이상의 연결을 유지할 수 있다.

- 안전하고 간편한 공유
  보안의 강화와 사용 시간이 늘어남에 따라 블루투스 장치 간의 공유 기술이 근본적으로 향상되었다. 이것은 향후 블루투스를 사용하는 데 크게 기여할 것으로 예상된다.

- NFC 코퍼레이션

NFC 라디오 인터페이스를 사용할 수 있다면 자동으로 안전하게 접속할 수 있게 된다. 예를 들면, 수 센티미터 이내로 헤드셋을 NFC를 포함한 블루투스 2.1 전화로 가져가기만 해도 접속할 수 있게 된다. 또한 휴대 전화나 디지털 카메라로 찍은 사진을 디지털 액자에 가깝게 가져가는 것만으로 디지털 사진을 디지털 액자로 업로드 할 수 있게 된다.

블루투스 3.0 + HS

블루투스 3.0은 2009년 4월 21일에 발표되었으며, 큰 특징은 IEEE 802.11 PAL(Protocol Adaptation Layer)를 채용해 속도를 최대 24Mbps로 향상시켰다는 점이다. 그리고 블루투스 기기 간에 대용량 그림, 동영상, 파일을 주고받을 수 있게 설계되었다. 또한 이 기술을 사용하면 PC를 모바일 기기와 동기화할 수 있고 프린터나 PC로 많은 사진을 내려받을 수 있다. 전력소모 측면에서는 내장된 전력 관리 기능을 통해 전력소모를 크게 줄일 수 있게 되어 있다.

블루투스 4.0

블루투스 4.0 규격은 2010년 6월 15일에 공식 발표된 것으로 클래식 블루투스, 블루투스 하이 스피드와 블루투스 로우 에너지를 포함한다. 이 규격은 소비전력을 줄인 저에너지 기술에 고속 무선통신을 지원하는 것이 특징으로 평균 전력과 대기전력을 줄여 동전 크기 배터리로 수년 동안 작동할 수 있게 했으며, 기존 3Mbps 전송 속도도 24Mbps로 확장해 실시간 비디오 전송이나 대용량 데이터 전송을 쉽고 빠르게 구현할 수 있게 하였다.

블루투스 하이 스피드는 와이파이를 기반으로 하고, 클래식 블루투스는 기존의 블루투스 프로토콜로 구성되어 있고, 2010년 6월 30일에 채택되었다. 블루투스 저전력(BLE, Bluetooth Low Energy)은 블루투스 v4.0에 포함된 간단한 연결을 빠르게 만들기 위한 것으로 완전히 새로운 프로토콜 스택이다. 2011년 말, 호스트를 위한 "Bluetooth Smart Ready"와 센서를 위한 "Bluetooth Smart"가 블루투스 저전력(BLE)의 새 로고로 선보여졌다. 블루투스 4.0에 대한 좀 더 특별한 내용은 다음과 같다.

- 싱글 모드 구현에선 저전력 프로토콜 스택이 단독적으로 구현된다.
- 듀얼 모드 구현에선 저전력 기능이 기존의 블루투스 컨트롤러에 통합된다.
- Bluetooth SMART는 블루투스 저전력 전용 장치로서 일반적으로 배터리로 동작하는 센서에서 사용된다. 동작에 SMART Ready 또는 다른 SMART 장치를 필요로 한다.
- Bluetooth SMART Ready는 듀얼 모드 장치를 나타내며, 일반적으로 노트북 또는 스마트폰에서 사용된다. 기존의 블루투스와 블루투스 저전력 장치를 둘 다 사용한다.

ZigBee

ZigBee 개요

ZigBee는 IEEE 802.15.4(PHY, MAC)를 기반으로 하는 무선 기술 스펙이고, 상위 레벨의 통신 규약을 규정하고 있다. ZigBee는 무선 헤드폰 등 무선 개인통신망(WPAN)을 위해 IEEE 802.15.4 저전력 디지털 라디오를 사용하게 되어 있다. 블루투스와 같은 다른 무선 개인 통신망(WPANs)과 달리, ZigBee는 비교적 저렴하고 간단한 기술이다. ZigBee는 적은 데이터 전송량, 적은 전력 소모량, 보안성을 갖춘(secure) 네트워킹 등에 최적화되어 있다. ZigBee 기술은 ZigBee 스펙에 상세히 정의되어 있다. ZigBee의 주요 특징은 다음과 같다.

- 센서 I/O 등에 특화된 저속 무선 통신
- 저전력
- 스펙상 65536개의 노드를 지원하는 메쉬 네트워크(Mesh Network) 구성
- 넓은 무선 네트워크 커버리지 및 확장성
- 경쟁력 있는 가격
- IEEE 802.15.4 표준 기반 위에 만들어짐

ZigBee와 다른 무선표준 비교는 〈표 4-7〉과 같다.

〈표 4-7〉 ZigBee와 최근 이동통신 기술 비교

	ZigBee	802.11 (Wi-Fi)	블루투스	UWB (Ultra Wide Band)	무선 USB
전송 속도	20, 40, 250 kbps	11 & 54 Mbps	1Mbps	100~500 Mbps	62.5kbps
서비스 범위	10~160m	50~100m	10m	〈 10m	10m
네트워크 토폴로지	Ad-hoc, peer to peer, star or mesh	Point to hub	Ad-hoc, very small networks	Point to Point	Point to Point
동작 주파수 대역	868MHz (유럽) 990~928MHz(북아메리카), 2.4GHz (전 세계지역)	2.4 및 5GHz	2.4GHz	3.1~10.6GHz	2.4GHz

	ZigBee	802.11 (Wi-Fi)	블루투스	UWB (Ultra Wide Band)	무선 USB
구현 복잡도	낮음	높음	높음	중간	낮음
전력 소모량	아주 낮음	높음	중간	낮음	낮음
보안 방법	128 AES & 애플리케이션 계층 보안		64 및 128비트 암호화		
기타	기기가 기존 네트워크에 30ms 이내에 접속 가능	기기의 접속시간이 3~5초 소요	기기의 접속시간이 최대 10초 소요		
전형적인 응용 분야	산업제어 및 모니터링, 센서 네트워크, 빌딩자동화, 홈제어 등	무선 LAN, 광대역인터넷 접속	전화, 스마트기기, 헤드셋 등의 주변 기기의 무선 접속	비디오 스트리밍, 홈엔터테인먼드 등	PC 주변 장치 연결

ZigBee의 특징은 저속, 낮은 배터리 소모, 메쉬 네트워크 등이고, ZigBee가 지원하는 세 가지 데이터 전송 속도는 각각 쓰이는 주파수대역에 따른 속도이다. 전 세계적으로 3가지 주파수 대역을 쓰는데, 우리나라에서는 2.4GHz를 사용하고, 가장 높은 주파수이기 때문에 전송 속도가 가장 높다. 와이파이, 블루투스 등과 함께 사용하는 주파수이기 때문에 상황에 따라서는 간섭을 받을 수 있다. 이러한 이유에 의해 다른 국가에서는 다른 주파수를 사용하기도 한다.

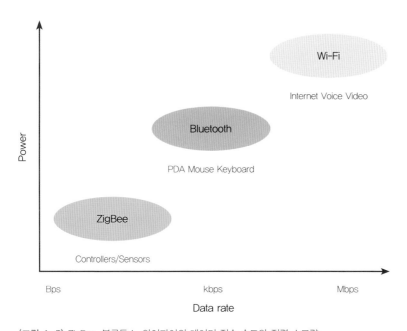

〈그림 4-5〉 ZigBee, 블루투스, 와이파이의 데이터 전송 속도와 전력 소모량

〈그림 4-5〉는 ZigBee, 블루투스, 와이파이 세 가지 기술의 데이터 전송 속도에 따른 전력 소모량을
나타낸 것이다.

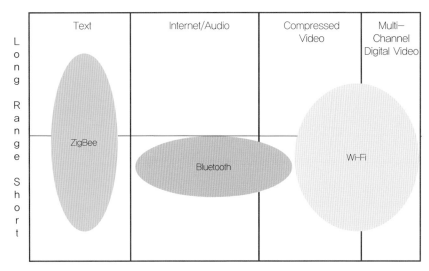

〈그림 4-6〉 ZigBee, 블루투스, 와이파이의 데이터 전송 속도와 서비스 범위

한편, 〈그림 4-6〉은 ZigBee, 블루투스, 와이파이의 데이터 전송 속도와 서비스 범위를 나타낸다.

ZigBee의 얼라이언스 표준화

ZigBee 얼라이언스(Alliance)는 ZigBee 표준을 관리하고 발행하는 회사들의 그룹이다. ZigBee
라는 명칭은 하나의 단일 기술 표준 개념이 아니라 이 그룹에서 등록한 상표(trademark) 개념이다.
IEEE 802.15.4와 ZigBee와의 관계는 IEEE 802.11과 와이파이 얼라이언스(Wi-Fi Alliance)와의
관계와 흡사하며, ZigBee 1.0 스펙은 2004년 12월 14일 승인되었으며, ZigBee 얼라이언스의 회원
사에게 공개되었다. 그 이후, 2007년 10월 30일에 ZigBee 2007 규격이 발행되었다. 한편, 2007년
11월 2일에 최초의 ZigBee 애플리케이션 프로파일인 "가정 자동화(Home Automation)"가 발표되
었다.

ZigBee 규격은 상업적인 용도 이외의 사용을 위해서도 일반인에게 공개되어 있다. ZigBee 얼라이언
스에 가입하는 최소 레벨 멤버십은 어댑터(Adapter)라고 불리는 것인데, 이 자격으로 가입하기 위해
서는 연간 3500달러(USD)의 비용을 지불해야 한다. 어댑터가 되면 아직 공개적으로 출판되지 않은
ZigBee 규격에 접근할 수 있으며, 그 규격에 근거해 제품을 만들 수 있다.

ZigBee의 스택 버전

첫 번째로 발표된 ZigBee 스택의 버전은 "ZigBee 2004", 두 번째 발표된 스택은 "ZigBee 2006"이라고 불리며, 2004년 스택에서 쓰였던 MSG(Message)/KVP(Key Value Pair) 구조를 "클러스터 라이브러리"로 대체하였다. 사실상 2004년 스펙은 거의 사장되었다고 볼 수 있다.

ZigBee 스택의 최신 버전은 "ZigBee 2007"이며, 여기에는 "ZigBee 스택 프로파일 1"과 "ZigBee 스택 프로파일 2"의 두 개의 스택 프로파일이 포함되어 있다. ZigBee 스택 프로파일 1은 가정용, 단순 산업용 용도로 사용된다. ZigBee 스택 프로파일 2(ZigBee Pro)는 더 많은 기능을 포함하고 있는데, 멀티캐스팅, 다-대-일 라우팅, 대칭키 키교환(SKKE)을 이용한 고수준의 보안성 등을 제공한다. 두 프로파일 중에서 ZigBee 스택 프로파일 1이 RAM과 플래시 메모리를 훨씬 적게 사용한다. ZigBee 스택 프로파일 1과 2 모두 완전한 메시 네트워킹 기능을 제공하며, 모든 ZigBee 애플리케이션 프로파일에 대해 동작한다.

ZigBee 2007은 ZigBee 2006 장치와의 하위 호환성이 완벽하게 보장된다. ZigBee 2007 장치는 ZigBee 2006 통신망에 합류해서 통신할 수 있다. 하지만 라우팅 옵션에 차이가 있기 때문에 ZigBee프로 장치는 ZigBee 2006이나 ZigBee 2007 통신망에서는 반드시 라우팅을 하지 않는(non-routing) ZigBee 엔드 디바이스(End-Device)가 되어야 한다. 마찬가지로 ZigBee 2006이나 ZigBee 2007 장치는 ZigBee 프로 통신망에서는 반드시 라우팅을 하지 않는 ZigBee 엔드 디바이스가 되어야 한다. 애플리케이션들은 하위 단에서 작동하고 있는 스택 프로파일 버전과 상관없이 동작한다.

ZigBee의 구조

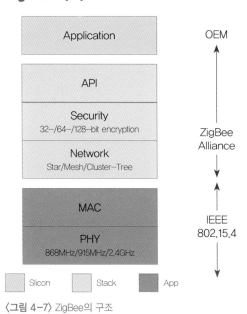

〈그림 4-7〉 ZigBee의 구조

〈그림 4-7〉에서 보는 것과 같이 ZigBee는 IEEE 802.15.4 부분과 ZigBee 얼라이언스 부분, 그리고 OEM 부분으로 구성되어 있다. 모든 IT 기기에 하드웨어와 소프트웨어가 존재하는 것처럼 ZigBee의 구조도 단순하게 보자면 하드웨어와 소프트웨어로 구성된다고 볼 수 있다. 여기서 하드웨어에 해당하는 부분이 IEEE 802.15.4이고 소프트웨어에 해당하는 부분이 ZigBee 얼라이언스 부분이다. IEEE 802.15.4의 레이어를 보면 물리계층(Physical layer)과 MAC(Medium Access Control) 레이어로 구성된 것을 볼 수 있는데, 둘 다 물리적 계층의 통신을 담당하는 부분이다. 반면 Network 및 Security 레이어는 ZigBee의 상위 레벨(high level) 프로토콜이다. 그리고 ZigBee 프로토콜 위에 ZigBee 모듈 등을 제어하는 특정 애플리케이션이 올라가는 것이다.

ZigBee 네트워크 구성요소

ZigBee의 네트워크 구성요소는 〈표 4-8〉과 같이 ZC, ZR, ZED의 3가지로 분류해서 나타낼 수 있다.

〈표 4-8〉 ZigBee의 네트워크 구성요소

ZigBee Coordinator(ZC)	ZigBee Router(ZR)	ZigBee End Device(ZED)
1. 오직 1개의 ZC만 네트워크에 존재함. 2. 네트워크를 초기화하고 설정함(PAN ID, Channel, Stack 등) 3. 네트워크 정보를 저장함. 4. 다른 노드로 데이터 Routing 가능함. 5. 네트워크에 대해 사용자 인터페이스를 제공하는 PAN coordinator 6. FFD(Full Function Device)	1. Mesh 및 Tree 네트워크 상에서 Routing을 담당 2. Optional 구성요소임. 3. ZR을 추가함으로써 네트워크 범위를 넓힘. 4. 지식노드들을 네트워크에 연결/해제하는 역할을 함. 5. 이웃노드들에 대한 라우팅 테이블을 가짐. 6. 자식노드들의 통신속도를 조절함. 7. FFD	1. 저전력에 최적화되어 있음. 2. 센서 등의 장치는 ZED로 구현해야 함. 3. 오직 부모 노드와만 통신 4. 다른 노드와는 연결될 수 없음. 5. RFD(Reduced-Function Device)

ZigBee의 네트워크 토폴로지

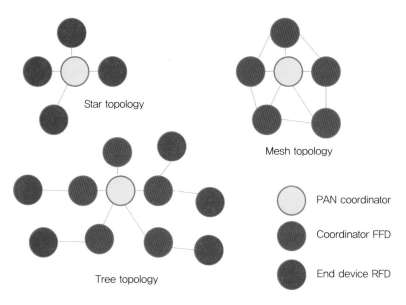

〈그림 4-8〉 ZigBee의 네트워크 토폴로지

〈그림 4-8〉은 다양한 ZigBee의 네트워크 토폴로지를 나타낸 것이다. 그림에서 보는 바와 같이 star, mesh, tree 형태의 토폴로지를 생각해 볼 수 있다. 각 토폴로지를 살펴보면 먼저 노란색의 노드가 하나씩 존재하는데, 이것은 각 네트워크를 관장하는 PAN Coordinator이다. 또한 Coordinator라고 적혀 있는 파란색 노드가 라우터로 네트워크 커버리지를 넓히고 엔드 디바이스들을 관리하는 역할을 한다. 여기서 엔드 디바이스는 Coordinator, Router에 붙어있는 저전력 장치라고 볼 수 있다. ZigBee 네트워크는 다른 무선기술보다 좀 더 신뢰성이 있다고 하는데, 이것은 메쉬 네트워크 때문이다.

블루투스와 같은 경우는 star 토폴로지 하나만 지원하고 각 장비가 오직 master 장비와 통신해야 하기 때문에 전파통신 경로상 장애물 등에 의해 통신의 영향을 받지만, ZigBee의 경우에는 라우터들이 여러 경로로 연결될 수 있기 때문에 이러한 종류의 장애에 더욱 강하다. 즉, 네트워크를 구성하고 있는 라우터 중 한 개, 두 개가 고장 나는 경우에도 대체 경로를 찾아 갈 수 있기 때문에 더 신뢰성이 있다고 할 수 있다.

ZigBee 인증 프로그램

ZigBee의 인증 프로그램은 ZigBee Complicant Platform(ZCP)과 ZigBee Certified Products 의 두 가지가 있다.

ZCP는 최종 ZigBee 제품에 사용되는 모듈이나 하드웨어/소프트웨어 스택 등 플랫폼에 적용되는 테 스트 프로그램이고, ZigBee Certified Products는 ZCP를 기반으로 하는 표준 프로파일을 적용한 제 품에 대한 인증 프로그램이다. ZigBee Certified Products 프로그램을 통과한 제품은 ZigBee 로고 를 부착할 수 있게 된다. 〈그림 4-9〉는 ZigBee의 두 인증프로그램의 차이를 보여준다.

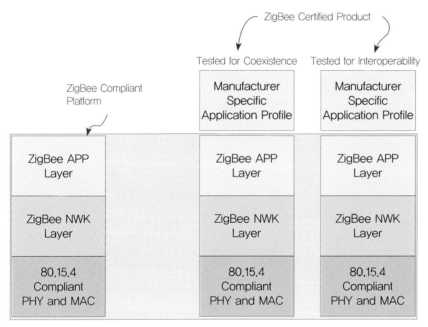

〈그림 4-9〉 ZigBee 인증 프로그램의 비교

유선 통신 기술

임베디드 시스템의 유선 통신 방식에 대해 알아보자. 특히 내부, 외부의 디바이스 간에 데이터를 주고 받는 데이터 통신에 대해 알아보자. 여기서는 병렬통신과 직렬통신을 비교하고, UART / RS-232C / RS-422 / RS-485 통신에 대해 살펴 보겠다.

직렬통신에 대한 이해

병렬통신과 직렬통신 비교

임베디드 시스템을 구성하고 있는 여러 주변 장치와 데이터를 공유하기 위한 방법으로 병렬 통신을 사용할 것인지 직렬통신을 사용할 것인지 결정해야 한다. 병렬 통신은 매우 빠른 데이터를 송수신해야 하는 경우에 사용되며, 직렬통신은 조금 데이터 통신 속도가 늦더라도 적은 핀을 이용해 통신하는 경우에 사용된다.

〈표 4-9〉 병렬 통신과 직렬통신 비교

병렬 통신	직렬통신
전송 데이터 8-128개 라인	전송 데이터 1개 라인
많은 데이터를 전송하기에 적당	통신 거리가 먼 경우에 사용
전송 거리가 길어지면 에러 발생 가능성이 높음. 노이즈 및 에러에 약함. 짧은 거리 전송에 적합	에러가 작고, 장거리 전송에 적합

병렬 통신은 한 번에 많은 데이터를 처리하기 위해 어드레스 핀과 데이터 핀으로 나누며, 주변 장치와 빠르게 통신하기 위해 연결된다. 대표적인 예로 MCU와 메모리 연결인 DDR 1GByte의 연결 구조를 살펴볼 수 있다. 어드레스 13핀, 데이터 16핀 이상을 연결해 데이터를 송수신하게 된다. 그 밖에도 하드, 비디오 카드 등 단거리용으로 20-30cm 이내에 초당 전송률이 중요한 경우에 사용한다.

직렬통신은 병렬통신보다 데이터 전송 속도는 느리지만 먼 거리까지 데이터를 송신 및 수신하는 데 사용된다. 한 번에 하나의 비트를 정보씩 전달해 누적된 정보를 이용해 처리할 수 있는 구조로 통신을 한다. 주로 저속 통신을 해도 문제가 발생하지 않는 GPS 데이터 송수신, TFlash, USB, PCI-E 등에 사용된다.

비트 단위 전송

임베디드 시스템에서 병렬로 구성되어 있는 데이터를 직렬로 전송하는 방식을 이해하기 위해 병렬로
존재하는 (8A)h라는 16진수 값이 직렬로 전송되려면 2진수로 (10001010)b 변환된 다음 스타트 비
트가 전송되고 D0에 0, D1에 1, 차례대로 0, 1, 0, 0, 0, 1 으로 전송된 후 패리티비트 체크 값이 전송
되고 스톱 비트 값이 전송된다. 이러한 값이 반복적으로 전송된다.

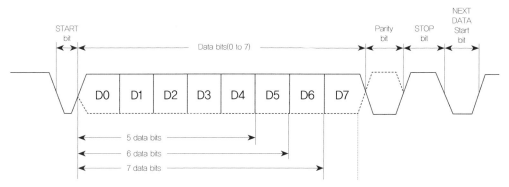

〈그림 4-10〉 비트 단위 데이터 전송

패리티 비트는 직렬통신 데이터 전달 시 데이터의 에러 유무를 알려주기 위한 비트로 데이터 중에
1(High)가 짝수 개 있는지 홀수 개 있는지를 체크하는 비트다. (Even / Odd / Mark / Space
Parity 등이 있다.)

UART(범용 비동기화 송수신기)

주변 장치와의 통신을 위해 직렬 포트의 직렬통신을 위해 사용되는 개별 IC(집적회로)를 말하며, 보통
동시 송신과 수신을 위해 두 개의 UART(Universal Asynchronous Receiver and Transmitter)를
갖는다. 즉, UART IC는 병렬 데이터를 수신하고, 직렬 데이터를 전송하는 기능과 직렬 데이터를 수신
하고 병렬 데이터로 변환해서 전송하는 기능을 제공한다. 과거에는 이러한 UART용 IC가 많이 사용되
었지만 최근에는 임베디드 내부에 포함되어 있어 사용자는 비트로 전송된 데이터를 병렬 데이터로 사
용되면 된다.

UART의 통신은 TTL 레벨(Low=0~0.8V, High=2.5~5V) 신호가 약해서 노이즈에 취약하고, 통신 거리에 제약이 있다. 이러한 문제점을 보강해 TTL 신호를 입력받아 노이즈에 강하고 멀리 갈 수 있도록 Line Driver/Receiver IC가 사용되며, 방식에 따라 RS-232C / RS-422 / RS-485 통신용 Line Driver가 사용된다. 산업현장에서 많이 사용되는 이들 방법에 대해 살펴 보자.

동작모드에서 Single-Ended는 1:1 연결을 의미한다. 데이터 송신(TXD)과 데이터 수신(RXD) 라인은 각각 크로스로 연결해서 사용한다. Differential 방식의 데이터 송신을 할 경우 2개의 선을 사용하며, 두 선의 전압차를 이용해 데이터의 존재 여부를 판단하는 방법이다. 각 통신 방식에 대해 자세히 살펴 보자.

〈표 4-10〉 RS-232 / RS-422 / RS-485 통신 비교

Spec.	RS-232C	RS-422	RS-485
동작 모드	Single-Ended	Differential	Differential
통신 거리	~15 m	~1.2 Km	~1.2 Km
최대 Driver/Receiver 수	1/1	1/10	32/32
최고 통신 속도	20 Kb/s	10 Mb/s	10 Mb/s
전송 방식	Full Duplex	Full Duplex	Half Duplex
최대 입력 전압	± 15V	-7 to + 7V	-7 to + 12V
최대 출력 전압	± 25V	-0.25 to +6V	-7 to + 12V

RS-232C 통신

RS-232C는 「Recommend Standard number 232」의 약어이고, 「C」는 표준 규격의 최신판을 나타내는 용어다. 일반적인 규정은 EIA/TIA-232-F를 따르고 있으며, ITU-T V.11에서 인터페이스에 관한 규정을 하고 있다. ISO2210에 따라 ISSUED-T V.24에서 DCD, DSR, RTS, CTS, DTR, RI 신호가 추가되었으나 주로 TXD, RXD, GND만 연결하면 통신이 가능하며, 매우 저렴한 비용으로 구현이 가능한 통신 방법이다.

대부분의 PC의 시리얼 포트는 RS-232C의 서브 세트(9핀)이 표준화되어 있지만, 풀 규격은 25핀의 D 형태의 커넥터로 22핀을 통신에 사용할 수 있다. 각 단자에 대한 설명은 〈그림 4-11〉과 같다.

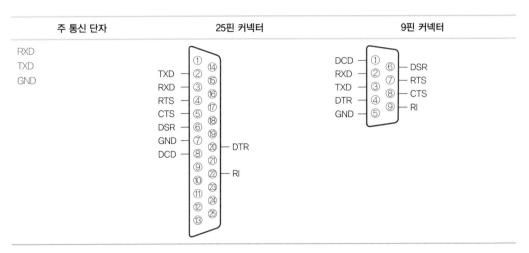

〈그림 4-11〉 RS-232C 통신 단자 설명

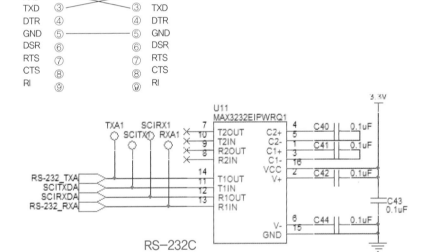

RS-232C

〈그림 4-12〉 RS-232C의 커넥터 핀 배선도의 주요 회로도

RS-232C의 중요 핀의 기능 설명은 다음과 같다.

- TXD(Transmit Data): 비동기식 직렬통신 장치의 직렬통신 데이터를 보내는 신호선

- RXD(Receive Data): 비동기식 직렬통신 장치의 직렬통신 데이터를 받는 신호선

- RTS(Ready To Send): DTE 장치가 DCE 장치에게 데이터를 받을 준비가 되었음을 나타내는 신호선

- CTS(Clear To Send): DCE 장치가 DTE 장치에게 데이터를 받을 준비가 되었음을 나타내는 신호선

- DTR(Data Terminal Ready): 해당하는 장치가 송수신이 가능한 상태임을 알리는 신호선. 통신 포트를 초기화한 후 출력함.

- DSR(Data Set Ready): 해당하는 장치가 송수신이 가능한 상태임을 알리는 신호선. 전원 인가 후 이상이 없을 때 출력함.

- DCD(Data Carrier Detect): 모뎀 간 통신을 할 때 상대편 모뎀으로부터 캐리어 신호를 받으면 출력함.

- RI(Ring Indicator): 모뎀 간 통신을 할 때 상대편 모뎀에서 전화가 걸려오면 이 신호를 통해 알림.

RS-422 / RS-485 통신

RS-422는 EIA에 의해 전기적인 규격이 정의되어 있으며, RS-422에서는 Point To Point 모드와 Multi-Drop 모드로 두 가지가 있다. Point To Point 모드인 경우 RS-232C와 신호선당 2개의 라인이 필요한 것만 빼고 사용법은 동일하다. 하지만 Multi-Drop 모드인 경우는 Stream에 의해 사용하는 방법이므로 다소 사용법이 복잡하다. 일반적으로 사용되는 신호선은 TXD+, TXD-, RXD+, RXD-이고 나머지 신호선은 거의 사용되지 않는다.

RS-485는 EIA에 의해 전기적인 규격이 정의되어 있으나 물리적인 커넥터 및 핀에 대한 규격은 정해지지 않고, 응용 사례에 따라 다양하게 연결할 수 있다. RS-485인 경우 RS-232C나 RS-422처럼 Full Duplex가 아닌 Half Duplex 전송방식만 지원하기 때문에 RS-422의 Multi-Drop 모드의 슬레이브처럼 RS-485의 모든 마스터는 TXD 신호를 멀티포인트 버스(RS-485의 모든 마스터가 공유하는 신호라인을 지칭함)에 접속 또는 단락시켜야만 할뿐더러 RXD 신호 역시 모드에 따라서는 접속 제어 및 단락 제어를 해야 한다. RS-485에서는 Echo 모드와 Non Echo 모드로 두 가지가 있다

RS-422 / RS-485 통신 원리는 기본적으로 동일하다. RS-232C 통신 방법은 통신거리가 15m로 짧은 반면 RS-422 / RS-485 통신은 최대 1.2Km까지 통신이 가능하며, Multi-Drop이라는 방법을 통해 다수의 장비와 1:N 통신이 가능하게 한 통신 규격이다. RS-232C 통신과 다르게 GND(ground)를 연결하지 않는 이유는 Differential Signal을 사용하기 때문이다. 노이즈에 강하게 해서 멀리 전송

하기 위해 (+)신호선, (−)신호선 2라인을 사용한다. (+)신호선과 (−)신호선의 신호 크기 차를 정보로 사용해 노이즈에 강하게 되고, 장거리 전송이 가능하다. 장거리 통신을 위해서는 (+), (−) 신호선을 서로 크로스시키고, 외피에 실드가 있는 UTP, STP 케이블을 이용하고, 종단에는 120옴 저항을 부착한다. 1:N 통신이 가능하다고는 하지만 실제 32개 이상의 디바이스와 통신할 경우 리피터 등 다양한 솔루션이 필요하며, 동시간에 통신이 가능한 것은 1:1이므로 각 디바이스마다 ID를 부여해 데이터를 호출하는 방식을 택해야 한다. 〈표 4−11〉은 RS−422과 RS−485 통신에서 가장 큰 차이를 보이는 것을 나타낸 것이다. 〈표 4−11〉에서 볼 수 있듯이 RS−485 통신에서는 A, B 두 개의 핀에서 RXD와 TXD를 공유하므로 수신모드와 송신모드를 구분해 주는 핀이 별도로 존재하며, RS−422 통신은 RXD와 TXD 버스가 각각 존재하므로 송수신 구분없이 사용할 수 있다.

〈표 4−11〉 RS−422 / RS−485 핀의 연결 비교

통신 방법	RS−422	RS−485
Communication PIN	A,B(RXDH,RXDL) Y,Z(TXDH,TXDL)	A(TRXDH) B(TRXDL)
Termination Resistance (Rt)	120 ohm	120 ohm

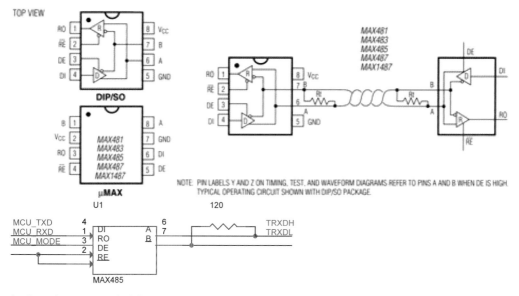

〈그림 4−13〉 RS−485 IC 및 배선도

Maxim社의 RS-485 통신이 가능한 IC는 MAX481, MAX483, MAX485, MAX487, MAX1487 등이 있으며 회로를 구성할 때는 〈그림 4-13〉을 참고한다. 여기서 DE핀과 /RE핀을 같이 연결해서 MCU에 연결하며 데이터의 이동에 따라 수신모드, 또는 송신모드를 결정하게 된다.

Maxim社의 RS-422 통신이 가능한 IC는 MAX488, MAX490 등이 있으며, 회로를 구성할 때는 〈그림 4-14〉을 참고하기 바란다. RS-485 통신과는 다르게 데이터 송신 버스와 데이터 수신 버스가 따로 존재하므로 각각 DE와 RE는 PIN이 필요 없다.

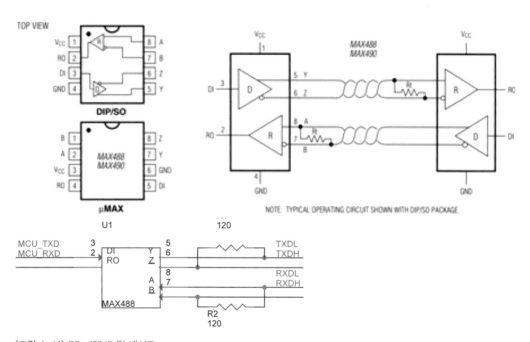

〈그림 4-14〉 RS-422 IC 및 배선도

차량용 통신

차량용 ECU와 X-by-wire 기술

차량용 임베디드 시스템으로 분류할 수 있는 최초의 차량용 ECU(Electronic Control Unit)는 과거 엄격해지는 배기가스 규제를 해결하기 위해 1979년 GM에서 처음 선보였다. 이후 GM은 캐딜락에 ECU로 제어되는 연료분사 엔진을 개발해 적용하였고, 점차 폰티악 2.5L 듀크 엔진과 콜벳 L83 크로스 파이어 엔진 등으로 확대되었다. 자동차 엔진의 전자제어를 가능하게 한 ECU의 등장으로 인해 과거의 기화기 엔진은 점차 사라졌으며, 현재와 같은 형태의 전자제어 엔진이 본격적으로 개발되었다. 현재는 차량용 임베디드 시스템을 구성하고 있는 ECU가 엔진뿐 아니라 자동차의 거의 모든 전자장치에 쓰이고 있지만, 당시에는 오직 엔진의 제어에만 사용되었다.

앞에서 설명한 것과 같이 초기에 차량에 적용된 ECU는 단지 엔진을 제어하는 데 사용하였다. 하지만 전자 제어 시스템의 적용을 통해 과거에는 불가능하였던 차량의 편의성이나 안전성과 같은 기능의 개선이 가능해졌기 때문에 90년대 이후부터 ECU와 같은 형태의 제어시스템이 엔진뿐만 아니라 차체, 구동계, 편의장치와 같은 부분에도 널리 사용되었다. 사실, 초기에는 마이크로컨트롤러를 기반으로 하는 제어모듈을 엔진을 제어하는 데 사용하면 ECU(Engine Control Unit), 변속기를 제어하는 데 사용하면 TCU(Transmission Control Unit), 파워트레인과 관련된 제어에 사용하면 PCU(Powertrain Control Unit)라고 구분해서 사용하였다. 하지만 차량의 성능 개선을 위해 ECU와 TCU의 고유기능을 통합하거나, TCU와 PCU의 기능을 통합한 새로운 모듈 등을 개발하면서 현재 사용하고 있는 용어인 전자 제어유닛(ECU)으로 통칭해서 사용하고 있다.

다양한 형태의 차량용 전자제어 시스템이 활발히 적용되면서 이전과는 비교되지 않을 정도로 차량이 급속히 지능화되었다. 예를 들면, 제동 시 조향 휠의 잠김 현상을 해소하기 위한 ABS(Anti-lock Brake System), 충돌 시 피해경감을 위한 에어백 시스템, 자동변속기(Auto Transmission)와 같은 기능들이 대표적인 초기 지능화 기술이다. 이러한 기술은 자동차 산업에서 더 높은 부가가치를 창출할 수 있었고, 사고 시 피해경감이 가능했기 때문에 세계적으로 관련 기술에 대한 많은 연구가 진행되었다. 이러한 많은 연구를 통해 2000년대 이후에는 아래 그림 4-13에서 보는 바와 같이 운전자의 안전 및 편의성을 향상시키기 위해 차량거리제어시스템, 충돌피해경감시스템, 자동주차시스템, 나이트비전, 타이어공기압측정시스템과 같은 적극적인 안전기술(active safety)이 다양하게 개발되었다.

하지만 이는 2000년대 20~30%에 머물던 차량의 전자화 비중을 현재 약 40%에 이를 정도로 증가시키는 원인이 되었다. 특히, 최근에는 배기가스에 대한 규제 및 고유가로 인한 차량의 연비 개선, 모바일 오피스의 구현, 능동형 안전 관련 기술의 적극적인 도입, 운전자의 편의성 향상 기술 등이 자동차에서 상품의 차별화가 가능해지면서 차량의 전자화 경향이 지속적으로 확대되고 있다. 하지만 차량에서 ECU의 사용이 증가되면서 배선 및 무게는 1995년 말 약 45m에서 2000년 이미 4Km에 이를 정도로 증가했으며, 배선의 증가는 유지보수의 문제로, 무게의 증가는 연비하락의 문제를 야기하였다. 비록 이러한 문제가 차량의 상품성이나 성능에 심각한 영향을 끼치지 않았지만, ECU 사용량 증가에 따른 문제는 배선이나 무게의 증가로 인한 문제보다 상대적으로 훨씬 더 복잡한 분산과 협조라는 문제를 야기하게 되었다.

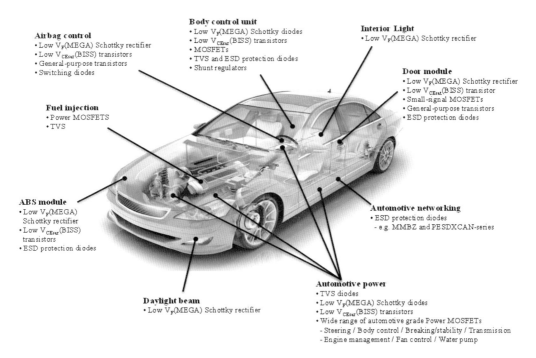

〈그림 4-15〉 차량용 임베디드 시스템의 응용 사례(출처: GlavCprav, 2012)

이러한 이유로 2010년 이후 완성차 업체를 비롯한 여러 자동차 부품업체는 기하급수적으로 증가하고 있는 ECU의 사용으로 인해 발생된 배선의 문제를 해결하고, ECU 간의 분산 및 협조기능을 지원하기 위해 다양한 형태의 X-by-wire 기술을 적용하고 있다. X-by-wire 기술은 기존의 기계 또는 유압으로 제어하던 조향 휠이나 브레이크와 같은 장치를 네트워크 기술을 이용해 전자적으로 제어하기 위한 기술이다. 최초의 X-by-wire 기술은 항공조정기술로 개발된 "fly-by-wire"로서, 유압 및 기계식으로 동작하는 비행기의 각종 장치를 통신케이블로 교체한 뒤, 컴퓨터로 비행을 제어하기 위해 개발되었다. 물론 X-by-wire 기술을 차량에 적용하기 위한 시도는 예전부터 계속되었지만 과거에는 마이크로 컨트롤러의 신뢰성 문제와 통합 ECU의 성능에 대한 불안감의 이유로 적극적인 개발이 이루어지지 않았다.

차량에서의 X-by-wire 기술은 앞서 기술한 fly-by-wire 기술과 유사하게 전자식으로 구성된 조향 및 주행장치의 데이터 공유 및 제어를 위한 자동차 내부의 네트워크 기술을 의미하며, X-by-wire를 통해 개발하고자 하는 시스템은 운전에 필요한 지시가 물리적인 형태로 전달되는 것이 아니라 전자신호에 따라 전달되는 시스템이다. 우선, 자동차의 구성을 모듈별로 나누어 보면 엔진, 변속기(기어와 클러치 포함), 브레이크, 조향 휠, 현가장치, 그 밖의 샤시로 나누며, 이것들 모두가 기계적인 요소로 연결되어 있다.

현재도 개발 중이거나, 앞으로 개발 예정인 X-by-wire 시스템에서 이들은 각각 throttle-by-wire, shift-by-wire, brake-by-wire, steer-by-wire, damper-by-wire 등의 개별적인 시스템과 전체의 통신을 담당하는 통신 매체(communication medium)로 대체될 것으로 예상하고 있다. 또한 이들 개별 장치의 원활한 제어를 위해 차량의 운전 상태 및 주변 상태를 감지하는 센서가 필요하고, 운전자가 안전하게 운전할 수 있게 차량의 안정성과 성능을 고려한 능동 안전제어 기술의 개발이 필요하다. 앞에서 설명한 이 같은 기능들의 전체적인 조합 기능 모듈을 아래 〈그림 4-16〉에 도식화해서 나타냈다. 물론 모든 차량의 장치가 한 번에 by-wire 기술을 적용하기란 불가능하겠지만, 차량용 임베디드 시스템에서 점진적으로 by-wire 기술을 적용하는 것은 이미 현실화되고 있다.

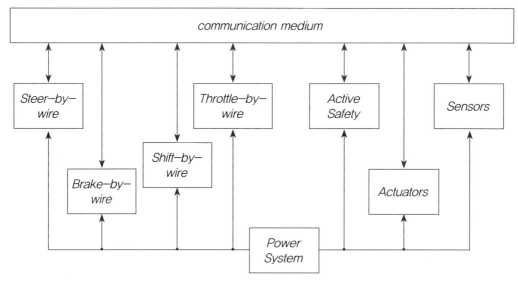

〈그림 4-16〉 X-by-wire 기술을 이용한 기능조합모델 개념도

일례로 drive-by-wire라고 하는 throttle-by-wire의 경우 현재 양산된 차종에 적용된 사례가 있다. 이전 차의 경우 트로틀 플레이트(throttle plate)가 연소과정에 사용되는 공기의 양을 조절하였다. 운전자가 액셀러레이터를 밟음으로써 트로틀 플레이트의 위치를 변화시켜 엔진 실린더에 유입되는 공기의 양을 조절하였다. 기계적인 링크로 운전자에 의한 페달의 위치 변화가 직접 트로틀 플레이트의 변화로 이어졌다. 이와는 대조적으로 throttle-by-wire에서는 ECU에 의한 모터제어로 트로틀 플레이트가 조절되어, 액셀러레이터와 직접적으로 연결되지 않는다. ECU에서는 액셀러레이터의 위치뿐 아니라 여러 센서의 값을 입력받아 최적의 트로틀 플레이트의 위치 값을 계산해 제어함으로써 인간이 할 수 없는 최적화된 제어를 통해 연료를 절약하고 배기가스를 감소시킬 수 있다. 현재 이러한 시스템은 운전자로 하여금 자신의 액셀러레이터 조절이 더는 트로틀 플레이트를 제어하지 않는다는 것을 인식하지 못할 정도로 정밀하게 이루어지고 있으며, 이는 X-by-wire에 대한 신뢰를 확대시키고 있다. throttle-by-wire는 안전에 대한 영향이 적기 때문에 빠른 적용이 가능하였다.

반면 steer-by-wire와 brake-by-wire의 경우에는 좀 더 지능적인 기능을 구현할 수 있다는 장점이 있지만 안전과 관련된 기능으로 인해 적용 문제에 대해 throttle-by-wire에 비해 자동차 업계의 자세가 좀 더 신중한 입장을 취하는 사실이다. 현재 자동차 업계에서는 안전성이 보장되는 X-by-wire 시스템을 개발하기 위해 여러 분야에서 노력을 기울이고 있다.

차량용 내부 통신시스템

일반적인 승용차를 비롯해 트럭, 산업용 자동차, 군사용 자동차와 같은 분야에서 지능적인 센서와 제어기를 적용해 능동 안전 시스템을 구현하거나 스마트카를 개발하는 등 자동차 기술에 대한 관심이 꾸준히 증대되고 있다. 일반적으로, 스마트 카를 구현하기 위해서는 차량의 위치나 속도와 같은 차량의 상태와 차량 외부의 환경이 실시간으로 인식될 수 있어야 한다. 또한 자동차가 내부 및 외부의 정보를 바탕으로 반자동 또는 자동으로 제어될 수 있어야 한다. 이러한 이유로 스마트 카는 운전자의 편의를 위해 차량의 일부를 제어하는 운전자 보조 시스템(Driver Assistance System)이나 운전자에게 정보를 제공하고 위험 상황을 경고하는 충돌 경고 시스템(Collision Warning System) 등과 같은 다양한 지능형 센싱 및 제어 알고리즘이 필요해지고 있다. 현재 이러한 스마트카 기술은 지능형 교통 시스템(ITS, Intelligent Transportation System)의 구현에 있어서도 중요한 분야로서, 운전자의 안전성과 편의성을 향상시키는 데 필수적인 것으로 인식되고 있다.

스마트 카 기술이 더욱 높은 수준으로 발전함에 따라 자동차에서 사용되는 가속도 센서, 온도 센서, 레이더 센서 및 각종 제어용 모터 등과 같은 전자 부품의 종류 및 개수도 급속도로 증가하고 있다. 특히,

자동차를 제작하는 데 드는 비용 중에서 전자 부품이 차지하는 비중이 40% 이상으로 증가(2013년 기준)하고 있으며, 앞으로 그 비중은 더 증가할 것으로 예상되고 있다. 그러나 전자 부품, 전자 제어기(ECU, Electronic Control Unit)와 스위치를 전선을 이용해 점대점(point-to-point) 방식으로 연결하는 전통적인 배선 시스템(harness system) 체계는 전선이 기하급수적으로 증가하는 결과를 초래한다. 이러한 전선의 증가는 배선 체계를 더욱 복잡하게 함으로써 차량의 정비와 기능의 추가를 어렵게 할뿐더러 차량 중량을 증가시켜 차량 성능을 악화시키는 결과를 야기한다.

이러한 문제를 해결하기 위해 자동차 회사가 중심이 되어 전자 부품과 ECU 및 스위치를 한 가닥의 공유된 전선으로 연결하려는 차량 내부 네트워크 시스템(IVN, In-Vehicle Networking system)이 개발되었다. 그 결과, 〈그림 4-17〉과 같이 윈도우 모터나 윈도우 스위치 등과 같은 차량 제어용 프로토콜로 Controller Area Network(CAN), J1850과 Local Interconnect Network(LIN) 등이 개발되어 차량에 적용되고 있다. 특히, 최근에 브레이크나 조향 시스템과 같은 실시간을 요구하는 샤시 부품에 IVN을 적용할 목적으로 Time Triggered Protocol/Class C(TTP/C), FlexRay, Time Triggered CAN(TTCAN) 등과 같은 X-by-wire용 프로토콜이 개발되고 있다. 또한 운전자에게 서비스 및 오락 정보를 제공하기 위해 대용량의 정보를 공유할 수 있는 Media Oriented Systems Transport(MOST)나 IDB 1394를 비롯한 Ethernet과 같은 프로토콜이 꾸준하게 개발되고 있다.

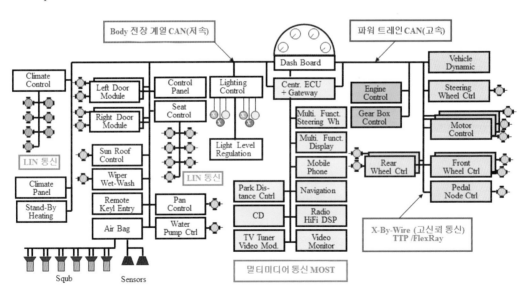

〈그림 4-17〉 차량용 내부 통신시스템의 예

스마트 카의 개발과 함께 차량용 네트워크는 요구되는 특성에 따라 다양한 프로토콜이 개발되고 있다. 특히 차량용 네트워크는 스마트 카에서 전송되는 데이터의 실시간 특성과 데이터의 크기에 따라 〈그림

4-18〉과 같이 제어 네트워크(control network)와 바디 네트워크(body network), 멀티미디어 네트워크(multimedia network)로 분류한다.

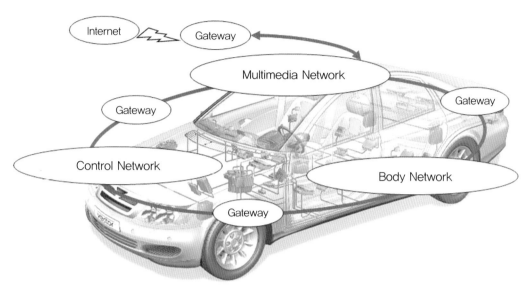

〈그림 4-18〉 자동차용 네트워크의 분류(출처: 벡터 인포매틱 GmbH, 벡터 컨설팅)

일반적으로 제어 네트워크는 자동차 주행에 필요한 구동, 조향 및 제동에 관련된 부품으로 구성된 시스템 네트워크로 정의한다. 제어 네트워크는 샤시 네트워크(chassis network)라고 불리기도 하며, 과거에는 FlexRay, TTP 및 TTCAN 프로토콜이 표준으로 자리 잡기 위해 경쟁적으로 개발되고 있다. 현재, 자동차 회사를 중심으로 개발된 FlexRay가 가장 유력한 표준 프로토콜로 한발 앞서 나가고 있으며, 자동차의 엔진 제어용으로 고속 CAN이 적용되고 있다.

바디 네트워크는 자동차를 운전하는 운전자의 편의 및 안전성에 관련된 헤드라이트나 파워 윈도우와 같은 장치로 구성된 시스템 네트워크로 정의한다. 특히, 바디 네트워크는 차량용 네트워크 중에서 가장 먼저 적용되고 있으며, 대부분의 대형 자동차는 바디 네트워크를 적용해 바디 시스템을 구성하고 있다. 바디 네트워크에 적용되는 프로토콜에는 CAN, LIN 및 J1850이 있으며, CAN과 LIN이 가장 많이 적용되고 있다.

멀티미디어 네트워크는 자동차 탑승자에게 서비스를 제공하거나 오락에 관련된 AV(audio video), 내비게이션 및 텔레메틱스에 관련된 장치로 구성된 망으로 정의한다. 특히, 자동차에서 서비스 및 오락 기능에 대한 고객의 요구가 증가하면서 멀티미디어 장치의 네트워크화가 급속히 진행되고 있다. 멀티미디어 네트워크에 적용되는 프로토콜에는 MOST와 IDB 1394가 있으며, 최근에는 이더넷을 적용하려는 연구개발이 활발히 진행되고 있다.

자동차에 적용되는 네트워크는 기능적인 분류와 함께 전송 속도에 따라 〈그림 4-19〉와 같이 분류한다. 바디 네트워크는 전송 속도가 늦지만 전송되는 데이터의 용량이 상대적으로 적다는 특징이 있다. PT 도메인이나 Chassis 도메인에 사용되는 제어 네트워크는 데이터의 실시간 전송이라는 특성을 지니고 있어 전송되는 데이터의 용량에 비해 전송 속도가 빠르다는 특징이 있다. 멀티미디어 네트워크는 음성 데이터와 영상 데이터를 처리해야 하는 특성 때문에 대용량의 데이터 처리에 적합한 고속의 통신 속도를 갖추고 있으며, 전용 통신선을 주로 사용한다.

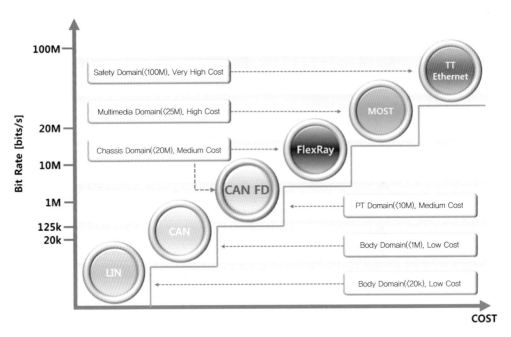

〈그림 4-19〉 통신속도에 따른 차량 내부 네트워크의 비교

Controller Area Network(CAN)

CAN 프로토콜의 개요

CAN은 자동차 내의 센서나 액츄에이터, ECU(Electronic Control Unit) 간의 디지털 통신을 위해 1980년대 보쉬(Bosch)에서 개발하였으며, 1993년 ISO 표준으로 제정되었다. CAN은 다른 필드버

스 프로토콜에 비해 가격 대 성능비가 매우 우수할뿐더러 대다수의 반도체 제조 회사에서 원칩 형태의 마이크로컨트롤러로 개발되어 가장 대중화된 프로토콜로 인정받고 있다. 이러한 장점 덕분에 CAN은 자동차 분야뿐 아니라 공장 자동화와 빌딩 자동화, 로봇, 선박, 공작기계 등과 같은 다양한 분야에서 데이터를 교환하기 위한 응용으로 확대되어 가고 있다. CAN의 몇 가지 주요한 특징을 살펴보면 아래와 같다.

메시지 지향성 프로토콜(message-oriented protocol)

CAN은 노드의 주소에 의해 데이터가 교환되는 것이 아니라 메시지의 우선순위에 의해 할당된 ID(identifier)에 의해 데이터 교환이 이루어진다. 따라서 멀티캐스팅(multicasting)과 브로드캐스팅(broadcasting)이 가능해진다. 또한 순수한 수신기라면 어떠한 하드웨어나 소프트웨어의 변경 없이 현존하는 CAN 통신망에 추가할 수 있다.

보완적인 에러 감지 메커니즘

CAN은 다양한 에러 감지 메커니즘이 서로 보완적으로 에러를 감지하기 때문에 높은 안전성을 보장한다. 또한 에러가 감지되면 자동적으로 재전송하는 능력 때문에 다른 프로토콜에 비해 에러 회복 시간이 짧다.

멀티 마스터(multi-master) 능력

CAN을 기반으로 한 네트워크에는 버스를 점유하기 위한 감독자 노드(bus master)가 필요가 없다. 모든 노드는 버스가 비워지는 동시에 모든 메시지들이 전송을 시작한다. 만약 몇 개의 노드가 동시에 전송을 시작하더라도 우선순위가 높은 메시지는 바로 전송이 된다.

결점 있는 노드의 감지와 비활성화

CAN은 버스의 상태를 항상 모니터링하기 때문에 결함이 있는 노드를 감지해 해당 노드를 비활성화함으로써 네트워크의 신뢰성을 보장한다.

저렴한 가격 및 구성의 용이성

현재 수십 개의 반도체 제조업체가 다양한 CAN 컨트롤러와 트랜시버를 개발, 판매하고 있어 가격이 저렴하고 조달이 용이하다.

이러한 몇 가지 주요한 특성뿐만 아니라 여러 가지 장점으로 인해 국제표준 규격으로 제정된 후 CAN 은 자동차 산업뿐만 아니라 공장 자동화와 공정의 분산 제어 등의 각종 산업설비에서 제어 및 자동화 관련 장비 간의 데이터 교환을 위한 통신망으로 널리 사용되고 있다.

CAN 프로토콜의 데이터 전송 방식

CAN을 기반으로 한 네트워크 시스템에서는 노드 자체에는 주소가 부여되지 않는다. 대신 메시지의 내 용(우선순위)에 따라 ID를 할당하고, 이 ID를 이용해 메시지를 구별하는 주소지정(content-based addressing) 방식을 사용한다. 즉, 임의의 한 노드가 메시지를 전송하기 시작하면 나머지 노드는 ID 를 이용해 수신한 메시지가 자신과 관련 있는 메시지인지 아닌지를 판단해 관련이 있는 경우에만 받아 들이게 된다.

또한 CAN은 멀티마스터 능력으로 인해 모든 노드는 버스 마스터가 되어 버스가 비어 있을 때(idle) 라면 언제든지 메시지 전송이 가능하다. 그러나 동시에 여러 노드에서 메시지를 전송하고자 하면 버 스 상에서 메시지의 충돌이 발생하게 된다. 이러한 버스 상에서의 메시지 충돌을 CAN에서는 버 스 레벨의 비트를 관찰하고 있는 각 노드가 메시지 ID 비트를 비교함으로써 중재하게 된다(bitwise arbitration). 여기서 bitwise arbitration은 dominant(0,d) 비트가 recessive(1,r) 비트를 덮어쓰 는 'Wired-And' 방법에 의해 이뤄진다. 즉, 비트 값 0(zero)이 비트 값 1(one)보다 높은 우선순위 를 갖게 되고 경쟁에서 이기게 된다.

경쟁에서 패배한 모든 노드는 우선순위가 가장 높은 메시지의 수신 노드가 되고, 버스가 다시 사용 가 능할 때까지 전송을 재시도하지 않는다. 〈그림 4-20〉은 우선순위에 의한 메시지의 전송순서가 결 정되는 메커니즘을 도식화해서 나타낸 것이다. 이것은 노드 1, 2, 3에서 각각 ID 11001111111, 11001011000, 11001011001의 메시지를 동시에 보내려고 하는 상황에서 버스의 레벨을 표현한 것 이다. 1번 노드의 메시지의 경우 5번 비트가 다른 노드의 메시지에 비해 우선순위가 낮다. 따라서 경쟁 에서 지게 되어 1번 노드는 이때부터 수신 노드가 된다. 다음 3번 노드의 메시지의 경우 ID비트의 마지 막 비트가 노드 2의 메시지에 비해 우선순위가 낮다.

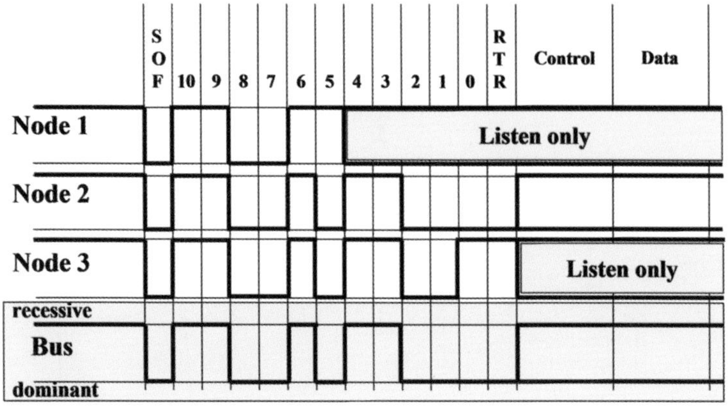

〈그림 4-20〉 CAN의 Non-destructive bitwise arbitration 방식

따라서 1번 노드와 마찬가지로 수신 노드가 된다. 즉, 우선순위가 상대적으로 높은 2번 노드의 메시지의 경우 경쟁에서 이기게 되어 매체에 액세스할 수 있게 되는 것이다.

이 같은 방식은 충돌 시 최소한 하나의 메시지는 파괴되지 않고 전송되므로 정보와 시간의 손실이 발생하는 것을 방지한다. 따라서 비파괴적인 버스 액세스(non-destructive bus access)라고 하며, 〈그림 4-21〉과 같은 순서도를 따른다. 이러한 버스 액세스 방법은 파괴적 버스 액세스의 대표적인 예인 CSMA/CD(Carrier Sense Multiple Access with Collision Detection)와는 달리 네트워크의 부하가 상당히 증가해도 지속적인 통신이 가능하다.

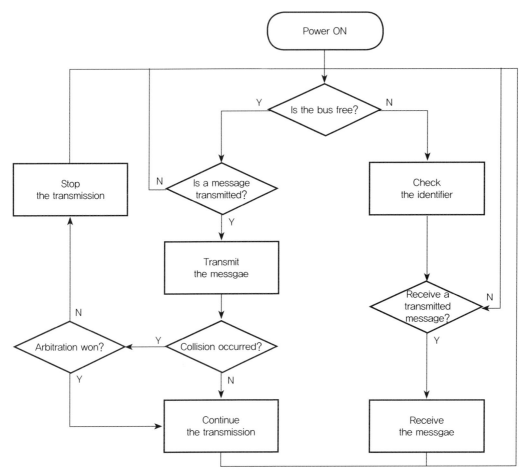

〈그림 4-21〉 CAN 통신시스템의 매체 접속 제어 방식

CAN 프로토콜의 프레임 구조

CAN에서는 데이터 프레임(data frame), 리모트 프레임(remote frame), 에러 프레임(error frame), 오버로드 프레임(overload frame)의 4가지 프레임 타입을 정의하고 있다. 데이터 프레임은 일반적으로 데이터 전송에 사용되며, 리모트 프레임은 수신할 노드에서 원하는 메시지를 전송할 수 있는 송신 노드에서 전송을 요청하는 메시지이다. 에러 프레임은 메시지의 에러가 감지되었을 때 시스템에 알릴 목적으로 사용되는 프레임이다. 마지막으로 오버로드 프레임은 메시지의 동기화를 목적으로 사용되는 메시지이다. 그러나 실제로 CAN에서는 데이터 프레임과 에러 프레임을 제외하고는 잘 사용되지 않는다. 가장 많이 사용되는 데이터 프레임은 아래의 〈그림 4-22〉와 같이 7개의 필드의 형식으로 구성되어 있다.

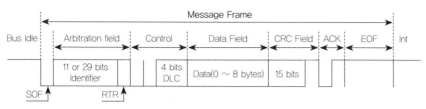

〈그림 4-22〉 CAN 통신시스템의 프레임 포맷

SOF (Start Of Frame)

한 개의 dominant 비트로 구성되어 있으며, 메시지의 처음을 지시하고 모든 노드의 동기화를 위해 사용된다.

중재 필드 (arbitration field)

11비트 또는 29비트의 크기를 갖는 ID와 1비트의 RTR (Remote Transmission Request) 비트로 구성된다. ID는 2.0A의 표준을 따를 경우 11비트, 2.0B의 표준을 따를 경우 29비트를 갖게 된다. 이 영역은 둘 이상의 노드에서 메시지의 전송이 동시에 일어날 경우 발생하는 메시지 간의 충돌을 조정하는 데 사용된다. RTR비트의 값은 데이터 프레임인지('d') 리모트 프레임인지('r')를 결정하는 데 사용된다.

제어 필드 (control field)

6비트로 구성되어 있으며, 이 중 4비트는 DLC (Data Length Code)로서 데이터 필드 상의 데이터 길이를 정하는 데 사용된다.

데이터 필드 (data field)

8bytes까지 사용 가능하며, 데이터를 저장하는 데 사용된다.

CRC (Cyclic Redundancy Check) 필드

SOF에서부터 데이터 필드까지의 비트열을 이용해 생성한 15비트의 CRC 시퀀스 (sequence)와 하나의 'r'비트의 CRC 델리미터 (delimiter)로 구성되어 있다. 이것은 메시지 상의 에러 유무를 검사하는 데 사용된다.

ACK(ACKnowledgement) 필드

한 비트의 ACK 슬롯(slot)과 하나의 ACK 델리미터('d')로 구성되어 있다. 임의의 노드에서 올바른 메시지를 수신하게 되면 ACK 필드를 받는 순간 ACK 슬롯의 값을 'd'로 설정해 버스 상에서 계속 전송하게 된다.

EOF(End Of Frame)

7개의 'r'비트로 구성되어 메시지의 끝을 알리는 목적으로 사용된다.

INT(INTermission field)

프레임 사이를 나타낸다.

CAN 프로토콜의 에러 처리

CAN은 비트 에러(bits error), 스터프(stuff) 에러, CRC 에러, 형식 에러(form error), 그리고 ACK 에러(ACK error)의 5가지 유형을 에러를 정의하고 있으며, 이러한 에러를 순환 중복 검사 (CRC, Cyclic Redundancy Check), 모니터링(monitoring), 비트 스터핑 검사, 메시지 프레임 검사를 이용해 감지한다.

- 비트 에러: 전송한 비트와 버스 상에서 모니터된 버스 레벨과 다른 경우 송신자가 감지한다.
- 스터프 에러: 같은 극성의 6개의 비트가 연속으로 감지될 경우, 송신자 또는 수신자에 의해 감지된다.
- 형식 에러: 정해진 형식의 비트 패턴이 나타나지 않는 경우 송신자에 의해 감지된다.
- ACK 에러: ACK 슬롯이 'd'로 세팅되지 않은 경우 송신자에 의해 감지된다.
- CRC 에러: CRC에서 나머지가 0이 아닌 경우 수신자에 의해 감지된다.

비트 에러, 스터프 에러, 형식 에러, ACK 에러는 에러를 감지한 비트의 다음 비트에서 에러 프레임이 전송되고, CRC 에러는 ACK 지시기의 다음 비트에서 에러 프레임이 전송된다.

- CRC 검사
  CRC 검사는 모든 데이터 통신에서 가장 많이 사용되는 에러 검출 방법이다. 모든 노드는 메시지를 전송할 때 특정한 생성 다항식을 이용해 생성한 CRC 코드를 메시지에 더해서 보내게 된다. 이때 수신 노드에서 수신한 메시지를 CRC 코드를 생성할 때 사용한 것과 같은 생성 다항식으로 나누어 나머지가 '0'이면 에러가 없는 것으로 가정하는 것이다.

- 모니터링
  모든 노드는 메시지를 전송하는 동시에 버스의 레벨을 모니터링하게 된다. 이때 전송된 메시지와 버스의 레벨(bus level)이 다른 경우 에러가 발생하였다고 생각하는 것이다.

- 비트 스터핑 검사
  CAN에서는 송신기가 메시지를 전송할 때, 같은 극성을 가진 비트가 5개 이상 연속으로 나타나게 되면 정확한 전송을 위해 6번째에 하나의 반전된 비트를 삽입하게 된다. 이것을 스터핑이라고 하는데 수신 측에서 같은 극성을 가진 비트가 6개 이상 연속으로 나타나면 이 스터핑을 제대로 수행하지 못한 것으로 간주하고 에러라고 감지한다.

- 메시지 프레임 검사
  CAN의 데이터 프레임에 존재하는 몇 개의 고정 포맷 비트 필드를 체크해 메시지 프레임 형식에 어긋나는가 여부를 알아내는 방법으로 에러를 감지한다.

- 에러 프레임의 생성과 재전송
  다양한 검사 방법에 의해 메시지 상의 에러가 감지되면 그것을 감지한 노드에서 에러 플래그를 전송하게 된다. 이 에러 플래그는 스터핑 법칙과 고정된 프레임 형식을 깨뜨리게 되고, 이것이 다시 다른 노드로 하여금 에러 플래그를 전송하게 한다.

한 가지 예로, 노드 A가 에러를 감지하게 되면 6개의 'd' 비트(에러 플래그)와 8개의 'r' 비트(에러 델리미터)로 구성된 에러 프레임(액티브 에러 플래그)을 전송한다. 이렇게 생성된 에러 프레임을 받은 노드는 6개의 'd' 비트를 수신해 에러가 발생했음을 인식하게 된다. 그렇게 되면 이 노드들 또한 에러 프레임을 전송하게 되고 처음 A가 전송한 에러 프레임의 에러 딜리미터 영역에 6개의 'd' 비트를 오버라이트(overwrite)하게 되어 에러 플래그의 중첩 영역(6 ~ 12 bits)을 만들게 된다. 이렇게 생성되어 전송되는 에러 프레임에 의해 메시지의 재전송이 이루어진다.

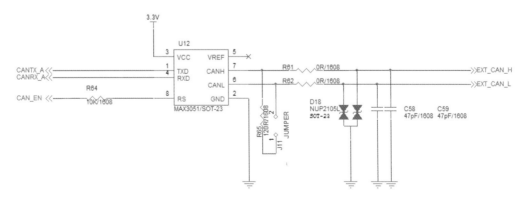

〈그림 4-23〉 CAN 통신 회로도

Multi-Drop을 구성하고자 한다면 Maxim Intergrated 社의 CAN 통신이 가능한 IC인 MAX3051 IC와 비슷한 제품의 Datasheet를 참고해서 회로를 구성하기 바란다. 〈그림 4-23〉의 회로도는 ESD Protection이 추가된 회로이다.

CAN 통신 메시지에서 사용하는 용어는 다음과 같다.

- SOF(Start of Frame): 메시지의 시작을 의미한다.

- Arbitration Field: 메시지를 식별하고 메시지의 우선순위를 지정한다. CAN 2.0A는 11bit ID를 사용하고 2.0B 는 29bit ID를 사용한다.

- IDE(Identifier Extension): 표준 11bit와 확장 29bit를 구분한다.

- RTR(Remote Transmission Request): 원격 프레임과 데이터 프레임을 구별한다. (RTR=0데이터 프레임 / RTR = 1 원격 프레임)

- DLC(Data Length Code): 데이터의 길이를 표현한다.

- Data Field: 데이터의 길이만큼 데이터를 가지는 필드다.

- CRC(Cyclic Redundancy Check): 15비트의 주기적인 중복 체크 코드와 delimiter 비트로 구성되어 오류 검 출에 사용된다.

- ACK(ACKnowledgement): 메시지 수신시에 수신측 CAN Transceiver에서 ACK 비트를 전송한다. CANbus 상에 ACK가 없으면 해당 ID의 데이터를 재전송한다.

Local Interconnect Network (LIN)

LIN은 저가의 가격과 안전성을 동시에 고려해 ISO 9141의 single wire 표준을 바탕으로 개발되었다. LIN은 CAN과 함께 바디 네트워크를 구성하며, 상대적으로 저가(low-cost) 구현이 요구되는 차량 문, 좌석과 선루프와 같은 장치에 적용한다. 또한 게이트웨이(gateway)를 통해 CAN과 데이터를 교환해 하나의 바디 네트워크를 구성한다. LIN 협회에는 Audi, BMW, DaimlerChrysler, Volvo와 VW 등이 참여하고 있다.

LIN은 최대 20Kbps를 지원하며, 하나의 마스터(master) 노드와 다수의 슬레이브(slave) 노드 구조를 지원해 정확한 응답 시간을 예측할 수 있다. 또한 데이터 전송의 안전성을 확보하기 위해 12V를 지원하는 버스를 사용하며, 다양한 고장 검출 알고리즘을 가지고 있다.

LIN에서 마스터 노드는 마스터 태스크와 슬레이브 태스크를 가지고 있으며, 슬레이브 노드는 슬레이브 태스크만을 가지고 있다. 여기서 마스터 태스크는 헤드 프레임의 전송 순서, 시기 및 네트워크 동기화 기능을 가지고 있다. 슬레이브 태스크는 전송받은 헤더 프레임의 메시지 ID에 따라 응답 프레임을 송수신하는 기능을 가지고 있다. 즉, LIN 네트워크에서 마스터 노드는 어떤 노드가 데이터를 전송할지를 결정할 수 있는 권한을 가지고 있으며, 다수의 슬레이브는 마스터 노드가 요구하는 데이터를 전송해야 할 의무를 가지고 있다. 또한 마스터 노드는 네트워크 관리의 모든 권한을 가지고 통신을 수행한다.

LIN 메시지 프레임은 〈그림 4-24〉와 같이 동기화 시작 필드(synch break), 동기화 필드(synch)와 메시지 ID 필드를 포함하는 헤더(header)와 데이터 필드와 체크섬(checksum) 필드를 포함하는 응답(response) 프레임으로 구성된다.

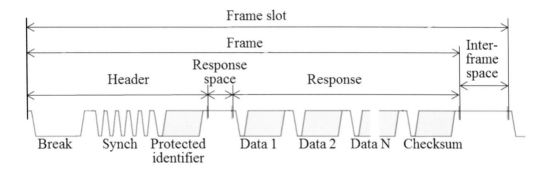

〈**그림 4-24**〉 LIN 통신에서 사용하고 있는 메시지 구조

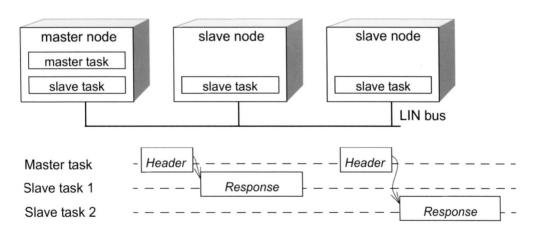

〈**그림 4-25**〉 LIN 통신(Master - Slave의 연결도)

CAN 통신이 차량 전반에 관한 통신 솔루션이라고 한다면, LIN 통신은 Rain Sensor, Light Sensor, Light Control, Wiper, Turning Light, Seat Position Motor, Seat Control Panel, Mirror Switch, Window Lift 등과 같이 차량의 스위치를 통해 직접적으로 제어가 필요한 시스템에 사용된다. EMC 문제로 인해 최대 20Kbps로 통신속도를 제한하며, 〈그림 4-25〉와 같이 Single Master & Multi Slave node를 구성해 마스터 슬레이브 모드로 사용한다.

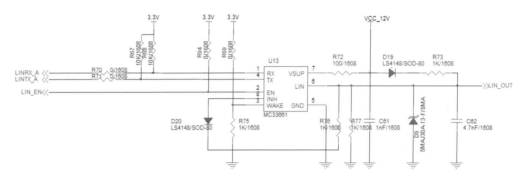

〈그림 4-26〉 LIN 회로도

〈그림 4-26〉 회로는 많은 곳에서 사용하고 있는 프리스케일 사의 LIN 통신 변환 회로도이다. MC33661 제품은 차량용에서 많이 사용하고 있는 IC이다. 최근에는 마이컴에 포함된 패키지가 사용되기도 한다.

유선 통신(RS-232C, RS-422, RS-485, CAN, LIN) 테스트를 진행하기 위해서는 ㈜이에스피 社의 Comm. E50 Model이 있다. 해당 제품은 노트북의 USB 연결 단자를 이용해 전원을 연결할 필요 없이 PC 프로그램을 통해 여러 통신 프로토콜을 확인할 수 있다.

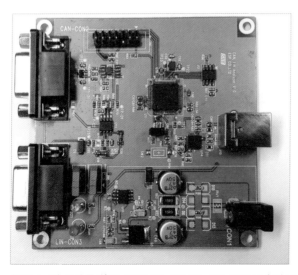

〈그림 4-27〉 유선 통신(RS-232C, RS-422, RS-485, CAN, LIN) 테스트 모듈, E50

FlexRay

FlexRay 프로토콜의 개요

높은 대역폭, 내결함성, 확정적 통신 프로토콜이 필요한 전자식 브레이크(brake-by-wire) 또는 전자식 조향장치(steer-by-wire) 등의 첨단 자동차 제어 시스템에 필요한 솔루션을 위해 BMW, 다임러크라이슬러, 필립스, 모토로라는 2000년에 차량 내부의 고속 제어 용도에 적합한 첨단 통신 기술을 개발하고 안전성, 신뢰성, 편의성을 강화하며 해당 기술을 업계에 공개한다는 세 가지 명확한 목적을 가지고 FlexRay 컨소시엄을 설립하였다. 현재 125개 이상의 회원사를 거느린 이 컨소시엄은 첨단 파워트레인, 샤시, 전자화(by-wire) 제어 시스템의 표준 프로토콜로 FlexRay 통신 시스템의 범세계적인 도입을 추진하고 있다. FlexRay Specification Version 2.0이 2004년 6월에 처음으로 공개되었고, 2005년 12월에 Version 2.1 Revision A가 일반에게 공개되어 있다. FlexRay의 몇 가지 주요한 특징을 살펴보면 다음과 같다.

동기식 및 비동기식 프레임 전송

FlexRay는 하나의 통신 사이클(communication cycle) 내에서 최대 10Mbps의 속도로 동기식, 비동기식 프레임 전송이 가능하다.

동기식 전송에서 프레임 대기시간과 지터 보장

time-triggered 방식인 FlexRay는 TTP(Time-Triggered Protocol)와 같이 사전에 정의된 시간 스케줄링에 따라 동일한 길이를 가진 프레임이 통신 사이클 내 정적 구간(static segment)에서 동기식으로 전송되어 프레임의 대기시간과 지터를 보장한다.

비동기식 전송에서 프레임의 우선순위화

통신 사이클 내 동적 구간(dynamic segment)에서 우선순위가 부여된 프레임의 전송이 가능하다.

멀티 마스터 시간 동기화(multi-master clock synchronization)

FlexRay를 기반으로 한 네트워크에는 시간 동기화를 위해 2개 또는 그 이상의 동기화 감독자(synchronization master) 또는 싱크 노드(sync node)가 있어야 한다.

에러 검출(error detection)과 알림(signaling) 기능

FlexRay는 통신 사이클마다 싱크 노드로 선정된 노드가 정적 구간에서 싱크 프레임을 전송해 데이터 프레임이 전송되기 전 여러 가지 에러 상황을 검출해서 알리게 한다.

버스 가디언(bus guardian) 장치를 통한 물리적 계층의 에러 억제

2개의 각 채널 버스 드라이버(bus driver) 상위에 버스 가디언 장치가 있어 에러를 억제하는 기능을 한다. FlexRay 통신 프로토콜이 Ver. 2.0에서 Ver. 2.1로 바뀌면서 버스 가디언에 대한 언급이 삭제되었다.

확장성 있는 고장 허용(scalable fault tolerance)

단일 또는 중복 클러스터, 버스가디언을 장착한 또는 장착하지 않은 클러스터, 많은 또는 적은 수의 싱크프레임을 가진 클러스터 등과 같이 다양한 수준의 고장 허용을 제공하는 구성 하에서 FlexRay 프로토콜이 동작할 수 있다.

이러한 몇 가지 사항은 신뢰할 수 있는 차량용 네트워크를 위한 FlexRay 통신 프로토콜의 기본적인 특성이다.

FlexRay의 기본 통신 사이클의 자세한 구조는 아래 〈그림 4-28〉과 같다. 이러한 통신 사이클은 정적 구간, 동적 구간, 심볼 윈도우(symbol window) 그리고 네트워크 유휴 시간(network idle time) 으로 구성되어 있다. FlexRay 프로토콜에서 매체 접근 제어는 연속적인 통신 사이클을 기반으로 하며, 하나의 통신 사이클 내에서 FlexRay는 두 가지 매체 접근 방법을 제공한다. 하나는 정적 구간에서 사용되는 정적 시간 분할 다중 접근 방법(TDMA, Time Division Multiple Access)이고, 나머지 하나는 동적 구간에서 사용되는 동적 소구간 분할(dynamic mini-slotting) 기반 방법이다.

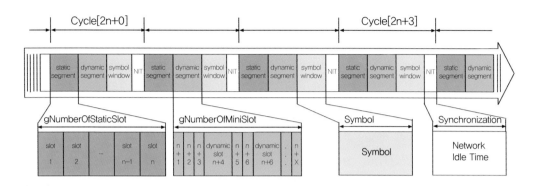

〈그림 4-28〉 Basic communication cycle of FlexRay

아래 〈그림 4-29〉는 정적 TDMA 방법이 사용되는 정적 구간의 구조를 나타낸 것이다. 정적 구간 내에 있는 모든 통신 슬롯은 동일한 길이로 구성되어 있다. 따라서 동기화에 필수적인 싱크 프레임(sync frame)은 이 구간 내에 있어야 하고, 2개의 채널로 동시에 전송됨으로써 성공적인 동기화를 보장해 줄 수 있어야 한다. 그러므로 정적 구간은 통신 사이클에 필수적으로 할당되어야 한다. 이렇게 정해진 정적 구간 내에서 오직 하나의 노드만이 사전에 스케줄링된 고유한 프레임 ID를 이용해 채널에 접근해 전송할 수 있는 권한을 갖게 된다.

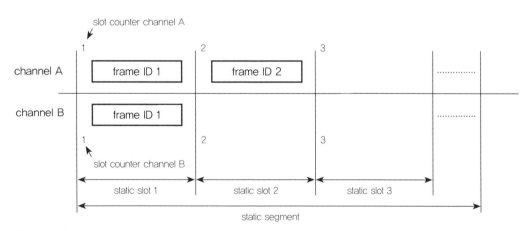

〈그림 4-29〉 Structure of static segment

이와 달리, 아래의 〈그림 4-30〉에서 보여주는 동적 구간 내에서는 mini-slotting을 이용해 가변적인 통신 슬롯의 길이 할당이 가능하다. 이를 이용해 가변적인 프레임 길이의 데이터를 전송할 수 있게 되며, 각 노드가 전송하고자 하는 데이터를 중재(arbitration)할 수 있게 된다. FlexRay의 전송 메커니즘이 지닌 주요한 특징인 전송 중재 기능은 각 노드가 유지하고 있는 2개의 슬롯 카운터(slot counter)를 이용해 이루어진다. 이 슬롯 카운터는 독립적으로 동적으로 증가하게 되는데, 전송하고자 하는 각 노드는 동적 구간 내에서 프레임 전송이 시작될 수 있는 마지막 소구간(minislot)의 번호를 확인해 전송을 시작할 것인지 포기할 것인지를 결정할 수 있게 된다. 이러한 동적 구간은 통신 사이클 내에서 필수적으로 할당되어야 하는 것은 아니다.

정적 구간과 동적 구간 이외에 심볼 윈도우에서는 형태가 동일한 CAS(Collision Avoidance Symbol)와 MTS(Media Access Test Symbol) 그리고 형태가 다른 WUS(Wakeup Symbol)과 같이 세 가지 종류의 심볼이 전송되며 이것 또한 동적 구간과 같이 필수적으로 할당되어야 하는 것은 아니다. 네트워크 유휴 시간은 정해진 길이의 통신 사이클 내 정적 구간, 동적 구간 그리고 심볼 윈도우가 할당되고 남은 시간 길이가 마크로틱(Macrotick)이라 불리는 클러스터 파라미터 단위로 할당되는 구간이며, 시간 동기화와 관련된 역할을 수행한다. 그러므로 네트워크 유휴 시간은 정적 구간과 같이 통신 사이클 내 필수적으로 할당되어야 한다.

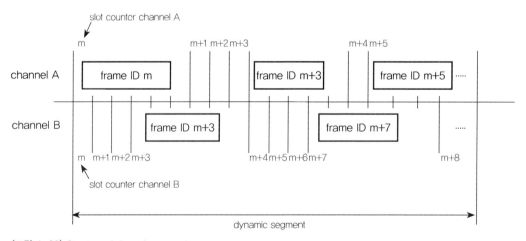

〈그림 4-30〉 Structure of dynamic segment

FlexRay 메시지 포맷

FlexRay 프레임은 헤더 구간(header segment), 페이로드 구간(payload segment), 트레일러 구간(trailer segment)으로 나누어져 있으며 아래의 〈그림 4-31〉과 같다.

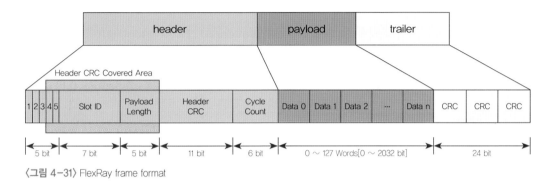

〈그림 4-31〉 FlexRay frame format

FlexRay 헤더 구간(header segment, 5bytes)

헤더 구간은 9개의 구간으로 나누어져 있으며, 1bit 길이의 Reserved bit, Payload preamble indicator, Null frame indicator, Sync frame indicator, Startup frame indicator가 있다. 다음으로 통신 사이클 내에 프레임이 전송되어야 하는 슬롯을 정의한 11bit 길이의 Frame ID(1 ~2047), 페이로드 구간의 사이즈를 표시하는 데 사용되는 7bit 길이의 Payload length, Sync frame indicator에서부터 Payload length까지를 담당하는 11bit 길이의 Header CRC(Cyclic Redundancy Check code)가 있다. 마지막으로 6bit 길이의 Cycle count로 구성되어 있다.

FlexRay 페이로드 구간(payload segment, 0~254byte)

페이로드 구간은 0에서 254byte 또는 2byte로 구성된 0에서 127word를 포함한다. 동적 구간에서 프레임이 전송될 경우, 페이로드 구간의 첫 2byte는 메시지 ID 필드로 사용될 수 있어 수신 노드로 하여금 필터 기능을 하게 할 수 있다. 정적 구간에서 프레임이 전송될 경우 첫 0에서부터 12byte는 NMVector(Network Management Vector)로 사용될 수 있다.

FlexRay 트레일러 구간(trailer segment, 3byte)

트레일러 구간은 전송되는 데이터 프레임을 위한 24bit 길이의 CRC를 포함한다. 그리고 각 노드는 어떤 채널로 프레임이 전송되어야 하는지에 따라 다른 초기화 벡터(initialization vector)를 사용해야

한다. 즉, 채널 A로 프레임들이 전송될 경우 0xFEDCBA 초기화 벡터를 사용하고 채널 B로 프레임들
이 전송될 경우 0xABCDEF 초기화 벡터를 사용해야 한다.

실제 데이터가 저장되어 전송되는 페이로드 구간에서는 정적 프레임과 동적 프레임이 전송될 수 있
으며, 정적 프레임의 인코딩(encoding)은 아래 〈그림 4-32〉와 같다. 정적 프레임 데이터는 각각
바이트 단위로 잘라져서 TSS(Transmission Start Sequence), FSS(Frame Start Sequence),
BSS(Byte Start Sequence), FES(Frame End Sequence)가 첨가된다.

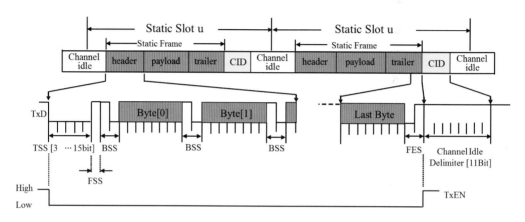

〈그림 4-32〉 Flame encoding in the static segment

동적 프레임의 인코딩은 아래 〈그림 4-33〉과 같다. 동적 프레임의 데이터는 각각 바이트 단위로 잘
라져서 TSS, FSS, BSS, FES, DTS(Dynamic Trailing Sequence)가 첨가됨으로써 더욱 유연한
TDMA 전송이 가능해진다.

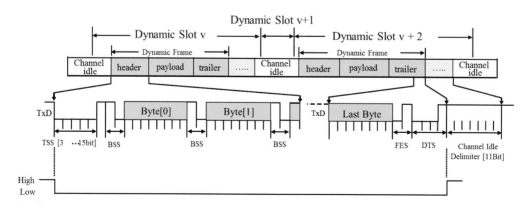

〈그림 4-33〉 Flame encoding in the dynamic segment

통신 사이클 내 할당된 데이터 프레임들은 디코딩 레벨에서 다수결 투표(majority voting) 방법이 사용된다. 이 방법은 수신 노드에서 수신한 신호의 최근 5개의 샘플링 값을 투표창(voting window) 내에 저장한 후, 저장되어 있는 1과 0의 최대 개수에 따라 입력값을 HIGH 또는 LOW로 판단하는 것으로, 더욱 신뢰성 있는 송수신을 가능하게 한다.

Time-Triggered Protocol(TTP)

TTP는 오스트리아의 빈 공과대학에 의해 1994년에서 개발하였으며, TTTech사에 의해 하드웨어 및 소프트웨어가 개발되었다. TTP Group에는 Audi, PAS, Renault, NEG, Delphi, Visteon 등의 기업이 참여하고 있다. TTP는 미국 자동차 공학회(SAE)에서 규정한 실시간 요구 조건(real-time requirements) Class C를 만족하며, 가장 빠르게 상업화되어 일부 차종에 적용되었다. 정하고 있는 Class C에 해당하는 하드 리얼타임 통신용에 적합한 프로토콜이다. TTP는 메시지를 전송할 때 지터(jitter, 정해진 전송시간과 실제 전송시간의 차)를 거의 발생시키지 않는다. 또한 한 개 노드의 고장이 나머지 노드들의 통신을 방해하지 않는 고장 허용(fault tolerant)기능을 갖추고 있으며, 강인한 에러의 검출과 회복 기능을 제공한다. 멤버십 서비스를 제공함으로써 각 노드가 나머지 노드의 상태를 항상 알 수 있게 한다.

TTP는 저가의 자동화용으로 개발된 TTP/A와 고장 허용 기능을 가지고 있는 자동차용 TTP/C로 구분되며, 일반적으로 TTP라고 하면 TTP/C를 의미한다. TTP는 자동차 분야에서 요구하는 분산 제어 구조를 지원하고, 뛰어난 고장 허용 기능을 지원한다. TTP는 사용하는 물리 계층에 따라 5Mpbs와 25Mbps의 전송 속도를 지원하고, 중복 노드와 중복 채널을 지원한다. 또한 메시지 프레임의 오버헤드 사이즈가 작으며, 강인한 에러 검출 및 회복 기능을 갖추고 있다.

TTP 노드는 〈그림 4-34〉와 같이 host computer, TTP/C 컨트롤러와 Communication Network Interface(CNI)로 구성한다. CNI는 호스트 CPU와 TTP/C 컨트롤러 사이의 인터페이스를 담당한다. TTP/C 컨트롤러는 버스 가디언(bus guardian), Message Descriptor List(MEDL)과 프로토콜 프로세서로 구성된다. 버스 가디언은 주어진 통신 구간에만 통신할 수 있도록 송수신을 조절하는 기능을 가지고 있으며, MEDL은 사전에 정해진 전송 주기에 따라 주기적으로 전송하는 Time Division Multiple Access(TDMA)에 관한 통신 스케줄을 저장하고 있다. TTP의 물리계층은 자유로운 선택이 가능하다. RS-485와 같은 일반적인 통신방식을 사용해도 무관하다. Bus Guardian은 통신 노드가 자신이 송신할 수 있게 할당된 시간 내에서만 동작할 수 있도록 허용함으로써 각 노드가 할당된 시간 범위를 넘어 통신하는 것을 막아 에러가 발생하지 않게 한다. MEDL(MEssage Description List)에는 네트워크 상에 송수신되는 스케줄링된 메시지가 들어 있다. Protocol Processor는 MEDL을 참고로 TTP 버스를 통해 다른 노드와 통신하는 역할을 한다. Communication Network Interface(CNI)는 TTP 컨트롤러와 호스트 컴퓨터를 연결하는 부분으로서 dual port RAM이 사용된다.

TTP의 전송 메커니즘은 〈그림 4-35〉와 같이 TDMA 방식을 이용한다. TDMA 전송 방식은 사전에 할당받은 전송 주기에 따라 각 노드가 전송하는 방식이다. 여기서 하나의 전송 주기를 TDMA 라운드(round)라고 하며, TDMA 라운드의 배열을 클러스터 사이클(cluster cycle)이라고 한다. 각 노드가 전송할 수 있는 구간의 크기는 네트워크 설계 과정에서 자유롭게 설정할 수 있으며, 설정된 이후에 수정이나 추가적인 노드의 참여는 불가능하다. 〈그림 4-35〉에서 보는 바와 같이 시간이 지남에 따라 매체에 접근할 수 있는 권한을 슬롯(slot)으로 할당해 각 노드에 할당된다. TDMA 슬롯의 길이는 메시지의 전송에 필요한 시간과 송신측과 수신측의 처리시간을 고려해서 결정된다. 그리고 피할 수 없는 프레임 사이의 간격을 IFG(Inter-Frame Gap)이라 한다. 전송슬롯의 순서 셋(ordered set)을 TDMA 라운드(round)라고 한다. 하나의 TDMA 라운드 다음에 새로운 구성의 TDMA 라운드가 올 수도 있다. 슬롯과 전송할 데이터와의 관계 그리고 전송 노드의 순서는 시스템이 구성되기 전에 결정하게 되고, 이런 일련의 계획은 MEDL(MEssage Descriptor List)에 저장되어 전송 시점에 읽혀진다.

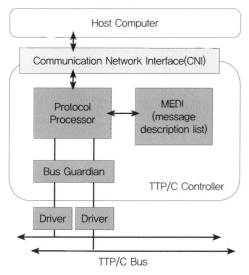

〈그림 4-34〉 TTP/C 모듈의 구조

〈그림 4-35〉 TTP/C 통신시스템의 클러스터 사이클의 예

TTP 시스템에서 통신에 사용되는 메시지 프레임의 형식은 〈그림 4-36〉에서 보는 바와 같이 프로토콜 오버헤드 부분과 데이터 부분, 그리고 CRC 부분으로 구성된다. 프로토콜 오버헤드 부분에서는 프레임의 타입과 모드 변경을 요청할 수 있는 비트와 시스템의 상태를 담고 있는 C-state, 그리고 에러 체크를 위한 CRC가 포함되어 있다.

프로토콜 오버헤드(Protocol overhead) 부분은 시스템의 상태를 담고 있는 C-state의 유무에 따라 크기가 달라진다. 만일 정상적인 전송 상태에서 전송되는 프레임의 크기는 오버헤드 4bit, 데이터는 2~16byte, 그리고 CRC는 2byte가 된다.

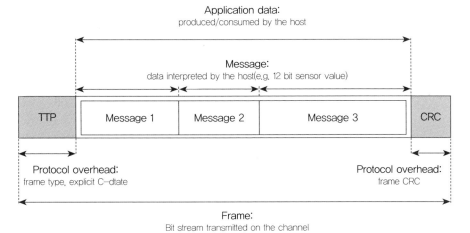

〈그림 4-36〉 TTP/C 통신 시스템의 메시지 구조

Media Oriented Systems Transport(MOST)

MOST는 1998년 독일의 MOST Cooperation에 의해 차량용 고성능 멀티미디어 네트워크를 위해 개발되었다. 현재 MOST는 BMW 7 Series에 15개 노드를 적용해 양산되고 있으며, Mercedes E Class, Audi A8에 적용해 양산을 목표로 개발하고 있다.

MOST는 최대 25Mbps의 전송 속도로 오디오와 압축된 비디오 데이터를 전송하며, 우수한 신뢰성 및 손쉬운 구현이 장점이다. MOST는 GPS(Global Positioning System), 내비게이션, 비디오 디스플레이와 같은 멀티미디어 장치를 링 구조의 단일 네트워크로 구성하며, 최대 64개 장치의 연결 및 PnP(Plug-and-Play)를 지원한다. MOST의 물리계층은 높은 전송 속도와 EMI에 강인한 플라스틱 광통신(plastic optical fiber)을 전송매체로 사용한다. 또한 〈그림 4-37〉과 같은 다양한 서비스를 제공한다.

MOST는 비동기 채널을 통해 TCP/IP와 같은 네트워크 프로토콜을 사용하기 위해 MOST Asynchronous Medium Access Control(MAMAC)을 정의한다. MAMAC은 프레임을 전송하고 ACK 패킷(packet)을 주어진 시간 구간 동안 받지 못한다면 프레임 전송은 중단되고 다음 프레임을 전송한다. 즉, 통신 중 충돌에 의해 프레임이 손실되면 손실된 프레임을 재전송하지 않고 다음 프레임을 전송하는 구조를 가지고 있다. 그리고 통신 중 수신부가 잘못된 순서의 패킷을 수신하면 Error 패킷(ERR packet)을 전송한다. 이 패킷을 수신한 송신부는 전송을 중단하고 다음 프레임을 전송한다. 또한 마지막 프레임은 ACK를 사용하지 않는다는 특징을 가지고 있다.

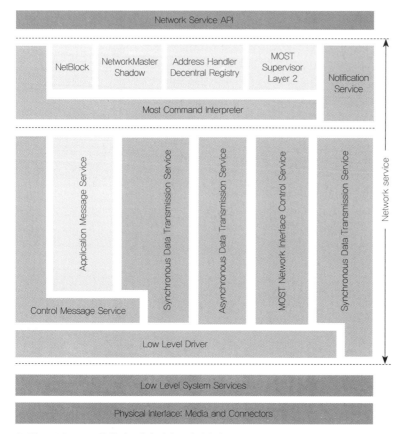

〈그림 4-37〉 MOST 통신 시스템의 서비스 아키텍처

차량용 통신 기술전망

스마트 카를 위한 차량용 전장 부품의 개발과 함께 자동차용 네트워크는 급속도로 발전하고 있다. 특히 바디 네트워크는 높은 신뢰성이 확인된 CAN과 LIN 프로토콜을 중심으로 양산해서 판매되는 차량에 적용되고 있다. 실제로 국내 대형 자동차도 CAN과 LIN 프로토콜이 적용되어 운전자에게 바디 장치의 동작에 편의를 제공하고 있다.

과거 제어 네트워크는 FlexRay를 중심으로 TTP와 TTCAN이 개발되어 표준이 되기 위해 경쟁했지만 현재는 FlexRay를 제외한 다른 프로토콜에 대한 연구가 거의 이루어지지 않고 있다. 제어 네트워크는 안전성과 신뢰성의 확보를 이유로 아직 양산되는 차량에 적용되지는 않지만 적용을 위한 연구가 활발히 진행되고 있다. 특히 X-by-wire 개념의 샤시 부품의 개발에 부합해 제어 네트워크의 차량 적용이 급속히 증가할 것으로 예상된다.

멀티미디어 네트워크는 서비스와 오락적 요소에 대한 고객의 요구가 급격히 증가하면서 과거에는 MOST와 IDB 1394를 중심으로 일부 차량에 적용되고 있다. 특히 멀티미디어 네트워크는 최근에 크게 주목받고 있는 텔레메틱스 기술과 연계되어 활발히 개발되고 있으며, ICT 기술의 대표적인 기술인 이더넷을 이용한 영상 전송 및 멀티미디어의 적용을 위한 연구가 활발히 진행되고 있다.

앞으로, 자동차용 네트워크는 바디 네트워크, 제어 네트워크와 멀티미디어 네트워크를 축으로 이종 네트워크를 연결하는 게이트웨이 기술과 융합해 통합 차량 네트워크 시스템으로 발전할 것으로 예상되고 있다. 또한 이를 통해 차량의 제어 정보, 운전자의 편의 정보 및 운전자의 오락 정보가 통합된 네트워크 시스템을 통해 공유되어 더욱 안전하고 편리한 스마트 카로 발전할 것이다.

의료기기 통신(블루투스 HL7)

HL7(Health Level Seven)의 개요

HL7(Health Level Seven) 개요

의료서비스가 진화되면서, 개별 병의원 단위의 진료에서 벗어나 병의원 사이의 정보 공유의 필요성이 커지고, 더불어 서로 다른 보건의료분야의 소프트웨어 애플리케이션 간의 정보를 호환시킬 필요성이 높아졌다. 따라서 이러한 필요성을 충족시키기 위한 표준화가 추진되어 발전된 것이 HL7이며, 의료정보시스템간의 정보 교환을 위하여 미국국립표준연구소(ANSI)가 인증한 표준이다.

HL7 표준화

의료기관의 유형 또는 규모에 상관없이 모든 종류의 의료업무(Patient Management, Laboratories, Pharmacies, System management 등) 서비스 요구 수준을 충족시킬 수 있고, 사용자, 시스템공급자 및 기타 의료정보 이해관계자들에 의해 공동으로 개발된 합의 표준이기 때문에 현재 13개 회원국(호주, 캐나다, 핀란드, 독일, 인도, 네덜란드, 뉴질랜드, 남아프리카 등)과 10개국(영국, 일본, 중국, 대만, 한국 등) 연합에 지부를 두고, 세계 중심국들이 회원으로 가입해서 의료분야에 적극 적용되어 전 세계적인 표준으로 자리 잡고 있다.

HL7은 주요 의료정보 표준화 기구들과도 공식적인 합의를 이루고 있으며, ISO TC215(의료정보)에서 대표적 발언권을 가지고 있다. HL7은 의료정보 이해관계자들이 지속적인 국제 표준화 개발에 참여하여 비경쟁적인 분위기를 유지하며, 변화하는 의료서비스의 요구를 만족시키기에 노력하고 있다. 따라서 새로운 의료서비스 단말 또는 시스템을 개발하기 위해서는 반드시 HL7에 대한 국제 표준화 동향을 검토할 필요성과 더불어, 새로운 의료서비스 또는 표준화가 요구될 경우, ISO TC215의 국제 표준화 Work Group 통해 국제 표준화에 적극 참여하도록 한다.

HL7의 국제 표준화에 따른 의료서비스 변화

서로 다른 시스템공급자(vendor)에 의해 개발된 컴퓨터 애플리케이션 간의 정보 교환을 가능하게 하고, 문서작업을 줄여 주고, 의사결정 지원능력을 향상시켜 주며, 의료정보의 누적 통합관리를 가능하게 한다. 그리고 시스템 연계에 비용을 절감하고 효과적인 접근법 제공과 다양한 소프트웨어 기술을 이용해 구현될 수 있는 융통성(flexibility)이 가능해진다. 이러한 장점은 애플리케이션과 애플리케이션을 호환시킬 인터페이스를 구현하는 데 드는 시간과 노력을 줄일 수 있다.

HL7의 적용 대상

앞에서 언급된 HL7 탄생의 필요성이 보건의료기관 또는 보건의료 정보교환 시스템 간의 호환을 충족시키기 위함임을 언급했던 것처럼 HL7이 적용될 수 있는 대상은 의료서비스 공급자(병원, 장기요양기관, 건강클리닉 등), 검사실(Laboratories), 약국(Pharmacies), 정부의 의료 관련 기관/부서, 의료분야 소프트웨어 업체, 의료정보 컨설턴트 등이 될 수 있다. 이러한 기관 또는 서비스 프로그램 간의 호환을 충족시키기 위해 HL7에서는 〈표 4-12〉와 같이 세 가지를 중심으로 표준화를 기술하고 있다.

〈표 4-12〉 HL7의 표준화 기본 분류

HL7 표준화 기본 분류	내 용
메시지 구조	메시지의 개념 정의(abstract message definition)
코딩 규칙 (encoding rules)	전송을 위한 메시지의 표현
트리거 이벤트 (trigger events)	메시지를 야기하는 애플리케이션 이벤트로서 보건의료 시스템이 연동될 때 발생되는 트리거 이벤트는 두 시스템 간의 정보 교환을 야기시킴.

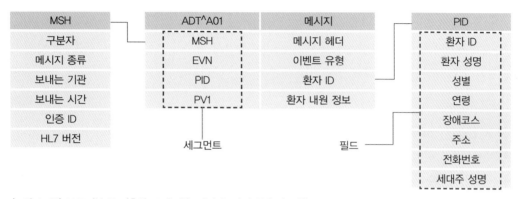

〈그림 4-38〉 HL7 기본 구조(출처: 스마트헬스케어시스템의 설계 및 구현)

HL7 표준 메시지는 메시지의 정의에 따라 다양한 세그먼트, 필드, 컴포넌트로 구성되어 있다. ADT^A01 메시지의 예는 환자의 입원과 관련된 정보 전송 메시지로 필수 세그먼트인 MSH(메시지 헤더), EVN(이벤트 유형), PID(환자식별정보), PV1(환자 방문정보)의 4가지 세그먼트와 각 세그먼트에 포함되는 필드값으로 구성되어 있다.

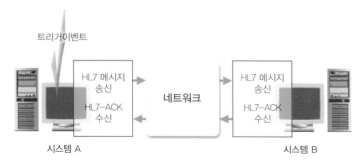

〈그림 4-39〉 HL7 통신의 기본 원리(출처: HL7 KOREA)

HL7을 쉽게 이해하기 위해서는 〈그림 4-39〉와 같이 트리거 이벤트(Trigger Event)와 시스템 간의 메시지 전송을 크게 경로설정 단계와 메시지 송ㆍ수신 단계로 구분해 볼 수 있다.

첫째, 경로 설정단계는 트리거 이벤트(Trigger Event)에 의해 하나의 이벤트가 야기되면, 그 이벤트에 의해 데이터의 교환이 일어나게 될 두 개 이상의 시스템이 네트워크의 경로가 설정되는 것을 말한다.

둘째, 메시지 송ㆍ수신 단계는 하나의 시스템(시스템 A)에서 다른 하나의 시스템(시스템 B)으로 메시지 형태로 데이터의 전송이 이루어지고, 메시지를 수신한 시스템 B에서는 수신 여부를 확인하여 주는 메시지를 다시 시스템 A로 보냄으로써 하나의 사이클이 마무리되는 것을 말한다.

간단하게 설명하였지만 두 단계에서 발생하는 트리거 이벤트, 메시지 구조, 메시지 표현 규칙 등을 이종 장비 간의 호환성을 제공하기 위해 HL7 표준에서 상세하게 기술하고 있으며, 다음 사례를 통해 HL7의 기본 원리를 검토해 보도록 한다.

다음의 사례를 검토하는 목적은 현재의 HL7의 원리 이해가 주요 사항이지만, 근본적인 이유는 사례를 통해, 언급되지 않은 다양한 실무에서 발생되는 문제점들이 야기되었을 때, 표준화의 필요성과 표준화 개선에 대해 스스로 고민해 보기 위함이다. 이러한 이유는 HL7이 이상적인 프로토콜이 아니며, 지속적으로 개선이 요구되기 때문이다. 추가적인 내용은 HL7의 한계 및 구현 시 주의 사항에서 언급하도록 한다.

사례 1: 〈그림 4-40〉은 환자가 입원 중에 있다가 집중치료실(ICU)로 이송되는 사건이 발생하면 '환자이송'이라는 사건은 병동시스템과 ICU 시스템 간의 정보교환뿐만 아니라, ADT 시스템이나 임상병리 시스템과의 자료의 교환을 발생시키게 된다.

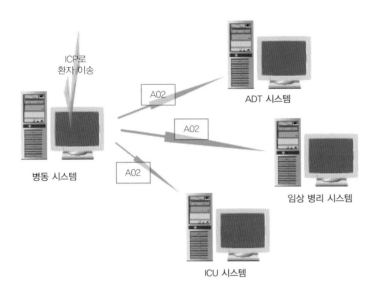

〈그림 4-40〉 ICU로 환자이송이 요구되는 사례(출처: HL7 KOREA)

이때 '환자입원'과 같은 트리거 이벤트는 새로운 환자 정보를 병원 데이터베이스에 추가하기 위해 메시지를 송신하는 시스템에서 하나의 내부 트랜잭션을 일으키게 되고, 이때 HL7을 통해 데이터가 전송되고 수신 시스템에서 메시지를 수신하게 되면 트랜잭션에 의해 스스로 반응해 프로세스를 수행하게 되는데, 이를 자동갱신(unsolicited update)이라 한다.

사례 2: 〈그림 4-41〉은 '환자입원'이라는 이벤트가 A01 메시지로 데이터 교환 사이클을 시작할 때 송신시스템(병동시스템)은 하부시스템으로 A01 메시지를 보내야 하고, 송신시스템은 인터페이스 엔진(보통은 데이터의 분배를 위해 사용됨)으로 데이터를 전송한다. 인터페이스 엔진은 입원정보와 관련 있는 모든 시스템으로 동일한 메시지(A01 메시지)를 송신한다.

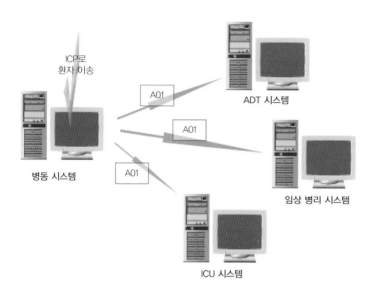

〈그림 4-41〉 병동 시스템에서 환자 입원 이벤트 발생(출처: HL7 KOREA)

HL7 메시지의 송수신 메카니즘은 송신측 시스템(event 발생)이 수신측 시스템으로부터 수신확인 (Acknowledgment) 메시지를 받음으로써 완전한 사이클이 이루어진다. 사례 2는 이벤트와 수신 확인(Acknowledgment) 메시지의 상관관계를 설명하기 위한 것이며, 이벤트는 정보 또는 수행 요청 메시지이고, 수신 확인은 요청된 이벤트 메시지에 대해 정보제공 완료 또는 수행 완료에 대한 메시지다.

사례 3: 〈그림 4-42〉는 '환자입원' 이벤트가 발생하고, ADT 시스템에서 다른 하부시스템으로 메시지를 송신하게 될 때, 메시지를 수신하는 시스템에서는 '환자입원-확인'이라는 수신 확인 메시지를 송신측 시스템(ADT 시스템)에 전송함으로써 사이클을 종료한다.

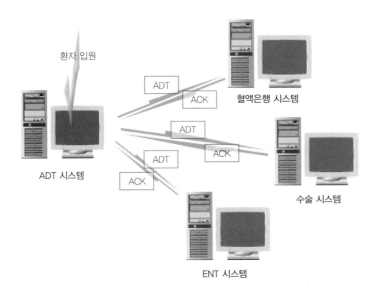

<그림 4-42> ADT 시스템에서 환자입원 이벤트 발생(출처: HL7 KOREA)

HL7 CDA(Health Level Seven Clinical Document Architecture)

HL7은 ISO/OSI의 가장 상위 레벨인 7계층의 응용을 의미하는 것으로서, 분산된 의료정보의 대용량 정보처리를 위하여 시스템 간의 자료 전송을 최대한 효율적으로 수행하고, 전송 중 발생하는 오류를 최소로 할 수 있는 표준의 정립을 목표로 삼고 있다. 현재 개발 중인 표준으로는 보건 의료정보 메시징 표준(V2.x, V3)과 HL7 데이터 모델인 참조 정보 모델(이하 RIM), 의사결정과 지식 지원을 위한 의학 로직 구문(MLM)에 관한 표준(Arden Syn-tax), 온라인 상에서 임상 정보를 공유할 수 있도록 하는 XML 타입의 데이터 구조 모델을 제시하는 임상 데이터 구조(이하 CDA)와 사용자 관점에서의 이기종 간 산재된 독립된 애플리케이션 및 개인 정보의 통합에 관한 표준(이하 CCOW) 등이 있다.

HL7 개요에서 언급한 것과 같이 HL7 CDA는 메시지 구조(메시지의 개념 정의), 코딩 규칙, 트리거 이벤트로 총 3가지 대상으로 명시하고 있다. HL7 CDA에서 주고받는 메시지는 크게 트리거이벤트(Trigger Event), 질의(Query) 및 확인 응답(Acknowledgement)으로 구성된다. 즉, 트리거 이벤트로 인한 ADT(Admission, Discharge and Transfer) 메시지가 발생하면 질의 메시지와 확인 응답 메시지를 의료 시스템 간에 전송함으로써 HL7 CDA 메시지를 전송하게 된다. HL7 CDA은 Trigger Event를 기본으로 다수의 세그먼트로 구성되며, 각 세그먼트는 다수의 데이터 필드로 구성된다. 그리고 각 데이터 필드는 다수의 컴포넌트들로 이루어진다. 첫 번째 세그먼트는 일반적으로 메시지 헤드(MSH, Message Header) 세그먼트로, 이것이 메시지를 보내는 시스템과 받는 시스템 양쪽에 메시지의 종류가 어떤 것인지를 알려준다. HL7 CDA의 공통 세그먼트는 MSH, EVN(Trigger Event), PID (Patient Identification), ORC(Common Order) 세그먼트 등이 있다.

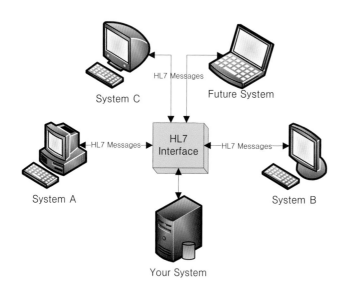

〈그림 4-43〉 개방형 시스템(Open System) vs. 폐쇄형 시스템(Closed System)(출처: iNTERFACEWARE)

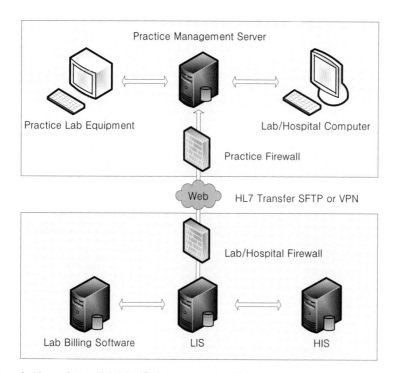

〈그림 4-44〉 HL7 인터페이스(출처: BIZ TECHNOLOGY SOLUTIONS)

CDA(Clinical Document Architecture)는 RIM의 기본 6개 클래스(Act, Participation, Entity, Role, ActRelationship, RoleLink)와 클래스들의 연관관계로 표현된다. 각 클래스는 RIM 표기법에 의해 〈표 4-13〉과 같이 고유한 의미를 가진다.

〈표 4-13〉 RIM클래스 개요

RIM 클래스	개요
Act	실행 또는 기록해야 하는 행위(action)를 나타냄.
Participation	행위(action)에 대한 context를 표현함 (즉, 누가 실행했는지, 누구에게 실행할 것인지, 어디에서 행해졌는지에 대한 전후관계를 설명함).
Entity	치료에 관여하는 물리적 형질을 갖춘 사물, 객체
Role	객체(entity)가 행위(act)에 어떤 역할로 참여하는지의 관계를 설정함.
ActRelationship	하나의 행위(act)과 또 다른 행위(act)의 연결을 나타냄.
RoleLink	하나의 역할(role)과 또 다른 역할(role)의 연결을 나타냄.

(출처: 유헬스케어 표준화 기술 동향)

상호운용성을 위한 표준 가운데 데이터 전송과 관련된 표준으로는 HL7과 DICOM이 있으며, EMR 콘텐츠에 대한 내용은 ASTM에서 정의되어 있다. 이들 표준들이 의료정보화에서 사용되는 상관관계는 〈그림 4-45〉에 도식화하였다.

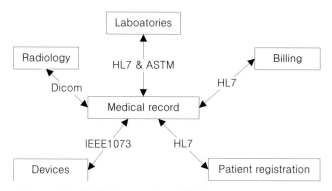

〈**그림 4-45**〉 의료정보화 서비스 및 표준화(출처: 의료정보화 및 보안 기술 표준화 동향, 의료정보보호연구팀 김신효 외, 2009.04.)

인터페이스 프로그램을 분리하여 서로 다른 프로세스가 각 시스템의 데이터베이스 서버에 접근하게 된다. 인터페이스 프로그램 사이에 데이터 전달은 HL7(Health Level 7) Standard Format(표준 포맷)으로 이루어진다. 이로서 HL7 표준을 준수하는 다른 프로그램(타사 프로그램)과의 연동이 가능하다. 차후에 시스템 확장 시에 인터페이스 확장이 용이하다.

Broker 사이에 통신은 TCP/IP 방식으로 이루어진다(Winsock 사용).

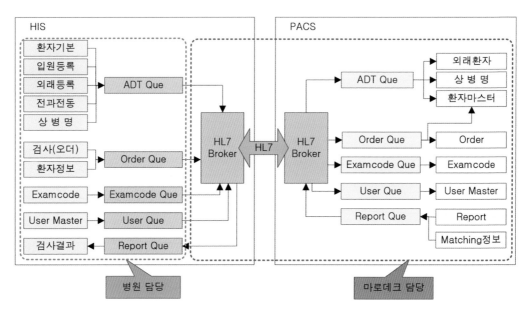

〈그림 4-46〉 HL7을 이용한 HIS와 PACS 간의 연동 시스템 구조(출처: TTAR-10.0023)

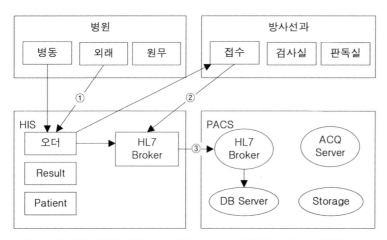

〈그림 4-47〉 HL7을 이용한 HIS와 PACS 간의 Data Flow 예(출처: TTAR-10.0023)

방사선 검사의 오더 정보를 PACS 시스템에 전달한다. 오더를 전달하는 기준은 두 가지 시점을 잡을 수 있다.

1. 임상(병동, 외래)에서 오더가 발생하는 시점에 오더 Queue 데이터를 생성한다.

2. 검사를 시행하기 전에 방사선과에 접수되는 시점에 오더 Queue 데이터를 생성한다.

3. 오더 인터페이스가 오더 Queue의 데이터를 가져간다.

두 가지 시점을 정하는 것에 있어서 고려해야 할 점이 있다. 1 시점을 기준으로 작업을 할 경우에 수납 과정을 거쳐서 시행 가능한 검사로 되었는지 등등 여러 가지 중간에 확인해야 할 단계가 발생한다. 또한 취소, 예약변경 등의 경우가 빈번하게 발생하여 혼동의 여지가 많이 발생한다.

그래서 많은 경우에 2의 시점을 기준으로 데이터를 발생시킨다. 방사선과에 접수되는 시점이 실제 시행하는 검사의 리스트와 가장 근접한 리스트이기 때문이다. 2의 시점 기준에서 문제가 되는 점은 초음파, 내시경, 핵의학 등 방사선과 접수를 거치지 않는 경우가 병원에 따라 발생할 수 있다는 점이다. 이러한 경우에 오더 Queue 데이터를 발생시킬 수 있는 별도의 조치가 필요하다.

〈표 4-14〉는 〈그림 4-46〉과 〈그림 4-47〉에서 나타낸 HIS와 PACS의 구조에서 HL7의 세부 표준화 영역을 분류하고 해당 분류에 대해 해당하는 내용을 기술한 것이다.

〈표 4-14〉 HL7 세부 표준화 영역(출처: 스마트헬스케어시스템 설계 및 구현)

분류	주요 내용
Patient Administration	Admit, Discharge, Transfer, and Demographic
Oder Entry	Orders for Clinical Services and Observations, Pharmacy, Dietary, and Supplies
Query	Rules applying to queries and to their responses
Financial Management	Patient Accounting and Charges
Observation Reporting	Observation Report Messages
Medical ecords /Information Management	Document Management Services and Resources
Scheduling	Appointment Scheduling and Resources
Patient Referral	Primary Care Referral Messages
Patient Care	Problem-Oriented Records

HL7의 한계 및 구현 시 주의 사항

HL7을 이용하면, 병원 간에 입원(Admissions), 퇴원(Discharges) 및 전원(Transfer) 등의 ADT 메시지를 손쉽게 교환할 수 있다. 그러나 의사처방(Order Entry)이나 간호기록(Nursing Records), 검사결과(Results) 등과 같이 다양한 의학용어의 정의나 각 명세 항목에 대한 표준화가 80% 수준에 머물고 있으며, 이를 한글화한 정확한 표현이 없는 것을 큰 문제점으로 지적할수 있겠다.

이러한 의료용어의 표준화 작업도 여러 분야에서 추진되고 있으며, 미국간호협회에서는 1989년부터 수년 동안 보건의료 분야에 대한 통합 용어를 개발을 위하여 자료를 축적하고 데이터베이스를 구축해 UMLS(Unified Medical Language System)라는 통합의료용어시스템을 구축하기 위하여 노력하고 있다.

HL7의 등장으로 기존 정보 시스템의 하위 시스템 간의 인터페이스 구축에 있어서 처음부터 모든 것을 다시 시작할 필요가 없어지기는 하였으나, OSI 7 Layer 통합 수준의 단계에서 인터페이스의 재설치는 불가피하다. HL7은 그 자체로서 완벽한 것은 아니므로 향후 정보교환 요구가 있을 때, 발생되는 문제를 보완하고, 이를 보편화할 수 있는 방안을 지속적으로 추구해야 한다.

HL7 SIG

HL7은 보안 특별 관심그룹(SIG)을 통해 HL7 메시지가 라우터 중계로 통신하는 경우 발생 가능한 보안 위험을 하위 네트워크, 종단간 네트워크, 세션 중심 응용, 저장 및 전달 중심 응용 등 통신 계층에 따른 위협으로 분류하였다. 또한, 이들 각각에 대하여 인증, 권한 관리와 접근제어, 무결성 및 기밀성 보장, 부인방지 등 보안서비스 요구사항을 정리하였다. 현재 HL7 보안 기술위원회는 보안 서비스 프레임워크(HL7 Security Service Framework)와 HL7 EDI 통신보안에 관한 가이드(Standard Guide for Implementing HL7 EDI Communication Security) 작성의 필요성이 인식되고 있어 앞으로도 표준화 작업을 활발히 진행할 것으로 기대된다.

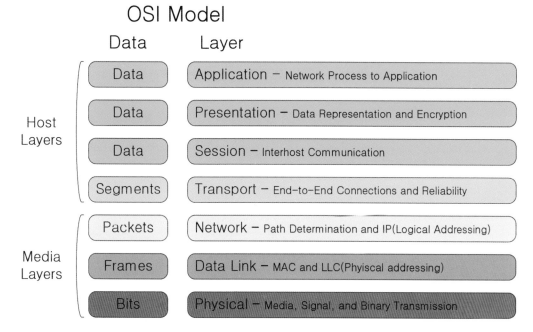

〈그림 4-48〉 OSI 7 Layer 모델(출처: 2013 헬스 ICT 이슈 세미나)

HL7은 이벤트 중심의 프로토콜로 메시지 단위로 정보 전송이 이루어지며, ISO의 OSI 계층 중 하나인 L7(Level 7)의 제 7계층인 애플리케이션 계층과 상응한다. 따라서 서로 다른 의료 데이터에 대한 획득, 추진, 처리 시스템을 위한 애플리케이션 계층 통신을 지원하는 다리 역할을 한다. HL7에서는 기본적으로 〈표 4-15〉와 같은 보안 문제를 충족시켜야 한다.

〈표 4-15〉 HL7의 보안 문제점 요구사항

보안 요구사항	설 명
인증	최초 의도한 인증된 당사자들끼리의 통신이 가능해야 함.
비밀유지	비인증 당사자 간의 통신에 의한 정보의 누출 및 폭로 방지
책임주의	언제라도 확인 가능해야 하며, 또한 그 결과에 대해 법적 구속력이 자동으로 귀속되는 프로세스 및 그 정보의 보장
무결성 증명	비인증된 3자에 의해 정보가 교환될 때 정보의 변경여부가 증명 가능해야 함.
원본과 수취본의 부인 방지	데이터의 송신측과 수신측 모두 모순 없이 입증 가능해야 함.

현재 HL7에서는 보호를 위한 인증이나 기밀성 유지 같은 사항이 마련되어 있지 않다. 그러므로 HL7 메시지에 대한 효율적인 암호화 기법의 연구가 필요하다.

HL7은 호환성이 높은 개방형 시스템으로 〈그림 4-48〉에서 시스템 A가 시스템 B로 데이터를 보내고자 하면 시스템 A의 응용계층(제7계층)을 활성화시켜 시스템 B의 제7계층과 동등한 수준의 관계를 구축한다. 이때 시스템 B는 제7계층의 애플리케이션 프로토콜을 사용하게 되며, 애플리케이션 프로토콜은 제6계층에서 제공하는 여러 서비스를 필요로 한다. 이때 제6계층의 엔티티(Entity)는 각각 고유의 프로토콜을 사용하게 되고, 나머지 하위 각 계층에서도 위와 동일한 과정의 작업이 반복되고 마지막으로 제1계층인 물리계층(Physical Layer)까지 적용된다. 즉, 이벤트 발생의 결과로 메시지 전송 표준으로서의 HL7은 의료 환경에서의 전자적 데이터 교환을 위한 애플리케이션 프로토콜이지만 하드웨어적인 통신이론의 기본 개념을 반드시 학습해야 한다.

02

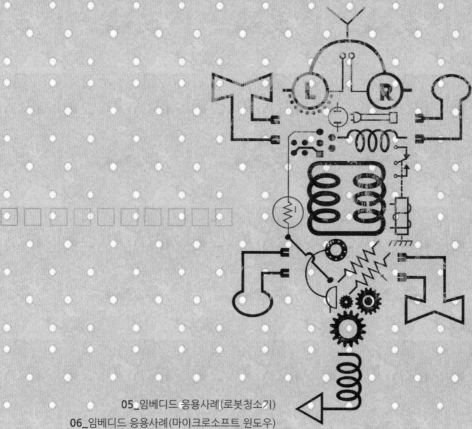

(주)로보티즈의 OpenCM9
자동 충전을 위한 도킹(docking) 예제

임베디드 시스템의 개발 과정에서는 레퍼런스 보드(평가보드, Evaluation Board)가 많이 사용된다. 3장에서 여러 가지 유형을 소개한 것처럼 레퍼런스 보드가 사용되는 이유는 빠른 개발이 가능하기 때문이다. 레퍼런스 보드는 특정 프로세서를 기반으로 메모리, 디스플레이, 이더넷, Wi-Fi, 블루투스, USB, UART 등 다양한 목적에 부합되는 주변장치와 인터페이스를 포함한다. 즉, 레퍼런스 보드는 시스템 구축을 위해 필요한 하드웨어 플랫폼의 역할을 할 수 있다. 물론 이러한 레퍼런스 보드에는 시스템의 목적에 부합하는 모든 하드웨어가 있을 수도 있고, 그렇지 않을 수도 있을 것이다. 만약 어떤 레퍼런스 보드에 필요한 하드웨어가 모두 구성되어 있다면, 순수하게 소프트웨어만 개발하면 되고, 추가적인 하드웨어가 필요하다면 레퍼런스 보드에 대한 하드웨어의 인터페이스와 디바이스 드라이버를 추가적으로 개발하면 된다.

로봇 청소기를 만든다고 가정해 보자. 로봇 청소기는 모터의 구동을 통해 바퀴를 회전시켜 주행을 할 수 있어야 하고, 강한 흡입력을 가진 모터를 사용해 먼지를 빨아들일 수 있어야 한다. 또한 주행 중에 장애물을 만나면 방향을 선회해야 하며, 실내 공간에 대한 맵을 구축해 빈틈없이 청소할 수 있어야 한다. 추가적으로 청소가 끝나면 충전기와 도킹(docking)해 자동으로 충전이 된다면 더욱 똑똑한 로봇 청소기가 될 수 있다.

로봇 청소기에 대한 위와 같은 요구사항이 있을 때, 프로세서의 선정에서 부터 주변 장치에 이르기까지 모든 구성요소들을 개별적으로 선택해 하드웨어를 설계하는 것으로 개발을 시작할 수도 있지만, 이미 로봇 청소기에 특화된 하드웨어 플랫폼이 존재한다면 그것을 채택하는 것도 숙고해 볼 일이다. 왜냐하면 제품을 개발할 때 중요한 요소가 비용이 될 수 있지만, 개발 시간이 더 중요할 수도 있기 때문이다.

하드웨어 개발부터 시작한다면 프로세서의 선택에 대해 AVR의 ATMega 시리즈를 사용해 단가를 낮출 것인지, 아니면 ARM 프로세서를 선택해 개발의 편의성을 도모할 것인지부터 고려해야 한다. 물론 더욱 중요한 것은 시스템의 목적과 요구사항을 만족시킬 수 있는 프로세서를 선택해야 한다는 것이다. 예를 들어, 로봇 청소기가 무선 통신을 위한 Wi-Fi 기능의 지원과 효율적인 배터리 사용을 위해 전원 관리가 필요하고 각종 복합적인 태스크를 처리하기 위해 멀티태스킹이 이루어져야 한다면 ARM 계열의 프로세서를 선택하는 것이 더 효과적이다.

로봇 청소기를 개발할 때 기존의 제품들과 차별화되는 물리적인 특성이 요구된다면 하드웨어의 설계부터 해야 하지만 빠른 시간 내에 기존 제품과 유사한 하드웨어 환경에서 좀 더 진보된 로봇 청소기를 개발하려면 로봇 청소기에 대한 레퍼런스 보드를 기반으로 소프트웨어에 더 집중함으로써 똑똑한 로봇 청소기를 개발할 수 있다.

로봇 청소기를 개발한다면 로봇 청소기의 역할을 수행하는 데 기본적으로 필요한 요구사항을 정리해야 한다.

로봇 청소기에 대한 레퍼런스 보드로는 국내 로봇 업체인 (주)로보티즈의 OpenCM9과 유진로봇의 거북이(Kobuki)가 있다.

(주)로보티즈의 OpenCM9

OpenCM9은 32비트 ARM Cortex-M3를 기반으로 회로도 및 소스코드가 공개된 오픈 플랫폼으로, A와 B로 두 가지 타입이 출시되어 있다.

OpenCm9.04 A-Type　　　　　　　　　　　　OpenCm9.04 B-Type

〈그림 5-1〉(주)로보티즈의 로봇용 오픈 플랫폼인 OpenCM9

OpenCM9의 하드웨어 규격(사양)은 다음과 같다.

〈표 5-1〉 OpenCM9 하드웨어 규격(사양)

CPU	STM32F103CB (ARM Cortex-M3)
I/O	GPIO 26
Timer	8(16bit)

ADC	10(12bit)
Flash	128Kbytes
SRAM	20Kbytes
Clock	72MHz
USB	1(2.0 Full–Speed) Micro B type
CAN	1
U(S)ART	3
SPI	2
I2C(TWI)	2
Debug	JTAG & SWD
3핀 TTL	4
3핀 XL–Series	2
Size	27mm x 66.5mm
동작 전압	5V~16V(USB 5V, DXL 12V, XL–Series 7.4V)

OpenCM9의 하드웨어 사양은 로봇 청소기로 동작하는 데 필요한 기본적인 구성요소를 포함하고 있으나, 이동과 흡입을 위한 모터의 연결을 비롯해 추가적인 하드웨어를 직접 구성해야 한다. 물론 다양한 인터페이스를 제공하고 있기 때문에 필요한 주변 장치들은 쉽게 연결할 수 있다.

OpenCM9의 소프트웨어는 (주)로보티즈에서 GPL/LGPL 라이선스를 기반으로 윈도우, 리눅스, 맥 OS를 대상으로 배포하고 있다[1]. 스케치(sketch)를 기반으로 하는 통합개발환경을 제공하고 있으며, 현재로서는 별도의 운영체제 없이 펌웨어 코드를 작성해서 개발해야 하는 형태이다.

---

1 http://support.robotis.com/ko/software/robotis_opencm.htm

〈그림 5-2〉 스케치(sketch) 기반의 통합 개발 환경

OpenCM9와 같이 뼈대에 해당하는 보드만 제공되는 형태인 경우 하드웨어의 구성과 소프트웨어 개발이 모두 필요하며, 소프트웨어의 경우 펌웨어 수준의 코드를 개발하거나 직접 운영체제를 이식하는 작업이 이뤄져야 할 것이다.

OpenCM9와는 달리 완전한 로봇 청소기 형태의 플랫폼으로 국내 로봇 업체인 유진로봇에서는 거북이(kobuki)라는 이름의 오픈소스 기반 로봇 청소기 플랫폼을 판매하고 있으며, 3장에서 소개한 로봇 운영체제인 ROS를 기반으로 소프트웨어 플랫폼이 구성되어 있다. 거북이는 〈그림 5-3〉과 같은 외형과 스펙으로 구성되어 있다.

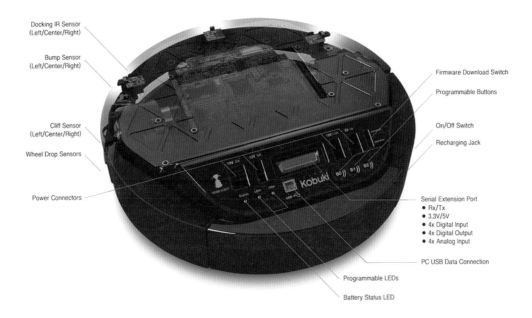

〈그림 5-3〉 로봇청소기 거북이(출처: 유진로봇 홈페이지)

거북이는 물리적으로는 로봇 청소기로 동작하는 데 필요한 모든 구성요소를 다 갖추고 있다. 따라서 이런 형태의 레퍼런스 플랫폼을 사용하는 경우에는 하드웨어에 대해서는 이 레퍼런스 플랫폼의 구성요소를 참조해서 설계할 수 있고, 소프트웨어 부분에만 집중해서 기존의 제품과는 다른 알고리즘을 기반으로 동작하도록 구현할 수 있다.

거북이를 기반으로 한 개발 방법에 대해서는 유진로봇 홈페이지에서 제공되고 있으며, 거북이의 하드웨어 규격(사양), 개발환경 구성, 펌웨어 업데이트, 동작 방법 등에 대해 상세한 정보를 얻을 수 있다.

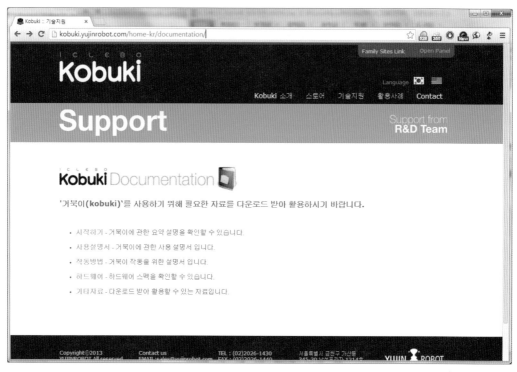

〈그림 5-4〉 로봇청소기 거북이 개발 관련 정보(출처: 유진로봇 거북이 홈페이지)

또한 ROS를 기반으로 한 거북이의 소프트웨어에 대해서는 ROS 위키 사이트를 통해 제공되고 있으며, 다양한 예제와 문서를 참고할 수 있다.

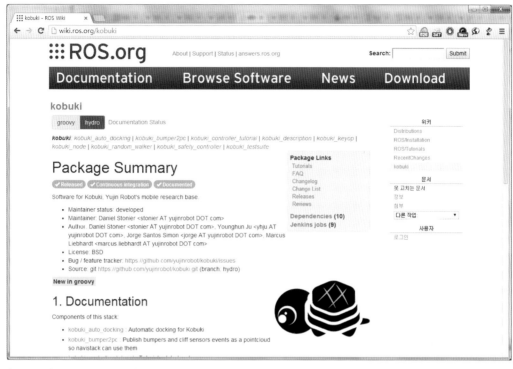

〈그림 5-5〉 로봇청소기 거북이(Kobuki) 소프트웨어(출처: http://wiki.ros.org/kobuki)

거북이의 개발환경 구성은 리눅스, 윈도우 운영체제에서 가능하다. 윈도우 기반인 경우 비주얼 스튜디오를 사용할 수 있으며, 윈도우용 SDK를 내려받아 비주얼 스튜디오에서 헤더 파일과 라이브러리를 적절한 위치에 배치하면 된다.

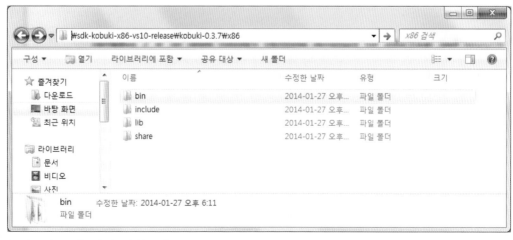

〈그림 5-6〉 로봇청소기 거북이 윈도우용 SDK

거북이의 운영체제로 사용되는 ROS는 〈그림 5-7〉과 같이 우분투 리눅스, 맥 OS X, 데비안
(Debian), Arch Linux, 윈도우 등의 운영체제에 설치 가능하며, PR2, Husky, TutleBot, Kobuki
등의 로봇에서 실제로 동작 가능하다.

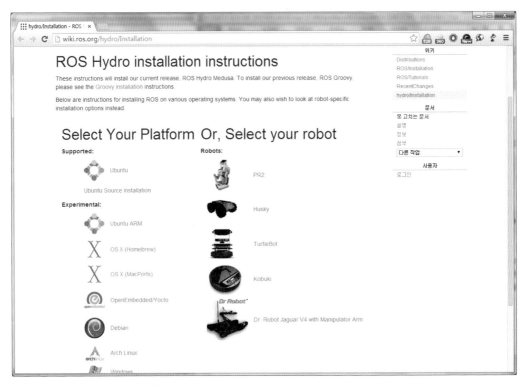

〈그림 5-7〉 ROS 설치 가능 운영체제와 로봇

리눅스를 사용하는 경우, 현재 ROS는 우분투 12.04, 12.10, 그리고 13.04의 세 가지 버전에 대해서
만 설치할 수 있다. ROS 패키지 다운로드를 위해 다음과 같이 소스 리스트를 추가한다.

```
$ sudo sh -c 'echo "deb http://packages.ros.org/ros/ubuntu precise main" > /etc/apt/
sources.list.d/ros-latest.list'
```

다음으로 키(key) 설정을 위해 아래와 같은 명령을 수행한다.

```
$ wget http://packages.ros.org/ros.key -O - | sudo apt-key add -
```

우분투 패키지 정보의 업데이트와 ROS 설치를 위해 다음 명령을 수행한다.

```
$ sudo apt-get update
$ sudo apt-get install ros-hydro-desktop-full
```

ROS를 사용하기 전에 rosdep에 대한 초기화가 필요하다. rosdep는 소스의 컴파일과 관련해 필요한 패키지를 쉽게 설치할 수 있게 해주며, ROS의 기본 컴포넌트가 실행되는 데 필요하다. rosdep에 대해 아래의 명령을 실행한다.

```
$ sudo rosdep init
$ rosdep update
```

환경 설정을 위해 아래의 명령을 실행한다. 이 명령은 ROS를 실행하는 데 필요한 환경변수가 담긴 setup.bash 스크립트의 내용을 .bashrc 파일에 추가하는 역할을 한다.

```
$ echo "source /opt/ros/hydro/setup.bash" >> ~/.bashrc
$ source ~/.bashrc (또는 $ . ~/.bashrc)
```

〈그림 5-8〉은 위의 명령을 통해 환경변수가 설정된 상태를 확인한 결과이다.

```
$ export | grep ROS
```

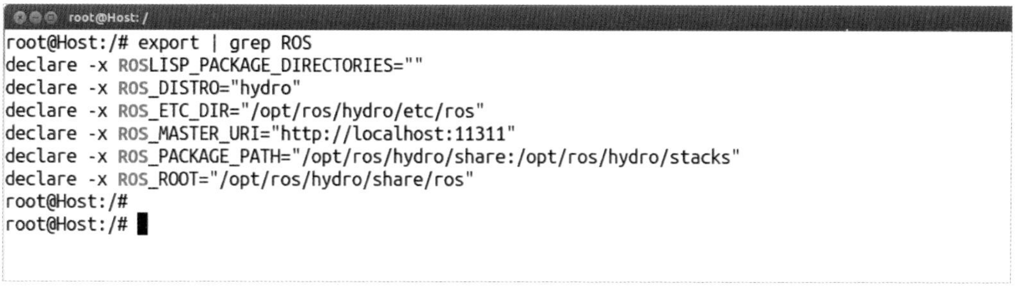

```
root@Host:/# export | grep ROS
declare -x ROSLISP_PACKAGE_DIRECTORIES=""
declare -x ROS_DISTRO="hydro"
declare -x ROS_ETC_DIR="/opt/ros/hydro/etc/ros"
declare -x ROS_MASTER_URI="http://localhost:11311"
declare -x ROS_PACKAGE_PATH="/opt/ros/hydro/share:/opt/ros/hydro/stacks"
declare -x ROS_ROOT="/opt/ros/hydro/share/ros"
root@Host:/#
root@Host:/#
```

〈그림 5-8〉 ROS 관련 환경변수 상태

다음으로 rosinstall 패키지를 설치하기 위해 아래의 명령을 실행한다. rosinstall은 자주 사용되는 커 맨드라인 도구를 제공한다.

```
$ sudo apt-get install python-rosinstall
```

ROS의 설치가 완료되면 거북이 관련 패키지를 추가로 설치해야 한다.

```
$ sudo apt-get install ros-hydro-kobuki ros-hydro-kobuki-core
```

ROS의 설치와 거북이 패키지의 설치가 완료되면 /opt/ros/hydro 디렉터리가 생성되며, 〈그림 5-9〉와 같은 디렉터리 구성을 확인할 수 있다.

```
root@Host: /opt/ros/hydro/share
root@Host:/opt/ros/hydro/share# ls
OpenCV                        kdl_conversions          rospack
actionlib                     kdl_parser               rosparam
actionlib_msgs                kobuki                   rospy
actionlib_tutorials           kobuki_auto_docking      rospy_tutorials
amcl                          kobuki_bumper2pc         rosservice
angles                        kobuki_controller_tutorial  rostest
base_local_planner            kobuki_core              rostime
bfl                           kobuki_description       rostopic
bond                          kobuki_dock_drive        rosunit
bond_core                     kobuki_driver            roswtf
bondcpp                       kobuki_ftdi              rotate_recovery
camera_calibration            kobuki_keyop             rqt_action
camera_calibration_parsers    kobuki_msgs              rqt_bag
camera_info_manager           kobuki_node              rqt_bag_plugins
carrot_planner                kobuki_qtestsuite        rqt_common_plugins
catkin                        kobuki_random_walker     rqt_console
class_loader                  kobuki_safety_controller rqt_dep
clear_costmap_recovery        kobuki_testsuite         rqt_graph
collada_parser                laser_assembler          rqt_gui
collada_urdf                  laser_filters            rqt_gui_cpp
common-lisp                   laser_geometry           rqt_gui_py
common_msgs                   laser_pipeline           rqt_image_view
common_tutorials              librviz_tutorial         rqt_launch
compressed_depth_image_transport  map_msgs             rqt_logger_level
```

〈그림 5-9〉 ROS와 거북이 관련 패키지 디렉터리

다음으로 거북이 디바이스를 가리키는 장치 파일(/dev/kobuki)이 생성될 수 있도록 udev 룰(rule)을 추가한다. 이러한 처리에 의해 거북이가 USB를 통해 PC에 연결되면 자동으로 /dev/kobuki 파일이 생성된다.

```
$ rosrun kobuki_ftdi create_udev_rules
```

거북이가 USB를 통해 PC에 연결된 상태이면 다음과 같은 명령을 통해 거북이를 구동해볼 수 있다.

```
$ roslaunch kobuki_node minimal.launch --screen
```

위의 명령에서 minimal.launch는 기본 소프트웨어를 구동하게 되고, --screen 옵션은 실행 과정에서 발생하는 메시지를 터미널을 통해 출력한다.

```
⊗ ⊖ ⊕  /opt/ros/hydro/share/kobuki_node/launch/minimal.launch http://localhost:11311
[ INFO] [1390822143.855198887]: /mobile_base/odom -> /odom
[ INFO] [1390822143.864506677]: waitForService: Service [/mobile_base_nodelet_manager/load_nodelet]
has not been advertised, waiting...
[ INFO] [1390822143.909918380]: Initializing nodelet with 4 worker threads.
process[diagnostic_aggregator-4]: started with pid [3483]
[ INFO] [1390822143.933766288]: waitForService: Service [/mobile_base_nodelet_manager/load_nodelet]
is now available.
[ WARN] [1390822144.180017564]: Kobuki : no robot description given on the parameter server
[ INFO] [1390822144.180292038]: Kobuki : configured for connection on device_port /dev/kobuki [/mobi
le_base].
[ INFO] [1390822144.180494120]: Kobuki : driver running in normal (non-simulation) mode [/mobile_bas
e].
[ INFO] [1390822144.185588933]: Kobuki : Velocity commands timeout: 0.600000000 seconds [/mobile_bas
e].
[ INFO] [1390822144.189673617]: Kobuki : using odom_frame [odom][/mobile_base].
[ INFO] [1390822144.192593603]: Kobuki : using base_frame [base_footprint][/mobile_base].
[ INFO] [1390822144.197076300]: Kobuki : publishing transforms [/mobile_base].
[ INFO] [1390822144.202411207]: Kobuki : using imu data for heading [/mobile_base].
[ WARN] [1390822144.205619643]: Kobuki : device does not (yet) available, is the usb connected?.
[ INFO] [1390822144.206333219]: Kobuki : device does not (yet) available on this port, waiting...
[ WARN] [1390822144.457156355]: Kobuki : no data stream, is kobuki turned on?
[ INFO] [1390822144.457687973]: Kobuki : initialised.
[ INFO] [1390822149.207751288]: Kobuki : device does not (yet) available on this port, waiting...
[ INFO] [1390822154.208218481]: Kobuki : device does not (yet) available on this port, waiting...
```

〈그림 5-10〉 minimal.launch의 실행 결과

ROS 위키 사이트에서는 거북이의 기본 기능을 테스트 해볼 수 있는 파이썬(Python) 기반의 여러 가지 테스트 프로그램을 제공하고 있다. 이 파일들은 ROS의 패키지 디렉터리로 지정된 /opt/ros/hydro/lib/kobuki_testsuite 디렉터리에 있다.

```
⊗ ⊖ ⊕  root@Host: /opt/ros/hydro/lib/kobuki_testsuite
root@Host:/opt/ros/hydro/lib/kobuki_testsuite# ls
inf_rotation.py        test_battery_voltage.py  test_gyro.py          test_rotation.py
scan_angle.py          test_digital_output.py   test_input.py         test_safewandering.py
test_analog_input.py   test_events.py           test_led_array.py     test_sounds.py
test_battery           test_external_power.py   test_output.py        test_translation.py
root@Host:/opt/ros/hydro/lib/kobuki_testsuite#
```

〈그림 5-11〉 거북이 테스트 프로그램

배터리 테스트

```
$ sudo apt-get install ros-hydro-kobuki-qtestsuite
$ . /opt/ros/hydro/setup.bash
$ kobuki_qtestsuite
```

배터리 테스트를 위한 ros-hydro-kobuki-qtestsuite를 설치하면 /opt/ros/hydro/lib/kobuki_
qtestsuite 디렉터리가 생성되고, 여기에 kobuki_qtestsuite 파일이 위치한다. 이 파일의 실행 결과
는 〈그림 5-12〉와 같다.

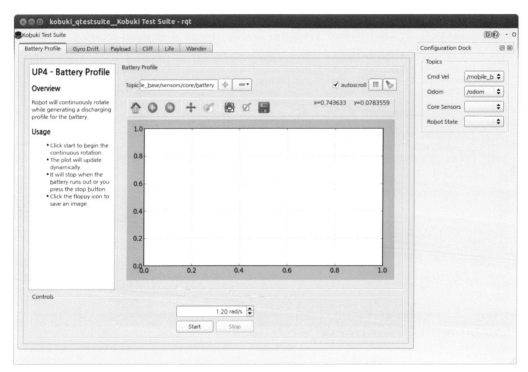

〈그림 5-12〉 kobuki_qtestsuite의 실행 결과 – 배터리 프로파일(Battery Profile)

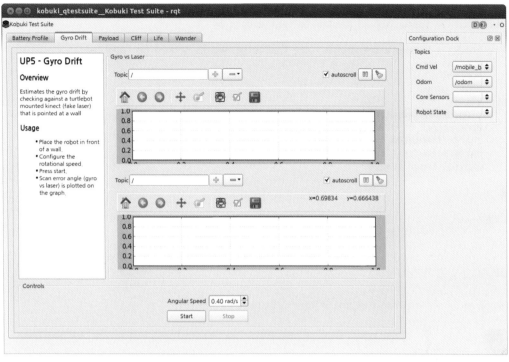

〈그림 5-13〉 kobuki_qtestsuite의 실행 결과 − 자이로 드리프트(Gyro Drift)

디지털 출력 포트 테스트

```
$ rosrun kobuki_testsuite test_digital_output.py
```

하드웨어 컴포넌트의 이벤트 테스트

```
$ rosrun kobuki_testsuite test_events.py
```

```
root@Host: /
root@Host:/# rosrun kobuki_testsuite test_events.py

Try kobuki's hardware components; the following events should be reported:
 - buttons
 - bumpers
 - wheel drops
 - cliffs
 - plug/unplug adapter
 - dock/undock on base
 - charge completed
 - battery low/critical
 - digital input changes
```

〈그림 5-14〉 거북이 이벤트 테스트

아날로그 입력 테스트

```
$ rosrun kobuki_testsuite test_analog_input.py
```

배터리 전압 테스트

```
$ rosrun kobuki_testsuite test_battery_voltage.py
```

자이로 테스트

```
$ rosrun kobuki_testsuite test_gyro.py
```

LED 테스트

```
$ rosrun kobuki_testsuite test_led_array.py
```

```
root@Host:/
root@Host:/# rosrun kobuki_testsuite test_led_array.py
[Orange,Green]
[Red,Orange]
[Black,Red]
[Green,Black]
[Orange,Green]
[Red,Orange]
[Black,Red]
[Green,Black]
[Orange,Green]
[Red,Orange]
[Black,Red]
[Green,Black]
[Orange,Green]
```

〈그림 5-15〉 LED 테스트

모션 테스트

```
$ rosrun kobuki_testsuite test_rotation.py
```

```
root@Host:/
root@Host:/# rosrun kobuki_testsuite test_rotation.py
[INFO] [WallTime: 1390832708.003567] Start to rotate
[INFO] [WallTime: 1390832708.983602] Rotate: 0
[INFO] [WallTime: 1390832708.985964] Rotate: 0
[INFO] [WallTime: 1390832709.250654] Rotate: 1
[INFO] [WallTime: 1390832709.386728] Rotate: 1
[INFO] [WallTime: 1390832709.587808] Rotate: 1
[INFO] [WallTime: 1390832709.787052] Rotate: 1
[INFO] [WallTime: 1390832710.008328] Rotate: 2
[INFO] [WallTime: 1390832710.187527] Rotate: 2
[INFO] [WallTime: 1390832710.386087] Rotate: 2
[INFO] [WallTime: 1390832710.586786] Rotate: 2
[INFO] [WallTime: 1390832710.786059] Rotate: 2
[INFO] [WallTime: 1390832711.883706] Rotate: 3
[INFO] [WallTime: 1390832711.884464] Rotate: 3
[INFO] [WallTime: 1390832712.085061] Rotate: 4
[INFO] [WallTime: 1390832712.285086] Rotate: 4
[INFO] [WallTime: 1390832712.484977] Rotate: 4
[INFO] [WallTime: 1390832712.684970] Rotate: 4
[INFO] [WallTime: 1390832712.885657] Rotate: 4
[INFO] [WallTime: 1390832713.151786] Rotate: 5
[INFO] [WallTime: 1390832713.284838] Rotate: 5
[INFO] [WallTime: 1390832713.485893] Rotate: 5
[INFO] [WallTime: 1390832713.685503] Rotate: 5
```

〈그림 5-16〉 로테이션 이동 테스트

자동 충전을 위한 도킹(docking) 예제

거북이는 일반적인 로봇 청소기와 유사하게 청소가 끝나면 자동으로 충전기를 찾아가 도킹해서 충전할 수 있다. 거북이가 충전기를 찾는 데는 적외선(IR)이 사용된다. 거북이가 충전을 위한 도킹 스테이션에 정상적으로 도킹되면 양쪽 모두에서 LED가 녹색으로 점멸되는 것을 확인할 수 있다.

도킹 스테이션의 구조는 〈그림 5-17〉과 같으며, 3개의 적외선 이미터(emitter)를 가지고 있다. 이미터를 통해 방출되는 3개의 적외선은 각각 도킹 스테이션의 좌측, 중앙, 우측을 커버하며, 각각은 근거리와 원거리에 대한 서브 필드로 나눈다. 각 적외선 빔은 거리와 지역에 대한 인코딩된 정보를 담고 있으며, 따라서 로봇은 항상 자신의 위치를 파악할 수 있다.

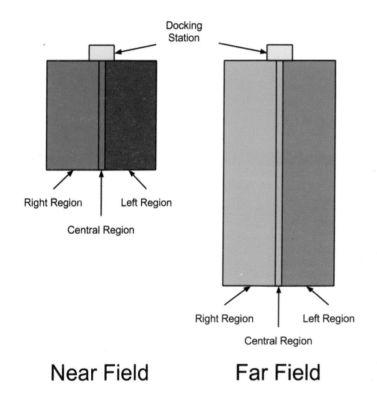

〈그림 5-17〉 거북이의 도킹 스테이션 구조(http://wiki.ros.org/kobuki/Tutorials)

거북이는 3개의 적외선 수신기를 가지고 있으며, 도킹 스테이션의 범위 내에 위치할 때 최소 한 개의 적외선 센서는 도킹 스테이션을 향하게 되고, 도킹 스테이션으로부터 시그널을 수신해 제어기에 보내 준다. 이에 대해서는 /mobile_base/sensors/dock_ir 토픽을 통해 확인할 수 있으며, kobuki_msgs/DockInfraRed 메시지의 형태이다.

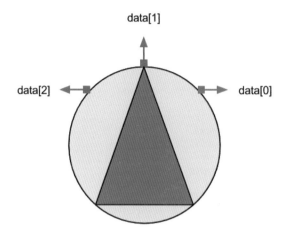

〈그림 5-18〉 거북이의 적외선 수신기

지금까지 살펴본 바와 같이 거북이 플랫폼은 로봇 청소기에 대한 완전한 레퍼런스 플랫폼으로 손색이 없으며, 초/중/고급의 다양한 예제를 제공하기 때문에 ROS 기반의 로봇 청소기 제어에 대한 내용을 손쉽게 배울 수 있다. 또한 거북이 플랫폼에 대한 시뮬레이션이 가능하도록 소프트 거북이(softkobuki)를 제공하기 때문에 실제 플랫을 가지고 있지 않더라도 기본적인 내용들을 다루어 볼 수 있다.

거북이 시뮬레이터인 소프트 거북이를 사용하려면 아래와 같은 패키지를 설치해야 한다.

```
$ sudo apt-get install ros-hydro-kobuki-soft
```

소프트 거북이의 실행을 위해 다음 명령을 실행한다.

```
$ roslaunch kobuki_softnode full.launch
```

```
  ⊗ ⊜ ⊕   /opt/ros/hydro/share/kobuki_softnode/launch/full.launch http://localhost:11311
 * /robot_state_publisher/publish_frequency
 * /robot_state_publisher/tf_prefix
 * /rosdistro
 * /rosversion

NODES
  /
    diagnostic_aggregator (diagnostic_aggregator/aggregator_node)
    mobile_base (nodelet/nodelet)
    mobile_base_nodelet_manager (nodelet/nodelet)
    robot_state_publisher (robot_state_publisher/robot_state_publisher)

auto-starting new master
process[master]: started with pid [9615]
ROS_MASTER_URI=http://localhost:11311

setting /run_id to 13e82612-87fa-11e3-9c6d-080027e20493
process[rosout-1]: started with pid [9628]
started core service [/rosout]
process[mobile_base_nodelet_manager-2]: started with pid [9631]
process[mobile_base-3]: started with pid [9632]
process[diagnostic_aggregator-4]: started with pid [9633]
process[robot_state_publisher-5]: started with pid [9634]
/opt/ros/hydro/lib/robot_state_publisher/robot_state_publisher
```

〈그림 5-19〉 kobuki_softnode의 실행 상태

〈그림 5-19〉와 같이 kobuki_softnode를 실행한 다음 다른 터미널을 통해 시뮬레이터 구동을 위한 아래의 명령을 실행한다.

```
$ rosrun rviz rviz
```

〈그림 5-20〉은 rviz 시뮬레이터가 구동된 모습이며, 좌측의 Displays에서 Fixed Frame을 /odom으로 설정하고, 하단의 'Add' 버튼을 통해 RobotModel을 추가해야 정상적으로 동작한다.

〈그림 5-20〉 rviz 시뮬레이터 실행 화면

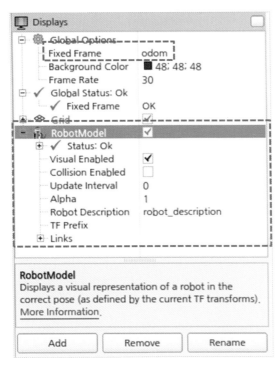

〈그림 5-21〉 Fixed Frame과 RobotModel의 설정

다음은 터미널을 통해 소프트 거북이를 제어하는 예제로서, 아래의 명령을 실행한다.

```
$ roslaunch kobuki_keyop keyop.launch
```

```
/opt/ros/hydro/share/kobuki_keyop/launch/keyop.launch http://localhost:11311
[ INFO] [1390901686.680893659]: KeyOp: connected.
Reading from keyboard
-----------------------------
Forward/back arrows : linear velocity incr/decr.
Right/left arrows : angular velocity incr/decr.
Spacebar : reset linear/angular velocities.
d : disable motors.
e : enable motors.
q : quit.
[ WARN] [1390901692.292908688]: KeyOp: Device has already been powered up.
[ WARN] [1390901712.807683577]: KeyOp: Device has already been powered up.
[ INFO] [1390901715.648068643]: KeyOp: linear  velocity incremented [0.05|0]
[ INFO] [1390901720.898724775]: KeyOp: linear  velocity decremented [0|0]
[ INFO] [1390901724.100112649]: KeyOp: linear  velocity incremented [0.05|0]
[ INFO] [1390901724.269841660]: KeyOp: linear  velocity incremented [0.1|0]
[ INFO] [1390901724.444280044]: KeyOp: linear  velocity incremented [0.15|0]
[ INFO] [1390901727.684027160]: KeyOp: angular velocity incremented [0.15|0.33]
[ INFO] [1390901727.877451470]: KeyOp: angular velocity incremented [0.15|0.66]
[ INFO] [1390901728.031425073]: KeyOp: angular velocity incremented [0.15|0.99]
[ INFO] [1390901728.182052725]: KeyOp: angular velocity incremented [0.15|1.32]
[ INFO] [1390901731.024439884]: KeyOp: linear  velocity incremented [0.2|1.32]
[ INFO] [1390901731.191947389]: KeyOp: linear  velocity incremented [0.25|1.32]
[ INFO] [1390901731.322592683]: KeyOp: linear  velocity incremented [0.3|1.32]
[ INFO] [1390901731.616998444]: KeyOp: linear  velocity incremented [0.35|1.32]
```

〈그림 5-22〉 kobuki_keyop 실행 화면

kobuki_keyop는 소프트 거북이를 키(key) 입력을 통해 제어하는 예제로서, 〈그림 5-22〉와 같이 방향키를 눌러 이동 방향을 설정할 수 있으며, 여러 번 누르면 속도를 증가시키거나 감소시킬 수 있다. 〈그림 5-23〉은 rviz를 통해 소프트 거북이가 이동하는 모습을 보여준다.

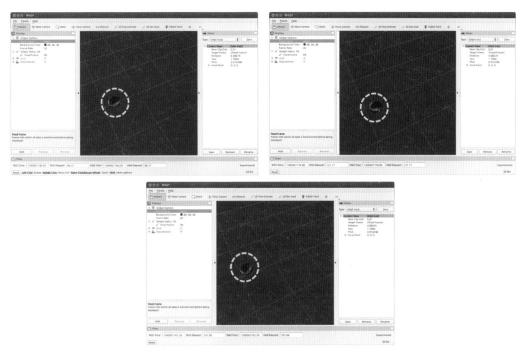

〈그림 5-23〉 rviz에서 소프트 거북이가 이동하는 모습

지금까지 살펴본 바와 같이 임베디드 시스템 개발에서는 실제 장비를 대신해 에뮬레이터가 사용되는 경우도 많다. 스마트 디바이스의 경우에는 대부분의 통합 개발 환경에서 에뮬레이터를 제공하고 있으며, 거북이처럼 특화된 에뮬레이터를 제공하는 경우도 있다. 이처럼 에뮬레이터가 제공되는 경우에는 소프트웨어의 개발과 검증이 충분히 이루어진 다음 실제 시스템에 적용하는 것이 가능하다.

실제 거북이 플랫폼을 사용하는 경우에는 개발된 코드를 시스템에 적용하기 위해 펌웨어를 교체하는 과정이 필요하며, 이에 대해서는 유진로봇 홈페이지의 거북이 개발 관련 사이트에서 상세 정보를 제공하고 있다. 또한 ROS 프로그래밍에 대한 더 자세한 내용은 ROS 위키 사이트를 통해 참조할 수 있다.

06

임베디드 응용사례
(마이크로소프트 윈도우)

마이크로소프트 임베디드 시스템

마이크로소프트 임베디드 시스템

윈도우 임베디드 시스템의 역사

윈도우 임베디드 운영체제는 소형 컴퓨터나 PDA 등에서 마이크로소프트사의 운영체제를 사용할 수 있게 개발되었다. 인텔 X86 및 호환 제품, MIPS, ARM, 히타치 SuperH 프로세서 등 다양한 디바이스를 지원하며, 저장 공간이 충분하지 않은 환경에서도 동작할 수 있게 개발되었다. 한 예로 윈도 CE 커널 자체만으로는 1메가바이트 이하의 메모리에서도 동작할 수 있고, 유닉스 계열의 시스템과 달리 스레드를 기초 단위로 실행한다.

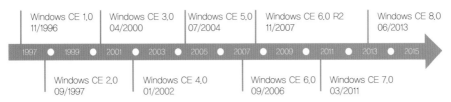

〈그림 6-1〉 윈도우 CE 출시 연도

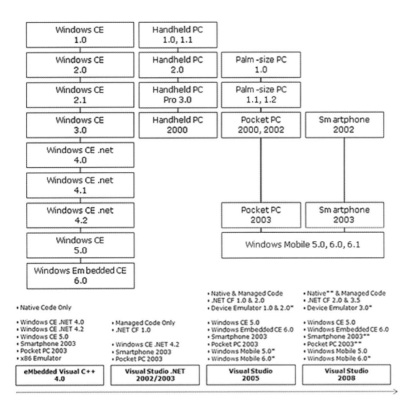

〈그림 6-2〉 마이크로소프트 윈도우 역사와 개발 도구

윈도우 임베디드 운영체제인 '윈도우 CE'는 1996년 11월 출시되어 'Compact, Connectable, Compatible, Companion'이라는 디자인 목표를 가지고 끊임없이 개발되었다. 사용자 컴퓨터에서 사용하는 마이크로소프트 응용 프로그램(워드, 엑셀 등)들이 정상적으로 동작해서 PDA의 운영체제로 사용되었으며, AutoPC, 스마트폰 등의 기기에도 사용되었다. 윈도우 CE 개발 환경으로 플랫폼 빌더(Platform Builder)가 하드웨어 업체와 제조업체에 제공되어 하드웨어 이식성이 향상되었다. 아울러 네트워크, 디스플레이, 터치 등의 기술이 적용되었다.

〈표 6-1〉 마이크로소프트 윈도우의 역사

버전	중요 내용
윈도 CE 1.0	코드명 "Alder". 1996년 11월 18일 출시. 기기명이 HPC(handheld PC)로 이름 붙여짐.
윈도 CE 2.0	코드명 버크(birch)이며 1997년 9월 29일 출시 • 256 컬러 또는 16 gray 흑백화면의 지원, 최대 640x240 해상도의 화면까지 지원 • 기기명이 PPC(Palm-Sized PC)로 이름 붙여짐. • Pocket PowerPoint를 기본 탑재, Pocket Outlook의 동기화 성능 향상 • TrueType 폰트의 지원, Print 기능의 지원 • 2.0의 버그를 수정해 2.11과 2.12가 출시됨(2.11과 2.12의 차이는 CPU 지원임).
윈도 CE 3.0	코드명 세더(cedar), 2000년 6월 15일 출시 • 커널 기능 향상, 쓰레드 우선을 256단계로 확대 • Pocket PC 2002를 토대로 제작됨. • eMbedded, HPC 2000-업무형이라 엑셀, 엑세스, 워드, 파워포인트 포함. • PPC 2000
윈도 CE 4.0	코드명 "Talisker", 2002년 1월 7일에 출시 • 인터넷 익스플러 5.5 채택, 윈도 미디어 플레이어 8.5 내장, MSN 인스턴트 메신저 내장, 3.0보다 더 나아진 전력 관리. • 신형 CPU (인텔 PXA시리즈와 같은 ARMV4i 혹은 그 이상급)에 대한 최적화 • PPC 2000의 다음 버전인 PPC 2002는 윈도 CE 4.0 바탕으로 만들어졌음.
윈도 CE 4.1 윈도 CE 4.2	코드명 "Jameson/McKendric", 2002년 10월 • 인터넷 익스플러 6 호환, 미디어플레이어 9 내장, PPC와의 호환성 • 멀티미디어 기기로 사용할 수 있는 수준에 돌입 함. • 포켓 PC로 다양한 애플리케이션이 개발되기 시작함.
윈도 CE 5.0	코드명 "Macallan", 2004년 8월 출시 • Core 버전과 Professional 버전으로 나누고, 미디어 플레이어 버전10 지원 • 네트워크 향상으로 스트리밍 서비스 현실화됨. • IMS 서비스 시연함. • 다이렉트X 라이브러리 추가로 인한 엔터테인먼트 강화 • 윈도 모바일과 같은 코드 및 라이브러리 사용 및 라이브러리 대거 추가 • 원격 데스크톱 프로토콜 지원 • 프로세스당 최대 가상 메모리: 32MB
윈도 CE 6.0	코드명 "Yamazaki", 2006년 9월 출시 • ARM v6 지원, 최대 프로세스 수가 32개(5.0기준)에서 32,768개로 증가 • Device.exe, filesys.exe, GWES.exe가 커널 모드로 바뀜. • 프로세스당 최대 가상 메모리: 2GB, 레지스트리 에디터 포함, 캐시 관리자 기능 포함, exFAT 포맷 지원, 데이터 암호화 강화

버전	중요 내용
윈도 CE 7.0	2011년 3월 출시 • 듀얼 코어 CPU 지원(SMP, ARMv7) • DRM 기술 지원 • 윈도 폰 7의 어도비 플래쉬 플레이어 10.1이 포함된 인터넷 익스플로러 7 내장, 3GB 물리 RAM과 ARMv7 어셈블리 지원, 개선된 터치와 제스처 인식 • 블루투스 3.0 + HS 지원

(출처: 위키피디아)

윈도우 임베디드 시스템 특징

윈도우 임베디드 시스템은 오랜 기간 동안 수많은 개발자들에 의해 만들어진 실시간 운영체제로서, 내비게이션이나 고가의 계측 장비를 비롯해 다양한 상품에 적용되어 개발되었다. 특히 다양한 디바이스를 지원하고, 유/무선 네트워크 연결에 장점이 있으며, 안정된 실시간 성능을 갖고 있다. 또한 멀티미디어와 관련된 다양한 지원과 안정된 최신 디바이스 드라이버를 제공한다.

다양한 디바이스 지원

안드로이드 시스템이 무료에 다양한 애플리케이션을 사용할 수 있다는 장점이 있지만, ARM 프로세스밖에 사용할 수 없다는 문제점이 있다. 하지만 윈도우 임베디드 시스템은 다양한 아키텍처 디바이스를 대상으로 개발할 수 있는 플랫폼 환경을 제공한다. 기본적으로 4종류의 CPU(ARM, MIPS, SH4, X86)에 대한 개발 플랫폼 환경과 네트워크, 디코더 등 다양한 디바이스 드라이버와 부트로더 및 하드웨어 관련 설정 파일을 포함한 BSP(Board Support Package)를 제공해 초기 임베디드 운영체제 개발을 최대한 지원한다. 또한 다양한 서드파티를 포함하고 있어서 제품의 기획만 이루어지면 짧게는 3달 내에 프로젝트를 완성할 수 있다.

〈표 6-2〉 개발 보드, 프로세서, 제조사 연관 도표

개발 보드, BSP Name	프로세서, Core Name	제조사명
Intel Mainstone III (C-Step) Software Developed Board	ARM v4i(ARMv6 detection with enhancements)	Intel
Device Emulator	ARM v4i(ARMv6 detection with enhancements)	Microsoft
Aruba Software Development Peripheral(SDP) Board	ARM v4i(ARMv6 detection with enhancements)	i-MCU
TI OMAP2420 Software Developed Board(aka "H-Sample")	ARM v4i(ARMv6 detection with enhancements)	Texas Instrument Inc.

개발 보드, BSP Name	프로세서, Core Name	제조사명
NEC Rockhopper SG2 Vr5500 Software Development Board	MIPSII, MIPSII_FP, MIPSIV, MIPSIV_FP	NEC Electronics
Renesas Aspen Software Development Board	SH4	Renesas
Generic x86 platform (CEPC, AMD–LX–800 and other)	X86	CEPC and other

유무선 네트워크 연결 지원과 안정된 실시간 성능

유비쿼터스 단말기의 필수 요소인 네트워크 연결에 대해 매우 높은 유연성을 제공하며, 유무선 네트워크를 위한 드라이버와 네트워크의 다양한 통신 프로토콜을 제공한다. 무선 네트워크, 블루투스, 인터넷 브라우저 및 서버 지원(TCP/IP, HTTP), 메신저(MPOP), 원격 데스크톱(RDP), TAPI, IrDA, Serial 등의 프로토콜도 지원한다.

이러한 프로토콜을 이용해 내비게이션, POS 단말기, 멀티미디어 재생기, 멀티미디어 디바이스, 키오스크, 고성능 계측 장비, 모바일 디바이스의 중계기, 핸드폰, PMP, 화상 전화기 등 다양한 디바이스에 장착되었다.

〈그림 6-3〉 마이크로소프트 윈도우 임베디드 시스템이 적용된 제품들

또한 안정성과 실시간 처리 성능이 우수하며, 다중 인터럽트(Nested Interrupt 처리 및 인터럽트 처리 중에 다른 인터럽트를 허용하는 기술)를 지원하며, 다양한 응용 제품으로 출시되어 있다.

산업용 컴퓨터 운영체제로 널리 사용 중이며, 은행의 POS 시스템 및 고성능 계측기와 같이 고가에 정확한 동작을 요구하는 제품에 많이 탑재되어 있다. 특히 차량에서 위치 정보를 제공하는 내비게이션이 거의 대부분 마이크로소프트사의 임베디드 시스템을 사용하고 있으며, 2013년에 안드로이드 혹은 리눅스 시스템을 이용해 개발을 진행해 일부 제품이 출시되었다. 우수한 멀티미디어 특징 때문에 디지털 사이니지 분야에서도 많이 사용 중이며, 대형 터치 스크린을 지원하면서 인터넷 브라우저와 멀티미디어 동영상을 동시에 재생하고, 스트리밍 서비스를 제공하는 시스템에도 널리 사용되고 있다. 또한 의료 분야에서 사용하는 디바이스도 거의 대부분 마이크로소프트 임베디드 시스템을 사용하고 있다.

〈표 6-3〉 마이크로소프트 임베디드 시스템의 기타 특징

특징	내용
멀티미디어 지원	• 일반 컴퓨터 환경에서 동작하는 멀티미디어 환경을 임베디드 환경에서 꾸미기 위해서는 마이크로소프트사의 임베디드 시스템을 적용하는 것이 필수임. • 과거에는 추가적인 작업이 필요했지만, 최근에는 동일한 코드를 이용해 다양한 디바이스에 동작시킬 수 있음. • 이미지(JPG, GIF, PNG 등)와 동영상(MPEG, WMV, Stream), 3D(DirectX)를 하드웨어 가속 혹은 소프트웨어 기술만으로 멀티미디어 서비스를 안정적으로 제공할 수 있음. • 임베디드 시스템에서 멀티미디어 스트림 데이터는 물론 인터넷 브라우저에 액티브엑스 프로그램까지도 동일하게 동작시킬 수 있음.
안정된 최신 디바이스 드라이버 제공	• 라이선스를 맺고, 개발을 진행하면서 개발자가 원하는 기능의 동작의 디바이스에 대해 안정적으로 동작 가능한 디바이스 소스코드와 샘플 디바이스 드라이버 소스코드가 제공됨. • 또한 많은 업체에서 수년간에 걸쳐서 디버깅한 내용을 제공받을 수 있음. 그래도 문제가 발생할 경우에는 운영체제 제공업체에 기술지원을 요청받아서 기술 지원을 받을 수 있음. • 개발자가 마이크로소프트사의 임베디드 운영체제를 선택하는 가장 큰 이유는 바로 이러한 안정성과 기술 지원이라고 할 수 있음.
유니코드를 이용한 다국어 지원	• 임베디드 운영체제로 선택하는 이유 가운데 중요한 것은 유니코드를 기본으로 제공한다는 것임. • 한번 개발된 프로그램을 언어만 변경하여 여러 나라에 수출할 수 있다는 강력한 비즈니스 모델을 갖고 있음. 총 11가지 언어(한국어, 영어, 프랑스어, 독일어, 중국어 번체/간체, 히브리어, 인도어, 일본어, 태국어, 아랍)의 폰트와 7가지 문자 입력기(IME, 한국어, 영어, 프랑스어, 독일어, 중국의 번체/간체, 일본어), 사용자 리소스를 제공함. • 개발사 입장에서 개발 비용을 최소화할 수 있고, 전 세계를 대상으로 판매시장을 확장할 수 있음. • 하나의 언어 폰트를 구성하는 데도 매우 큰 비용을 지불해야 하며, 타국어의 폰트를 지원할 경우 잘못된 표현을 최소화할 수 있음.
짧은 개발 기간 대비 안정성이 우수한 제품의 확보	• 임베디드 보드의 프로세서를 선정해 운영체제를 포팅하고, 원하는 서비스의 프로그램을 동작하기 위한 시간은 대략 6개월 정도의 최소 기간이 필요하지만, 마이크로소프트사의 임베디드 솔루션은 서비스 런칭 시점에 맞춰 개발을 진행할 수 있다는 장점이 있음. • 안정적인 운영체제로 검증된 많은 디바이스를 가지고 있으며, BSP 포팅에서 최적화 단계까지 짧을 경우 1개월에도 완성할 수 있어서 투자 대비 우수한 제품을 확보할 수 있음.

2013년 임베디드 컴팩트 2013 발표

2013년 06월 13일 마이크로소프트에서는 윈도우 임베디드 컴팩트 2013(Windows Embedded Compact 2013)을 발표하였다. 비주얼 스튜디오 2012(Visual Studio 2012)에 대한 지원을 포함하는 강력하고 새로운 툴과 기능을 제공해 한 차원 높은 윈도우 경험을 누리게 하고 기업들로 하여금 사물인터넷(Internet of Things)을 충분히 활용할 수 있는 운영체제를 개발한 것이다. 윈도우 임베디드 컴팩트 2013은 윈도우 임베디드 제품군 중 가장 작고 최상의 유연성을 제공하는 차세대 제품이다. 윈도우 임베디드 컴팩트 2013은 실시간 성능과 실리콘 유연성을 필요로 하는 디바이스용으로 x86은 물론 ARM 아키텍처도 지원한다.

서피스 산업용 디바이스 강화 측면에서 가장 작은 규모의 산업용 디바이스를 위한 최적의 운영체제로 PLC(Programmable Logic Controllers), 제조공정 프로세스 모니터링에 사용되는 휴먼-머신 인터페이스(HMI) 패널, 리테일 환경의 RFID 스캐너, 헬스케어를 위한 휴대용 초음파 기기 및 진단용 실험실 장비 등에 이상적으로 동작할 수 있는 제품이다. 클라우드를 통해 디바이스를 백엔드 시스템에 연결해 인텔리전트 시스템을 구축할 경우, 이를 통해 생성된 데이터를 활용하고 분석해서 기업이 실질적으로 행동에 옮길 수 있는 통찰력을 얻을 수 있다. 이러한 데이터는 기업 입장에서는 새로운 자산을 활용할 수 있는 데이터베이스가 된다.

최적화된 성능 디바이스를 실제로 사용하는 사용자들은 극적인 기능 향상을 직접 경험할 수 있다.

또한 핵심 운영체제의 개선, 메모리 관리 및 네트워크 기능 향상, 파일-시스템 성능 개선, 디바이스를 항상 가용한 상태로 유지 가능, 빌트인 지원, Wi-Fi, 셀룰러, 블루투스 기술 등을 지원하며, 윈도우 애저(Windows Azure)와의 무결절성(seamless) 연결을 통해 강력한 커넥티드 인텔리전트 시스템의 구축이 가능하며, 수많은 개발자 및 파트너들의 지원 및 HTML5 브라우저를 포함한 부가 솔루션을 활용할 수 있는 플랫폼에 해당한다.

최적화된 스타트업이라는 기능을 제공하는데, 이는 가상화 기술을 이용해 디바이스가 특정 UI와 디바이스 드라이버가 로드된 특정한 상태로 수 초 내에 부팅될 수 있는 스냅샷 부팅 기술을 통해 스타트업을 최적화한 기술이다. 이 기술에 의해 많은 업체들이 다시 윈도우 임베디드 시스템을 선택하게 될 것이다.

윈도우 CE와 윈도우 모바일 비교

윈도우 CE와 윈도우 모바일은 태생은 동일하다. 윈도우 CE는 다양한 임베디드 시스템을 다양하게 지원하는 시스템으로 발전하고, 윈도우 모바일은 전화 기능을 갖춘 스마트 디바이스에 대한 지원으로 양분화되어 개발이 진행되었다.

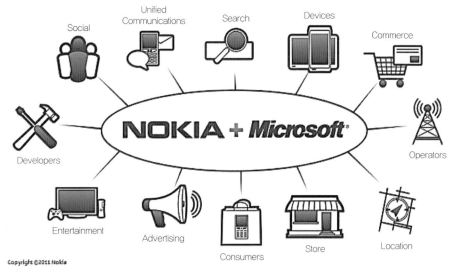

〈그림 6-4〉 마이크로소프트와 노키아의 협력 서비스 모델(출처: 노키아, 2011)

윈도우 모바일은 스마트폰에서 사용하는 운영체제이다. 초기에는 포켓 PC라는 제품으로 윈도우 임베디드의 일환으로 폰 기능을 추가하는 제품으로 제품화가 진행되었지만(즉 스마트폰의 시장을 형성한 역군이지만), 최근에는 안드로이드에 밀려 스마트폰 전체 시장에서 채 10%가 되지 않는 시장 점유율을 보이고 있다. 하지만 2013년 말 마이크로소프트가 노키아를 인수함에 따라 다양한 분야에서 협력이 일어날 것으로 예상된다.

〈표 6-4〉 윈도우 CE와 윈도우 모바일 비교

구분	윈도우CE	윈도 모바일
개발 툴	플랫폼 빌더(Platform Builder)	AK(Adaptation Kit) 또는 AKU(Adaptation Kit Update)
개발 비용	대당 로열티	초기 MS와 별도의 계약 막대한 비용, 로열티(비쌈)
대상	모든 임베디드 장치	PDA 및 스마트 폰
개발 지원	회사의 능력에 따라, 커뮤니티	MS 지원 없이 개발하기 어려움

구분	윈도우CE	윈도 모바일
툴 업데이트 방식	QFE	새로운 업데이트 툴을 DVD나 인터넷으로 배포함. 빈번한 업데이트
중요 차이점	OS이외의 응용 프로그램은 개발 제조사가 모든 것을 제작 가능함.	MS의 소프트웨어 및 하드웨어 가이드라인을 따라야 함.
인증	각자 회사에서 알아서 하면됨.	MS의 로고 테스트를 거쳐야 함.
개발 방식	BSP를 이용해 부팅 응용 프로그램 개발 진행	MS 로고 테스트 진행 응용 프로그램 추가 개발 진행
OS에 관한 문제가 발생했을 때	QFE가 나오길 기다리거나 자체 해결함. BSP 제공 업체에서 지원 가능	문제를 원인을 찾아내면 OS를 수정해서 줌. MS사의 대응이 필요함.

윈도우 모바일은 포켓 PC2000을 시작으로 포켓 PC 2002, 윈도우 모바일 2003(S), 윈도우 모바일 5, 윈도우 모바일 6, 6.1으로 개발되고 있으며, 이때까지는 윈도우 CE 시스템과 거의 유사하고, 폰 기능만 추가되어 있는 정도였다. 통신과 다양한 멀티미디어 기능을 제공하기 때문에 짧은 기간에 영상 통화 프로그램을 개발할 수 있었다.

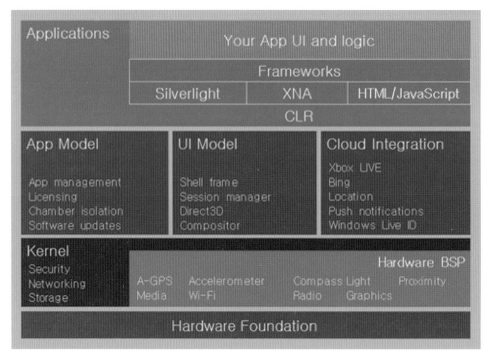

〈그림 6-5〉 윈도우폰 7의 내부 소프트웨어 구조

이후로 윈도우 폰7, 윈도우 폰8으로 발전해서 스마트 폰으로 출시되었다. 라이브 타일 등의 새로운 UI를 제안했으며, 윈도우 계열의 PC와 연동하는 강력한 기능과 빠른 속도, 우수한 성능에도 불구하고 아직 대표적인 제품이 출시되지는 못하고 있다. 윈도우폰 7의 내부 구조에서 보는 것처럼 스마트 폰에 필요한 하드웨어 부분이 Hardware BSP로 구성되어 있으며, APP Model, UI Model, Cloud Integration 모드로 구성되고 실버라이트를 이용한 XAML/이벤트 기반 응용 프로그램 UI 프레임워크, 메트로(Metro) 테마 기반 UI 컨트롤, HTML/자바스크립트 지원, XNA 기반 고속 게임 프레임워크 지원, 다양한 멀티 스크린을 위한 2D, 3D 게임 개발 지원, XBox 360, 윈도우, Zune에 이르는 다양한 플랫폼 기술 사용 등의 특징이 있다. 노키아와 HTC에서 윈도우 폰 8 시스템으로 몇 가지 종류의 제품을 출시했고, 좋은 반응을 받고 있다.

〈표 6-5〉 윈도우 폰 8 기반의 스마트 디바이스

모델	Nokia Lumia 920	Nokia Lumia 820	Windows Phone 8X by HTC
외관			
디스플레이	4.5" PureMotion HD+ IPS LCD 768x1280 해상도 332ppi	4.3" ClearBlack AMOLED 480x800 해상도 217ppi	4.3" Super LCD 2 720x1280 해상도 342ppi Corning Gorilla Glass 2
프로세서	1.5GHz MSM8960 듀얼 코어	1.5GHz MSM8960 듀얼 코어	1.5GHz MSM8960 듀얼 코어
저장 공간	저장 공간 32GB RAM 1024MB	저장 공간 8GB RAM 1024MB 확장 가능 메모리	저장 공간 16GB RAM 1024MB
카메라	8.7MP 1080p HD 동영상 전면 카메라 LED 플래시 자동 초점 칼자이스 렌즈 광학식 손떨림 보정	8.0MP 1080p HD 동영상 전면 카메라 LED 플래시 자동 초점 칼자이스 렌즈	8.0MP 1080p HD 동영상 전면 카메라 LED 플래시 자동 초점 HTC ImageChip

모델	Nokia Lumia 920	Nokia Lumia 820	Windows Phone 8X by HTC
배터리 수명	통화 9시간 대기 320시간 무선 충전	통화 7시간 대기 260시간 무선 충전 패드(옵션)	
네트워크	GSM 850; GSM 900; GSM 1800; GSM 1900; W–CDMA 850; W–CDMA 900; W–CDMA 1900; W–CDMA 2100; LTE 800; LTE 900; LTE 1800; LTE 2100; LTE 2600	GSM 850; GSM 900; GSM 1800; GSM 1900; W–CDMA 850; W–CDMA 900; W–CDMA 1700; W–CDMA 1900; W–CDMA 2100; LTE 700; LTE 800; LTE 850; LTE 900; LTE 1700; LTE 1800; LTE 1900; LTE 2100; LTE 2600	

윈도우 임베디드 개발 절차

마이크로소프트의 윈도우 임베디드 운영체제를 이용해 제품을 개발하기 위한 절차를 알아보기 위해 개발 과정을 비롯해 라이선스 방법 및 절차, 윈도우 임베디드 운영체제 선택, 정품인증서 순으로 살펴 본다.

개발 과정

여기서는 제품을 기획해서 개발하는 개발 과정에 윈도우 임베디드 운영체제 솔루션을 적용해서 진행하는 프로세스를 기술하고자 한다. 먼저 출시 예상되는 제품을 기획한다. 제품에 맞는 하드웨어를 구성하게 되는데, 다양한 CPU 군에 맞는 운영체제를 제공하므로 단가와 제품군에 맞는 CPU를 선정하고, 임베디드 OS 특징을 고려해 운영체제 제품군을 선정한다. 동작과 운영체제의 비용을 결정하기 위해 Handheld / Enterprise / Server / POSReady / Standard / Compact 등 응용 제품을 고려해 운영체제를 선정하는 것이 중요하다.

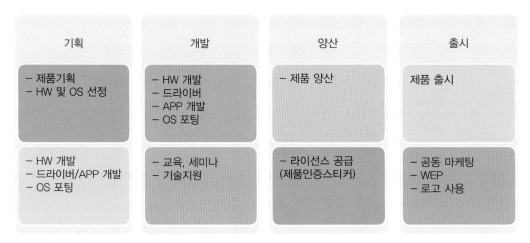

〈그림 6-6〉마이크로소프트 윈도우 임베디드 시스템 개발 과정

수많은 제품으로 출시된 윈도우 임베디드 운영체제는 제품에 필요한 하드웨어 개발과 드라이버 개발, APP(애플리케이션) 개발, 운영체제 포팅을 동시에 진행할 수 있다. 많은 예제가 존재한다는 점과 윈도우 운영체제 컴퓨터에서 시뮬레이션을 이용해 개발을 진행할 수 있다는 장점이 있다. 또한 마이크로소프트와 총판에서 교육 및 세미나, 기술지원을 진행한다.

양산을 위해서는 라이선스 절차를 이용해 라이선스를 등록한다. 구매한 정품 인증 스티커를 제품에 부착해서 양산을 진행하며, 정품으로 양산되는 제품은 마이크로소프트사의 임베디드 정식 제품으로 로고를 사용할 수 있으며, 공동 마케팅 프로그램을 이용해 제품을 홍보할 수도 있다.

라이선스 방법 및 절차

라이선스 구입을 위한 절차로서 우선 마이크로소프트와 OEM 체결을 위한 계약서를 작성해야 한다. 총판(MDS테크놀로지, 유니퀘스트)을 통해 OEM CLA(OEM Customer License Agreement, 마이크로소프트의 Windows Embedded 제품을 사용하기 위해 마이크로소프트와 OEM 간에 체결하는 계약서)를 체결하고, 필요한 개발 툴킷을 구매한다. 개발을 완료하면 정품 인증 스티커(COA, Certificate of Authenticity)를 구입해 디바이스에 부착해야 한다. 정품 인증을 위해 입력하는 Key나 PID(Product Identification)인 제품 키(Product Key)는 정품 인증 스티커로 제공된다.

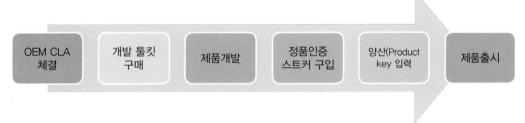

〈그림 6-7〉 마이크로소프트 임베디드 운영체제 라이선스 절차

윈도우의 라이선스 비용과 임베디드 리눅스의 라이선스 비용을 비교하면 다음과 같다. 윈도우 라이선스는 기능 옵션에 따라서 최소 $3에서 최대 $20까지의 라이선스 비용으로 책정하고 있다. 예를 들어서 Windows Embedded CE Core 버전은 제품당 $3의 라이센서이지만, Professional Plus 버전은 제품 당 $20의 라이센서 비용으로 책정하고 있다. 임베디드 리눅스의 경우에는 개발용 연구용으로 사용하는 경우에는 무료지만, 상용으로 판매하려면 다수의 라이선스 계약 체결이 필요하다. 2003년 Embedded Market Forecasters에서 조사한 결과를 보면 리얼타임 운영체제($9), 웹브라우저($8.12), 미디어플레이($2), MP3 디코더($0.75), MPEG-4 디코더($0.25) 등 임베디드 리눅스의 컴포넌트들도 라이선스 비용를 지불해야 상용 버전으로 사용할 수 있다. 또한 오프소스의 OS 커널과 플랫폼을 가지고 많은 시간과 인력을 투자해 최적화를 진행해야 한다. 따라서 일정 금액의 라이선스를 등록해서 사용해도 되는 제품의 경우에는 마이크로소프트 윈도우 임베디드 제품군도 검토하기를 권장한다.

윈도우 임베디드 운영체제 선택

윈도우 임베디드 운영체제는 제품의 사용 목적에 따라서 여러 종류 형태의 라이선스를 구성하고 있다. 라이선스에 따라서 동작 기능과 툴 지원이 결정된다. 예를 들어 셋톱박스, PMP 등의 디바이스들은 멀티미디어 요소 기술을 지원하는 라이선스 계약이 필요하며, ATM과 같은 제품은 네트워크와 보안 기술이 추가되어 있는 라이선스 제품을 사용해야 한다. MDS테크놀로지의 OS 선택 가이드에서 참고한 〈그림 6-8〉처럼 마이크로소프트사는 제품에 맞는 라이선스 정책을 가지고 있으며, 사용자는 기능과 가격을 고려하여 운영체제 라이선스를 선택하여야 한다.

Windows Embedded Compact

- 스마트한 서향 장치 개발을 위한 운영체제
- 맞춤형 Win 32 애플리케이션 호환성
- ARM, MIPS, x86, SH4

Winddows Embedded Standard

- Enterprise 운영체제를 컴포넌트화한 운영체제
- 완벽한 Win 32 또는 Win 64 애플리케이션 후환성
- x86/x64(32bit/64bit)

Windows Embedded Standard

- 유연한 연결성 지원으로 리테일 솔루션을 위한 운영체제
- 기존 애플리케이션 호환성, POS, 키오스크 장비에 최적화
- x86/x64(32bit/64bit)

Winddows Embedded Standard

- 데스크탑 OS와 기능이 동일한 운영체제
- 기존 애플리케이션 호환성
- x86/x64(32bit/64bit)

Winddows Embedded Standard

- 전용파일 및 인쇄서버, 통신 서버 등의 특수서버 개발을 위한 서버 OS
- Streaming media(ECDN), Network Boot Engine, Document Imaging Server
- 최소 1GHz(x86) 또는 1.4GHz(x64)

〈**그림 6-8**〉 마이크로소프트 임베디드 운영체제 라이선스들을 구분한 표

정품 인증서

마이크로소프트와 OEM 간에 체결하는 계약서인 OEM CLA(OEM Customer License Agreement)는 계약 후 2년간 유효하며, 문제가 발생하지 않는 경우 자동으로 1년 단위로 연장된다. OEM 업체는 필요한 라이선스를 총판을 통해 구매한 후 제품키를 받는다.

제품 키(Product Key 또는 PID(Product Identification))는 OEM 업체가 윈도우 임베디드 운영체제 기반 제품을 출시하기 위해 양산할 때 정품 인증을 위해 입력하는 키로서, 일정 기간 동안만 사용할 수 있다는 제약이 있다.

COA(Certificate of Authenticity)는 정품 마이크로소프트 제품임을 식별할 수 있는 스티커로 양산하는 제품에 부착해야 정식 라이선스로 인증되며, 각 제품에 COA를 부착해야 한다. 바코드와 25자리의 제품키가 표시되어 있어 제품을 양산하거나 윈도우 소프트웨어를 재설치할 때 필요하다.

1) Embedded Thumbnail COA - Windows Embedded CE / Standard / XP Embedded / Embedded POSReady / WEPOS Size: 22.23mm X 8.74 mm	
2) Embedded PC COA - Windows 7 for Embedded Systems / Vista for Embedded Systems / XP Professional for Embedded Systems /2000 Professional for Embedded Systems Size: 70 mm X 23 mm	

〈그림 6-9〉 마이크로소프트 임베디드 운영체제의 COA 종류

7장에서는 안드로이드 기반의 스마트 디바이스에 대한 액세서리 디바이스의 제작 방법을 소개한다. 안드로이드는 스마트폰을 넘어서 태블릿, 스마트TV, 내비게이션 등 다양한 임베디드 시스템 분야에 적용되면서 활용 범위가 매우 넓어졌다. 따라서 구글에서는 안드로이드 디바이스에 대한 USB 액세서리를 지원하기 위해 ADK(Accessory Development Kit)를 제공하고 있다. ADK는 안드로이드 디바이스와 USB 액세서리 디바이스가 통신하는 데 필요한 프로토콜과 API를 제공한다. 또한 USB 액세서리 디바이스의 하드웨어 플랫폼으로 아두이노(Arduino)를 공식적으로 지원하고 있다.

이번 장에서는 간단한 안드로이드 게임 애플리케이션을 만들고, 게임 콘텐츠를 조이스틱(Thumb Joystick)이 장착된 아두이노를 통해 제어하는 예제를 통해 스마트 디바이스와 임베디드 시스템의 상호작용에 관해 다룬다.

아두이노 개요

아두이노는 오픈소스를 기반으로 한 피지컬 컴퓨팅 플랫폼으로, AVR을 기반으로 한 보드와 소프트웨어 개발을 위한 통합 환경(IDE)을 제공한다. 아두이노는 많은 스위치나 센서로부터 값을 받아들여, LED나 모터와 같은 것들을 통제함으로써 환경과 상호작용이 가능한 물건을 만들어낼 수 있다. 또한 플래시, 프로세싱, Max/MSP와 같은 소프트웨어를 연동할 수 있다.

〈그림 7-1〉 아두이노 공식 홈페이지(http://www.arduino.cc))

아두이노의 가장 큰 장점은 마이크로컨트롤러를 쉽게 동작시킬 수 있다는 것이다. 일반적으로 AVR 프로그래밍이 WinAVR로 컴파일해서 ISP 장치를 통해 업로드해야 하는 등 번거로운 과정을 거쳐야 하는 데 비해, 아두이노는 USB를 통해 컴파일 및 업로드를 손쉽게 할 수 있다. 또한 아두이노는 다른 모듈에 비해 비교적 저렴하고, 윈도우를 비롯해 맥 OS X, 리눅스와 같은 다양한 OS를 모두 지원한다. 아두이노 보드의 회로도가 CCL에 따라 공개되어 있으므로 누구나 직접 보드를 직접 만들고 수정할 수 있다.

• 경제성: 아두이노 보드는 다른 마이크로컨트롤러 플랫폼과 비교했을 때 훨씬 가격이 저렴한 플랫폼이다. 최저 비용의 아두이노 모듈은 직접 손으로 제작할 수 있으며, 패키지 형태의 제품도 50달러 이하의 가격이다.

- 크로스 플랫폼: 아두이노 소프트웨어는 윈도우, 맥OS, 그리고 리눅스 등에서 동작 가능하다. 대부분의 마이크로컨트롤러 시스템 개발을 위한 소프트웨어는 윈도우에서만 사용 가능한 경우가 많다.

- 단순 명료한 프로그래밍 환경: 아두이노 프로그래밍 환경은 초보자들도 쉽게 사용할 수 있으며, 고급 개발자에게도 유연함을 충분히 제공한다.

- 오픈소스 기반의 확장형 소프트웨어: 아두이노 소프트웨어는 오픈소스 기반의 도구를 사용해서 개발되며, 경험이 있는 프로그래머들에 의해 확장될 수 있다. 프로그래밍 언어는 C++ 라이브러리를 통해 확장될 수 있으며, 세부 기술에 대한 이해가 필요한 사람은 아두이노에서 AVR C 프로그래밍 언어로 넘어갈 수도 있다. 원한다면 AVR-C 코드를 아두이노 프로그램에 직접 추가하는 것도 가능하다.

- 오픈소스와 확장 가능한 하드웨어: 아두이노는 Atmel의 ATmega8과 ATmega168 마이크로컨트롤러 기반이다. 모듈에 대한 계획은 Creative Commons 라이선스를 기반으로 발행되며, 유능한 하드웨어 설계자들은 모듈을 만들고 확장하고 향상시킬 수 있다. 상대적으로 경험이 적은 사용자들은 모듈의 동작을 이해하고 비용을 절감하기 위해 빵판(breadboard)을 사용할 수 있다.

아두이노 개발 환경(윈도우)

아두이노 보드와 USB 케이블 준비

여기서는 Arduino Uno, Arduino Duemilanove, Nano, 또는 Diecimila 보드를 사용한다고 가정한다. 다른 보드를 사용하는 경우에는 해당 보드에 대한 별도의 문서를 참조한다.

USB 프린터를 연결할 때 사용하는 표준 USB 케이블(A plug to B plug)을 준비한다. Arduino Nano 보드를 사용하는 경우에는 A to Mini-B 타입의 USB 케이블이 필요하다.

〈그림 7-2〉 아두이노 UNO 보드와 USB 케이블

아두이노 개발도구 다운로드

다운로드 페이지(http://arduino.cc/en/Main/Software)에서 최신 버전을 내려받는다.

〈그림 7-3〉 아두이노 개발도구 다운로드 웹페이지

다운로드가 완료되면 압축을 푼다. 디렉터리 구조는 그대로 유지해야 하며, 디렉터리에는 몇 개의 파일과 디렉터리가 포함되어 있다.

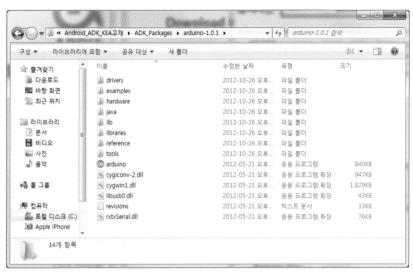

〈그림 7-4〉 아두이노 소프트웨어 구성

보드 연결

Arduino Uno, Mega, Duemilanove, 그리고 Arduino Nano 보드는 컴퓨터와 연결된 다른 USB 또는 외부 전원을 통해 전원을 공급받는다. 만약 Arduino Diecimila 보드를 사용한다면 USB 연결을 통해 전원을 공급받을 수 있게 설정되어 있는지 확인해야 한다. 공급 전원의 소스는 점퍼를 통해 선택되며, 작은 플라스틱 조각이 USB와 전원잭 사이의 세 핀 중 두 개에 연결된다. 점퍼가 USB 포트쪽의 두 핀에 연결되어 있는지 확인한다.

USB 케이블을 이용해 컴퓨터에 아두이노 보드를 연결한다. 이때 녹색의 전원 LED가 켜지면 정상적으로 동작하는 것이다.

드라이버 설치

Windows7, Vista, XP에서 아두이노 Uno를 사용하려면 드라이버를 설치해야 한다.

- 아두이노 보드를 연결하고 윈도우의 드라이버 설치 과정이 진행되길 기다린다. 약간의 시간이 지나면 드라이버 구성에 실패했음을 나타낸다.
- '시작' 메뉴를 통해 '제어판'을 연다.
- 제어판에서 '시스템 및 보안' 메뉴로 이동한 다음 '시스템'을 클릭한다. 시스템 메뉴가 나타나면 '장치 관리자'를 선택한다.

- • '포트(COM & LPT)' 항목을 살펴보면 'Arduino UNO (COMxx)'가 보일 것이다.

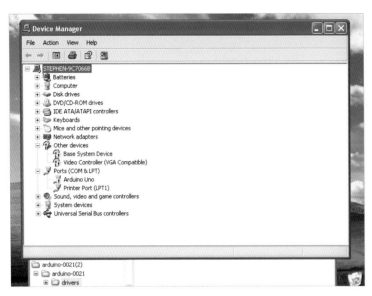

〈그림 7-5〉 아두이노 드라이버가 표시된 장치 관리자

- • 'Arduino UNO (COMxx)'에서 마우스 오른쪽 버튼을 클릭해 팝업 메뉴에서 '드라이버 소프트웨어 업데이트'를 선택한다.

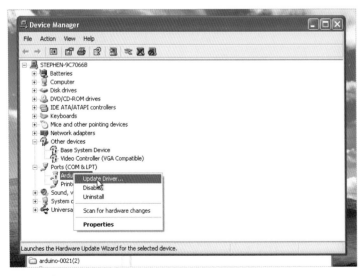

〈그림 7-6〉 아두이노 드라이버 업데이트 메뉴

- 다음으로 '컴퓨터에서 드라이버 소프트웨어 찾아보기'를 선택한다.

- 끝으로 Uno 드라이버 파일이 위치한 디렉터리로 이동해 'Drivers' 디렉터리의 'ArduinoUNO.inf' 파일을 선택한다.

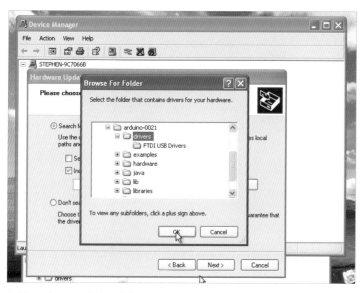

〈그림 7-7〉 드라이버 경로 선택

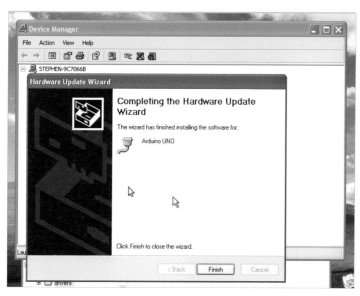

〈그림 7-8〉 드라이버 설치

아두이노 실행

arduino.exe 파일을 더블클릭해서 실행한다.

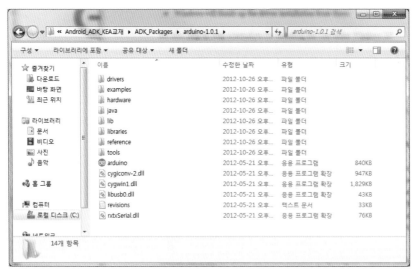

〈그림 7-9〉 아두이노 실행을 위한 arduino.exe 파일

〈그림 7-10〉 아두이노 실행 화면

blink 예제 열기

메뉴에서 'File 〉 Examples 〉 1.Basics 〉 Blink'를 선택한다.

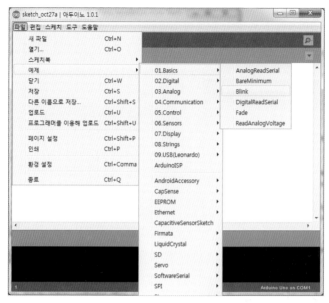

〈그림 7-11〉 Blink 예제 선택

보드 선택

'도구 〉 보드' 메뉴에서 아두이노 보드 타입을 선택한다.

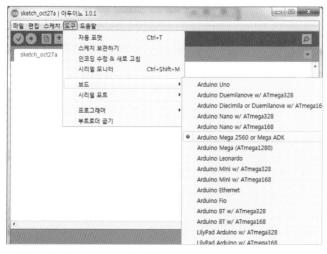

〈그림 7-12〉 아두이노 보드 타입 선택

시리얼 포트 선택

메뉴의 '도구 〉 시리얼 포트'에서 아두이노 보드가 연결된 시리얼 포트를 선택한다. COM1과 COM2는 보통 하드웨어 시리얼 포트를 위해 사용되기 때문에 COM3 이상의 포트가 사용될 것이다. 어느 포트 인지 확실하지 않다면 제어판에서 장치 관리자의 '포트' 메뉴를 통해 확인한다.

〈그림 7-13〉 시리얼 포트 설정

프로그램 업로드

이제 간단히 '파일 〉 업로드' 메뉴를 사용해 blink 예제를 아두이노에 업로드할 수 있다. 업로드되는 동안 RX/TX LED가 깜빡거린다. 업로드가 정상적으로 완료되면 '업로드 완료' 메시지가 나타난다.

〈그림 7-14〉 펌웨어 업로드

〈그림 7-15〉 Blink 예제의 스케치

업로드가 완료되면 보드의 핀 13 LED가 깜빡거린다. 이제 본격적으로 아두이노를 시작할 수 있다.

안드로이드 앱 개발(CarRacing 게임)

이번 예제에서는 안드로이드 기반의 자동차 경주 게임을 만들어 아두이노 기반의 조이스틱(Thumb Joystick)을 사용해 자동차를 제어해 보고자 한다.

화면 구성

안드로이드 애플리케이션을 개발하려면 앞서 준비한 개발 환경을 통해 간단한 안드로이드 프로젝트를 생성하는 것부터 시작한다.

안드로이드 프로젝트를 생성하기 위해 이클립스를 실행한 상태에서 〈그림 7-16〉과 같이 [File]-[New] 메뉴에서 [Android Project]를 선택한다. [Android Project] 메뉴가 보이지 않는다면 〈그림 7-16〉과 같이 [Project] 메뉴를 선택한 다음 'New Project' 대화상자에서 [Android]-[Android Application Project] 메뉴를 선택하면 된다.

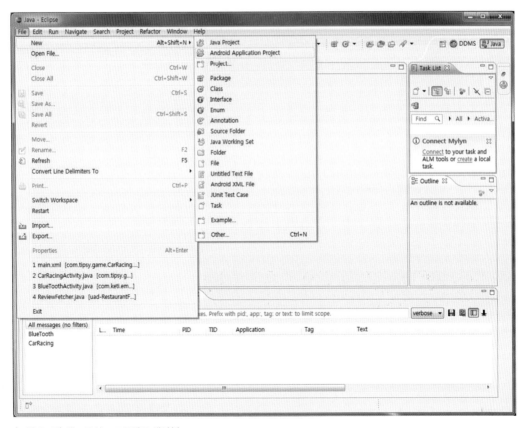

〈그림 7-16〉 안드로이드 프로젝트 생성(1)

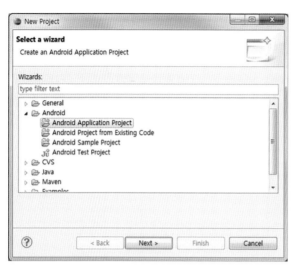

〈그림 7-17〉 안드로이드 프로젝트 생성(2)

안드로이드 프로젝트를 생성하려면 몇 가지 필수적인 속성을 설정해야 한다. 〈그림 7-18〉과 같이 'New Android App' 대화상자에서 'Application Name', 'Project Name', 'Package Name'를 입력하고, 'Build SDK'의 안드로이드 SDK 버전을 확인한 다음, 'Next' 버튼을 클릭한다.

〈그림 7-18〉 안드로이드 프로젝트 생성에 필요한 속성 설정

아래 〈그림 7-19〉과 같이 나머지 속성들은 기본값을 그대로 유지하고, 마지막 단계에서 'Activity Name'을 'CarRacingMain'으로, 'Layout Name'을 'car_racing_main'으로 설정한다.

〈그림 7-19〉 안드로이드 프로젝트 생성에 필요한 속성 설정

끝으로, 'Finish' 버튼을 클릭하면 아래 〈그림 7-20〉와 같이 'CarRacing' 프로젝트가 생성되는 것을 확인할 수 있다.

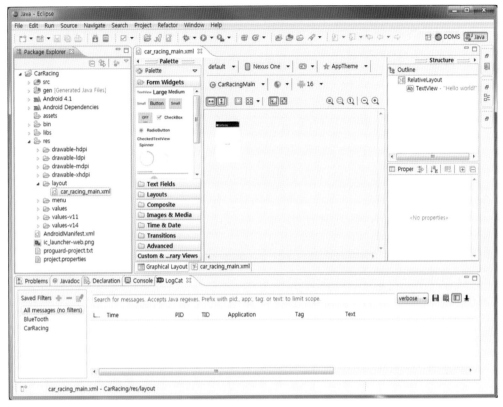

〈그림 7-20〉 이클립스에서 CarRacing 프로젝트가 생성된 화면

다른 운영체제를 기반으로 만든 레이싱 게임과 마찬가지로 안드로이드 기반의 CarRacing 애플리케이션 역시 아래 〈그림 7-21〉과 같은 형태의 동일한 UI를 구성할 것이다.

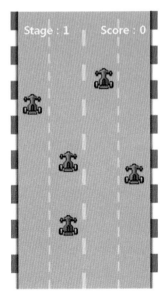

〈그림 7-21〉 CarRacing 애플리케이션의 화면 구성

CarRacing 애플리케이션에는 게임의 단계를 나타내는 'Stage'와 점수를 나타내는 'Score'를 표시할 것이며, 붉은색은 플레이어의 자동차이고 파란색은 레이싱에 참여하는 상대방의 자동차이다.

안드로이드 애플리케이션에서 UI를 구성하려면 XML을 사용하거나 또는 자바를 사용해 코드를 작성해야 한다. 안드로이드는 애플리케이션에서 사용되는 배열, 색상, 문자열, 애니메이션 등의 다양한 리소스를 XML로 처리할 수 있다. UI의 구조와 화면을 구성하는 다양한 컴포넌트(버튼, 텍스트, 체크박스, 라디오버튼 등)의 배치 역시 XML을 통해 처리할 수 있다. 하지만 이러한 것들이 꼭 XML을 사용해 작성해야 하는 것은 아니며, 동일한 리소스에 대한 처리를 위해 자바를 사용할 수도 있다. 일반적으로 정적인 요소들은 XML을 통해서 처리하고, 동적인 요소들이 자바를 통해 처리되는 것으로 생각할 수도 있다. 이를 다른 표현으로 절차적 디자인과 선언적 디자인이라고 부르기도 한다. CarRacing 예제를 통해 두 가지 방식 모두에 대해 살펴보기로 한다.

본격적인 코딩을 시작하기 전에 〈그림 7-19〉를 다시 한 번 살펴 보자. 프로젝트의 속성을 설정하는 단계에서 'Activity Name'을 'CarRacingMain'으로, 'Layout Name'을 'car_racing_main'으로 지정했었다. 여기서 액티비티(Activity)는 쉽게 하나의 화면과 대응되는 실행 단위로 생각하면 되고, 이 액티비티가 동작하면서 화면에 표시될 UI를 가리키는 것이 'Layout Name'에 지정된 'car_racing_main'이다. 액티비티명으로 지정된 'CarRacingMain'에 대해서는 CarRacing 프로젝트 내에 'CarRacingMain'이라는 클래스를 생성하게 된다.

이클립스의 패키지 익스플로러(Package Explorer)를 통해 두 가지 내용을 확인해 보면 〈그림 7-22〉과 같다.

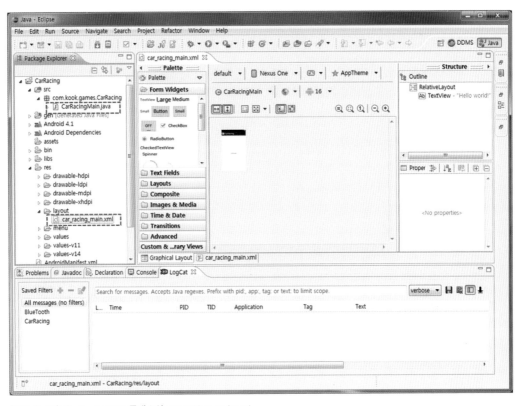

〈그림 7-22〉 CarRacingMain 클래스와 car_racing_main.xml

CarRacing 애플리케이션은 하나의 화면으로 구성되기 때문에 한 개의 액티비티와 한 개의 UI가
필요하다. 또한 화면을 구성하기 위해서는 'car_racing_main.xml' 파일을 사용하면 된다.

그럼 이제 'car_racing_main.xml' 파일을 통해 화면의 구성 요소를 채워보자. 먼저 패키지 익스플
로러에 표시된 'car_racing_main.xml' 파일을 더블클릭한 다음 XML 소스코드를 보기 위해 〈그림
7-23〉과 같이 'car_racing_main.xml' 탭을 선택한다.

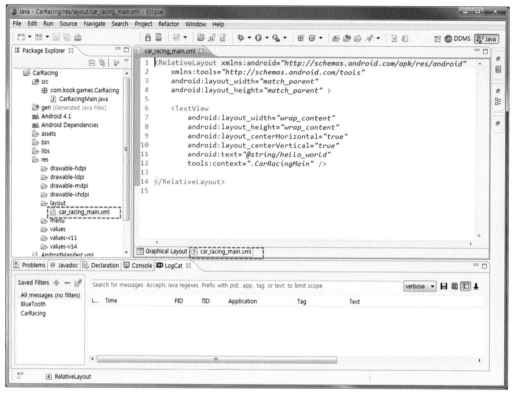

〈그림 7-23〉 car_racing_main.xml의 소스코드

안드로이드 애플리케이션을 만들려면 먼저 화면의 구조와 관련된 레이아웃을 선택해야 한다. 안드로이드의 View 클래스에는 다양한 형태의 레이아웃을 다루기 위한 클래스가 제공되는데, 순차적인 컴포넌트의 배치를 위한 LinearLayout, 상대적인 컴포넌트의 배치를 위한 RelativeLayout, 컴포넌트들을 중첩시켜 표시하기 위한 FrameLayout 등의 레이아웃이 제공된다. CarRacing 예제에서는 배경화면 위에 'Stage'와 'Score'를 비롯해 자동차들을 배치해야 하기 때문에 RelativeLayout이나 FrameLayout을 사용할 수 있다. 'car_racing_main.xml'의 기본 레이아웃이 RelativeLayout이므로 본 예제에서는 이 레이아웃을 그대로 사용하겠다.

'Stage'와 'Score' 배치

'Stage'와 'Score'는 각각 게임의 단계와 점수를 화면에 나타내는 데 사용된다. 안드로이드에서는 텍스트를 표현하기 위한 컴포넌트로 TextView를 제공한다. 이때 'Stage: 1', 'Score: 3'과 같이 단계와 점수는 가변적이므로 〈그림 7-24〉와 같이 네 개의 TextView를 배치할 수 있다(물론 두 개의

TextView를 사용하는 대신 '레이블: 값'의 형태로 두 개의 텍스트를 조합해서 하나의 TextView에 나타낼 수도 있다).

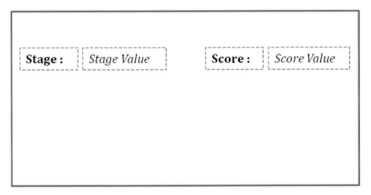

〈그림 7-24〉 'Stage'와 'Score' 텍스트의 배치

'Stage'와 'Score'는 화면의 상단에 표시되면서, 'Stage'는 왼쪽에 'Score'는 오른쪽에 배치되는 '양쪽 맞춤' 형태의 정렬이기 때문에 'Stage'와 'Stage Value'를 하나로 묶고, 'Score'와 'Score Value'를 하나로 묶어서 각각 좌우측에 배치되게 해야 한다. 여러 개의 컴포넌트들을 하나로 묶는 데 레이아웃을 사용할 수 있으며, 위 그림과 같이 두 개의 컴포넌트들이 수평적으로 배치되는 경우에는 LinearLayout이 사용될 수 있다(RelativeLayout을 사용해서도 동일한 화면을 구성할 수 있으니 각자 연습해 보자).

이러한 형태의 레이아웃을 XML 코드로 표현하면 다음과 같다.

```
<RelativeLayoutxmlns:android="http://schemas.android.com/apk/res/android"
    xmlns:tools="http://schemas.android.com/tools"
    android:layout_width="match_parent"
    android:layout_height="match_parent">

    <LinearLayout
        android:layout_width="wrap_content"
        android:layout_height="wrap_content"
        android:orientation="horizontal"
        android:layout_alignParentLeft="true"
        android:layout_marginLeft="20px"
        >
    <TextView
        android:layout_width="wrap_content"
```

```
            android:layout_height="wrap_content"
            android:text="Stage: "
            android:textSize="14sp"
            android:textColor="#000000"
            />
        <TextViewandroid:id="@+id/stage_txt"
            android:layout_width="wrap_content"
            android:layout_height="wrap_content"
            android:text="---"
            android:textSize="14sp"
            android:textColor="#000000"
            />
    </LinearLayout>

    <LinearLayout
        android:layout_width="wrap_content"
        android:layout_height="wrap_content"
        android:orientation="horizontal"
        android:layout_alignParentRight="true"
        android:layout_marginRight="20px"
        >
    <TextView
        android:layout_width="wrap_content"
     android:layout_height="wrap_content"
     android:text="Score: "
     android:textSize="14sp"
     android:textColor="#000000"
     />
    <TextViewandroid:id="@+id/score_txt"
        android:layout_width="wrap_content"
     android:layout_height="wrap_content"
     android:text="---"
     android:textSize="14sp"
     android:textColor="#000000"
        />
    </LinearLayout>
</RelativeLayout>
```

레이아웃에 대한 XML 코드를 작성하고 나면 에뮬레이터를 통해 애플리케이션을 실행해 〈그림 7-25〉과 같이 원하는 형태로 배치되었는지 확인해 보자. 애플리케이션을 실행하려면 메뉴의 [Run]-[Run]을 선택하거나 [Ctrl + F11] 키를 누른다.

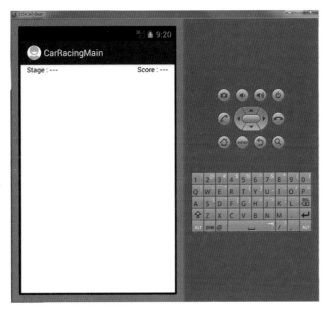

〈그림 7-25〉 car_racing_main.xml의 소스코드

애플리케이션을 실행했을 때 아래와 같은 에러 메시지가 나타나면서 실행되지 않는다면 이는 경로명에 한글이 포함되었기 때문이다.

```
PANIC: Could not open AVD config file: C:\Users\援??'吏??android\avd\JellyBean.avd/config.ini
```

이러한 경우에는 명령프롬프트를 통해 다음과 같은 명령을 실행한 다음 다시 애플리케이션을 실행하면 된다. 여기서 'JellyBean'은 AVD의 이름이다.

```
C:\Users\국중진>android move avd -n JellyBean -p C:\JellyBeanAVD 'JellyBean' moved.

C:\Users\국중진>
```

배경 이미지 배치

이번에는 애플리케이션의 배경화면을 구성한다. 배경 이미지로는 'background1.png' 파일을 사용할 것이며, 배경 이미지로 사용될 파일은 'background1.png ~ background60.png'로 60개의 파일로 구성되어 있다.

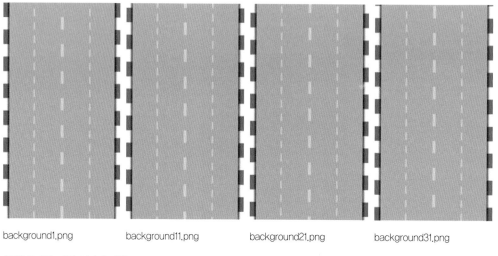

background1.png   background11.png   background21.png   background31.png

〈그림 7-26〉 배경 이미지 파일

〈그림 7-26〉에 몇 개의 배경 이미지 파일을 보여준다. 이미지가 조금씩 다른 것을 볼 수 있는데, 이는 자동차가 이동하는 것과 같은 효과를 나타내기 위해 'frame-by-frame' 기법으로 배경 이미지를 교체하기 위해서다. 배경 이미지를 사용하기 위해 〈그림 7-27〉과 같이 background#.png 파일을 CarRacing 프로젝트의 drawable-hdpi 디렉터리에 추가한다.

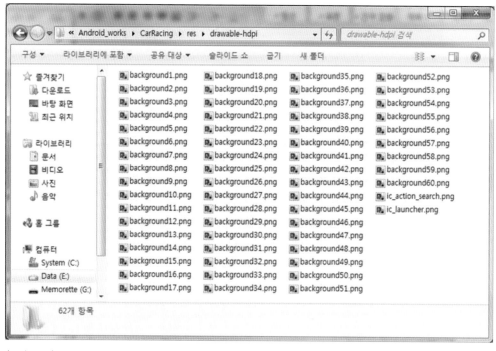

〈그림 7-27〉 car_racing_main.xml의 소스코드

drawable−hdpi 디렉터리에 추가된 이미지 파일들이 이클립스의 'Package Explorer'에 반영되도록 [File]−[Refresh] 메뉴를 선택하거나 [F5] 키를 누른다.

애니메이션 효과에 대해서는 뒤에서 다시 설명하기로 하고, 먼저 하나의 배경 이미지를 적용한다. car_racing_main.xml 파일의 'RelativeLayout'에 다음과 같이 'android:id'와 'android:background' 속성을 추가한다.

```
<RelativeLayout xmlns:android="http://schemas.android.com/apk/res/android"
    xmlns:tools="http://schemas.android.com/tools"
    android:layout_width="match_parent"
    android:layout_height="match_parent"

    android:id="@+id/background_layout"
    android:background="@drawable/background1"
    >

    …

</RelativeLayout>
```

RelativeLayout에 추가된 'android:id'는 추후 자바 코드에서 배경에 애니메이션 효과를 부여할 때 이미지를 교체하는 과정에서 해당 레이아웃을 참조하기 위해서이고, 'android:background' 속성은 해당 레이아웃의 배경 이미지를 지정하기 위한 속성이다. 여기서 사용된 '@' 기호는 이 프로젝트의 리소스에 대한 참조임을 나타낸다.

수정된 코드를 저장한 다음 애플리케이션을 다시 실행하면 〈그림 7−28〉과 같이 배경 이미지가 적용된 결과를 확인해 볼 수 있다.

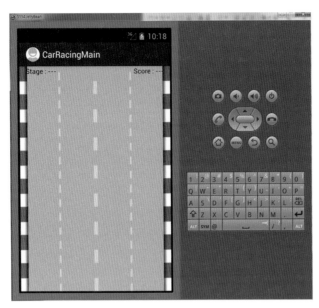

〈그림 7-28〉 배경 이미지가 적용된 CarRacing 애플리케이션의 실행 화면

전체 화면 사용하기

애플리케이션 실행 화면을 보면 상단에 아이콘과 타이틀이 표시되는 것을 볼 수 있는데, 우리가 만들고 있는 CarRacing 애플리케이션에서 이 영역은 불필요한 부분이며, 게임이 실행되는 동안 화면 전체를 사용하고자 했을 때 'AndroidManifest.xml' 파일에서 'Activity'에 대한 'theme' 속성을 지정함으로써 애플리케이션이 화면 전체 영역을 사용하게 할 수 있다.

'AndroidManifest.xml' 파일을 열어 아래와 같이 Activity의 'android:theme'와 'android:screenOrientation' 속성을 추가한다.

```
<manifestxmlns:android="http://schemas.android.com/apk/res/android"
    package="com.kook.games.CarRacing"
    android:versionCode="1"
    android:versionName="1.0">

    <uses-sdk
        android:minSdkVersion="8"
        android:targetSdkVersion="15"/>

    <application
        android:icon="@drawable/ic_launcher"
        android:label="@string/app_name"
```

```
        android:theme="@style/AppTheme">
        <activity
            android:name=".CarRacingMain"
            android:label="@string/title_activity_car_racing_main"
            android:theme="@android:style/Theme.NoTitleBar.Fullscreen"
            android:screenOrientation="portrait"
            >
            <intent-filter>
                <actionandroid:name="android.intent.action.MAIN"/>
                <categoryandroid:name="android.intent.category.LAUNCHER" />
            </intent-filter>
        </activity>
    </application>

</manifest>
```

안드로이드폰과 같은 스마트폰은 폰이 세워졌을 때와 눕혀졌을 때 자동으로 화면에 대한 전환이 발생
한다. 화면이 세워진 상태를 portrait 모드라 하고, 눕혀진 상태를 landscape 모드라 하며, 이러한 화
면 모드의 설정은 orientation 속성을 통해 결정될 수 있다. CarRacing 애플리케이션과 같이 portrait
모드로만 게임이 진행되게 하고 싶다면 'android:screenOrientation' 속성을 사용해 화면의 전환이
발생되지 않게 할 수 있다. 〈그림 7-29〉는 'android:theme' 속성을 통해 전체 화면을 사용하게 했을
때의 모습이다.

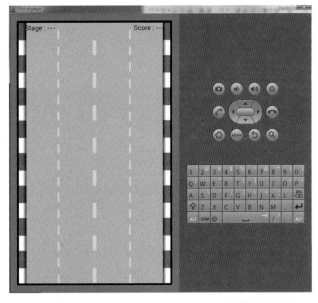

〈그림 7-29〉 배경 이미지가 적용된 CarRacing 애플리케이션의 실행 화면

451

스코어(score)와 스테이지(stage) 계산

스코어와 스테이지의 계산은 게임이 시작되고 게임이 진행된 시간에 따라 스코어를 증가시키고, 스코어가 300씩 증가할 때마다 스테이지를 1단계씩 증가시킨다.

스코어와 스테이지는 화면의 상단에 TextView를 통해 표시되게 했으며, 스코어에 대한 TextView의 id는 'score_txt', 스테이지에 대한 TextView의 id는 'stage_txt'로 지정했다. 게임이 진행됨에 따라 화면에 두 값을 표시하기 위해서는 안드로이드의 자바 코드에서 'score_txt'와 'stage_txt'를 id로 갖는 두 TextView 컴포넌트를 참조할 수 있어야 한다. 따라서 CarRacingActivity 클래스에 스테이지와 스코어를 가리키기 위한 다음과 같은 멤버 변수를 추가한다.

```java
public class CarRacingActivity extends Activity implements SensorEventListener {
        ...
private TextView tvScore
private TextView tvStage
private int stage = 1;
        ...


@Override
    public void onCreate(Bundle savedInstanceState) {
        super.onCreate(savedInstanceState);
        setContentView(R.layout.main);

        this.tvScore = (TextView) findViewById(R.id.score_txt);
        this.tvStage = (TextView) findViewById(R.id.stage_txt);
            ...
    }
}
```

또한 두 변수가 XML 상의 TextView 컴포넌트를 가리키게 하려면 액티비티의onCreate( ) 메서드에서 findViewById( ) 메서드를 사용해야 한다.

이제 게임이 진행됨에 따라 스코어를 증가시키기 위해 Thread를 추가해보자.

```java
public class CarRacingActivity extends Activity implements SensorEventListener {
        ...
    @Override
    public void onCreate(Bundle savedInstanceState) {
        ...
```

```
    new Thread() {
        ...
    }.start();
}
```

Thread가 수행할 작업은 Thread의 run() 메서드를 통해 작성해야 한다. Thread의 코드 블록 안에서 마우스 오른쪽 버튼을 눌러 'Source' 메뉴를 선택한 다음, 'Override/Implement methods…'를 클릭한다.

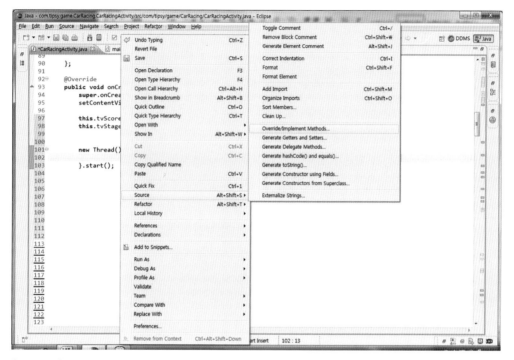

〈그림 7-30〉 Override/Implement Methods 메뉴

〈그림 7-30〉에서 'Override/Implement methods…'를 선택하면, 〈그림 7-31〉과 같이 'Override/Implement methods' 대화상자가 나타난다. 여기서 'run()' 메서드를 선택하고 'OK'를 클릭하면 Thread 블록 안에 run() 메서드가 추가된다.

〈그림 7-31〉 Override/Implement Methods 대화상자

```java
new Thread() {
    @Override
    public void run() {
    // TODO Auto-generated method stub
     super.run();
    }
}.start();
```

Thread를 통해 score를 계산하는 코드는 다음과 같다.

```java
new Thread() {
    @Override
    public void run() {
    int scoreCnt = 0;
    int cnt = 0;

    while (gameRunning) {
        try {
            Thread.sleep(200);
        } catch (InterruptedException e) {
        // TODO Auto-generated catch block
            e.printStackTrace();
        }

        cnt++;
```

```
                    if (cnt % 5 == 0) {// 1초에 한 번씩 score 증가
                    scoreCnt++;

                    Message msg = new Message();
                    Bundle data = new Bundle();
                    data.putInt("SCORE_COUNT", scoreCnt);
                    msg.setData(data);

                    scoreHandler.sendMessage(msg);
                        } // end if
            } // end while
            } // end run
    }.start();
```

scoreCnt는 1초에 한 번씩 증가되는 스코어를 계수하기 위한 변수이며, 실제 스코어는 이 값에 10을 곱해서 출력한다. 따라서 스코어는 1초에 10점씩 증가하게 된다. cnt 변수는 초 단위의 시간을 계산하기 위한 변수로서 run 메서드의 while 루프가 200ms마다 한 번씩 수행되기 때문에 5의 배수가 될 때마다 scoreCnt의 값을 증가시킨다. 스레드의 동작 주기를 1초(1000ms)로 설정하면 이렇게 번거로운 연산을 하지 않아도 되는데 굳이 이렇게 하는 이유는 나중에 이 스레드를 다른 용도(배경을 바꾸기 위한)로도 활용할 계획이기 때문이다.

1초에 한 번씩 증가하는 scoreCnt 값은 Message 오브젝트를 사용해 scoreHandler로 전달한다. 따라서 이 메시지를 전달받기 위한 scoreHandler의 구현이 필요하다.

```
    private Handler scoreHandler = new Handler() {
        @Override
        public void handleMessage(Message msg) {
        // TODO Auto-generated method stub
        int score = msg.getData().getInt("SCORE_COUNT");
        score = score * 10;
        tvScore.setText(String.valueOf(score));

        if (score % 300 == 0) {
        stage++;
        tvStage.setText(String.valueOf(stage));
        }

        super.handleMessage(msg);
        }
    }
```

스코어와 스테이지에 대한 처리가 완료되면 게임이 시작되고 나서 시간이 지남에 따라 〈그림 7-32〉과 같이 스코어와 스테이지 값이 증가하는 것을 확인할 수 있다.

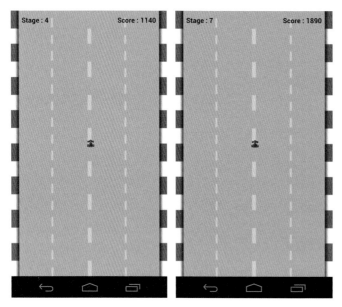

〈그림 7-32〉 스코어와 스테이지

배경 애니메이션

이제 배경 이미지를 이용해 배경에 애니메이션 효과를 부여해 보자. 자동차가 이동하는 것과 같은 효과를 나타내기 위해 60개의 배경 이미지를 순차적으로 교체하는 'frame-by-frame' 방식을 사용할 것이다. 코드를 작성하기에 앞서 논리적인 흐름을 생각해보면 다음과 같은 형태의 의사 코드(pseudo code)로 표현할 수 있을 것이다.

```
while (true) {
    relativeLayout의 배경 이미지를 'background1.png'로 설정
    100ms 대기
    relativeLayout의 배경 이미지를 'background2.png'로 설정
    100ms 대기
    relativeLayout의 배경 이미지를 'background3.png'로 설정
    100ms 대기
    ...
    relativeLayout의 배경 이미지를 'background60.png'로 설정
    100ms 대기
}
```

배경 이미지에 대한 애니메이션 효과가 지속되려면 이러한 과정이 계속해서 반복되어야 한다. 안드로이드에서는 이러한 반복적인 요소를 처리하기 위해 스레드를 사용할 수 있다.

스레드를 추가하기 위해 'Package Explorer'의 'src'에서 'CarRacingMain.java' 파일을 더블클릭한다. 초기 소스코드의 내용은 다음과 같다.

```
package com.kook.games.CarRacing;

import android.os.Bundle;
import android.app.Activity;
import android.view.Menu;

public class CarRacingMain extends Activity {

    @Override
    public void onCreate(Bundle savedInstanceState) {
        super.onCreate(savedInstanceState);
        setContentView(R.layout.car_racing_main);
    }

    @Override
    public boolean onCreateOptionsMenu(Menu menu) {
        getMenuInflater().inflate(R.menu.car_racing_main, menu);
        return true;
    }
}
```

이 파일에는 CarRacingMain이라는 이름의 클래스가 작성되어 있으며, 선언부가 다음과 같다.

```
public class CarRacingMain extends Activity
```

클래스 선언부 (public class CarRacingMain) 뒤에 나오는 'extends'는 상속을 나타내는 키워드로서, 이 클래스(CarRacingMain)가 'Activity' 클래스를 상속해서 만들어지는 클래스임을 나타낸다. 객체 지향의 주요 개념 중에 하나인 상속은 클래스의 관계를 나타낼 때 'is a' 관계로 표현하며, "'CarRacingMain' 클래스는 'Activity'이다"라는 관계를 갖게 한다. 즉, 간단히 'CarRacingMain'이라는 이름의 액티비티 클래스에 대한 선언인 것이다.

액티비티가 수행되는 과정에서 가장 먼저 호출되는 메서드는 onCreate() 메서드이며, 이 메서드에서 하는 일은 액티비티를 실행하는 데 필요한 '준비' 과정이다. onCreate() 메서드에서

setContentView(R.layout.car_racing_main) 메서드가 호출되는데, 이때 지정된 인자가 car_racing_main.xml 파일의 내용이다. 즉, CarRacingMain 액티비티가 실행될 때 사용할 UI로 car_racing_main.xml 파일의 내용을 지정하겠다는 뜻이다.

지금의 코드에는 생략되어 있지만 실제로 안드로이드에서 액티비티가 실행되는 과정에서는 onCreate()-onStart()-onResume() 메서드까지 차례로 호출되고 나서야 '실행 중'인 상태가 된다. 〈그림 7-33〉은 안드로이드 액티비티의 생명 주기(Life Cycle)를 나타내는 흐름도이다.

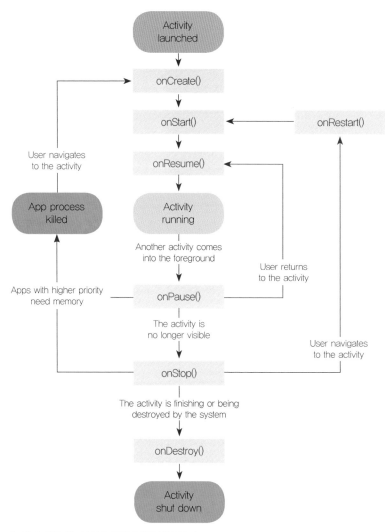

〈그림 7-33〉 안드로이드 액티비티의 생명 주기

CarRacingMain 클래스의 onCreate() 메서드에 다음과 같이 이미지 리소스의 처리를 위한 코드를 추가하고, 앞에서 작성한 스레드에 배경 이미지를 처리하기 위한 코드를 추가하자.

```java
public void onCreate(Bundle savedInstanceState) {
super.onCreate(savedInstanceState);
    setContentView(R.layout.car_racing_main);

    this.relWholeLayout = (RelativeLayout) findViewById(R.id.whole_layout);
this.backgroundId = new int[61];

    for (int i = 1; i <= 60; i++) {
this.backgroundId[i] =
            getResources().getIdentifier(
            "background" + i, "drawable", getPackageName()
            );
    }

    this.gameRuning = true;

    new Thread() {
    @Override
    public void run() {
        int scoreCnt = 0;
        int cnt = 0;
        int backImgCnt = 1;

        while (gameRuning) {
            Message bgMsg = new Message();
            Bundle bgData = new Bundle();
            bgData.putInt("BackImageCount", backImgCnt);
            bgMsg.setData(bgData);

            bgHandler.sendMessage(bgMsg);

            backImgCnt++;

            if (backImgCnt == 61) backImgCnt = 1;

            try {
                    Thread.sleep(200);
            } catch (InterruptedException e) {
                    e.printStackTrace();
```

```
                }

            cnt++;

        if (cnt % 5 == 0) {// 1초에 한 번씩 score 증가
            scoreCnt++;

            Message msg = new Message();
            Bundle data = new Bundle();
            data.putInt("SCORE_COUNT", scoreCnt);
            msg.setData(data);

            scoreHandler.sendMessage(msg);
        } // end if
      } // end while
    } // end run
    }.start();
  }
```

backgroundId는 CarRacingActivity에 선언된 int 배열이며, 이 배열에는 배경 이미지로 사용될 background#.png 파일의 id를 저장할 것이다. 이렇게 동일한 이름의 리소스 파일들이 여러 개 사용될 때는 다음과 같은 방법을 통해 drawable 리소스의 'background1', 'background2', ..., 'background60' 파일을 backgroundId[1], backgroundId[2], ..., backgroundId[60]으로 각각 가리키게 할 수 있다.

```
    this.backgroundId = new int[61];

    for (int i = 1; i <= 60; i++) {

        this.backgroundId[i] =
            getResources().getIdentifier(
                "background" + i, "drawable", getPackageName()
            );
    }
```

지금 추가한 스레드에서는 실제 배경 이미지의 교체를 처리하지 않는다. 대신 100ms마다 배경 이미지를 교체하기 위해 1~60까지 배경 이미지의 인덱스를 핸들러(Handler)에 전달한다. 핸들러에 대한 코드는 CarRacingMain 클래스에 다음과 같이 작성해야 한다.

```
public class CarRacingActivity extends Activity {
    private final static String TAG = "CarRacingActivity";
    private RelativeLayout relWholeLayout;
  private int[] backgroundId;
  private boolean gameRuning;

    private Handler bgHandler = new Handler() {
    @Override
    public void handleMessage(Message msg) {
    int backImgId = msg.getData().getInt("BackImageCount");
    relWholeLayout.setBackgroundResource(backgroundId[backImgId]);
    relWholeLayout.invalidate();

    super.handleMessage(msg);
    }
    };

    @Override
    public void onCreate(Bundle savedInstanceState) {
        ...
```

안드로이드의 핸들러(Handler) 객체는 메시지(Message)의 수신을 처리하기 위해 handleMessage() 메서드를 제공한다. 스레드를 통해 메시지를 전달받으면 핸들러에서는 해당 메시지에 포함된 배경 이미지의 인덱스를 추출한 다음 아래와 같은 코드를 실행해서 배경 이미지를 교체한다.

```
relWholeLayout.setBackgroundResource(backgroundId[backImgId]);
```

다시 한번 정리하면, CarRacingMain 액티비티에 포함된 스레드는 애플리케이션이 시작됨과 동시에 자동으로 수행되며, 100ms마다 한 번씩 배경 이미지의 인덱스를 핸들러에 전달한다. 핸들러는 스레드로부터 전달받은 배경 이미지의 인덱스(#)를 추출한 다음 drawable 리소스에 등록된 배경 이미지에서 'background#'와 같은 이름의 리소스를 찾아 RelativeLayout의 배경 이미지로 설정함으로써 100ms을 주기로 배경 이미지를 변화시켜 애니메이션 효과가 나타나게 한다.

스레드와 핸들러를 통해 배경 이미지의 교체를 처리해야 하는 이유는 스레드에서 CarRacingMain 액티비티 클래스(엄밀하게 따지자면 Main UI 스레드)에 대한 접근이 불가능하기 때문이다. 안드로이드에서는 이처럼 독립적인 문맥을 가진 상태에서 실행되는 스레드 간의 통신을 지원하기 위해 메시지 큐

(Message Queue)라는 프로세스 간 통신(Inter Process Communication: IPC) 메커니즘을 제공한다. 그리고 메시지 큐를 통해 전달하는 메시지를 표현하기 위해 메시지(Message) 클래스가 사용된다. 끝으로 메시지의 수신을 처리하기 위해 핸들러(Handler)가 사용되는 것이다.

지금까지 살펴본 바와 같이 CarRacingMain 액티비티의 코드를 작성해 다시 애플리케이션을 실행해 보면 배경 이미지에 대한 애니메이션 효과를 확인할 수 있다.

가속 센서의 사용

CarRacing 게임에서는 차를 이동시키기 위해 가속 센서(accelerometer)를 사용할 것이다. 기울기 센서는 x, y, z축의 세 방향에 대한 폰의 기울기를 −감지해 −1 ~ +1 범위의 실수값으로 환산해 준다. 기울기 센서의 기울기 값만큼 자동차를 이동시키기 위해 먼저 화면의 크기 정보를 알아둘 필요가 있다. 화면 크기에 대한 정보가 필요한 이유는 자동차가 화면을 벗어나게 하면 안 되기 때문이다.

안드로이드에서 화면의 크기(해상도)를 구하는 방법은 다음과 같다.

```
private int screenWidth
private int screenHeight


    ...

WindowManager wm =
    (WindowManager)getSystemService(Context.WINDOW_SERVICE);

Display disp;
disp = wm.getDefaultDisplay();

this.screenWidth = disp.getWidth();
this.screenHeight = disp.getHeight()
```

다음으로는 기울기 센서의 값을 구하는 방법이다. 기울기 센서를 사용하려면 안드로이드의 SensorManager를 통해 SENSOR_SERVICE에 대한 인스턴스를 만들어야 하며, 센서의 타입을 TYPE_ACCELEROMETER로 지정해야 한다. 또한 기울기 센서의 값이 변할 때의 이벤트를 처리하기 위해 SensorEventListener 인터페이스에 대한 구현이 필요하다. SensorEventListener 인터페이스를 추가하기 위해 CarRacingActivity의 선언부를 다음과 같이 변경하고 기울기 센서의 사용을 위한 클래스 멤버 변수를 추가하자.

```
public class CarRacingActivity extends Activity implements SensorEventListener {

    ...
    private SensorManager sm;
    private Sensor accSensor;
    private float x, y, z;
    ...
}
```

인터페이스를 추가하고 나면 다음 그림과 같이 CarRacingActivity 클래스명 아래에 빨간색 밑줄이 생길 것이다. 이때 마우스 커서를 밑줄로 가져가면 그림과 같은 도움말이 나타난다.

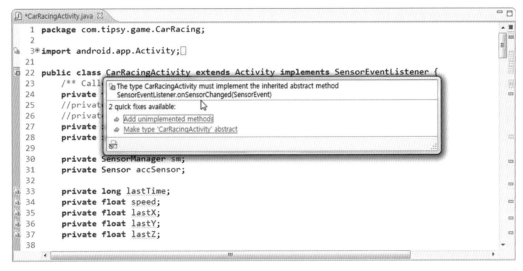

〈그림 7-34〉 SensorEventListener 인터페이스의 추상 메서드 추가

도움말에 표시된 항목 중에서 'Add unimplemented methods'를 클릭한다. 그러면 다음과 같이 SensorEventListener 인터페이스의 추상 메서드들이 추가되는 것을 확인할 수 있다.

```
public void onAccuracyChanged(Sensor arg0, int arg1) {
    // TODOAuto-generated method stub
}


public void onSensorChanged(SensorEvent event) {
    // TODOAuto-generated method stub
}
```

두 개의 추상 메서드 가운데 onSensorChanged()가 바로 기울기 센서에 변화가 생겼을 때 호출되는 콜백 메서드다. 따라서 기울기 센서를 통해 기울기 값에 변화가 생기는지 관찰하기 위해 onSensorChanged() 메서드에 다음과 같은 코드를 추가한다.

```java
public void onSensorChanged(SensorEvent event) {
    // TODOAuto-generated method stub
    if(event.sensor.getType() == Sensor.TYPE_ACCELEROMETER) {
        x = event.values[SensorManager.DATA_X];
        y = event.values[SensorManager.DATA_Y];
        z = event.values[SensorManager.DATA_Z];

        Log.i(TAG, "X: " + x + ", Y: " + y + ", Z: " + z);
    }
}
```

또한 센서의 이벤트를 받아들이려면 이벤트 리스너를 등록해야 한다. 액티비티의 추상 메서드인 onStart()와 onStop()을 추가하고, 다음과 같이 이벤트 리스너를 등록해 보자.

```java
@Override
protected void onStart() {
    if (accSensor != null) {
        sm.registerListener(
            this, accSensor, SensorManager.SENSOR_DELAY_GAME);
    }
    super.onStart();
}

@Override
protected void onStop() {
    if (sm != null) {
        sm.unregisterListener(this);
    }
    super.onStop();
}
```

센서가 올바르게 동작하는지 확인하기 위해 프로그램을 실행해 Logcat을 확인해 보면 다음과 같이 기울기 센서의 x, y, z축 값이 출력되는 것을 확인할 수 있다.

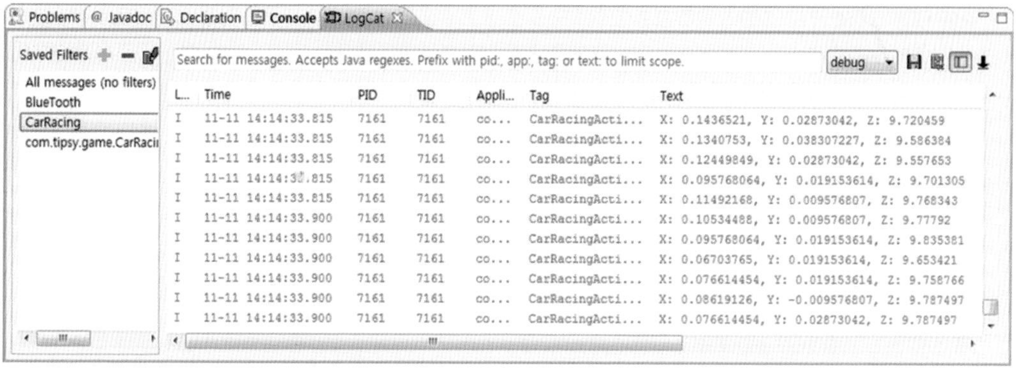

〈그림 7-35〉 Logcat을 이용한 기울기 센서 값의 확인

기울기 센서가 올바르게 동작하는 것을 확인했으니, 다음으로 해야 할 일은 기울기 센서의 x, y축 변화에 따라 자동차를 상, 하, 좌, 우로 움직이게 하는 것이다. 먼저 우리가 조종할 빨간색 자동차를 화면의 중앙에 위치시킨다. 게임이 시작될 때, 자동차를 화면 중앙에 위치하게끔 레이아웃에 대한 XML 코드를 작성해 보자.

```
...
<RelativeLayout android:id="@+id/my_car_frame"
    android:layout_width="wrap_content"
    android:layout_height="wrap_content"
    android:layout_centerInParent="true"
    >
    <ImageView android:id="@+id/my_car"
        android:layout_width="wrap_content"
        android:layout_height="wrap_content"
        android:src="@drawable/mycar"
    />
</RelativeLayout>
...
```

배경화면과 자동차 이미지가 중첩되는 형태의 레이아웃을 구성해야 하기 때문에 자동차의 영역을 RelativeLayout으로 설정했으며, 화면 중앙에 배치되도록 'android:layout_centerInParent="true"' 속성을 사용했다. 자동차 이미지는 drawable 리소스에 mycar로 등록되어 있다.

이제 기울기 센서의 값에 따라 자동차를 이동시킬 차례다. 차량의 이동이 기울기 센서의 값이 변할 때마다 바꿔야 하기 때문에 앞에서 추가한 onSensorChanged() 메서드에 다음과 같은 코드를 추가한다.

```java
public void onSensorChanged(SensorEvent event) {
    if (event.sensor.getType() == Sensor.TYPE_ACCELEROMETER) {
        long currentTime = System.currentTimeMillis();
        long gabOfTime = (currentTime - lastTime);

        // 자동차의 현재 위치 계산
        myCarPosX = this.flMyCarFrame.getLeft() - getResources().getDrawable(R.drawable.mycar)
                        .getBounds().width() / 2;
        myCarPosY = this.flMyCarFrame.getTop() - getResources().getDrawable(R.drawable.mycar)
                        .getBounds().height() / 2;

        if (gabOfTime > 100) {
            lastTime = currentTime;

            x = event.values[SensorManager.DATA_X];
            y = event.values[SensorManager.DATA_Y];
            z = event.values[SensorManager.DATA_Z];

            // 자동차가 RelativeLayout으로 구성됐기 때문에 이동을 위해서는
            // LayoutParams를 이용해 여백을 변경해야 함
            RelativeLayout.LayoutParams lp =
                    new RelativeLayout.LayoutParams(
                        LayoutParams.WRAP_CONTENT, LayoutParams.WRAP_CONTENT);

            if (this.flMyCarFrame.getLeft() <= 0) {
                if (x < 0)
                    lp.setMargins(myCarPosX - (int)x*5,
                        myCarPosY + (int)y*5, 0, 0);
                else
                    lp.setMargins(myCarPosX, myCarPosY + (int)y*5, 0, 0);
            } else if (this.flMyCarFrame.getRight() >= 720) {
                if (x > 0)
                    lp.setMargins(myCarPosX - (int)x*5,
                        myCarPosY + (int)y*5, 0, 0);
                else
                    lp.setMargins(myCarPosX, myCarPosY + (int)y*5, 0, 0);
            } else {
                lp.setMargins(myCarPosX - (int)x*5,
                    myCarPosY + (int)y*5, 0, 0);
            }

            this.flMyCarFrame.setLayoutParams(lp);
```

```
                }
            }
        }
```

애플리케이션을 실행한 다음 폰을 앞뒤, 좌우로 기울여 가며 우리의 빨간 레이싱카를 운전해 보자.

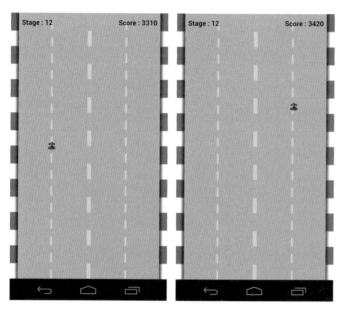

〈그림 7-36〉 기울기 센서를 이용한 자동차의 이동

레이싱은 혼자 하는 것이 아니기 때문에 이제 경쟁자를 처리할 차례이다. 적군을 등장시켜 보자.

레이싱을 벌일 상대편 자동차를 등장시키고, 이 자동차들이 각각 움직이도록 CarRacingActivity의 내장 클래스로 EnermyCar 클래스를 추가했으며, 이 클래스는 Runnable 인터페이스를 상속받는다. Runnable 인터페이스는 Thread와 마찬가지로 run 메서드를 제공해 어떤 작업이 이뤄지게 한다.

```
    private class EnermyCar implements Runnable {
        int xPos;
        int yPos;
        int moveX;
        int moveY;

        RelativeLayout enermyFrame =
            new RelativeLayout(CarRacingActivity.this);
```

```
RelativeLayout.LayoutParams elp =
        new RelativeLayout.LayoutParams(LayoutParams.WRAP_CONTENT,
            LayoutParams.WRAP_CONTENT);

    ImageView ecView = newImageView(CarRacingActivity.this);

    public void run() {
    ecView.setBackgroundResource(R.drawable.enemy);

    enermyFrame.addView(ecView);
    enermyFrame.setLayoutParams(elp);

    Random rnd = new Random();
    xPos = rnd.nextInt(screenWidth-1) + 1;
    yPos = rnd.nextInt(screenHeight-1) + 1;

    elp.setMargins(xPos, yPos, 0, 0);

    relWholeLayout.addView(enermyFrame);

    new CountDownTimer(1000*50, 500) {
        @Override
        public void onFinish() {
        // TODO Auto-generated method stub
            this.start();
        }

        @Override
        public void onTick(long millisUntilFinished) {
        // TODO Auto-generated method stub
            move();
        }
    }.start();
    }

    void move() {
    Random eRand = new Random();

    int i;

    moveX = eRand.nextInt();
```

```
        if (moveX>= 0)
            moveX = moveX - (Math.abs(moveX)-1);
        else
            moveX = moveX + (Math.abs(moveX)-1);

        moveY = eRand.nextInt();
        if (moveY>= 0)
            moveY = moveY - (Math.abs(moveY)-1);
        else
            moveY = moveY + (Math.abs(moveY)-1);

        moveX *= MOVE_X_DIST
        moveY *= MOVE_Y_DIST

        elp.setMargins(xPos+=moveX, yPos+=moveY, 0, 0);
        }
    }
```

EnermyCar 클래스에서 xPos와 yPos는 상대편 자동차의 위치에 대한 좌표로 사용될 것이며, moveX와 moveY는 x, y축 방향의 이동 거리를 나타낸다. 상대편 차량인 파란색 자동차 이미지를 표시하기 위해 ImageView 객체를 생성하며, ImageView의 이동을 위해 RelativeLayout을 사용한다. run() 메서드에서는 먼저 상대편 자동차를 임의의 위치에 나타내기 위해 난수를 사용했다. 이때 xPos의 범위는 화면의 가로(width) 크기를 벗어나면 안 되기 때문에 Random 클래스의 nextInt() 메서드를 사용해 난수의 범위를 screenWidth로 제한했으며, yPos의 범위 역시 screenHeight로 제한했다. screenWidth와 screenHeight는 WindowManager를 통해 얻은 화면의 실제 크기다. 난수의 발생을 통해 얻은 X, Y 좌표 상에 자동차가 표시되도록 LayoutParams의 setMargin() 메서드를 사용하고 있다.

다음으로 상대편 자동차의 이동을 주기적으로 처리하기 위해 CountDownTimer를 사용했다. CountDownTimer는 onFinish()와 onTick() 메서드를 제공하는데, onFinish()는 타이머의 시간이 만료되었을 때 호출되며, onTick()은 지정된 시간이 지날 때마다 호출된다. CountDownTimer의 첫 번째 인자가 만료시간을 나타내고, 두 번째 인자가 타이머 이벤트의 발생 주기를 나타낸다. 예제에서 타이머의 주기는 500밀리초로 설정했으며, 이때마다 move() 메서드를 호출해 자동차를 이동시킨다. 타이머의 전체 시간이 만료되더라도 계속해서 자동차가 이동하도록 onFinish() 메서드에서는 CountDownTimer의 start() 메서드를 다시 호출한다.

상대편 자동차의 이동을 처리하는 move() 메서드는 Random 클래스의 nextInt() 메서드를 인자 없이 호출해 음수 또는 양수의 난수를 얻는다. 이 값이 음수인지 양수인지에 따라 해당 값에 대한 절댓값을 더하거나 빼서 −1 또는 +1이 되게 한다. 이 값은 좌우상하의 이동 방향을 결정하게 되고, 이 값에 MOVE_X_DIST, MOVE_Y_DIST를 곱해서 이동할 거리를 나타내는 moveX, moveY를 계산해서 자동차를 이동시킨다.

EnermyCar 클래스를 만든 이유는 게임이 진행될 때 난이도에 따라 여러 대의 자동차가 등장할 수 있기 때문이다. 동일한 객체가 여러 개 사용되는 경우에는 이를 표현하기 위한 클래스를 선언하고 해당 객체가 필요할 때마다 인스턴스를 만들면 손쉽게 여러 개의 객체를 사용할 수 있을 것이다. 상대편 자동차의 등장은 게임이 진행되고 나서 일정한 시간 간격을 두고, 게임의 난이도에 따라 계속적으로 이루어져야 한다. 이 부분을 처리하기 위해 CarRacingActivity 클래스의 onStart() 메서드에서 CountDownTimer를 한번 더 사용했다.

```java
private final static int MOVE_Y_DIST = 25; // x축 이동거리
private final static int MOVE_X_DIST = 15; // y축 이동거리
private final static int ENERMY_INTERVAL = 100000; // 10초
private final static int MAX_ENERMY = 10; // 등장할 자동차의 수

@Override
protected void onStart() {

    ...

    new CountDownTimer(ENERMY_INTERVAL*MAX_ENERMY, ENERMY_INTERVAL) {
    @Override
    public void onFinish() {
    // TODO Auto-generated method stub
    }

    @Override
    public void onTick(long millisUntilFinished) {
    // TODO Auto-generated method stub
        EnermyCar ec = new EnermyCar();
        ec.run();
    }
    ...
    }
```

CountDownTimer의 전체 시간은 ENERMY_INTERVAL*MAX_ENERMY(10초*10)로 설정했으며, 상대편 자동차가 등장할 주기는 ENERMY_INTERVAL(10초)로 설정했다. 따라서 onTick() 메서드에서는 10초가 지날 때마다 상대편 자동차를 임의의 위치에 한 대씩 추가하게 될 것이다. 이제 다시 게임을 실행해 보면 〈그림 7-37〉과 같이 여러 대의 자동차가 화면에 나타날 것이다.

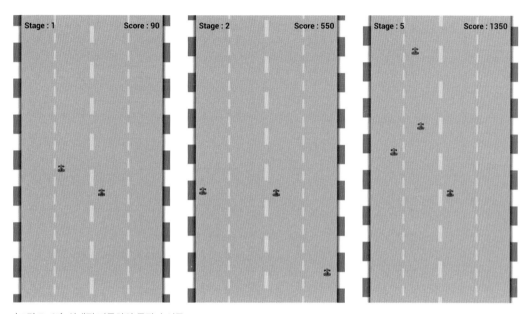

〈그림 7-37〉 상대편 자동차의 등장과 이동

이제 레이싱에 참가한 다른 자동차와의 충돌 검사가 필요하다. 레이싱 도중 다른 자동차와의 충돌이 발생하면 대화상자를 통해 게임이 종료되었음을 사용자에게 알리고, 대화상자에는 'replay'와 'terminate' 버튼을 제공해 사용자로 하여금 레이싱을 재시작하거나 종료할 수 있게 할 것이다.

먼저 충돌을 검사하기 위해서 상대방 차량의 이동을 처리하는 EnermyCar 클래스의 move() 메서드를 사용할 것이다. 안드로이드에서는 두 객체가 서로 겹치는지에 대해 Rect 클래스의 intersects 메서드를 사용할 수 있다. 우리가 구현한 예제에서 자동차는 ImageView를 통해 표현하고 있기 때문에 ImageView 객체를 Rect 객체로 표현하는 과정이 필요하다. 상대방 자동차를 Rect 객체로 표현하기 위해 move 메서드에 다음과 같은 코드를 추가한다.

```
void move() {
    Random eRand = new Random();
    ...
    Rect eRect = new Rect();
```

```
        eRect.set(enermyFrame.getLeft(), enermyFrame.getTop(),
    enermyFrame.getRight(), enermyFrame.getBottom());

    if (Rect.intersects(eRect, myCarRect)) {
    // 충돌 발생
    }
}
```

위 코드에서 eRect(상대방 자동차)와 myCarRect(내 자동차)의 충돌을 Rect 클래스의 intersects 메서드로 검사한다. 이 메서드의 반환값이 true이면, 두 객체가 충돌한 상태를 나타낸다.

myCarRect는 내 자동차를 Rect로 표현한 것으로서, 자동차의 위치가 계속 변화되기 때문에 이를 고려해 다음과 같이 기울기 센서의 onSensorChanged() 메서드에서 myCarRect가 업데이트될 수 있어야 한다.

```
public void onSensorChanged(SensorEvent event) {
    // TODOAuto-generated method stub
    if(event.sensor.getType() == Sensor.TYPE_ACCELEROMETER) {
        ...

        myCarRect.set(flMyCarFrame.getLeft(), flMyCarFrame.getTop(),
            flMyCarFrame.getRight(), flMyCarFrame.getBottom());
    }
```

이제 다른 자동차와의 충돌을 감지할 수 있는 상태가 되었으니, 충돌이 발생하면 사용자에게 대화상자를 이용한 알림을 제공할 차례이다. 위의 move() 메서드에 AlertDialog를 표시하기 위한 코드를 추가해 보자.

```
void move() {
    Random eRand = new Random();
    ...
    if (Rect.intersects(eRect, myCarRect)) {
        // 충돌 발생
     AlertDialog.Builder alertDlg = new AlertDialog.Builder(CarRacingActivity.this);
        alertDlg.setTitle("충돌");
        alertDlg.setMessage("레이싱이종료되었습니다.\r\n"
                                + "레이싱을다시하시겠습니까?");
        alertDlg.setPositiveButton("Replay",
```

```
            new DialogInterface.OnClickListener() {
              public void onClick(DialogInterface dialog, int which) {
                  dialog.dismiss();
                  CarRacingActivity.this.onRestart();
              }
        });

        alertDlg.setNegativeButton("Terminate",
              new DialogInterface.OnClickListener() {
          public void onClick(DialogInterface dialog, int which) {
                  dialog.dismiss();
                  finish();
              }
        });

        alertDlg.show() ;
        }
    }
```

충돌이 발생하면 AlertDialog를 통해 레이싱 결과에 대한 메시지를 출력하고, 게임의 재시작과 종료를 위한 두 개의 버튼을 제공한다. 재시작을 위한 'Replay' 버튼을 클릭하면 대화상자의 dismiss() 메서드를 호출해 대화상자를 없애고, CarRacingActivity 클래스의 onRestart() 메서드를 호출해 게임이 재시작되게 한다. 반면 게임의 종료를 위한 'Terminate' 버튼을 클릭하면 finish() 메서드를 호출해 수행 중인 CarRacingActivity 액티비티를 종료한다. 게임이 재시작되면 게임의 난이도와 점수, 그리고 상대방 자동차에 대한 초기화가 이루어져야 하며, 이는 onRestart() 메서드에 대한 오버라이딩(overriding)을 통해 구현할 수 있을 것이다. 다시 게임을 실행하고 상대방 자동차와의 충돌이 발생하면 〈그림 7-38〉과 같은 화면을 볼 수 있을 것이다.

〈그림 7-38〉 충돌 발생 시 게임 종료 또는 재시작을 위한 대화상자

Thumb JoyStick을 이용한 자동차 제어

아두이노 기반의 조이스틱

엄지 조이스틱 그루브는 플레이 스테이션2의 컨트롤러 등에서 사용되는 아날로그 조이스틱과 유사한 형태의 조이스틱 모듈이다. X, Y축에 대한 두 방향으로의 움직임 결과가 각 아날로그 시그널을 통해 출력된다.

조이스틱은 특별한 애플리케이션을 위해 클릭이 가능하다. 조이스틱이 동작하면 두 방향에 대한 아날로그 출력이 발생하며, 값의 범위는 200~700이다. 버튼이 클릭될 때는 1023에 가까운 값이 발생한다.

〈그림 7-39〉 엄지 조이스틱(Thumb JoyStick) 그루브

아래의 예제 코드는 조이스틱을 움직였을 때, X, Y축 방향의 값을 시리얼 모니터를 통해 출력해 준다.

```
/*
  Joystick AnalogReadSerial
  Reads an analog input of Joystick on pin 0 and pin 1, prints the result to the serial
monitor

  */

void setup() {
    Serial.begin(9600);
}

void loop() {
    int sensorValue = analogRead(A0);
    int sensorValue2 = analogRead(A1);
    Serial.print("The X and Y coordinate is:");
    Serial.print(sensorValue, DEC);
    Serial.print(",");
    Serial.println(sensorValue2, DEC);
    Serial.println(" ");
    delay(200);
}
```

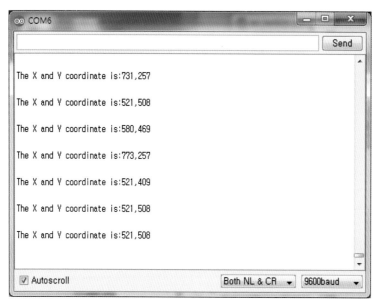

〈그림 7-40〉 시리얼 모니터를 통한 출력 결과

아두이노 스케치

앞의 예제를 통해 조이스틱으로부터 상하 또는 좌우 이동에 대한 값을 구할 수 있게 되었다. 하지만 이 값은 안드로이드 디바이스로 adb 라이브러리를 통해 전달해야 하며, 이 값을 통해 자동차의 움직임을 제어하려면 센서로부터 입력되는 값의 범위를 조절할 필요가 있다.

먼저, adb 라이브러리를 사용하기 위해 adb.h 헤더 파일을 포함시켜야 하며, Connection 객체를 사용해 안드로이드 디바이스와의 통신을 설정해야 한다. 이에 대한 코드는 다음과 같다.

```
//Seeeduino ADK Demo using Niels Brouwers' MicroBridge library.
//Connect an LED to D12 and a variable resistor(POT) to A0

#include <SPI.h>
#include <Adb.h>

// Adb connection.
Connection * connection;

//State of LED. Initially OFF.
uint8_t LEDState=0;
```

```
void setup() {
    Serial.begin(9600);

    // Initialise the ADB subsystem.
    ADB::init();

    // Open an ADB stream to the phone's shell. Auto-reconnect. Use any
    // unused port number eg:4568
    connection = ADB::addConnection("tcp:4568", true, adbEventHandler);
}
```

안드로이드 디바이스로부터 수신되는 데이터를 ADK 보드에서 처리하기 위해서는 다음과 같이
adbEventHandler() 함수를 작성해야 한다. 하지만 이 예제에서는 안드로이드 디바이스에서 ADK
보드로 데이터를 보내지 않기 때문에 핸들러를 통해 처리해야 할 일은 없다.

```
void adbEventHandler(Connection * connection, adb_eventType event, uint16_t length, uint8_t * data)
{
    if (event == ADB_CONNECTION_RECEIVE)
    {
        if(LEDState != data[0])
        {
            digitalWrite(12, data[0]);    // Change the state of LED
            Serial.println(data[0],DEC);
            LEDState = data[0];           // Store the State of LED
        }
    }
}
```

loop() 함수에서는 아날로그핀 A0, A1에 연결된 조이스틱으로부터 값을 읽어 들인다. 이때 아날로그
입력 값의 범위는 0~1023의 12bit 범위이기 때문에 map 함수를 사용해 0~24 범위의 값으로 조정한
다. X, Y 축으로의 이동 값에 해당하는 coordX와 coordY 값을 uint16_t 타입의 하나의 값으로 만들
기 위해 다음과 같은 코드를 사용할 수 있다.

```
uint16_t coord;
coord = ((x << 8) | y);
```

이렇게 X, Y 축 이동에 대한 정보를 담은 16bit의 값을 만든 다음, Connection 객체의 write 메서드
를 사용해 안드로이드 디바이스로 보내 준다.

```
void loop() {
    int coordX = analogRead(A0);
    int coordY = analogRead(A1);
    int8_t x;
    int8_t y;

    Serial.print("The X and Y coordinate is:");
    coordX = map(coordX, 0, 1023, 0, 50);
    coordY = map(coordY, 0, 1023, 0, 50);
    coordY += 2;

    coordX = map(coordX, 12, 37, 0, 24);
    coordY = map(coordY, 13, 38, 0, 24);

    x = coordX & 0xff;
    y = coordY & 0xff;

    Serial.print(x, DEC);
    Serial.print(",");
    Serial.println(y, DEC);
    Serial.println(" ");

    uint16_t coord;
    coord = ((x << 8) | y);

    //Send the ADC value to Android device as two bytes of data.
    connection->write(2,(uint8_t*)&coord);

    delay(200);

    // Poll the ADB subsystem.
    ADB::poll();
}
```

안드로이드 앱

안드로이드 앱에서 ADK로부터 전달되는 값을 입력받으려면 Server 객체가 필요하며, 특히 ADK 보드로부터 데이터의 수신이 이루어질 때는 AbstractServerListener의 onReceive() 메서드가 호출된다. onReceive() 메서드에서는 ADK 보드로부터 전달된 데이터를 확인하기 위해 Logcat을 사용해 로그 메시지를 출력하고 있다.

```
    // Create TCP server (based on MicroBridge LightWeight Server)
    try
    {
        // Use the same port number used in ADK Main Board firmware
        server = new Server(4568); /
        server.start();
    } catch (IOException e) {
        Log.e("Seeeduino ADK", "Unable to start TCP server", e);
        System.exit(-1);
    }

    server.addListener(new AbstractServerListener() {
        @Override
        public void onReceive(org.microbridge.server.Client client, byte[] data) {

            if (data.length<2) return;
            coord = (data[0] & 0xff) | ((data[1] & 0xff) << 8);

            coordX = (byte) (data[0] & 0xff);
            coordY = (byte) (data[1] & 0xff);

            int x = coordX - 12;
            int y = coordY - 12;

            Log.i(TAG, "X: " + x + ", Y: " + y);

            // Any update to UI can not be carried out
            // in a non UI thread like the one used
            // for Server. Hence runOnUIThread is used.
            runOnUiThread(new Runnable() {
                public void run() {
                    new UpdateData().execute(coord);
                }
            });
        }
    });
```

또한 AbstractServerListener는 runOnUiThread 메서드에서 Runnable 객체를 통해 UpdateData 의 execute() 메서드를 호출함으로써 조이스틱으로부터 입력된 X, Y 축의 이동 값을 화면에 출력하게 하였다.

479

```java
// UpdateData Asynchronously sends the value received
// from ADK Main Board.
// This is triggered by onReceive()
class UpdateData extends AsyncTask<Integer, Integer, String> {
    // Called to initiate the background activity
    @Override
    protected String doInBackground(Integer... sensorValue) {
        String data =
            String.valueOf((sensorValue[0] & 0x0000ff00) >> 8)
                + ":" + String.valueOf(sensorValue[0] & 0x000000ff);

        return data;   //This goes to result
    }

    // Called when there's a status to be updated
    @Override
    protected void onProgressUpdate(Integer... values) {
        super.onProgressUpdate(values);
        // Not used in this case
    }

    // Called once the background activity has completed
    @Override
    protected void onPostExecute(String result) {
        String str[] = result.split(":");
        tvX.setText("X: "
                + String.valueOf(Integer.parseInt(str[0]) - 12));
        tvY.setText(", Y: "
                + String.valueOf(Integer.parseInt(str[1]) - 12));
    }
}
```

실행 결과

이제 안드로이드 디바이스와 ADK 보드를 연결한 상태에서 조이스틱을 움직였을 때 화면 하단에 X, Y 축 방향의 이동 값을 확인할 수 있다.

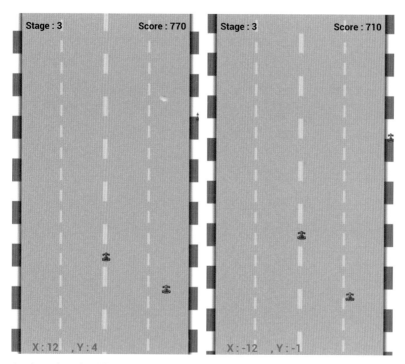

〈그림 7-41〉 조이스틱을 이용한 X, Y 축 이동 값

차량 전장품 개발장비 응용

CANoe 개발장비 개요

독일의 벡터社에서 개발한 CANoe 툴은 기본적으로 CAN 버스를 이용해 개발하는 모든 시스템의 개발 전 주기에서 활용할 수 있는 툴로서, 옵션으로 구성할 수 있는 차량용 네트워크 프로토콜에 따라 CAN, MOST150, FlexRay, Ethernet 등 다양한 형태의 차량용 네트워크에 활용할 수 있다. 특히, 업계 표준으로 널리 사용되고 있는 DBC 파일 포맷을 통해서 OEM과 부품제조사 간의 인터페이스를 정의할 수 있기 때문에 차량용 네트워크를 활용한 자동차 전장품 전 영역에서 필수적인 개발 장비로 인정받고 있다. CANoe를 이용한 전장품 개발절차를 간략히 요약하면 다음과 같이 정의할 수 있다.

Phase 1. Requirements analysis and design of the network

자동차 전장품을 직접 개발해서 적용하고자 하는 OEM에서는 전체 시스템의 관점에서 요구사 규격(대역폭, 전송지연 등)을 분석해 이에 적합한 차량용 네트워크를 선정해야 하며, 대부분의 경우 전장품 간에 교환되어야 하는 메시지(시그널을 포함)의 개수와 주기를 바탕으로 대역폭을 선정한다. 최근에는 CAN과 같은 이벤트 트리거 방식의 네트워크를 비롯해 FlexRay, Time-Triggered Ethernet과 같이 타임 트리거 방식의 네트워크를 활용하는 사례가 점차 증가함에 따라 차량용 네트워크에서 허용할 수 있는 트래픽에 대한 정보 외에도 타이밍이나 메시지 지터에 대한 정보도 상당히 중요한 시스템의 요구 규격으로 자리 잡고 있다. 일반적으로 네트워크 설계자는 이론적인 공식을 적용해 적정한 트래픽을 유지하도록 네트워크를 설계하고 있다. CANoe는 이론적으로 설계한 네트워크를 바탕으로 시뮬레이션할 수 있는 환경을 제공하며, 이러한 시뮬레이션을 통해 설계자가 구성한 네트워크의 적합성과 시스템 응답성을 직관적으로 확인할 수 있게 도와주는 역할을 한다. 즉, 전체 차량용 네트워크 시스템의 구성에 대한 이론적인 설계(비록 설계자의 주관에 의한 것이라고 하더라도)를 바탕으로 네트워크 기반 전장품을 개발하기 전에 시뮬레이션할 수 있게 도와주는 역할을 한다.

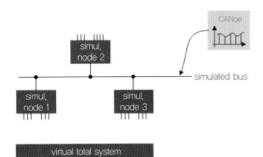

〈그림 8-1〉 Phase 1에 대한 CANoe의 사용 예(출처: Design of an In-Vehicle Network(Using LIN, CAN and FlexRay), Gateway and its Diagnostics Using Vector CANoe, American Journal of Signal Processing, 2011.01)

Phase 2. Implementation of components with simulation of remainder of the bus

위에서 기술한 첫 번째 단계를 통해 설계된 네트워크의 적합성을 확인한 뒤에 부분적으로 실제 전장품을 연결해서 설계된 네트워크 시스템의 실제 성능을 확인할 수 있는 기능을 제공한다. 예를 들어, 3~4개의 전장품으로 구성되는 네트워크의 경우, 전장품의 설계에 문제가 없는지 확인하기 위해 이 중 하나의 전장품은 실제 제품을 사용하고 나머지 2~3개의 전장품은 CANoe의 시뮬레이션 노드를 사용해 구현의 적합성을 확인하는 기능을 제공한다(〈그림 8-2〉 참고).

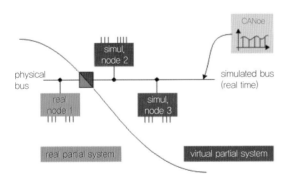

〈그림 8-2〉 Phase 2에 대한 CANoe의 사용 예(출처: Design of an In-Vehicle Network(Using LIN, CAN and FlexRay), Gateway and its Diagnostics Using Vector CANoe, American Journal of Signal Processing, 2011.01)

Phase 3. Integration of the overall system

세 번째 단계에서는 네트워크 시스템에 연결되는 실제 전장품을 이용해 실제 시스템을 구현하고, 네트워크 버스를 모니터링 하는 용도로 CANoe를 사용할 수 있으며, 이를 〈그림 8-3〉으로 나타낼 수 있다. 주로 이 단계에서는 전체 시스템의 운영상에 발생하는 문제(네트워크 메시지에 국한해서)를 파악하는 용도로 사용되며, 필요에 따라 데이터를 저장하거나 데이터의 변화를 그래프 등으로 확인하는 용도로 CANoe를 사용한다.

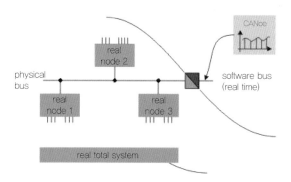

〈그림 8-3〉 Phase 3에 대한 CANoe의 사용 예(출처: Design of an In-Vehicle Network(Using LIN, CAN and FlexRay), Gateway and its Diagnostics Using Vector CANoe, American Journal of Signal Processing, 2011.01)

앞에서 설명한 CANoe의 개발 프로세스는 실제 차량용 전장품을 개발하는 OEM 또는 부품제조사에서 가장 널리 사용하고 있으며, 이 외에도 CAPL(CANoe Application Programming Language)을 이용한 전장품 모사 및 Control Panel을 이용한 사용자 UI 설계 등 많은 부분에 CANoe를 사용할 수 있다. 본 절에서는 CANoe 툴에 대한 개략적인 소개 및 구동/시뮬레이션 과정에 대해 기술한다.

CANoe 기능 소개

CANoe 차량용 네트워크 개발 장비는 〈그림 8-4〉에서 나타낸 것과 같이 크게 소프트웨어와 하드웨어로 구성되어 있으며, 최근에는 하드웨어 제품에 라이선스를 포함하고 있기 때문에 소프트웨어만 가지고 시뮬레이션을 하는 경우에도 하드웨어는 PC와 연결되어 있어야 한다.

하드웨어의 경우는 제품에서 지원하는 네트워크 프로토콜에 따라 CANcaseXL, VN7600, VN5610 등 다양한 제품군이 있으며 PC와 연결하는 형태에 따라 USB 또는 PCMCIA, PCI 등 몇 가지 종류가 있다(최근에는 대부분 USB 인터페이스를 사용한다). 소프트웨어의 경우에는 버전에 따라 CANoe 기본 프로그램이 있으며, 사용자의 필요에 따라 CAN, LIN, MOST 등을 사용하기 위해서는 option을 add-on하는 형태로 패키지를 구성하게 된다. 2013년 말을 기준으로 CANoe는 8.1 버전이 릴리즈되었으며, 본 절에서 기술한 내용은 CANoe 8.1을 기준으로 한다.

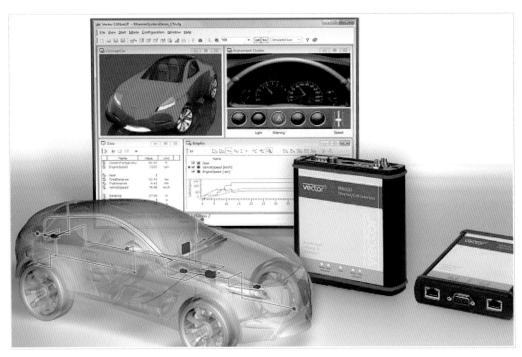

〈그림 8-4〉 CANoe 개발장비의 구성(출처: 차량용 이더넷 사용을 위한 과제, 오토모티브, 2013. 9.)

CANoe는 위에서 기술한 것과 같이 설계에서 실치에 이르는 네트워크 시스템 구축을 위한 전체 개발 과정을 지원하는 강력한 도구이다. 또한 CANoe는 하나의 프로젝트에 관련된 모든 사용자를 위한 툴로서, 기능 분배, 테스트, 그리고 전체 시스템 통합과 같은 역할별로 기술 지원이 이루어진다. 그리고 시뮬레이션을 통해 이상적인 테스트 환경을 제공하며, 여러 업체가 관련된 프로젝트를 위해 상호 독립적이고, 병렬적인 네트워크 노드 개발이 가능하다.

CANoe 도구에 대해 간략히 나타내면 아래와 같이 요약할 수 있다.

사용자 인터페이스

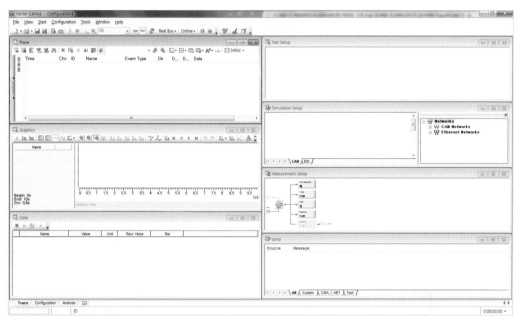

〈그림 8-5〉 CANoe 개발 장비의 인터페이스

Programmability

CANoe는 자유로운 프로그램 기능을 제공한다. CANoE 사용자는 Data Flow Diagram에 블록을 추가하고, 그것들의 기능을 프로그래밍할 수 있다. CANoe는 이러한 목적으로 사용되는 CAPL(CAN Access Programming Language, C 언어를 기반으로 하는 응용 언어) 프로그램을 만들고, 수정하고, 컴파일하는 것이 용이한 개발 환경을 제공한다.

시뮬레이션 및 분석

CANoE는 네트워크 노드와 주위 환경 사이에서 주고받는 데이터 흐름의 분석 및 시뮬레이션이 가능하다. 시스템 구축 과정에서 네트워크 노드는 실제 컨트롤 디바이스로 대체하여 시뮬레이션할 수 있다. CANoe는 데이터 흐름을 분석하는 데 필요한 CANalyzer의 모든 기능을 갖추고 있다.

모델링툴 인터페이스

CANoe는 다양한 모델링 툴을 위한 인터페이스를 제공한다. 이것은 컨트롤 디바이스 모델링의 통합을 가능하게 한다. CANoe의 모델링 툴에는 다음과 같은 것이 있다.

MATLAB® / Simulink® / Stateflow® / Statemate MAGNUM®

ISO/DIS 15765-2 기반의 전송 프로토콜

CANoe에는 ISO/DIS 15765-2(네트워크층) 기반의 전송 프로토콜을 위한 라이브러리가 포함되어 있다. 이것은 전송 프로토콜을 사용하는 bus 노드를 시뮬레이션하고 설계하는 것을 가능하게 한다. 일반적으로 진단(Diagnosis)과 MMI(Man-Machine Interface)의 영역에 적용된다. 또한 관찰자 역할을 수행한다. 이 관찰자는 상대방의 전송 프로토콜과 전달된 CAN bus와의 일치 여부에 따라 전송 프로토콜 메시지를 해석한다. 이 결과는 trace window에서 볼 수 있다. 관찰자는 프로토콜에 어떠한 영향도 끼치지 못한다.

모델링 및 분석을 위한 CANoe 플러그인

OSEK 네트워크 관리(OSEK-NM) 및 각 자동차 제조업자 소유의 프로토콜들을 위한 추가 DLL(Dynamic Linking Library)의 플러그인을 제공한다.

CANoe osCAN 라이브러리

CANoe와 osCAN 라이브러리를 통해 사용자는 개발 초기에도 언제든지 시스템 통합을 할 수 있다. 이로써 비록 하드웨어가 개발되어 있지 않더라도 다양한 컨트롤 디바이스들을 위한 소프트웨어 개발이 가능하다.

라이브러리는 CAN 네트워크에 연결되어 있는 모든 컨트롤 디바이스의 코드를 동시에, 그리고 PC에 연결해 실시간으로 실행할 수 있는 OSEK 컨트롤 디바이스를 지원한다. CANoe는 가상의 OSEK 노드의 시뮬레이션을 위한 다양한 기능을 제공한다. 또한 OSEK 컨트롤 디바이스 코드는 CANoe의 디버거(Debugger)를 통해 검사된다. 가상환경은 디버거를 통해 코드의 실행이 중지되어 있는 동안에도 전체 시간을 유지시켜 준다.

차량용 네트워크 설계 절차

〈그림 8-6〉은 CANoe 하드웨어를 PC에 연결해서 실행했을 때 나타나는 화면이다. 실행 화면은 사용자의 View 설정에 따라 다를 수 있으며, 자주 사용하는 Trace, Scope, Graphics, Measurement Setup, Data, Write 화면을 표시하도록 구성하였다. 이러한 형태의 구성은 설계자의 임의대로 구성해 configuration을 저장해 두면 향후 유사한 개발을 하는 경우에 유용하게 사용할 수 있다.

〈그림 8-6〉 CANoe 실행 화면

본 절에서는 이해를 돕기 위해 간단히 2개의 네트워크 전장품을 구성해 시뮬레이션 환경을 구성하는 경우를 가정해서 기술하였다. 시뮬레이션을 하기 위해 가장 먼저 수행해야 하는 과정은 네트워크를 설계하는 과정이며, 이를 위해 CANoe를 설치할 때 함께 설치되는 CANdb++ Editor를 이용하였다.

〈그림 8-7〉 CANdb++ Editor의 실행 화면

CANdb++ Editor를 실행하고 가장 먼저 File 〉 Create Database를 차례로 클릭하면 몇 가지 템플릿을 지정하는 창이 나오는데, 기본 구성인 "CANoe Template.dbc"을 더블클릭해서 CANdb Network 파일을 저장할 폴더를 지정해 임의의 파일명인 [Embedded.dbc]로 저장하고 난 뒤의 화면을 〈그림 8-8〉에 나타냈다. 그림에서 볼 수 있는 바와 같이 네트워크 설계를 위해 앞으로 설계자가 수행하는 과정은 ECU 지정, Message 생성, Signal 생성 과정이며, Environment variables는 사용자 UI를 위해 Control Panel을 구성하는 경우에 주로 사용되므로 본 절에서는 기술하지 않기로 한다.

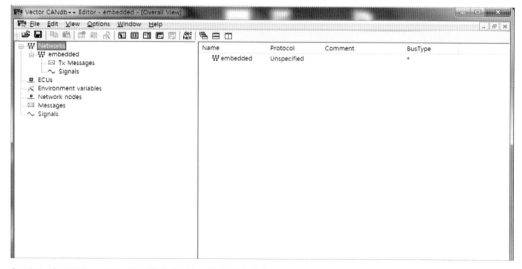

〈그림 8-8〉 CANdb++ Editor를 이용한 네트워크 설계 기본 화면

네트워크를 설계하는 전체적인 과정을 간략히 설명하면 다음과 같다. 네트워크에서 사용할 모든 Signal을 생성해 Message에 할당하고, 다시 이 Message를 ECU에 할당하는 과정을 거치게 된다(설계자의 편의에 따라 ECU를 먼저 생성하고 ECU에 Message 및 Signal을 할당할 수도 있다). 본 절에서는 10msec마다 1부터 10까지 메시지를 전송하는 노드 하나를 생성하고, 반대편 노드는 그 값을 받아 여기에 10을 더해서 11부터 20까지 재전송하는 형태의 간단한 네트워크 시뮬레이션을 구성하였다.

네트워크 설계 과정을 정리하면, Signal 생성 → Message 할당 → ECU 매핑의 과정으로 네트워크를 설계하며, 이를 위해 가장 먼저 Signal에서 마우스 오른쪽 버튼을 클릭한 다음 [New..]를 선택해 signal 생성 창을 표시하였다. 화면에서 Name에는 signal의 이름을 임의로 지정하면 되고, 데이터의 길이는 8bit로 설정하였다. 이를 통해 8비트 길이를 가지는 sensor라는 signal과 control이라는 signal을 생성하였다. 그리고 메시지가 정상적으로 전송되는지를 확인하는 용도로 alivecnt signal을 2개 생성해 총 4개의 시그널을 생성하였다. 〈그림 8-9〉 화면은 signal 생성 화면과 4개의 signal을 생성한 결과를 나타낸 것이다.

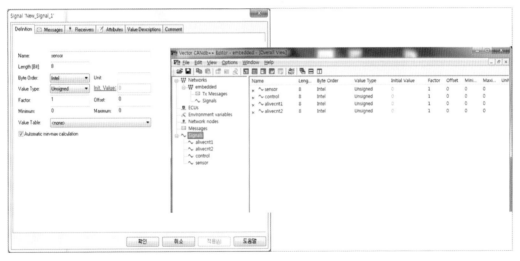

〈그림 8-9〉 CANdb++ Editor의 Signal 생성 화면

다음으로는 생성한 4개의 signal을 메시지에 할당해야 하는데, sensor와 alivecnt1 signal을 "Speed"라는 메시지에 할당하고, control과 alivecnt2 signal은 "RealSpeed"라는 메시지에 할당하였다. signal을 생성하는 과정과 마찬가지로 Messages 부분에서 마우스 오른쪽 버튼을 클릭한 후 [New..] 버튼을 클릭해 아래와 같이 Message 생성 화면을 표시하였다. 〈그림 8-10〉에서 설계자가 설정해야 하는 부분은 Definition 탭에서는 Name이라는 부분과 ID라는 부분이며, Layout 탭에서는 signal의 위치를 설정하는 부분이다.

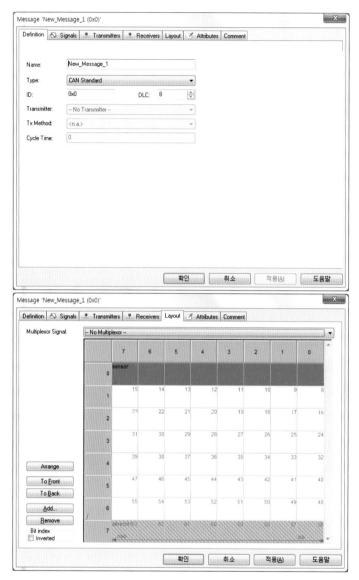

〈그림 8-10〉 CANdb++ Editor의 Message 생성 화면

〈그림 8-10〉에서 나타낸 바와 같이 sensor signal을 Speed 메시지의 최상위 바이트에 할당하고 alivecnt1 signal은 최하위 바이트에 할당하였다. 그리고 그 사이의 6바이트는 비워 두었다(앞에서 CAN 네트워크의 메시지가 8바이트인 것에 대해 설명했다). 그리고 RealSpeed에도 control signal 과 alivecnt2 signal을 할당해 2개의 메시지를 생성하였다.

이 같은 과정을 통해 Network nodes에도 ECU_1과 ECU_2라는 2개의 ECU를 생성해 〈그림 8-11〉
과 같이 시뮬레이션을 위해 생성해야 하는 모든 signal, message, ECU를 설계하였다.

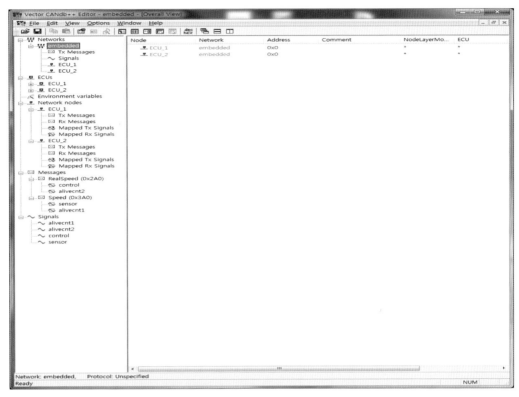

〈그림 8-11〉 Signal, messages, ECU가 생성된 화면의 예

최종적으로 네트워크 설계를 완료하려면 message를 ECU에 할당하는 과정이 필요하며(signal을
message에 한 것과 같이), 이를 위해서 개별 message를 하나씩 클릭해서 이 메시지를 전송하는 노
드를 지정해야 한다. 예를 들어, Speed라는 메시지를 전송하는 ECU를 ECU_1으로 지정하는 경우에
는 Speed 메시지에서 마우스 오른쪽 버튼을 클릭하고 Transmitter 탭에서 〈그림 8-12〉와 같이 설정
할 수 있다. Speed 메시지를 ECU_1에서 전송하도록 설정하고, RealSpeed 메시지는 ECU_2에서 전
송하도록 설정하였다.

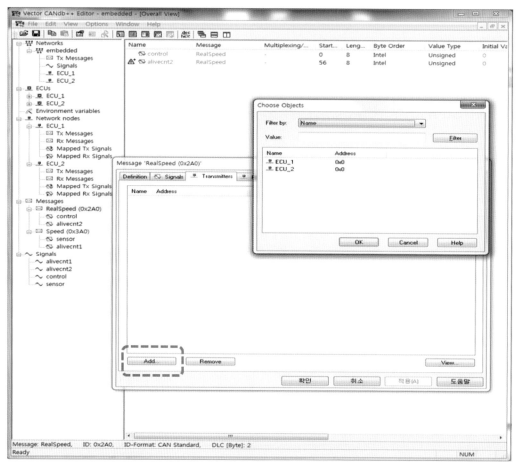

〈그림 8-12〉 개별 message에 ECU를 할당한 예

메시지 할당이 완료되면 Network nodes의 ECU_1과 ECU_2의 Tx Messages에 할당한 메시지가
표시되어야 한다. 위의 과정이 정상적으로 완료되었는지 확인하려면 File → Consistency Check를
차례로 클릭했을 때 표시되는 warning을 확인하면 된다. 여기서는 4개의 시그널과 2개의 메시지, 2개
의 ECU를 통해 간략히 설명했지만 대부분의 경우 수백 개의 시그널과 수십 개의 메시지, 그리고 몇 개
의 ECU로 구성되는 실제 환경에서는 메시지에 대한 시그널 할당 또는 ECU에 대한 메시지 할당이 누
락되는 경우가 빈번하게 발생되므로 설계에 주의를 기울여야 한다.

차량용 네트워크 시뮬레이션

본 절에서는 앞에서 설계한 embedded.dbc 파일을 이용해 시뮬레이션하는 과정에 대해 기술하였다. 주의할 점은 앞에서 설명한 sensor signal은 1부터 10까지 전송하고, control signal은 10을 더해 11부터 20까지 전송하는 부분에 대해서는 아직 설계하지 않았다는 점이다. 앞에서 설계한 dbc 파일은 데이터를 실어서 전송할 공간만 만들었으며, 시뮬레이션 과정에서 위의 내용을 구현해야 한다.

먼저 CANoe에 앞에서 설계한 embedded.dbc 파일을 연결하는 과정이 필요한데, 이를 위해서는 CANoe의 Simulation Setup 화면을 표시하고 〈그림 8–13〉과 같이 Databases 부분에서 마우스 오른쪽 버튼을 클릭해 dbc 파일을 연결한다. 정상적으로 연결되었다면 Databases 밑에 embedded라는 파일 이름이 보이게 되고, 파일 이름에서 다시 마우스 오른쪽 버튼을 클릭해 Node Synchronization을 클릭하면 데이터베이스와의 연결이 완료된다.

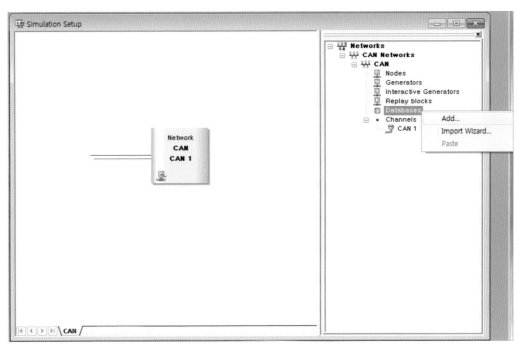

〈그림 8–13〉 개별 message에 ECU를 힐딩한 예

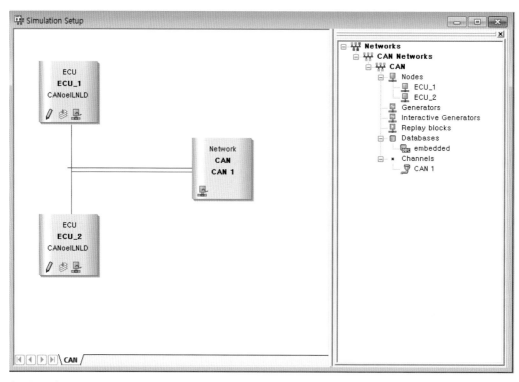

〈그림 8-14〉 데이터베이스 연결이 완료된 화면 구성의 예

지금부터는 CAPL을 이용해 ECU_1과 ECU_2에서 10msec마다 메시지를 송신하는 부분을 구현하는 과정을 설명한다. 〈그림 8-14〉에서 ECU_1과 ECU_2를 자세히 보면 연필 모양의 아이콘이 보이는데, 먼저 ECU_1 밑에 있는 연필 모양의 아이콘을 클릭해 ECU_1_CAPL이라는 이름으로 파일을 생성하였다. 파일을 생성하면 〈그림 8-15〉와 같이 Vector CAPL Browser 창이 나타난다.

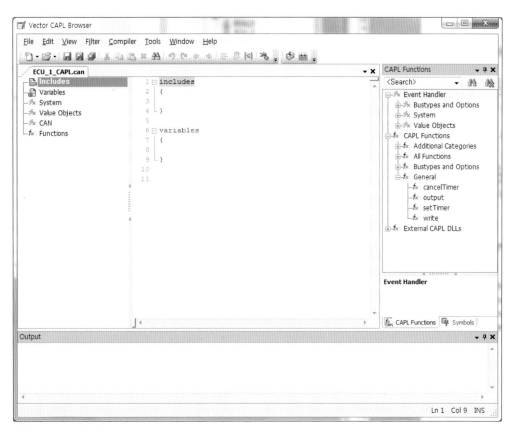

〈그림 8-15〉 프로그램을 위한 CAPL Browser의 화면

우선 좌측의 CAPL Functions는 CAPL 프로그램을 구현하는 데 사용되는 각종 함수와 변수의 선언 방법 등을 설명하는 도움말이며, 우측의 창은 프로그램에 사용된 각종 변수와 함수를 표시하는 창이다. 마지막으로 가운데 부분이 시뮬레이션을 위해 설계자가 직접 프로그래밍해야 하는 부분이다.

우측의 창에서 System 부분에서 마우스 오른쪽 버튼을 클릭하면 몇 가지 이벤트를 자동으로 생성할 수 있는데, 시뮬레이션을 시작하는 의미로 키보드의 's'자 이벤트(on key 's')와 10ms로 메시지를 전송하기 위한 타이머 이벤트(on timer event)를 생성하였다. 이를 토대로 간략하게 프로그램의 한 화면을 〈그림 8-16〉으로 나타냈다. 프로그램이 완료되면 화면 맨 윗 줄의 Compiler에서 Compile All을 클릭해 프로그램을 컴파일하면 된다.

〈그림 8-16〉 10ms 주기로 1부터 10까지 전송하는 ECU_1의 프로그램

다음으로는 ECU_2의 프로그램을 구현할 차례이며, 프로그래밍하는 과정은 ECU_1과 동일하다. 다만, ECU_2의 경우에는 메시지를 수신하여 여기에 10을 더하는 과정이 필요하며 이를 위해서 메시지를 수신하는 이벤트(on message 0x3A0)를 추가하였다. 메시지 수신 이벤트는 우측 창의 CAN 부분에서 마우스 오른쪽 버튼을 클릭하여 생성할 수 있으며, 수신된 메시지에 10을 더하는 부분까지 프로그램한 화면을 〈그림 8-17〉과 같이 나타내었다.

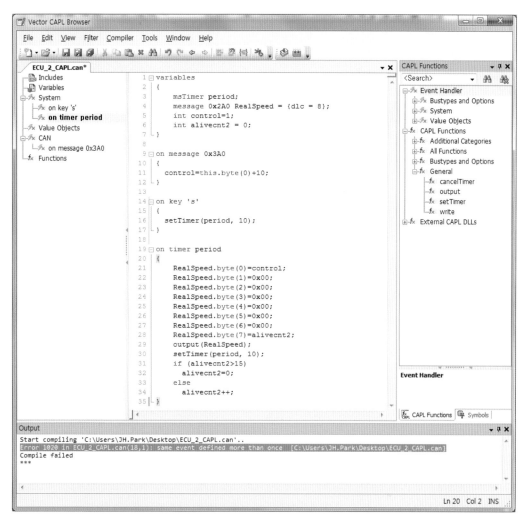

〈그림 8-17〉 ECU_1의 데이터를 받아서 10을 더하는 ECU_2의 프로그램

이상의 과정까지 완료했다면 이제 앞에서 설계한 네트워크를 시뮬레이션할 수 있는 모든 과정을 완료한 것이다. 이제 다시 CANoe 화면으로 돌아와서 〈그림 8-18〉과 같이 Simulated bus라고 되어 있는 부분을 클릭(기본은 Real bus다)하고, 우측의 번개 모양 아이콘을 누르면 앞에서 설계했던 signal, message, ECU와 프로그래밍한 내용이 정상적으로 출력되는 것을 볼 수 있다. 비록 앞에서 구현한 프로그램이 ECU_1의 데이터를 수신해 10을 더하는 간단한 형태라 하더라도 전장품을 설계하는 설계자의 입장에서는 이 부분이 알고리즘이 될 수도 있으며, 제어 로직이 될 수도 있음을 명심해야 한다.

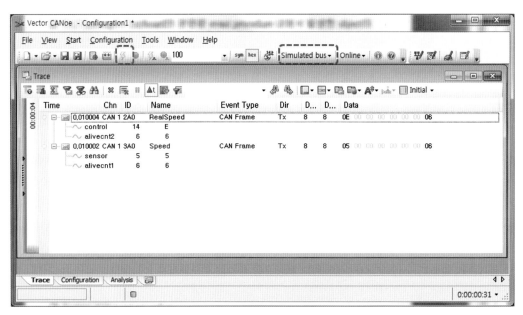

〈그림 8-18〉 CANoe를 이용한 네트워크 시뮬레이션의 예

위의 일련의 과정을 통해 설계한 네트워크 및 알고리즘이 정상적으로 동작하는 것을 시뮬레이션을 통해 확인했다면, 이제 마지막으로 실제 개발한 전장품을 네트워크에 연결해 실제 성능을 확인하는 과정이 필요하다. 예를 들어, 위의 ECU_2를 시뮬레이션이 아닌 실제 전장품으로 대체해서 크로스 테스트를 하고자 한다면 〈그림 8-19〉에서 나타낸 것과 같이 ECU_2 부분에서 마우스 오른쪽을 클릭해 Block Active 부분의 체크를 해제하면 ECU_2가 더는 시뮬레이션을 하지 않고, 실제 전장품과 ECU_1(시뮬레이션 상황의)이 직접 데이터를 교환할 수 있다. 이 경우에는 위에서 잠시 언급했던 Simulated Bus를 Real Bus로 다시 변경해야 정상적으로 크로스 테스트를 할 수 있다.

본 절에서는 차량의 전장품을 개발할 때 업계에서 가장 널리 활용되고 있는 CANoe 툴의 활용법을 기술하였다. 이를 확장해 실제 전장품을 개발하는 과정은 이후에 설명한다.

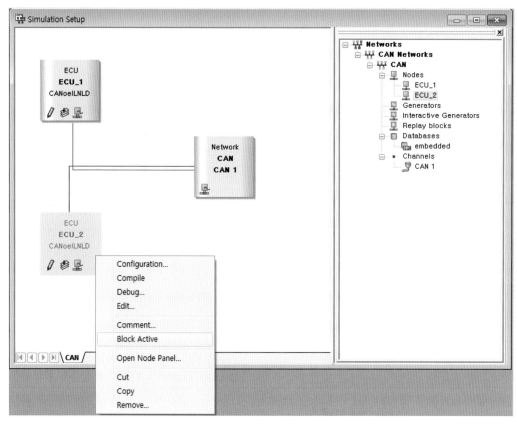

〈그림 8-19〉 네트워크 시뮬레이션 노드와 실제 전장품의 테스트 방법

CAN 네트워크 설계 및 구현

시스템 개요

본 절에서는 차량의 샤시 및 바디 시스템(Chassis and body system)에 가장 널리 활용되고 있는 CAN의 설계 및 구현에 대해 기술하였다. CAN 네트워크가 보편화되기 전에는 대부분의 차량 전장품이 일대일 방식(Point-to-Point)으로 신호를 전달하도록 설계되어 있었으나, 차량의 전장품이 증가하고 이에 따라 전장품 간에 교환되어야 하는 내부 신호가 폭발적으로 증가함에 따라 CAN 네트워크의 적용이 일반화되었다. 이러한 현상은 비단 자동차 산업에만 해당하는 것은 아니며, CAN은 이미 자동차, 산업현장, 로봇 등 다양한 업계에서 폭넓게 사용되고 있다.

본 절에서는 독자가 이해하기 쉽도록 차량의 도어신호를 모사하는 시스템을 간단히 설계하고, 실험실 수준에서 쉽게 구해서 사용할 수 있는 저가의 8bit 마이크로컨트롤러인 ATmel사의 AT90CAN128을 사용해 이를 구현한다. AT90CAN128 마이크로컨트롤러는 실험실을 비롯해 다양한 업계에서 활용되고 있는 ATmega128 마이크로컨트롤러와 동일하지만 CAN 네트워크를 사용할 수 있는 CAN controller가 추가적으로 내장되어 있다는 특징이 있다. 본 설계에서 활용한 AT90CAN128과 CAN 트랜시버인 NXP 반도체사의 PCA82C250에 대한 간략한 소개 및 데이터 시트는 아래와 같다.

AT90CAN128

- Features

  - High-performance, Low-power AVR® 8-bit Microcontroller

  - Advanced RISC Architecture

    . 133 Powerful Instructions . Most Single Clock Cycle Execution

    . 32 x 8 General Purpose Working Registers + Peripheral Control Registers

    . Up to 16 MIPS Throughput at 16 MHz

  - Non volatile Program and Data Memories

    . 128K Bytes of In-System Reprogrammable Flash (AT90CAN128)

    . 4K Bytes EEPROM (Endurance: 100,000 Write/Erase Cycles) (AT90CAN128)

    . 2K/4K/4K Bytes Internal SRAM (AT90CAN32/64/128)

    . Up to 64K Bytes Optional External Memory Space

  - JTAG (IEEE std. 1149.1 Compliant) Interface

  - CAN Controller 2.0A & 2.0B - ISO 16845 Certified (1)

  - Peripheral Features

    . Programmable Watchdog Timer with On-chip Oscillator

    . 8-bit Synchronous Timer/Counter-0

    . Dual 16-bit Synchronous Timer/Counters-1 & 3

    . 8-channel, 10-bit SAR ADC

    . Byte-oriented Two-wire Serial Interface

    . Dual Programmable Serial USART

. Master/Slave SPI Serial Interface

- Special Microcontroller Features

. 53 Programmable I/O Lines

. 64-lead TQFP and 64-lead QFN

. Operating Voltages: 2.7 - 5.5V

PCA82C250

- Fully compatible with the ``ISO 11898″ standard

- High speed (up to 1 MBd)

- Bus lines protected against transients in an automotive environment

- Slope control to reduce Radio Frequency Interference (RFI)

- Differential receiver with wide common-mode range for high immunity against Electro Magnetic Interference (EMI)

- Thermally protected

- Short-circuit proof to battery and ground

- Low-current Standby mode

- An unpowered node does not disturb the bus lines

- At least 110 nodes can be connected

위의 마이크로컨트롤러를 이용한 CAN 네트워크 모듈을 설계하기 위한 대상으로 차량의 도어잠금장치 및 윈도우 개폐 시스템을 선정하였다. 도어 시스템은 각종 스위치와 모터 등 다양한 전장 부품이 포함되어 있으며 여타의 차량 전장품에 비해 운전자에게 가장 직관적으로 운영절차를 설명할 수 있기 때문이다. 비록 차량 도어에 관련된 네트워크 모듈을 설계하기 위해서는 도어와 관련된 신호를 분석하고 입출력 관계와 작동 논리(operation logic)를 먼저 확인해야 하나, 본 절에서는 CAN 네트워크의 구현에 초점을 맞추고 있기 때문에 작동 논리에 대한 부분은 아래에 간략히 소개하였다. 또한 실제 차량의 전장품을 활용해 구현하기보다는 데이터 교환을 눈으로 확인할 수 있고 재현하기 쉽게 LED, Push Switch 등으로 대체해서 기술했으며, 설계 모듈은 CCU(Central Controller Unit)와 DDC(Driver Door Controller) 2개를 대상으로 하였다.

도어 시스템의 작동 원리

운전석 파워 윈도우는 운전석 모듈(DDC)에 연결되어 있는 메인 윈도우 스위치의 상태에 따라서만 구동하도록 설계되어 있다. 스위치를 누르거나 위로 당김에 따라 윈도우를 내리고 올릴 수 있다. 그리고 자동내림(auto down) 기능의 경우는 윈도우 스위치 내부의 타이머에 의해 일정 시간 동안 스위치가 눌러진 것과 같은 신호가 발생하는 방식으로 구현되어 있다. 이와는 대조적으로, 나머지 윈도우를 구동시킬 때는 윈도우 락 스위치, 운전석 측면 윈도우 스위치, 그리고 해당 도어에 설치된 윈도우 스위치의 상태 등을 알고 있어야 한다. 그러므로 CAN 네트워크를 적용했을 때 운전석 이외에 설치된 모듈은 운전석에 설치된 스위치의 상태를 기억할 필요가 있다. 예를 들면, 보조석 윈도우를 구동하기 위해 보조석에 설치된 모듈은 운전석 모듈(DDC)에서 오는 가장 최근 메시지의 데이터를 메모리에 저장하고 있어야 한다. 〈그림 8-20〉은 보조석 윈도우를 네트워크에 연결했을 때 사용되는 논리를 도식화한 것이다.

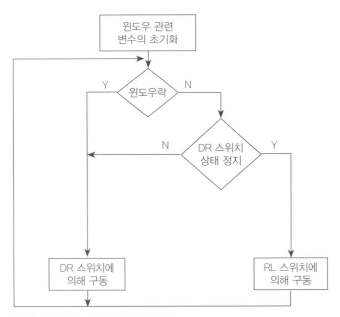

〈그림 8-20〉 보조석 윈도우의 구동 논리

도어 시스템의 하드웨어 구성

차량의 바디 시스템 중의 하나인 도어 및 윈도우 제어 시스템을 간단히 모사하기 위해 실험실 수준으로 구성할 수 있는 하드웨어를 사용해 간이 테스트베드를 설계하였다. 먼저 도어 윈도우의 개폐 스위치는 작은 토글 스위치를 사용했으며, 도어 윈도우의 개폐 잠금 스위치와 도어의 잠금 스위치는 비슷한 크기의 푸쉬 스위치를 사용하였다. 다음으로 윈도우의 개폐정도를 표시하기 위한 용도로 어레이 LED를 사용했으며, 도어 윈도우의 개폐 잠금 신호와 도어의 잠금 신호를 표시하기 위한 용도로 1/8w급 LED를 사용하였다. 이상의 하드웨어 구성을 브레드 보드에 간이로 구성하고 신호를 입력하는 스위치 부분과 신호를 출력하는 LED 부분을 아래 〈그림 8-21〉에 표시하였다.

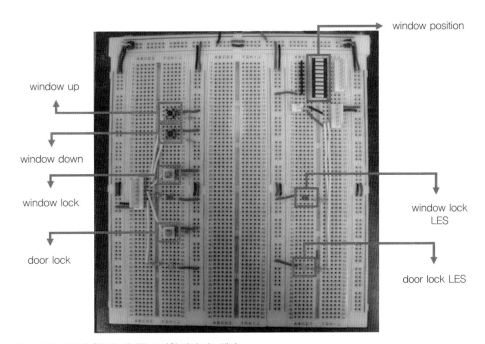

〈그림 8-21〉 도어 및 윈도우 제어를 모사한 간이 하드웨어

CCU와 DDC 모듈로 사용될 하드웨어의 구성은 〈그림 8-22〉와 같이 나타낼 수 있으며, 크게 임베디드 소프트웨어가 탑재될 AT90CAN128과 CAN 네트워크 버스에 데이터를 전송할 PCA82C250 트랜시버를 사용하였다. 이와 함께 위의 간이 하드웨어와 연결하기 위한 커넥터를 비롯해 전원 커넥터 등을 배치하였다. 따라서 전체적인 하드웨어의 구성은 스위치 입력 쪽에는 CCU 모듈이 커넥터로 연결되고 LED 출력 쪽에는 DDC 모듈이 커넥터로 연결된 뒤에 CCU와 DDC 모듈은 CAN 네트워크로 연결하는 형태가 된다(〈그림 8-22〉).

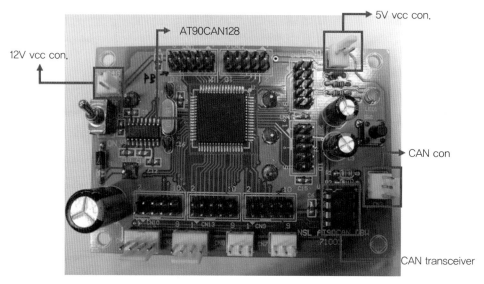

〈그림 8-22〉 CCU 및 DDC 모듈로 사용한 CAN 모듈

도어 시스템의 소프트웨어 구성

기본적으로 Atmel사의 마이크로컨트롤러를 이용해 CAN 네트워크 프로그래밍을 하는 경우, 대부분의 반도체 제조사에서는 자사의 하드웨어에 적합한 Library 함수를 제공한다. AT90CAN128의 경우 Canlib.c를 홈페이지를 통해 제공하고 있으며, 아래 7개 주요 함수를 사용할 수 있다. 이 중에서 [*] 표시를 한 함수는 본 절에서 CAN 네트워크 구현에 사용된 함수이다.

- canGetFreeMob ( )
- canSetBitTiming ( )
- canInit ( ) *
- canSendMsg ( ) *
- canEnableRx ( ) *
- canAbort ( )
- canReceiveMessage ( ) *

canInit( )

canInit 함수는 마이크로컨트롤러에 내장된 CAN 컨트롤러를 초기화하는 함수이며, 네트워크의 통신 속도와 sampling point 등 기본적인 컨트롤러의 초깃값을 설정하는 데 사용하는 함수이다. 함수의 원형은 아래와 같으며, 주요 레지스터 값은 데이터시트에 나와 있는 〈표 8-1〉를 참조해 사용자가 설정하면 된다.

```
void canInit(uint8_t sjw, uint8_t brp, uint8_t phseg1, uint8_t phseg2,
uint8_t propseg)
```

〈표 8-1〉 AT90CAN128 CAN 컨트롤러의 레지스터 테이블

fclk_io (MHz)	CAN Baud Rate (Kbps)	Description							Segments	Registers		
		sampling Point	TQ (μs)	Tbit (TQ)	Tprs (TQ)	Tph1 (TQ)	Tph2 (TQ)	Tsjw (TQ)	CANBT1	CANBT2	CANBT3
16.000	1000	75%	0.0625	16	7	4	4	1	0x00	0x0C	0x37
			0.125	8	3	2	2	1	0x02	0x04	0x13
	500	75%	0.125	16	7	4	4	1	0x02	0x0C	0x37
			0.250	8	3	2	2	1	0x06	0x04	0x13
	250	75%	0.250	16	7	4	4	1	0x06	0x0C	0x37
			0.500	8	3	2	2	1	0x0E	0x04	0x13
	200	75%	0.3125	16	7	4	4	1	0x08	0x0C	0x37
			0.625	8	3	2	2	1	0x12	0x04	0x13
	125	75%	0.500	16	7	4	4	1	0x0E	0x0C	0x37
			1.000	8	3	2	2	1	0x1E	0x04	0x13
	100	75%	0.625	16	7	4	4	1	0x12	0x0C	0x37
			1.350	8	3	2	2	1	0x26	0x04	0x13

canEnableRx( )

canEnableRx 함수는 네트워크 버스로부터 전송되는 CAN 메시지를 수신하기 위한 컨트롤러를 설정하는 목적으로 사용된다. 주로 메시지 오브젝트, ID, ID 마스크 등을 설정하는 용도로 사용되며 함수의 원형은 아래와 같다.

```
int8_t canEnableRx(uint8_t mob, uint32_t id, uint8_t extId, uint8_t rtrId, uint32_t mask,
uint8_t extMask, uint8_t rtrMask)
```

canReceiveMessage( )

canReceiveMessage 함수는 네트워크의 CAN 메시지를 직접 수신하기 위한 용도로 사용된다. 이 함수에서는 수신된 CAN 메시지의 구조에 따라 ID, 길이, 데이터 등을 저장할 수 있으며, 함수의 원형은 아래와 같다.

```
int8_t canReceiveMessage(CANFRAME *frame)
```

canSendMessage( )

canSendMessage 함수는 네트워크 버스로 CAN 메시지를 송신하기 위한 용도로 사용된다. 이 함수에서는 사용자가 송신하고자 하는 CAN 메시지의 ID, 데이터열, 길이 등을 지정할 수 있으며, 데이터는 이 함수를 사용하기 전에 미리 정의되어 있어야 한다. 함수의 원형은 아래와 같다.

```
void CANSendMessage(unsigned long sendID, unsigned char *msg, unsigned char len)
```

도어 시스템의 소프트웨어 설계

먼저 DDC 모듈에서 사용할 윈도우 관련 변수의 초기화를 비롯해 실제 소프트웨어 구현에 대해 설명한다. 윈도우 및 도어를 제어하는 데 필요한 변수를 정의하면 아래와 같다.

```
int8_t WindowLockRE = 0, DoorLockRE = 0, WindowPosition = 0xff;
int8_t WindowUp = 0, WindowDown = 0, WindowLock = 0,
    DoorLock = 0, OldWindowUp=0, OldWindowDown=0;
unsigned char lock=0x00;
```

본 실습 예제에서는 일반적으로 사용되는 CAN 네트워크 버스의 설정을 참조해 통신속도 500Kbps, 샘플링 포인트 75%로 설계했으며, canInit 함수를 사용해 CAN 컨트롤러를 초기화하기 위한 변수는 아래와 같이 설정하였다.

```
#define BRP 1// 500Kbps
#define PRS 7
#define PHS14
#define PHS24
#define SJW 1
```

다음으로 DDC 모듈에서는 CCU 모듈에서 수신되는 스위치의 입력에 따라 LED를 출력하는 부분이 필요하므로 먼저 CAN 메시지를 수신하는 부분의 구현이 필요하며, 위에서 설명했던 canReceiveMsg 함수를 사용해 ID가 0x1A0인 메시지를 수신해 위에서 정의한 각 변수에 저장하는 부분을 아래와 같이 구현하였다. 즉, 0x1A0 메시지가 수신되면 수신된 메시지의 첫 번째 바이트를 비트 연산을 통해 CCU 에서 전송한 스위치의 상태를 변수에 저장하였다.

```
if((RECEIVE->id)==0x1A0)
{
    WindowUp = ((RECEIVE->byte[0] >> 0) & 0x01);
    WindowDown = ((RECEIVE->byte[0] >> 1) & 0x01);
    WindowLock = ((RECEIVE->byte[0] >> 2) & 0x01);
    DoorLock = ((RECEIVE->byte[0] >> 3) & 0x01);
}
```

〈표 8-2〉는 CCU에서 전송하는 메시지에 대한 정보를 요약해서 표시한 것이다. 메시지 ID는 0x1A0, 전송주기는 10msec이며, 첫 번째 비트부터 WindowUp, WindowDown, WindowLock, DoorLock 신호를 의미한다.

〈**표 8-2**〉 CCU 전송 메시지 정보 요약

message name	ID	Tx node	Rx node	generation period (ms)	tolerance (ms)	delay (ms)	DLC (byte)	signal	start bit	bit length	unit	range
CCU1_ MSG	0x1A0	CCU1	DDC	10	5	5	1	WindowUp	0	1	–	–
								WindowDown	1	1	–	–
								WindowLock	2	1	–	–
								DoorLock	3	1	–	–

위의 스위치 상태값에 따라 LED를 출력하는 부분을 구현해야 하는데, 앞에서 설명한 바와 같이 윈도우 및 도어의 잠금신호에 따라 LED를 On/Off하도록 설계했으며, LED를 PORT D에 연결했으므로 아래와 같이 프로그램을 구성하였다.

```
switch ((WindowLock)|(DoorLock<<1))
{
    case 0://DoorLock, WindowLock

            PORTD =0x03;
            break;
```

```
    case 1: //WindowLock
            PORTD =0x02;
            break;
    case 2: //DoorLock
            PORTD =0x01;
            break;
    case 3: //DoorUnLock, WindowUnLock
            PORTD =0x00;
            break;
    default:
    break;
}
```

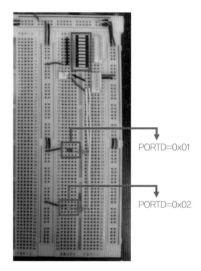

PORTD=0x01

PORTD=0x02

〈그림 8-23〉 PORTD LED 출력

이렇게 DDC 쪽의 LED 출력을 설정하고 나면 정상적으로 반영되었는지에 대한 응답을 CCU 쪽으로 전송해야 하는데, 이를 위해 아래와 같이 프로그램을 구성하였다. 변수에 RE가 붙은 부분은 응답을 표시한 것이다.

```
WindowLockRE = WindowLock;
DoorLockRE = DoorLock;
data[0] = ((WindowLockRE << 1) | DoorLockRE);
data[1] = WindowPosition;
```

〈표 8-3〉 DDC에서 전송하는 0x2A0 메시지

Design and Validation of CAN Network System using CANoe

Development of software – DDC(window side)

DDC 프레임의 signal

- WindowLockRE = WindowLock;
- DoorLockRE = DoorLock;
- data[0] = ((WindowLockRE << 1) | DoorLockRE);
- data[1] = WindowPosition;

message name	ID	Tx node	Rx node	generarion period(ms)	tolerance (ms)	delay (ms)	DLC (byte)	signal	start bit	bit length	unit	range
								WindowLOckRE	0	1	–	–
DDC_MSG	0x2A0	DDC	CCUl	10	5	5	2	DoorLockRE	1	1	–	–
								WindowPosition	8	8	–	0~7

이상의 과정을 통해 DDC 모듈의 임베디드 소프트웨어에 대한 설계가 완료되었으며, 이제 운전자의
제어값을 메시지로 전송하는 CCU에 대한 소프트웨어에 대해 기술한다. CCU 쪽에서도 DDC 모듈에
서 설정한 것과 마찬가지로 통신속도와 샘플링 포인트 등은 동일하게 설정하였다. CCU 모듈에서 사용
하는 도어 및 윈도우 관련 변수는 아래와 같다.

```
unsigned char data[1], WindowLockRE, DoorLockRE, WindowPosition;
```

각 변수는 CCU에서 전송하는 메시지와 CAN 네트워크를 통해 수신된 DDC의 응답 메시지를 저장하
는 용도로 사용된다. 〈표 8-3〉에서 보는 것과 같이 0x2A0 메시지가 DDC에서 전송하는 메시지이며,
위의 비트 위치에 따라 아래와 같이 관련 변수의 값을 저장할 수 있게 프로그램을 구성하였다.

```
if((RECEIVE->id)==0x2a0)
{
    WindowLockRE=((RECEIVE->byte[0])>>1)&0x01);
    DoorLockRE=((RECEIVE->byte[0])&0x01);
    WindowPosition=RECEIVE->byte[1];
}
```

마지막으로 CCU 모듈에서 운전자의 스위치 입력을 받아 메시지에 저장하는 부분은 아래와 같이 구성
하였다.

```
if( (PINE & 0b00010000)) data[0] = (data[0]|1);
if( (PINE & 0b00100000)) data[0] = (data[0]|2);
if( (PINE & 0b01000000)) data[0] = (data[0]|4);
if( (PINE & 0b10000000)) data[0] = (data[0]|8);
```

도어 및 윈도우의 잠금 스위치는 푸쉬 형태의 스위치를 사용했으며, PORT E에 연결되어 있으므로 E
포트의 상태를 저장하고 있는 PINE 레지스터를 비트연산해서 data[0] 메시지에 저장하였다. 예를 들
어 네 번째 구문부터 역순으로 E 포트의 최상위 비트(7번 핀), 그다음 비트(6번 핀)의 순으로 스위치
입력을 확인할 수 있다.

이상의 과정을 통해 비록 실제 차량용 전장품을 활용하지는 않았지만 스위치와 LED만으로 간단한 형
태의 도어 및 윈도우 시스템을 모사했고, CAN 네트워크를 구성하고 구현하였다. 위의 과정에서 CAN
메시지가 설계사양에 따라 정상적으로 송·수신되는지는 앞 절에서 설명한 CANoe 등으로 확인할 수
있으며, 경우에 따라 CCU 모듈과 시뮬레이션 모듈, 또는 시뮬레이션 모듈과 DDC 모듈 등을 연결해
크로스 평가를 수행해 문제점을 파악할 수도 있다.

ITS 시스템

ITS 시스템 개요

ITS(Intelligent Transport Systems)는 지능형 교통체계로 교통지체, 교통사고, 대기오염을 더 경제적이고 효과적으로 개선하기 위해 컴퓨터, 통신, 전자 등 첨단과학기술로 기존의 교통체계를 지능화한 새로운 개념의 교통시스템이다. 지능형교통시스템(ITS)은 교통환경, 교통안전, 교통운영, 쾌적한 도시조성 등을 구현하는 데 목적이 있으며, 교통운영의 효율성 확보를 통한 교통사고 감소, 즉각적인 돌발사고 처리, 빠르고 편리한 이동경로 선택 등 이용자 편의를 최우선의 목적으로 하고 있다. 우리 생활에서 접할 수 있는 ITS에는 버스정류장의 버스도착안내 시스템, 교차로에서 교통량에 따라 자동으로 차량신호가 바뀌는 시스템, 내비게이션의 실시간 교통정보, 하이패스 등이 있다.

〈그림 8-24〉 SK플래닛의 Tmap 내비게이션(출처: SK플래닛)

〈그림 8-24〉는 국내의 대표적인 ITS 서비스 중의 하나인 티맵(T map)을 나타낸 것으로 티맵은 SK텔레콤의 자회사인 SK플래닛에서 제공하는 위치 기반 서비스이다. 2002년 첫 서비스를 시작해 2011년 10월 말 기준으로 가입자 수는 1,000만 명으로 집계되며, 한 달에 한 번이라도 서비스를 이용해 본 사용자 수는 420만 명에 이르는 대표적인 실시간 교통정보기반 내비게이션 시스템이다. 2001년 11월부터 네이트 드라이브(NATE Drive)라는 이름으로 처음에는 내부 직원 대상으로 시범 운영하다 2002년 2월 정식 서비스를 시작하였다.

〈그림 8-25〉 실시간 버스정보안내시스템의 운영과정(출처: 김해시 버스정보시스템(BIS))

〈그림 8-25〉는 버스정보안내시스템 BIS(Bus Information System, 버스정보시스템)의 운영 과정을 도식적으로 나타낸 것이다. 버스정보안내시스템은 버스단말기를 탑재한 차량으로부터 실시간으로 버스 운행과 관련된 정보를 수집하고, 정보의 이용 목적에 따라 가공해 정류장 대기 승객, 차내 승객, 버스운전자 등에게 정보를 제공해 줌으로써 시내버스 서비스를 향상시키는 실시간 정보시스템이다.

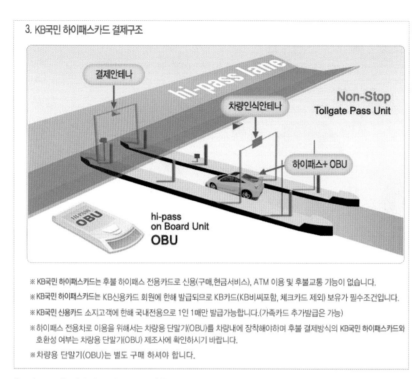

〈그림 8-26〉 하이패스 시스템 구조(출처: KB국민 하이패스카드 결제 구조, KB국민카드)

〈그림 8-26〉에 나타낸 하이패스(hi-pass)는 국내의 고속도로와 유료도로의 통행료를 정차할 필요 없이 무선 통신으로 지불할 수 있게 하는 시스템으로 DSRC(Dedicated Short-Range Communication, 근거리 전용 통신)를 사용해 차량 단말기와 요금소 설비와의 통신으로 통행료 자동정산을 가능하게 한다. 하이패스는 통신방식에 따라 RF(radio frequency, 라디오 주파수) 방식과 IR(infrared, 적외선) 방식이 있다. RF 방식은 전파를 이용하는 특징상 통신 거리가 길기 때문에 차량 부착 시 위치가 자유롭다. IR 방식은 통신 거리가 짧고 적외선의 방향성으로 인해 반드시 차량 전면 유리에 부착해야 한다는 단점이 있지만 전면 금속막(자외선) 코팅이 된 일부 국산 차종과 수입 차종에는 RF 방식 단말기의 통신 오류가 생기므로 이러한 차량은 IR 방식을 사용한다.

이상으로 설명한 3개의 ITS 시스템으로 인해 현재 우리는 실시간 교통상황과 우회경로 정보에 따라 빠른 길로 운행할 수 있고, 고속도로를 포함한 일부 유료도로에서 요금을 지불하기 위해 잠시도 멈출 필요가 없다. 또한 운전 중 도로상황에 따라 실시간으로 신호가 바뀌고 있으며, 자신이 기다리는 버스가 언제쯤 도착하는지 식당이나 집에서 언제든지 알 수도 있다. 기본적으로 ITS 기술은 대부분 저전력, 저탄소를 지향한다. 미국, 일본, 영국 등 선진국은 국가적인 차원에서 저탄소 녹색성장 전략을 추진하고

있으며, 우리나라도 녹색환경조성(U-ECO), 저탄소 녹색성장 정책을 통해 도로에서의 이산화탄소
(CO_2) 절감을 위해 노력하고 있다.

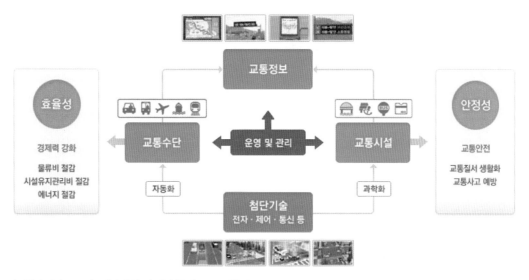

〈그림 8-27〉 ITS 시스템의 운영 및 장점(출처: 국토교통부)

국내의 경우 1993년 4월 대통령 직속 SOC 투자기획단에서 국내 최초로 검토했던 지능형교통시스템
(ITS)은 1997년 9월 'ITS 기본계획'이 확정된 이래 빠르게 발전해 왔다. 교통관리 최적화, 전자지불처
리, 첨단교통정보, 첨단 대중교통, 차량·도로의 첨단화로 대표되는 ITS는 IT산업의 발전을 발판 삼아
위에서 설명했던 하이패스, 버스정보시스템(BIS), 무인단속시스템, 내비게이션, TPEG 등 공공사업
과 상품, 서비스 형태로 어느덧 우리 생활과 매우 밀접한 관계를 맺고 있다.

국내의 ITS 기술분야별 추진방향은 우선 "국책과제를 기반으로 추진하되 민간기업의 참여율을 유도해
ITS 분야의 산업화를 촉진하고, 총괄 부분은 국토교통부가 담당해서 추진하는 것"을 기본 방향으로 하
고 있다.

- 국토교통부: 법·제도의 제정·운영 및 전체 사업의 총괄·조정
- 방송통신위원회: 통신·방송망 활용계획 수립 및 관련표준 연구·제정
- 산업통상자원부: 첨단차량 서비스 제공 및 관련표준 연구·제정
- 미래창조과학부: ITS 관련 기반기술 연구개발·지원
- 안전행정부: 지자체 ITS 사업의 지원·조장

- 경찰청: 도로교통법상 교통시설 및 단속관련 서비스 제공
- 지방자치단체: 도시교통관리 등 소관 서비스 제공
- 한국도로공사: 고속도로관련 ITS 사업계획 수립 · 추진

위의 부처별 업무영역을 바탕으로 국토교통부에서는 『건설 · 교통R&D 액션플랜』을 통한 VC(Value Creator)-10사업의 일환으로 2008년 9월부터 총사업비 960억원을 투입해 스마트하이웨이 연구를 진행하고 있다. VC-10은 혁신로드맵의 비전과 목표를 바탕으로 정책 · 산업 · 기술적 중요도와 전문가 의견 및 시장동향을 반영해 세계 일류 기술 개발을 위한 중점 전략 10대 프로젝트로 당시 건설교통부 가 추진한 정부주도의 대형 프로젝트이다(〈표 8-4〉 참고). 향후 10년간 건설교통 R&D에 약 6조 5000억 원을 투자함으로써 향후 총 110조에서 150조 원의 경제적인 효과를 얻고, 최소 70만 명의 고용을 창출하는 것을 계획하고 있다. 이를 통해 건설공사비를 5~10% 절감하고, 물류비와 교통혼잡비, 교통사고비용, 재해재난비용 등도 10% 줄이는 한편 2015년까지 해외시장 점유율 10%를 달성하는 것을 최종 목표로 한다.

10대 중점 프로젝트 중의 하나인 스마트하이웨이 사업은 첨단 도로기술, IT를 활용한 통신기술, 차세대 자동차기술을 상호 융 · 복합해서 더욱 안전하고 편리한 고속도로를 실용화 결과물로 제시하는 국가 R&D 사업으로 2014년 7월 완료를 목표로 추진하고 있다. 이를 통해 미래사회에서 요구하는 안전하고 쾌적한 교통 욕구에 맞춰 고속주행이 가능한 지능형 첨단 고속도로시스템을 개발하고 국내 거점 도시 간 공간적 한계를 극복할 수 있을 것으로 기대하고 있다.

〈표 8-4〉 건설 · 교통R&D 액션플랜을 통한 VC-10사업 요약

	프로젝트명	사업내용	기대효과
1	U-Eco city	• 세계 최초의 IT 도시 구현 • 첨단 IT기술을 활용한 에너지 자원 및 생태계 순환을 유지하는 도식	• ET · IT · BT 융합으로 건설산업 해외시장 30%증진 • 에너지 최적화로 SoC 유지 비용 20% 절감
2	초고층 복합빌딩	• 높이 1,000m 초고층 건축물을 1,000일에 건설하기 위한 설계시공 능력 확보	• 수주경쟁력 제고 및 신규 시장 개척과 매출 50% 증가 • 초고층 집중지구 건설 시 도시 토지 이용률 100% 증가
3	도시재생시스템	• 도시 구조 재편, 인프라 재정비, 신 공간 창출 등 리노베이션 시스템	• 도시 주거생활의 편의 20% 증진, 이동성 20% 향상 • 부가가치 창출로 SoC 투자의 효율성 5% 향상

	프로젝트명	사업내용	기대효과
4	지능형 국토정보기술	• 위치정보 제공 및 활용 서비스, 고도 국토정보 구축 · 처리 · 활용기술	• 국토정보 세계시장 점유율 향상으로 천억 원대 국부 창출 • 재해 · 재난을 모니터링하는 정확한 국토정보 제공
5	스마트 하이웨이	• 안전하고 쾌적한 고속주행이 가능한 지능형 고속도로 시스템	• 세계 고기능도로 건설시장 공략 • 자동차 산업 등 국내 산업의 기술발전 지원 및 파급효과
6	초장대 교량	• 경간장 2Km 이상의 세계 최장대급 교량의 설계 · 시공 · 관리 · 운영기술	• 고서의 관광자원화 등 국민생활 편의증진 • 건설교통산업 매출증가(50%) 및 비용감사(30%)
7	미래고속철도	• 한국형고속열차(G-7열차)에 이은 고효율/고성능 동력분산식 열차 개발	• 국내외 수요 대응에 따른 경제효과 총 6조 8,800억원 • 장거리 여행의 서비스 개선 및 친환경 수송시스템 도입
8	도시형 자기부상열차	• 110Km/h 속도에서 전자기력에 의해 부상, 궤도를 운행하는 철도시스템 상용화	• 철도건설 비용 절감 9천억 원, 생산유발 효과 25천억 원, 고용유발 27억 원
9	해수 담수화 시스템	• 해수담수화 플랜트 개발로 물부족에 대비 • 전 세계 담수화 시장의 우위를 유지하기 위한 원천기술 확보	• 건당 수천 억~1조 이상의 대형 수주시장 수출 전략산업 육성 • 해안지역 등 중소도시에 안정적인 용수 공급
10	중소형 항공기 인증기술	• 지방공항 활성화 및 국토균형 발전을 이룰 수 있는 차세대 항공기술	• 항공 부문의 여객분담율 50%증대 및 물류효율 향상에 기여

○ 2006. 5 :『건설 · 교통R&D 액션플랜』확정, VC-10선정

○ 2007. 8 :『제26회 과학기술관계장관회의』안건 상정, 원안통과

○ 2007.10 : 총괄기관(사업단장) 선정 및 협약 체결

   - 한국건설교통기술평가원, 한국도로공사, 스마트하이웨이사업단

○ 2008. 9 : 1차년도 연구 착수

○ 2011. 3 : 스마트하이웨이사업 보완기획 시행

   - 체험도로 구축계획 확정

○ 2011.10 : 스마트하이웨이사업 5차년도 연구 착수 및 체험도로 구축중

〈그림 8-28〉 스마트하이웨이사업 추진경위(출처: 스마트 하이웨이 사업단)

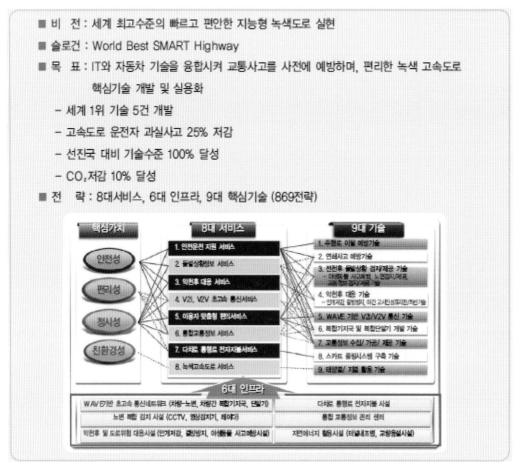

■ 비   전 : 세계 최고수준의 빠르고 편안한 지능형 녹색도로 실현
■ 슬로건 : World Best SMART Highway
■ 목   표 : IT와 자동차 기술을 융합시켜 교통사고를 사전에 예방하며, 편리한 녹색 고속도로
          핵심기술 개발 및 실용화
  – 세계 1위 기술 5건 개발
  – 고속도로 운전자 과실사고 25% 저감
  – 선진국 대비 기술수준 100% 달성
  – CO_2저감 10% 달성
■ 전   략 : 8대서비스, 6대 인프라, 9대 핵심기술 (869전략)

〈그림 8-29〉 스마트하이웨이 전략체계(출처: 스마트 하이웨이 사업단)

스마트하이웨이 사업은 테스트베드형 사업으로서 개발된 기술을 실제 공용도로에 설치하고, 도로환경 및 기타 원인으로 발생할 수 있는 문제점의 사전진단 및 조치, 개발 기술 간의 연계 검증 등을 통해 개발기술이 조기에 실용화될 수 있도록 추진하고 있는 사업이다. 이를 위해 스마트하이웨이 사업단에서는 2011년 4월부터 한국도로공사가 관리하고 있는 중부내륙고속도로 여주시험도로 7.7km 구간에 스마트하이웨이 개발기술을 연계 검증하고 체험할 수 있게 연구 성과를 집약 설치하는 "스마트하이웨이 체험도로(〈그림 8-30〉)"를 구축 중이다.

스마트하이웨이 체험도로는 2012년 7월까지 공용 인프라 및 연구 성과물의 구축을 완료했고, 연구개발 기술 간의 연계 및 검증을 통한 개발기술의 고도화와 성과물의 상용화를 위해 사업기간인 2014년 7월까지 운영될 예정이다. 스마트하이웨이 체험도로에는 6개 지점에 멀티폴을 설치해 전 구간에서

WAVE 통신(V2I&V2V)이 가능하게 했고, 그 밖에도 공용인프라 및 연구 성과물을 설치해 10개 단위 기술(9대 핵심기술 및 체험도로 운영센터 구축·운영)에 대한 연계 검증·평가와 함께 9개 서비스를 관계기관 및 일반인들에게 시연함으로써 기술의 검증과 홍보에 활용할 계획이다. 특히, 체험도로 운영센터에서 각종정보를 수집·가공 및 제공하고 기술 간 연계 검증을 통해 스마트하이웨이의 성공 가능성을 사전에 입증 할 계획이다.

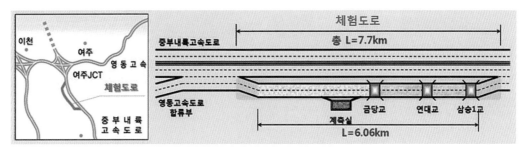

〈그림 8-30〉 스마트하이웨이 체험도로(출처: 스마트 하이웨이 사업단)

본 사례에서는 스마트하이웨이 사업의 일환으로 추진되고 있는 "도로 정보기반의 차량제어 지원기술"에 대해 간략히 소개하고자 한다. 특히 차량제어를 위해 개발한 추돌위험도 판단 알고리즘 및 임베디드 소프트웨어의 구현에 대해 구체적으로 기술하였다.

일반적으로 고속도로 교통사고는 일반도로에 비해 발생 건수는 적지만 대형 교통사고 발생률은 20.7배, 치사율은 4.1배 높아 고속도로상의 사고의 심각성이 높다. 이에 고속도로 상의 장애물(사고 포함)을 인지해 교통사고를 예방하거나 회피, 경감시키고자 감지센서를 활용한 첨단 운전자 보조시스템(ADAS)에 대한 연구가 활발히 진행되고 있고, 일부는 현재 실제 차량에 적용되는 단계에 이르렀다. 이와 관련된 선행 연구에서는 전방 장애물을 검지하기 위해 레이더 또는 레이저를 이용한 방법, 카메라를 이용한 방법, 그리고 센서 융합을 통한 방법이 있다.

하지만 이러한 감지센서는 외부 환경에 따른 취득 정보의 신뢰성 문제와 노이즈, 그리고 센서 자체의 검지영역의 한계성 문제를 안고 있고 고가의 장비로 모든 차량에 적용하기에는 현실적으로 어렵다. 또한 광범위한 영역에서의 주행안전성을 향상시키는 데 제약이 따른다고 할 수 있다. 이런 문제점을 개선하고자 대두되고 있는 기술이 〈그림 8-31〉에 나타낸 것과 같은 무선통신을 기반으로 하는 V2I(자동차-인프라) 연계 상황인지 기반 능동형 주행안전시스템이다.

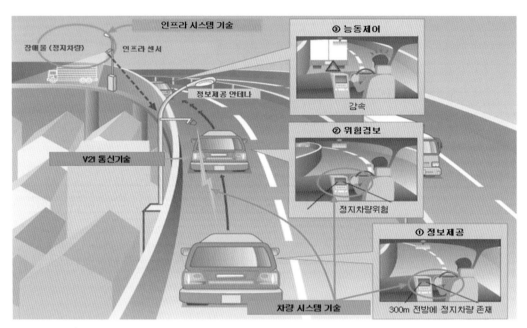

〈그림 8-31〉 V2X(자동차-인프라/자동차) 시스템의 구성 예

이 시스템은 고가의 검지센서를 차량이 아닌 인프라에 설치하고 검지된 정보를 무선통신(WAVE)을 이용해 공유하는 형태로 검지센서의 검지영역을 넘어선 도로환경에 대한 정보를 취득해 주행안전성을 향상시키는 것을 목표로 삼고 있다. 본 사례에서는 도로정보(낙하물, 사고정보 등)와 차량정보(조작, 거동)를 통합해 차량 주행상황에서 발생할 수 있는 위험상황을 판단하고 운전자에게 위험경고 및 자동 제어하기 위한 알고리즘에 대해 기술한다.

도로정보 기반의 위험상황 판단 알고리즘은 고속도로 사고 다발 지역에서의 위험 상황에서 운전자의 안전운전을 지원하기 위해 도로정보와 차량정보를 융합하는 정보통합부분 및 위험상황 판단 부분으로 나눈다. 전체적인 시스템 구성은 〈그림 8-32〉와 같다. 구체적으로는 무선통신을 통한 도로정보(낙하물, 사고차량 점등)와 차량내부정보(거동, 조작)를 취득하는 인지부, 도로정보와 차량정보를 융합해 충돌 위험을 통합적으로 판단하는 판단부, 마지막으로 운전자에게 추돌 위험도 경보 및 차량의 자동감 속 제어하는 액션부로 분류할 수 있다.

위험상황 판단 알고리즘은 현재 주행하고 있는 차선과 동일한 차선에서 사고 등의 이유로 정지한 차량 또는 장애물 등이 발생했을 때, 무선통신을 통해 미리 전방 상황을 인지하고 상황에 맞춰 운전자에게 경고를 알려주거나 차량의 긴급제동 등을 수행할 수 있게 설계되었다. 위험상황 판단 알고리즘은 도로 정보와 차량 정보를 알 수 있다고 가정하고 가상 시뮬레이션을 바탕으로 설계하였다.

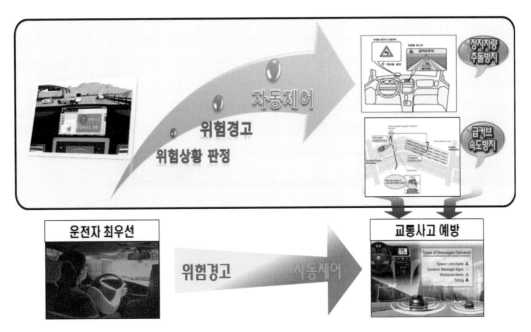

〈그림 8-32〉 ITS 시스템에서의 추돌위험 판정 시스템 구성도

설계 목표인 동일 차로 상에 발생한 전방 정지차량의 추돌방지 기능을 수행하기 위한 알고리즘 개발에 앞서 주행 시나리오 정의가 필수적이다. 주행 시나리오를 바탕으로 알고리즘 입/출력 변수를 선정할 수 있기 때문이다. 고속도로 상에서 차량 탑재 센서로 검지가 어려운 영역, 특히 급커브 구간이나 진입 구간에서 사고가 발생했을 때 인프라에서 정보를 수신해 감속 주행하는 기능으로 진입 구간에서는 커브 구간의 안전속도에 맞게 주행 속도를 제어한다. 간단히 설명하면 사고차량은 인프라 시스템에서 도로정보를 받지 못하는 상황이고, 안전차량은 인프라 시스템에서 도로정보를 받는 상황이다. 사고차량은 급커브 정보를 알 수 없기 때문에 계속 고속주행을 해서 주행안전성을 잃고 주행차선을 이탈해서 사고가 발생한다. 반면 안전차량은 무선통신을 통해 도로정보를 사전에 알 수 있기 때문에 미연에 안전속도로 감속해 사고를 회피할 수 있게 된다.

여기서 정지거리란 운전자가 같은 차로 상에 있는 고장차나 낙하물 등의 장애물 또는 위험요소를 인지하고 차량을 제동해서 안전하게 정지하거나 회피해서 주행하는 데 필요한 길이를 설계도로에 따라 산정한 것이다. 즉, 정지거리는 〈그림 8-33〉에 나타낸 것과 같이 제동반응거리와 제동정지거리를 합한 거리다.

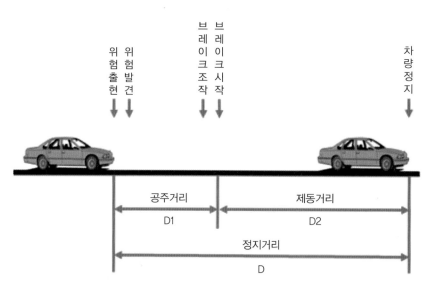

〈그림 8-33〉 ITS 시스템에서의 추돌위험 판정을 위한 정지거리의 예

ITS 시스템 시뮬레이션 환경

CANoe(CAN Open Environment)는 계획에서 설치에 이르는 네트워크 시스템 구축을 위한 전체 개발과정을 지원하는 강력한 도구이다. 또한 CANoe는 하나의 프로젝트에 관련된 모든 사용자를 위한 툴이다. 기능 분배, 테스트, 그리고 전체 시스템 통합과 같은 역할별로 기술 지원된다. 시뮬레이션을 통해 이상적인 테스트 환경을 제공한다. 여러 업체가 관련된 프로젝트를 위해 상호 독립적이고, 병렬적인 네트워크 노드 개발이 가능하다. CANoe에는 CANoe pex, CANoe run 그리고 CANoe full 등 3가지 버전이 있다. CANoe는 CANopen, ISO1178 3, J1939, LIN, MCNet, MOST 그리고 NMEA 2000을 위한 플러그인을 통해 확장 가능하다. 이들 옵션은 하나의 시스템에 다양하게 사용할 수 있다.

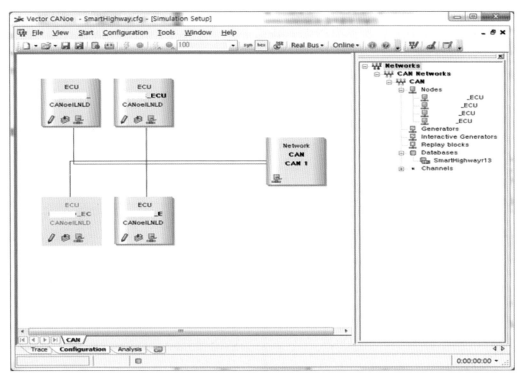

〈**그림 8-34**〉 ITS 시스템의 시스템 구축을 위한 시뮬레이션 환경

위에서 언급한 형태의 "도로정보 기반의 차량제어 지원기술 개발"의 유효성을 검증하기 위해 1차적으로 몇 개의 ECU로 구성된 ITS 시뮬레이션 시스템을 구성했다. 시뮬레이션 환경은 특정 기능을 수행하는 ECU 5개로 구성되어 있으며, 각 ECU는 CANoe 시뮬레이션 툴에서 제공하는 CAPL(CANoe Application Programming Language)를 이용해 모사하였다.

- ECU #1: 첫 번째 ECU에서는 차량의 속도제어를 수행하는 역할을 하며, 차량에 장착되어 있는 샤시시스템에 차량의 목표 가속도 및 목표 감속도를 네트워크로 전송해 차량의 속도제어를 수행하는 역할을 한다. 여기서 첫 번째 ECU의 프로그램은 Micro-C/OS를 기반으로 작성되었으며, 네트워크를 통해 전방차량 추돌위험 정보만 수신하고 차량의 목표 가/감속도만을 전송하는 역할을 한다.

- ECU #2: 두 번째 ECU는 도로정보(Infrastructure)를 이용해 도로상에 존재하는 장애물의 정보를 수신해 네트워크로 전송하는 역할을 한다. 두 번째 ECU에서는 WAVE 통신모듈과 연결되어 레이더로 검출한 장애물 정보 및 인프라의 GPS 정보를 융합해 장애물의 절대측위(위, 경도)를 네트워크로 전송하는 역할을 한다.

- ECU #3: 세 번째 ECU에서는 차량에 장착되어 있는 고정밀 위치측위 모듈과 연결되어 현재 차량의 위치를 전송하는 역할을 한다. 고정밀 위치측위 모듈은 일반적으로 사용되는 GPS를 이용했으며, 초당 10번의 차량 위치를 측정 네트워크로 전송하는 역할을 한다.

- ECU #4: 네 번째 ECU에서는 ECU#2에서 전송되는 도로상에 존재하는 장애물의 정보, ECU#3에서 전송되는 현재 차량의 위치정보를 수신해 현재 차속과 융합한다. 융합된 결과는 추돌위험도 레벨로 산출되며, 현재 차량의 위치와 속도 장애물의 위치와 속도, 장애물까지의 추돌시간(TTC, Time To Collision)을 계산하여 종합적으로 추돌위험도를 판단하는 역할을 한다. 여기서 계산된 추돌위험 레벨은 최종적으로 ECU#1에 전송되어 차량의 속도를 가속 또는 감속하도록 결정한다.

여기서 각 ECU 간의 전송되는 메시지 포맷은 본 사례를 구축함에 있어 공동 작업을 수행했던 기관 간의 협의 과정을 통해 〈그림 8-35〉와 같이 별도의 규격화된 '메시지 표준' 형태로 정의해서 사용하였다.

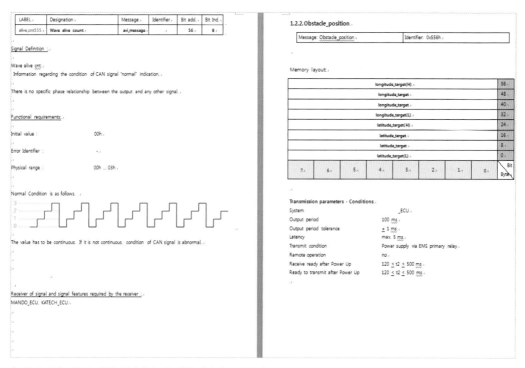

〈그림 8-35〉 ITS 시스템의 인터페이스를 위한 메시지 규격의 예

ITS 시스템에서의 ECU 소프트웨어 구현

앞에서 언급한 바와 같이 ECU#4에서는 자동차의 위치 속도와 장애물의 위치와 속도를 네트워크를 통해 수신해 추돌 위험도를 판단하는 기초자료로 사용하고 있다. 〈그림 8-36〉에서 나타낸 get_vehicle_data( ) 함수에서는 정의된 메시지 규격에 따라 Vehicle_X_Position, Vehicle_Y_Position, Target_X_Position, Target_Y_Position, Vehicle_Speed 변수에 차량정보를 수집하게된다. 이 경우 각 변수는 32bit 데이터 크기로 정의한다.

```
void get_vehicle_data()
{
    Vehicle_X_Position = VPM1.B.latitude_vehicle;
    Vehicle_Y_Position = VPM1.B.longitude_vehicle;
    Target_X_Position = TPM1.B.latitude_target;
    Target_Y_Position = TPM1.B.longitude_target;
    Vehicle_Speed = CLUM.B.vehicle_speed*0.5;
}
```

〈그림 8-36〉 get_vehicle_data( )함수

〈그림 8-37〉에서 나타낸 메시지와 관련된 변수는 차량용 네트워크로 정의된 CAN 메시지 규격에 따라 8byte(64bit) 크기로 타입을 정의했으며, target_position에서는 장애물의 종방향, 횡방향 위치정보, vehicle_position에서는 현재 차량의 종방향, 횡방향 위치정보를 변수로 선언해서 사용한다.

```
typedef union target_position
{
    uint16_t data[4];

    struct
    {
        uint32_t longitude_target :    32;
        uint32_t latitude_target  :    32;
    }B;

}target_position;


typedef union vehicle_position
{
    uint16_t data[4];

    struct
    {
        uint32_t longitude_vehicle :   32;
        uint32_t latitude_vehicle  :   32;
    }B;

}vehicle_position;
```

〈그림 8-37〉 target_position 및 vehicle_position 함수

장애물의 위치정보와 현재 차량의 위치정보를 이용해 장애물까지의 추돌시간을 계산하는 알고리즘을 간략히 소개하면 아래와 같이 표현할 수 있다. 먼저 Distance_X와 Distance_Y는 네트워크를 통해 수신받은 고정밀 측위모듈의 정보이므로 기본적으로 GPS 위도 및 경도의 정보이다. 먼저 현재 차량과 장애물까지의 거리를 계산하기 위해서는 위경도 좌표를 직교좌표계로 변환하는 과정이 필요하며, 이러한 과정은 본 사례에서 설명하기에는 너무 복잡하므로 생략하였다. 이 절의 사례에서는 unit_conversion( ) 함수를 설계해 위경도 좌표를 직교좌표로 변환하였다.

다음으로 공주거리를 계산하기 위해 Idle_Running_Distance를 계산하였다. 공주거리는 운전자가 장애물을 인식해 제동장치를 조작할 때까지의 거리를 의미하는 것으로, 기존의 연구결과를 통해 일반적인 운전자의 경우는 600msec~900msec로 알려져 있다. 본 예제에서는 평균치인 800msec로 설정했으며, 현재 차속을 기준으로 800msec 동안은 일정한 속도로 주행하는 것으로 가정하였다.

본 예제에서 적용하는 ITS 시스템에서는 인프라에서 전송되는 장애물의 정보를 이용해 제동장치를 작동하는 시스템이므로 공주거리는 의미가 없으나, 차량의 안전성 및 실제 제동과의 유사성을 확보하기 위해 별도의 공주거리를 계산하는 요소를 사용하였다. 그리고 Braking_Distance, Safety_Distance는 각각 차량의 속도와 거리를 이용해 〈그림 8-38〉과 같이 산출한다. 마지막으로 TTC는 앞에서 연산한 정지거리와 차속을 고려해 산출한다.

```
void calculate_TTC()
{
    Distance_X = unit_conversion(Distance_X);
    Distance_Y = unit_conversion(Distance_Y);
    Distance = sqroot(((Distance_X*Distance_X)+(Distance_Y*Distance_Y)),10);
    Vehicle_Speed = Vehicle_Speed*1000/3600;

    Idle_Running_Distance = Vehicle_Speed*IDLE_RUNNING_TIME;
    Braking_Distance = (Vehicle_Speed*Vehicle_Speed)/(2*Deacceleration_Factor*9.81);
    Safety_Distance = Braking_Distance + Idle_Running_Distance;

    calculation1=((Safety_Distance + 100)/Idle_Running_Distance);
    calculation2=Safety_Distance/Idle_Running_Distance;
    calculation3=(Braking_Distance/Idle_Running_Distance);

    Temp_TTC = sqroot(((Vehicle_Speed)*(Vehicle_Speed))-(2*Deacceleration_Factor*9.8*Distance),10);
    Calculated_TTC = (-Vehicle_Speed-(Temp_TTC))/(Deacceleration_Factor*9.8);
}
```

〈그림 8-38〉 TTC 계산 함수

다음으로 TTC_Lv( ) 함수에서는 〈그림 8-38〉에서 계산된 TTC의 값을 기준으로 운전자에게 제공할 수 있는 서비스를 결정하는 단계로 TTC 값이 14초 이상인 경우는 '위험 없음', TTC 값이 9.2초~14초인 경우에는 '운전자 경고', 7.8초~9.2초인 경우에는 '경고, 제동준비', 7.8초 이하에서는 '자동제동'으로 설정하였다.

```
void TTC_Lv()
{
    if (Distance <= OldDistance) //close to target
    {
        if (Calculated_TTC > 14)
        {
            TTC_Warning_Lv = 0;
            Activated = 1;
        }
        else if ((Calculated_TTC <= 14) && (Calculated_TTC > 9.20) && (Activated == 1))// 경고 1 = 제동거리 + 안
            TTC_Warning_Lv = 1;
        else if ((Calculated_TTC <= 9.20) && (Calculated_TTC > 7.80) && (Activated == 1)) //경고 2 = 제동거리 +
            TTC_Warning_Lv = 2;
        else if ((Calculated_TTC <= 7.80) && (Activated == 1)) // 경고 3 = 자동제어
        {
            TTC_Warning_Lv = 3;
            if ((Vehicle_Speed <= 1))
                iteration++;
            if (iteration == 500)
            {
                Activated = 0;
                iteration = 0;
            }
        }
        else
            TTC_Warning_Lv = 0;
    }
    else //away from target
    {
        TTC_Warning_Lv = 0;
    }
}
```

〈그림 8-39〉 TTC_Lv( )함수

ITS 시스템에서의 ECU 하드웨어 구현

본 사례에서 설명하는 시스템을 구성하기 위해 선정한 실제 ECU는 차량용 마이크로컨트롤러로 널리 사용되고 있는 FreeScale사의 32비트급 PowerPC를 사용하였다. 사례연구를 통해 추돌위험도 판정 알고리즘을 탑재하기 위한 ECU 하드웨어의 전체적인 구조 및 요소회로에 대해 기술하였다.

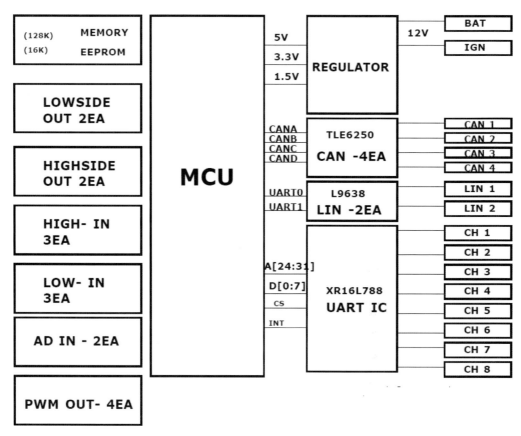

〈그림 8-40〉 ITS 시스템의 소프트웨어 탑재를 위한 ECU 구조도

포토커플러

포토 다이오드와 포토 트랜지스터를 마주보게 배치하고 소자화한 것을 포토 커플러라고 한다. 입력 측에 연결된 회로에 전류가 흐르면 내부에 있는 포토 다이오드가 빛을 발하게 되고, 이 빛을 포토 트랜지스터가 받아 출력 측에 연결된 회로를 구동시키게 된다. 전기적으로 분리되어 있기 때문에 전기적으로 절연할 필요가 있는 곳에 많이 사용된다. 일반적인 DIP형 IC와 동일한 형상을 하고 내부에 여러 개를 함께 실장해서 16핀 패키지로 되는 경우도 있다.

TLP521-1는 하나의 회로, TLP521-2는 두개의 회로, TLP521-3은 3개의 회로, 그리고 TLP521-4는 4개의 회로를 내장하고 있다. 본 사례에서는 대 전류의 전장부품을 구동하는 데 사용되는 릴레이 구동회로와 마이크로컨트롤러의 출력단자와의 인터페이스에 사용하였다.

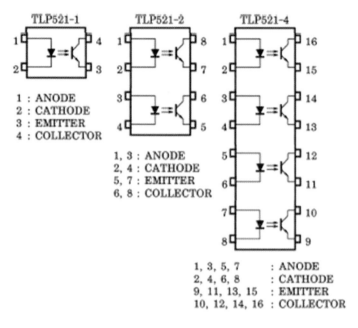

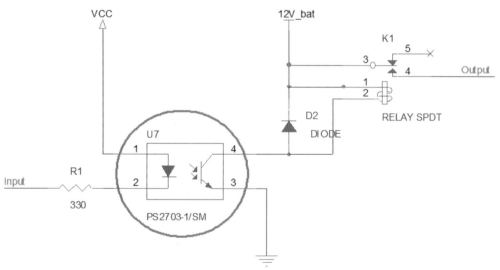

〈그림 8-78〉 ECU 하드웨어에 사용된 TLP521 회로설계도

릴레이

릴레이는 코일에 전류를 흘리면 자석이 되는 성질을 이용하고 있다. 코일이 전자석으로 되었을 때 철판을 끌어당기게 되는데, 그 철판에 연결되어 있는 스위치부의 접점을 닫거나 열 수가 있다. 릴레이의 장

점은 전기적으로 독립된 회로를 연동시킬 수 있다는 점이다. 5V와 같은 저전압계로 구성된 회로의 동작에 의해 12V계의 회로를 ON/OFF시키거나 대전류의 회로를 ON/OFF시킬 수 있다.

릴레이는 기계적으로 접점을 닫거나 열기 때문에 일반적으로 고속 동작에는 적합하지 않지만 본 응용에서 사용한 것과 같이 일반차량에 탑재되는 ECU의 개발에서는 안전의 이유로 적합한 소자이다. 릴레이도 여러 종류가 있으며, 코일에 가하는 전압(구동전압), 접점용량 등에 따라 적절한 것을 선택할 필요가 있다. 본 응용에서는 12V/10A 용량의 소자를 사용하였고, 〈그림 8-41〉은 릴레이를 사용한 회로를 보여준다.

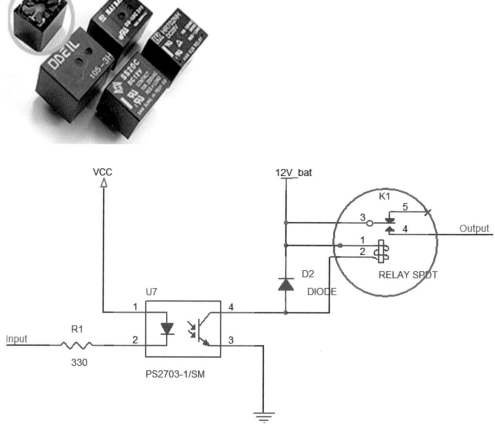

〈그림 8-41〉 릴레이와 회로설계

레귤레이터

레귤레이터는 IC 등에 사용되는 안정적인 전압을 쉽게 얻기 위해 사용되는 소자이다. 자동차에서 사용하는 경우, 전원으로 +12~+14V의 전압이 사용되고 자동차의 운행 중에는 전위의 변동이 심하므로 직접 IC 등의 전원으로는 사용할 수 없다. 이와 같은 경우에는 〈그림 8-42〉과 같은 3단자 레귤레이터로 필요로 하는 전압으로 변환해서 사용할 필요가 있다. 3단자 레귤레이터는 높은 입력전압을 제어해 입력보다 낮은 안정적인 전압을 출력할 수 있다. 입력전압보다 높은 출력전압은 얻어지지 않는다. 형상은 보통 트랜지스터와 같은 모양(TO-220AB)을 하고 있다. 여기서는 7805 레귤레이터 소자를 사용해 마이크로컨트롤러 회로의 전원으로 사용하였다. 이 소자의 출력은 +5V의 전압에서 전류는 500mA~1A를 얻을 수 있다.

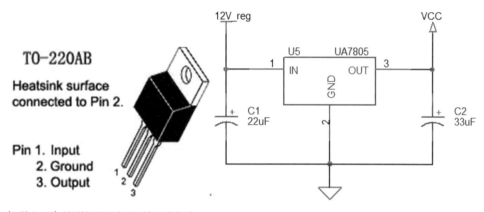

〈그림 8-42〉 정전압 7805와 요소회로 설계 예

배리스터

배리스터는 가해진 전압이 증가하면 저항값이 크게 줄어드는 성질을 가진 반도체 소자이다. 재료로는 탄화규소나 실리콘 카바이트가 사용되며, 용도로는 전력 증폭을 위한 바이어스 안정용이나 서지 흡수 등에 이용된다. 부하가 유도성일 때 스위치의 개폐로 인해 이상 전압이나 불꽃이 생기는 경우를 방지하기 위해 스위치나 부하에 병렬로 배리스터를 접속해 이상 전압이나 불꽃을 흡수하는 회로를 아래에 나타냈다. 보통 배리스터는 저항이 높고 100k옴 이상 되지만, 비정상적으로 높은 전압이 가해졌을 때 급격하게 저항이 감소하므로 전류가 배리스터 쪽으로 흘러 스위치가 손상되는 것을 방지할 수 있다. 본 예제에서는 서지전압이 크게 발생하는 전원 커넥터 접속단에 사용하였다.

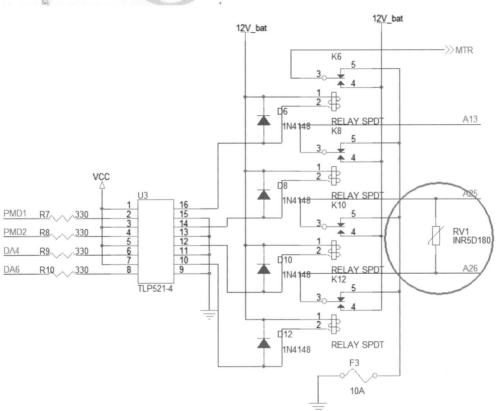

〈그림 8-43〉 배리스터와 요소회로 설계의 예

마지막으로 위의 추돌위험도 판단 소프트웨어를 ECU 하드웨어에 탑재하고 실제차량에 장착해 〈그림 8-44〉에서와 같이 체험도로에서 정상적인 동작 여부를 판단하였다.

〈그림 8-44〉 구현된 소프트웨어와 하드웨어를 통한 ITS 시스템의 성능 검증

영상 센서 응용 자동차 분야 개발 사례

자동차의 주행 관련 동작에 대한 안정성이 확보되면서, 운전자 및 동승자에 대한 편의 장치 및 주행안전성 향상에 대한 연구가 지속적으로 연구되고 있다. 임베디드 시스템과 영상센서를 이용하는 제품으로는 블랙박스, TPMS, AVM 시스템 등이 대표적이며, 그 외에도 다양한 아이디어가 제품화되고 있다. 유용성과 안전성 향상에 큰 효과가 있어서 2017년쯤 자동차 한대에는 최소 2대에서 최대 20대까지 장착되어 운전자의 안정성과 편의성을 향상시키는 다양한 영상 제품이 활용되고 있다. 이러한 영상 제품에 임베디드 시스템이 어떻게 활용되는지 블랙박스, TPMS, AVM 제품 개발 사례를 살펴 보자.

차량용 블랙박스 시스템

블랙박스 시스템 개요

비행기의 주행 기록을 담는 블랙박스와는 다르게 차량용 블랙박스는 교통사고 전후의 사고 영상과 사고위치, 기타 현장 상황 데이터를 디지털 메모리에 기록하는 장치이다. 1999년 CES(미국 라스베가스, 소비자 가전 전시회)에서 소개된 DVR(Digital Video Recorder, 디지털레코더, CCTV 영상을 하드 디스크에 기록하는 장치) 시스템에서 임베디드 시스템의 MCU 기술과 기록 디바이스(SD, T-Flash) 기술이 발전하면서 2009년부터 자동차용 블랙박스 제품화되었다.

〈표 8-5〉 시판 중인 차량용 블랙박스 제품 주요 사양

구분	팅크웨어	잘만	피타소프트	파인디지털	이더테크놀로지
MODEL	FXD900	ZM-ZB102S	DR550GW	CR-300HD	ETK-B3500N
감시구역	2CH	2CH	2CH	1CH	2CH
이미지센서	Full HD / HD	Full HD / VGA	Full HD / HD	CMOS 500만	HD / VGA
해상도	1920x1080 1280x720	1920x1080 640x480	1920x1080 1280x720	Full-HD	1280x720 640x480
프레임	각 30 fps	각 30 fps	각 30 fps	24 fps	각 15fps
시야각		130도	137도	대각 129도	130도
기록매체	Micro-SD	Micro-SD	Micro-SD	Micro-SD	Micro-SD
센서종류	3축 가속도	3축 가속도	3축 가속도	3축 가속도	3축 가속도
GPS여부	탑재	외장	탑재	탑재	외장
비디오 압축	H.264	H.264	MP4	AVI	H.264
오디오 압축	ADPCM	내장 마이크	내장 마이크	내장 마이크	내장 마이크
LCD	없음	없음	없음	없음	내장
주행중 녹화	상시녹화, 충격감지녹화, 수동녹화	상시녹화, 충격감지녹화, 수동녹화	상시녹화, 충격감지녹화, 수동녹화	상시녹화, 충격감지녹화, 수동녹화	상시녹화, 충격감지녹화, 수동녹화
주차중 녹화	충격감지녹화, 농삭감지녹화	충격감지녹화, 동작감지녹화	충격감지녹화, 동직감지녹화	충격감지녹화, 동작감지녹화	충격감지녹화, 동작감지녹화
부가기능	캐패시터내장	캐패시터내장	캐패시터내장	필터장착 가능	배터리방전방지

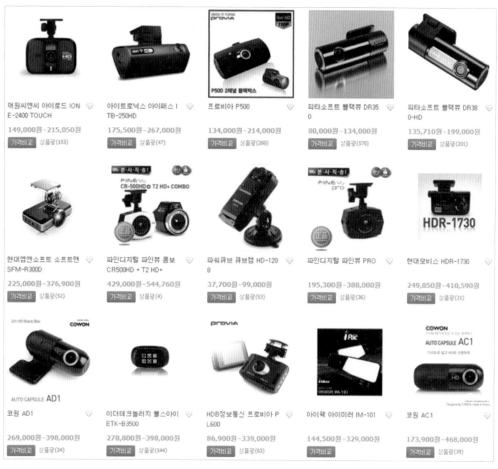

〈그림 8-45〉 시판 중인 차량용 블랙박스 사진 및 가격대

교통사고 전·후의 사고발생 영상, 발생위치, 속도, 가속도, 음성(선택사항) 등을 기록하는 장치로, 사고 상황 녹화(사고 전 10~14초, 사고 후 6~10초), 상시 녹화 (12~24시간), 주차 녹화 기능도 있다. 화질 개선, 녹화 채널 수 다채널화, 컨버전스, 통신 등 크게 4가지 테마로 발전하고 있다. 하지만 메모리카드, 배터리, 영상 화질, 반응 속도 등 풀리지 않는 문제는 계속 존재한다.

- 메모리 카드 문제는 10MB 크기의 영상 데이터를 압축 파일로 초단위로 기록하는 블랙박스의 경우 큰 파일을 빈번히 쓰고 덧붙이는 작업을 반복한다는 것이다. 따라서 메모리카드의 수명이 6개월 정도로 짧고 정상적인 동작을 위해 한 달에 2회 정도 메모리를 포맷하도록 사용자 매뉴얼에 기재되어 있기도 한다.
- 주차 시에 차량에 장착되어 있는 배터리에 의해 상시 녹화가 가능하며, 길면 3일 이상이 녹화 될 수도 있지만 차량의 시동이 걸리지 않거나, 심하게는 주행 중에 멈추는 경우도 발생할 수 있다.

- 영상 화질과 관련된 부분은 해상도와 저조도 특성 등 매우 빠른 속도로 발전하고 있지만, 아직도 사람의 눈만 큼의 특성이 나타나지 않아서 갑자기 밝기가 바뀌거나 고정 렌즈에 의해 카메라 영상을 생성하므로 거리감과 인식 영역에 제한이 있다는 것이다(많은 것을 촬영하려면 작게 보이고, 크게 보려면 주변의 사물을 확인할 수 없다).

- 카메라를 이용해 영상이 디지털화되고, 압축되어 파일로 SD카드에 기록된다. 지연 녹화된 파일이 기록되며, 전원 공급 및 기타 문제로 인해 녹화가 되지 않는 경우도 발생할 수 있다.

위와 같은 풀리지 않는 문제가 있지만 교통사고를 예방하고, 정확한 교통사고 원인을 규명하는 데 매우 유용하다는 점 때문에 2008년 약4만 7천대에서 2013년 195만대까지 급성장하였다. 특히 〈표 8-6〉 과 같이 디지털운행기록계 운행 장착이 시행되어 블랙박스 관련된 산업도 확대되고 있다. 2013년 국내 자동차 1대당 인구수 2.66명(국토해양부자료), 1세당 자동차 등록 대수는 1.26대이고, 총 국내 등록 된 차량이 1,500만대 중 30%인 450만대에 블랙박스가 장착된 것으로 집계되었다.

〈표 8-6〉 디지털운행기록계 관련 법제청에 공지 내용(교통안전법 제55조)

제55조(운행기록장치의 장착 및 운행기록의 활용 등) ① 다음 각 호의 어느 하나에 해당하는 자는 그 운행하는 차량에 국토교통부 령으로 정하는 기준에 적합한 운행기록장치를 장착하여야 한다. 다만, 소형 화물차량 등 국토교통부령으로 정하는 차량은 그러하 지 아니하다.〈개정 2013.3.23〉

1. 「여객자동차 운수사업법」에 따른 여객자동차 운송사업자

2. 「화물자동차 운수사업법」에 따른 화물자동차 운송사업자 및 화물자동차 운송가맹사업자

② 제1항에 따라 운행기록장치를 장착하여야 하는 자(이하 "운행기록장치 장착의무자"라 한다)는 운행기록장치에 기록된 운행기록 을 대통령령으로 정하는 기간 동안 보관하여야 하며, 교통행정기관이 제출을 요청하는 경우 이에 따라야 한다.

③ 교통행정기관은 제2항에 따라 제출받은 운행기록을 점검·분석하여 그 결과를 해당 운행기록장치 장착의무자 및 차량운전자 에게 제공하여야 한다.

④ 교통행정기관은 다음 각 호의 조치를 제외하고는 제3항에 따른 분석결과를 이용하여 운행기록장치 장착의무자 및 차량운전자 에게 이 법 또는 다른 법률에 따른 허가·등록의 취소 등 어떠한 불리한 제재나 처벌을 하여서는 아니 된다.

1. 제33조에 따른 교통안전점검의 실시

2. 삭제〈2012.6.1〉

3. 교통수단 및 교통수단운영체계의 개선 권고

⑤ 운행기록의 보관·제출방법·분석·활용 등에 필요한 사항은 국토교통부령으로 정한다.〈개정2013.3.23〉

[전문개정 2009.12.29]

블랙박스 구성도

차량용 블랙박스는 차량의 속도, 방향, 브레이크 작동 등 다양한 데이터를 수집해 메모리 카드에 기록 하는 시스템으로 구성된다. 교통사고의 원인을 명확히 규명할 수 있게 해주며, 블랙박스를 장착한 차량 이 증가하면서 사고를 예방하거나, 언제 어떻게 촬영될지 모른다는 인식이 생기면서, 스스로 조심하자

는 주의가 나타나고 있다. 특히 뉴스에서 블랙박스 동영상을 재생함에 따라 사고가 발생하는 경우를 사전에 학습하게 되어 안전운전에 대한 경각심을 불러 일으킨다.

카메라의 영상 신호를 저장하는 기능이 주된 기능이지만, 차량의 현재 상태를 영상과 동기화되어 기록되도록 시스템을 구성하고 있다. 차량의 현재 상태를 기록하기 위해 가속도 센서, 방향각속도 센서, 조향각, 주행속도, 브레이크 제동 체크, 시동, 점등, 각종 스위치 조작 등의 OBD2 데이터를 기록하는 기능도 추가되고 있다.

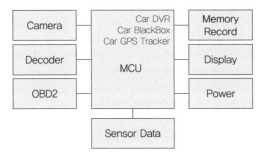

〈그림 8-46〉 블랙박스 구성도

〈그림 8-46〉 블랙박스의 사고 영상을 녹화해 기록하는 기본 기능을 위해서는 카메라 영상 신호를 MCU가 영상 데이터로 압축(H.264)한 후, 메모리 카드에 파일로 기록해야 한다. 블랙박스의 기본 기능 외에 임베디드 기능이 강화되면서 영상 녹화 채널수가 증가하고, 영상의 해상도가 증가하며, 자동차의 위치정보(GPS), 상태 정보(센서정보) 및 차량의 상태(OBD2) 등 다양한 기능과 부가 기능이 빠르게 추가되고 있다.

〈표 8-7〉 차량용 블랙박스의 정보 구성

		차량거동	횡방향 가속도	종방향 가속도
입력	운전자 조작		브레이크 스티어링 방향지시등 타코미터	속도계 기어선택위치 차량 위치정보 수집
해석 출력	차량 거동		종횡 가속도 차체 속도 방향 가속도 방향각	회전 반경 차량 궤적 롤 각 피치각
	충돌 정보		충돌 각도 충격량	Delta V 상대차량 속도 추정

해석 출력	운전자 조작	브레이크 스티어링 방향지시등	타코미터 속도계 기어 선택 위치
추가 정보	차량 운행 정보 수집 차량 각부 센서 정보 수집 차량 동력계통 정보 수집 차량의 각부 작동 상황 정보 수집 차량 고장진단 정보 수집 실시간 차량 주행 상태 분석 실시간 차량 상태 이상여부 판단 실시간 원격 데이터 전송 집결지(차고지) 진입 시, 자동 데이터 전송 및 저장 차량 정보 관리 및 DB화		

(출처: KSA, '차량용 블랙박스 표준화 동향과 전략')

〈표 8-7〉와 같은 블랙박스에 기록될 수 있는 정보는 다양하다. 또한 정보를 기반으로 해석할 수 있는 내용은 더욱 다양하게 분석할 수 있다. 정보가 수집되면서 이와 관련된 산업이 발전되고 있으며, 핵심 기술을 열거하면 사고 감지 기술, 데이터 분석 기술, 정보 운용 기술, IT 컨버전스 등으로 나누어 볼 수 있다.

특히 국내의 최신의 IT 기술과 결합해 사고재현 해석 프로그램으로 발전하고 있다. 보험회사에서도 블랙박스 장착 차량에 대해 할인을 제공하고 있으며, 이러한 블랙박스 정보를 취득해 운수 업계, 일반 운전자, 텔레매틱스 사업자, 손해보험사 및 정부 등 각 기관별 차량용 블랙박스 데이터 활용 방안에 대해 컨소시엄을 구성하고 있으며, 사고 예방 및 교통사고 발생 시 분쟁을 줄이고 있다.

TPMS 시스템

TPMS 시스템 개요

TPMS(Tire Pressure Monitoring System, 타이어 공기압 경보장치)는 차량의 타이어 공기압을 측정하기 위해 공기압 센서를 이용해 타이어의 내부 압력을 감지해 공기압이 부족하면 운전자에게 이를 알려주는 시스템이다. 국토해양부는 교통안전 강화 및 온실 가스 절감(약 3.2g/km 감소) 차원에서 2013년부터 출시하는 3.5톤 이하 모든 차종에 TPMS 장착을 의무화했기 때문에 2013년 270만대를 시작으로 차량에 TPMS 시스템이 장착될 것이다. 2014년 6월부터는 기존 차량도 모두 의무 장착해야 한다. 〈그림 8-47〉처럼 구성되며, 타이어 공기압 변화에 따라 클러스터에 TPMS Warning Lamp가 동작되는 기본 동작과 고급 기종의 경우에는 각 타이어의 공기압 경고를 표현하는 시스템이다.

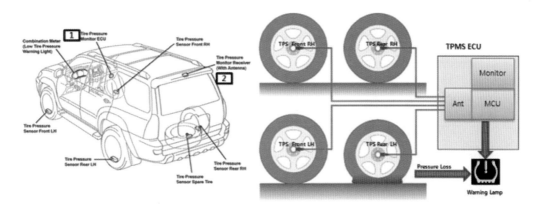

〈그림 8-47〉 자동차 TPMS 구성도

타이어 특성, TPMS 시스템 특징 및 구성품

타이어의 압력은 온도, 습도, 지면 특성에 따라 변화한다. 〈그림 8-48〉는 타이어의 온도에 따른 타이어 압력에 대한 특정 브랜드 타이어 모델에 대한 그래프이다. 일반적으로 정상 범주의 타이어 공기압은 33~38psi를 정상 값의 타이어 공기압을 유지하는 것이 좋다. 출발 시 (a) 점에서 고속 주행을 해서 (b) 점까지 온도가 40도 상승되면 타이어 공기압이 정상 36psi에서 비정상 42psi로 변화하므로 위험한 상황이 될 수 있다. 여름철 고속 주행 시 (E) 그래프처럼 서서히 증가되는 압력을 줄이기 위해 휴식을 취하고 주행하는 것을 추천한다. 공기압 체크를 하지 않아서 (F) 그래프처럼 급감해 정상적인 경우에 대비해 30% 정도 빠진 상태라면 주행 중에 휠에서 타이어가 빠져서 대형 사고가 일어날 가능성도 높다고 한다. 특히 겨울철에는 온도의 변화폭이 상당히 심하므로 타이어 상태 확인이 필요하다. 이러한 위험성 때문에 TPMS 의무 장착 법안이 국내 통과하고 2013년부터 시행되어 다양한 응용 제품이 출시되고 있다.

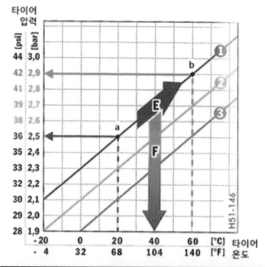

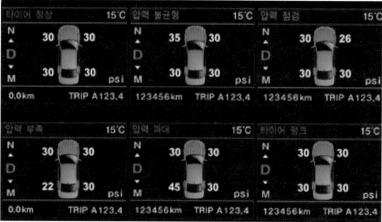

〈그림 8-48〉 타이어 온도 상승에 따른 압력 증가 그래프, TPMS 모니터링

〈표 8-8〉은 TPMS 시스템의 주요 특징을 표현한 것이다. TPMS는 타이어의 위치를 찾는 방법으로 자동 ID 학습 제품과 자동 위치 학습 기능 제품으로 구분되어 구성된다. 자동 학습 기능을 위해 센서에 동작 및 방향 감지를 위한 측정기와 ECU에서 데이터를 수신해 패턴인식 학습 알고리즘(특허)을 적용해 기능을 완성한다. 나라별로 TPMS 센서 주파수가 구분되어 있으며, 하이라인 제품과 로우라인 제품으로 구분되어 제작 중이다. 일반적으로 출고 시에 TPMS 기능을 포함한 제품은 하이라인 제품군이 장착된다.

〈표 8-8〉 TPMS 시스템의 주요 특징

특징	내용
주요 기능	• 공기압 측정, 온도 측정, 배터리 측정, 통신 가능 상태 확인 • 센서 자동 ID 학습기능 (Auto Learning) • 센서 자동 위치 학습기능 (Auto Location)
나라별 사용 주파수	• 미국: 315MHz • 유럽: 433.92MHz • 한국: 433.92MHz, 477MHz
하이라인 특징	문제 발생한 타이어의 위치를 검출해 운전자에게 알려줄 수 있도록 주행 중에 현재 타이어의 위치별 ID를 인식하는 자동 학습 기능이 내장되어 있음.
로우라인 특징	장착되어 있는 타이어의 위치 판별 기능은 없으며, 하나 이상의 타이어에서 문제 발생 시에 경로를 발생함.

〈그림 8-49〉 TPMS 센서 모듈 및 모니터링 시스템

〈그림 8-49〉는 타이어의 외관에 부착해서 사용할 수 있는 센서 모듈과 모니터링 시스템과 타이어의 튜브를 대체해 사용하는 모듈, 인디케이터 표시 및 공기압 표기를 위해 LCD에 표기되는 제품이다. 하지만 최근 법제화 적용으로 의무적으로 장착되어 출시되는 차종의 경우에는 별도의 LCD를 이용하지 않고, 차량의 계기판이 있는 클러스터 영역에 TPMS 정보를 표현하고 있다. 센서와 디스플레이 장치를 포함해 10만원 후반부터 50만 원대까지 다양하다. 가격대에 따라 센서의 정밀도와 신뢰성이 달라진다.

TPMS 시스템 구성품

타이어 공기압을 표현하는 방법은 Direct 방식과 In-Direct 방식으로 나눌 수 있는데, Direct 방식은 각 휠에 붙은 압력센서가 실제로 읽어낸 타이어 공기압 값을 RF 방식으로 전송해 각 바퀴의 공기압을 직접 측정하는 시스템이고, In-Direct 방식은 휠 센서로부터 올라오는 휠 스피드 값을 토대로 공기압이 부족하면 타이어의 구름직경이 작아지기 때문에 공기압이 높은 바퀴에 비해 회전수가 높아지게 되고 너무 높으면 구름직경이 커지기 때문에 회전수가 낮아지는 현상을 이용해 측정하는 시스템이다. 최근 센서의 MEMS 기술과 배터리 기술의 발전으로 Direct 방식이 보편적으로 적용되고 있다. TPMS를 구성하는 부품으로 센서모듈, 안테나 모듈, 인디케이터, 컨트롤 모듈이 있다.

〈표 8-9〉 TPMS 구성 부품

부품 명	부품 관련 내용
센서 모듈	• 압력센서와 온도센서, 무선 송수신기, 공기주입구가 일체로 모듈화된 것으로 타이어 1개당 1개씩 해당 타이어와 결합된 휠 장착됨. • 휠 안쪽 타이어 내부에 설치되므로 별도의 전원을 공급할 수 없어 내부 전지를 이용해 동작하고, 전지의 수명이 센서 모듈의 수명을 결정 • 센서의 수명 연장을 위해 공기압력 신호를 항상 송신하지 않고, 일정한 주기 (예, 1분마다 1회씩)로 신호를 송신 • 평소에는 대기모드, 컨트롤 모듈의 명령에 의해 송신을 개시 • 타이어 휠이 진동이 많고 온도 변화가 심하기 때문에 내구성이 높아야 함. • 송신 기능만 있는 모듈과 송신+수신 기능이 있는 모듈로 구성됨. • 고유의 번호(ID)를 이용해 타이어의 위치를 확인할 수 있음.
안테나 모듈	• 안테나는 센서당 한 개씩 근접 배치해서 사용하는 방법과 1개 이상의 안테나를 설치해서 수신하는 경우가 있음. 안테나 수에 비례해 제조비용이 증가하므로 무선 통신 수신을 고려해 최소한으로 설치 • 타이어와 가까운 곳, 무선 노이즈가 작은 곳에 배치해야 함. 센서 모듈과 안테나 모듈 사이 장착거리에 따라 신호의 크기 변함, 최단거리 및 수신 율(RF 간섭 최소화)을 고려한 배치가 필요함. • Wake • Up 신호: 대기모드 중인 센서 모듈을 동작모드로 변환하는 신호, 안테나 모듈 중 수신기능뿐 아니라 송신기능이 있는 것을 LFI(Low Frequency Initiator, 이니시에이터)라고 함.

부품 명	부품 관련 내용
인디케이터	• 인디케이터는 TPMS의 작동결과인 타이어 압력 상태를 자동차 사용에게 시각적으로 알려주는 것으로, TPMS 단순한 경고등이나 알람을 이용해 운전자에게 타이어 공기압 이상을 표시함. • LCD와 같은 디스플레이 장치를 갖는 시스템은 각 타이어의 압력이나 상태를 숫자나 램프색상 현재 상태 및 경고 메시지를 숫자나 색상의 변화, 점멸 기능으로 표시함.
컨트롤 모듈	• 기본 동작: 타이어의 공기압을 센서 모듈을 통해 RF 신호를 이용해 안테나에 전달하고, 수신된 내용을 컨트롤 모듈에서 수집함. 수집된 정보가 정해진 규정 값을 초과하거나 부족하면 인디케이터를 통해서 표시함. • 자가진단 모드 • 타이어 위치 확인 모드: 센서 모듈이 보내는 신호가 어느 타이어인지를 확인하는 모드 • 작동모드: 타이어의 센서 모듈이 작동모드로 변환되도록 명령어 전달 • 대기모드: 타이어의 센서 모듈을 대기 모드로 변환되도록 명령어 전달
타이어위치 확인 모드	• 센서모듈과 안테나 모듈이 1:1 인 경우에는 안테나 모듈 위치별 가장 강한 수신 신호(ID)에 해당하는 타이어 위치로 확인이 가능함. • 센서모듈과 안테나 모듈이 2:1, 4:1인 경우, 타이어 위치 검출 알고리즘의 적용이 필요함. 알고리즘은 타이어를 회전 시키는 방향을 고려해 정방향과 역방향을 이용해 좌우를 검출하고, 신호의 크기(세기)를 이용해 앞과 뒤를 검출함. • TPMS 전문메이커로는 독일의 BERU와 미국의 TRW가 있으며, 쌍용 자동차와 포르쉐, 벤츠, 폴크스바겐, 아우디, 랜드로버는 BERU 시스템을 사용하며, 현대자동차에는 미국의 TRW 시스템이 적용됨.

〈그림 8-50〉의 TPMS 시스템 구성 블록도을 보면 기능과 가격에 따라서 구성이 매우 달라지므로 1~N개의 LFI(Low Frequency Initiator)가 장착 가능하며, 낮은 통신 속도로도 충분히 시스템을 완성할 수 있으므로 LIN 통신 방식을 이용해 시스템을 구성한다. TPMS ECU에서 클러스터 및 모니터링 장치에는 CAN 방식(다수의 장치에 메시지를 전달)을 이용하거나 UART 방식(한 개의 시스템에 메시지를 전달)을 이용하는 경우가 있다.

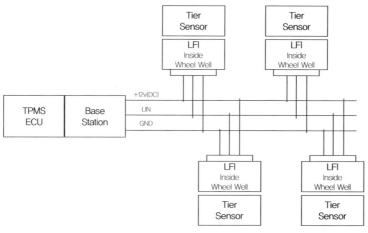

〈그림 8-50〉 TPMS ECU 블록도

〈그림 8-51〉의 LFI 모듈은 125 kHz LF를 이용해 센서와 통신하고, 통신된 내용을 LIN 또는 CAN 통신을 이용해 TPMS ECU에 정보를 전달한다.

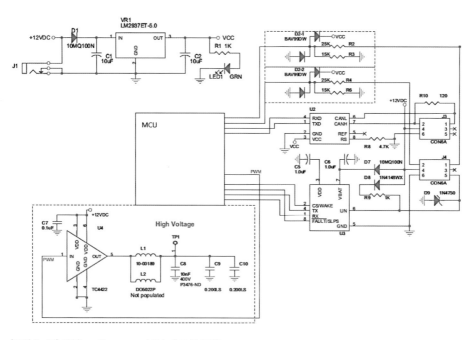

〈그림 8-51〉 LFI(Low Frequency Initiator) 모듈 구성노

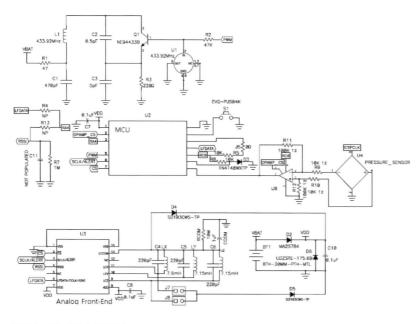

〈그림 8-52〉 센서 모듈 구성도

센서 모듈(Sensor Module)은 인디케이터와 125 kHz LF 신호를 이용해 송수신하고, 433.92 MHz UHF PWM Format을 이용해 정보를 송수신한다. 전달하는 정보는 타이어 공기압, 온도 등의 정보다. 센서 모듈에는 3V coin cell battery가 내장되어 있어, 5~7년 정도 사용할 수 있다.

TPMS + 블랙박스 시스템

차량용 블랙박스와 TPMS 센서의 융합 시스템으로 TPMS 블랙박스 시스템이 2013년에 공개되었다. 차량의 주행 영상 및 센서 정보를 기록하는 블랙박스에 TPMS의 기능이 추가된 것으로 기존의 단순히 모니터링만을 제공하던 TPMS 시스템에 비해 실시간으로 타이어 공기압 정보가 기록되고, 블랙박스에 내장되어 있는 디스플레이 장치를 이용해 표현된다. 사고 발생 시 사고 발생 당시의 상황을 영상 정보에 지면 상의 타이어의 상태 정보를 추가함으로써 사고의 현장감을 증대시키고, 최소의 비용으로 TPMS 의무 장착 상용화가 가능해졌다.

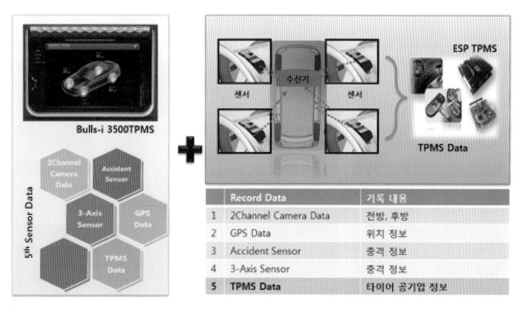

〈그림 8-53〉 TPMS 블랙박스

AVM(Around View Monitor) 시스템

AVM(어라운드뷰 모니터링) 시스템 개요

최근 자동차의 안전 및 편의 기능을 확대하기 위해 센싱 성능 개선에 카메라가 적극적으로 활용되고 있다. 이미지 센서 관련 기술이 지속적으로 발전하면서 레이더, 라이더 등과 결합해 향상된 사고 예방안전 시스템으로 제품화가 진행되고 있다. 자동주차지원시스템(SPAS), 배광가변전등시스템(AFLS), 사각지대 감지, 나이트비젼(NV), 운전자상태감시(DSM) 등 다양한 형태로 제품화되고 있다.

어라운드 뷰 모니터(AVM) 시스템은 초기에 닛산 자동차에서 주차 보조 모니터링 시스템으로 소개된 이후, 고급 차종을 시작으로 옵션으로 장착되고 있다. 앞, 뒤, 좌, 우 사이드 카메라의 영상을 하나의 모니터에서 재생한다. 4대의 카메라에 의해 촬영된 영상을 합성해 차량 위에서 보는 것과 같은 차량 주변의 360도 영상을 보여준다. 모니터나 내비게이션에 연동해서 보여주는 시스템을 AVM(Around View Monitoring) 또는 SVM(Surround View Monitor) 시스템이라고 한다.

〈**그림 8-54**〉 어라운드뷰 모니터 제품

〈그림 8-54〉는 다양한 차종에 장착된 AVM 영상을 모은 것이다. 후방 영상을 볼 때는 주차 가이드라인이 나타나며, 사용자가 화면을 선택하면서 원하는 화면을 볼 수 있는 기능을 탑재한 제품도 있다. 사람의 눈과 같은 역할을 하는 카메라 센서는 2020년에는 자동차 한 대에 평균적으로 적게는 5개에서 많게는 20개 정도 장착될 것이라고 전망하고 있다. 2015년 5월에 출시된 기아자동차 K9 모델에 장착된 카메라 모듈은 올 어라운드뷰용 4개, 차선이탈방지용 1개로 총 5개의 카메라 모듈이 장착되었다.

어라운드뷰 시스템 구성

자동차의 주변 정보를 360도 영상 정보로 변환하기 위해 4대의 카메라 영상 신호를 받을 수 있는 모듈과 수집된 영상 정보를 합성, 재구성하기 위한 여유 있는 메모리로 설계되어야 한다. 시스템은 앞에서 본 블랙박스나 DVR 시스템과 매우 유사하지만 180도 이상의 4채널의 영상 신호와 왜곡된 영상 신호를 캘리브레이션 할 수 있는 인터페이스, 화면 전환을 위한 컨트롤러 및 소프트웨어 기술 개발이 필요하다.

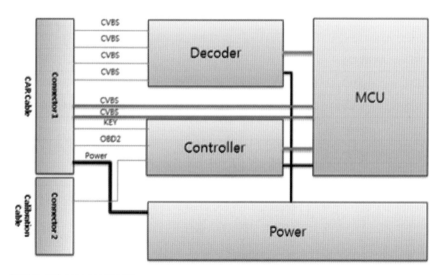

〈**그림 8-55**〉 AVM 시스템 블록도

어라운드뷰모니터는 설치에 많은 시간과 투자가 필요한 제품으로 4대의 광각카메라(180도)의 영상을 왜곡 보정과 탑뷰 구성, 합성을 통해 360도 영상을 구성한다. 가격적으로 민감한 부분이 있어서 AVM에서는 무선 카메라 및 HD/Full HD급의 영상보다는 NTSC를 이용한 아날로그 영상을 사용한다. 영상은 일반적으로 내비게이션의 외부 입력 단자를 이용해 재생되지만, 매립형 시스템의 경우에 ECU에 내장해 뷰모드 전환으로 화면을 구성할 수 있다.

MCU는 고성능 멀티코어 프로세스가 사용되게 되는데, 특히 차량에 장착되는 디바이스이므로 ACE-Q100 제품의 MCU를 사용하게 된다. Freescale, TI, ST 등의 반도체 회사 제품이 존재한다. 멀티미디어 특성 및 단가 때문에 ARM® Cortex™-A9이나 A8 계열(Quad ARM Cortex-A9 up to 1.2 GHz, 1 MB L2 cache, Neon, VFPvd16 Trustzone, 3D graphics with four shaders, Two 2D graphics engines, 64-bit DDR3 and 2-channel 32-bit LPDDR2 at 533 MHz, Integrated SATA-II, HDMIv1.4 controller plus PHY, LVDS controller plus PHY, PCIe controller plus PHY, MLB and FlexCan controllers)이 선택되며, 자동차용 인포테인먼트 시스템 혹은 내비게이션에 사용되는 프로세서를 이용하기도 한다. 임베디드 시스템에서 실시간 처리를 위해 내장되어 있는 멀티미디어 프로세서를 최대한 활용하게 되며, 2D, 3D, Vector 그래픽 가속기를 이용해 이미지 처리를 한다. 지원하는 운영체제로는 Win CE, 리눅스, 안드로이드 등이 있으며, 실시간성과 가격을 고려해 선택하고 최적화한 후 제품화가 가능하다.

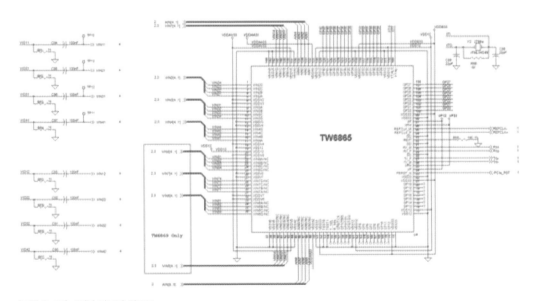

〈그림 8-56〉 4채널 디코더 회로도

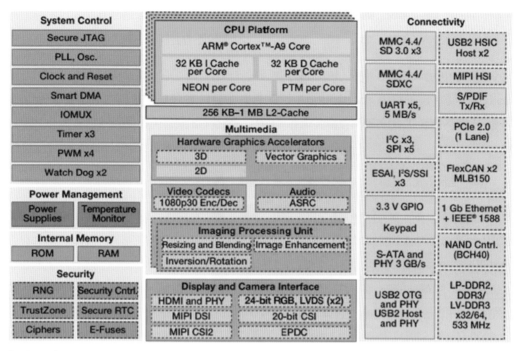

〈그림 8-57〉 Freescale MCU 블록도

싱글, 듀얼, 쿼드로 확장할 수 있는 프로세스 유닛으로 구성되며, 1.2 GHz의 최대 ARM 코어 텍스-A9 기반으로, ARMv7 ™, 네온, VFPv3에와 트러스트 존 (TrustZone)을 지원한다. 32킬로바이트 명령과 데이터 L1 캐시와 L2 캐시의 256킬로바이트 1 MB, HD급 영상을 멀티미디어 스트리밍 전송할 수 있게 1080p30 영상 인코딩, 3D 영상 재생 성능, HD 영상 1080p60 디코딩할 수 있는 성능을 비롯해 우수한 3D 그래픽 성능을 위해 쿼드 쉐이더 성능 200 Mt/s과 OpenCL을 지원한다. 사용자 UI를 위해 2D and/or Vertex 가속기 등이 포함되어 있다. 또한 개발자의 참여를 이끌기 위해 순차적으로 따라 하면서 익힐 수 있는 매뉴얼과 커뮤니티를 통해 개발을 지원한다.

〈그림 8-58〉 어라운드뷰모니터 알고리즘 결과 화면

〈그림 8-58〉은 어라운드뷰모니터 하드웨어에서 수신된 4채널의 180두 이상의 카메라 영상 데이터를 왜곡 보정 모델을 적용해 왜곡을 보정하고, TOP VIEW로 시점을 변경, 4채널 영상을 합성한 결과이다. 중앙에 검은색으로 표현되는 부분은 카메라가 촬영되지 않는 부분이다. 이 부분을 제외한 자동차의 주변 영상이 사각지대 없이 촬영되는 것을 볼 수 있다. 유튜브에서 "어라운드뷰모니터(Around View Monitor)"로 검색을 하면, 고급 자동차에 장착되는 모습과 장착되어 주행되는 모습을 볼 수 있다.

09
임베디드 응용사례
(의료기기)

u-헬스케어 서비스 개요

u-헬스케어 서비스 기술 예측

생체신호 측정 및 모니터링 기술

u-헬스케어 서비스 기술 및 현황

u-헬스케어 서비스 구조 및 국제표준화

u-헬스케어 서비스 구조

u-헬스케어 서비스 플랫폼 구현

u-헬스케어 서비스 개요

의료기술은 진단기술과 치료기술을 중심으로 지속적으로 발전해 왔다. 현대에 들어서는 과거의 진단 및 치료 중심의 기술 발전에서 진일보하여 질병을 예방하거나 의료서비스 혜택을 받지 못하는 사람과 응급상황이 발생했을 때, 원거리에서도 진단 및 치료가 가능한 원격진료 기술로 진화하고 있다. 이렇게 언제 어디서든 의료서비스가 가능하게는 하는 원격진료 서비스를 일컬어 Ubiquitous Healthcare Service 또는 u-헬스케어 서비스(u-healthcare Service)라 표현하고 있다.

u-헬스케어 서비스를 구현하기 위해서는 다음과 같은 몇 가지 요구되는 기술들이 있다. 본 절에서는 제시된 기술들이 u-헬스케어 서비스 구현을 위해 요구되고, 어떻게 적용되는지 판단할 수 있도록 기술하고자 한다.

- 생체신호 단말(측정기) 기술 (생체신호 측정 센서 기술)
- 생체신호 모니터링 기술 (실시간 빅 데이터 처리 기술)
- 의료 서비스가 가능한 통신 기술 (HL7, DICOM 등)
- 의료 서비스 관리 기술
- 개인정보 보안 기술

u-헬스케어 서비스 기술 예측

u-헬스케어 서비스 사례에 대해서 기술하기 전에, 먼저 기술의 진화에 대해서 이해할 필요성이 있다. 본 장에서 언급되는 사항은 이미 완료되었거나 선행 연구를 통해 많은 부분에서 구현이 진행 중인 결과물에 관한 것이다. 따라서 이 책을 접하는 독자들이 과거의 발자취를 학습하는 수준에서 벗어나, 미래 기술을 예측하고 더 나아가 기술을 선도할 수 있다.

〈그림 9-1〉에서 생물학적 진화와 기술의 진화 과정을 비교해 보면, 첫 번째 진화의 원인의 경우, 생물학적 진화 원인은 환경 변화에 의해 발생하며, 기술은 인간의 욕구가 그 원인이라 볼 수 있다. 그리고 생물학적 진화의 방법은 변화된 환경에 적응하는 방식이며, 기술의 경우 인간의 기술적 욕구에 의한 발명에 의해 진화된다고 판단할 수 있고, 이들 각각은 생존과 인간의 편리 추구가 진화의 목적이라 말할 수 있다.

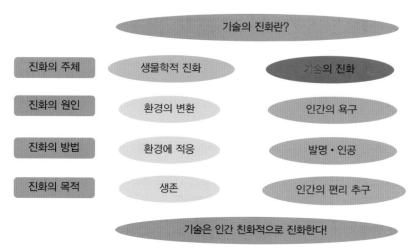

〈그림 9-1〉 생물학적 진화 vs. 기술의 진화 방향

따라서 "기술은 인간 친화적으로 진화한다."고 가정할 경우 미래의 기술 또는 새로운 기술을 쉽게 예측하고, 예측된 기술을 구현하는 데 어려움이 없을 것이라 생각한다. 미래의 기술은 생활 속의 불편함을 개선시키려는 욕구만 있다면, 스스로 미래기술 예측이 가능할 것으로 보인다.

2장과 3장을 통해서, 생체신호 측정과 의료기기 플랫폼을 간단하게 소개하면서 IT 임베디드 플랫폼과의 차이에 대해 언급한 바 있지만, 본 절에서는 기술과 시장의 변화유형을 통해 의료(u-헬스) 서비스 분야를 이해하고자 한다.

먼저, 기술과 시장의 상관관계에서 변화 유형을 바라볼 때, 기술이 시장을 리드(Lead)하는 경우는 IT 서비스 분야이고, BT 분야는 시장이 기술을 리드하는 대표적인 예라고 할 수 있다. 그리고 IT, NT, BT 기술이 융·복합되어 발전하고 있는 것이 u-헬스케어 서비스분야인데, 국내·외 정책과 BT기술의 한계로 인하여 최근까지는 서비스 활성화가 이루어지지 못했지만, 멀지 않아 급격한 삶의 변화를 가져올 것으로 보인다. 따라서 u-헬스케어 서비스 출현과 함께 현재의 서비스와 기술적 상황을 언급하고 앞으로 중점적인 접근 방향을 제시하고자 한다.

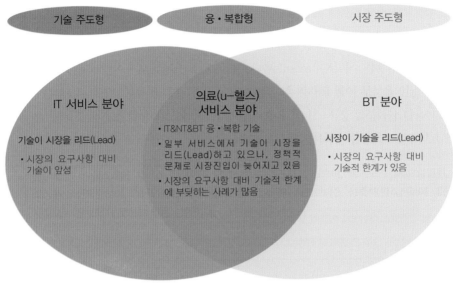

〈그림 9-2〉 기술 및 시장(Market)에 대한 변화 유형

왜 u-헬스케어 서비스 인가?

u-헬스케어 서비스 기술의 발전은 현재 진행형이며, 기술적 진화는 지속적으로 이루어질 예정이다. 그리고 u-헬스케어 서비스가 확대되기 위한 국내·외 표준화는 상당 부분 정립이 완료되었다고 볼 수 있다. 기술의 진화를 바탕으로 u-헬스케어 서비스의 출현 과정을 도출해 보자.

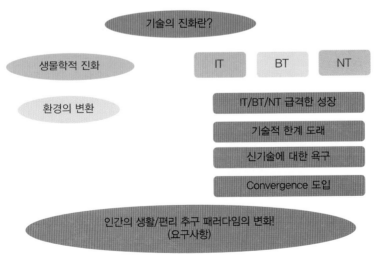

〈그림 9-3〉 u-헬스케어 서비스가 요구되는 환경적 변화

〈그림 9-3〉은 생물학적 환경 변화에 해당하는 기술의 변화상을 표현한 것이다. 1990년대부터, 2000
년대 초반까지 IT/BT/NT 기술이 급격하게 성장하였으며, IT와 NT의 경우 새로운 발명 및 기술적 성
장 속도의 한계에 이르게 되었다고 할 수 있다. 하지만 신기술에 대한 욕구와 더불어, 타 분야에 비해
기술적 진보가 앞선 IT 분야의 기술을 적용하여 새로운 블루오션(Blue Ocean)을 찾고자 하여 도출
한 신기술이 바로 의료 서비스 기술 분야이다. 이는 IT의 서비스 기술(통신 및 반도체 등)의 장점을 극
대화하고, 의료서비스의 획기적인 변화를 추구함으로써 인간의 삶의 질을 향상시킬 수 있다는 관점에
서 시작된 것이다. 이러한 이유로, u-헬스케어 서비스는 기술적 요구사항과 시장의 요구사항이 적절히
반영된 것이라 볼 수 있다.

> 진화 원인: u-헬스케어 서비스 측면에서 인간의 욕구
> - 진단 및 치료 관점 기술보다 질병 예방이 가능할 것
> - 보다 많은 사람들에게 쉽고/편리하게 의료 서비스 제공이 가능할 것 (언제 어디서든 의료서비스 제공 가능)
> - 경제적 성장으로 생존에서 삶의 질 추구 사회적 관심이 변화
> - IT/NT 분야의 고급인력들의 생존을 위한 새로운 돌파구 필요 등

그러나 기술과 소비자의 욕구에 의해서 도출된 것일지라도, 제품화(시장에 적용: 생물학적 환경 적응)
하기 위해서는 몇 가지 고려사항들을 만족해야만 한다. 이러한 고려사항은 생물학적 환경 적응과 유사
하다고 판단할 수 있으며, 〈그림 9-4〉에 제시한 것과 같이 기술성, 경제성, 시장성이 이에 해당한다.
이러한 요구사항들은 기술(서비스)예측과 가치분석, 기술/서비스 표준화, 〈그림 9-5〉 나타낸 것과 같
이 기술 구현 후 제품화를 통한 시장 경쟁 및 새로운 시장 형성 여부에 따라 기술의 진화(성장)가 이루
어진다고 볼 수 있다.

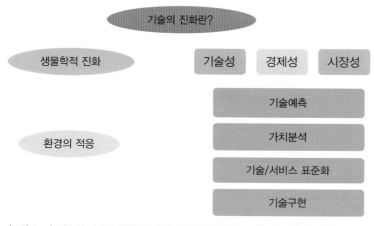

〈그림 9-4〉 기술이 시장에 진입하기 위한 조건 및 과정(참고: 생물학적 환경 적응)

진화 방향: u-헬스케어 서비스 욕구를 만족할 수 있는 발명 및 개발

• 실시간 환자 모니터링이 가능한 기술 개발

• 원격진료 가능한 기술 개발

• 진보된 생체신호 측정 기술 개발

• 대량의 환자정보를 관리하는 빅데이터 처리 기술 개발 등

u-헬스케어 서비스 기술의 경우, u-헬스케어 서비스 요구를 충족시킬 수 있는 생체신호 단말 및 측정기(센서) 기술, 생체신호(환자) 모니터링 기술(또는 실시간 빅 데이터 처리 기술), 의료 서비스가 가능한 통신 기술 (HL7, DICOM 등), 개인정보 보안 기술 등을 중심으로 발전되어 왔으며, 이러한 기술들은 IT, NT, BT의 기술 발전으로 u-헬스케어 서비스에서 요구하는 많은 기능들이 구현 가능하고, 원격진료부터 개인의 건상상태 정보제공 서비스까지 인간의 건강과 삶의 질을 개선할 뿐 아니라, 시장성 또한 매우 클 것으로 판단되어 왔다. 하지만 기술 및 시장성의 중요성에도 불구하고, 국가들마다 정책적 제약들에 의해 아직까지 시장(Market)의 활성화는 점진적으로 이루어지는 상황임을 인지할 필요가 있다.

진화 목적: u-헬스케어 서비스는 인간의 건강과 삶의 질 개선

• 고령화에 따른 노인 근린생활 개선 및 의료복지

• 고용 및 경제구도 변화에 따른 가족의 안정화 추구

• 의료서비스에 대한 신뢰 확보와 보편적 의료 서비스 추구 등

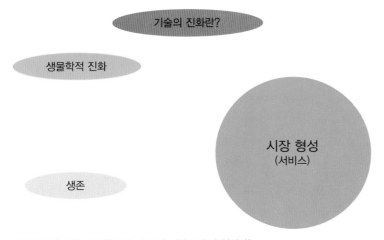

〈그림 9-5〉 시장 형성을 통한 기술 및 서비스의 진화(성장)

기술의 진화(성장) 관점에서 u-헬스케어 서비스의 출현과 현재의 상태를 이해해야 하는 이유는 미래 기술을 예측하고 연구개발 방향(또는 진로 설정)을 설정하기 위해서 기술의 진화(성장)와 시장 형성 과정의 상관관계를 명확히 파악하고 접근해야 할 필요성이 있기 때문이다.

생체신호 측정 및 모니터링 기술

u-헬스케어 서비스는 개인의 건강상태를 모니터링하고 이에 관련된 정보를 분석한 후, 사용자가 원하는 건강상태 정보를 서비스하는 기술이다. 인간의 건강상태를 측정하기 위해 요구되는 대표적인 생체신호는 체온, 심박동 수, 혈압, 혈당 등이 있으며, 우선적으로 요구되는 것이 이들 생체신호 측정 및 생체정보를 획득할 수 있는 기술이다.

현재 u-헬스케어 서비스에서 보편화된 제품으로는 혈당계, 혈압계, 심전도계 등이 있고, 〈표 9-2〉는 현재 각 제조사마다 제품화되고 있는 생체신호 측정 단말기와 특징들을 설명하고 있다. 제시한 여러 제품들은 취득하는 생체정보에 따라 편리한 인터페이스(불편함 최소화, 사용자 편리성 고려)와 다양한 디자인을 갖고 있음을 보여 준다.

〈표 9-1〉에 소개된 제품들은 크게 접촉형, 삽입형, 이식형으로 나눌 수 있는데, 이것은 취득하고자 하는 생체신호의 특징과 현재의 기술적 한계에 달려 있다고 할 수 있다.

〈표 9-1〉 생체 측정 정보에 따른 단말기 유형과 센서 기술

생체신호 측정 단말기 유형	생체 측정 정보	센서 기술 (정보 획득 Source)	디자인
접촉형	혈압, 혈당, 체온, 심박수, 칼로리 소모량, 이동거리, 속도 등	광, 전기, 초음파, GPS 등	시계, 밴드, 필름 등
삽입형	혈당, 치주질환, 의료영상, 암 등	광, MEMS 등	삽입형 바이오 칩, 바이오 로봇 등
이식형	암, 심전도 등	랩온어(Lab-on-a-chip) 칩	이식형 반도체 칩

일반적으로 신체정보를 취득하고 모니터링 서비스의 이상적 요구사항은 비탐침/무구속이다. 〈표 9-1〉을 참조하여 〈표 9-2〉에서 소개된 제품들과 같은 다양한 구조의 제품 사례를 찾아볼 수 있다.

〈표 9-3〉은 〈표 9-2〉에서 제시한 생체신호 측정 단말기와 IT기술(통신)이 융합된 환자 모니터링 장치에 대한 사례를 제시한 것이다. u-헬스케어 서비스에서 환자의 신체정보를 모니터링하기 위해서, 유무선 통신 서비스가 적용된 스마트폰과의 연동이 대표적인 방법이며, 제시된 사례들도 iOS 기반의 아

이폰/아이패드, 안드로이드 기반의 스마트폰을 활용하고 있다. 이때 적용되는 통신 기술은 HL7의 국제표준화 규격을 모두 만족시켜야만 한다.

〈표 9-2〉 생체신호 측정 단말 구현 사례

회사명	제품명	제품 구조	특징
Nike	SportBand		• iPod nano 없이 동작 가능 • 센서 내장된 손목밴드형 • 걷거나 뛰는 동안의 속도, 거리, 시간, 칼로리 소모량, 심박수 등 측정 • 시계처럼 간단한 디스플레이 • 내장된 USB를 PC와 연결하여 전용소프트웨어 (Nike+ Connect)로 데이터 엑세스
Nike	SportWatch GP5		• GPS 기능 내장 시계 • GPS를 이용하여 사용자가 움직이는 경로를 Nikeplus.com에 기록관리 • SportBand에 비해 시계 디자인을 더 강조
Jawbone	UP		• 손목밴드형 모바일 헬스케어 제품 • MotionX사의 기술제휴를 통해 손목밴드형으로 기기를 만들어 활동량 측정 서비스 제공 • Nike+ FuelBand에는 없는 수면패턴측정기능, 진동알람 기능, 식품 칼로리들을 보여주는 식사관리 등의 기능 • 한번의 충전으로 10일 이상 사용 • 이어폰 단자를 통해 데이터를 전송, 전용 충전기를 통해 충전 가능
Fitbit	Flex		• 만보기, 칼로리 소모, 수면 추적 기능 제공 • 2013년 5월 손목밴드와 함께 사용가능한 Fitbit Flex 출시 • Jawbone UP처럼 수면패턴 측정기능 포함. Jawbone UP보다 저렴한 99달러에 판매중 • 손목시계처럼 조절 가능한 밴드 타입, 디스플레이 없이 LED로만 상태 표시 • 밴드와 클립이 별도 제공. USB 형태의 동글이 핵심 • Nike+ FuelBand와 Jawbone UP과 약간 다른 개념의 제품

회사명	제품명	제품 구조	특징
Misfit	Shine		• 2012년 출시된 동전모양의 활동 측정 기기 • 우주선에 사용하는 특수 재질의 알루미늄 케이스와 동전배터리로 동작 • 12개의 LED 표시등으로 상태와 시간을 나타내고, 3축 가속계가 내장되어 걸음 수, 칼로리 소모 등 기본적인 측정기 기능 제공 • 손목밴드와 결합하여 시계, 액세서리, 목걸이, 클립 등의 형태로 착용 가능 • 가격은 119.95달러, Jawbone UP보다 약간 싸고 Fitbit Flex보다 저렴
Beddit	Film Sensor		• 침대 필름센서를 연동한 수면 추적, 심박수, 호흡수 측정 가능 제품 • 필름형태의 얇은 띠모양의 장치로, 간단하게 침대에 걸쳐 설치 • 블루투스를 통해 스마트폰으로 데이터를 전송하여 전용앱을 통해 모니터링 할 수 있으며, 판매가격은 149 달러
Withings	SmartBody Analyzer		• Wi-Fi 연동저울 • 체질량과 체지방을 측정하여 Wi-Fi를 통해 웹 사이트로 전송하여 데이터를 저장 • 저장된 데이터를 통해 몸무게 및 체지방 변화를 쉽게 추적 관리 • 앱을 통해서 언제 어디서든 스마트폰으로 모니터링 가능
LG전자	Lifegram		• 손목시계 형태의 만보기 제품 • 인터넷을 통해 기록 및 랭킹이 가능하여 걷기 및 달리기에 대한 경쟁을 유도 • 블루투스를 통해 스마트폰 앱과 연동하여 활동량 및 칼로리 소모량을 모니터링
로슈	혈당 센서		• 혈당 센서는 전체 의료용 센서 시장의 80%를 차지 • 당뇨가 의심되는 사람들은 모바일 혈당계를 통해 주기적으로 혈당을 측정하고 적절한 관리가 가능

회사명	제품명	제품 구조	특징
마이진	자궁경부암 진단용 DNA칩		• 암의 조기 진단 가능 • 혈액이나 타액 샘플을 활용한 간단한 진단 검사법 • 혈액 채취를 통해 분리한 환자의 DNA와 센서 위에 집적된 암 유발 DNA와의 결합 반응을 활용하면, 환자가 특정 암 관련 유전 물질을 보유하고 있는지 판간 가능하며, 대장암이나 위암, 자궁 경부암 등과 관련한 DNA칩은 개발에 성공하여 일부는 상용화.
Fraunhofer 연구소	체내 이식용 혈압 센서		• 체내 삽입용 혈압 센서 • 독일의 프라운 호퍼(Fraunhofer) 연구소의 연구진들은 작은 이식용 혈압 센서를 개발 • 환자가 정기적으로 혈압 수치를 측정해야 하는 불편함 없이, 케이스를 포함해 약 1mm의 지름 크기인 센서는 환자의 대퇴부 동맥을 통해 삽입되고, 자체 전력을 통해 혈압을 정기적으로 초당 30회 측정
ETRI	Bio Shirt		• 심전도(심박), 호흡, 동작, 체온 • 신체 부착형 센서 • 손목시계형 패치/팬드형 • 상용화 단계
RFID			• 혈당 모니터링 • 센서의 정확도/안정성, 소형, 경량화 • Bed형, 부착형 • 치매환자 관리(초기개발수준)

회사명	제품명	제품 구조	특징
손트라 메디컬社	SonoPrep	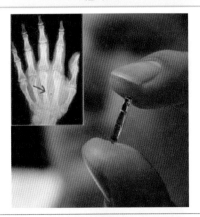 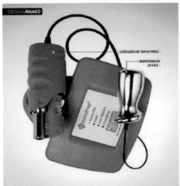	• 바늘 없이 초음파 진동으로 혈당량을 측정하도록 설계된 모니터링 시스템 • 당뇨병을 비롯하여 피부과, 피부병리학, 피부진단, 국소마취 등의 분야에서 활용
Bio Grapher	GluoWatch	 	• 손목형 저전력 포도당 측정 기구 • 채혈침 없이 전지 시그널을 이용해 매 10분마다 혈당 체크 • 낮거나 높은 위험수위 때 알람 경고
아이엠바이오	휴대형 혈중 산소농도 측 정기(oxy9)		• 손가락으로부터 최초 신호가 입력된 후부터 측정 • 설정된 수치 이하로 산소 포화도와 맥박수가 떨어지거나 센서 이탈 등의 응급 상황에서는 간호사들이 빠르게 대처할 수 있도록 경보음이 울림 • 실시간 혈중산소농도 표시 SpO2(%), 심장 박동 수 표시(BPM)

회사명	제품명	제품 구조	특징
KMH	무채혈 자동 혈당 측정기 (GluCall)		• 전기삼투압을 이용하여 추출한 체액에서 glucose 값을 산출 • 손목시계형으로 시간과 장소에 구애없이 정상적인 활동을 하면서 측정 • 6시간, 12시간 10분마다 자동적으로 측정 • 시계 모양의 본체와 본체 뒷면에 부착되어 피부와 접촉되는 센서로 구성 • 위험 혈당 측정 시 알림 기능 • 이벤트(식사, 인슐린 주입 등) 입력기능
European Commi—ssion	AMON project		• Advanced care and alert portable telemedical MONitor • SpO2, 혈압, ECG, 심장박동, 체온 등 측정기능을 가진 손목착용형 복합의료기기 • GSM을 이용하여 측정 생체정보를 Medical Mission Center에 저장, 분석후 결과를 사용자에게 통지
한국전기연구원	구강암 진단용 광 센서		• 타액을 이용한 진단 검사법 • 타액 속 1,160여 종의 단백질에서 치주질환 및 구강암 등에서 나타나는 특정 단백질을 선별해 탐지하는 진단 센서 개발 • 구강암 진단에 사용되는 또 다른 방법으로 형광 측정 센서를 점막에 접촉하여 암 발생 직전의 조직을 판별하는 원리를 활용하는 광센서도 등장

(출처: 모바일헬스케어 시장과 시사점, 스마트센서-헬스케어 혁명을 선도, u-Healthcare 선도기술과 서비스모델 개발기업의 추진현황 및 전략, U-HealthCare 최근동향 및 스마트카드_RFID 활용전략)

〈표 9-3〉은 〈표 9-2〉에서 제시된 생체신호 측정단말들을 이용하여, 실시간 환자의 상태를 모니터링하기 위해, 스마트폰과 연동하여 정보를 수집하고, 수집된 정보를 바탕으로 환자의 건강상태 변화를 확인할 수 있는 제품들이다. 생체신호 취득의 편리성과 지속적인 환자의 모니터링을 통해 누적된 데이터 분석을 수행하여 보다 정확한 건강상태 변화 정보 서비스를 가능하게 한 것이다. 이들 제품들은 u-헬스케어 서비스 출현의 원인("질병예방 차원에서 의료서비스 요구")과 고령자 및 독거노인, 그리고 응급환자들을 위한 u-헬스케어 서비스 목적을 만족한다고 볼 수 있다. 즉, u-헬스케어 서비스가 인간의 서비스 요구사항을 만족시키기 위해 점진적으로 발전하고 있음을 보여주는 것이다.

생체신호 측정기술과 모니터링 기술 사례를 보였기 때문에 다음에 요구될 사례는 이들을 관리하는 서비스 기술이라고 할 수 있다.

〈표 9-3〉 생체신호 단말 및 모니터링 서비스

생체신호 모니터링 사례	사용환경	측정기기	기술적이슈	인터페이스	기타
	모바일	혈당계	모바일 기기와 연동, 저전력, 데이터처리	자동구동(EIF) 등 사용상 편의성 고려	동작센서 및 배터리팩을 이용한 다양한 생체신호 측정가능
	On-line Devices	혈압, 심전도, 혈당, 체지방, 폐기능, 전자청진기 등	센서의 정확도, 호환성, (홈)네트워킹	홈헬스 환경에 맞는 자가측정용이	원격 모니터링, 원격진료용
	모바일 (Nike - FuelBand)	혈당계, 칼로리 소모 측정	Nikeplus.com을 통해 기록관리 iOS버전 후 Android 버전 출시 사용자의 이동 거리, 속도, 시간 등을 측정하여 칼로리 소모 측정	GPS 내장 가속센서 블루투스	Nike의 기기사업부 (Equipment Division)는 2011년 -1%의 적자에서 2012년 Nike+FuelBand 출시 후 18%의 이익을 기록
	모바일 (NTT도코모 - Wellness Mobile Phone)	운동량 측정 만보기	걷기 · 뛰기 · 계단 오르내리기 등 상황 인지 기능 제공 3차원 가속기 센서 내장	측정된 생체신호 데이터를 무선망을 통해 건강관리 서버로 전송	헬스클럽과 같은 건강관리 센터에서도 활용 가능
	모바일 (한국생명공학연구원 - 간 기능 진단 센서)	간 기능 간엽 진단	바이오와 MEMS 등 첨단 기술의 도입 간 기능 검사는 혈액 속의 효소 Transaminase인 GOT, GTP의 수치를 측정	블루투스	간 기능이 나빠지면 GTP 수치가 올라가고 정상인 경우 수치가 낮아짐

(출처: 모바일헬스케어 시장과 시사점, 스마트센서-헬스케어 혁명을 선도,u-Healthcare 선도기술과 서비스모델 개발기업의 추진현황 및 전략)

u-헬스케어 서비스 기술 및 현황

u-헬스케어 서비스 기술의 한계

〈표 9-4〉 u-헬스케어 서비스 사례

회사 명	서비스 명칭	서비스 구조	특 징
Honeywell HomeMed LLC	Automation and Control Solutions		• 일정 시간마다, 환자 생체신호 측정하고, 측정된 데이터는 중앙 데이터 센터로 전송 • 의료전문가에 의해 24시간 환자상태 모니터링, 이상 시 방문간호사 파견 • 제한된 간호사 자원을 효율적으로 관리 • 미국의 노인보호시설처럼 제한된 예산을 받는 시설에서는 이와 같은 서비스가 적합
하버드대학	CodeBlue Infrastructure		• 센서네트워크를 기반으로 한 대표적인 헬스케어 프로젝트 • 센서노드 플랫폼인 Mica2, MicaZ와 elos를 활용하여 초소형의 웨어러블 환경의 무선 pulse oximeter와 2-lead EKG 개발 • 심전도, 혈중 소포화도와 EKG 데이터에 대한 측정이 가능하며, 센서 데이터는 실시간으로 PC/PDA를 통해 디스플레이 가능
마쓰시가	전기산업		• 변기 혹은 욕실에서 자동으로 체중, 체지방, 당뇨수치, 심전도 등을 측정
KT	e-Life	 **KT e-Health 시스템**	• 2003.6: 체험 전 전시 • 2005: 정보통신부 '정보통신 선도기반기술개발사업'으로 '디지털 홈 구현을 위한 홈 네트워크 기술 개발'프로젝트에 참여 • 무선 통신 프로토콜 기반의 센서 네트워크(Sensor Network)를 이용한 댁내 서비스 및 기존 CDMA 망을 이용하여 휴대폰을 통한 생체 데이터 전송 기술 및 분석 등과 같은 시범 서비스 수행 • KT의 디지털 의료 시장을 겨냥한 혈압, 맥박 등 기초 검진이 가능한 e-Health 시스템 • 2004-2009: HL7/XML 기반, 의료정보전달시스템 구축 • 2006: 파주운정지구 U-City(U-Healthcare 부문) 구축

회 사 명	서비스 명칭	서비스 구조	특 징
삼성			• 삼성전자: 홈네트워크 솔루션 홈비타(Homevita) 상용화착수, 향후 'e-Health', 'e-Entertain', 'e-Learning'등을 통합적으로 서비스할 수 있는 포털 솔루션 구축예정 • 2005.4.26.: '삼성전자-ICU 공동연구센터' 개관 　- 차세대(4G) 이동통신 시스템 개발 　- e-Health 분야의 산업화 기술 연구 　- 휴대폰 임베디드 시스템 보안 연구 공동수행 • Digital Solution센터(DSC): 'Ubiquitous'구현 목표 　- Home Network Solution 　- Mobile Network Solution 　- Office Network Solution 　- e-Health 　- DTV-Portal 등 각종 신규 솔루션 개발/기획/마케팅
비트	Dreamcare	 	• '드림케어'란 원격지의 고객건강정보를 인터넷으로 전송 받아 고객의 건강상태를 지속적으로 관리하는 '평생건강관리서비스' • 주요기능: 〈평생건강관리서비스(DreamCare)〉 　1. 건강측정(혈압, 혈당, 맥박, 체온, 심전도 등) 　2. 건강위험요인 관리 　3. 실시간 상담예약 및 화상상담 　4. 컨텐츠 제공(질환별 운동동영상, 약품정보, 질환정보 등) 〈원격진료서비스(DreamCare Plus)〉 　1. 화상상담(H/W코덱, H.264) 　2. 원격시진(피부경, 이경 등) 　3. 원격청진(전자청진음 및 시그널 전송)
	MobiHealth 프로젝트		• EU: IST프로그램 • 네덜란드: 임산부와 천식환자, 독일에서는 심혈관환자 • 스웨덴: 호흡질환 및 ADL(Activity of Daily Living) • 스페인: 홈 헬스케어와 Outdoor 재활에 대한 파일롯 임상실험
IBM	mobile Health Wireless Healthcare solution		• 2005년 IBM Design Center에서 선보인 모델 • 이동환경 중에서의 개인건강측정이라는 기술적 가능성 제시 • Pervasive, Mobile wearable computing 연구

회 사 명	서비스 명칭	서비스 구조	특 징
Phillips Medical System	Tele-monitoring Platform		• 2002년도부터 심부전환자의 건강관리를 가정에서 정기적인 환자 건강상태 측정; 다양한 계측장비(혈압, 체중, 혈당)들을 Phillips사의 Telestation이라는 중앙제어장치를 통해 저장, 데이터 센터와의 통신 수행 • 미국, 유럽에서의 건강관리 프로그램의 전형적인 모델

(출처: 모바일헬스케어 시장과 시사점, U-HealthCare 최근동향 및 스마트카드_RFID 활용전략)

u-헬스케어 서비스는 과거 1990년대 이후 비약적인 발전을 이룩해 왔고, 국내에서는 한국전자통신연구원(ETRI), 이동통신 3社(KT, SK-Telecom, LG Uplus)와 삼성전자, LG전자, 비트컴퓨터 등을 주축으로 미래의 u-헬스케어 서비스 플랫폼을 제시하고 있다. 〈표 9-4〉에서 소개한 국내·외 u-헬스케어 서비스 플랫폼 구조를 참조해 보면 u-헬스케어 서비스의 요구를 충족시키기 위해 각 회사별 서비스 구조의 한 부분을 소개한 것으로 요소기술들은 공통된다고 할 수 있다. 다만, 어떠한 형태로 서비스되었을 때, 소비자들에게 더욱 편리하게 다가갈 수 있느냐가 주요 사항이라고 판단된다.

IT 기술은 인간의 기능적 편리함을 추구하는 기술이라고 볼 수 있는 반면, u-헬스케어 서비스는 인간의 생명·건강과 직결되는 보편적 서비스인 복지와 연계되어 서비스 기술이 발전되어야만 한다. 현재 제안된 서비스 플랫폼 구조들은 새로운 수익 모델을 창출하는 데 주요 목적을 두고 있는 측면이 강해서 보다 많은 사람들이 쉽고, 편리하게 헬스케어 서비스를 받을 수 있는 서비스 플랫폼에 대한 개발이 필요하다.

지금까지 생체신호 측정 단말과 모니터링, 그리고 u-헬스케어 서비스 사례를 소개하였다.

현재의 u-헬스케어 서비스는 기술적 진화 방향에 있어서, 요구성과 목적에 부합하여 발전했지만, 시장을 형성하지 못하고 성장 한계에 부딪힌 상황이다.

기술은 항상 성장만 하는 것이 아니며, 기술예측에 따라 연구개발 및 투자비용 뿐 아니라 관련 기술자들과 u-헬스케어 서비스에 관심을 갖는 전문가에게 미치는 영향이 커지게 된다고 할 수 있다. 따라서, 몇 가지 원인을 나열하고, 어떻게 u-헬스케어 서비스 기술에 접근할 것인지 생각해 본다.

　　첫째, 시장의 요구보다 기술의 진화 요구가 더 컸다.
　　　　〈IT 서비스 시장과 의료 서비스 시장의 차이점을 간과함〉
　　둘째, u-헬스케어 서비스 수요자(소비자)의 요구(또는 검진을 위한 질병의 종류)가 매우 다양하다.
　　　　〈사용자 맞춤(Customized) 서비스에 따른 비용부담이 크다〉

셋째, u-헬스케어 서비스 주체가 명확하지 않다.

넷째, 생명·건강은 급격하게 변화되지 않는다.

　　〈수요층(응급환자)이 한정되어 있다〉

다섯째, 의료(u-헬스케어) 서비스를 복지가 아닌 수익모델로 접근하고 있다.

첫째 이유는 〈그림 9-2〉에서 설명한 것과 같이 u-헬스케어 서비스는 기술적 측면에서 IT와 BT가 융합된 형태이고, 경제적 측면에서는 기술주도형과 시장주도형이 결합된 형태이지만, 기술주도적인 측면이 더욱 강하다고 판단할 수 있다.

기술 주도형은 시장의 요구를 정확하게 예측했을 때, 제품화에 대한 파급효과가 크지만, 시장의 예측이 잘못되었을 때는 그에 따른 손실이 크게 발생하게 된다. 이에 대한 대표적인 보기가 스마트폰과 u-헬스케어 서비스 제품들이라고 판단한다. 물론 u-헬스케어 서비스는 언급한 바와 같이 현재 진행형이기 때문에 현재 시점에서의 판단이라고 할 수 있다.

〈표 9-5〉 기술 주도형 vs. 시장 주도형 비교

	조건	장점	단점
기술 주도형	• 정확한 시장 요구 예측 • 시장 규모가 클 것	• 시장의 대응이 빠름 • 성공에 따른 경제적 이득이 큼.	• 잘못된 예측은 경제적 손실을 크게 유발 시킴. • 제품화 성공률이 낮음. • 경쟁이 높음.
시장 주도형	• 사용자 맞춤형 개발 • 장기 투자 및 개발 • 틈새시장 공략	• 수요기술 구현으로 시장 직응률이 높음.	• 시상의 대응에 늦음. • 기술 난이도가 높거나 시장 규모가 작음.

〈표 9-6〉에는 스마트폰과 u-헬스케어 서비스의 발생 원인과 현재 상태에 대해서 정리한 것이다.

〈표 9-6〉 기술 주도에 따른 스마트폰과 u-헬스케어 서비스 비교

구 분	IT 서비스 분야	BT 서비스 분야
기존 제품 또는 기능	음성통화, 데이터통신(인터넷), 계산기, 카메라, 오디오, 캠코더, 비디오, 화상통화, 녹음기, 내비게이션, 컴퓨터 등	스마트폰, 시계, 밴드, 옷, 생체신호 측정 단말기(접촉형, 삽입형, 이식형)
시대적 상황	전화기가 필수품이 됨. IT 기술이 급성장	스마트폰이 일반화됨. 생체신호 측정 센서기술 발달 및 단말기의 소형화 가능
기술적 요구 예측	기존 제품 기능을 하나의 제품으로 집적 할 경우, 소비자의 소비욕구 충족 가능	스마트폰을 이용한 건강 관리서비스 할 경우 소비욕구 충족

구 분		IT 서비스 분야	BT 서비스 분야
기술진화 방법		전화기에 기존 제품기능 집적 국내·외 표준화 활성화 임베디드 플랫폼 활성화 적용	기존 제품(시계, 밴드, 옷 등)에 생체신호 측정 센서 내장하고 스마트폰과 연동하여 모니터링 서비스 제공 국내·외 표준화 완성단계 임베디드 플랫폼 미흡
진화 결과		기존 제품 기능이 구현된 단일제품 기술적 요구 예측 성공	스마트폰 + 생체신호 측정 단말기 = 각각 독립적으로 존재(통신을 통해 연동) 현재기준으로 시장진입 한계 발생
편리성	기능	1개의 스마트폰에 기존 제품 기능을 모두 구현	스마트폰에 생체신호 측정 단말기 연동 생체신호 측정 센서를 옷, 시계, 목걸이 등에 집적시키려 노력 (불편함 최소화 목적)
	경제성	1개의 스마트폰 가격이 각각의 제품구매 보다 저렴함.	추가적인 생체신호 측정단말기 구매와 서비스 비용 지불, 빅데이터 처리 기술 및 관리 서버 요구 기존의 옷, 시계, 목걸이 비용이 높아짐(상용화 한계 발생)
	크기/무게	휴대하기가 편리(가볍고, 작음)	기존 제품에 센서를 내장하는 형태로 개발 진행
	시간	빠른 시간에 정보 검색 가능 빠른 업무(효율성 증가) 쇼셜네트워크 활성화	지속적인 신체상태 모니터링 요구
	공간	공간 제약 없이 자료검색, 촬영, 녹음, 전화, 내비게이션, 문서작업, 원격회의 가능	원격진료
	기타	인터넷이 활성화되어 정보공유가 빠름	원격진료 외 다양한 애플리케이션 서비스 아이템이(컨텐츠) 부족
제품 형태		단말기: 스마트폰 S/W: 게임 및 다양한 컨텐츠 서비스	단말기:스마트폰 + (혈당계, 심전도계 등) S/W: u-헬스케어 서비스(원격진료 등)
서비스 형태		소프트웨어적인 서비스	
문제점		불필요한 기능으로 소비자의 비용부담이 늘어남.	진단 및 치료를 위한 주체가 의사이며, 단말 및 서비스가 의료법에 접촉됨(원격진료가 현실화되지 못함). 서비스의 결과가 가시적이지 못함. 생체신호 취득을 위한 접촉식 방식의 한계를 극복하지 못함. 소비자가 의료서비스는 소비의 관점보다 복지에 가깝다고 판단

즉, IT 분야처럼 기능적 편리성을 기술이 주도하는 경우, 소비자의 심리를 자극하여 소비를 이끌어 냈지만, u-헬스케어 (의료) 서비스 분야의 경우 기능적 편리성이 아닌 장시간의 누적된 신체의 변화를 모니터링 후, 개인의 건강 상태를 알려주는 서비스이기 때문에, 편리함을 바로 인지하지 못한다. 더불어 서비스에 대한 효과가 가시화되지 못하여 현재의 u-헬스케어 서비스 시장이

활성화되지 못하는 궁극적인 결과라고 판단한다. 이와 관련된 사항은 〈표 9-6〉의 문제점 항목에 기술하였다.

국가별 u-헬스케어 서비스 현황

〈표 9-7〉 국가별 국내·외 u-헬스케어 서비스 현황

국가	프로젝트명	추진동향
한국	u-Medical	만성질환자를 대상으로 하는 치료중심 신시장 창출 및 원활한 의료 관련 법·제도 개선을 유도하는 시장확대형 육성전략 도서산간 주민, 재소자, 군경 등 대상 원격진료: 복지부, 법무부, 행안부, 지자체 (1998 ~ 2009)
	u-Silver	65세이상의 노령자를 대상으로 하는 요양중심 고령친화형 제품개발을 위해 사용자의 체험부담을 경감하는 수요연계형 육성전략 독거노인, 요양원 대상: 복지부, 지자체 (2006 ~ 2009)
	u-Wellness	일반인을 대상으로 하는 건강관리 중심 민간의 투자를 촉발시키기 위해 의료 관련 법규의 제한이 없는 성공적인 비즈니스 모델 창출 전략 주민 건강증진사업: 지자체 (2007)
미국	Smart Medical Home	개인의료상담(PMA: Personal Medical Advisor)을 통해 환자의 의료정보를 수집하고 각종 생체 신호를 수집, 분석할 수 있는 다양한 센서를 부착한 스마트 밴드를 통해 외상의 상태를 지속적으로 체크
EU	AAL (Ambient Assisted Living)	고령자에게 IT기기와 서비스를 제공하여 의료, 건강관리, 안전/보안 응급시스템, 사회침여 등 독립적인 생활 지원 EU 12개국 참여, 2007년부터 7년간 약 3.5억 유로 투입
영국	Telecare	만성질환 및 고령자에게 IT활용한 건강관리 및 독립적 생활지원 혈압측정, 사이렌 등 경고 알림, 응급상황 알림 정보 등 NHS(National Health Service) 전자의료 기록소를 통해 의사와 간호사에 연결
일본	u-Japan	보편적 디자인이 가능한 사회구현 E-health를 통한 의약 남용 방지 센서 및 정보가전을 통해 독립적 생활이 가능한 주택
싱가포르	iN2015	2015년까지 IT기반의 개인 맞춤형 의료체계 전환 질병 치료 → 예방/건강 증진, 의사진단 → 자가진단 공급자중심 → 환자중심 통합서비스(의료정보교류, EHR등)

(출처: u-헬스 산업 동향과 파급효과 분석)

한국

한국의 u-헬스케어 서비스는 의료서비스 대상을 만성질환자, 노령자, 일반인으로 세분화하여 제공하고 있으며, 이들 각각은 u-Medical, u-Silver, u-Wellness의 서비스 기준과 범위를 정의하고 있다. 〈표 9-7〉에서는 3가지 분류에 대한 추진 동향과 정부 및 지자체 참여 부분을 언급하고 있다. 한국의 경우, IT 서비스 시장의 활성화로 적극적인 u-헬스케어 서비스 시장 활성화와 더불어 고령화에 따른 독거노인과 요양병원 등을 중심으로, 국민의 건강과 복지를 개선하는 방향으로 발전되고 있다.

- 관련사항: u-헬스케어 서비스 활성화를 단계적으로 접근하고 있으며, 독거노인 및 요양병원, 만성질환자를 대상을 우선지원하며, 일반인들에 대한 서비스는 기술적인 사항보다는 정책적(원격진료에 대한 법률적 제약) 사항으로 진보되지 못하고 있는 상황이다.

미국

미국의 u-헬스케어 서비스는 의료 정보관리 시스템 중심의 u-Hospital, 가정과 병원을 연결하는 홈 & 모바일 Health, 일반인의 건강유지와 향상을 중심으로 하는 Wellness 세 분야로 나눈다. 이 중에서 미국이 가장 집중하고 있는 분야는 홈 & 모바일 Health로 병원에 가지 않고도 의료 서비스를 받게 해주는 기술이다. 홈 & 모바일 Health시장은 2006년 9.7억달러, 2010년에는 57억달러 규모에서, 2015년에는 336억 달러 규모로 성장할 것으로 전망하고 있다.

- 관련사항: 원격진료 항목이 한정되고, 가정에 비치되어야 할 생체신호 측정 단말들이 요구됨.

유럽

유럽의 u-헬스는 EU를 중심으로 통합시스템 구축을 추진 중에 있으나, 미국 및 일본에 대비하여 저조한 실정이다. Public Health, Healthcare, e-Health 등 다양한 관련정책을 추진 중이고 개별 국가정책 수립을 지양하고 EU차원에서의 일관성 있는 정책수립을 진행 중이며, 건강 의료 네트워크 구축을 토대로 개인화된 u-헬스 시스템 개발에 투자를 강화하고 있다. 특히 다양한 건강지표 개발과 건강정보 공유, 질병 조기진단, 라이프 스타일에 따른 건강결정 요인 규명 등을 통해 EU회원 국민의 건강 개선 목표 중 하나인 e-Health 이니셔티브 프로젝트를 진행 중이다. e-Health 이니셔티브 프로젝트는 전자건강기록(EHR, Electronic Health Record) 시스템의 국가간 상호 호환성 및 스마트 개방형 서비스(SOS, Smart Open Services) 실시를 중점으로 하고 있으며, 유럽 전역에서 의료진이 각 환자의 건강 정보에 대한 접근이 가능하도록 하려는 데 목적이 있다.

- 관련사항: 홈헬스케어 서비스보다 EU의 특성에 맞는 현실적 국가 상호 호환성 및 병의원 간의 개방형 의료 서비스 문제점 극복에 초점을 맞춤.

일본

휴대전화를 통한 u-헬스 도입으로 보안에 대한 관심이 높아지는 일본에서는 후생노동성과 총무성 등 정부 각 부처에서 E/U-Health관련 정책을 적극적으로 추진하고 있다. 후생노동성은 원격의료, 전자청구, 표준화 전자의무기록, 처방전달시스템 등을 주요 내용으로 하고 있으며, 의료기관 정보화 및 기관 간 연계, 의료정보 교류 등의 단계적 발전방안이 주요 사항이다. 일본의 정부지원 프로그램의 대표적인 예는 '토우가네 병원'과 '카메다 병원'의 시스템으로, 토우가네 병원의 경우 의료 네트워크 구축, 온라인 복약 시스템, 재택 당뇨병 환자 지원 시스템 및 만성병 유전자 진료지원 시스템을 보유하고 있다. 카메다 병원 역시 종합병원과 지역 네트워크 구축을 통해 중복되는 검사, 투약을 예방하고 환자정보의 공유화를 시도하였다.

> · 관련사항: u-헬스케어 서비스 측면에서는 개인 정보의 보안과 만성질환자(예: 당뇨병)에 초점을 두고 있으며, E-health의 경우, 만성질환자의 유전자 진료지원과 중복된 검사 및 의약 남용을 예방하는 측면에서 환자정보 공유

앞에서 언급된 국가 뿐 아니라, 이외의 국가 별 u-헬스케어/E-health 서비스들이 유사하며, 시행방법 및 구체적 적용대상이 해당 국가의 지역 또는 구조적 특성에 따라 약간의 차이가 발생할 뿐, 궁극적인 u-헬스케어 및 E-health 서비스가 추구하는 방향은 공통적이라 판단한다. 단지, 각 나라가 내부적 문제점을 극복하고, 서비스 활성화를 위해 접근하는 방법과 절차적 차이가 발생하고 있다고 판단된다.

기업별 국내 · 외 u-헬스케어 서비스 현황

⟨표 9-8⟩ 국내기업 u-헬스케어 서비스 현황

업체명	주요 내용
KT	• 만성질환자 혈당, 심전도 온라인 측정 • 서울대병원(분당), 팬택&큐리텔, 바이오넷, 올메디쿠스, 오렌지로직, 이에프엠 네트워크 등 참여
삼성건설	• 신축APT 집안 곳곳에 무선랜 홈오토메이션 장치 설치 • 원격의료 서비스 포함
동문건설	• 원격진료 기능이 구현되는 홈네트워크 구축 • 혈압, 맥박, 혈당수치, 체온측정 비데 설치
대림산업	• 원격 영상의료시스템 개발 • 자사 분양 아파트에 설치 예정

업체명	주요 내용
고려대	• u-헬스케어 사업 연구 진행 중 • 고대의료원, 서울대의공학교실, 대웅제약, 인성정보, 헬스피아 참석
서울의대	• 생체계측기술 이용 24시간 재택건강검진기술 연구 진행중 • 실험주택 마련해 연구
SK텔레콤	• 비트컴퓨터와 방배동 엘지 자이 200세대 중 50세대에 원격의료 서비스 구축중
삼성SDS, 마이비	• APEC e-Health 시범사업 개시(10월 완료 예정) • 지방자치단체 교통/유통카드 연계 의료카드/커뮤니티 사업모델화

(출처: u-Health 비즈니스 전망 및 시장 활성화 방안)

〈표 9-9〉해외기업 u-헬스케어 서비스 현황

업체명	주요 내용
인텔	• 80대 노인 3백명을 대상으로 원격 헬스케어 임상실험 진행 • 의료기기 및 시스템의 컴퓨팅 성능을 높여주는 듀얼코어 프로세서 개발 • 효율성과 커뮤니케이션을 향상시켜주는 무선통합기술, 가상화 기술 개발 • 가정용 원격 모니터링, 진단, 원격의약 처방기능 제품 공급 • 태블릿 PC 전문업체인 모션 컴퓨팅과 의료용 태블릿 PC 모션 C5 공동개발
IBM	• 모바일 환경에서 건강진단을 위한 헬스케어 솔루션 발표 • 인터넷 기반 의료영상전송저장시스템(PACS)개발 및 도입 • 3차원 시각화 SW인 'ASME' 개발
Microsoft	• 2007년 10월, 인터넷 기반의 환자 기록 DB S/W인 Health Vault 개발
EliteCare	• 미국 오리건주 밀워키의 노인개호시스템 • 위치추적 배지 제공 • 각종 센서를 이용한 건강상태 파악 • 체크결과의 자동 보고로 노인의 건강상태 실시간 점검 • 노인에게 건강에 관한 쾌적한 환경과 정보 제공 • 유무선 네트워크를 구성하고 정보통신서비스를 제공하는 유비쿼터스 컴퓨팅 기술로 인해 실현된 사례 • 각종 센서네트워크의 시스템 및 디바이스 등의 기술 확보가 선행되어야 함.
Phillips	• 심부전증 환자의 원격 모니터링 시스템 및 서비스 제공 • 인터넷 사용에 익숙하지 못한 노인환자 대상의 TV를 이용한 맞춤형 건강관리 서비스 (Motiva) 출시
NTT	• 병원내 장비, 시설, 절차 등에 대해 전자화를 기반으로 상호공유 시스템 구축 • 통원 부담금 대폭 절감 • 환자 정보의 공유가 가능해짐 (의료기관 측면) • 환자에 효율적이고 양질의 진료가 가능해짐 (환자 측면) • 복지 종합유통정보 시스템의 구현 • 병원, 진료소, 관계기관 등이 네트워크에 연결되어 상호연계성 강화 • 저렴한 가격으로 서비스를 제공함으로써 효율적 운영 목표 달성

업체명	주요 내용
BT	• NHS의 의료서비스 제공 프로그램과 BT의 통신 네트워크 인프라의 결합을 통한 의료정보서비스 • 환자관리, 원격치료, 전자의무기록 정보 등을 효율적으로 구성하고 보안 강화 프로그램을 적용하여 시스템 안정성을 제공 • 원격치료 행정처리절차의 복잡성을 간소화함. • 병원, 환자, 약국간 상시 Open network 환경 구현 • 정부와 민간사업간 공동의 노력을 통해 달성

(출처: u-헬스 산업 동향과 파급효과 분석, 국내 u-Health 시범사업 추진현황 및 시사점, u-Health 비즈니스 전망 및 시장 활성화 방안)

〈표 9-8〉과 〈표 9-9〉는 국내 및 해외 기업에서 진행하고 있는 u-헬스케어 서비스에 대한 내용을 간략하게 정리한 것으로, u-헬스케어와 E-health 서비스가 결합된 서비스를 추구하고 있다.

u-헬스케어 서비스 구조 및 국제표준화

본 절은 u-헬스케어 서비스를 개발하는 데 요구되는 표준화 절차를 이해하고자 한다.

u-헬스케어 서비스를 하기 위해서는 앞에서 언급한 생체신호 측정기술과 모니터링 기술 뿐 아니라 취득된 신호를 사용자가 판단할 수 있도록 가공해 주는 신호처리 기술, 그리고 진단힉적 임싱기술, 편리한 사용자 인터페이스(User Interface)를 제공할 수 있는 소프트웨어 기술, 데이터 송/수신을 위한 통신기술, 개인 정보 보호를 위한 보안 기술 등이 집적된 융합기술이 요구된다. 더욱이 앞에서 언급한 기술들이 공통된다 할지라도, 애플리케이션(모니터링하기 위한 생체신호 또는 진단정보)에 따라서 기술적 난이도와 구현 방법들이 다양하게 요구된다. 따라서 이러한 복합된 기술에 대한 표준화가 ISO 국제기구의 SC(Subcommittees: "http://www.iso.org/iso/home/store/catalogue_tc.htm")를 통해 이루어지고 있다. ISO(ISO, International Organization for Standardization)는 1947년 2월 23일 스위스 제네바에 설립된 비정부간 기구로 제품 및 서비스의 국제적 교환을 촉진하기 위한 국제표준 제정 및 보급을 목적으로 하고 있다. 의료기기(u-헬스케어) 관련 분야는 〈그림 9-8〉에 나타낸 것과 같이 TC150과 TC194 그리고 두 TC 간의 협업을 통해 표준화가 추진되고 있다. ISO 중앙 사무국과 국제표준화 제정절차는 〈그림 9-6〉과 〈그림 9-7〉에 각각 제시하였다.

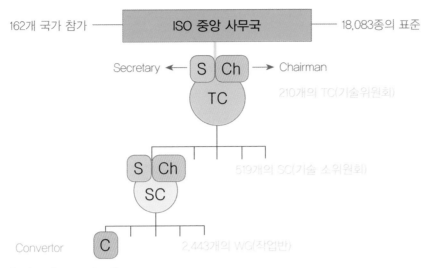

〈그림 9-6〉 ISO 조직 구성

〈그림 9-7〉 ISO 표준화 제정 절차

〈그림 9-8〉 의료기기에 해당하는 ISO 국제 표준화 TC 그룹

u-헬스케어 서비스 구조

u-헬스케어 서비스 구조에 대해 이해하고 설계하기 위해서는 다음과 같은 구성 요소를 파악해야 한다.

- 사용자(User)
- 공급자(Service Provider)
- 의료기관
- 유관기관(관련법 제정)
- 연계서비스

즉, u-헬스케어 서비스를 추진하기 위해서는 어떠한 요소(factor)가 있는지 우선적으로 파악하고, 각 구성 요소들 간의 유기적인 역학관계가 어떻게 이루어지는지를 파악함으로써 해당 서비스 구조를 설계할 수 있다.

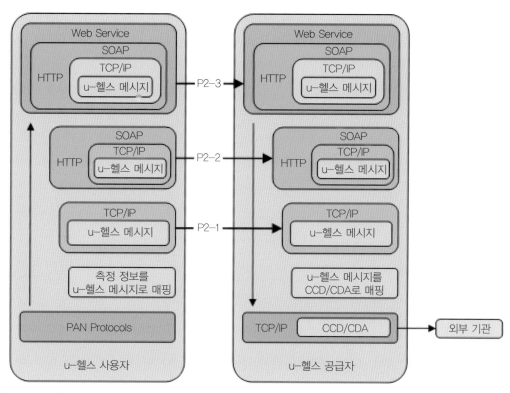

〈그림 9-9〉 사용자와 공급자의 통신

u-헬스케어 서비스의 주체는 개인이지만, 진단의 주체는 병·의원이 된다. 즉, 서비스 주체에 따라 서비스의 구조 또는 방향이 달라지고, 이에 따른 과금 정책의 주도권이 영향을 받게 된다. 이러한 정책적 역학구도가 명확히 해결되지 못한 점이 현재 u-헬스케어 서비스 보편화에 큰 걸림돌로 작용하고 있다.

〈그림 9-10〉 사용자 단말기의 구조

이러한 정책적 문제점은 뒤로하고, 〈그림 9-9〉에서 제시한 것과 같이, u-헬스케어 서비스를 하기 위해서는 사용자 단말과 서비스 공급자(현재는 통신 서비스제공업자: KT, SK Telecom, LG U-plus 등)와 외부 기관, 의료 기관(병·의원)으로 구분하여 설명한다. 이러한 서비스 구조는 예로서 제시한 것이고, 사용자와 의료기관을 중심으로, 중간 서비스업자는 다양하게 변경될 수 있다. 〈그림 9-9〉에서는 PAN(Personal Area Network)에서 개인단말(예: 스마트폰)과 u-헬스 공급자 간의 통신이 이루어질 때, 적용되는 프로토콜에 대한 설명을 나타낸 것이고, 〈그림 9-10〉은 생체신호 측정단말과 개인단말간의 프로토콜(HL7) 요구사항을 나타내고 있다. 〈그림 9-11〉의 경우 사용자와 u-헬스 서비스 공급자가 의료기관과의 통신이 이루어질 때 프로토콜 요구사항을 설명하고 있다.

[프로토콜]

P-1: 건강 단말부 – 건강정보 중계부 프로토콜

P-2: 건강정보 중계부 – 서버 프로토콜

P-3: u-헬스 공급자 – 의료기관 프로토콜

P-4: u-헬스 공급자 – 유관기관 프로토콜

이렇게 다양한 u-헬스케어 서비스 구조에서 각각의 서비스 구조마다 요구되는 프로토콜 요구사항은 HL7의 국제 표준에서 언급하고 있고, 〈표 9-11〉에서 제시한 데이터 통신의 보안 위협을 고려하여, 자세한 프로토콜 규정은 〈표 9-10〉의 IEEE 국제 표준 규격과 ISO TC215를 참조하기 바란다.

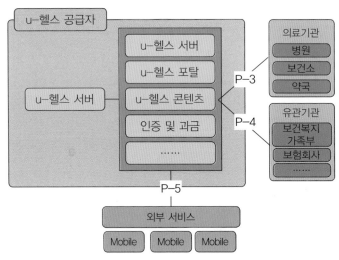

〈**그림 9-11**〉 공급자와 유관 기관 및 서비스 구조

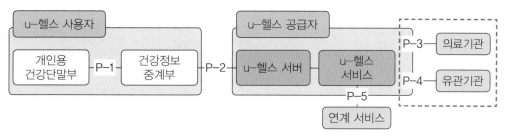

〈그림 9-12〉 사용자와 공급자 및 유관기관의 서비스 구조

〈표 9-10〉 IEEE Work Group 및 관련 의료기기

표준명	구분	내용
IEEE 11073-00103	Technical Report	Overview
IEEE 11073-10400	Dev. specialization	common Framwork
IEEE 11073-10404	Dev. specialization	Pulse Oxymeter(맥박산소측정기)
IEEE 11073-10406	Dev. specialization	Heart Rate Monitor(심박계)
IEEE 11073-10407	Dev. specialization	Blood Pressure Monitor(혈압측정기)
IEEE 11073-10408	Dev. specialization	Thermometer (온도계)
IEEE 11073-10415	Dev. specialization	Weighion scal (체중계)
IEEE 11073-10417	Dev. specialization	Glucose Meter (혈당계)
IEEE 11073-10441	Dev. specialization	Cardiovascular (심혈관)
IEEE 11073-10442	Dev. specialization	Strength
IEEE 11073-10471	Dev. specialization	Activity hub
IEEE 11073-10472	Dev. specialization	Medication monitor
IEEE 11073-20601	Optimized exchange protocol	

앞에서 u-헬스케어 서비스를 가능하게 할 수 있는 통신 프로토콜들에 대해 언급하였고, 이제 정보보호 관점에서 설명하고자 한다. u-헬스케어 서비스 데이터는 모두 개인의 신체정보를 포함하고 있다는 것이 매우 중요한 점이고 일반 데이터 통신과 큰 차이점이다. 누군가가 온라인상에서 u-헬스케어 서비스를 제공받는 개인의 신체정보 데이터를 획득할 경우, 어떤 사회적 문제점이 발생할 수 있는지 짐작하면 그 중요성이 얼마나 높을지 판단할 수 있다. 이에 대한 상세한 논의는 〈표 9-11〉에서 제시한 개인정보 유출 가능성들을 참조하여 별도로 설명하기로 한다.

〈표 9-11〉 데이터 통신의 보안 위협 유형

취약점 (위협 유형)	정보 보호 요구 사항	중요도
데이터 엿보기(eavesdropping)	기밀성	○
트래픽 스니핑		○
메시지 변경	무결성	○ ○
위장(악의적) 메시지 전송		○
메시지 재사용(replay)		○
서비스 거부(denial-of-service)	가용성	○ ○
자원 고갈(resource exhaustion)		○ ○
악성 코드		○ ○
위장	접근 제어	○ ○
하이재킹(hijacking)		○ ○
부인(repudiation)	부인 방지	○

u-헬스케어 서비스 플랫폼 구현

생체신호 측정 및 모니터링 구현

〈표 9-12〉 생체신호 측정 기술의 종류

생체신호 측정 기술	종류
전기 신호	심전도, 호흡, 체지방, 스트레스, 요실금
자기 신호	심자도, 뇌자도
호기 가스	폐활량, CO_2, O_2
광학 신호	SpO2(산소포화도), 체온, 맥파, 체지방, 혈당
압력 신호	혈압, 요실금
초음파 신호	혈압, 요실금, 맥박, 체온 등

(출처: 신뢰성 고려된 무선센서 네트워크기반 웨어러블 u-헬스케어시스템)

생체신호를 측정하기 위한 소스(Source)의 종류는 〈표 9-12〉에 제시한 것과 같이 전기, 자가, 가스 (화학), 광학, 압력, 초음파 등 다양하게 제시할 수 있다. 이러한 소스는 측정(취득)하기 위한 생체신호(정보)에 따라 적합한 것을 선택하며, 선택된 소스에 따라서 생체신호 측정기 구현 기술이 결정된다. 〈표 9-12〉는 일부 예시를 나타낸 것이다.

일반적인 생체신호 측정 시스템은 〈그림 9-13〉에 제시하였으며, 해당 관련 자료는 http://www.ti.com에 접속 후, 〈그림 9-14〉에 나타낸 것과 같이 Applications & Designs에서 Medical Healthcare & Fitness를 클릭하면, 〈그림 9-15〉와 같이 혈압계, 심전도계(ECG), 환자모니터링 및 의료영상기기 관련 자료를 확인할 수 있다.

본 절에서는 심전도계(ECG)에 관련 된 자료를 다운로드하여, 구현하는 과정을 소개하기로 한다.

심전도계(ECG)는 신체의 건강상태를 측정하는 대표적인 생체신호인 심장의 박동의 상태를 모니터링하는 장치이다. 현재 웨어러블 헬스케어 디바이스나 시계 등에 다양하게 적용을 시도하고 있다. 〈그림 9-15〉에서 ECG Electrocardiogram을 클릭하면, 〈그림 9-16〉과 같이 심전도계의 구조를 파악할 수 있다. 현재 TI 社에서는 ADS1298 칩을 이용하여, ECG를 구현하는 애플리케이션 회로와 보드, 그리고 소스 등을 제공하고 있으며, ECG Electrocardiogram 페이지에서 볼 수 있는 〈그림 9-16〉의 블록도의 각각의 기능 블록에 마우스로 선택하면, 해당 기능 블록의 기능 및 상세설명을 확인할 수 있다.

애플리케이션 노트 역시 심전도계의 블록도가 보이는 동일 페이지("http://www.ti.com/solution/ecg_electrocardiogram" 하단에서 확인이 가능하다.

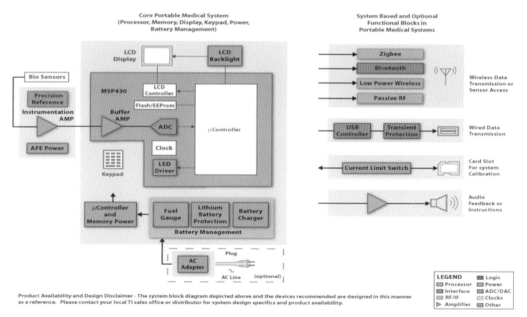

〈그림 9-13〉 생체신호 측정 시스템 구조

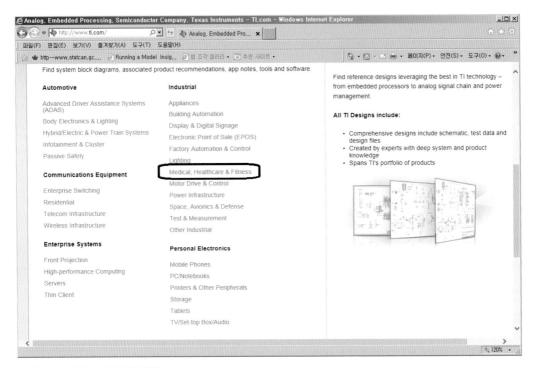

〈그림 9-14〉 TI 社의 의료기기 관련 Link

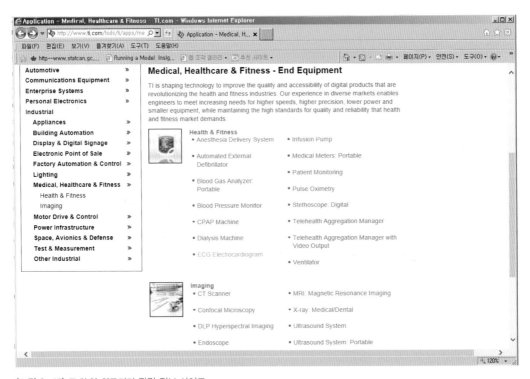

〈그림 9-15〉 TI 社의 의료기기 관련 정보 사이트

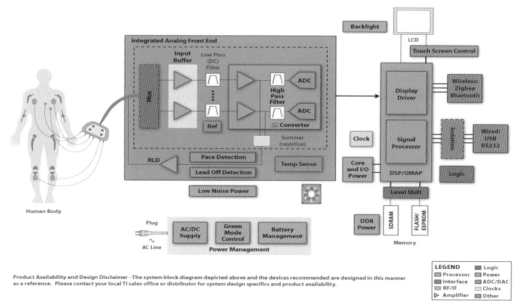

〈그림 9-16〉 ECG Electrocardiogram 블록도

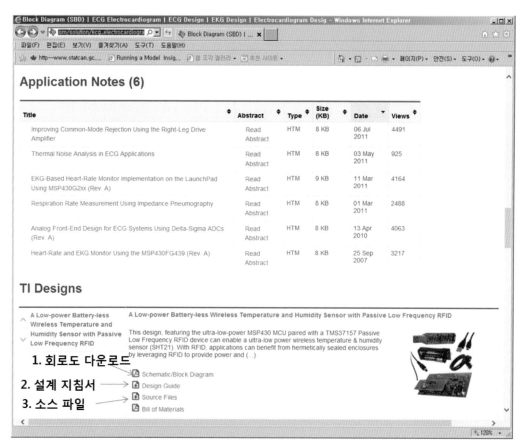

〈그림 9-17〉 심전도계 회로도 및 관련 파일 다운로드

TI 社에서 제공하는 심전도계 관련 자료(회로도, 설계 지침서, 소스파일)는 〈그림 9-17〉에 나타낸 것과 같이 해당 페이지에서 각각 다운로드할 수 있다.

〈그림 9-18〉은 TI 社에서 제공하는 참조 회로도이며, 이에 관련된 데이터시트는 "http://www.ti.com/lit/an/swra395/swra395.pdf"에서 확인할 수 있고, MSP430F2274와 TMS37157 PalFI, SHT21의 인터페이스에서부터 각 기능의 동작에 대해 상세히 기술되어 있다.

그리고 윈도우 기반의 펌웨어 실행 방법에 대해서도 설명되어 있는데, 우선 〈그림 9-17〉에서 다운로드 된 소스파일을 오픈하고 실행시키기 위해서, 다음과 같은 구성이 요구된다.

- Front-end 하드웨어 구성(〈그림 9-18〉 참조 회로를 이용하여 구현하거나 데모 보드를 구입, "http://www.ti.com/tool/ADS1298ECGFE-PDK", 기타 애플리케이션 정보, "http://processors.wiki.ti.com/index.php/Main_Page")
- TI 社에서 제공되는 CCSTUDIO 소프트웨어(〈그림 9-19〉에 나타낸 것과 같이, ECG Electrocardiogram 페이지의 Tools and Software 항목의 링크를 클릭하여 다운로드)

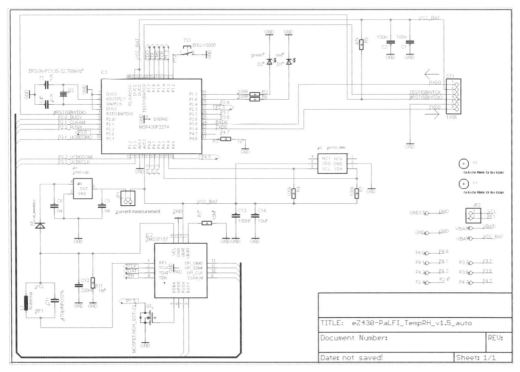

〈그림 9-18〉 심전도계(ECG) 회로도

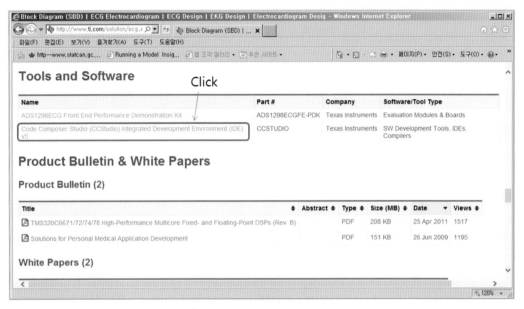

〈그림 9-19〉 CCSTUDIO 다운로드 링크

CCSTUDIO 다운로드 및 프로그램 설치 과정

1) CCSTUDIO 링크를 클릭하면, http://www.ti.com/tool/CCSTUDIO로 연결되고, 〈그림 9-20〉처럼 CCS-FREE 파일을 클릭한다.

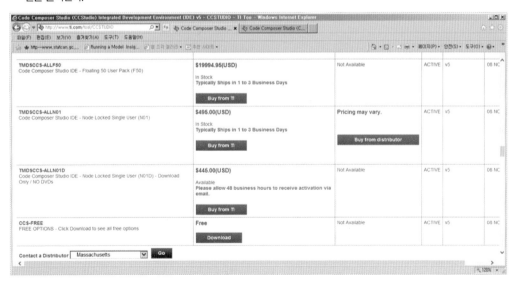

〈그림 9-20〉 CCS-FREE 버전 선택

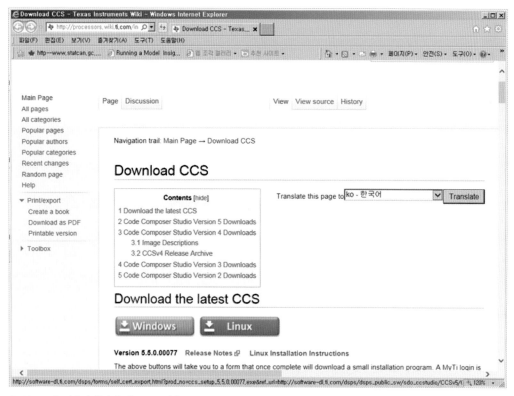

〈그림 9-21〉 사용자 환경에 맞는 CCS 다운로드

2) CCS 버전은 윈도우와 리눅스 버전을 다운로드할 수 있으며, 사용자의 환경에 적합한 CCS 버전을 다운로드하면
된다.

3) 만일 TI에 회원가입이 되어 있지 않을 경우, 윈도우 또는 리눅스 다운로드 버튼을 클릭했을 때, 회원가입 요청 팝업 창이
나타난다. 이때, 회원가입 수행을 완료하게 되면, Confirm 이메일이 회원등록 당시의 메일로 발송되므로, 이메일을 정확
히 기입한다.

4) 회원가입 Confirm은 〈그림 9-22〉와 같이 수신된 이메일에서 파란색으로 블록킹된 부분을 드래그하여 복사한
후 인터넷 창에 붙여넣기 하거나, 링크가 활성화되어 있다면, 해당 부분을 클릭하면 자동으로 Confirm 과정이
완료된다.

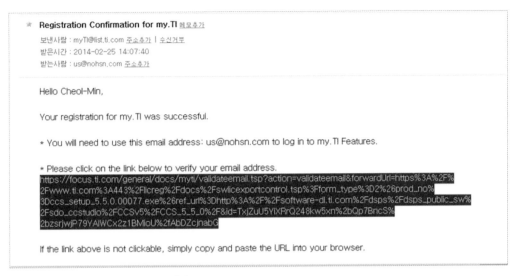

〈그림 9-22〉 회원가입 E-mail Confirm 하기

5) 해당 과정이 완료되면, CCS를 다운로드하기 위해, 추가적인 정보를 기입하게 되는데, 〈그림 9-23〉과 같이 사용 목적 등, 해당하는 필드에 정보를 기입한 후, 〈그림 9-24〉과 같이 기입내용에 대해 동의하고, Submit 버튼을 클릭한다.

6) 〈그림 9-25〉와 같이 팝업창이 열리면 "HERE" 버튼을 클릭한다. 이때, CCS setup 파일을 저장할 경로를 선택하면, 해당 경로에 설치 파일이 저장된다.

7) 〈그림 9-26〉과 같이 저장된 경로의 CCS 설치파일을 더블클릭 하게 되면 CCSTUDIO 설치 과정을 수행하게 된다.

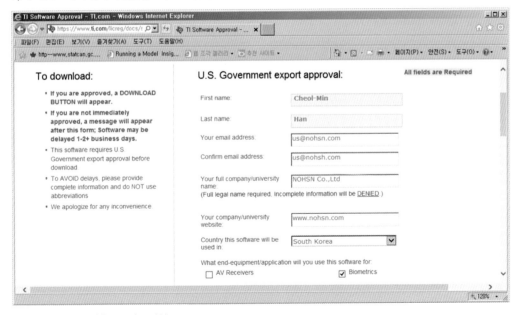

〈그림 9-23〉 CCS 다운로드 정보 기입

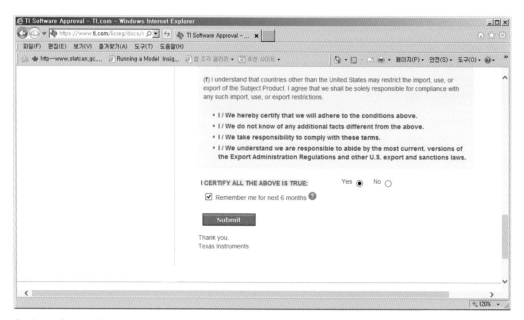

〈그림 9-24〉 CCS 다운로드 정보 보내기

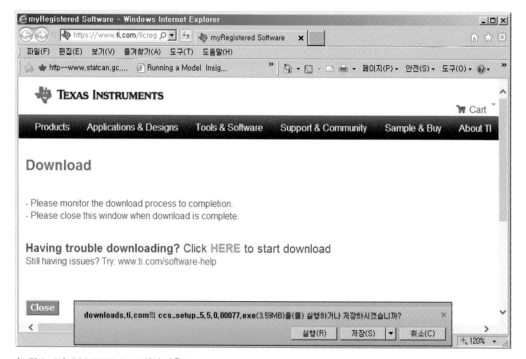

〈그림 9-25〉 CCS FREE 소프트웨어 다운로드

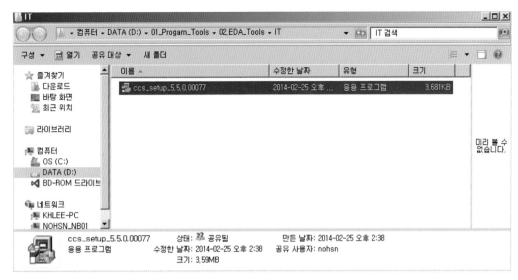

〈그림 9-26〉 CCS 설치 파일 실행하기

설치가 완료된 후, 다운로드한 소스가 저장된 경로에서 프로젝트를 선택하여, ECG 동작을 확인할 수 있다.

IT의 급속한 발전으로 대부분의 산업이 융합화 되고 있으며, 전자장치의 All-IP 시대에서 모든 사물이 인터넷에 연결되는 IOT(Internet of Things) 시대로 진입하였다. 이와 같이 모든 사물이 전자화되어 네트워크에 연결됨으로써 웹(web)으로 볼 수 있고 제어하는 전자공간 속에 살고 있다.

이러한 전자화의 근간은 전자장치의 임베디드(embedded) 기술의 접목에서 시작되었다고 할 수 있다. 임베디드 기술은 성숙된 전자 개발 인프라와 반도체 기술의 발전으로 전자장치 접목이 가속화되고 있다. 유비쿼터스 시대의 개념이 출발한지 20년이 지난 최근, 피부로 느낄 수 있는 유비쿼터스 컴퓨팅 환경으로 끌어 올린 견인차 역할을 담당한 것 중 하나가 임베디드 기술이라고 할 수 있다. 또한 최근 IOT 기술을 구현하기 위해서 각종 사물에 전자기능을 갖추기 위한 임베디드 기술의 임베디드화가 필수적인 상황이다.

임베디드 기술의 역사는 짧지 않지만 최근 산업응용이 보편화되면서 전자장치에 자연스럽게 내장되는 필수적인 요소가 되었다. 초기의 하드웨어 중심의 임베디드 기술이 반도체 기술의 발전으로 다양한 하드웨어 플랫폼(hardware platform)을 개발하여 왔다. 최근에는 하드웨어 플랫폼 위에 소프트웨어 플랫폼(software platform)과 소프트웨어 응용 기술 중심으로 무게가 옮겨 가면서 임베디드 소프트웨어 기술이 임베디드 기술의 대명사가 되었다. 이러한 임베디드 기술의 융합을 통해서 IOT 구현은 물론이고 상상으로만 그려본 유비쿼터스 시대의 실현을 앞당길 수 있다.

또한 IT 중심으로 성장축을 가동한 산업이 글로벌 경제에 맞물려 새로운 동력을 찾기 위한 산업적 전략으로 산업간 '융합'을 본격 가동하면서 융합의 핵심(core)이 IT를 중심으로 한 '융합1.0' 시대를 지나 IT가 타 산업이나 기술에 흡수된 '융합2.0' 시대를 향하여 발전하고 있다. 이러한 융합시대의 근간은 융합장치 또는 기술에 적용되는 임베디드 기술이라고 할 수 있다.

산업현장에서 융합기기의 임베디드화의 기술적 응용은 셀 수 없으며, 모든 장치의 IT화 개발의 핵심 기술로 자리 잡고 있다. 최근에는 안전, 편의, 건강, 행복을 추구하는 응용 기술 분야로서 전장화를 위한 자동차 IT분야, 실시간 원격진단과 진료를 목표로 하는 의료기기 IT 분야에서 임베디드 기술을 활발하게 적용하고 있다.

이와 같은 기술의 발전에 따라 많은 임베디드 기술서가 세상에 나와 관심을 끌고 임베디드 기술 분야의 기술적인 초석, 응용의 지침서 또는 길잡이가 되어 왔다. 그러나 그 동안 출간된 기술도서의 내용은 주로 임베디드 기술의 발전에 따른 입문도서의 성격이 강하여 최근의 기술과 응용제품을 담지 못한 면이 있고, 다양한 산업 응용 사례를 전달하기에는 한계가 있다고 평가할 수 있다. 산업 융합기술의 발전이 다양하게 이루어지면서 차별화되고 응용영역과 파급효과가 큰 융합 기술분야의 임베디드 기술 응용사례를 포함한 임베디드 전문서적의 필요성이 커지고 있다.

따라서 임베디드 기술의 성장 속도에 맞춘 최근의 융합산업 성장동력을 다시 재가동시킬 수 있는 보이지 않는(임베디드) 최신의 임베디드 기술과 융합사례를 체계적으로 구성한 '임베디드의 모든 것'의 전문 기술서를 출간하여 융합시대의 임베디드 기술총서로서의 자리매김을 하고자 한다.

이 책은 임베디드 시스템을 구성하는 핵심 기술과 실제 적용 사례를 통해 임베디드 시스템의 현주소와 향후 임베디드 시스템 분야의 발전방향 등 현장 실무에서 임베디드 시스템을 설계하고 개발하는 많은 전문가 또는 관심있는 실무자들에게 총체적인 정보를 제공함으로써 임베디드 시스템의 발전에 기여하고자 한다.

이 책은 임베디드 실무자에게 정보를 전달하는 전문서로서 1, 2부로 구성한다. 제1부는 임베디드 시스템의 개념, 임베디드 시스템 플랫폼 기술 및 최신 네트워크 통신 기술 중심으로 구성하며, 제2부는 자동차, 의료기기 등 다양한 임베디드 응용 사례를 차별화하여 구성한다.

처음 기획 목표에 맞게 모든 것을 담은 총서로는 아쉬운 점이 없지 않지만 단기간에 최신의 기술정보를 충실히 체계적으로 구성한 기술서를 세상에 선 보이면서 임베디드 산업 발전의 의미있는 지원자가 될 수 있기를 진심으로 바라는 마음이다. 다시 금 '임베디드의 모든 것' 전문 기술서를 출판하기 까지 지원, 저작, 편집 등 아낌없는 관심과 열정에 무한한 감사를 보내고자 한다.

– 2014. 3 저자일동

구제길

경력

現 용인송담대학교 디지털전자과/산학협력중점(융합기술) 교수
現 대한전자공학회, 한국통신학회, 한국전자파학회 등 정회원
現 수원시 설계자문 위원
現 중소기업청, 한국산업기술평가원, 조달청 등 기술평가위원
現 환경경영시스템(ISO14001), 품질경영시스템(ISO9001) 국제인증심사원
現 정보보안경영시스템(ISO27001) 국제인증심사원
(주)삼성전자 정보통신연구소 및 CDMA 개발연구소 연구개발
2011년 경기 · 강원권 기술융복합지원 센터장
2006년 산학연 기술개발 경기도지사상 수상

학력

성균관대학교 전자공학과 공학박사, 공학석사, 공학사

교육자료 집필

DMB 시스템 기술, 지상파 DMB 구현, IPTV 구성 및 응용

국중진

경력

現 전자부품연구원 박사후연구원
現 융합정보학회 임원
現 ACM RACS Technical Program Committee
Marquis Who's Who in the World 2013, 2014 등재
IBC, 2000 Outstanding Intellectuals of the 21st Century, 8th Edition 등재

학력

광운대학교 컴퓨터공학과 학사/석사
숭실대학교 컴퓨터학과 박사

집필

비주얼 액세스 2007
리눅스 커널 in a Nutshell 번역
언로킹 안드로이드 번역

박대혁

現 (주)세인 전장사업부 수석연구원
現 숭실대학교 미디어학과 겸임교수
現 지능형 자동차, 그린자동차 연구 개발
現 어라운드뷰(AVM) 제품 연구 개발

학력

숭실대학교 미디어공학 박사

교육자료 집필

PHP 프로그래밍 for Beginner –IT COOKBOOK99
최신 디지털 미디어 원리 및 프로그래밍
모바일 플랫폼 원리 및 프로그래밍 실습 안드로이드
임베디드 디바이스 응용 관련 특허 등록

박지훈

경력

現 자동차부품연구원 선임연구원
現 ISO TC22/SC3/WG01(Data Communication) Expert
現 한국ITS학회 자동차융합부문 부위원장

학력

부산대학교 기계공학과 박사

최수한

경력

現 단국대학교 국제학부 모바일시스템공학 교수
단국대학교 Best Teaching Award 수상, 2013
삼성전자 네트워크사업부 이동통신시스템 R&D
삼성종합기술원 디지털통신LAB

학력

University of Michigan, Ann Arbor, 박사

한철민

경력

現 노슨(NOHSN) 주식회사 대표
現 대구카톨릭대학교 산학협력교수
現 ASTI(과학기술정보협의회) 위원
現 동국대학교 의료기기개발촉진센터 초빙연구교수
現 한국전자통신연구원 연구원

학력

전북대학교 전자공학과 박사

김원희

경력

現 한국전자정보통신산업진흥회 선임연구원
2013 한국직업능력개발원 NCS학습모듈 집필위원
2013 한국대학교육협의회 산업계관점 대학평가 요구분석위원

학력

중앙대학교 컴퓨터교육 석사

찾아보기